中國國家圖書館編

國家圖書館藏敦煌遺書

第四十七冊　北敦〇三四〇一號——北敦〇三四六一號

北京圖書館出版社

圖書在版編目(CIP)數據

國家圖書館藏敦煌遺書・第四十七册/中國國家圖書館編;任繼愈主編.—北京:北京圖書館出版社,2007.1

ISBN 978-7-5013-2989-2

Ⅰ.國… Ⅱ.①中…②任… Ⅲ.敦煌學—文獻 Ⅳ.K870.6

中國版本圖書館 CIP 數據核字(2006)第 149704 號

書　名　國家圖書館藏敦煌遺書・第四十七册
著　者　中國國家圖書館編　任繼愈主編
責任編輯　徐　蜀　孫　彦
封面設計　李　璀

出　版　北京圖書館出版社　(100034　北京西城區文津街 7 號)
發　行　010-66139745　66151313　66175620　66126153
66174391(傳真)　66126156(門市部)
E-mail　cbs@nlc.gov.cn(投稿)　btsfxb@nlc.gov.cn(郵購)
Website　www.nlcpress.com
經　銷　新華書店
印　刷　北京文津閣印務有限責任公司

開　本　八開
印　張　63.75
版　次　2007 年 2 月第 1 版第 1 次印刷
印　數　1-250 册(套)

書　號　ISBN 978-7-5013-2989-2/K・1272
定　價　990.00 圓

目錄

說常不[illegible]
思議是諸如來自證[illegible]
菩薩當勤修學復次大慧外道常不思議
常異相因故常非自相因力故常大慧外道
常不思議以見所作法有已還无无常已比
知是常我亦見所作法有已還无无常已不因
此說為常大慧外道以如是因相成常不思
說此因相非有同於兔角故常不思議唯是
分別但有言說何故彼因同於兔角无自因相
故大慧我常不思議以自證為因相不以外
法有已還无无常為因外道反此曾不能
知常不思議自因之相而恒在於自證聖
所行相外此不應說
復次大慧諸聲聞畏生死妄想苦而求涅槃
不知生死涅槃差別之相一切皆是妄分別有
无所有故妄計未來諸根境滅以為涅槃
不知證自智境界轉所依藏識為大涅槃彼
愚癡人說有三乘不說唯心无有境界大慧
彼人不知去來現在諸佛所說自心境界取

BD03401號　大乘入楞伽經卷二　（5–1）

不知生死涅槃差別之相一切皆是妄分別有
无所有故妄計未來諸根境滅以為涅槃
不知證自智境界轉所依藏識為大涅槃彼
愚癡人說有三乘不說唯心无有境界大慧
彼人不知去來現在諸佛所說自心境界取
心外境常於生死輪轉不絕復次大慧去來
現在諸如來說一切法不生何以故自心所見
非有性故離有无生故如兔馬等角凡愚妄
取唯自證聖智所行之處非諸愚夫二分別
境大慧身及資生器世間等一切皆是藏
識影像所取能取二種相現彼諸愚夫墮生
住滅二見中故於中妄起有无分別大慧
汝於此義當勤修學
復次大慧有五種種性何等為五謂聲聞乘
種性緣覺乘種性如來乘種性不定種性无
種性大慧云何知是聲聞乘種性謂若聞說
於蘊界處自相共相若知若證舉身毛豎
心樂修習於緣起相不樂觀察應知此是聲聞
乘種性彼於自乘見所證已於五六地斷煩惱
結不斷煩惱習住不思議死正師子吼言我
生已盡梵行已立所作已辦不受後有修習
人无我乃至生於得涅槃覺大慧復有眾生
求證涅槃言能覺知我人眾生養者取者
此是涅槃復有說言見一切法因作者有此
是涅槃大慧彼无解脫以未能見法无我故
此是聲聞乘及外道種性於未出中生出離

BD03401號　大乘入楞伽經卷二　（5–2）

求證涅槃言能覺知我人衆生養者取者
此是涅槃復有說言見一切法因作者有此
是涅槃大慧彼无解脫以未能見法无我故
此是聲聞乘及外道種性於未出中生出離
想應勤修習捨此惡見大慧云何知是緣覺
乘種性謂若聞說緣覺乘法舉身毛竪悲
泣流淚離憒閙緣无所染著有時聞說現種
種身或聚或散神通變化其心信受无所違逆
當知此是緣覺乘種性應爲其說緣覺乘法
大慧如來乘種性所證法有三種所謂自性无
自性法內身自證聖智法外諸佛剎廣大法
大慧若有聞說此一一法及自心所現身財
建立阿賴耶識不思議境不驚不怖不畏
當知此是如來乘性大慧不定種性者謂聞
說彼三種法時隨生信解而順修學大慧爲
初治地人而說種性欲令其入无影像地作此
建立大慧彼住三昧樂聲聞若能證知自
所依識見法无我淨煩惱習畢竟當得如來
之身爾時世尊即說頌言
預流一來果 不還阿羅漢 是等諸聖人 其心悉迷惑
我所立三乘 一乘及非乘 爲愚夫少智 樂寂諸聖說
第一義法門 遠離於二取 住於无境界 何建立三乘
諸禪及无量 无色三摩地 乃至滅受想 唯心不可得
復次大慧此中一闡提何故於解脫中不生欲
樂大慧以捨一切善根故爲无始衆生起願
故云何捨一切善根謂謗菩薩藏言此非隨

BD03401 號　大乘入楞伽經卷二　（5-3）

第一義法門 遠離於二取 住於无境界 何建立三乘
諸禪及无量 无色三摩地 乃至滅受想 唯心不可得
復次大慧此中一闡提何故於解脫中不生欲
樂大慧以捨一切善根故爲无始衆生起願
故云何捨一切善根謂謗菩薩藏言此非隨
順契經調伏解脫之說作是語時善根悉
斷不入涅槃云何爲无始衆生起願謂諸菩
薩以本願方便願一切衆生悉入涅槃若一衆
生未涅槃者我終不入此亦住一闡提趣此
是无涅槃種性相大慧菩薩言世尊此中何
者畢竟不入涅槃佛言大慧彼菩薩一闡
提知一切法本來涅槃畢竟不入非捨善根
何以故捨善根一闡提以佛威力故或時善
根生所以者何佛於一切衆生无捨時故是
故菩薩一闡提不入涅槃
復次大慧菩薩摩訶薩當善知三自性相
何者爲三所謂妄計自性緣起自性圓成自性
大慧妄計自性從相生云何從相生謂彼依
緣起事相種類顯現生計著故大慧彼計著
事相有二種妄計性生是諸如來之所演說
謂名相計著相事相計著相大慧名計著
相者謂計著內外法相事計著相者謂即彼
內外法中計著自共相是名二種妄計自性相
大慧從所依所緣起是緣起性何者圓成自性
謂離名相事相一切分別自證聖智所行真
如大慧此是圓成自性如來藏心爾時世尊
即

BD03401 號　大乘入楞伽經卷二　（5-4）

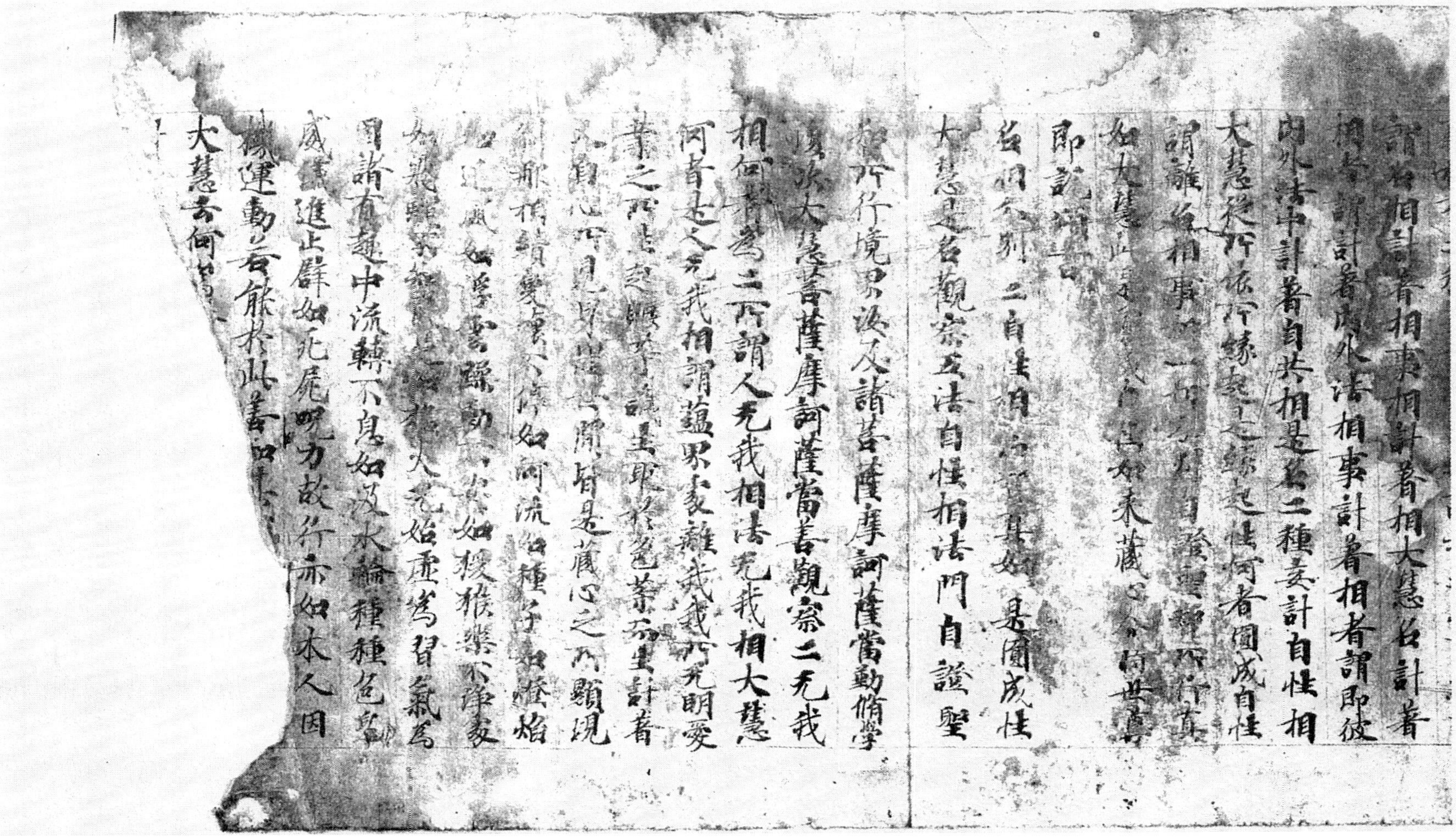

諸名相計著相事相計著相大慧名計著
相者謂計著內外法相事計著相者謂即彼
內外法中計著自共相是名二種妄計自性相
大慧從所依所緣起是緣起性何者圓成自性
謂離名相事相一切分別自證聖智所行真
如大慧此是圓成自性如來藏心爾時世尊
即說頌言
名相分別　二自性相　正智如如　是圓成性
大慧是名觀察五法自性相法門自證聖
智所行境界汝及諸菩薩摩訶薩當勤修學
復次大慧菩薩摩訶薩當善觀察二無我
相何者為二所謂人無我相法無我相大慧
何者是人無我謂離我我所蘊界處無明愛
業之所生起眼等識生取於色等而生計著
又自心所見身器世間皆是藏心之所顯現
剎那相續變壞不停如河流如種子如燈焰
如迅風如浮雲躁動不安如猿猴樂不淨處
如飛蠅無有厭足如猛火無始虛偽習氣為
因諸有趣中流轉不息如汲水輪種種色身
威儀進止譬如死屍咒力故行亦如木人因
機運動若能於此善知其相是名人無我
大慧云何法無……

BD03401 號　大乘入楞伽經卷二　（5–5）

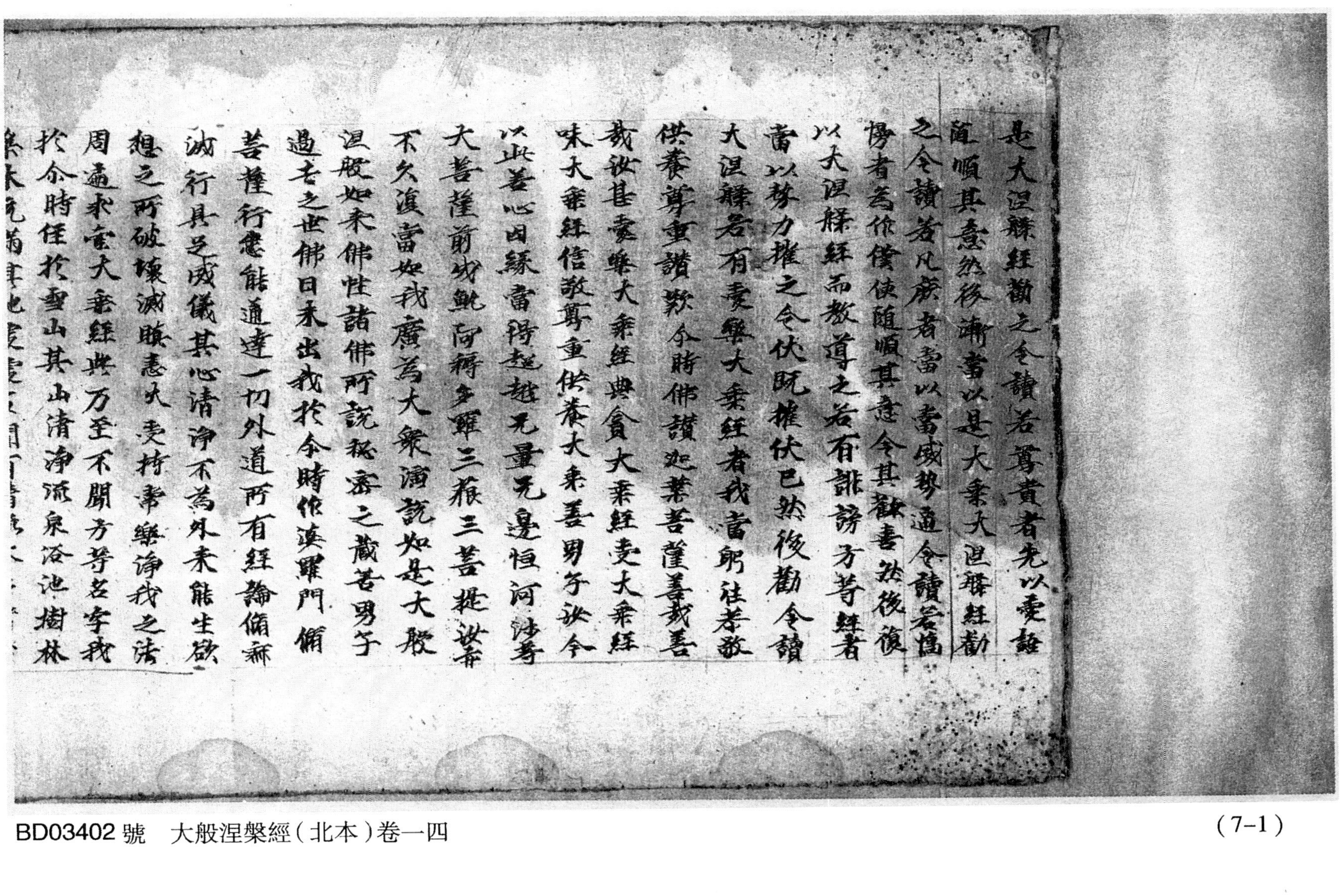

是大涅槃經勸之令讀若尊貴者先以愛語
隨順其意然後漸當以是大乘大涅槃經勸
之令讀若凡庶者當以威勢逼令讀誦若憍
慢者為其作僕使隨順其意令其歡喜然後復
以大涅槃經而教導之若有誹謗方等經者
當以勢力摧之令伏既摧伏已然後勸令讀
大涅槃若有愛樂大乘經者我當躬往恭敬
供養尊重讚歎爾時佛讚迦葉菩薩善哉善
哉汝甚愛樂大乘經典貪大乘經愛大乘經
味大乘經信敬尊重供養大乘善男子汝今
以此善心因緣當得超越無量無邊恒河沙等
大菩薩前汝不久當得阿耨多羅三藐三菩提汝亦
不久復當如我廣為大眾演說如是大般
涅槃如來佛性諸佛所說秘密之藏善男子
過去之世佛日未出我於爾時作婆羅門修
菩薩行悉能通達一切外道所有經論修寂
滅行具足威儀其心清淨不為外來能生欲
想之所破壞滅瞋恚火受持常樂我淨之法
周遍求索大乘經典乃至不聞方等名字我
於爾時住於雪山其山清淨流泉浴池樹林
藥木充滿其地處處石間……

BD03402 號　大般涅槃經（北本）卷一四　（7–1）

滅行具足成儀其心清淨不為外來能生欲
想之所破壞滅瞋恚火受持常樂淨我之法
周遍求索大乘經典乃至不聞方等名字我
於尒時住於雪山其山清淨流泉浴池樹林
藥木充滿其地處處石間有清流水多諸香
華周遍嚴飾衆鳥禽獸不可稱計甘菓滋繁
種別難計復有无量藕根甘根青木香根我
於尒時獨處其中唯食諸菓食已繫心思惟
坐禪經无量歲亦不聞有如來出世大乘經
名善男子我脩如是苦難行時釋提桓因諸
天人等心大驚怖即共集會各各相謂而說
偈言

各共相指示　清淨雪山中　寂靜離欲主　功德莊嚴王
以離貪瞋慢　永斷諂虛誑　口初未曾說　麤惡等語言
尒時衆中有一天子名曰歡喜復說偈言
如是離欲人　清淨勤精進　將不求帝釋　及以諸天耶
若是求道者　脩行諸苦行　是人多欲求　帝釋所坐處
尒時復有一仙天子即為帝釋而說偈言
天主憍尸迦　不應生是念　外道脩苦行　何必求帝處
說是偈已復作是言憍尸迦世有大士為衆生
故不貪己身為欲利益諸衆生故而脩種
種无量苦行如是之人見生死中諸過咎故
設見珍寶滿此大地諸山大海不生貪著如
視涕唾如是大士棄捨財寶所愛妻子頭目
髓腦手足支節所居舍宅象馬車乘奴婢僮

故不貪己身為欲利益諸衆生故而脩
種无量苦行如是之人見生死中諸過咎故
設見珍寶滿此大地諸山大海不生貪著如
視涕唾如是大士棄捨財寶所愛妻子頭目
髓腦手足支節所居舍宅象馬車乘奴婢僮
僕亦不願求生於天上唯求欲令一切衆生
得受快樂如我所解如是大士清淨无染衆
結永盡唯欲志求阿耨多羅三藐三菩提釋
提桓因復作是言如汝言者是人則為攝取
一切世間衆生大仙若此世間有佛樹者能
除一切諸天世人及阿脩羅煩惱毒蛇若諸
衆生住是佛樹蔭涼中者煩惱諸毒悉得消
滅大仙是人若當未來世中作善逝者我等
悉當得度无量熾然煩惱如是之事實為難
信何以故无量衆生發阿耨多羅三藐三菩
提心見少微緣於阿耨多羅三藐三菩提即
便動轉如水中月水動則動猶如畫像難成
易壞菩提之心亦復如是難發易壞大仙如
有多人以諸鎧仗牢自莊嚴欲前討賊臨陣
恐怖則便退散无量衆生亦復如是發菩提
心牢自莊嚴見生死過心生恐怖即便退散
大仙我見如是无量衆生發心之後皆生動
轉是故我今雖見是人脩於苦行无惱无熱
住於道嶮其行清淨未能信也我今要當自
往試之知其實能堪任荷負阿耨多羅三藐
三菩提大重擔不大仙猶如車有二輪則有

轉是故我今難見是人脩於苦行无惱无熱
任於道嶮其行清淨未能信也我今要當自
往試之知其實能堪任荷負阿耨多羅三藐
三菩提大重擔不大仙猶如車有二輪則有
載用鳥有二翼堪任飛行是苦行者亦復如
是我雖見其堅持禁戒未知其人有深智不
若有深智當則能堪任荷負阿耨多羅三藐
三菩提之重擔也大仙譬如魚母多有胎子
成就者少如菴羅樹華多菓少衆生發心
乃有无量及其成就少不足言大仙我當與
汝俱往試之大仙譬如真金三種試已乃知
其真謂燒打磨試彼苦行者亦當如是尒時釋
提桓因自變其身作羅刹像形甚可畏下至
雪山去其不遠而便立住是時羅刹心无所
畏勇健難當辯才次第其聲清雅宣過去
佛所說半偈
諸行无常　是生滅法
說是半偈已便住其前所現形貌甚可怖畏
顧眄遍視觀於四方是苦行者聞是半偈心
生歡喜譬如估客於嶮難處夜行失伴恐怖
推索還遇同侶心生歡喜踊躍无量亦如久
病未遇良醫瞻病好藥後卒遇之如人沒海
卒遇船舫如渴之人遇清冷水如為怨逐忽
然得脫如久繫人卒聞得出亦如農夫炎旱
值雨亦如行人還得歸家家人見已生大歡
喜善男子我於尒時聞是半偈心中歡喜亦

BD03402號　大般涅槃經（北本）卷一四　（7–4）

卒遇船舫如渴之人遇清冷水如為怨逐忽
然得脫如久繫人卒聞得出亦如農夫炎旱
值雨亦如行人還得歸家家人見已生大歡
喜善男子我於尒時聞是半偈心中歡喜亦
復如是即從座起以手舉髮四向顧視而作
是語向所聞偈誰之所說尒亦更不見餘
人唯見羅刹即說是言誰開如是解脫之門
誰能雷震諸佛音聲誰於生死睡眠之中而
獨覺寤唱如是言誰能於此示導生死飢饉
衆生无上道味无量衆生沈生死海誰能於
中作大船師是諸衆生常為煩惱重病所纏
誰能於中為作良醫說是半偈啓悟我心
如半月漸開蓮華善男子我於尒時更无
所見唯見羅刹復作是念將是羅刹說是偈耶
覆復生疑或非其說何以故是人形容甚可
怖畏若有得聞是偈句者一切恐怖醜陋即
除何有此人形貌如是能說此偈不應火中出
生蓮華非日光中出生冷水善男子我於
尒時復作是念我今无智而此羅刹或能得
見過去諸佛從諸佛所聞是半偈我今當問
即便前至是羅刹所作如是言善哉大士汝
於何處得是過去離怖畏者所說半偈大士
汝於何處而得如是半如意珠大士是半偈
義乃是過去未來現在諸佛世尊之正道也
一切世間无量衆生常為諸見羅網所覆終

BD03402號　大般涅槃經（北本）卷一四　（7–5）

[illegible]
於何處得是過去離怖畏者所說半偈大士
汝於何處而得如是半如意珠大士是半偈
義乃是過去未來現在諸佛世尊之正道也
一切世間无量衆生常為諸見羅網所覆終
身於此外道法中初不得聞如是出世十力世
雄所說空義善男子我問是已即答我言
大婆羅門汝今不應問我是義何以故我不
食來已逕多日處處求索了不能得飢渴苦
惱心亂謬語非我本心之所知也我今力能
飛行虛空至欝單曰乃至天上處處求食亦
不能得以是之故我說是語善男子我時即
復語羅刹言大士若能為我說是偈竟我當
終身為汝弟子大士汝所說者名字不終義
亦不盡以何因緣不欲說耶夫財施者則有
竭盡法施因緣不可盡也雖无所盡多所利
益我今聞此半偈法已心生驚疑汝今幸可
為我除斷說此偈竟我當終身為汝弟子羅
刹答言汝智太過但自憂身都无見念今我
定為飢苦所逼實不能說我即問言汝所食
者為是何物羅刹答言汝不足問我若說者
令多人怖我復語言此中獨處更无有人我
不畏汝何故不說羅刹答言我所食者唯人
暖肉其所飲者唯人熱血自我薄福唯食此
食周遍求索困不能得世雖多人皆有福德
兼為諸天之所守護而我无力不能得殺善

BD03402 號　大般涅槃經（北本）卷一四　（7–6）

為我除斷說此偈竟我當終身為汝弟子羅
刹答言汝智太過但自憂身都无見念今我
定為飢苦所逼實不能說我即問言汝所食
者為是何物羅刹答言汝不足問我若說者
令多人怖我復語言此中獨處更无有人我
不畏汝何故不說羅刹答言我所食者唯人
暖肉其所飲者唯人熱血自我薄福唯食此
食周遍求索困不能得世雖多人皆有福德
兼為諸天之所守護而我无力不能得殺善
男子我復語言汝但具足說是半偈我聞偈
已當以此身奉施供養大士我設命終如此之
身无所復用當為虎狼鵄梟鵰鷲之所噉
食而復不得一毫之福我今為求阿耨多羅
三藐三菩提捨不堅身以易堅身羅刹答言
誰當信汝如是之言為八字故棄所愛身善
男子我即答言汝真无智譬如有人施他凡
器得七寶器我亦如是捨不堅身得金剛身
汝言誰當信者我今有證大梵天王釋提桓
因及四天王能證是事復有天眼諸菩薩等
為欲利益无量衆生修行大乘具六度者亦
能證知復有十方諸佛世尊利衆生者亦能
證我為八字故捨是身命羅刹復言汝若如是
能捨身者諦聽諦聽當為汝說其餘半偈

BD03402 號　大般涅槃經（北本）卷一四　（7–7）

入他家不與小女處女寡女等共語亦復不
近五種不男之人以為親厚不獨入他家若
有因緣須獨入時但一心念佛若為女人說
法不露齒笑不現胸臆乃至為法猶不親厚
況復餘事不樂畜年少弟子沙弥小兒亦不
樂與同師常好坐禪在於閑處脩攝其心文
殊師利是名初親近處復次菩薩摩訶薩觀
一切法空如實相不顛倒不動不退不轉如
虛空无所有性一切語言道斷不生不出不
起无名无相實无所有无量无邊无礙无障
但以因緣有從顛倒生故說常樂觀如是法
相是名菩薩摩訶薩第二親近處尒時世尊
欲重宣此義而說偈言
若有菩薩　於後惡世　无怖畏心　欲說是經
應入行處　及親近處　常離國王　及國王子
大臣官長　凶險戲者　及旃陁羅　外道梵志
亦不親近　增上慢人　貪著小乘　三藏學者
破戒比丘　名字羅漢　及比丘尼　好戲笑者
深著五欲　求現滅度　諸優婆夷　皆勿親近

BD03403 號　妙法蓮華經卷五　（27–1）

應入行處　及親近處　常離國王　及國王子
大臣官長　凶險戲者　及旃陁羅　外道梵志
亦不親近　增上慢人　貪著小乘　三藏學者
破戒比丘　名字羅漢　及比丘尼　好戲笑者
深著五欲　求現滅度　諸優婆夷　皆勿親近
若是人等　以好心來　到菩薩所　為聞佛道
菩薩則以　无所畏心　不懷悕望　而為說法
寡女處女　及諸不男　皆勿親近　以為親厚
亦莫親近　屠兒魁膾　畋獵魚捕　為利殺害
販肉自活　衒賣女色　如是之人　皆勿親近
凶險相撲　種種嬉戲　諸婬女等　盡勿親近
莫獨屏處　為女說法　若說法時　无得戲笑
入里乞食　將一比丘　若无比丘　一心念佛
是則名為　行處近處　以此二處　能安樂說
又復不行　上中下法　有為无為　實不實法
亦不分別　是男是女　不得諸法　不知不見
是則名為　菩薩行處　一切諸法　空无所有
无有常住　亦无起滅　是名智者　所親近處
顛倒分別　諸法有无　是實非實　是生非生
在於閑處　脩攝其心　安住不動　如須弥山
觀一切法　皆无所有　猶如虛空　无有堅固
不生不出　不動不退　常住一相　是名近處
若有比丘　於我滅後　入是行處　及親近處
說斯經時　无有怯弱　菩薩有時　入於靜室
以正憶念　隨義觀法　從禪定起　為諸國王
王子臣民　婆羅門等　開化演暢　說斯經典
其心安隱　无有怯弱　文殊師利　是名菩薩

BD03403 號　妙法蓮華經卷五　（27–2）

說斯經時 无有怯弱 菩薩有時 入於靜室
以正憶念 隨義觀法 從禪定起 為諸國王
王子臣民 婆羅門等 開化演暢 說斯經典
其心安隱 无有怯弱 文殊師利 是名菩薩
安住初法 能於後世 說法華經
又文殊師利如來滅後於末法中欲說是經
應住安樂行若口宣說若讀經時不樂說人
及經典過亦不輕慢諸餘法師不說他人好
惡長短於聲聞人亦不稱名說其過惡亦不
稱名讚歎其美又亦不生怨嫌之心善脩如
是安樂心故諸有聽者不逆其意有所難問
不以小乘法荅但以大乘而為解說令得一
切種智尒時世尊欲重宣此義而說偈言
菩薩常樂 安隱說法 於清淨地 而施床座
以油塗身 澡浴塵穢 著新淨衣 内外俱淨
安處法座 隨問為說 若有比丘 及比丘尼
諸優婆塞 及優婆夷 國王王子 羣臣士民
以微妙義 和顏為說 若有難問 隨義而荅
因緣譬喻 敷演分別 以是方便 皆使發心
漸漸增益 入於佛道 除嬾惰意 及懈怠想
離諸憂惱 慈心說法 晝夜常說 无上道教
以諸因緣 无量譬喻 開示衆生 咸令歡喜
衣服卧具 飲食醫藥 而於其中 无所悕望
但一心念 說法因緣 願成佛道 令衆亦尒
是則大利 安樂供養 我滅度後 若有比丘
能演說斯 妙法華經 心无嫉恚 諸惱障礙
亦无憂愁 及罵詈者 又无怖畏 加刀杖等

BD03403號 妙法蓮華經卷五 （27–3）

衣服卧具 飲食醫藥 而於其中 无所悕望
但一心念 說法因緣 願成佛道 令衆亦尒
是則大利 安樂供養 我滅度後 若有比丘
能演說斯 妙法華經 心无嫉恚 諸惱障礙
亦无憂愁 及罵詈者 又无怖畏 加刀杖等
亦无擯出 安住忍故 智者如是 善脩其心
能住安樂 如我上說 其人功德 千万億劫
筭數譬喻 說不能盡
又文殊師利菩薩摩訶薩於後末世法欲滅
時受持讀誦斯經典者无懷嫉妬諂誑之心
亦勿輕罵學佛道者求其長短若比丘比丘
尼優婆塞優婆夷求聲聞者求辟支佛者求
菩薩道者无得惱之令其疑悔語其人言汝
等去道甚遠終不能得一切種智所以者何
汝是放逸之人於道懈怠故又亦不應戲論
諸法有所諍競當於一切衆生起大悲想於
諸如來起慈父想於諸菩薩起大師想於十
方諸大菩薩常應深心恭敬禮拜於一切衆
生平等說法以順法故不多不少乃至深愛
法者亦不為多說文殊師利是菩薩摩訶薩
於後末世法欲滅時有成就是第三安樂行
者說是法時无能惱亂得好同學共讀誦是
經亦得大衆而來聽受聽已能持持已能誦
誦已能說說已能書若使人書供養經卷恭
敬尊重讚歎尒時世尊欲重宣此義而說偈
言
若欲說是經 當捨嫉恚慢 諂誑邪僞心 常脩質直行

BD03403號 妙法蓮華經卷五 （27–4）

誦已能說說已能書若使人書供養經卷恭
敬尊重讚歎尒時世尊欲重宣此義而說偈
言
若欲說是經　當捨嫉恚慢　諂誑邪偽心　常修質直行
不輕蔑於人　亦不戲論法　不令他疑悔　云汝不得佛
是佛子說法　常柔和能忍　慈悲於一切　不生懈怠心
十方大菩薩　愍衆故行道　應生恭敬心　是則我大師
於諸佛世尊　生无上父想　破於憍慢心　說法无障礙
第三法如是　智者應守護　一心安樂行　无量衆所敬
又文殊師利菩薩摩訶薩於後末世法欲滅時
有持是法華經者於在家出家人中生大慈
心於非菩薩人中生大悲心應作是念如是
之人則為大失如來方便隨宜說法不聞不
知不覺不問不信不解其人雖不問不信不
解是經我得阿耨多羅三藐三菩提時隨在
何地以神通力智慧力引之令得住是法中
文殊師利是菩薩摩訶薩於如來滅後有成
就此第四法者說是法時无有過失常為比
丘比丘尼優婆塞優婆夷國王王子大臣人
民婆羅門居士等供養恭敬尊重讚歎虛空
諸天為聽法故亦常隨侍若在聚落城邑空
閑林中有人來欲難問者諸天晝夜常為法
故而衛護之能令聽者皆得歡喜所以者何
此經是一切過去未來現在諸佛神力所護
故文殊師利是法華經於无量國中乃至名
字不可得聞何況得見受持讀誦文殊師利
譬如強力轉輪聖王欲以威勢降伏諸國而

BD03403號　妙法蓮華經卷五　（27–5）

此經是一切過去未來現在諸佛神力所護
故文殊師利是法華經於无量國中乃至名
字不可得聞何況得見受持讀誦文殊師利
譬如強力轉輪聖王欲以威勢降伏諸國而
諸小王不順其命時轉輪王起種種兵而往
討伐王見兵衆戰有功者即大歡喜隨功賞
賜或與田宅聚落城邑或與衣服嚴身之具
或與種種珍寶金銀瑠璃車𤦲馬瑙珊瑚虎
珀象馬車乘奴婢人民唯髻中明珠不以與
之所以者何獨王頂上有此一珠若以與之
王諸眷屬必大驚怪文殊師利如來亦復如
是以禪定智慧力得法國土王於三界而諸
魔王不肯順伏如來賢聖諸將與之共戰其
有功者心亦歡喜於四衆中為說諸經令其
心悅賜以禪定解脫无漏根力諸法之財又
復賜與涅槃之城言得滅度引導其心令皆
歡喜而不為說是法華經文殊師利如轉輪
王見諸兵衆有大功者心甚歡喜以此難信
之珠久在髻中不妄與人而今與之如來亦
復如是於三界中為大法王以法教化一切
衆生見賢聖軍與五陰魔煩惱魔死魔共戰
有大功勳滅三毒出三界破魔網尒時如來
亦大歡喜此法華經能令衆生至一切智一
切世間多怨難信先所未說而今說之文殊師
利此法華經是諸如來第一之說於諸說中
最為甚深末後賜與如彼強力之王久護
明珠今乃與之文殊師利此法華經諸佛如

BD03403號　妙法蓮華經卷五　（27–6）

切世間多怨難信先所未說而今說之文殊師利此法華經是諸如來第一之說於諸說中㝡為甚深末後賜與如彼強力之王久護明珠今乃與之文殊師利此法華經諸佛如來秘密之藏於諸經中㝡在其上長夜守護不妄宣說始於今日乃與汝等而敷演之尒時世尊欲重宣此義而說偈言

常行忍辱　哀愍一切　乃能演說　佛所讚經
後末世時　持此經者　於家出家　及非菩薩
應生慈悲　斯等不聞　不信是經　則為大失
我得佛道　以諸方便　為說此法　令住其中
譬如強力　轉輪之王　兵戰有功　賞賜諸物
象馬車乘　嚴身之具　及諸田宅　聚落城邑
或與衣服　種種珍寶　奴婢財物　歡喜賜與
如有勇健　能為難事　王解髻中　明珠賜之
如來亦尒　為諸法王　忍辱大力　智慧寶藏
以大慈悲　如法化世　見一切人　受諸苦惱
欲求解脫　與諸魔戰　為是眾生　說種種法
以大方便　說此諸經　既知眾生　得其力已
末後乃為　說是法華　如王解髻　明珠與之
此經為尊　眾經中上　我常守護　不妄開示
今正是時　為汝等說　我滅度後　求佛道者
欲得安隱　演說斯經　應當親近　如是四法
讀是經者　常无憂惱　又无病痛　顏色鮮白
不生貧窮　卑賤醜陋　眾生樂見　如慕賢聖
天諸童子　以為給使　刀杖不加　毒不能害
若人惡罵　口則閉塞　遊行无畏　如師子王

BD03403號　妙法蓮華經卷五　（27–7）

不生貧窮　卑賤醜陋　眾生樂見　如慕賢聖
天諸童子　以為給使　刀杖不加　毒不能害
若人惡罵　口則閉塞　遊行无畏　如師子王
智慧光明　如日之照　若於夢中　但見妙事
見諸如來　坐師子座　諸比丘眾　圍繞說法
又見龍神　阿脩羅等　數如恒沙　恭敬合掌
自見其身　而為說法　又見諸佛　身相金色
放无量光　照於一切　以梵音聲　演說諸法
佛為四眾　說无上法　見身處中　合掌讚佛
聞法歡喜　而為供養　得陀羅尼　證不退智
佛知其心　深入佛道　即為授記　成㝡正覺
汝善男子　當於來世　得无量智　佛之大道
國土嚴淨　廣大无比　亦有四眾　合掌聽法
又見自身　在山林中　脩習善法　證諸實相
深入禪定　見十方佛
諸佛身金色　百福相莊嚴　聞法為人說　常有是好夢
又夢作國王　捨宮殿眷屬　及上妙五欲　行詣於道場
在菩提樹下　而處師子座　求道過七日　得諸佛之智
成无上道已　起而轉法輪　為四眾說法　經千万億劫
說无漏妙法　度无量眾生　後當入涅槃　如煙盡燈滅
若後惡世中　說是第一法　是人得大利　如上諸功德

妙法蓮華經從地踊出品第十五

尒時他方國土諸來菩薩摩訶薩過八恒河沙數於大眾中起立合掌作礼而白佛言世尊若聽我等於佛滅後在此娑婆世界勤加精進護持讀誦書寫供養是經典者當於此土而廣說之尒時佛告諸菩薩摩訶薩眾止善

BD03403號　妙法蓮華經卷五　（27–8）

沙數於大衆中起立合掌作礼而白佛言世尊
若聽我等於佛滅後在此娑婆世界勤加精
進護持讀誦書寫供養是經典者當於此土
而廣說之尒時佛告諸菩薩摩訶薩衆止善
男子不須汝等護持此經所以者何我娑婆
世界自有六万恒河沙等菩薩摩訶薩一一
菩薩各有六万恒河沙眷屬是諸人等能於
我滅後護持讀誦廣說此經佛說是時娑婆
世界三千大千國土地皆震裂而於其中有
无量千万億菩薩摩訶薩同時踊出是諸菩
薩身皆金色三十二相无量光明先盡在此
娑婆世界之下此界虛空中住是諸菩薩聞
釋迦牟尼佛所說音聲從下發來一一菩薩
皆是大衆唱導之首各將六万恒河沙眷屬
况將五万四万三万二万一万恒河沙等眷屬
者况復乃至一恒河沙半恒河沙四分之一
乃至千万億那由他分之一况復千万億
那由他眷屬况復億万眷屬况復千万百万
乃至一万况復一千一百乃至一十况復將
五四三二一弟子者况復單己樂遠離行如
是等比无量无邊算數譬喻所不能知是諸
菩薩從地出已各詣虛空七寶妙塔多寶如
來釋迦牟尼佛所到已向二世尊頭面礼足
及至諸寶樹下師子座上佛所亦皆作礼右
遶三帀合掌恭敬以諸菩薩種種讚法而以
讚歎住在一面欣樂瞻仰於二世尊是諸菩
薩摩訶薩從初踊出以諸菩薩種種讚法而

BD03403 號　妙法蓮華經卷五　（27–9）

遶三帀合掌恭敬以諸菩薩種種讚法而以
讚歎住在一面欣樂瞻仰於二世尊是諸菩
薩摩訶薩從初踊出以諸菩薩種種讚法而
讚於佛如是時間經五十小劫是時釋迦牟
尼佛默然而坐及諸四衆亦皆默然五十小
劫佛神力故令諸大衆謂如半日尒時四衆
亦以佛神力故見諸菩薩遍滿无量百千万
億國土虛空是菩薩衆中有四導師一名上
行二名无邊行三名淨行四名安立行是四
菩薩於其衆中最為上首唱導之師在大衆
前各共合掌觀釋迦牟尼佛而問訊言世尊
少病少惱安樂行不所應度者受教易不不
令世尊生疲勞耶尒時四大菩薩而說偈言
世尊安樂　少病少惱　教化衆生　得无疲倦
又諸衆生　受化易不　不令世尊　生疲勞耶
尒時世尊於菩薩大衆中而作是言如是如
是諸善男子如來安樂少病少惱諸衆生等
易可化度无有疲勞所以者何是諸衆生世
世已來常受我化亦於過去諸佛供養尊重
種諸善根此諸衆生始見我身聞我所說即
皆信受入如來慧除先修習學小乘者如是
之人我今亦令得聞是經入於佛慧尒時諸
大菩薩而說偈言
善哉善哉　大雄世尊　諸衆生等　易可化度
能問諸佛　甚深智慧　聞已信行　我等隨喜
於時世尊讚歎上首諸大菩薩善哉善哉善
男子汝等能於如來發隨喜心尒時彌勒菩

BD03403 號　妙法蓮華經卷五　（27–10）

善哉善哉大雄世尊　諸衆生等　易可化度
能問諸佛　甚深智慧　聞已信行　我等隨喜
於時世尊讚歎上首諸大菩薩善哉善哉善
男子汝等能於如來發隨喜心尒時彌勒菩
薩及八千恒河沙諸菩薩衆皆作是念我等
從昔已來不見不聞如是大菩薩摩訶薩衆
從地踊出住世尊前合掌供養問訊如來時
彌勒菩薩摩訶薩知八千恒河沙諸菩薩等
心之所念并欲自決所疑合掌向佛以偈問曰
无量千万億　大衆諸菩薩　昔所未曾見　願兩足尊說
是從何所來　以何因緣集　巨身大神通　智慧叵思議
其志念堅固　有大忍辱力　衆生所樂見　為從何所來
一一諸菩薩　所將諸眷屬　其數无有量　如恒河沙等
或有大菩薩　將六万恒沙　如是諸大衆　一心求佛道
是諸大師等　六万恒河沙　俱來供養佛　及護持此經
將五万恒沙　其數過於是　四万及三万　二万至一万
一千一百等　乃至一恒沙　半及三四分　億万分之一
千万那由他　万億諸弟子　乃至於半億　其數復過上
百万至一万　一千及一百　五十與一十　乃至三二一
單己无眷屬　樂於獨處者　俱來至佛所　其數轉過上
如是諸大衆　若人行籌數　過於恒沙劫　猶不能盡知
是諸大威德　精進菩薩衆　誰為其說法　教化而成就
從誰初發心　稱揚何佛法　受持行誰經　脩習何佛道
如是諸菩薩　神通大智力　四方地震裂　皆從中踊出
世尊我昔來　未曾見是事　願說其所從　國土之名号
我常遊諸國　未曾見是衆　我於此衆中　乃不識一人
忽然從地出　願說其因緣　今此之大會　无量百千億

BD03403號　妙法蓮華經卷五　（27–11）

從誰初發心　稱揚何佛法　受持行誰經　脩習何佛道
如是諸菩薩　神通大智力　四方地震裂　皆從中踊出
世尊我昔來　未曾見是事　願說其所從　國土之名号
我常遊諸國　未曾見是衆　我於此衆中　乃不識一人
忽然從地出　願說其因緣　今此之大會　无量百千億
是諸菩薩等　皆欲知此事　是諸菩薩衆　本末之因緣
无量德世尊　唯願決衆疑
尒時釋迦牟尼佛分身諸佛從无量千万億
他方國土來者在於八方諸寶樹下師子座
上結加趺坐其佛侍者各各見是菩薩大衆
於三千大千世界四方從地踊出住於虛空
各白其佛言世尊此諸无量无邊阿僧祇菩
薩大衆從何所來尒時諸佛各告侍者諸善
男子且待須臾有菩薩摩訶薩名曰彌勒釋迦
牟尼佛之所授記次後作佛已問斯事佛今
荅之汝等自當因是得聞尒時釋迦牟尼佛
告彌勒菩薩善哉善哉阿逸多乃能問佛如
是大事汝等當共一心被精進鎧發堅固意
如來今欲顯發宣示諸佛智慧諸佛自在神
通之力諸佛師子奮迅之力諸佛威猛大勢
之力尒時世尊欲重宣此義而說偈言
當精進一心　我欲說此事　勿得有疑悔　佛智叵思議
汝今出信力　住於忍善中　昔所未聞法　今皆當得聞
我今安慰汝　勿得懷疑懼　佛无不實語　智慧不可量
所得第一法　甚深叵分別　如是今當說　汝等一心聽
尒時世尊說此偈已告彌勒菩薩我今於此大
衆宣告汝等阿逸多是諸大菩薩摩訶薩

BD03403號　妙法蓮華經卷五　（27–12）

汝今出信力　住於忍善中　昔所未聞法　今皆當得聞
我今安慰汝　勿得懷疑懼　佛无不實語　智慧不可量
所得第一法　甚深叵分別　如是今當說　汝等一心聽
尒時世尊說此偈已告弥勒菩薩我今於此大
衆宣告汝等阿逸多是諸大菩薩摩訶薩
无量无數阿僧祇從地踊出汝等昔所未見
者我於是娑婆世界得阿耨多羅三藐三菩
提已教化示導是諸菩薩調伏其心令發道
意此諸菩薩皆於是娑婆世界之下此界虛
空中住於諸經典讀誦通利思惟分別正憶
念阿逸多是諸善男子等不樂在衆多有所
說常樂靜處勤行精進未曾休息亦不依止
人天而住常樂深智无有障礙亦常樂於諸
佛之法一心精進求无上慧尒時世尊欲重
宣此義而說偈言
阿逸汝當知　是諸大菩薩　從无數劫來　脩習佛智慧
悉是我所化　令發大道心　此等是我子　依止是世界
常行頭陁事　志樂於靜處　捨大衆憒閙　不樂多所說
如是諸子等　學習我道法　晝夜常精進　為求佛道故
在娑婆世界　下方空中住　志念力堅固　常勤求智慧
說種種妙法　其心无所畏　我於伽耶城　菩提樹下坐
得成最正覺　轉无上法輪　尒乃教化之　令初發道心
今皆住不退　悉當得成佛　我今說實語　汝等一心信
我從久遠來　教化是等衆
尒時弥勒菩薩摩訶薩及无數諸菩薩等心
生疑惑怪未曾有而作是念云何世尊於少
時間教化如是无量无邊阿僧祇諸大菩薩
令住阿耨多羅三藐三菩提即白佛言世尊

BD03403號　妙法蓮華經卷五　（27–13）

生疑惑怪未曾有而作是念云何世尊於少
時間教化如是无量无邊阿僧祇諸大菩薩
令住阿耨多羅三藐三菩提即白佛言世尊
如來為太子時出於釋宮去伽耶城不遠坐
於道場得成阿耨多羅三藐三菩提從是已
來始過四十餘年世尊云何於此少時大作
佛事以佛勢力以佛功德教化如是无量大
菩薩衆當成阿耨多羅三藐三菩提世尊此
大菩薩衆假使有人於千万億劫數不能盡
不得其邊斯等久遠已來於无量无邊諸佛
所殖諸善根成就菩薩道常脩梵行世尊如
此之事世所難信譬如有人色美髮黑年二
十五指百歲人言是我子其百歲人亦指年
少言是我父生育我等是事難信佛亦如是
得道已來其實未久而此大衆諸菩薩等已
於无量千万億劫為佛道故勤行精進善入
出住无量百千万億三昧得大神通久脩梵
行善能次第習諸善法巧於問荅人中之寶
一切世間甚為希有今日世尊方云得佛道
時初令發心教化示導令向阿耨多羅三藐
三菩提世尊得佛未久乃能作此大功德事
我等雖復信佛隨宜所說佛所出言未曾虛
妄佛所知者皆悉通達然諸新發意菩薩於
佛滅後若聞是語或不信受而起破法罪業
因緣唯然世尊願為解說除我等疑及未來
世諸善男子聞此事已亦不生疑尒時弥勒
菩薩欲重宣此義而說偈言

BD03403號　妙法蓮華經卷五　（27–14）

佛滅後若聞是語或不信受而起破法罪業
因緣唯然世尊願為解說除我等疑及未來
世諸善男子聞此事已亦不生疑尒時弥勒
菩薩欲重宣此義而說偈言
佛昔從釋種　出家近伽耶　坐於菩提樹　尒来尚未久
此諸佛子等　其數不可量　久已行佛道　住神通智力
善學菩薩道　不染世間法　如蓮華在水　從地而踊出
皆起恭敬心　住於世尊前　是事難思議　云何而可信
佛得道甚近　所成就甚多　願為除衆疑　如實分別說
譬如少壯人　年始二十五　示人百歲子　髮白而面皺
是等我所生　子亦說是父　父少而子老　舉世所不信
世尊亦如是　得道来甚近　是諸菩薩等　志固无怯弱
從无量劫来　而行菩薩道　巧於難問荅　其心无所畏
忍辱心決定　端正有威徳　十方佛所讚　善能分別說
不樂在人衆　常好在禪定　為求佛道故　於下空中住
我等從佛聞　於此事无疑　願佛為未来　演說令開解
若有於此經　生疑不信者　即當墮惡道　願今為解說
是无量菩薩　云何於少時　教化令發心　而住不退地
妙法蓮華經如来壽量品第十六
尒時佛告諸菩薩及一切大衆諸善男子汝
等當信解如来誠諦之語復告大衆汝等當
信解如来誠諦之語又復告諸大衆汝等當
信解如来誠諦之語是時菩薩大衆弥勒為
首合掌白佛言世尊唯願說之我等當信受
佛語如是三白已復言唯願說之我等當信受
佛語尒時世尊知諸菩薩三請不止而告之
言汝等諦聽如来秘密神通之力一切世間

BD03403號　妙法蓮華經卷五　(27–15)

信解如来誠諦之語是時菩薩大衆弥勒為
首合掌白佛言世尊唯願說之我等當信受
佛語如是三白已復言唯願說之我等當信受
佛語尒時世尊知諸菩薩三請不止而告之
言汝等諦聽如来秘密神通之力一切世間
天人及阿脩羅皆謂今釋迦牟尼佛出釋氏
宫去伽耶城不遠坐於道場得阿耨多羅三
藐三菩提然善男子我實成佛已来无量无
邊百千万億那由他劫譬如五百千万億那
由他阿僧祇三千大千世界假使有人抹為
微塵過於東方五百千万億那由他阿僧
祇國乃下一塵如是東行盡是微塵諸善男
子於意云何是諸世界可得思惟校計知其
數不弥勒菩薩等俱白佛言世尊是諸世界
无量无邊非筭數所知亦非心力所及一切聲
聞辟支佛以无漏智不能思惟知其限數我
等住阿惟越致地於是事中亦所不達世尊
如是諸世界无量无邊尒時佛告大菩薩衆
諸善男子今當分明宣語汝等是諸世界若
著微塵及不著者盡以為塵一塵一劫我成
佛已来復過於此百千万億那由他阿僧祇
劫自從是来我常在此娑婆世界說法教化
亦於餘處百千万億那由他阿僧祇國導利
衆生諸善男子於是中間我說然燈佛等
又復言其入於涅槃如是皆以方便分別諸
善男子若有衆生来至我所我以佛眼觀其
信等諸根利鈍隨所應度處處自說名字不

BD03403號　妙法蓮華經卷五　(27–16)

衆生諸善男子於是中間我說然燈佛等
又復言其入於涅槃如是皆以方便分別諸
善男子若有衆生來至我所我以佛眼觀其
信等諸根利鈍隨所應度處處自說名字不
同年紀大小亦復現言當入涅槃又以種種方
便說微妙法能令衆生發歡喜心諸善男子
如來見諸衆生樂於小法德薄垢重者為是
人說我少出家得阿耨多羅三藐三菩提然
我實成佛已來久遠若斯但以方便教化衆
生令入佛道作如是說諸善男子如來所演
經典皆為度脫衆生或說己身或說他身或
示己身或示他身或示己事或示他事諸所
言說皆實不虛所以者何如來如實知見三
界之相无有生死若退若出亦无在世及滅
度者非實非虛非如非異不如三界見於三
界如斯之事如來明見无有錯謬以諸衆生
有種種性種種欲種種行種種憶想分別
故欲令生諸善根以若干因緣譬喻言辭種
種說法所作佛事未曾暫廢如是我成佛已
來甚大久遠壽命无量阿僧祇劫常住不滅
諸善男子我本行菩薩道所成壽命今猶未
盡復倍上數然今非實滅度而便唱言當取
滅度如來以是方便教化衆生所以者何若
佛久住於世薄德之人不種善根貧窮下賤
貪著五欲入於憶想妄見網中若見如來常
在不滅便起憍恣而懷猒怠不能生難遭之
想恭敬之心是故如來以方便說比丘當知
諸佛出世難可值遇所以者何諸薄德人過

BD03403號　妙法蓮華經卷五

（27–17）

佛久住於世薄德之人不種善根貧窮下賤
貪著五欲入於憶想妄見網中若見如來常
在不滅便起憍恣而懷猒怠不能生難遭之
想恭敬之心是故如來以方便說比丘當知
諸佛出世難可值遇所以者何諸薄德人過
无量百千万億劫或有見佛或不見者以此
事故我作是言諸比丘如來難可得見斯衆
生等聞如是語必當生於難遭之想心懷戀
慕渴仰於佛便種善根是故如來雖不實滅
而言滅度又善男子諸佛如來法皆如是為
度衆生皆實不虛譬如良醫智慧聰達明練
方藥善治衆病其人多諸子息若十二十乃
至百數以有事緣遠至餘國諸子於後飲他
毒藥藥發悶亂宛轉于地是時其父還來歸
家諸子飲毒或失本心或不失者遙見其父
皆大歡喜拜跪問訊善安隱歸我等愚癡誤
服毒藥願見救療更賜壽命父見子等苦惱
如是依諸經方求好藥草色香美味皆悉具
足擣篩和合與子令服而作是言此大良藥
色香美味皆悉具足汝等可服速除苦惱无
復衆患其諸子中不失心者見此良藥色香
俱好即便服之病盡除愈餘失心者見其父
來雖亦歡喜問訊求索治病然與其藥而不
肯服所以者何毒氣深入失本心故於此好
色香藥而謂不美父作是念此子可愍為毒
所中心皆顛倒雖見我喜求索救療如是好
藥而不肯服我今當設方便令服此藥即作

BD03403號　妙法蓮華經卷五

（27–18）

肯服所以者何毒氣深入失本心故於此好
色香藥而謂不美父作是念此子可愍為毒
所中心皆顛倒雖見我喜求索救療如是好
藥而不肯服我今當設方便令服此藥即作
是言汝等當知我今衰老死時已至是好良
藥今留在此汝可取服勿憂不差作是教已
復至他國遣使還告汝父已死是時諸子聞
父背喪心大憂惱而作是念若父在者慈愍
我等能見救護今者捨我遠喪他國自惟孤
露无復恃怙常懷悲感心遂醒悟乃知此藥
色味香美即取服之毒病皆愈其父聞子悉
已得差尋便來歸咸使見之諸善男子於意
云何頗有人能說此良醫虛妄罪不不也世
尊佛言我亦如是成佛已來无量无邊百千
万億那由他阿僧祇劫為衆生故以方便力
言當滅度亦无有能如法說我虛妄過者尒
時世尊欲重宣此義而說偈言
自我得佛來　所經諸劫數　无量百千万　億載阿僧祇
常說法教化　无數億衆生　令入於佛道　尒來无量劫
為度衆生故　方便現涅槃　而實不滅度　常住此說法
我常住於此　以諸神通力　令顛倒衆生　雖近而不見
衆見我滅度　廣供養舍利　咸皆懷戀慕　而生渴仰心
衆生既信伏　質直意柔軟　一心欲見佛　不自惜身命
時我及衆僧　俱出靈鷲山　我時語衆生　常在此不滅
以方便力故　現有滅不滅　餘國有衆生　恭敬信樂者
我復於彼中　為說无上法　汝等不聞此　但謂我滅度
我見諸衆生　沒在於苦惱　故不為現身　令其生渴仰

以方便力故　現有滅不滅　餘國有衆生　恭敬信樂者
我復於彼中　為說无上法　汝等不聞此　但謂我滅度
我見諸衆生　沒在於苦惱　故不為現身　令其生渴仰
因其心戀慕　乃出為說法　神通力如是　於阿僧祇劫
常在靈鷲山　及餘諸住處　衆生見劫盡　大火所燒時
我此土安隱　天人常充滿　園林諸堂閣　種種寶莊嚴
寶樹多華菓　衆生所遊樂　諸天擊天鼓　常作衆伎樂
雨曼陁羅華　散佛及大衆　我淨土不毀　而衆見燒盡
憂怖諸苦惱　如是悉充滿　是諸罪衆生　以惡業因緣
過阿僧祇劫　不聞三寶名　諸有脩功德　柔和質直者
則皆見我身　在此而說法　或時為此衆　說佛壽无量
久乃見佛者　為說佛難值　我智力如是　慧光照无量
壽命无數劫　久脩業所得　汝等有智者　勿於此生疑
當斷令永盡　佛語實不虛　如醫善方便　為治狂子故
實在而言死　无能說虛妄　我亦為世父　救諸苦患者
為凡夫顛倒　實在而言滅　以常見我故　而生憍恣心
放逸著五欲　墮於惡道中　我常知衆生　行道不行道
隨應所可度　為說種種法　每自作是意　以何令衆生
得入无上道　速成就佛身
妙法蓮華經分別功德品第十七
尒時大會聞佛說壽命劫數長遠如是无量
无邊阿僧祇衆生得大饒益於時世尊告弥
勒菩薩摩訶薩阿逸多我說是如來壽命長
遠時六百八十万億那由他恒河沙衆生得
无生法忍復千倍菩薩摩訶薩得聞持陁羅
尼門復有一世界微塵數菩薩摩訶薩得樂
說无㝵辯才復有一世界微塵數菩薩摩訶

遠時六百八十万億那由他恒河沙衆生得
无生法忍復千倍菩薩摩訶薩得聞持陁羅
尼門復有一世界微塵數菩薩摩訶薩得樂
説无礙辯才復有一世界微塵數菩薩摩訶
薩得百千万億无量旋陁羅尼復有三千大千
世界微塵數菩薩摩訶薩能轉不退法輪復
有二千中國土微塵數菩薩摩訶薩能轉清
淨法輪復有小千國土微塵數菩薩摩訶薩
八生當得阿耨多羅三藐三菩提復有四四
天下微塵數菩薩摩訶薩四生當得阿耨多
羅三藐三菩提復有三四天下微塵數菩薩
摩訶薩三生當得阿耨多羅三藐三菩提復
有二四天下微塵數菩薩摩訶薩二生當得
阿耨多羅三藐三菩提復有一四天下微塵
數菩薩摩訶薩一生當得阿耨多羅三藐三
菩提復有八世界微塵數衆生皆發阿耨多
羅三藐三菩提心佛説是諸菩薩摩訶薩得
大法利時於虚空中雨曼陁羅華摩訶曼陁
羅華以散无量百千万億寶樹下師子座上
諸佛幷散七寶塔中師子座上釋迦牟尼佛
及久滅度多寶如来亦散一切諸大菩薩及
四部衆又雨細末栴檀沉水香等於虚空中
天鼓自鳴妙聲深遠又雨千種天衣垂諸瓔
珞真珠瓔珞摩尼珠瓔珞如意珠瓔珞遍於
九方衆寶香爐燒无價香自然周至供養大
會一一佛上有諸菩薩執持幡蓋次第而上
至于梵天是諸菩薩以妙音聲歌无量頌讃

九方衆寶香爐燒无價香自然周至供養大
會一一佛上有諸菩薩執持幡蓋次第而上
至于梵天是諸菩薩以妙音聲歌无量頌讃
歎諸佛尒時弥勒菩薩從座而起偏袒右肩
合掌向佛而説偈言
佛説希有法　昔所未曾聞　世尊有大力　壽命不可量
无數諸佛子　聞世尊分別　説得法利者　歡喜充遍身
或住不退地　或得陁羅尼　或无礙樂説　万億旋摠持
或有大千界　微塵數菩薩　各各皆能轉　不退之法輪
或有中千界　微塵數菩薩　各各皆能轉　清淨之法輪
復有小千界　微塵數菩薩　餘各八生在　當得成佛道
復有四三二　如是四天下　微塵諸菩薩　隨數生成佛
或一四天下　微塵數菩薩　餘有一生在　當成一切智
如是等衆生　聞佛壽長遠　得无量无漏　清淨之果報
復有八世界　微塵數衆生　聞佛説壽命　皆發无上心
世尊説无量　不可思議法　多有所饒益　如虚空无邊
雨天曼陁羅　摩訶曼陁羅　釋梵如恒沙　无數佛土来
雨栴檀沉水　繽紛而亂墜　如鳥飛空下　供散於諸佛
天鼓虚空中　自然出妙聲　天衣千万種　旋轉而来下
衆寶妙香爐　燒无價之香　自然悉周遍　供養諸世尊
其大菩薩衆　執七寶幡蓋　高妙万億種　次第至梵天
一一諸佛前　寶幢懸勝幡　亦以千万偈　歌詠諸如来
如是種種事　昔所未曾有　聞佛壽无量　一切皆歡喜
佛名聞十方　廣饒益衆生　一切具善根　以助无上心
尒時佛告弥勒菩薩摩訶薩阿逸多其有衆
生聞佛壽命長遠如是乃至能生一念信解
所得功德无有限量若有善男子善女人為

佛名聞十方　廣饒益衆生　一切具善根　以助无上心
尒時佛告㫆勒菩薩摩訶薩阿逸多其有衆
生聞佛壽命長遠如是乃至能生一念信解
所得功德无有限量若有善男子善女人為
阿耨多羅三藐三菩提於八十万億那由他
劫行五波羅蜜檀波羅蜜尸羅波羅蜜羼
提波羅蜜毗梨耶波羅蜜禪波羅蜜除般若
波羅蜜以是功德比前功德百分千分百千万
億分不及其一乃至筭數譬喻所不能知若
善男子有如是功德於阿耨多羅三藐三菩
提退者无有是處尒時世尊欲重宣此義而
說偈言
若人求佛慧　於八十万億　那由他劫數　行五波羅蜜
於是諸劫中　布施供養佛　及緣覺弟子　并諸菩薩衆
珎異之飲食　上服與卧具　栴檀立精舍　以園林莊嚴
如是等布施　種種皆微妙　盡此諸劫數　以迴向佛道
若復持禁戒　清淨无缺漏　求於无上道　諸佛之所歎
若復行忍辱　住於調柔地　設衆惡來加　其心不傾動
諸有得法者　懷於增上慢　為此所輕惱　如是亦能忍
若復勤精進　志念常堅固　於无量億劫　一心不解怠
又於无數劫　住於空閑處　若坐若經行　除睡常攝心
以是因緣故　能生諸禪定　八十億万劫　安住心不亂
持此一心福　願求无上道　我得一切智　盡諸禪定際
是人於百千　万億劫數中　行此諸功德　如上之所說
有善男女等　聞我說壽命　乃至一念信　其福過於彼
若人悉无有　一切諸疑悔　深心須臾信　其福為如此
其有諸菩薩　无量劫行道　聞我說壽命　是則能信受

是人於百千　万億劫數中　行此諸功德　如上之所說
有善男女等　聞我說壽命　乃至一念信　其福過於彼
若人悉无有　一切諸疑悔　深心須臾信　其福為如此
其有諸菩薩　无量劫行道　聞我說壽命　是則能信受
如是諸人等　頂受此經典　願我於未來　長壽度衆生
如今日世尊　諸釋中之王　道場師子吼　說法无所畏
我等未來世　一切所尊敬　坐於道場時　說壽亦如是
若有深心者　清淨而質直　多聞能捴持　隨義解佛語
如是諸人等　於此无有疑
又阿逸多若有聞佛壽命長遠解其言趣是
人所得功德无有限量能起如來无上之慧
何况廣聞是經若教人聞若自持若教人持
若自書若教人書若以華香瓔珞幢幡繒蓋
香油蘇燈供養經卷是人功德无量无邊能
生一切種智阿逸多若善男子善女人聞我
說壽命長遠深心信解則為見佛常在耆闍
崛山共大菩薩諸聲聞衆圍繞說法又見此
娑婆世界其地瑠璃坦然平正閻浮檀金以
界八道寶樹行列諸臺樓觀皆悉寶成其菩
薩衆咸處其中若有能如是觀者當知是為
深信解相又復如來滅後若聞是經而不毀
呰起隨喜心當知已為深信解相何况讀誦
受持之者斯人則為頂戴如來阿逸多是善
男子善女人不須為我復起塔寺及作僧坊
以四事供養衆僧所以者何是善男子善女
人受持讀誦是經典者為已起塔造立僧坊
供養衆僧則為以佛舍利起七寶塔高廣漸

受持之者斯人則為頂戴如來阿逸多是善
男子善女人不須為我復起塔寺及作僧坊
以四事供養衆僧所以者何是善男子善女
人受持讀誦是經典者為已起塔造立僧坊
供養衆僧則為以佛舍利起七寶塔高廣漸
小至于梵天懸諸幡蓋及衆寶鈴華香瓔
珞末香塗香燒香衆鼓伎樂簫笛箜篌種種
舞戲以妙音聲歌唄讚頌則為於无量千万
億劫作是供養已阿逸多若我滅後聞是經
典有能受持若自書若教人書則為起立僧坊
以赤栴檀作諸殿堂三十有二高八多羅樹
高廣嚴好百千比丘於其中止園林浴池經
行禪窟衣服飲食床褥湯藥一切樂具充滿
其中如是僧坊堂閣若干百千万億其數无
量以此現前供養於我及比丘僧是故我說
如來滅後若有受持讀誦為他人說若自書
若教人書供養經卷不須復起塔寺及造僧
坊供養衆僧況復有人能持是經兼行布施
持戒忍辱精進一心智慧其德㝡勝无量无
邊譬如虛空東西南北四維上下无量无邊
是人功德亦復如是无量无邊疾至一切種
智若人讀誦受持是經為他人說自書若
教人書復能起塔及造僧坊供養讚歎聲
聞衆僧亦以百千万億讚歎之法讚歎菩薩功
德又為他人種種因緣隨義解說此法華經
復能清淨持戒與柔和者而共同止忍辱无
瞋志念堅固常貴坐禪得諸深定精進勇

BD03403號　妙法蓮華經卷五　（27–25）

教人書復能起塔及造僧坊供養讚歎聲
聞衆僧亦以百千万億讚歎之法讚歎菩薩功
德又為他人種種因緣隨義解說此法華經
復能清淨持戒與柔和者而共同止忍辱无
瞋志念堅固常貴坐禪得諸深定精進勇
猛攝諸善法利根智慧善荅問難阿逸多若
我滅後諸善男子善女人受持讀誦是經典
者復有如是諸善功德當知是人已趣道場
近阿耨多羅三藐三菩提坐道樹下阿逸多是
善男子善女人若坐若立若行處此中便應
起塔一切天人皆應供養如佛之塔尒時世
尊欲重宣此義而說偈言
若我滅度後　能奉持此經　斯人福无量　如上之所說
是則為具足　一切諸供養　以舍利起塔　七寶而莊嚴
表刹甚高廣　漸小至梵天　寶鈴千万億　風動出妙音
又於无量劫　而供養此塔　華香諸瓔珞　天衣衆伎樂
然香油蘇燈　周帀常照明　惡世法末時　能持是經者
則為已如上　具足諸供養　若能持此經　則如佛現在
以牛頭栴檀　起僧坊供養　堂有三十二　高八多羅樹
上饌妙衣服　床臥皆具足　百千衆住處　園林諸流池
經行及禪窟　種種皆嚴好　若有信解心　受持讀誦書
若復教人書　及供養經卷　散華香末香　以須曼瞻蔔
阿提目多伽　薰油常燃之　如是供養者　得无量功德
如虛空无邊　其福亦如是　況復持此經　兼布施持戒
忍辱樂禪定　不瞋不惡口　恭敬於塔廟　謙下諸比丘
遠離自高心　常思惟智慧　有問難不瞋　隨順為解說
若能行是行　功德不可量　若見此法師　成就如是德

BD03403號　妙法蓮華經卷五　（27–26）

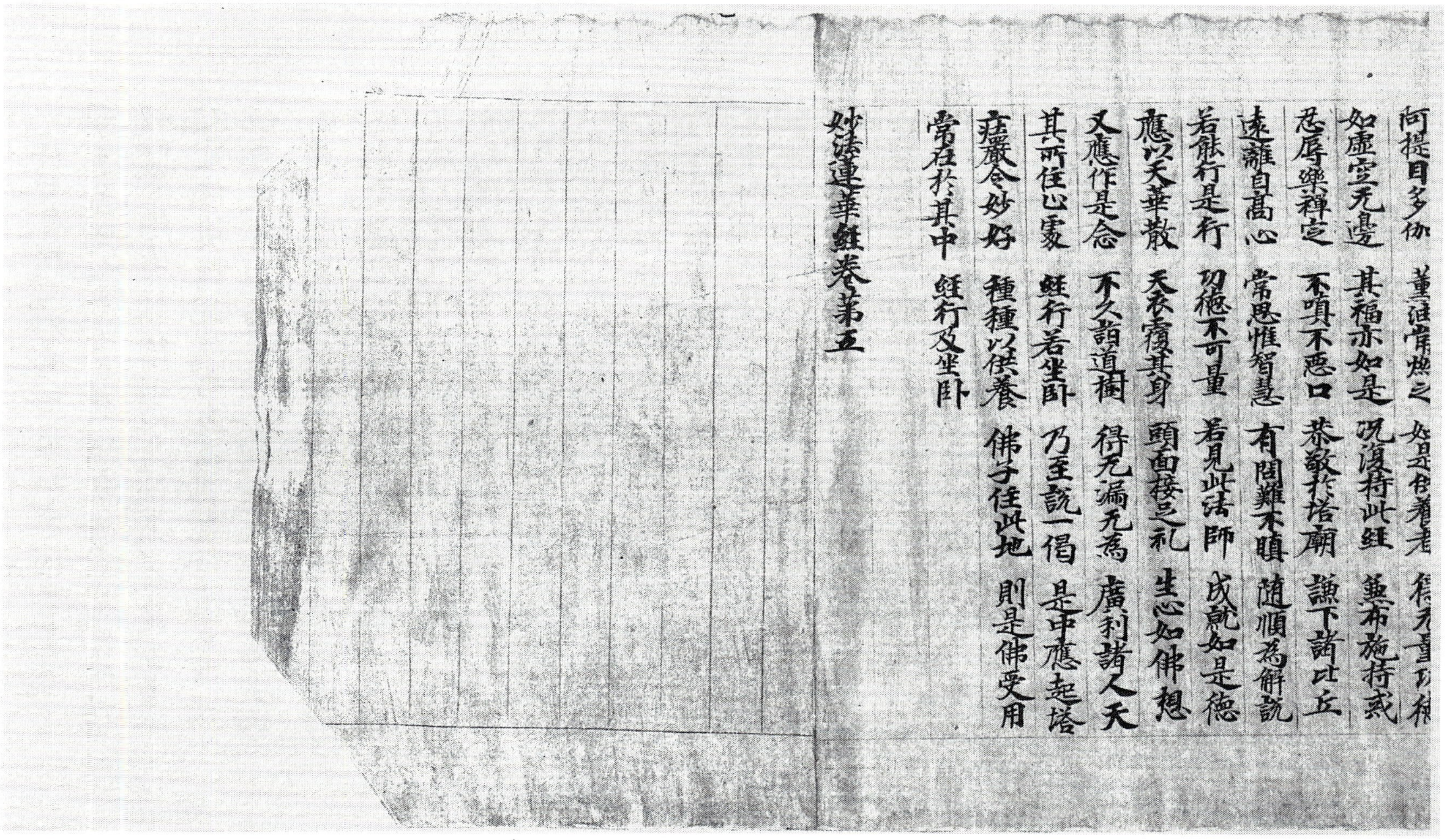
阿提目多伽 薰油常燃之 如是供養者 得无量功德
如虛空无邊 其福亦如是 況復持此經 兼布施持戒
忍辱樂禪定 不嗔不惡口 恭敬於塔廟 謙下諸比丘
遠離自高心 常思惟智慧 有問難不瞋 隨順為解說
若能行是行 功德不可量 若見此法師 成就如是德
應以天華散 天衣覆其身 頭面接足礼 生心如佛想
又應作是念 不久詣道樹 得无漏无為 廣利諸人天
其所住止處 經行若坐卧 乃至說一偈 是中應起塔
莊嚴令妙好 種種以供養 佛子住此地 則是佛受用
常在於其中 經行及坐卧
妙法蓮華經卷第五

BD03403號　妙法蓮華經卷五　（27–27）

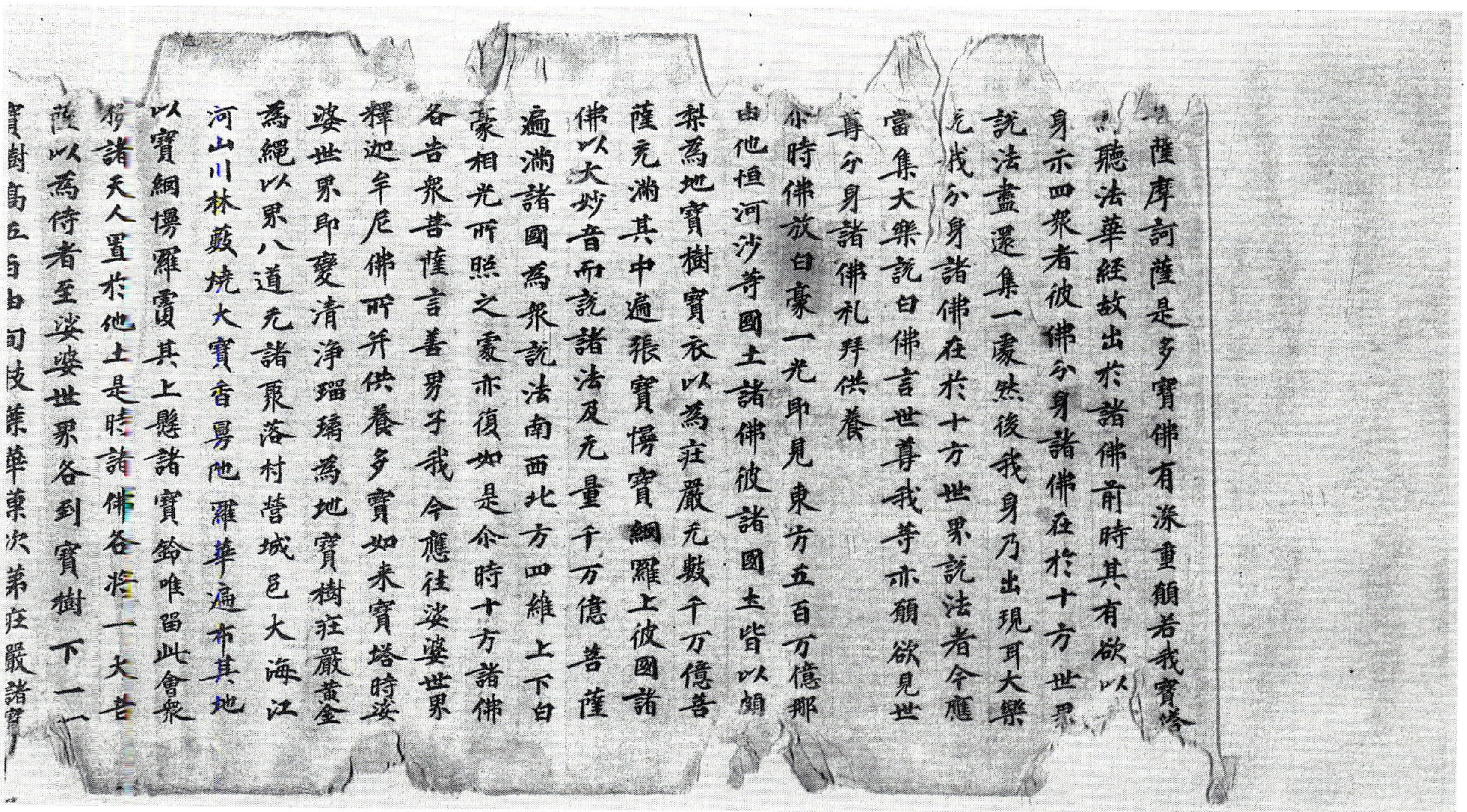
[illegible]薩摩訶薩是多寶佛有深重願若我寶塔
[illegible]聽法華經故出於諸佛前時其有欲以
身示四眾者彼佛分身諸佛在於十方世界
說法盡還集一處然後我身乃出現耳大樂
說我分身諸佛在於十方世界說法者今應
當集大樂說白佛言世尊我等亦願欲見世
尊分身諸佛礼拜供養
尒時佛放白毫一光即見東方五百万億那
由他恒河沙等國土諸佛彼諸國土皆以頗
梨為地寶樹寶衣以為莊嚴无數千万億菩
薩充滿其中遍張寶幔寶網羅上彼國諸
佛以大妙音而說諸法及无量千万億菩薩
遍滿諸國為眾說法南西北方四維上下白
毫相光所照之處亦復如是尒時十方諸佛
各告眾菩薩言善男子我今應往娑婆世界
釋迦牟尼佛所并供養多寶如來寶塔時娑
婆世界即變清淨瑠璃為地寶樹莊嚴黃金
為繩以界八道无諸聚落村營城邑大海江
河山川林藪燒大寶香曼陀羅華遍布其地
以寶網幔羅覆其上懸諸寶鈴唯留此會眾
移諸天人置於他土是時諸佛各將一大菩
薩以為侍者至娑婆世界各到寶樹下一一
寶樹高五百由旬枝葉華菓次第莊嚴諸寶

BD03404號　妙法蓮華經卷四　（2–1）

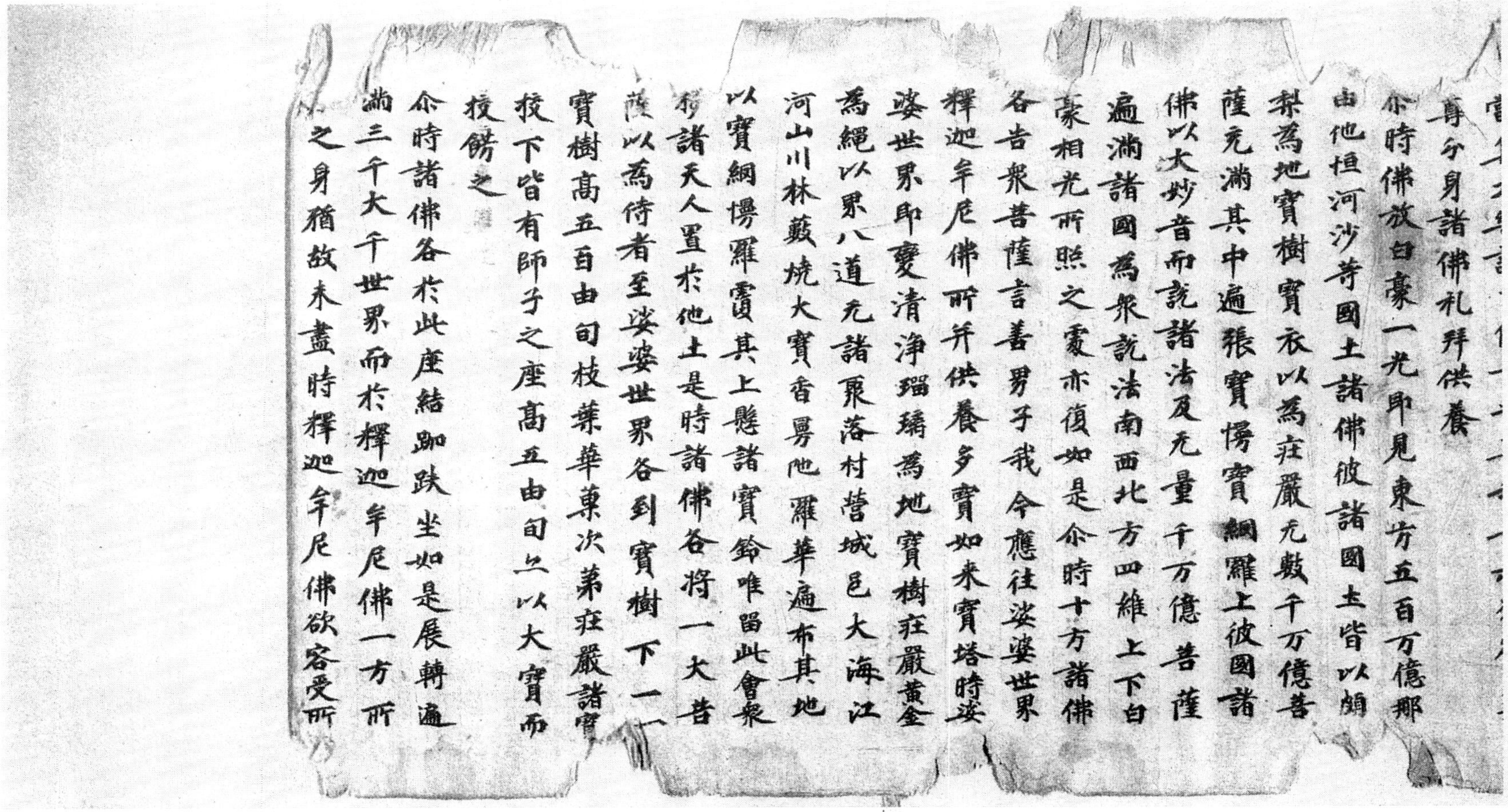
尊分身諸佛禮拜供養
尒時佛放白毫一光即見東方五百万億那
由他恒河沙等國土諸佛彼諸國土皆以頗
梨為地寶樹寶衣以為莊嚴无數千万億菩
薩充滿其中遍張寶幔寶網羅上彼國諸
佛以大妙音而說諸法及无量千万億菩薩
遍滿諸國為衆說法南西北方四維上下白
毫相光所照之處亦復如是尒時十方諸佛
各告衆菩薩言善男子我今應往娑婆世界
釋迦牟尼佛所并供養多寶如來寶塔時娑
婆世界即變清淨瑠璃為地寶樹莊嚴黃金
為繩以界八道无諸聚落村營城邑大海江
河山川林藪燒大寶香曼陀羅華遍布其地
以寶網幔羅覆其上懸諸寶鈴唯留此會衆
移諸天人置於他土是時諸佛各將一大菩
薩以為侍者至娑婆世界各到寶樹下一一
寶樹高五百由旬枝葉華菓次第莊嚴諸寶
樹下皆有師子之座高五由旬亦以大寶而
校飾之
尒時諸佛各於此座結加趺坐如是展轉遍
滿三千大千世界而於釋迦牟尼佛一方所
分之身猶故未盡時釋迦牟尼佛欲容受所

BD03404號　妙法蓮華經卷四　（2–2）

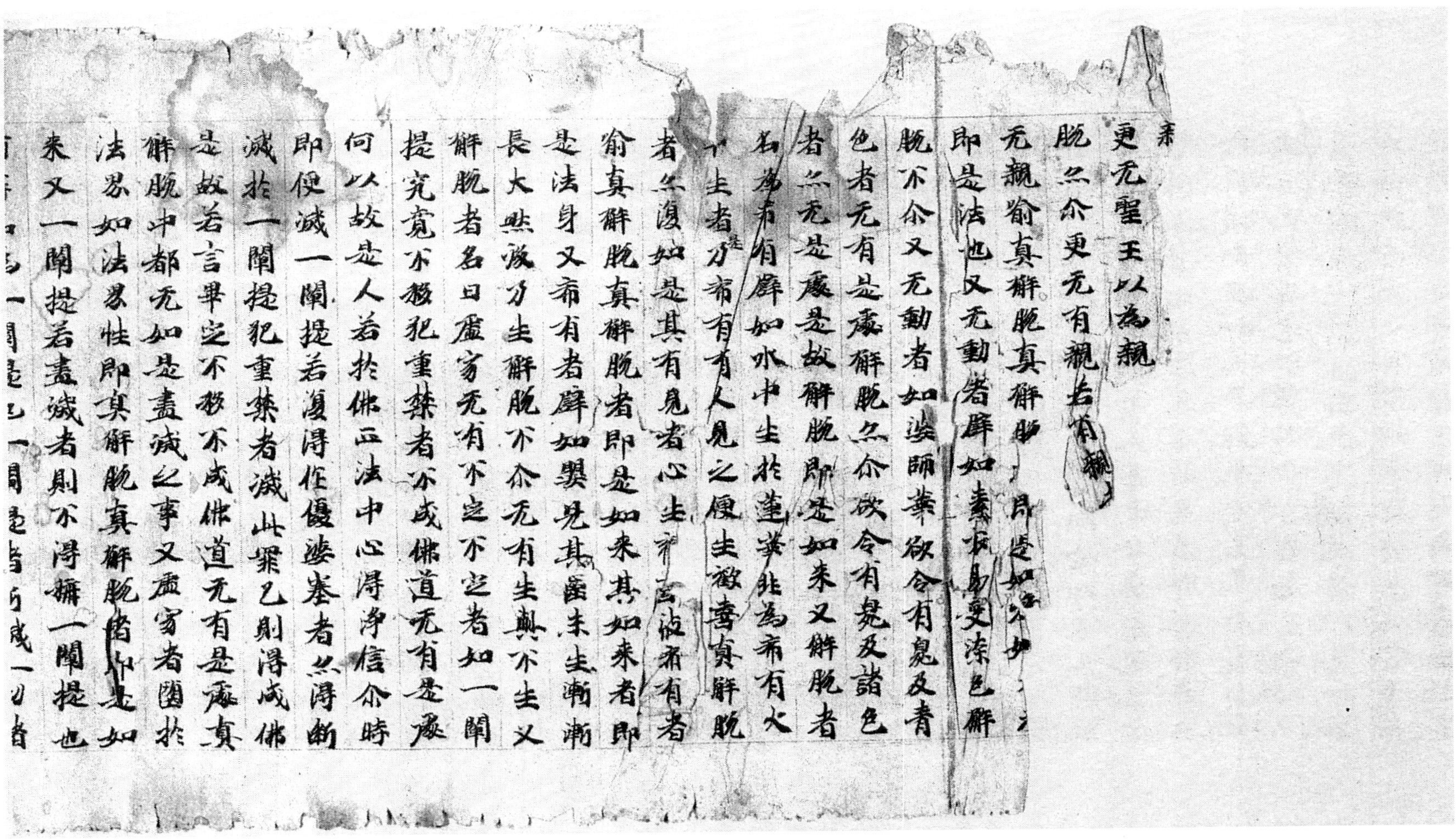
親
更无聖王以為親
脫亦尒更无有親若有親
无親喻真解脫真解脫即是如
即是法也又无動者譬如素衣易受染色解
脫不尒又无動者如婆師華欲令有臭及青
色者无有是處解脫亦尒欲令有臭及諸色
者亦无是處是故解脫即是如來又解脫者
名為希有譬如水中生於蓮華非為希有火
中生者乃希有有人見之便生歡喜真解脫
者亦復如是其有見者心生歡喜希有者
喻真解脫真解脫者即是如來其如來者即
是法身又希有者譬如嬰兒其齒未生漸漸
長大然後乃生解脫不尒无有生與不生又
解脫者名曰虛寂无有不定不定者如一闡
提究竟不移犯重禁者不成佛道无有是處
何以故是人若於佛正法中心得淨信尒時
即便滅一闡提若復得作優婆塞者亦得斷
滅於一闡提犯重禁者滅此罪已則得成佛
是故若言畢定不移不成佛道无有是處真
解脫中都无如是盡滅之事又虛寂者墮於
法界如法界性即真解脫真解脫者即是如
來又一闡提若盡滅者則不得稱一闡提也

BD03405號　大般涅槃經（北本　異卷）卷五　（18–1）

滅於一闡提犯重禁者滅此罪已則得成佛
是故若言畢定不移不成佛道无有是處真
解脫中都无如是盡滅之事又虛空者謂於
法界如法界性即真解脫真解脫者即是如
來又一闡提若盡滅者則不得稱一闡提也
何等名為一闡提也一闡提者斷滅一切諸
善根本心不攀緣一切善法乃至不生一念
之善真解脫中都无是事无是事故即真解
脫真解脫者即是如來又解脫者名不可量
譬如積聚其量可知真解脫者則不如是譬
如大海不可度量解脫亦尒不可度量不可
量者即真解脫真解脫者即是如來又解脫
者名无量法如一衆生多有業報解脫亦尒
有无量報无量報者即真解脫真解脫者即
是如來又解脫者名為廣大譬如大海无與
等者解脫亦尒无能與等无與等者即真解
脫真解脫者即是如來又解脫者名曰最上
譬如虛空最高无比解脫亦尒最高无比高
无比者即真解脫真解脫者即是如來又解
脫者名无能過譬如師子所住之處一切百
獸无能過者解脫亦尒无有過能无能過者
即真解脫真解脫者即是如來又解脫者名
為无上譬如北方諸方中上解脫亦尒為无
有上无有上者即真解脫真解脫者即是如
來又解脫者名无上上譬如北方之於東方
為无上上解脫亦尒无有上上无上上者即
真解脫真解脫者即是如來又解脫者名曰
恒法譬如人天身懷命終是名曰恒非不恒

BD03405號　大般涅槃經（北本　異卷）卷五　（18–2）

為无上上解脫亦尒无有上上无上上者即
真解脫真解脫者即是如來又解脫者名曰
恒法譬如人天身懷命終是名曰恒非不恒
也解脫亦尒非是不懷非不恒者即真解脫
真解脫者即是如來又解脫者名曰堅住如
佉陁羅旃檀沉水其性堅實解脫亦尒其性
堅實性堅實者即真解脫真解脫者即是如
來又解脫者名曰不虛譬如葦竹其體空踈
解脫不尒當知解脫即是如來又解脫者名
不可汙譬如牆壁未見塗治蚉虻在上止住
遊戲若以塗治綵畫彫飾蚉聞綵香則更不
住如是不住喻真解脫真解脫者即是如來
又解脫者名曰无邊譬如村落有邊表解
脫不尒譬如虛空无有邊際解脫亦尒槃无
邊際如是解脫即是如來又解脫者名不可
見譬如空中鳥跡難見如是難見喻真解脫
真解脫者即是如來又解脫者名曰甚深何以
故聲聞緣覺所不能入不能入者即真解脫
真解脫者即是如來又甚深者諸佛菩薩之
所恭敬譬如孝子供養父母功德甚深功德
甚深喻真解脫真解脫者即是如來又解脫
者名不可見譬如有人不見自頂解脫亦尒
聲聞緣覺所不能見不能見者即真解脫真
解脫者即是如來又解脫者名无屋宅譬如
虛空无有屋宅解脫亦尒言屋宅者喻廿五
有无有屋宅喻真解脫真解脫者即是如來
又解脫者名不可取如阿摩勒菓人可取持
解脫不尒不可取持不可取持即真解脫真

BD03405號　大般涅槃經（北本　異卷）卷五　（18–3）

解脫者即是如來又解脫者名无屋宅辟如
虛空无有屋宅解脫亦尒言屋宅者喻廿五
有无有屋宅喻真解脫真解脫者即是如來
又解脫者名不可取如阿摩勒菓人可取持
解脫不尒不可取持不可取持即真解脫真
解脫者即是如來又解脫者名不可執辟如
幻物不可執持解脫亦尒不可執持不可執
持即真解脫真解脫者即是如來又解脫者
无有身體辟如有人體生創癩及諸癰疽顛
狂乾枯真解脫中无如是病无如是病喻真
解脫真解脫者即是如來又解脫者名為一
味如乳一味解脫亦尒唯有一味如是一味
即真解脫真解脫者即是如來又解脫者名
曰清淨如水无渥澄垽清淨解脫亦尒澄垽
清淨垽清淨即是真解脫真解脫者即是如
來又解脫者名曰一味如空中雨一味清淨
一味清淨喻真解脫真解脫者即是如來又
解脫者名曰除却辟如滿月无諸雲翳解脫
亦尒无諸雲翳无諸雲翳即真解脫真解脫
者即是如來又解脫者名曰寂靜辟如有人
熱病除愈身得寂靜解脫亦尒身得寂靜身
得寂靜即真解脫真解脫者即是如來又解
脫者即是平等辟如野田毒蛇鼠狼俱有殺
心解脫不尒无有殺心无殺心者即真解脫
真解脫者即是如來又平等者辟如父母等
心於子解脫亦尒其心平等心平等者即真
解脫真解脫者即是如來又解脫者名无異
處辟如有人雖居上妙清淨屋宅更无異處

心於子解脫亦尒其心平等心平等者即真
解脫真解脫者即是如來又解脫者名无異
處辟如有人雖居上妙清淨屋宅更无異處
解脫亦尒无有異處无異處者即真解脫真
解脫者即是如來又解脫者名曰知足辟如
飢人值遇甘饍食之无猒解脫不尒如食乳
糜更无所須更无所須喻真解脫真解脫者
即是如來又解脫者名曰斷絕如人被縛斷
斷縛得脫解脫亦尒斷絕一切疑心結縛如是
斷疑即真解脫真解脫者即是如來又解脫
者名到彼岸辟如大海有此彼岸解脫不尒
雖此岸而有彼岸有彼岸者即真解脫真解
脫者即是如來又解脫者名嘿然辟如大海
其水汎長多諸音聲解脫不尒如是解脫即
是如來又解脫者名曰美妙辟如衆藥雜呵
梨勒其味則苦解脫不尒味如甘露味如甘
露者喻真解脫真解脫者即是如來又解脫
者除諸煩惱辟如良醫和合諸藥善療衆病
解脫亦尒能除煩惱除煩惱者即真解脫真
解脫者即是如來又解脫者名曰无迮辟如
小舍不容多人解脫不尒多而容受多而容
受即真解脫真解脫者即是如來又解脫者
名滅諸愛不雜婬欲辟如女人多諸愛欲解
脫不尒如是解脫即是如來如來如是无有
貪欲瞋恚愚癡憍慢等結又解脫者名曰无
愛愛有二種一餓鬼愛二者法愛真解脫者
離餓鬼愛憐愍衆生故有法愛如是法愛即
真解脫真解脫者即是如來又解脫者離我

貪欲瞋恚愚癡慳悋等結又解脫者名曰无
愛愛有二種一餓鬼愛二者法愛真解脫者
離餓鬼愛憐愍衆生故有法愛如是法愛即
真解脫真解脫者即是如來又解脫者離我
我所如是解脫即是如來如來者即是法也
又解脫者即是滅盡離諸有貪如是解脫即
是如來如來者即是法也又解脫者即是救
護能救一切諸怖畏者如是解脫即是如來
如來者即是法也又解脫者即是歸處若有
歸依如是解脫不求餘依譬如有人依恃於
王不求餘依雖復依王則有動轉依解脫者
无有動轉无動轉者即真解脫真解脫者即
是如來如來者即是法也又解脫者名為屋
宅譬如有人行於曠野則有嶮難解脫不尒
无有嶮難无嶮難者即真解脫真解脫者即
是如來又解脫者是无所畏如師子王於諸
百獸不生怖畏解脫亦尒於諸魔衆不生怖
畏无怖畏者即真解脫真解脫者即是如來
又解脫者无有逼迮譬如隘路乃至不受二人
竝行解脫不尒如是解脫即是如來又有不
迮譬如有人畏虎墮井解脫不尒如是解脫
即是如來又有不迮如大海中捨壞小船得
堅牢船乘之度海到安隱處心得快樂解脫
亦尒心得快樂得快樂者即真解脫真解脫
者即是如來又解脫者拔諸因緣譬如因乳
得酪因酪得穌因穌得提湖真解脫中都无
是因无是因者即真解脫真解脫者即是如
來又解脫者能伏憍慢譬如大王憍於小王

BD03405號　大般涅槃經（北本　異卷）卷五　（18–6）

得酪因酪得穌因穌得提湖真解脫中都无
是因无是因者即真解脫真解脫者即是如
來又解脫者能伏憍慢譬如大王憍於小王
解脫不尒如是解脫即是如來如來者即是
法也又解脫者伏諸放逸謂放逸者多有貪
欲真解脫中无有是名无是名者即真解脫
真解脫者即是如來又解脫者能除无明如
上好穌除諸澤穢乃名提湖解脫亦尒除无
明澤生於真明如是真明即真解脫真解脫
者即是如來又解脫者名為寂靜純一无二如
空野獨一无侶解脫亦尒獨一无二獨一
无二即真解脫真解脫者即是如來又解脫
者名為堅實如竹葦蘺麻莖幹虛空而子堅
實除佛如來其餘人天皆不堅實真解脫者
遠離一切諸有流等如是解脫即是如來又
解脫者名能覺了增益於我真解脫者亦復
如是如是解脫即是如來又解脫者名捨諸
有譬如有人食已而吐解脫亦尒捨於諸有
捨諸有者即真解脫真解脫者即是如來又
解脫者名曰決定如婆師華香七葉中无解
脫亦尒如是解脫即是如來又解脫者名曰
水大譬如水大於諸大勝能潤一切草木糵
子解脫亦尒能潤一切有生之類如是解脫
即是如來又解脫者名曰為入如有門戶則
通入路有金性處金則可得解脫亦尒如彼
門戶脩无我者則得入中如是解脫即是如
來又解脫者名曰為善譬如弟子隨逐於師
善奉教勑得名為善解脫亦尒如是解脫即

BD03405號　大般涅槃經（北本　異卷）卷五　（18–7）

通入路有金性處金剛可得解脫亦尒如彼
門戶循无我者則得入中如是解脫即是如
來又解脫者名曰為善譬如弟子隨逐於師
善奉教勑得名為善解脫亦尒如是解脫即
是如來又解脫者名出世法於一切法中最
為出過如衆味中蘇乳最勝解脫亦尒如是
解脫即是如來又解脫者名曰不動譬如門
閫風不能動真解脫者亦復如是如是解脫
即是如來又解脫者名无濤波如彼大海其
水濤波解脫不尒如是解脫即是如來又解
脫者譬如宮殿解脫亦尒當知解脫即是如
來又解脫者名曰所用如閻浮檀金多有所
任无有能說是金過患解脫亦尒无有過患
无有過患即真解脫真解脫者即是如來又
解脫者名捨嬰兒行譬如大人捨小兒行解
脫亦尒除捨五陰除捨五陰即真解脫真解
脫者即是如來又解脫者名曰究竟如被繫
者從繫得脫洗浴清淨然後還家解脫亦尒
畢竟清淨畢竟清淨故即真解脫真解脫者
即是如來又解脫者名无作樂无作樂者貪
欲瞋恚愚癡吐故喻如有人誤服他毒為除
毒故即服吐藥既得吐已毒即除愈身得安
樂解脫亦尒吐於煩惱諸結縛毒身得安樂
名不作樂无作樂者即真解脫真解脫者即
是如來又解脫者名斷四種毒蛇煩惱斷煩
惱者即真解脫真解脫者即是如來又解脫
者名離諸有滅一切苦得一切樂永斷貪欲瞋

惱者即真解脫真解脫者即是如來又解脫
者名離諸有滅一切苦得一切樂永斷貪欲瞋
恚愚癡拔斷一切煩惱根本拔根本者即真
解脫真解脫即是如來又解脫者名斷一切
有為之法出生一切无漏善法斷塞諸道所
謂若我无我非我非无我唯斷取著不斷我
見我見者名為佛性佛性者即真解脫真解
脫者即是如來又解脫者名不空空空空者
名无所有无所有者即是外道尼乾子等所
計解脫而是尼乾實无解脫故名空空真解
脫者則不如是故不空空不空空者即真解
脫真解脫者即是如來又解脫者名曰不空
如水酒酪蘇蜜等瓶雖无水酒酪蘇蜜時猶
故得名為水等瓶而是瓶等不可說空及以
不空若言空者則不得有色香味觸若言
不空而復无有水酒等實解脫亦尒不可說色
及以非色不可說空及以不空若言空者則
不得有常樂我淨若言不空誰受是常樂我
淨者以是義故不可說空及以不空空者謂
无廿五有及諸煩惱一切苦一切相一切有
為行如瓶无酪則名為空不空者謂真解脫
色常樂我淨不動不變猶如彼瓶色香味
觸故名不空是故解脫猶如彼瓶彼瓶遇緣
則有破懷解脫不尒不可破懷不可破懷即
真解脫真解脫者即是如來又解脫者名曰
離愛譬如有人愛心悕望釋提桓因大梵天
王自在天王解脫不尒若得成於阿耨多羅
三藐三菩提已无愛无疑无愛无疑即真解

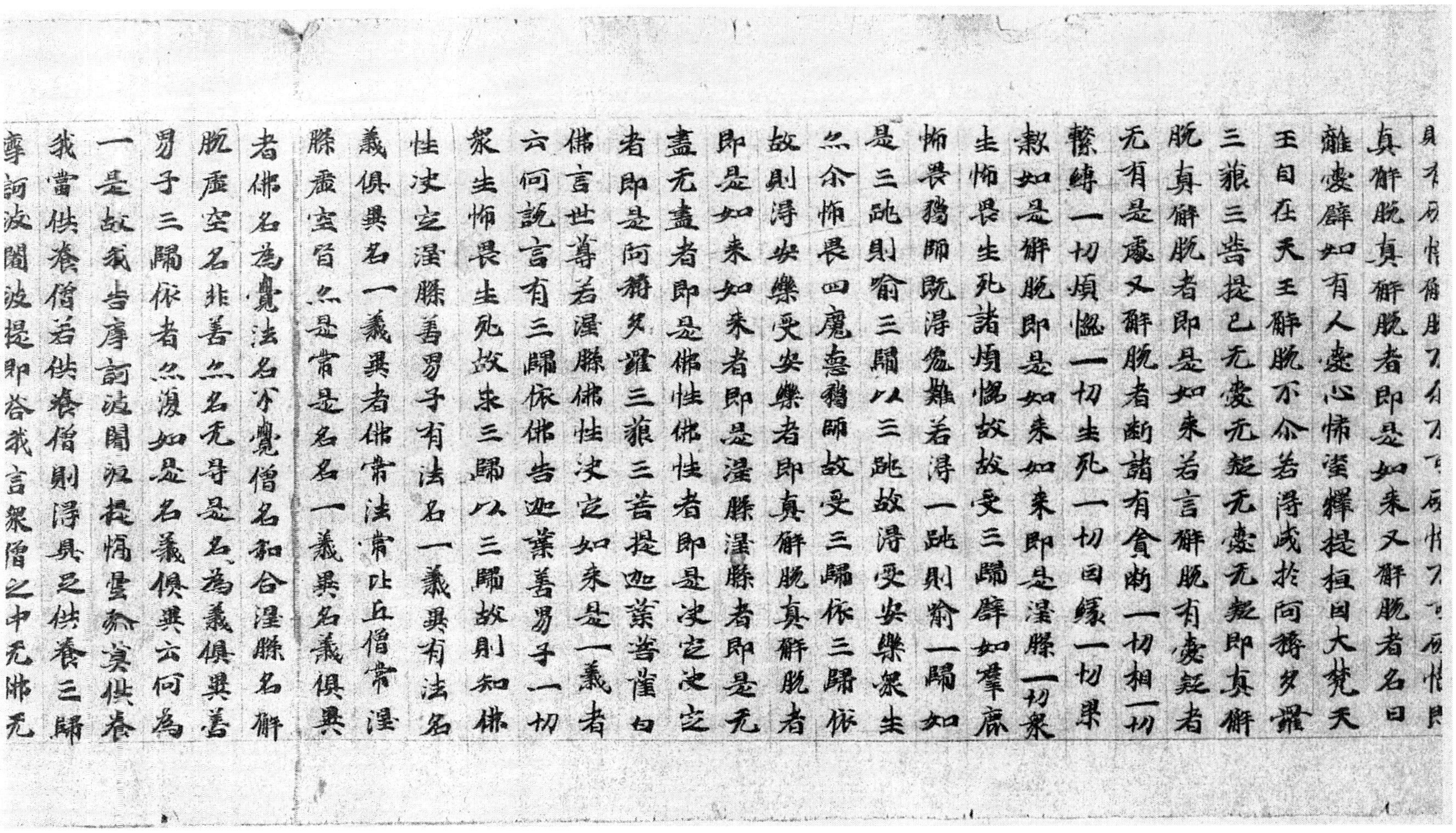

真解脫真解脫者即是如來又解脫者名曰
離愛譬如有人愛心怖懅釋提桓因大梵天
王自在天王解脫不介若得成於阿耨多羅
三藐三菩提已无愛无疑无愛无疑即真解
脫真解脫者即是如來若言解脫有愛疑者
无有是處又解脫者斷諸有貪斷一切相一切
繫縛一切煩惱一切生死一切因緣一切果
報如是解脫即是如來如來即是涅槃一切眾
生怖畏生死諸煩惱故故受三歸譬如羣鹿
怖畏獵師既得免難若得一跳則喻一歸如
是三跳則喻三歸以三跳故得受安樂眾生
亦介怖畏四魔惡獵師故受三歸依三歸依
故則得安樂受安樂者即真解脫真解脫者
即是如來如來者即是涅槃涅槃者即是无
盡无盡者即是佛性佛性者即是決定決定
者即是阿耨多羅三藐三菩提迦葉菩薩白
佛言世尊若涅槃佛性決定如來是一義者
云何說言有三歸依佛告迦葉善男子一切
眾生怖畏生死故求三歸以三歸故則知佛
性決定涅槃善男子有法名一義異有法名
義俱異名一義異者佛常法常比丘僧常涅
槃虛空皆亦是常是名名一義異名義俱異
者佛名為覺法名不覺僧名和合涅槃名解
脫虛空名非善亦名无导是名名義俱異善
男子三歸依者亦復如是名義俱異云何為
一是故我告摩訶波闍波提憍曇彌莫供養
我當供養僧若供養僧則得具足供養三歸
摩訶波闍波提即答我言眾僧之中无佛无

BD03405 號　大般涅槃經（北本　異卷）卷五　　（18–10）

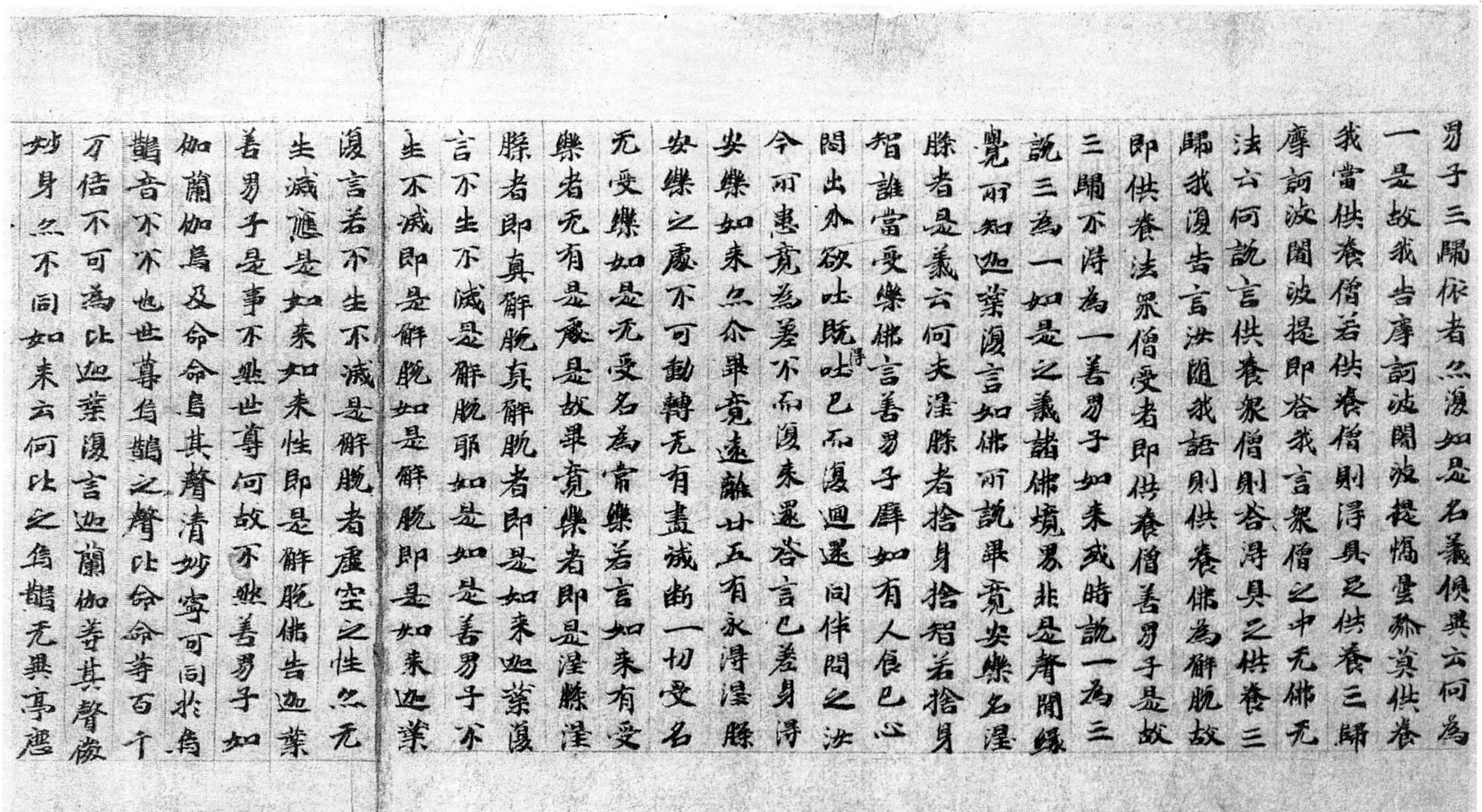

男子三歸依者亦復如是名義俱異云何為
一是故我告摩訶波闍波提憍曇彌莫供養
我當供養僧若供養僧則得具足供養三歸
摩訶波闍波提即答我言眾僧之中无佛无
法云何說言供養眾僧則得具足供養三
歸我復告言汝隨我語則供養佛為解脫故
即供養法眾僧受者即供養僧善男子是故
三歸不得為一善男子如來或時說一為三
說三為一如是之義諸佛境界非是聲聞緣
覺所知迦葉復言如佛所說畢竟安樂名涅
槃者是義云何夫涅槃者捨身捨智若捨身
智誰當受樂佛言善男子譬如有人食已心
悶出外欲吐既吐得已而復迴還同伴問之汝
今所患竟為差不而復來還答言已差身得
安樂如來亦介畢竟遠離廿五有永得涅槃
安樂之處不可動轉无有盡滅斷一切受名
无受樂如是无受名為常樂若言如來有受
樂者无有是處是故畢竟樂者即是涅槃涅
槃者即真解脫真解脫者即是如來迦葉復
言不生不滅是解脫耶如是如是善男子不
生不滅即是解脫如是解脫即是如來迦葉
復言若不生不滅是解脫者虛空之性亦无
生滅應是如來如來性即是解脫佛告迦葉
善男子是事不然世尊何故不然善男子如
伽蘭伽鳥及命命鳥其聲清妙寧可同於烏
鵲音不不也世尊烏鵲之聲比命命等百千
万倍不可為比迦葉復言迦蘭伽等其聲微
妙身亦不同如來云何比之烏鵲无異亭歷

BD03405 號　大般涅槃經（北本　異卷）卷五　　（18–11）

陵頻伽鳥及命命鳥其聲清妙寧可同於烏
鵲音不不也世尊烏鵲之聲比命命等百千
万倍不可為比迦葉復言迦蘭伽等其聲微
妙身亦不同如来云何比之烏鵲无異亭歷
比須弥山佛與虛空亦復如是迦蘭伽聲可
喻佛聲不可以喻烏鵲之音尒時佛讚迦葉
菩薩善哉善哉汝今善解甚深難解如来有
時以因緣故引彼虛空以喻解脫如是解脫
即是如来真解脫者一切人天无能為匹而
此虛空實非其餘為化衆生故以虛空非喻
為喻當知解脫即是如来如来之性即是解
脫解脫如来无二无別善男子非喻者如无
比之物不可引喻有因緣故可得引喻如經
中說面貌端政猶月盛滿白象鮮潔猶如雪
山滿月不得即同於面雪山不得即是白象
善男子不可以喻喻真解脫為化衆生故作
喻耳以諸譬喻知諸法性皆亦如是迦葉復
言云何如来作二種說佛言善男子譬如有
人執持刀劒以瞋恚心欲害如来如来和悅
无瞋恨色是人當得壞如来身成逆罪不不
也世尊何以故如来身界不可壞故所以者
何以无身聚唯有法性法性之性理不可壞
是人云何能壞佛身直以惡心故成无間
以是因緣引諸譬喻得知實法尒時佛讚迦
葉菩薩善哉善哉善男子我所欲說汝今已
說又善男子譬如惡人欲害其母住於野田
在穀積下母為送食其人見已尋生害心便
前磨刀母時知已逃入積中其人持刀遶積

BD03405號　大般涅槃經（北本　異卷）卷五　（18–12）

說又善男子譬如惡人欲害其母住於野田
在穀積下母為送食其人見已尋生害心便
前磨刀母時知已逃入積中其人持刀遶積
遍所斫已謂害生已歡想其母尋復從穀
積出還至家中於意云何是人成就无間罪
不世尊不可定說何以故若說有罪母身應
懷身若不懷云何言有若說无罪生已歡想
心懷謂害云何言无是人雖不具足逆罪而
蓋逆以是因緣引諸譬喻得知實法佛讚迦
葉善哉善哉善男子以是因緣我說種種方
便譬喻以喻解脫雖以无量阿僧祇喻而實
不可以喻為比或有因緣亦可喻說或有因
緣不可喻說是故解脫成就如是无量功德
趣涅槃者涅槃如来亦有如是无量功德以
如是等无量功德成就滿故名大涅槃迦葉
菩薩白佛言世尊我今始知如来至處為无
有盡處若无盡當知壽命亦應无盡佛言善
哉善哉善男子汝今善能護持正法若有善
男子善女人欲斷煩惱諸結縛者當作如是
護持正法善男子是大涅槃微妙經中有四
種人能護正法建立正法憶念正法能多利
益憐愍世間為世間依安樂天人何等為四
有人出世具煩惱性是名第一須陁洹人斯
陁含人是名第二阿那含人是名第三阿羅
漢人是名第四是種四人出現於世能多利
益憐愍世間為世間依安樂人天云何名為
具煩惱性若有人能奉持禁戒威儀具足建

BD03405號　大般涅槃經（北本　異卷）卷五　（18–13）

漢人是名第四是種四人出現於世能多利
益憐愍世間為世間依安樂人天云何名為
具煩惱性若有人能奉持禁戒威儀具足建
立正法從佛所聞解其文義轉為他人分別
宣說所謂少欲多欲非道廣說如是八大人
覺有犯罪者教令發露懺悔滅除善知菩薩
方便所行秘密之法是名凡夫非第八人第
八人者不名凡夫名為菩薩不名為佛第二
人者名須陁洹斯陁含人若得正法受持正
法從佛聞法如其所聞已聞書寫受持讀誦
轉為他說若聞法已不寫不受不持不說而
言奴婢不淨之物佛聽畜者无有是處是名
第二人如是之人未得第二第三住處名為
菩薩已得受記第三人者名阿那含阿那含
者誹謗正法若言聽畜奴婢僕使不淨之物
受持外道典籍書論及為客塵煩惱所障諸
舊煩惱之所覆蓋若藏如來真實舍利及為
外病之所惱害或為四大毒虵所傷論說我
者悉无是處若說无我斯有是處說著世法
无有是處若說大乘相續不斷斯有是處若
所受身有八万蟲亦无是處永離婬欲乃至
夢中不失不淨斯有是處臨終之日生怖畏
者亦无是處阿那含者為何謂也是人不還
如上所說所有過患永不能汙往返周旋復
名菩薩已得受記不久得成阿耨多羅三藐
三菩提是則名為第三人也第四人者名阿
羅漢阿羅漢者斷諸煩惱捨於重擔逮得己
利所作已辦住第十地得自在智隨有所樂

BD03405號　大般涅槃經（北本　異卷）卷五　（18–14）

名菩薩已得受記不久得成阿耨多羅三藐
三菩提是則名為第三人也第四人者名阿
羅漢阿羅漢者斷諸煩惱捨於重擔逮得己
利所作已辦住第十地得自在智隨有所樂
種種色像悉能示現如所莊嚴欲成佛道即
能得成能成如是无量功德名阿羅漢是名
四人出現於世能多利益憐愍世間為世間
依安樂人天於人天中最尊最勝猶如如來
名人中勝為歸依處迦葉白佛言世尊我今
不依是四種人何以故如瞿師羅經中佛為
瞿師羅說若天魔梵為欲破壞變為佛像具
足莊嚴卅二相八十種好圓光一尋面部圓
滿猶月盛明眉間毫相白踰珂雪如是莊嚴
來向汝者汝當撿挍定其虛實既覺知已應
當降伏世尊魔等尚能變作佛身況當不能
作阿羅漢等四種之身坐卧空中左脇出水
右脇出火身出烟炎猶如火聚以是因緣我
於是中心不生信或有所說不能稟受亦无
敬念而作依止佛言善男子於我所說若生
疑者尚不應受況如是等是故應當善分別
知是善不善可作不可作如是作已長夜受
樂善男子譬如偷狗夜入人舍其家婢使若
覺知者即應驅罵汝疾出去若不出者當奪
汝命時狗聞之即去不還汝等從今亦應如
是降伏波旬應作是言波旬汝今不應作如
是像若故作者當以五繫繫縛於汝魔聞是
已便當還去如彼偷狗更不復還迦葉白佛

BD03405號　大般涅槃經（北本　異卷）卷五　（18–15）

是降伏波旬應作是言波旬汝今不應作如
是像若故作者當以五繫繫縛於汝魔聞是
已便當還去如彼偷狗更不復還迦葉白佛
言世尊如佛為瞿師羅長者說若能如是降
伏魔者亦可得近於大涅槃如來何必說是
四人為依止處如是四人所可言說未必可
信佛告迦葉善男子如我所說亦復如是非
為不尒善男子我為聲聞有宍眼者說言降
伏不為脩學大乘人說聲聞之人雖有天眼
故名宍眼學大乘者雖有宍眼乃名佛眼何
以故是大乘經名為佛乘而此佛乘最上最
勝善男子譬如有人勇健威猛有怯弱者常
來依附其勇健人常教怯者汝當如是持弓
執箭脩學稍道長鉤羂索又復告言夫鬪戰
者雖復履刃不應生於怖畏之想當視人天
生輕弱想應自生心作勇健想或時有人素
无膽勇詐作健想執持弓刃種種器杖以自
莊嚴來在陣中唱呼大喚汝於是人亦復不
應生於憂怖如是輩人若見汝時不怖畏者
當知是人不久散壞如彼偷狗善男子如來
亦尒告諸聲聞汝等不應畏魔波旬若魔波
旬化作佛身至汝所者汝當精勤堅固其心
降伏於魔時魔即當愁憂不樂默道而去善
男子如彼健人不從他習學大乘者亦復如
是得聞種種深密經典其心欣樂不生驚怖
何以故如來是脩學大乘之人已曾供養恭
敬禮拜過去无量万億佛故雖有无量億千
魔衆欲來侵嬈於是事中終不驚 善男子

BD03405號　大般涅槃經（北本　異卷）卷五　（18–16）

敬禮拜過去无量万億佛故雖有无量億千
魔衆欲來侵嬈於是事中終不驚 善男子
譬如有人得阿伽陁藥不畏一切毒蛇等畏
是藥力故亦能消除一切毒等是大乘經亦
復如是如彼藥力不畏一切諸魔毒箭亦能降
伏令更不起復次善男子譬如有龍性甚嫋
弊欲害人時或以眼視或以氣噓是故一切
師子虎豹豺狼狗犬皆生怖畏是等惡獸或
聞聲見形或觸其身无不喪命有善呪者以
呪力故能令如是諸惡毒龍金翅鳥等惡象
師子虎豹豺狼皆悉調善任為御乘如是等
獸見彼善呪即便調伏聲聞緣覺亦復如是
見魔波旬皆生怖畏而魔波旬亦復不生畏
懼之心猶行魔業學大乘者亦復如是見諸
聲聞怖畏魔事於此大乘不生信樂先以方
便降伏諸魔悉令調善堪任為[illegible]因為魔說
種種妙法聲聞緣覺調伏魔已乃生怖畏於
此大乘无上正法方生信樂作如是言我等
從今不應於此正法之中而作鄣㝵復次善
男子聲聞緣覺於諸煩惱而生怖畏學大乘
者都无恐懼脩學大乘有如是力以是因緣
聲聞緣覺調伏諸魔非
妙經典不可消伏甚奇
一信受能信如來是常住
有如憂曇華我涅槃後
千億劫不墮惡道

比丘尼慶輝

BD03405號　大般涅槃經（北本　異卷）卷五　（18–17）

師子虎豹豺狼狗犬皆生怖畏是等惡獸或
聞聲見形或觸其身無不喪命有善呪者以
呪力故能令如是諸惡毒龍金翅鳥等惡鳥
師子虎豹豺狼皆悉調善任為御乘如是等
獸見彼善呪即便調伏聲聞緣覺亦復如是
見魔波旬皆生怖畏而魔波旬亦復不生畏
懼之心猶行魔業學大乘者亦復如是見諸
聲聞怖畏魔事於此大乘不生信樂先以方
便降伏諸魔悉令調善堪任為因為魔說
種種妙法聲聞緣覺調伏魔已乃生怖畏於
此大乘無上正法方生信樂作如是言我等
從今不應於此正法之中而作鄣㝵復次善
男子聲聞緣覺於諸煩惱而生怖畏學大乘
者都無怨懼脩學大乘有如是力以是因緣
聲聞緣覺調伏諸魔非
妙經典不可消伏甚奇
一信受能信如來是常住
有如優曇華我涅槃後
乘微妙經典生信敬心當
、千億劫不墮惡道

比丘尼慶輝

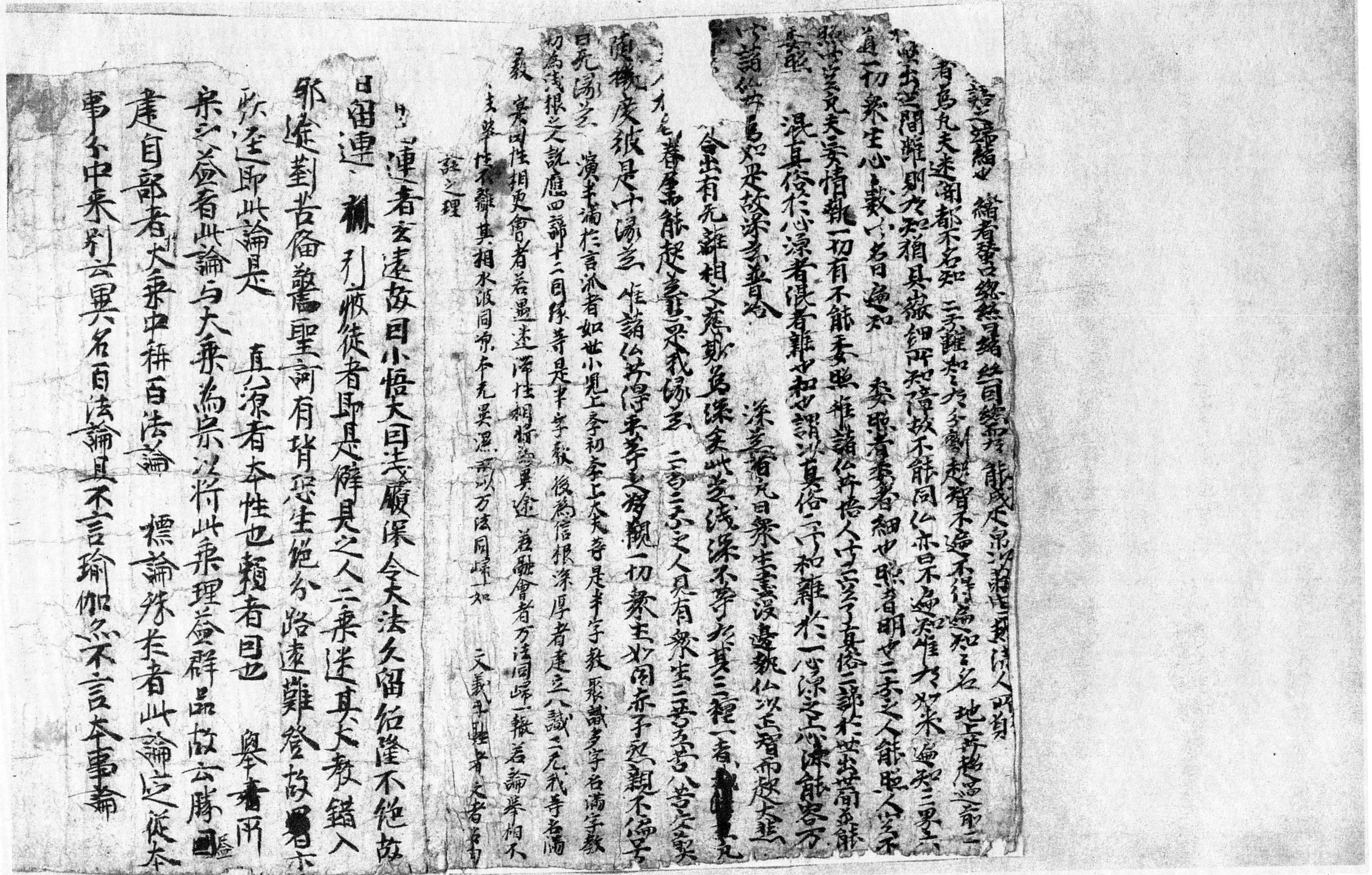

語之端緒也　緒者發口總然曰緒　然言緒者能成大宗之義能使讀人所剪
有爲凡夫迷闇都不名知　二乘雖知々亦不遍智不遍不得遍知之名　地上菩薩[illegible]前二
世出世間雖明知不窮其微細所知障故不能同佛亦不得名遍知　唯如來遍知三界六
真一切衆生心心數法名曰遍知　委照者委者細也照者明也二乘之人能照人空不
照法空凡夫妄情執一切有不能委照　唯諸佛菩薩了人法二空了真俗二諦於世出世前並能
委照　混真俗於心源者混者雜也和也謂以真俗二乎和雜於一心源之上如海能容万
[illegible]諸佛菩薩知是故深玄普含　深玄者凡日衆生[illegible]沒邊執佛以正智而破大邪
[illegible]會出有无雖相之意則爲深矣此之淺深不等於其三種一者[illegible]凡
[illegible]夫之眷屬能起義[illegible]是我緣玄　二者二乘之人見有衆生[illegible]菩[illegible]
隨機度彼是十緣玄　唯諸佛菩薩平等之智觀一切衆生如同赤子恐觀不偏
日无緣玄　演半滿於言流者如世小兒上學初學上大夫等是半字教　聚識多字名滿字教
切爲淺根之說應四諦十二因緣等是半字教　後爲信根深厚者建立八識二无我等名滿
教　宴因性相更會者若[illegible]迷滯性相皆爲異途　若融會者万法同歸一轍若論舉相不
[illegible]性不離其相水波同流[illegible]无異濕　若以万法同歸一如　文義[illegible]雖[illegible]有文者[illegible]
[illegible]之理
[illegible]運者玄遠故曰小悟大曰玄　顧保今大法久留佑隆不絶故
日留運　祇　引彼徒者即是辟見之人二乘迷其大教錯入
邪途　劉苦備驚聖詞有背聖生絶分路遠難登故曰[illegible]者亦
歎至即此論是　真源者本性也賴者曰也　舉書所
宗之益者此論與大乘爲宗以將此乘理益群品故云勝益
建自部者大乘中稱百法論　標論殊者此論之從本
事分中來別云異名百法論且不言瑜伽　不言本事論

BD03406號　大乘百法明門論開宗義記疏（擬）　（15–1）

宗之義者此論亦是大乘…[illegible]

建自部者大乘中耕百法論　標論殊者此論之從本

事分中來別云異名百法論且不言瑜伽亦不言本事論

四依因者一切万法皆有因緣之所若无所依生起无處是以先明論起

蹤由依託之處故名所因由如大地以一切法而為所因无有一物不依

地者今了教已下五種是真依仗建立此論事此為依故所依因

〇所為因者今造此論為令衆生易入甚深離性愉故悟中道教進

趣菩提成滿亦果為成熟故亦具此論名所為因

〇二依圓理者則圓滿之理趣　〇顯說有空者[redacted]有者知有空者知

空此論皆依三性而立遍計所執辨相是空依他圓成是其

實有緣生之性不可言无有情无情皆仗依他而得生起[illegible]

假使諸仏成其大果亦有依他何者是耶亦依万行六波羅蜜等而

得成就　〇圓成性者真如之理湛若虛空不常不斷是以

為以依三性空有具顯故曰圓成　四依妙行者行即是智諸仏

如來證得圓辨之智不見身外有一衆生被縛我縛被脫我脫救他

苦時而救自苦為自性御衆生性不見身外別有衆生由如

是故起後得智見苦興悲以智弘悲故名妙行

〇五果者四向前之三果地上地前如等覺妙覺盡名亦果〇滿

果者為仏阿羅漢二人為煩惱習恚已斷除所證圓智更无缺滅

三祇大劫万行具修四智圓明唯仏獨得故曰滿果

〇三大若者一若ヒ二行若ヒ念ヒ无三常缘[illegible]

〇師者為宣重相應之人呼地者能令此人与教理行果相應之時生一切无漏[illegible]

妙果出世者為衆生陸三界為趣被苦逼迫仏以大悲示出現於世見衆生有[illegible]

病死現无身才之身若衆生病除仏无出沒亦住亦身本來常不

〇方便為教[illegible]種妙者請仏為非空諸有行有入空相智相資[illegible]

号曰方便能將此方便權應根機說種妙　問何故如來不說[illegible]

種[illegible]答為衆生根機不等有八万四千塵勞門所以隨病設藥[illegible]

說八万四千露門　〇證發[illegible]

自他生大歡喜名曰發善　〇十光明[illegible]

所出之時能照之故　〇位階加行　一資粮位　二加行位　三通達位　四[illegible]習位

五究竟位

[illegible]

BD03406號　大乘百法明門論開宗義記疏（擬）

說八万四千塵勞門 ◎證極喜地者昔所未得如今始得生大歡喜之義

自他生大歡喜名曰歡喜 ◎十光明地者能發智光照了十方由此名

所出之時能照之故 ◎位階加行 一資糧位 二加行位 三通達位 四修習位

五究竟位

靜慮者……

◎不死天者 死者捨也 此外道不捨天之宗 故云不死

言皆內者 皆內三寶之中 真如實相之理

小乘廿部者 小人之業名曰小乘 其性不異 智有淺深 所悟有別 名曰小乘

◎問 此廿部小乘各有別執 此論具說不說 答 雖所計殊 流類相似者來為

一宗 如是次來攝為六宗 ◎如色聲……

過去蘊 若是色者 前觀亦是色 後觀亦是色 聲不知故 但聞其聲

不見其形 聲非色 用色非聲

大眾部以滅後前後四破 分成九部 其上座部 三百年初 四百年末 前後七破

◎一我法宗 五部同計 犢子 法上 賢胄 正量 密林山 ◎二有三部 一切有 多聞

◎三八部同計 大眾 北地 飲光 雞胤 制多山 西山住 北山住 法藏

◎四現通宗兩部 說假 經量 ◎五說出世一部 ◎六一說部一部

勝義宗者 出自南天 永路來 遠 文殊 近則彼婆 龍樹 清辨 從南水路來 至於南梁

其地 能大師說 故名南能 亦云破相宗 亦云無相宗 亦云頓宗

◎世俗者 世表非常 是遠流速疾 隱覆真性 顯現妄法 名為世俗也

二護理國 出自北天 健陀羅國 遠承彌勒 近承無著 世親 堅意

京大京府秀大師弘宣 故名北秀宗

若說十住……

畫圓

何名大乘四諦 知苦 苦無生 是其苦諦 知集 集無和合 是其集諦 知滅

無滅 是其滅諦 以無二法得道 是其道諦 何名小乘四諦 生死果

是其苦諦 煩惱集 是其集諦 斷滅離 是其滅諦 戒定慧

是其道諦

BD03406號 大乘百法明門論開宗義記疏（擬）

（15-3）

何名大乘四諦知苦無生是其苦諦知集無和合是其集諦知滅
无滅是其滅諦以无二法得道是其道諦　何名小乘四諦生死果報
是其苦諦煩惱集是其集諦　解滅離是其滅諦　戒定慧
是其道諦

言十二分者　舊三藏云十二部　大唐三藏恐後不道理從大般若等大部
袟數為十二餘非仏說　若教經數有无量於中詮弁唯有十二更无
餘分只如過去諸仏所說教法現在海龍王宮中守護遂設部為分
設經為教　第一契經然契會一切衆生合其根機故名為契經有通
別　言會理者以將此經教契會一切衆生本真如法性之理名為會理
言會機者此一切經處處所說深淺不同皆應合根機名合
會由合也開也
機　二應誦其理未周聖重說故結頌說或應後來人名為應頌
三諷誦如世才多高者讚詠言詞歌詠亦亦結其諷誦之頌故立諷誦如涅
槃經說諸惡莫作是諷頌也諸惡莫作衆仏攝律儀戒約身三諸善奉行
攝善法戒約口四過清淨自淨其意饒益有情戒約意三業淨讚仏
聚淨戒是諸仏教結前三聚　第四受記經此三相者一記大人者如記弥勒善住意
汝於後穢佳王時得成仏等世間大者无過於仏故名為大　二記
天子亦却後七日命終受七變畜生身當墮地獄天子得急投告世尊為說
尊勝陀羅尼得免此難　三記一切諸法差別大小乘等　若非諸仏記別
摩而說如何今時已弁教理　四記諸法諸義五蘊等法　五者自說世尊
成道於三七日中不說法為无人請後梵王請方始說法　六者緣起經緣
有事方說若緣起起着生也　十二年前世說四句諸惡莫作等　十二年
後因事制戒應事說法　七者譬喻經見衆生不會譬喻而說
令教曉了　八者本事說過去弟子曾作如是事等　時世尊在
大衆中舍利弗有少過失喫食之次呵責舍利弗遂即吐所喫
之食於世尊前諸羅漢等悵問世尊云云　又於會下作難云云
九者本生仏說自身過去世時作其人王或作鹿王等　十者
方廣分理正四方教多曰廣說卅行於勝道六波羅蜜等法
十一者希法說八衆者思陀舍等梵王讚世尊曰諸聖果中已
得究竟約自行說　又八衆共仏共斷煩惱故名共得前七果
人及諸小聖不共世尊得故名不共得　十二論義者處處說法
无人能問故名論義

言无聞非法衆生者在此衆之中不聞十二之根性如盲聾等為如是故非是三乘等
〇三不定性者聞三乘十不發二乘之心便能發大乘心也 [illegible]

BD03406號　大乘百法明門論開宗義記疏（擬）

（15–5）

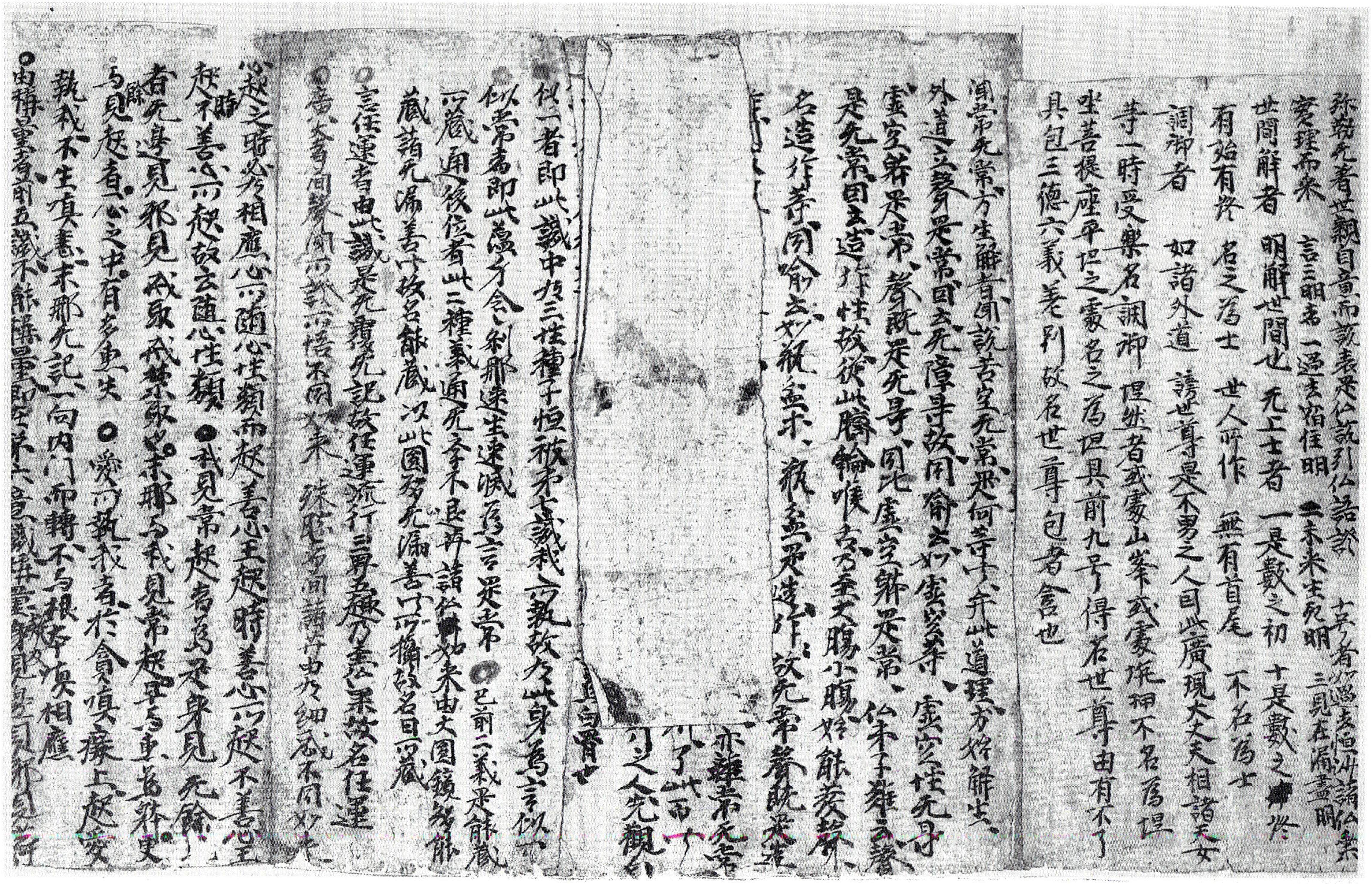

BD03406 號　大乘百法明門論開宗義記疏（擬）　（15–6）

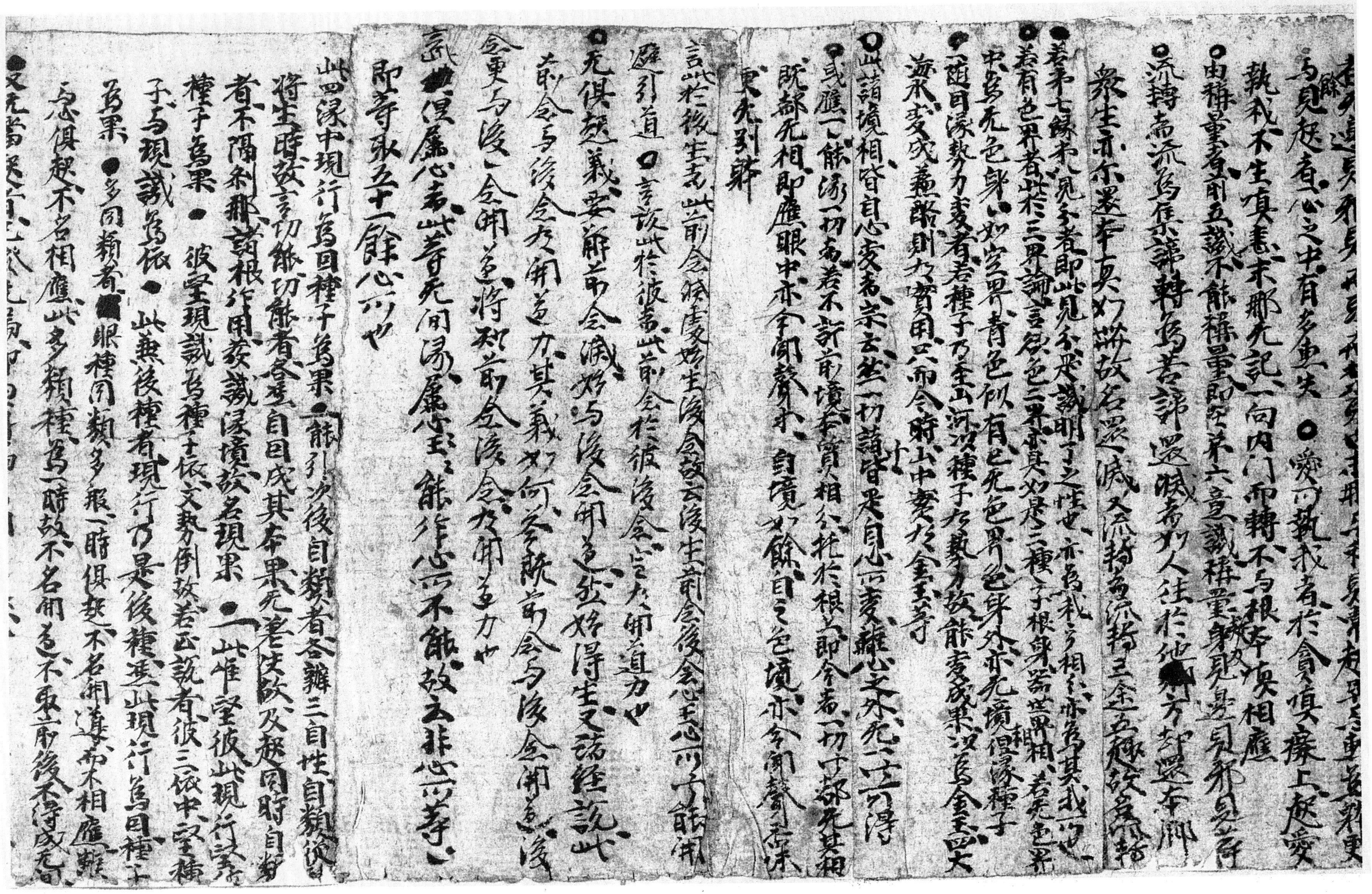

BD03406 號　大乘百法明門論開宗義記疏（擬）

（15–7）

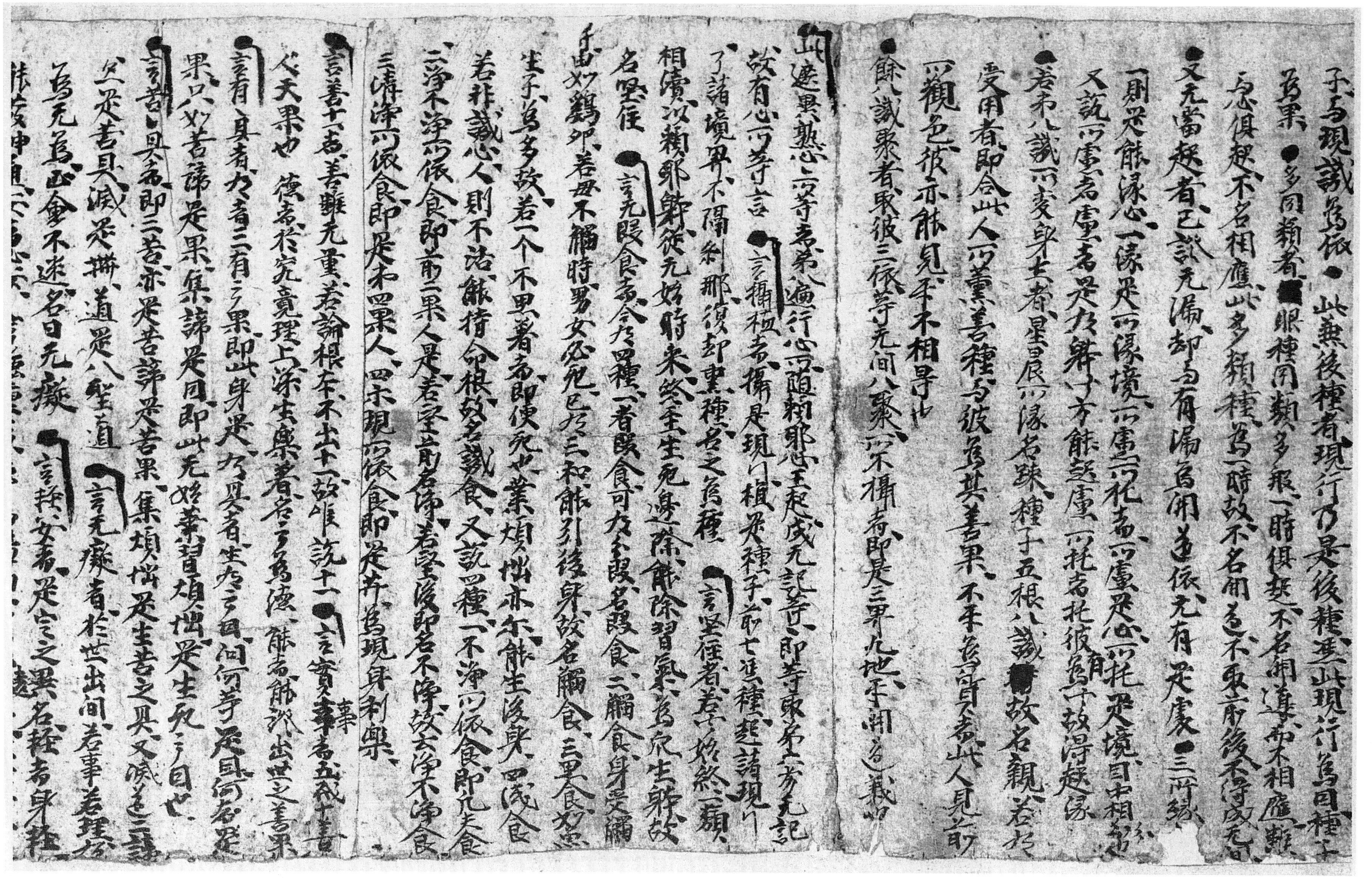

BD03406 號　大乘百法明門論開宗義記疏（擬）　（15–8）

果。以苦諦是果，集諦是因，即此无始業習煩惱是生死之因也。
言苦具者，即三苦亦是苦諦是苦果，集煩惱是生苦之具，又滅道二諦
具是苦具，滅是揲，道是八聖道。言无癡者，於世出間若事若理於
爲无爲正會不迷，名曰无癡。言輕安者，是定之異名，輕者身輕
能發神通，安者心安。言麁重者，麁爲障，重故遠，離輕故輕安不遍
善心，唯上界定地，四禪位說。言四者，无貪、无嗔、无癡、精進，非別有躰
者，除此四外无其別躰。言行捨者，行者行也，謂即前无貪等三根
本煩惱上令心正直，无功用爲性，令心離掉沉故，若心沉時，一向內緣，掉
時[redacted]一向野，諸行故則名[redacted]捨也
隨惑中　害　无慚　无愧　不信　懈怠　放逸　昏沉　掉舉　不入者亂善　無根
惱覆誑諂憍嫉慳　失念　不正知　心亂　又解：理通者解者會也，隱也
若會十人了知一切諸行因真如空之性，所以古說多行同一躰也　若是迷者
隨相多，將此十个善行除憂餘皆與五受相應　言除憂苦者，十
一善中除輕安，五受不與輕安相應，除輕安餘十个與五受皆得相應
憂者迫也，苦者逼也，逼即逼身，迫即迫心，身心不安，不名輕安，故云无調暢
不能調和三業，恢暢心神也
言外散多者，以下界之人發无上菩提心者，即十方諸佛一時摸手摩此人頂，或
有人頂，修大乘者，即與十地菩薩等同也
言癡者，是一切无明之根本，故所以與此九種煩惱皆得相應
又由俱生、分別異也者　俱生者，與此身心俱時而有，不假教習，任運解
嗔，而母腹中母食冷熱及咳嗽等，便於嗔故。　分別者，及乎長大，隨
邪師教，方解思度者，名分別煩惱。既此煩惱，分輕於重，於三界九地亦不
同也。　性繫地等是界分別門　此三煩惱是三性分別門　生在下
地未離下，染此是上下相生門　若分別者，此是三界分別門
起緣諸行，是上下相緣門　說嗔恚憎嫉瞋盛，生嗔不既許下界
之人聞說天之神通妙樂，又生嗔故不如我，下界卷意，六堂故生嫉妒
也。上界是分別也

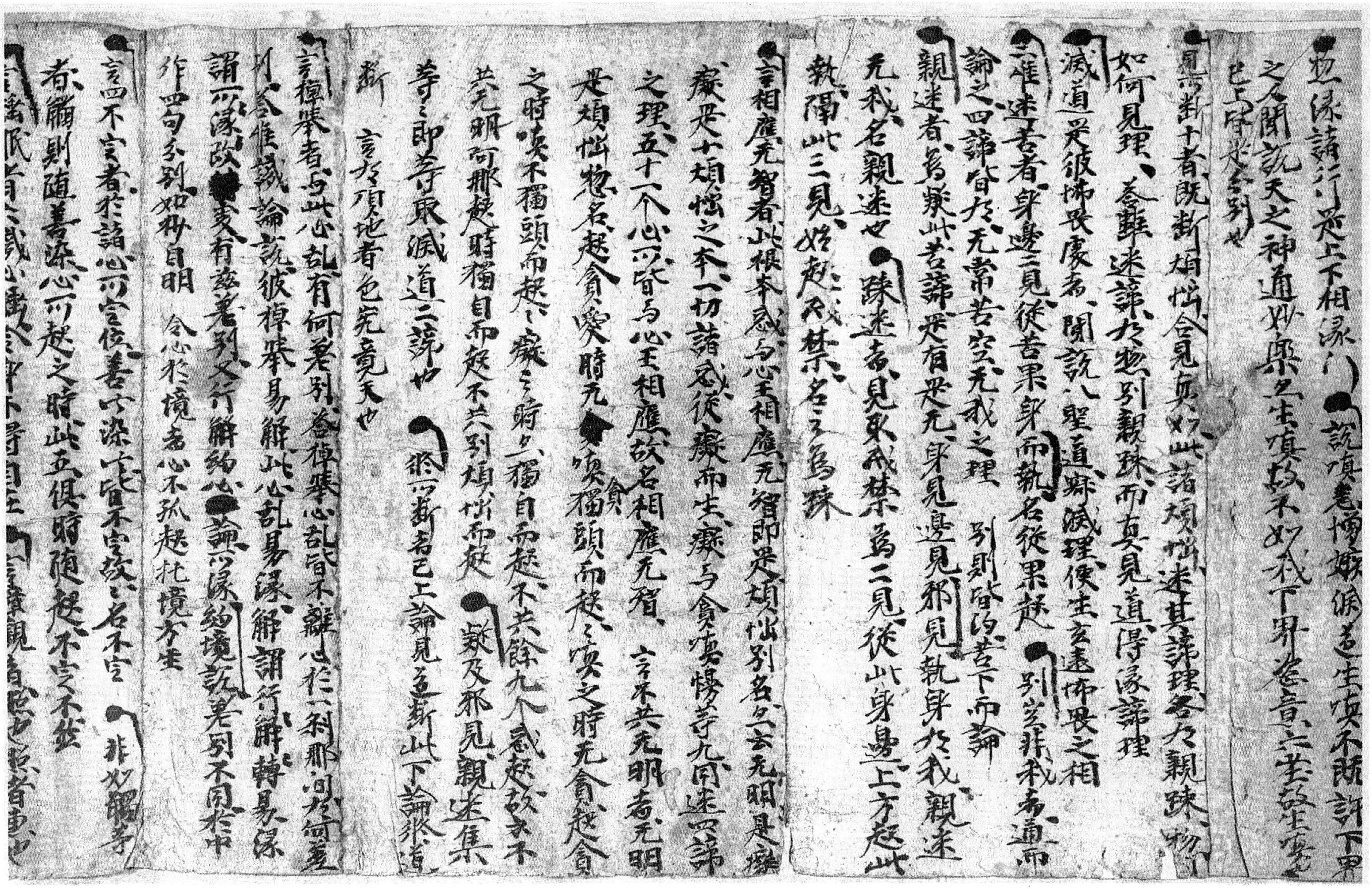

BD03406號　大乘百法明門論開宗義記疏（擬）　　（15–10）

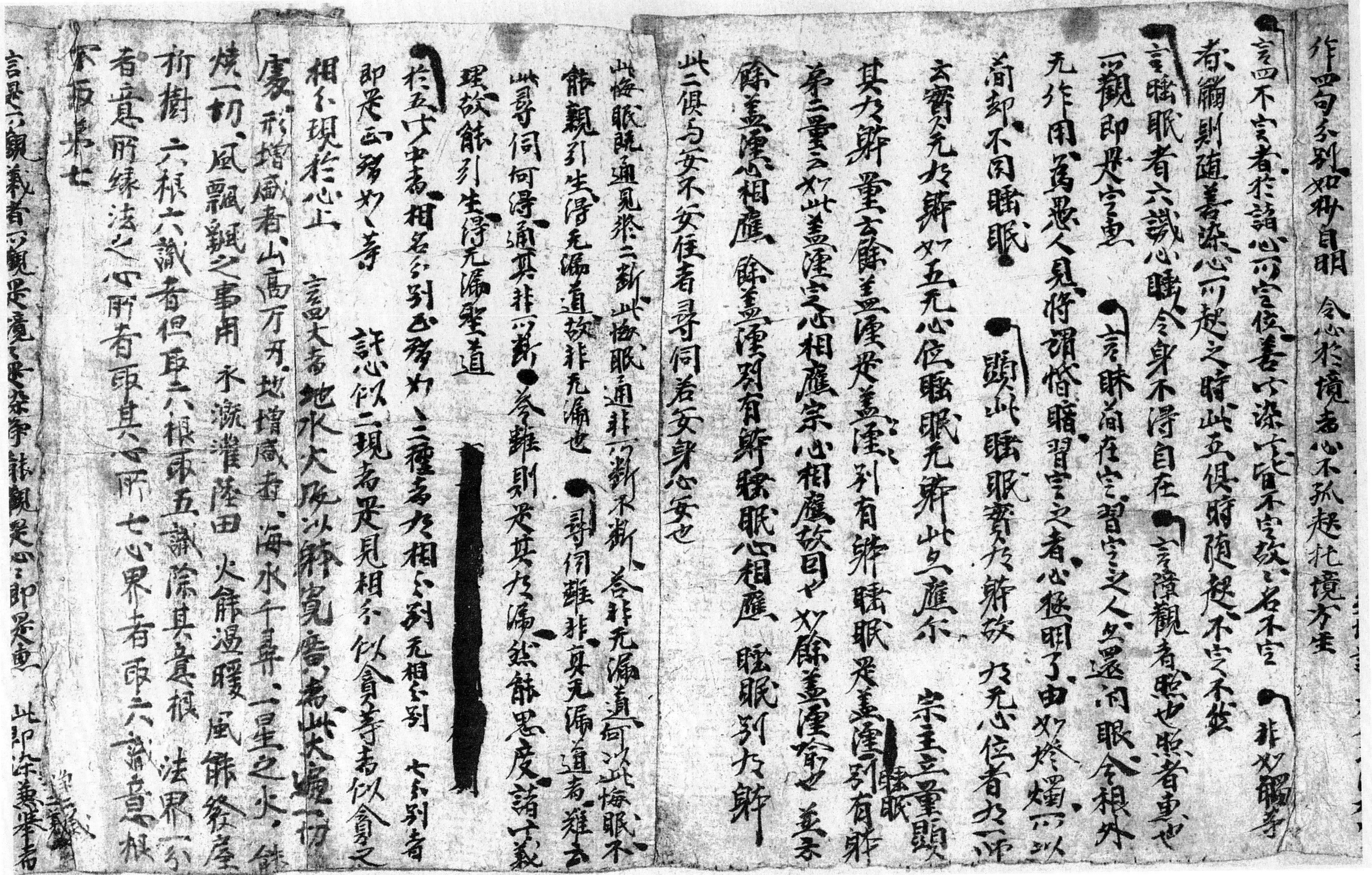

作四句分別如科自明　令心於境者心不孤起托境方生
言四不定者於諸心所定位善不染不能皆不定故名不定　非如觸等
者觸則隨善染心所起之時此五俱時隨起不定不不並
言睡眠者六識心昧令身不得自在　言障觀者睡也眠者也
可觀即是其事　言昧簡在定習定之人久還閉眼令根外
无作用為惡人見將謂惛暗習定之者心極明了由如燈燭所以
簡却不同睡眠　顯此睡眠實有體故　有无心位者有一師
云實无有體如五无心位睡眠无體此亦應尒　宗主立量顯
其有體量云餘盖亦應是盖攝別有體　睡眠是盖攝別有體
第二量云如此盖攝定心相應宗心相應故同也　如餘盖攝喻也　並示
餘盖攝心相應　餘盖攝別有體　睡眠心相應　睡眠別有體
此二俱為安不安住者尋伺若安身心安也
此悔眠能通見修二斷此悔眠通非所斷不斷　答非无漏道何以此悔眠不
能觀引生得无漏道故非无漏也　尋伺雖非其无漏道者雖云
此尋伺何得通其非所斷　答雖則是其有漏然能思度諸法義
理故能引生得无漏聖道 [redacted]
於五法中者相名分別正智如如　二種者有相分別无相分別　七分別者
即是正智如如等　計心似二現者是見相分似貪等者似貪之
相分現於心上　言四大者地水火風以釋寬廣者此大遍一切
處　形增減者山高万刃地增減者海水千尋一星之火能
燒一切　風飄颻之事用　水流灌溉　火能溫暖　風能發
析樹　六根六識者但取六根兩五識除其意根　法界一分
者意所緣法之心所者取其心所　七心界者取六識意根
實攝第七
言是分觀義者可觀是境是染淨能觀是心即是其事　此即法處所攝者

BD03406號　大乘百法明門論開宗義記疏（擬）

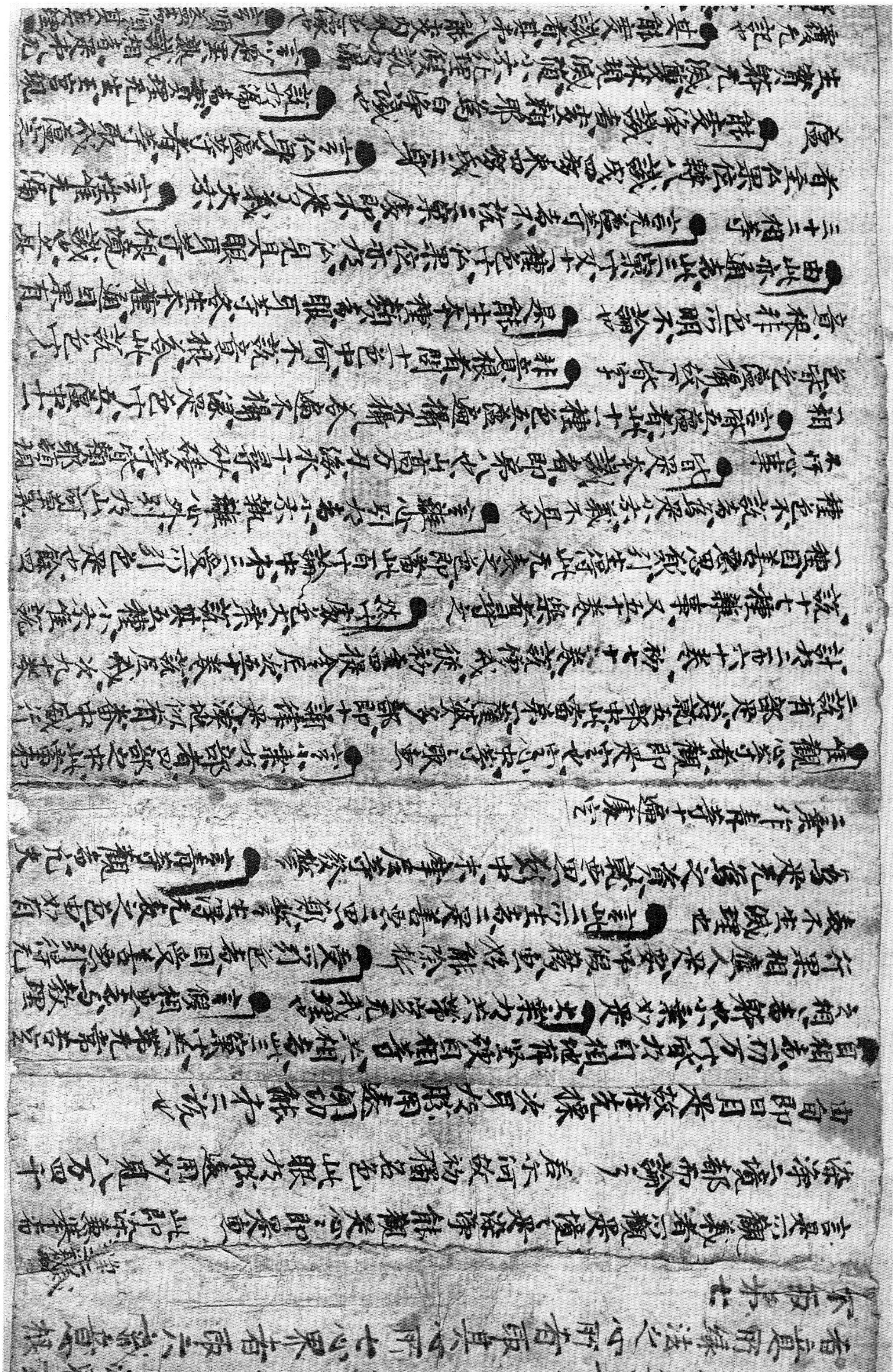

BD03406號　大乘百法明門論開宗義記疏（擬）　（15–12）

[illegible]
三十二相等 言无漏等者不說三乘處即不是了義大乘 言性唯无漏
者至佛果位轉八識成四智束四智成三身 言佛身漏等者等取餘蘊處
蘊 能變淨識者變賴耶爲白淨識也
生實解无滅隨小乘依理假說有漏 說有漏者實理无生王宮現
覆无記也 其能變識者其第八能變内外色像也 言以是異熟識相者是第八无
將其真理餘爲有情 言順爲者順其真理
由能變識性无記故者以變色聲是无記故此論說聲非善惡也
言相不相應何者是也 答若與心同起計屬於心名曰相應 若不與心同起
於諸法分位上假建立者名不相應且如六位心所有法之中遍行五別境
五四不定並通三性既通三性明知與心相應又善十一法若无其心云何能善
又與心相應故曰相應又煩惱隨煩惱雖是染汙夫善與惡起必從心
名曰相應 何者是不相應唯此廿四種約此五十一心所法上分位假立名曰
不相應也 言隨眠者即是煩惱隨逐衆生眠在本識 諸可成法
者即此五位心法是也 言行不行者爲種不亡用可於故 三現行成
就者謂蘊處等 等賴耶種子起現行成就得此五蘊之身處界亦進
種子約身而立八識任持三性善不善法 言命根者即是其識不
斷處名爲命根 爲趣生解者即異熟識解於五趣四生作於業報
解也 是遍恒續者此識遍三界九地恒續者此滅彼生无於間斷
名曰恒續 言同智者意異而口不言同類之人雖言但同教於
上下故文殊不同也 其意異而口不言其名同教僕如蕃漢胡等各
於其言詞各各於同類之言 言異生性者即凡夫類趣各生
聖者言同生謂諸聖者同斷二障同生一无漏解法故
由見所斷者見道斷所知煩惱二種障故聖者已斷此二障
親見二空同生无漏故曰同生所以初地菩薩得名同生地前
皆名異生

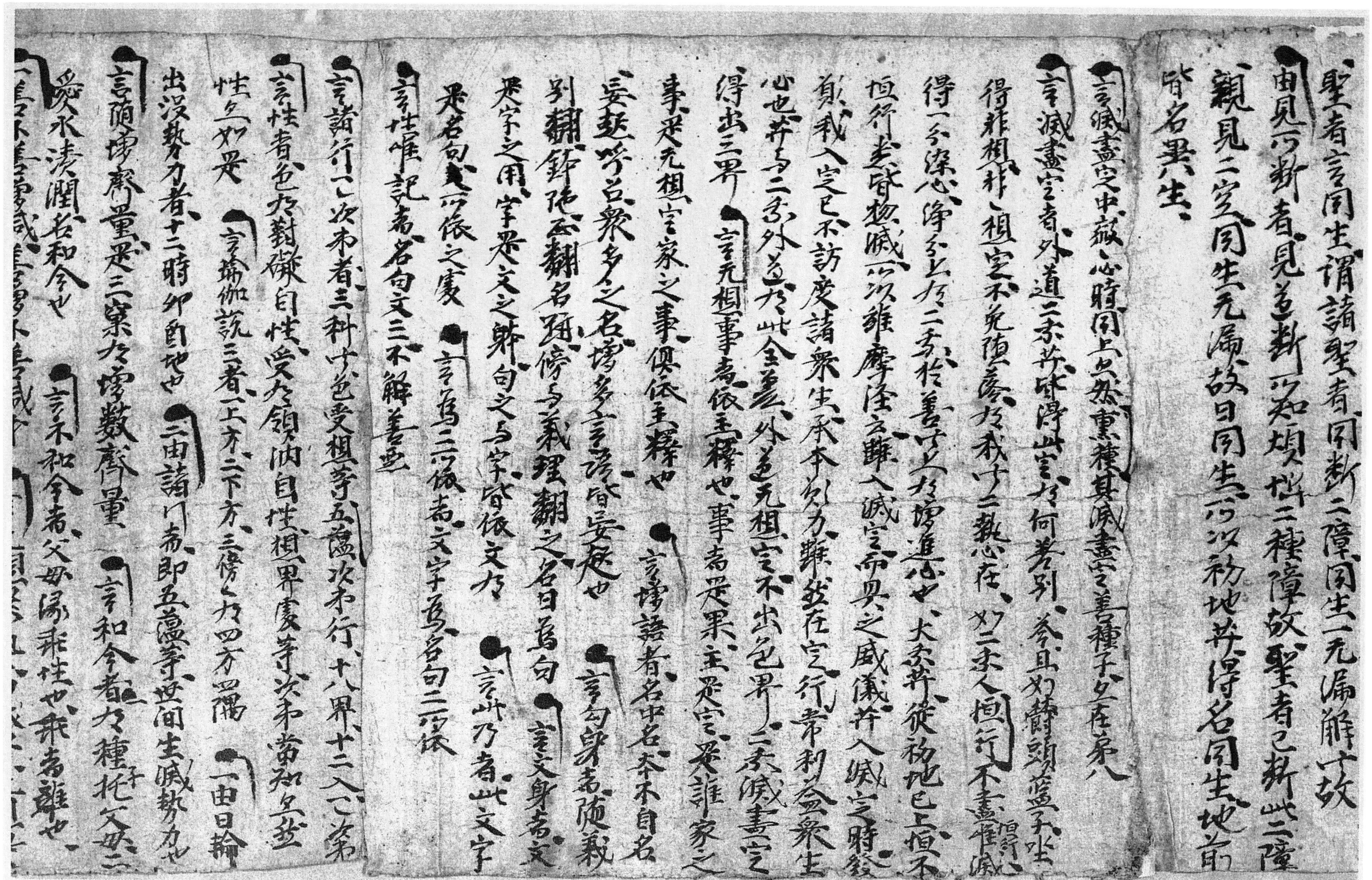
聖者言同生謂諸聖者同斷二障同生二無漏解脫故
由見所斷者見道斷所知煩惱二種障故聖者已斷此二障
親見二空同生無漏故曰同生所以初地菩薩得名同生地前
皆名異生
言滅盡定之中藏心時同上亦然熏種其滅盡定善種子久在第八
言滅盡定者外道二乘菩薩得此定於何差別 答且如鬱頭藍子先
得非想非非想定不免隨落於我法二執心在 如二乘人恒行不盡唯滅
得一分染心淨分上於二乘於善法上於增進心也 大乘菩薩從初地已上恒不
恒行並皆伏滅所以維摩經云雖入滅定而現之威儀菩薩入滅定之時發
願我入定已不妨度諸眾生承本願力雖然在定行常利益眾生
心也菩薩與二乘外道於此全異 外道無想定不出色界 二乘滅盡定
得出三界 言無想事者依主釋也 事者是果主是定是誰家之
事是無想定家之事俱依主釋也 言增語者名中名本不自名
妄疑詐名眾多之名增多之言語皆妄疑也 言句身者隨義
別翻銓詮名翻名詮旁與義理翻之名曰為句 言文身者文
是字之用字是文之體句之與字皆依文乃 言此乃者此文字
是名句文所依之處 言為二所依者文字為名句二所依
言非唯記者名句文三不解善惡
言諸行次第者三科中色受想等五蘊次第行十八界十二入亦第
言性者色為對礙自性受為領納自性想界處等次第當知各並
性各如是 言瑜伽說三者一上方二下方三傍之九四方四隅
出沒勢力者十二時節也 二由諸門者即五蘊等世間生滅勢力也 一由日輪
言隨增聚量是三業為增數聚量 言和合者為種子托父母二
愛水浸潤名和合也 言不和合者父母緣乖性也 乖者離也
[illegible]

BD03406號　大乘百法明門論開宗義記疏（擬）

……是也　言名身者隨義

引翻、鉢陀正翻名跡、傍与義理翻之名曰爲句　言文身者文

是字之用、字是文之體、句之与字皆依文乃　言此乃者此文字

是名句文所依之處　言爲二所依者文字爲名句二所依

言唯記者名句文三不解善惡

言諸行亡次第者三科中色受想等五蘊次第行、十八界、十二入亡次第

言性者色有對礙自性、受有領納自性、想、界處等次第當知各並

性各如是　言瑜伽説三者一上方、二下方、三傍々九四方四隅　一由日輪

出沒勢力者十二時卯酉也　二由諸門者即五蘊等世間生滅勢力也

言隨壞齊量是三果有壞數齊量　言和合者有種托父母二

愛水浸潤名和合也　言不和合者父母緣乖性也乖者離也

一善不善增減、善增不善減等　言無想異熟由猷者無想是

欲界中雜揀卻六七心想、將因時果異熟是身上色界廣果天一角中是

無想天是受果處時從無想將因修得果熟故名異熟　言色心相

似各者色是色等色即此身心相似人身心相似畜生等各々衆族

相似　言隨類在聖同各者於天人中々有將聖門者故知人同聖各

言因果等等者等取流轉十等也若隨境遠是無因果若不隨逐是

善因果凡夫因果可知　言通聖者聖者々從因感果因時

是人果時從聖地等是因從初地是果乃至十地是因等覺是果

故云因果通聖

BD03406號背　大乘百法明門論開宗義記疏（擬）　（2–1）

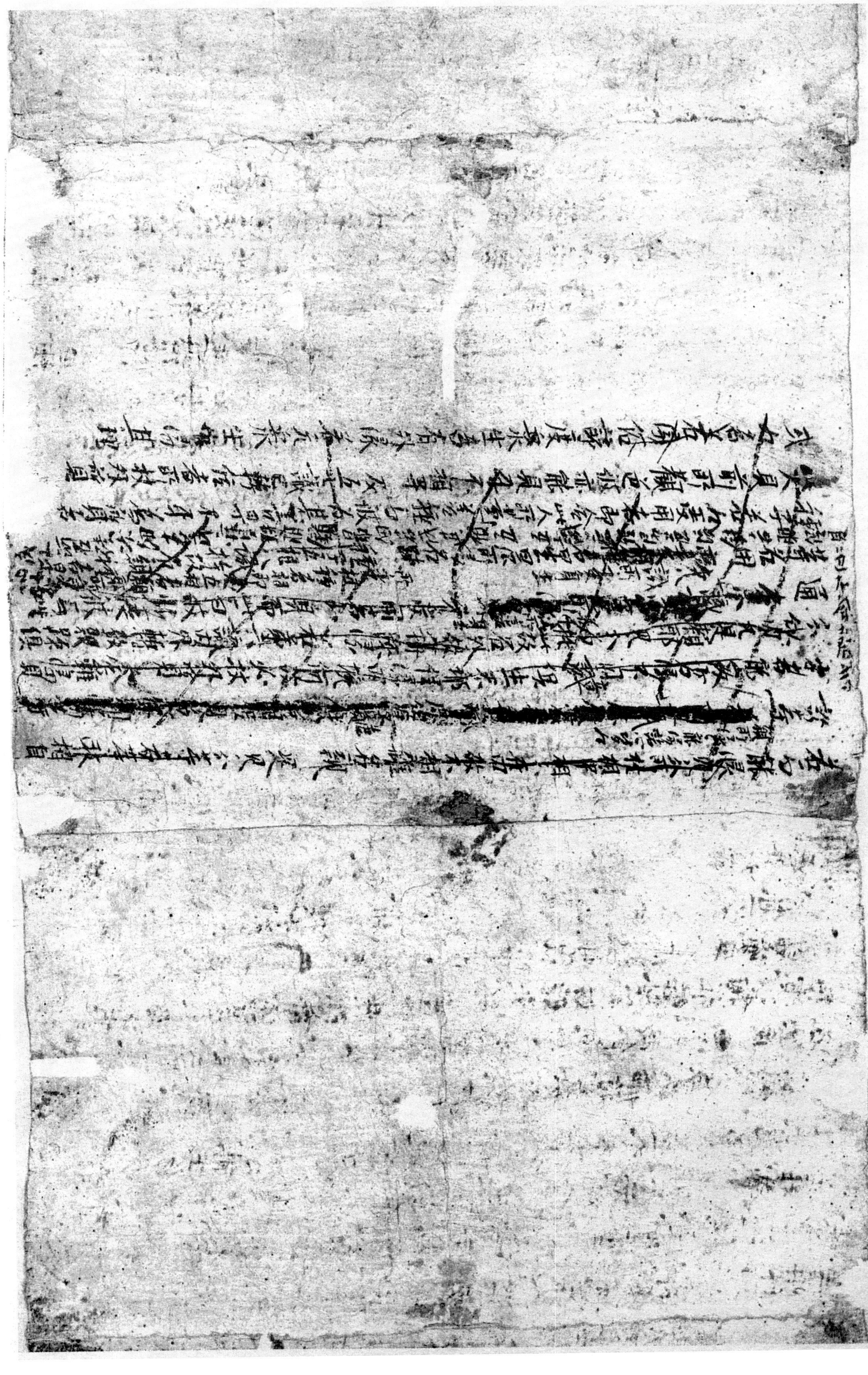

（2–2）

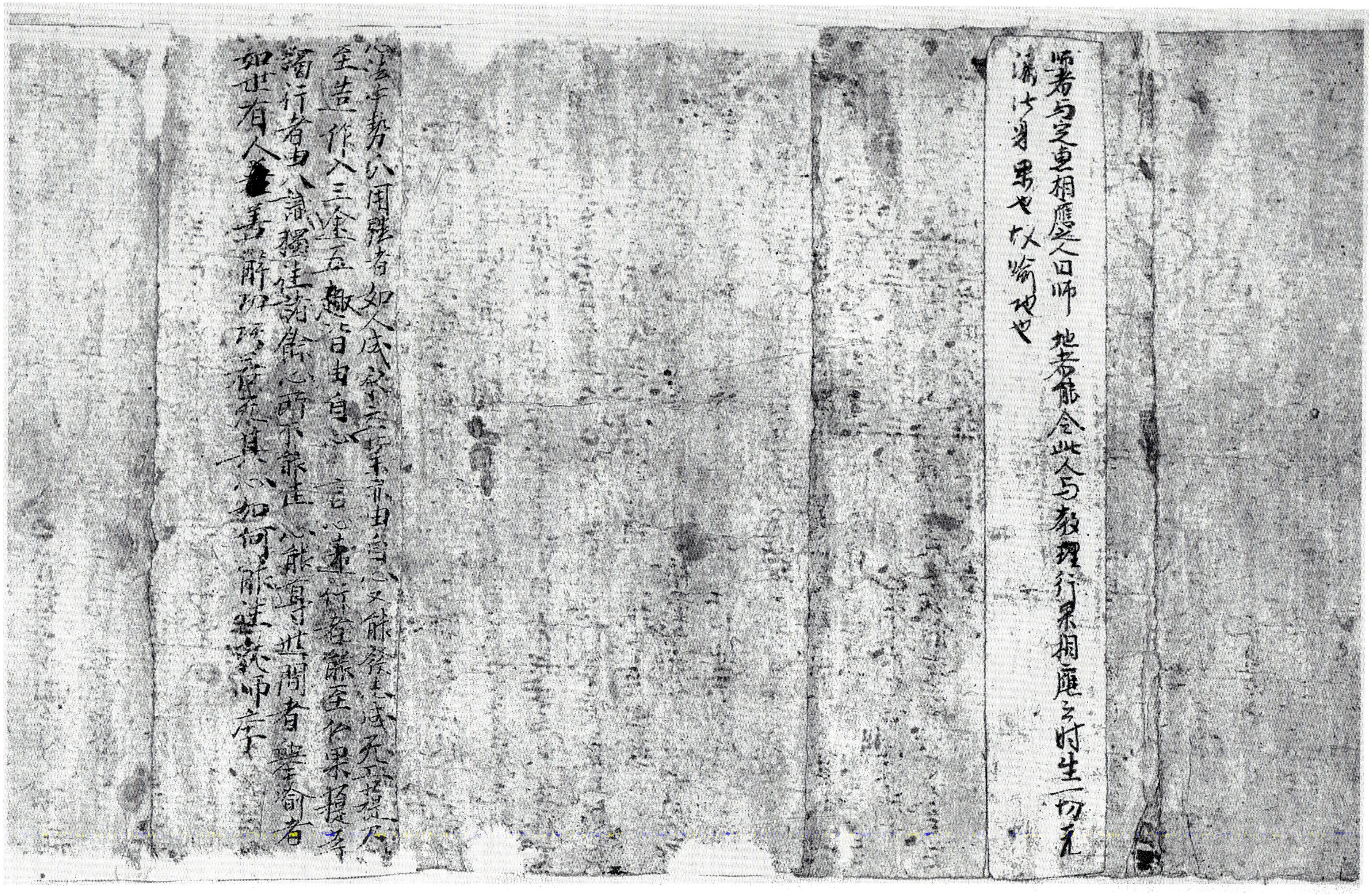

BD03406 號背　補充釋文

（2–1）

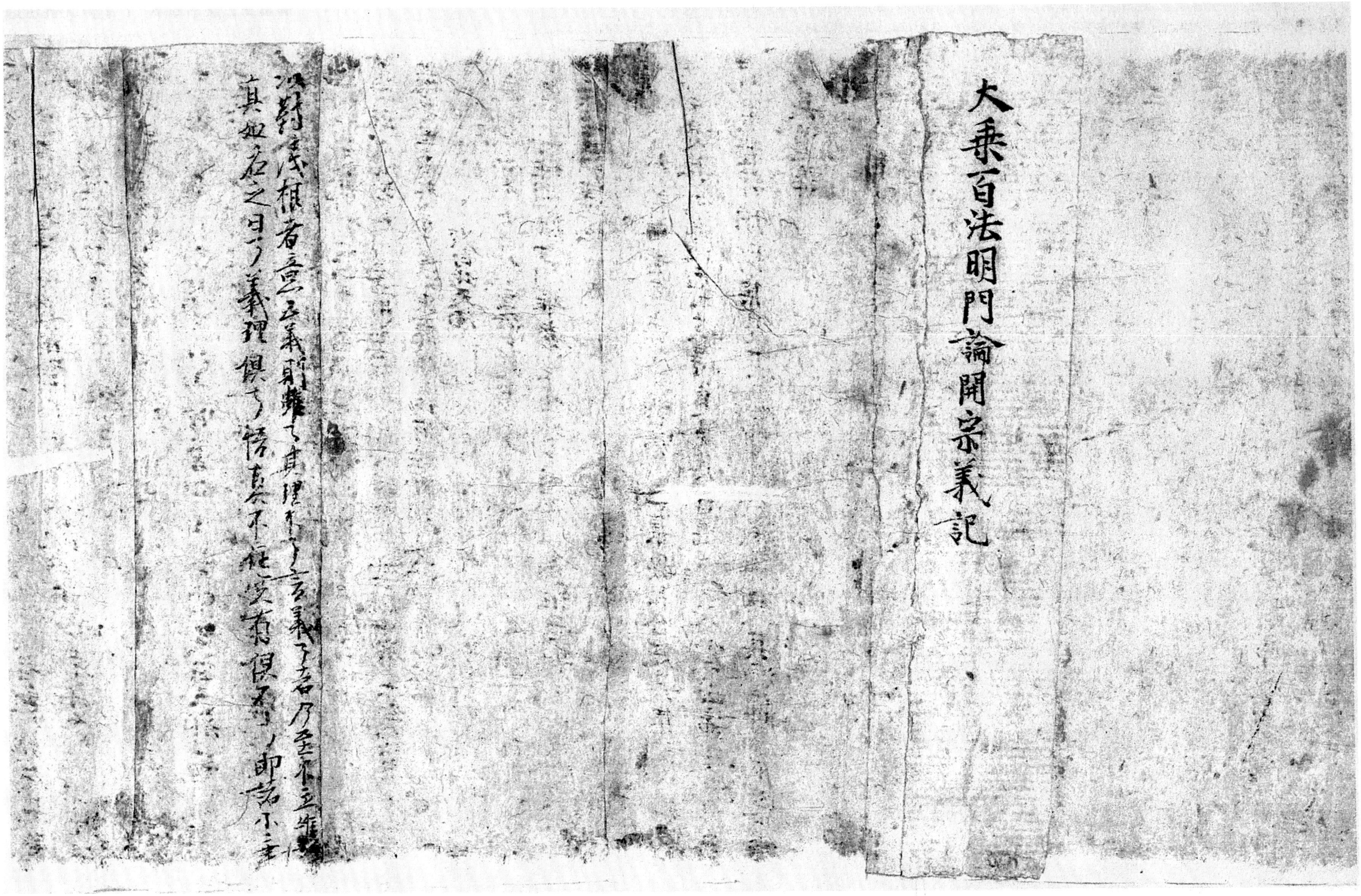

（2–2）

BD03406號背　補充釋文

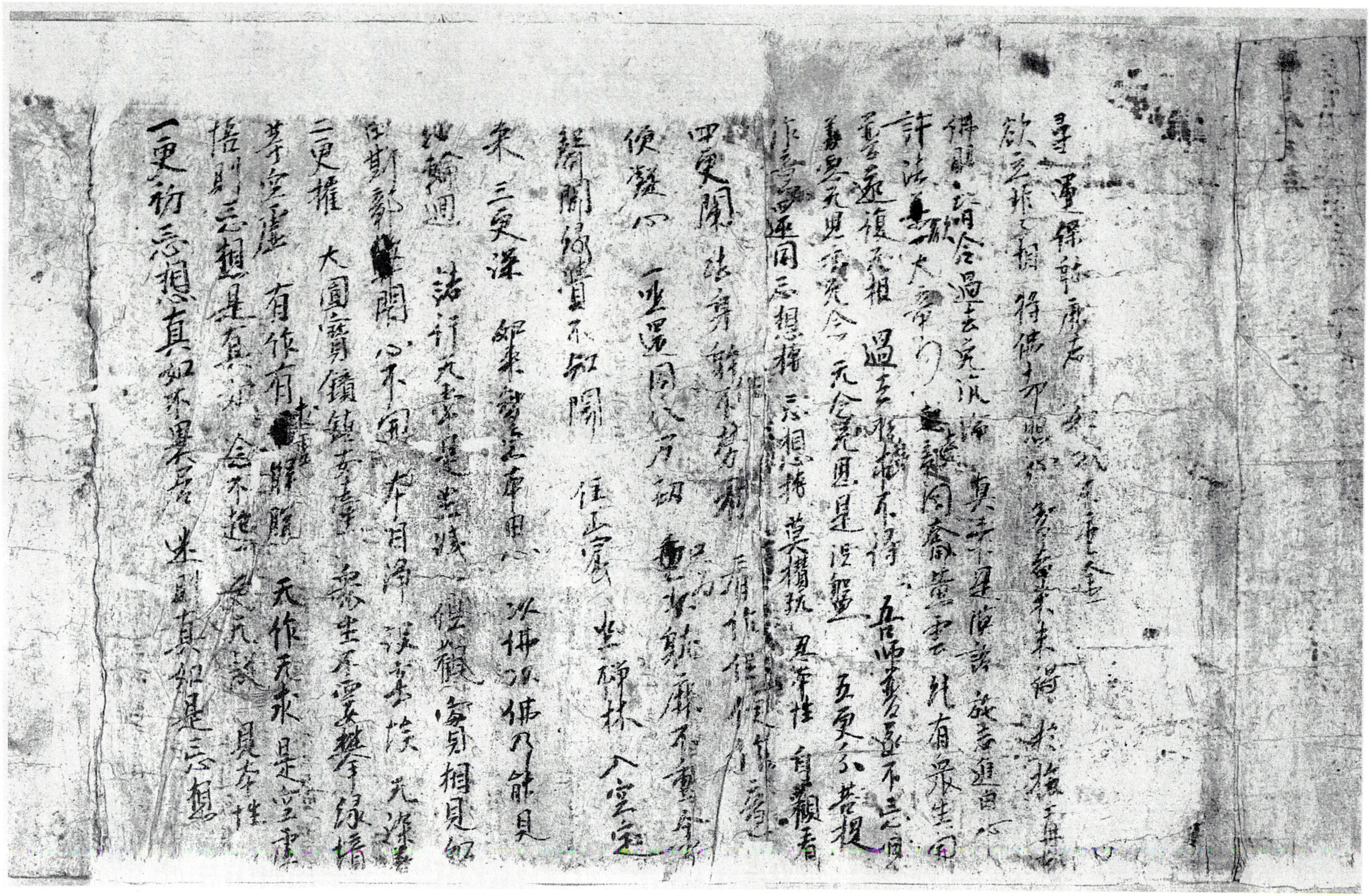

BD03406號背1　南宗定邪正五更轉

（2–1）

BD03406 號背 2　某年仲冬某人致都頭仁兄狀（擬）

（2–2）

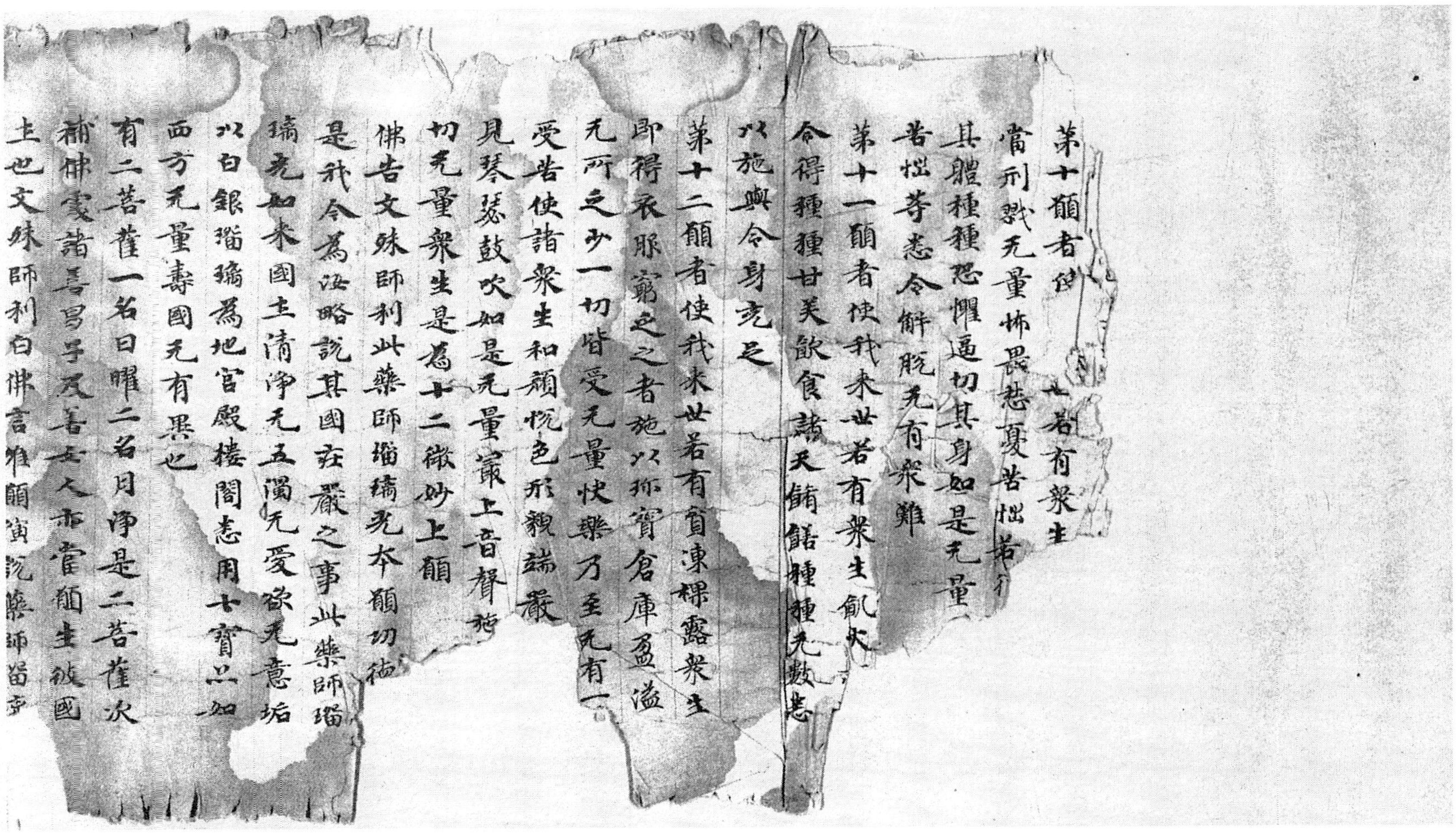
第十願者使…若有衆生
當刑戮无量怖畏悲憂苦惱苦行
其體種種恐懼逼切其身如是无量
苦惱等悉令解脫无有衆難
第十一願者使我來世若有衆生飢火
令得種種甘美飲食諸天餚饍種種无數悉
以施與令身充足
第十二願者使我來世若有貧凍裸露衆生
即得衣服窮乏之者施以珍寶倉庫盈溢
无所乏少一切皆受无量快樂乃至无有一
受苦使諸衆生和顏悅色形貌端嚴
見琴瑟鼓吹如是无量最上音聲施
切无量衆生是爲十二微妙上願
佛告文殊師利此藥師瑠璃光本願功德
是我今爲汝略說其國莊嚴之事此藥師瑠
璃光如來國土清淨无五濁无愛欲无意垢
以白銀瑠璃爲地宮殿樓閣悉用七寶亦如
西方无量壽國无有異也
有二菩薩一名日曜二名月淨是二菩薩次
補佛處諸善男子及善女人亦當願生彼國
土也文殊師利白佛言唯願演說藥師瑠璃

BD03407 號　灌頂章句拔除過罪生死得度經　　（13–1）

是我今爲汝略說其國莊嚴之事此藥師瑠
璃光如來國土清淨无五濁无愛欲无意垢
以白銀瑠璃爲地宮殿樓閣悉用七寶亦如
西方无量壽國无有異也
有二菩薩一名日曜二名月淨是二菩薩次
補佛處諸善男子及善女人亦當願生彼國
土也文殊師利白佛言唯願演說藥師瑠璃
光如來无量功德饒益衆生令得佛道佛言
若有善男子善女人新破衆魔來入正直
聞我說是藥師瑠璃光如來名字者魔家
屬退散馳走如是无量拔衆生苦我今說之
佛告文殊師利世間有人不解罪福慳貪不
知布施今世後世當得其福世人愚癡但知
貪惜寧自割身肉而噉食之不肯持錢財布
施求後世之福世又有人身不衣食此大慳
貪命終以後當墮餓鬼及在畜生中聞我說
是藥師瑠璃光如來名字之時无不解脫憂
苦者也皆作信心貪福畏罪人從索頭與
索眼與眼乞妻與妻乞子與子求金銀
皆大布施一時歡喜即發无上正真道意
佛言若復有人受佛淨戒尊奉明法不解罪
福雖知明經不及中義不能分別曉了中事
以自貢高恒當瞋憒乃與世間衆魔從事更
作縛著不解行之戀著婦女恩愛之情口爲
說空行在有中不能發覺復不自知但能論
說他人是非如此人輩皆當墮三惡道中聞
我說是藥師瑠璃光本願功德无不救者念
欲捨家行作沙門者也

BD03407 號　灌頂章句拔除過罪生死得度經　　（13–2）

作縛著不解行之戀著婦女恩愛之情口為
說空行在有中不能發覺復不自知但能論
說他人是非如此人輩皆當墮三惡道中聞
我說是藥師瑠璃光本願功德无不歡喜念
欲捨家行作沙門者也
佛言世間有人好自稱譽皆是貢高當墮三
惡道中後還為人牛馬奴婢生下賤中人當
乘其力負重而行因苦疲極士夫人身聞我說
是藥師瑠璃光如來本願功德者皆當一心
歡喜踊躍更作識敬即得解脫衆苦之患
長得歡喜聰明智慧遠離惡道得生善處與
善知識共相值遇无復憂惱離諸魔縛佛言
世間愚癡人輩兩舌鬬諍惡口罵詈更相嫉
恨或就山神樹下鬼神日月之神南斗北辰諸
鬼神所作諸呪詛或作名字或作人形像
或作符書以相厭禱呪咀言說聞我說是藥
師瑠璃光本願功德无不兩作和解俱生慈心
惡意悉滅各各歡喜无復惡念
佛言若四輩弟子比丘比丘尼清信士清信
女常脩月六齋年三長齋或晝夜精勤一心
苦行願欲往生西方阿弥陀佛國者晝夜憶
念若一日二日三日四日五日六日七日或
復中悔聞我說是藥師瑠璃光本願功德盡
其壽命欲終之日有八菩薩
跋陀和菩薩　羅隣那竭菩薩　憍日兜菩薩　那羅達菩薩
須深弥菩薩　摩訶伽菩薩　實檀華菩薩　和喻輪菩薩
皆當飛往迎其精神不逕八難生蓮華中
自然音樂而相娛樂

BD03407號　灌頂章句拔除過罪生死得度經　（13–3）

跋陀和菩薩　羅隣那竭菩薩　憍日兜菩薩　那羅達菩薩
須深弥菩薩　摩訶伽菩薩　實檀華菩薩　和喻輪菩薩
皆當飛往迎其精神不逕八難生蓮華中
自然音樂而相娛樂
佛言假使壽命自欲盡時臨終之日得聞我
說是藥師瑠璃光佛本願功德者命終皆得
上生天上不復歷三惡道中天上福盡若下
生人間當為帝王家作子或生豪姓長者居
士富貴家生皆當端正聰明智慧高才勇猛
若是女人化成男子无復憂苦患難者也
佛語文殊師利我稱譽顯說瑠璃光佛至真
等正覺本所脩集无量行願功德如是文殊
師利從座而起長跪叉手白佛言世尊佛去
世後當以此法開化十方一切衆生使其受
持是經典也若有善男子善女人愛樂是經
受持讀誦宣通之者須能專念若一日二日三
日四日五日六日乃至七日憶念不忘能以
好素帛書取是經五色雜綵作囊盛之者
是時當有諸天善神四天大王龍神八部常
來營衛愛敬此經日日作礼持是經者不墮
橫死所在安隱惡氣消滅諸魔鬼神亦不中
害佛言如是如是如汝所說文殊師利言天
尊所說言无不善佛語文殊師利若有善男
子善女人等發心造立藥師琉璃光如來形
像供養礼拜懸雜色幡蓋燒香散華歌詠讚
歎圍繞百匝還坐本處端坐思惟念藥師瑠
璃光佛无量功德若有善男子善女人七日

BD03407號　灌頂章句拔除過罪生死得度經　（13–4）

尊所說言无不善佛語文殊師利若有善男
子善女人等發心造立藥師琉璃光如來形
像供養礼拜懸雜色幡蓋燒香散華歌詠讚
歎圍繞百匝還坐本處端坐思惟念藥師瑠
璃光佛无量功德若有善男子善女人七日
七夜菜食長齋供養礼拜藥師瑠璃光佛求
心中所願者无不稱得求長壽得長壽求富
饒得富饒求安隱得安隱求男女得男女求
官位得官位若命過以後欲生妙樂天上者
亦當礼敬琉璃光佛至真等正覺若欲上生
卅三天者亦當礼拜必得往生若與明師世
世相值者亦當礼敬琉璃光佛佛告文殊
師利若欲生十方妙樂國土者亦應礼敬琉
璃光佛欲得生兜率天上見弥勒佛者亦應
礼敬瑠璃光佛若欲遠諸邪道亦當礼敬琉
璃光佛若夜惡夢鳥鳴百怪蜚尸邪忤魍魎
鬼神之所嬈者亦當礼敬瑠璃光佛若為水
火所焚漂者亦當礼敬琉璃光佛若入山谷
為虎狼熊羆蒺蔾諸狩鳥龍蚖蛇蝮蠍種種
雜類若有惡心來相向者心當存念瑠璃光佛
山中諸獸不能為害若他方怨賊惡人偷
竊怨家債主欲來侵陵心當存念瑠璃光佛
則不為害以善男子善女人礼敬琉璃光如來
功德所致華報如是况果報也是故吾今勸
諸四輩礼事瑠璃光至真等正覺
佛告文殊師利我但為汝略說瑠璃光佛礼敬
功德若使我廣說是瑠璃光佛无量功德
與一切人求心中所願者從一劫至一劫故

BD03407 號　灌頂章句拔除過罪生死得度經　（13–5）

功德所致華報如是况果報也是故吾今勸
諸四輩礼事瑠璃光至真等正覺
佛告文殊師利我但為汝略說瑠璃光佛礼敬
功德若使我廣說是瑠璃光佛无量功德
與一切人求心中所願者從一劫至一劫故
不周遍其世間人若有著床萎黃困篤惡病
連年累月不差者聞我說是瑠璃光佛名字
之時橫病之厄无不除愈唯有宿殃故不請
耳
佛告文殊師利若善男子善女人受三自歸
若五戒若十戒若善信菩薩廿四戒若沙門
二百五十戒若比丘尼五百戒若菩薩戒若
破是諸戒若能至心一懺悔者復聞我說是
瑠璃光佛終不墮三惡道中必得解脫若人
愚癡不受父母師友教誨不信佛不信經戒
不信聖僧應墮三惡道中者忘失人種受畜
生身聞我說是瑠璃光佛善願功德者即得
解脫
佛告文殊師利世有惡人雖受佛禁戒觸事
違犯或殺无道偷竊他人財寶欺詐妄語婬
他婦女飲酒鬪亂兩舌惡口罵詈毀人犯戒
為惡復祠祀鬼神有如是過罪當墮地獄中若
當屠割若抱銅柱若鐵鉤出舌若洋銅灌
口者聞我說是藥師瑠璃光佛无不即得解
脫者也
佛告文殊師利其世間人豪貴下賤不信佛
不信經道不信沙門不信有須陀洹不信有
斯陀含不信有阿那含不信有阿羅漢不信

BD03407 號　灌頂章句拔除過罪生死得度經　（13–6）

佛告文殊師利其世間人豪貴下賤不信佛
不信經道不信沙門不信有須陁洹不信有
斯陁含不信有阿那含不信有阿羅漢不信
有辟支佛不信有十住菩薩不信有三世之
事不信有十方諸佛不信有本師釋迦文佛
不信人死神明更生善者受福惡者受殃有
如是之罪應墮三惡道中聞我說是藥師瑠
璃光佛名字之者一切過罪自然消滅
佛告文殊師利若有善男子善女人聞我說
是藥師瑠璃光佛至真等正覺其誰不發无
上正真道意後皆當得作佛人居世間仕宦
不遷治生不得飢寒困厄士夫財產无復方
計聞我說是藥師瑠璃光佛各各得心中所
願仕宦皆得高遷財物自然長益飲食充飽
皆得富貴若為縣官之所拘錄惡人侵枉若為
怨家所得便者心當存念瑠璃光佛若他婦
女產生難者皆當念是瑠璃光佛兒則易生
身體平整无諸疾病六情完具聰明智慧
壽命得長不遭枉橫善神擁護不為惡鬼甑
其頭也
佛說是語時阿難在右邊佛顧語阿難言汝
信我為文殊師利說往昔東方過十恒河沙有
佛名曰藥師瑠璃光本願功德者不阿難白佛
言唯唯天中天佛之所言何敢不信耶佛
復語阿難言世間人雖有眼耳鼻舌身意人
常用是六事以自迷惑信世間魔耶之言不
信至真至誠度世苦切之語如是人輩難可

信我為文殊師利說往昔東方過十恒河沙有
佛名曰藥師瑠璃光本願功德者不阿難白佛
言唯唯天中天佛之所言何敢不信耶佛
復語阿難言世間人雖有眼耳鼻舌身意人
常用是六事以自迷惑信世間魔耶之言不
信至真至誠度世苦切之語如是人輩難可
開化也
阿難白佛言世尊世人多有惡逆下賤之者
若聞佛說經開人耳目破治人病除人陰冥
使覩光明解人疑結去人重罪千劫万劫无
復憂患皆因佛說是藥師瑠璃光本願功德
悉令安隱得其福也
佛言阿難汝口為言善而汝內心狐疑我言
阿難汝莫作是念以自毀敗佛言阿難我見
汝心我知汝意汝知之不阿難即以頭面著
地長跪叉手白佛言審如天中天所說我造
次聞佛說是藥師瑠璃光極大尊貴智慧巍
巍難可度量我心有小疑耳敢不首伏佛言
汝智慧狹劣少見少聞汝聞我說深妙之法
无上空義應生信敬貴重之心必當得至无
上正真道也
文殊師利問佛言世尊佛說是藥師瑠璃光
如來无量功德如是不審誰肯信此言者佛
答文殊言唯有百億諸菩薩摩訶薩當信是
言唯有十方三世諸佛當信是言耳
佛言我說是藥師瑠璃光如來本願功德難
可得見何況得聞亦難得說難得書寫之難
得讀文殊師利若有男子女人能信是經受

菩文殊言唯[illegible]
言唯有十方三世諸佛當信是言耳
佛言我說是藥師瑠璃光如來本願功德難
可得見何况得聞亦難得說難得書寫旦難
得讀文殊師利若有男子女人能信是經受
持讀誦書著竹帛須能為他人解說中義此
皆先世以發道意令須得聞此微妙法開化
十方无量衆生當知此人必當得至无上正
真道也
佛告阿難我作佛以來從生死須至生死勤
苦累劫无所不逕无所不歷无所不作无所
不為如是不可思議况須瑠璃光佛本願功
德者乎汝所以有小疑者亦須如是阿難汝
聞佛所說汝諦信之莫作疑惑佛語至誠无
有虛為亦无二言佛言為信者施不為疑者
說也阿難汝莫作小疑以毀大乘之業汝却
後亦當發摩訶衍莫以小道毀汝功德阿難
白佛言唯有天中天我從今日以去无復念
心唯佛自當知我心耳
佛語阿難此經能照諸天宮殿若三災起時
中有天人發心念此瑠璃光佛本願功德者
皆得離於彼處之難是經能除水澇不調是
經能除他方逆賊悉令消滅四方夷狄各還
正治不相燒惱國土交通人民歡樂是經能
除穀貴飢凍是經能滅惡星變怪是經能除
疫毒之病是經能救三惡道苦地獄餓鬼畜
生等苦若人得聞此經典者无不解脫厄難
者也

BD03407號　灌頂章句拔除過罪生死得度經　（13–9）

除穀貴飢凍是經能滅惡星變怪是經能除
疫毒之病是經能救三惡道苦地獄餓鬼畜
生等苦若人得聞此經典者无不解脫厄難
者也
尒時衆中有一菩薩名曰救脫從座而起惣
衣服叉手合掌而白佛言我等今日聞佛世
尊演說過去東方十恒河沙世界有佛号瑠
璃光一切衆會靡不歡喜救脫菩薩又白佛
言若族姓男女其有至羸著床痛惱无救護
者我今當勸呼諸衆僧七日七夜齋戒一心
受持八禁六時行道卌九遍讀是經典勸然
七層之燈亦勸懸五色續命神幡阿難問救
脫菩薩言續命幡燈法則云何救脫菩薩語
阿難言神幡五色卌九尺燈亦復尒七層之
燈一層七燈燈如車輪若遭厄難閉在牢獄
枷鏁著身亦應造立五色神幡然卌九燈應
放雜類衆生至卌九可得過度危厄之難
諸橫惡鬼所持
救脫菩薩語阿難言若天王大臣及諸輔相
王子妃主中宮婇女若為病苦所惱亦應造立
五色神幡然燈續明救諸生命散雜色華
燒衆名香王當放赦屈尼之人徒鏁解脫得
其福天下太平雨澤以時人民歡樂惡[illegible]龍
攝毒无病苦者四方戎狄不生逆害國[illegible]通
同慈心相向无諸怨害四海歌詠稱王之聰
乘此福祿在意所生見佛聞法信受教誨從
是福報至无上道

BD03407號　灌頂章句拔除過罪生死得度經　（13–10）

其福天下太平雨澤以時人民歡樂要龍
擁義无病苦者四方戎狄不生逆害國土通
同慈心相向无諸怨害四海歌詠稱王之德
乘此福祿在意所生見佛聞法信受教誨從
是福報至无上道
阿難又問救脫菩薩言命可續耶救脫菩薩
荅阿難言我聞世尊說有諸横勸造福善令
其脩福又言阿難昔沙弥救蟻已脩福故盡
其壽命不經苦患身體安寧福德力强使之
然也阿難曰頂問救脫菩薩言横有幾種世
尊說言横乃无數略而言之大横有九一者
横病二者横有口舌三者横遭縣官四者身
羸无福又持戒不完横爲鬼神之所得便五
者横爲劫賊所剝六者横爲水火之災漂
七者横爲雜類禽獸所噉八者横爲怨讎符
書厭禱耶神牽引未得其福但受其殃九者
牽引亦名横死九者有病不治又不脩福湯
藥不順針灸失度不値良醫爲病所困於是
滅亡又信世間妖孽之師爲作恐動心熱言
語妄發禍福所祀者多心不自正不能自定
卜問覓禍殺猪狗牛羊種種衆生解奏神明
呼諸耶妖魍魎鬼神請乞福祚欲望長生終
不能得愚癡迷惑信耶倒見死入地獄展轉
其中无解脫時是名九横
救脫菩薩語阿難言其世間人癃黄病困
篤着牀求生不得求死不得考楚可斷此
病人者或其前世造作惡業罪過所招殃咎所
引故使然也救脫菩薩語阿難言閻羅王者
主領世間名籍之記若人爲惡作諸非法无
作五逆破滅三寶无君臣法又有

BD03407 號　灌頂章句拔除過罪生死得度經

(13–11)

救脫菩薩語阿難言其世間人癃黄病困
篤着牀求生不得求死不得考楚可斷此
病人者或其前世造作惡業罪過所招殃咎所
引故使然也救脫菩薩語阿難言閻羅王者
主領世間名籍之記若人爲惡作諸非法无
孝順心造作五逆破滅三寶无君臣法又有
衆生不持五戒不信正法設有受者多所毀
犯於是地下鬼神及伺候者奏上五官五官
料簡除死定生或注錄精神未判是非若已
定者奏上閻羅閻羅監察隨罪輕重考而
治之世間癃黄之病困篤不死一絕一生稍其
罪福未得料簡錄其精神在彼王所或七日
五三七日乃至七七日名籍定者放其精神
還其身中如從夢中見其善惡其人若明了
者信驗罪福是故我今勸請續命神
幡然卌九燈放諸生命以此幡燈放生功德
拔彼精神令得度苦令世後世不遭厄難救
脫菩薩語阿難言如來世尊說是經典威神
功德利益不少座中諸鬼神有十二王從座
而起往到佛所胡跪合掌白佛言我等十二
鬼神所在作護若城邑聚落空閑林中若四
輩弟子誦持此經令所結願願无不得阿難問
言其名云何爲我說之救脫菩薩言灌頂
章句其名如是
神名金毗羅　神名和耆羅　神名弥佉羅　神名安陁羅
神名摩尼羅　神名宗林羅　神名因持羅　神名
神名摩休羅　神名禎陁羅　神名照頭羅　神
救脫菩薩語阿難言此諸鬼神別有
爲眷屬皆悉叉手低頭聽佛世尊說
光如來本願功德莫不一時捨鬼神
人身長得度脫无衆惱患若人疾

BD03407 號　灌頂章句拔除過罪生死得度經

(13–12)

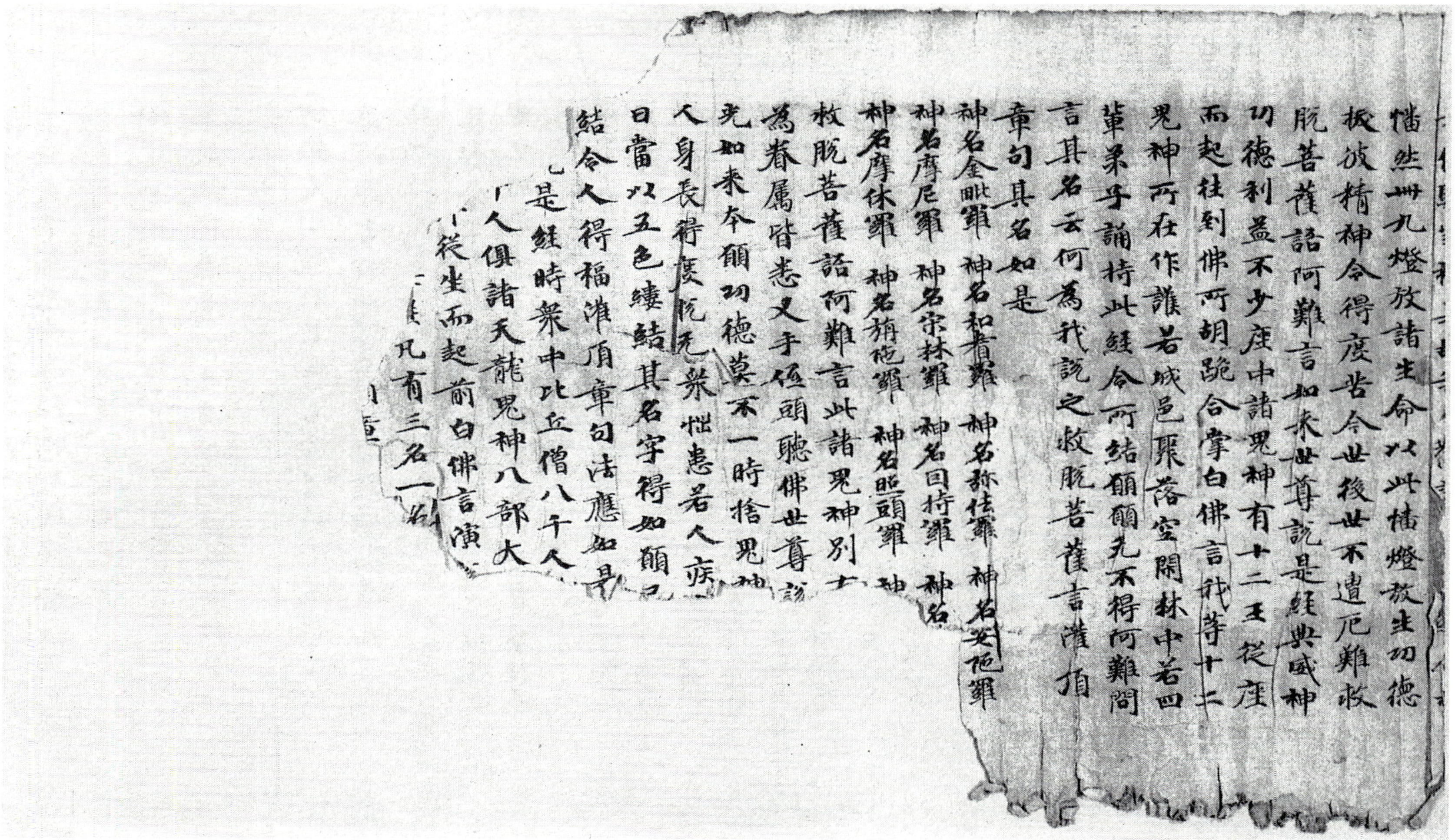
幡然卌九燈放諸生命以此幡燈放生功德
拔彼精神令得度苦令世後世不遭厄難救
脫菩薩語阿難言如來世尊說是經典威神
功德利益不少座中諸鬼神有十二王從座
而起往到佛所胡跪合掌白佛言我等十二
鬼神所在作護若城邑聚落空閑林中若四
輩弟子誦持此經令所結願願无不得阿難問
言其名云何為我說之救脫菩薩言灌頂
章句其名如是
神名金毗羅 神名和耆羅 神名祢佉羅 神名安陀羅
神名摩尼羅 神名宗林羅 神名回持羅 神名
神名摩休羅 神名捎陀羅 神名照頭羅 神
救脫菩薩語阿難言此諸鬼神別有
為眷屬皆悉叉手低頭聽佛世尊說
光如來本願功德莫不一時捨鬼神
人身長得度脫无衆惱患若人疾
日當以五色縷結其名字得如願已
結令人得福准頂章句法應如是
是經時衆中比丘僧八千人
人俱諸天龍鬼神八部大
從坐而起前白佛言演
凡有三名一名

BD03407號 灌頂章句拔除過罪生死得度經 （13–13）

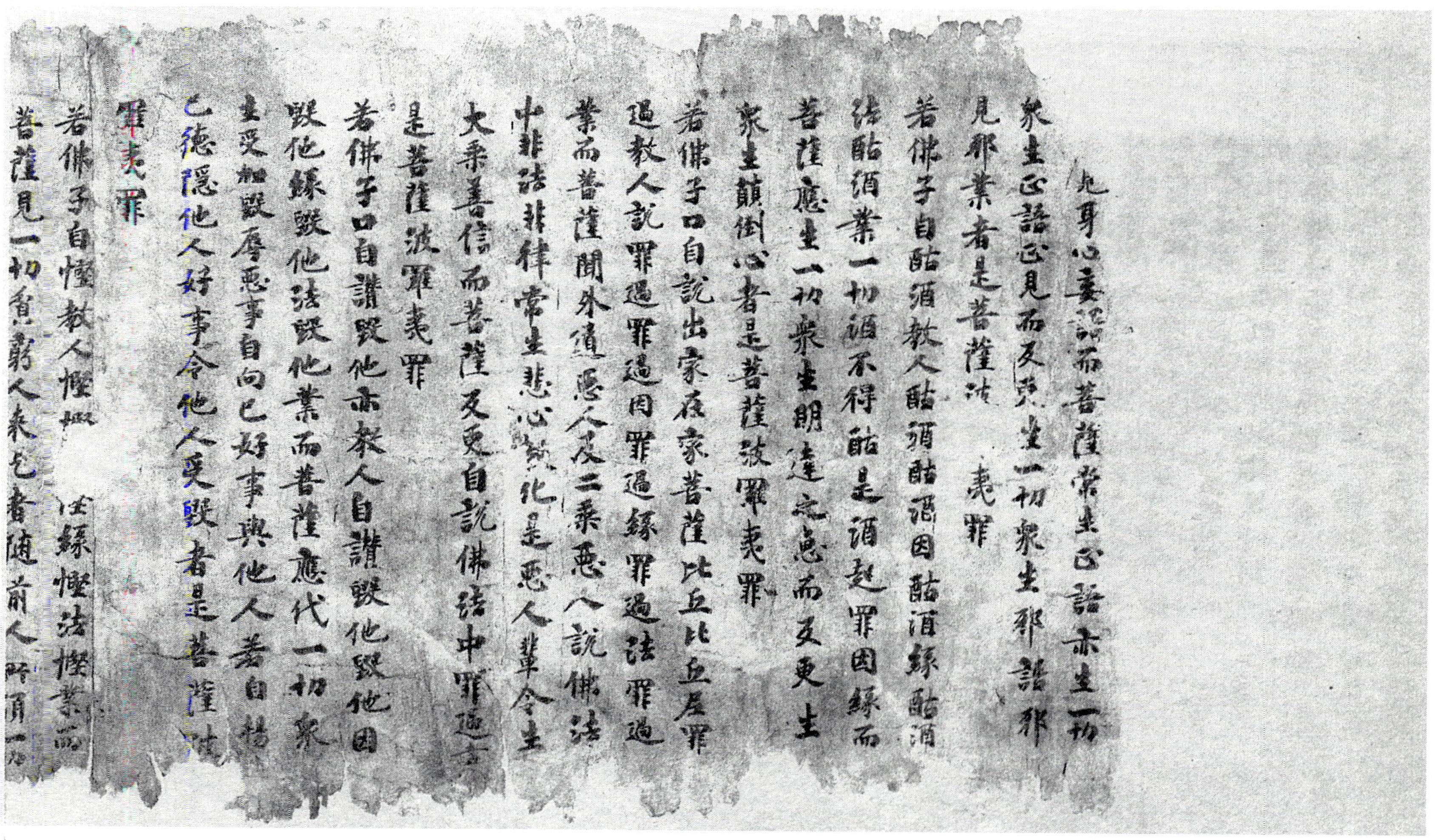
无身心妄語而菩薩常生正語亦生一切
衆生正語正見而反更起一切衆生邪語邪
見邪業者是菩薩波 夷罪
若佛子自酤酒教人酤酒酤酒因酤酒緣酤酒
法酤酒業一切酒不得酤是酒起罪因緣而
菩薩應生一切衆生明達之慧而反更生
衆生顛倒心者是菩薩波羅夷罪
若佛子口自說出家在家菩薩比丘比丘尼罪
過教人說罪過罪過因罪過緣罪過法罪過
業而菩薩聞外道惡人及二乘惡人說佛法
中非法非律常生悲心教化是惡人輩令生
大乘善信而菩薩反更自說佛法中罪過者
是菩薩波羅夷罪
若佛子口自讚毀他亦教人自讚毀他毀他因
毀他緣毀他法毀他業而菩薩應代一切衆
生受加毀辱惡事自向己好事與他人若自揚
己德隱他人好事令他人受毀者是菩薩波
羅夷罪
若佛子自慳教人慳 慳因慳緣慳法慳業而
菩薩見一切貧窮人來乞者隨前人所須一切

BD03408號 梵網經盧舍那佛說菩薩心地戒品第十卷下 （14–1）

□受加毀辱惡事自向己好事與他人若自揚
已德隱他人好事令他人受毀者是菩薩波
羅夷罪
若佛子自慳教人慳慳因慳緣慳法慳業而
菩薩見一切貧窮人來乞者隨前人所須一切
給與而菩薩以惡心瞋心乃至不施一錢一鍼
一草有求法者而不爲說一句一偈一微塵
許法而反更罵辱者是菩薩波羅夷罪
若佛子自瞋教人瞋瞋因瞋緣瞋法瞋業而菩
薩應生一切衆生善根无諍之事常生悲心
孝順心而反更於一切衆生中乃至於非衆
生中以惡口罵辱加以手打及以刀杖意猶
不息前人求悔善言懺謝猶瞋不解者是
菩薩波羅夷罪
若佛子自謗三寶教人謗三寶謗因謗緣謗
法謗業而菩薩見外道及以惡人一言謗佛
音聲如三百鉾刺心況口自謗不生信心孝順
心而反更助惡人邪見人謗者是菩薩波
罪
善學諸人者是菩薩十波羅提木叉應當於中
不應一一犯如微塵許何況具足犯十戒若有
犯者不得現身發菩提心亦失國王位亦失
轉輪王位亦失比丘比丘尼位亦失十發趣十
長養十金剛十地佛性常住妙果一切皆失
墮三惡道中二劫三劫不聞父母三寶名字
……一一犯汝等一切諸菩薩……

BD03408號　梵網經盧舍那佛說菩薩心地戒品第十卷下　（14–2）

轉輪王位亦失比丘比丘尼位亦失十發趣十
長養十金剛十地佛性常住妙果一切皆失
墮三惡道中二劫三劫不聞父母三寶名字
以是不應一一犯汝等一切諸菩薩已學今
學當學如是十戒應當敬心奉持八萬威
儀品當廣明
佛告諸菩薩言已說十波羅提木叉竟
十八輕今當說
佛告佛子欲受國王位時受轉輪王位時百
官受位時應先受菩薩戒一切鬼神救護王
身百官之身諸佛歡喜既得戒已生孝順心
恭敬心見上座和上阿闍梨大同學同見同行
者應起承迎禮拜問訊而菩薩反生憍心
慢心癡心不起承迎禮拜一一不如法供養
以自賣身國城男女七寶百物而供給之若
不介者犯輕垢罪
若佛子故飲酒而生酒過失无量若自身手
過酒器與人飲酒者五百世无手何況自飲
不得教一切人飲及一切衆生飲著故自飲教
人飲者犯輕垢罪
若佛子故食肉一切肉不得食斷大慈悲佛性
種子一切衆生見而捨去故一切菩薩不得
食一切衆生肉食肉得无量罪若故食者犯
輕垢罪
若佛子不得食五辛大蒜革葱慈葱蘭葱

BD03408號　梵網經盧舍那佛說菩薩心地戒品第十卷下　（14–3）

種子一切衆生見而捨去故一切菩薩不得
食一切衆生肉食肉得无量罪若故食者犯
輕垢罪
若佛子不得食五辛大蒜革葱慈葱蘭葱
興渠是五種一切食中不得食若故食者犯
輕垢罪
若佛子見一切衆生犯八戒五戒十戒毀禁
七逆八難一切犯戒罪應教懺悔而菩薩不
教懺悔共住同僧利養而共布薩一衆住說
戒而不舉其罪教悔過者犯輕垢罪
若佛子見大乘法師大乘同學同見同行者
來入僧坊舍宅城邑若百里千里來者即起
迎來送去礼拜供養日日三時供養日食三兩
金百味飲食牀座醫藥供事法師一切所
須盡給與之常請法師三時說法日日三
時礼拜不生瞋心患惱之心爲法滅身請法
若不尒者犯輕垢罪
若佛子一切處有講法毗尼經律大宅舍中
有講法處是新學菩薩應持經律卷至法
師所聽受諮問若山林樹下僧地房中一切說
法處悉至聽受若不至彼聽受者犯輕垢罪
若佛子心背大乘常住經律言非佛說而受
持二乘聲聞外道惡見一切禁戒邪見經律
者犯輕垢罪
若佛子見一切疾病人常應供養如佛无異

BD03408號　梵網經盧舍那佛說菩薩心地戒品第十卷下　（14–4）

若佛子心背大乘常住經律言非佛說而受
持二乘聲聞外道惡見一切禁戒邪見經律
者犯輕垢罪
若佛子見一切疾病人常應供養如佛无異
八福田中看病福田第一福田若師僧父母弟
子疾病諸根不具百種病苦皆供養令差而
菩薩以瞋恨心不至僧房中城邑曠野山林
道路中見病不救濟者犯輕垢罪
若佛子不得畜一切刀杖弓箭鉾斧鬪戰之
具及惡網羅煞生之器一切不得畜而菩薩乃
至煞父母尚不加報况煞一切衆生若故畜
刀杖者犯輕垢罪
如是十戒應當學敬心奉持下六品中廣明
佛言佛子爲利養惡心故通國使命軍陣
合會興師相伐煞无量衆生而菩薩不得入軍
中往來况故作國賊若故作者犯輕垢罪
若佛子故販賣良人奴婢六畜市易棺材板
木盛死之具尚不應自作况教人作若故作者
犯輕垢罪
若佛子以惡心故无事謗他良人善人法師
師僧國王貴人言犯七逆十重於父母兄弟六
親中應生孝順心慈悲心而反更加於逆害
墮不如意處者犯輕垢罪
若佛子以惡心故放大火焚燒山林曠野四
月乃至九月放火若燒他人家屋宅城邑僧坊

BD03408號　梵網經盧舍那佛說菩薩心地戒品第十卷下　（14–5）

師僧國王貴人言犯七逆十重於父母兄弟六
親中應生孝順心慈悲心而反更加於逆害
墮不如意處者犯輕垢罪
若佛子以惡心故放大火焚燒山林曠野四
月乃至九月放火若燒他人家屋宅城邑僧坊
田木及鬼神官物一切有主物不得故燒若
故燒者犯輕垢罪
若佛子自佛弟子及外道人六親一切善知識應
一一教受持大乘經律教解義理使發菩提心
十發趣心十長養心十金剛心於三十心中一一
解其次第法用而菩薩以惡心瞋心横教
二乘聲聞經律外道邪見論等犯輕垢罪
若佛子應以好心先學大乘威儀經律廣開
解義味見後新學菩薩有百里千里來求
大乘經律應如法為說一切苦行若燒身燒臂
燒指若不燒身臂指供養諸佛非出家菩
薩乃至餓虎狼師子口中一切餓鬼悉應捨
身肉手足而供養之然後一一次第為說正法使
心開意解而菩薩為利養故應答不答倒說
經律文字無前無後謗三寶說者犯輕垢
罪
若佛子自為飲食錢物利養名譽故親近國
王王子大臣百官恃作形勢乞索打拍牽
挽横取錢物一切求利名為惡求多求教他
人求都無慈心無孝順心者犯輕垢罪

若佛子自為飲食錢物利養名譽故親近國
王王子大臣百官恃作形勢乞索打拍牽
挽横取錢物一切求利名為惡求多求教他
人求都無慈心無孝順心者犯輕垢罪
若佛子學誦戒者日日六時持菩薩戒解其義
理佛性之性而菩薩不解一句一偈戒律因緣
詐言能解者即為自欺誑亦欺誑他人一一
不解一切法不知而為他人作師受戒者犯輕
垢罪
若佛子以惡心故見持戒比丘手捉香爐行菩
薩行而鬪遘兩頭謗欺賢人無惡不造者故作
者犯輕垢罪
若佛子以慈心故行放生業應作是念一切男子
是我父一切女人是我母我生生無不從之受
生故六道衆生皆是我父母而煞而食者即煞
我父母亦煞我故身一切地水是我先身一切
火風是我本體故常行放生業生生受生
若見世人煞畜生時應方便救護解其苦難
常教化講說菩薩戒救度衆生若父母兄
弟死亡之日應請法師講菩薩戒經律福資
亡者得見諸佛生人天上若不介者犯輕垢罪
如是十戒應當學敬心奉持如滅罪品中廣
明一一戒
佛言佛子以瞋報瞋以打報打若煞父母兄
弟六親不得加報若國主為他人煞者亦不得

者得見諸佛生人天上若不尒者犯輕垢罪
如是十戒應當學敬心奉持如戒罪品中廣
明二一戒
佛言佛子以瞋報瞋以打報打若煞父母兄
弟六親不得加報若國主爲他人煞者亦不得
加報煞生報生不順孝道尚不畜奴婢打拍
罵辱日日起三業口罪无量況故作七逆之罪
而出家菩薩无慈報讎乃至六親中故作者
犯輕垢罪
若佛子初始出家未有所解而自恃聰明有
智或高貴年宿或恃大姓高門大解大福
饒財七寶以此憍慢而不諮受先學法師經律
其法師者或小姓年少卑門貧窮諸根不具
而實有德一切經律盡解而新學菩薩不得
觀法師種姓而不來諮受法師第一義諦者
犯輕垢罪
若佛子佛滅度後欲以好心受菩薩戒於佛
菩薩形像前自誓受戒當七日佛前懺悔得
見好相便得受戒若不得好相應以二七三七
乃至一年要得好相得好相已便得佛菩薩
形像前受戒若不得好相雖佛像前受戒不
名得戒若先受菩薩戒法師前受戒時不
須要見好相何以故是法師師師相授故不
須好相是以法師前受戒即得戒以生殷重
心故便得戒若千里內无能受戒師得佛菩

BD03408號　梵網經盧舍那佛說菩薩心地戒品第十卷下　（14–8）

名得戒若先受菩薩戒法師前受戒時不
須要見好相何以故是法師師師相授故不
須好相是以法師前受戒即得戒以生殷重
心故便得戒若千里內无能受戒師得佛菩
薩形像前受得戒而要見好相若法師自倚
解經律大乘學戒與國王太子百官以爲善
友而新學菩薩來問若經義律義輕心惡心
慢心不一一好荅問者犯輕垢罪
若佛子有佛經律大乘正法正見正性正法身
而不能勤學脩習而捨七寶反學邪見二乘
外道俗典阿毗曇雜論書記是斷佛性障道
因緣非行菩薩道若故作者犯輕垢罪
若佛子佛滅度後爲說法主爲僧坊主教化主
坐禪主行來主應生慈心善和鬪諍善守三寶
物莫无度用如自己有而反亂衆鬪諍恣心
用三寶物者犯輕垢罪
若佛子先住僧坊中後見客菩薩比丘來入
僧坊舍宅城邑國王宅舍中乃至夏坐安居
處及大會中是先住僧應迎來送去飲食供
養房舍卧具繩床木床事事給與若无有物
應自賣身及男女身供給所須悉以與之若有
檀越來請衆僧客僧有利養分僧房主應次
第差客僧受請而先住僧獨受請而不差客
僧房主得无量罪畜生无異非沙門
非釋種子若故作者犯輕垢罪

BD03408號　梵網經盧舍那佛說菩薩心地戒品第十卷下　（14–9）

檀越來請衆僧客僧有利養分僧房主應次
第差客僧受請而先住僧獨受請而不差客
僧房主得无量罪畜生无異木頭无異非沙門
非釋種子若故作者犯輕垢罪
若佛子一切不得受別請利養入己而此利養
屬十方僧而別受請即取十方僧物入己及八
福田諸佛聖人一一師僧父母病人物自己用故
犯輕垢罪
若佛子有出家菩薩在家菩薩及一切檀越
請僧福田求願之時應入僧坊中問知事人今
欲次第請者即得十方賢聖僧而世人別請
五百羅漢菩薩僧不如僧次請一凡夫僧若別
請僧者是外道法七佛无別請法不順孝道
若故別請僧者犯輕垢罪
若佛子以惡心故為利養故販賣男女色自
手作食自磨自舂占相男女解夢吉凶是男是
女呪術工巧調鷹方法和合百種毒藥千種毒
藥蛇毒生金銀毒蠱毒都无慈心无孝順心若
故作者犯輕垢罪
若佛子以惡心故自身謗三寶詐現親附口
便說空行在有中為白衣通致男女交會婬色
作諸縛著於六齋日年三長齋月作殺生劫盜
破齋犯戒者犯輕垢罪
如是十戒應當學敬心奉持　制戒品中廣明
佛言佛子佛滅度後於惡世中若見外道一切

BD03408 號　梵網經盧舍那佛說菩薩心地戒品第十卷下　（14–10）

破齋犯戒者犯輕垢罪
如是十戒應當學敬心奉持　制戒品中廣明
佛言佛子佛滅度後於惡世中若見外道一切
惡人劫賊賣佛菩薩父母形像販賣經律販賣
比丘比丘尼亦賣發心菩薩戒為官使與一切
人作奴婢者而菩薩見是事已應生慈心
方便救護處處教化取物贖佛菩薩父
母形像及比丘比丘尼一切經　若不贖者犯
輕垢罪
若佛子不得畜刀杖弓箭販賣輕秤小升因
官形勢取人財物害心繫縛破壞成功長養猫
狸猪狗若故養者犯輕垢罪
若佛子以惡心故觀一切男女等鬪軍陣兵將
劫賊等鬪亦不得聽吹貝鼓角琴瑟箏笛箜
篌歌叫伎樂之聲不得樗蒲圍棊波羅塞
戲彈棊六博拍毱擲石投壺牽道八道行城
爪鏡芝草楊枝鉢盂髑髏而作卜筮不得作
盜賊使命一一不得作若故作者犯輕垢罪
若佛子護持禁戒行住坐卧日夜六時讀誦
是戒猶如金剛如帶持浮囊欲渡大海如草
繫比丘常生大乘信自知我是未成之佛諸
佛是已成之佛發菩提心念念不去心若起一
念二乘外道心者犯輕垢罪
若佛子常應發一切願孝順父母師僧三寶
常願得好師僧同學善友知識教我大乘

BD03408 號　梵網經盧舍那佛說菩薩心地戒品第十卷下　（14–11）

念二乘外道心者犯輕垢罪
若佛子常應發一切願願孝順父母師僧三寶
常願得好師僧同學善友知識教我大乘經
十發趣十長養十金剛十地使我開解如法修
行堅持佛戒寧捨身命念念不去心若一切菩薩
不發是願者犯輕垢罪
若佛子發十大願已持佛禁戒作是願言寧
以此身投於熾然猛火大坑刀山終不毀犯三世
諸佛經律與一切女人作不淨行
復作是願寧以熱鐵羅網千重周匝纏身終不
以破戒之身受信心檀越一切衣服復作是願
寧以此口吞熱鐵丸及大流猛火經百千劫終
不以破戒之口食信心檀越百味飲食
復作是願寧以此身卧大猛火羅網熱鐵
上終不以破戒之身受信心檀越百種床座
復作是願寧以此身受三百鉾刺身經一劫二
劫終不以破戒之身受信心檀越百味醫藥
復作是願寧以此身投熱鐵鑊經百千劫終
不以破戒之身受信心檀越千種房舍屋宅園林
田地復作是願寧以鐵鎚打碎此身從頭至足
令如微塵終不以此破戒之身受信心檀越恭敬
禮拜復作是願寧以百千熱鐵刀鉾挑其兩目
終不以破戒之心視他好色
復作是願寧以百千鐵錐遍身撓刺耳根經
一劫二劫終不以破戒之心聽好音聲復作是

BD03408 號　梵網經盧舍那佛說菩薩心地戒品第十卷下　（14–12）

禮拜復作是願寧以百千熱鐵刀鉾挑其兩目
終不以破戒之心視他好色
復作是願寧以百千鐵錐遍身撓刺耳根經
一劫二劫終不以破戒之心聽好音聲復作是
願寧以百千刃刀割去其鼻終不以破戒之心
貪嗅諸香復作是願寧以百千刃刀割斷
其舌終不以破戒之心食人百味淨食
復作是願寧以利斧斬斫其身終不以破戒之
心貪著好觸復作是願願一切衆生悉得成佛
菩薩若不發是願者犯輕垢罪
若佛子常應二時頭陀冬夏坐禪結夏安
居常用楊枝澡豆三衣瓶鉢坐具錫杖香爐
漉水囊手巾刀子火燧鑷子繩床經律佛像
菩薩形像而菩薩行頭陀時及遊方時行來時
百里千里此十八種物常隨其身頭陀者從正
月十五日至三月十五日八月十五日至十月十五
日是二時中此十八種物常隨其身如鳥二
翼若布薩日新學　半月半月布薩
應誦十重四十八輕戒於諸佛菩薩形像前
誦一人布薩即一人誦若二若三乃至百千人
亦一人誦誦者高坐聽者下坐各各披九條
七條五條袈裟結夏安居一一如法若頭陀時
莫入難處若國難惡王土地高下草木深邃
師子虎狼水火惡風劫賊毒蛇道路一切難
處悉不得入若頭陀行道乃至夏坐安居是

BD03408 號　梵網經盧舍那佛說菩薩心地戒品第十卷下　（14–13）

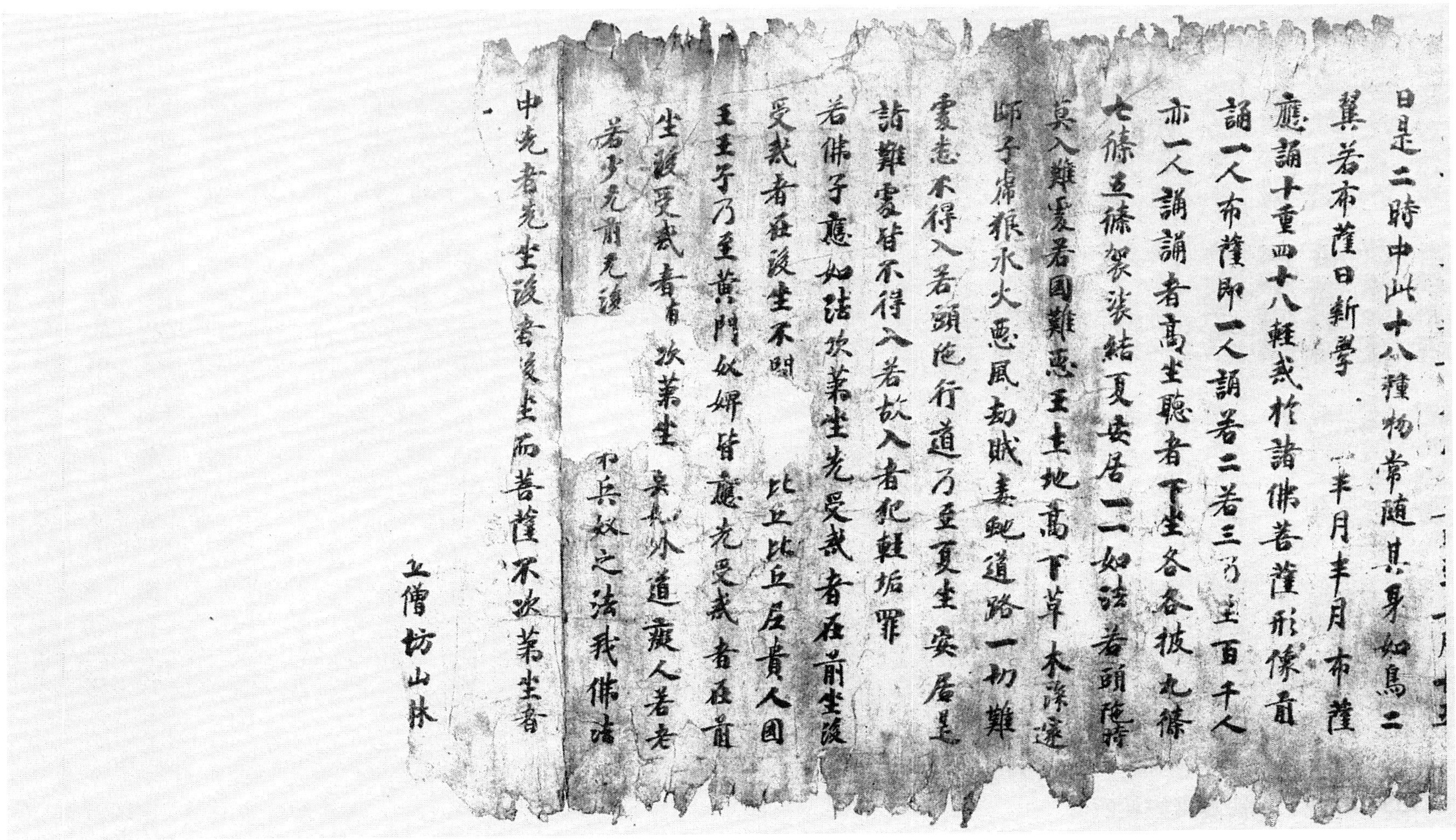

日是二時中此十八種物常隨其身如鳥二
翼若布薩日新學　半月半月布薩
應誦十重四十八輕戒於諸佛菩薩形像前
誦一人布薩即一人誦若二若三乃至百千人
亦一人誦誦者高坐聽者下坐各各披九條
七條五條袈裟結夏安居一一如法若頭陀時
莫入難處若國難惡王土地高下草木深邃
師子虎狼水火惡風劫賊毒蛇道路一切難
處悉不得入若頭陀行道乃至夏坐安居是
諸難處皆不得入若故入者犯輕垢罪
若佛子應如法次第坐先受戒者在前坐後
受戒者在後坐不問　比丘比丘尼貴人國
王王子乃至黃門奴婢皆應先受戒者在前
坐後受戒者有　次第坐　莫如外道癡人若老
若少无前无後　不兵奴之法我佛法
中先者先坐後者後坐而菩薩不次第坐者
立僧坊山林

BD03408號　梵網經盧舍那佛說菩薩心地戒品第十卷下　（14–14）

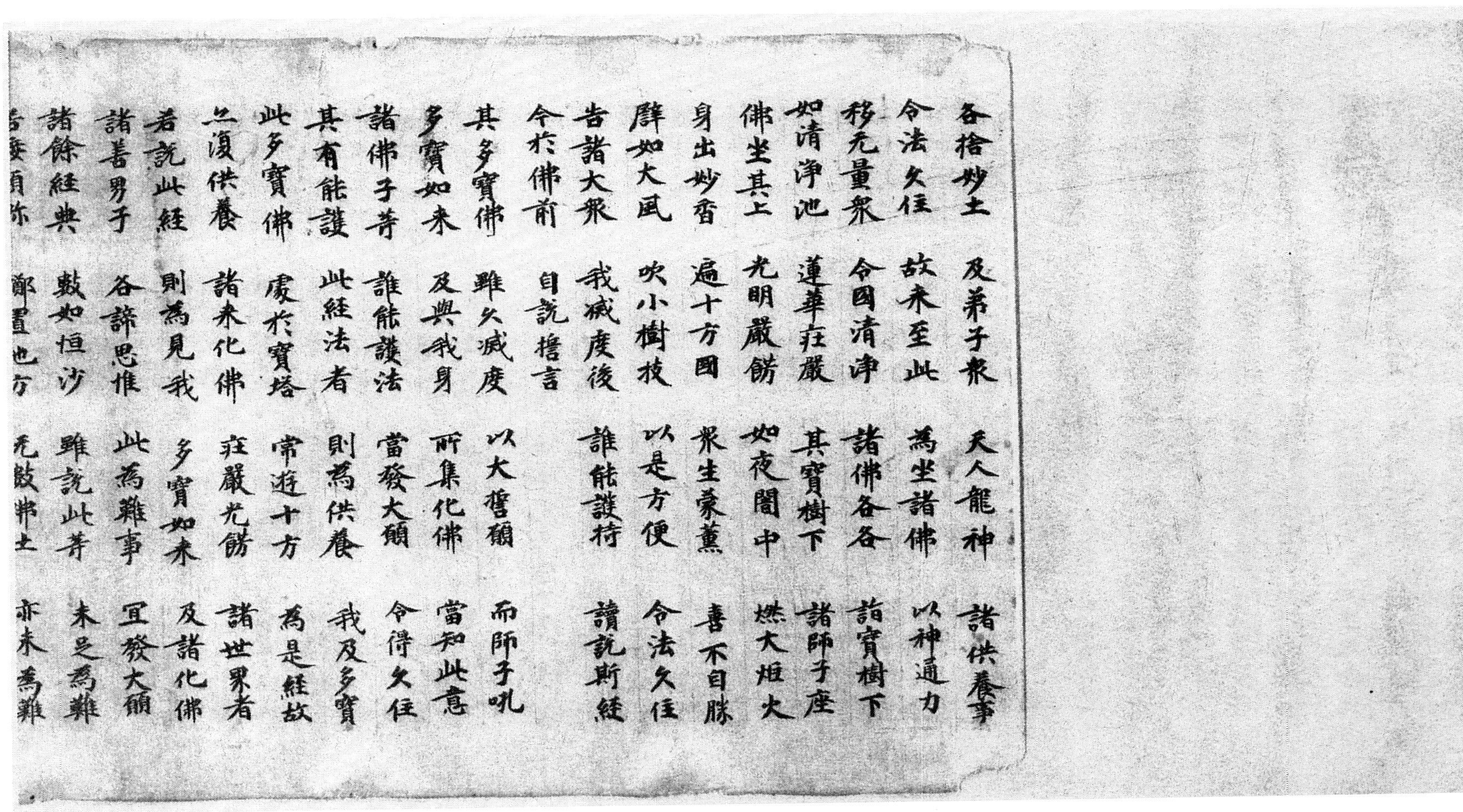

各捨妙土　及弟子眾　天人龍神　諸供養事
令法久住　故來至此　為坐諸佛　以神通力
移无量眾　令國清淨　諸佛各各　詣寶樹下
如清淨池　蓮華莊嚴　其寶樹下　諸師子座
佛坐其上　光明嚴飾　如夜闇中　燃大炬火
身出妙香　遍十方國　眾生蒙薰　喜不自勝
譬如大風　吹小樹枝　以是方便　令法久住
告諸大眾　我滅度後　誰能護持　讀說斯經
今於佛前　自說誓言
其多寶佛　雖久滅度　以大誓願　而師子吼
多寶如來　及與我身　所集化佛　當知此意
諸佛子等　誰能護法　當發大願　令得久住
其有能護　此經法者　則為供養　我及多寶
此多寶佛　處於寶塔　常遊十方　為是經故
亦復供養　諸來化佛　莊嚴光飾　諸世界者
若說此經　則為見我　多寶如來　及諸化佛
諸善男子　各諦思惟　此為難事　宜發大願
諸餘經典　數如恒沙　雖說此等　未足為難
若接須彌　擲置他方　无數佛土　亦未為難

BD03409號　妙法蓮華經卷四　（10–1）

亦復供養 諸來化佛 莊嚴光飾 諸世界者
若說此經 則為見我 多寶如來 及諸化佛
諸善男子 各諦思惟 此為難事 宜發大願
諸餘經典 數如恒沙 雖說此等 未足為難
若接須彌 擲置他方 无數佛土 亦未為難
若以足指 動大千界 遠擲他國 亦未為難
若立有頂 為衆演說 无量餘經 亦未為難
若佛滅後 於惡世中 能說此經 是則為難
假使有人 手把虛空 而以遊行 亦未為難
於我滅後 若自書持 若使人書 是則為難
若以大地 置足甲上 昇於梵天 亦未為難
佛滅度後 於惡世中 暫讀此經 是則為難
假使劫燒 擔負乾草 入中不燒 亦未為難
我滅度後 若持此經 為一人說 是則為難
若持八万 四千法藏 十二部經 為人演說
令諸聽者 得六神通 雖能如是 亦未為難
於我滅後 聽受此經 問其義趣 是則為難
若人說法 令千万億 无量无數 恒沙衆生
得阿羅漢 具六神通 雖有此益 亦未為難
於我滅後 若能奉持 如斯經典 是則為難
我為佛道 於无量土 從始至今 廣說諸經
而於其中 此經第一 若有能持 則持佛身
諸善男子 於我滅後 誰能受持 讀誦此經
今於佛前 自說誓言
此經難持 若暫持者 我則歡喜 諸佛亦然
如是之人 諸佛所歎 是則勇猛 是則精進
是名持戒 行頭陀者 則為疾得 无上佛道

BD03409號　妙法蓮華經卷四　（10-2）

此經難持 若暫持者 我則歡喜 諸佛亦然
如是之人 諸佛所歎 是則勇猛 是則精進
是名持戒 行頭陀者 則為疾得 无上佛道
能於來世 讀持此經 是真佛子 住純善地
佛滅度後 能解其義 是諸天人 世間之眼
於恐畏世 能須臾說 一切人天 皆應供養
妙法蓮華經提婆達多品第十二
尒時佛告諸菩薩及天人四衆吾於過去无
量劫中求法華經无有懈惓於多劫中常作
國王發願求於无上菩提心不退轉為欲滿
足六波羅蜜勤行布施心无悋惜象馬七珎
國城妻子奴婢僕從頭目髓腦身肉手足不
惜軀命時世人民壽命无量為於法故捐捨
國位委政太子擊鼓宣令四方求法誰能為
我說大乘者吾當終身供給走使時有仙人
來白王言我有大乘名妙法蓮華經若不違
我當為宣說王聞其言歡喜踊躍即隨仙人
供給所須採菓汲水拾薪設食乃至以身而
為床座身心无惓于時奉事逕於千歲為
於法故精勤給侍令无所乏尒時世尊欲重
宣此義而說偈言
我念過去世 為求大法故 雖作世國王 不貪五欲樂
搥鍾告四方 誰有大法者 若為我解說 身當為奴僕
時有阿私仙 來白於大王 我有微妙法 世間所希有
若能脩行者 吾當為汝說 時王聞仙言 心生大喜悅
即便隨仙人 供給於所須 採薪及菓蓏 隨時恭敬與
情存妙法故 身心无懈惓 普為諸衆生 勤求於大法

BD03409號　妙法蓮華經卷四　（10-3）

我念過去世　為求大法故　雖作世國王　不貪五欲樂
搥鍾告四方　誰有大法者　若為我解說　身當為奴僕
時有阿私仙　來白於大王　我有微妙法　世間所希有
若能脩行者　吾當為汝說　時王聞仙言　心生大喜悅
即便隨仙人　供給於所須　採薪及菓蓏　隨時恭敬與
情存妙法故　身心无懈惓　普為諸眾生　勤求於大法
亦不為己身　及以五欲樂　故為大國王　勤求獲此法
遂致得成佛　今故為汝說
佛告諸比丘尒時王者則我身是時仙人者今
提婆達多是由提婆達多善知識故令我
具足六波羅蜜慈悲喜捨三十二相八十種
好紫磨金色十力四无所畏四攝法十八不共
神通道力成等正覺廣度眾生皆因提婆
達多善知識故告諸四眾提婆達多却後過
无量劫當得成佛号曰天王如來應供正遍
知明行足善逝世間解无上士調御丈夫天
人師佛世尊世界名天道時天王佛住世二
十中劫廣為眾生說於妙法恒河沙眾生得
阿羅漢果无量眾生發緣覺心恒河沙眾生
發无上道心得无生法忍至不退轉時天王
佛般涅槃後正法住世二十中劫全身舍利
起七寶塔高六十由旬縱廣四十由旬諸天
人民悉以雜華末香燒香塗香衣服瓔珞幢
幡寶蓋伎樂歌頌礼拜供養七寶妙塔无量
眾生得阿羅漢果无量眾生悟辟支佛不可
思議眾生發菩提心至不退轉佛告諸比丘
未來世中若有善男子善女人聞妙法華經

幡寶蓋伎樂歌頌礼拜供養七寶妙塔无量
眾生得阿羅漢果无量眾生悟辟支佛不可
思議眾生發菩提心至不退轉佛告諸比丘
未來世中若有善男子善女人聞妙法華經
提婆達多品淨心信敬不生疑惑者不墮地
獄餓鬼畜生生十方佛前所生之處常聞此
經若生人天中受勝妙樂若在佛前蓮華化
生於時下方多寶世尊所從菩薩名曰智積
白多寶佛當還本土釋迦牟尼佛告智積曰
善男子且待須臾此有菩薩名文殊師利可
與相見論說妙法可還本土
尒時文殊師利坐千葉蓮華大如車輪俱來
菩薩亦坐寶蓮華從於大海娑竭羅龍宮自然
踊出住虛空中詣靈鷲山從蓮華下至於
佛所頭面敬礼二世尊足脩敬已畢往智積
所共相慰問却坐一面智積菩薩問文殊師
利仁往龍宮所化眾生其數幾何文殊師利
言其數无量不可稱計非口所宣非心所測
且待須臾自當有證所言未竟无數菩薩坐
寶蓮華從海踊出詣靈鷲山住在虛空此
諸菩薩皆是文殊師利之所化度具菩薩行皆
共論說六波羅蜜本聲聞人在虛空中說聲
聞行今皆脩行大乘空義文殊師利謂智積
曰於海教化其事如此尒時智積菩薩以偈
讚曰
大智德勇健　化度无量眾　今此說大會　及我皆已見
演暢實相義　開闡一乘法　廣導諸眾生　令速成菩提

曰於海教化其事如此尒時智積菩薩以偈
讚曰
大智德勇健　化度无量衆　今此諸大會　及我皆已見
演暢實相義　開闡一乘法　廣導諸群生　令速成菩提
文殊師利言我於海中唯常宣說妙法華經
智積問文殊師利言此經甚深微妙諸經中
寶世所希有頗有衆生勤加精進脩行此經
速得佛不文殊師利言有娑竭羅龍王女年
始八歲智慧利根善知衆生諸根利鈍得陁
羅尼諸佛所說甚深秘藏悉能受持深入禪
定了達諸法於剎那頃發菩提心得不退轉
辯才无閡慈念衆生猶如赤子功德具足心
念口演微妙廣大慈悲仁讓志意和雅能至
菩提智積菩薩言我見釋迦如來於无量劫
難行苦行積功累德求菩薩道未曾止息觀
三千大千世界乃至无有如芥子許非是菩
薩捨身命處為衆生故然後乃得成菩提道
不信此女於須臾頃便成正覺言論未訖時
龍王女忽現於前頭面禮敬却住一面以偈
讚曰
深達罪福相　遍照於十方　微妙淨法身　具相三十二
以八十種好　用莊嚴法身　天人所戴仰　龍神咸恭敬
一切衆生類　无不宗奉者　又聞成菩提　唯佛當證知
我闡大乘教　度脫苦衆生
時舍利弗語龍女言汝謂不久得无上道是
事難信所以者何女身垢穢非是法器云何

BD03409 號　妙法蓮華經卷四　（10–6）

一切衆生類　无不宗奉者　又聞成菩提　唯佛當證知
我闡大乘教　度脫苦衆生
時舍利弗語龍女言汝謂不久得无上道是
事難信所以者何女身垢穢非是法器云何
能得无上菩提佛道懸曠逕无量劫懃苦積
行具脩諸度然後乃成又女身猶有五障一
者不得作梵天王二者帝釋三者魔王四者
轉輪聖王五者佛身云何女身速得成佛尒
時龍女有一寶珠價直三千大千世界持以
上佛佛即受之龍女謂智積菩薩尊者舍利
弗言我獻寶珠世尊納受是事疾不答言甚
疾女言以汝神力觀我成佛復速於此當時
衆會皆見龍女忽然之間變成男子具菩薩
行即往南方无垢世界坐寶蓮華成等正覺
三十二相八十種好普為十方一切衆生演
說妙法尒時娑婆世界菩薩聲聞天龍八部
人與非人皆遥見彼龍女成佛普為時會人
天說法心大歡喜悉遥禮敬无量衆生聞法
解悟得不退轉无量衆生得受道記无垢世
界六反震動娑婆世界三千衆生住不退地
三千衆生發菩提心而得受記智積菩薩及
舍利弗一切衆會嘿然信受
妙法蓮華經勸持品第十三
尒時藥王菩薩摩訶薩及大樂說菩薩摩訶
薩與二万菩薩眷屬俱皆於佛前作是誓言
唯願世尊不以為慮我等於佛滅後當奉持
讀誦說此經典後惡世衆生善根轉少多增

BD03409 號　妙法蓮華經卷四　（10–7）

妙法蓮華經勸持品第十三
尒時藥王菩薩摩訶薩及大樂說菩薩摩訶
薩與二万菩薩眷屬俱皆於佛前作是誓言
唯願世尊不以為慮我等於佛滅後當奉持
讀誦說此經典後惡世眾生善根轉少多增
上慢貪利供養增不善根遠離解脫雖難可
教化我等當起大忍力讀誦此經持說書寫
種種供養不惜身命尒時眾中五百阿羅漢
得受記者白佛言世尊我等亦自誓願於異
國土廣說此經復有學无學八千人得受記
者從座而起合掌向佛作是誓言世尊我等
亦當於他國土廣說此經所以者何是娑婆
國中人多弊惡懷增上慢功德淺薄瞋濁諂
曲心不實故
尒時佛姨母摩訶波闍波提比丘尼與學无
學比丘尼六千人俱從座而起一心合掌瞻
仰尊顏目不暫捨於時世尊告憍曇弥何故
憂色而視如來汝心將无謂我不說汝名授
阿耨多羅三藐三菩提記耶憍曇弥我先總
說一切聲聞皆已授記今汝欲知記者將來
之世當於六万八千億諸佛法中為大法師
及六千學无學比丘尼俱為法師汝如是漸
漸具菩薩道當得作佛号一切眾生憙見如
來應供正遍知明行足善逝世間解无上士
調御丈夫天人師佛世尊憍曇弥是一切眾
生憙見佛及六千菩薩轉次授記得阿耨多
羅三藐三菩提尒時羅睺羅母耶輸陀羅比
丘尼作是念世尊於授記中獨不說我名佛

BD03409 號　妙法蓮華經卷四　（10-8）

調御丈夫天人師佛世尊憍曇弥是一切眾
生憙見佛及六千菩薩轉次授記得阿耨多
羅三藐三菩提尒時羅睺羅母耶輸陀羅比
丘尼作是念世尊於授記中獨不說我名佛
告耶輸陀羅汝於來世百千万億諸佛法中
脩菩薩行為大法師漸具佛道於善國中當
得作佛号具足千万光相如來應供正遍知
明行足善逝世間解无上士調御丈夫天人
師佛世尊佛壽无量阿僧祇劫尒時摩訶波
闍波提比丘尼及耶輸陀羅比丘尼并其眷
屬皆大歡喜得未曾有即於佛前而說偈言
世尊導師　安隱天人　我等聞記　心安具足
諸比丘尼說是偈已白佛言世尊我等亦能
於他方國廣宣此經
尒時世尊視八十万億那由他諸菩薩摩訶
薩是諸菩薩皆是阿惟越致轉不退法輪得
諸陀羅尼即從座起至於佛前一心合掌而
作是念若世尊告勅我等持說此經者當如
佛教廣宣斯法復作是念佛今嘿然不見告
勅我當云何時諸菩薩敬順佛意并欲自滿
本願便於佛前作師子吼而發誓言世尊我
等於如來滅後周旋往及十方世界能令眾
生書寫此經受持讀誦解說其義如法脩行
正憶念皆是佛之威力唯願世尊在於他方
遥見守護即時諸菩薩俱同發聲而說偈言
唯願不為慮　於佛滅度後　恐怖惡世中　我等當廣說
有諸无智人　惡口罵詈等　及加刀杖者　我等皆當忍

BD03409 號　妙法蓮華經卷四　（10-9）

還見守護 即時諸菩薩 俱同發聲而說偈言

唯願不為慮 於佛滅度後 恐怖惡世中 我等當廣說

有諸無智人 惡口罵詈等 及加刀杖者 我等皆當忍

惡世中比丘 邪智心諂曲 未得謂為得 我慢心充滿

或有阿練若 納衣在空閑 自謂行真道 輕賤人間者

貪著利養故 與白衣說法 為世所恭敬 如六通羅漢

是人懷惡心 常念世俗事 假名阿練若 好出我等過

而作如是言 此諸比丘等 為貪利養故 說外道論議

自作此經典 誑惑世間人 為求名聞故 分別於是經

常在大眾中 欲毀我等故 向國王大臣 婆羅門居士

及餘比丘眾 誹謗說我惡 謂是邪見人 說外道論議

我等敬佛故 悉忍是諸惡 為斯所輕言 汝等皆是佛

如此輕慢言 皆當忍受之

濁劫惡世中 多有諸恐怖 惡鬼入其身 罵詈毀辱我

我等敬信佛 當著忍辱鎧 為說是經故 忍此諸難事

我不愛身命 但惜無上道 我等於來世 護持佛所囑

世尊自當知 濁世惡比丘 不知佛方便 隨宜所說法

惡口而顰蹙 數數見擯出 遠離於塔寺 如是等眾惡

念佛告勅故 皆當忍是事

諸聚落城邑 其有求法者 我皆到其所 說佛所囑法

我是世尊使 處眾無所畏 我當善說法 願佛安隱住

我於世尊前 諸來十方佛 發如是誓言 佛自知我心

妙法蓮華經卷第四

BD03409號　妙法蓮華經卷四　　（10–10）

當知大

諦大德優婆塞優婆夷

念之佛滅度後於像法中

羅提木叉波羅提

時如闇遇明如貧人得

繫出獄如遠行者得歸當　是汝大師若

佛在世無異此也怖心難生善心難發故經

云莫輕小罪以為無殃水渧雖微漸盈大器

剎那造罪殃墮無間一失人身万劫不復壯

色不停猶如奔馬人命無常過於山水今

日雖存明亦難保衆等各各勤心精進如救

頭然慎勿懈怠嬾惰睡眠縱意晝夜攝心存

念三寶莫以空過徒勞後大深海終無所

BD03410號 1　梵網經盧舍那佛說菩薩心地戒品第十序　　（4–1）

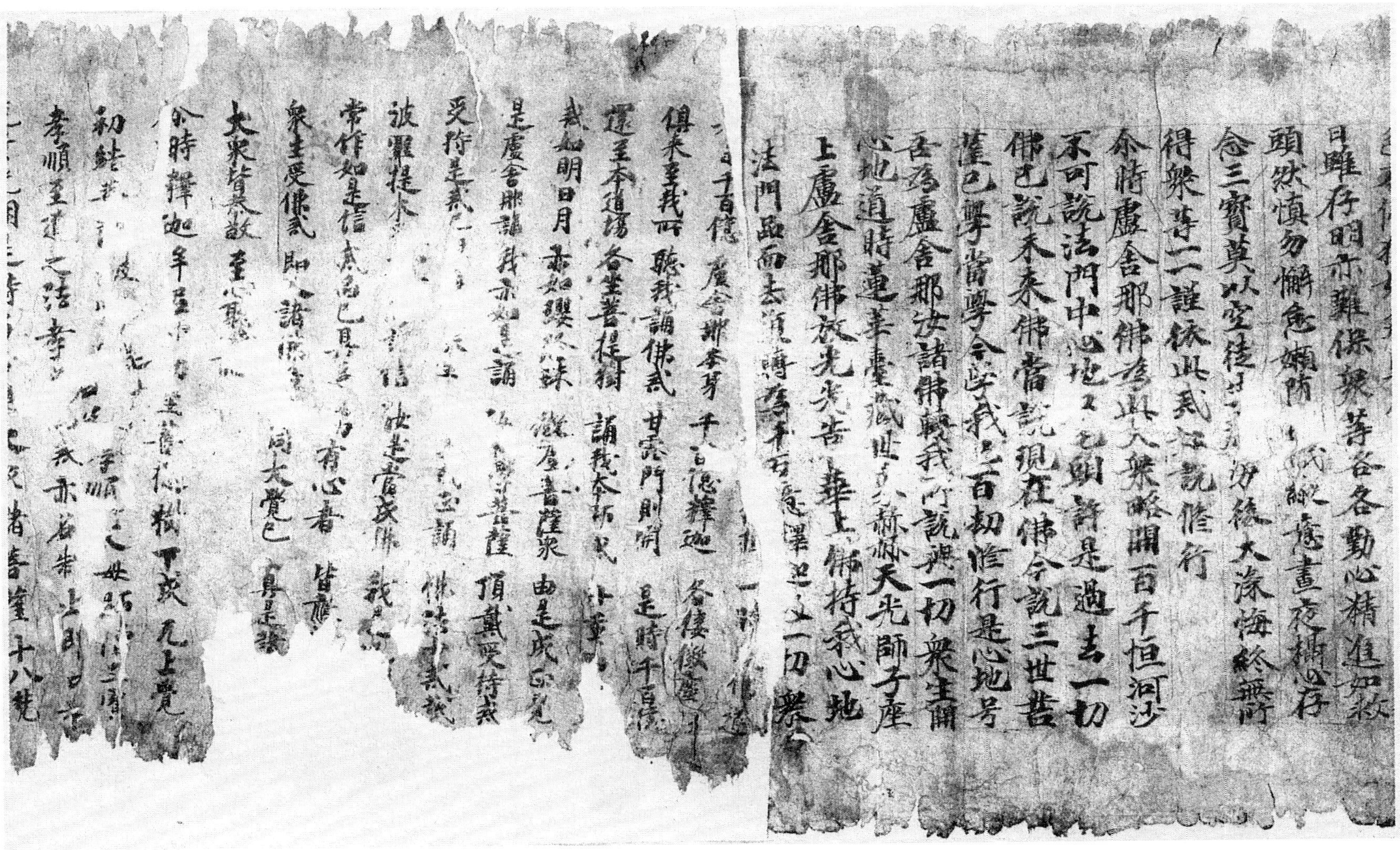

BD03410 號 1　梵網經盧舍那佛說菩薩心地戒品第十序　　（4–2）
BD03410 號 2　梵網經盧舍那佛說菩薩心地戒品第十卷下

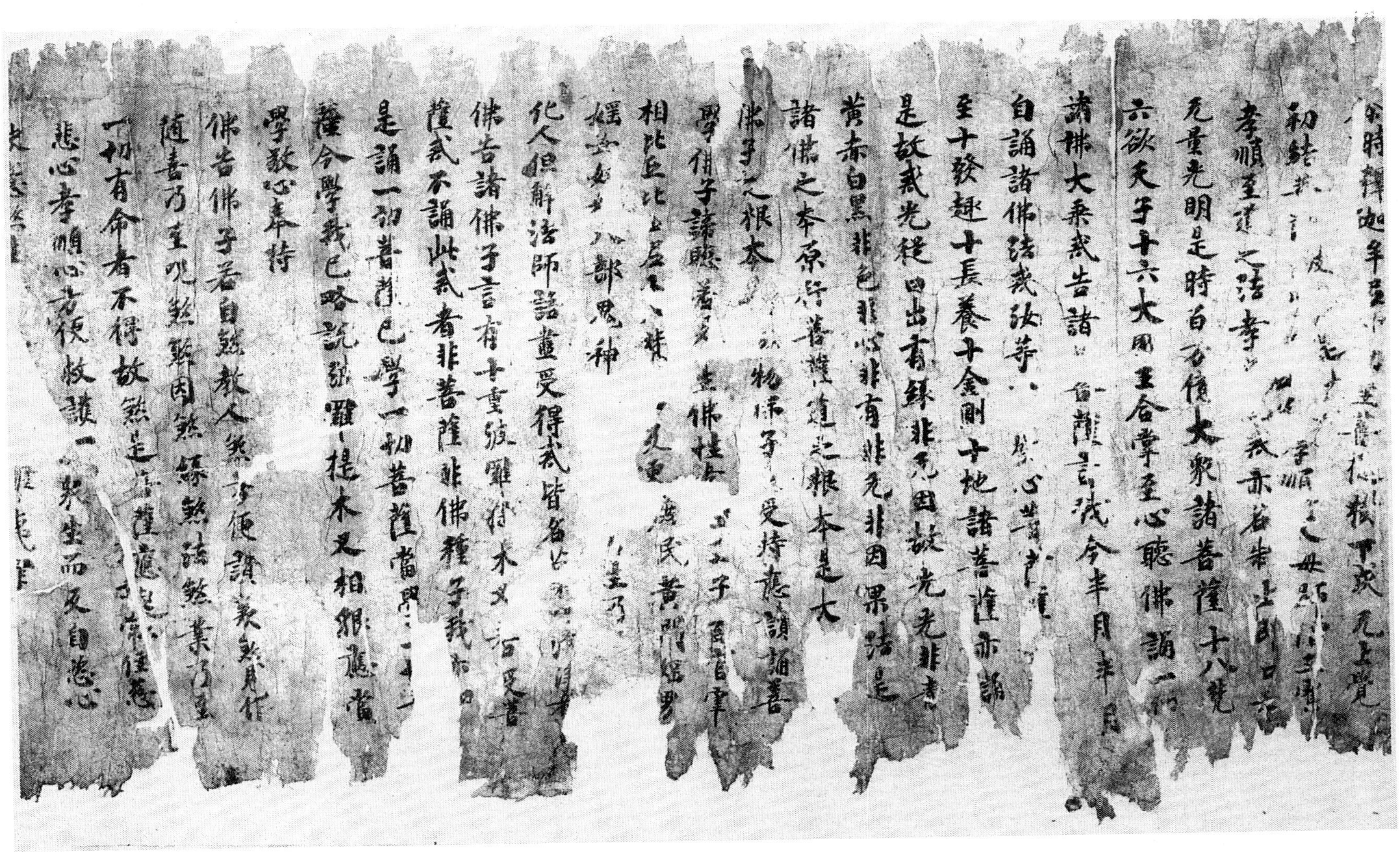

BD03410 號 2　梵網經盧舍那佛說菩薩心地戒品第十卷下　　（4–3）

學敎心奉持
佛言佛子若自煞敎人煞方便讚歎煞見作
隨喜乃至呪煞煞因煞緣煞法煞業乃至
一切有命者不得故煞是菩薩應起常住慈
悲心孝順心方便救護一切衆生而反自恣心
快意煞生　羅夷罪
若佛子自　便盜呪盜因盜緣
盜法盜業乃至鬼神有主物劫賊
物一針一草不得故盜而菩薩應
順心慈悲心常助一切　生福生樂而
盜人物者是菩薩波羅夷罪
若佛子自婬敎人婬婬因婬緣婬法婬業
切女人不得故婬乃至畜　女諸天鬼神女
及非道行婬而菩薩應生孝順心救度一切
衆生以淨法與人而反更起一切人婬不擇
畜生乃至母女姉妹六親行婬无慈悲心者是
菩薩波羅夷罪
若佛子自妄語敎人妄語方便　妄語因
妄語緣妄語　一言見見
言不

BD03410號2　梵網經盧舍那佛說菩薩心地戒品第十卷下　（4–4）

妙法蓮華經觀世音菩薩普門品第廿五
尒時无盡意菩薩即從座起偏袒右肩合掌
向佛而作是言世尊觀世音菩薩以何因緣
名觀世音佛告无盡意菩薩善男子若有无
量百千万億衆生受諸苦惱聞是觀世音菩
薩一心稱名觀世音菩薩即時觀其音聲皆
得解脫若有持是觀世音菩薩名者設入大
火火不能燒由是菩薩威神力故若為大水
所漂稱其名号即得淺處若有百千万億衆
生為求金銀琉璃車𤦲馬瑙珊瑚虎珀真珠
等寶入於大海設使黑風吹其船舫飄墮羅

BD03411號　觀世音經　（5–1）

火火不能燒由是菩薩威神力故若為大水
所漂稱其名号即得淺處若有百千万億衆
生為求金銀琉璃車𤦲馬瑙珊瑚虎珀真珠
等寶入於大海假使黑風吹其船舫飄墮羅
剎鬼國其中若有乃至一人稱觀世音菩薩
名者是諸人等皆得解脫羅剎之難以是因
緣名觀世音若復有人臨當被害稱觀世音
菩薩名者彼所執刀杖尋段段壞而得解脫
若三千大千國土滿中夜叉羅剎欲來惱人
聞其稱觀世音菩薩名者是諸惡鬼尚不能
以惡眼視之況復加害
設復有人若有罪若无罪杻械枷鎖檢繫其身
稱觀世音菩薩名者皆悉斷壞即得解脫若
三千大千國土滿中怨賊有一商主將諸商
人賚持重寶經過險路其中一人作是唱言
諸善男子勿得恐怖汝等應當一心稱觀世
音菩薩名号是菩薩能以无畏施於衆生汝
等若稱名者於此怨賊當得解脫衆商人聞
俱發聲言南无觀世音菩薩稱其名故即得
解脫无盡意觀世音菩薩摩訶薩威神之力
巍巍如是若有衆生多於婬欲常念恭敬觀
世音菩薩便得離欲若多瞋恚常念恭敬觀
世音菩薩便得離瞋若多愚癡常念恭敬觀
世音菩薩便得離癡无盡意觀世音菩薩有
如是等大威神力多所饒益是故衆生常應
心念若有女人設欲求男礼拜供養觀世音

世音菩薩便得離瞋若多愚癡常念恭敬觀
世音菩薩便得離癡无盡意觀世音菩薩有
如是等大威神力多所饒益是故衆生常應
心念若有女人設欲求男礼拜供養觀世音
菩薩便生福德智慧之男設欲求女便生端
正有相之女宿殖德本衆人愛敬无盡意觀
世音菩薩有如是力若有衆生恭敬礼拜觀
世音菩薩福不唐捐是故衆生皆應受持觀
世音菩薩名号无盡意若有人受持六十二億
恒河沙菩薩名字復盡形供養飲食衣服
卧具醫藥於汝意云何是善男子善女人功德
多不无盡意言甚多世尊佛言若復有人受
持觀世音菩薩名号乃至一時礼拜供養是
二人福正等无異於百千万億劫不可窮盡
无盡意受持觀世音菩薩名号得如是无量
无邊福德之利
无盡意菩薩白佛言世尊觀世音菩薩云何
遊此娑婆世界云何而為衆生說法方便之
力其事云何佛告无盡意菩薩善男子若有
國土衆生應以佛身得度者觀世音菩薩即
現佛身而為說法應以辟支佛身得度者即
現辟支佛身而為說法應以聲聞身得度者
即現聲聞身而為說法應以梵王身得度者
即現梵王身而為說法應以帝釋身得度者
即現帝釋身而為說法應以自在天身得度
者即現自在天身而為說法應以大自在天

即現聲聞身而為說法應以梵王身得度者
即現梵王身而為說法應以帝釋身得度者
即現帝釋身而為說法應以自在天身得度
者即現自在天身而為說法應以大自在天
身得度者即現大自在天身而為說法應以
天大將軍身得度者即現天大將軍身而為
說法應以毗沙門身得度者即現毗沙門
身而為說法應以小王身得度者即現小王
身而為說法應以長者身得度者即現長者
身而為說法應以居士身得度者即現居士
身而為說法應以宰官身得度者即現宰官
身而為說法應以婆羅門身得度者即現婆
羅門身而為說法應以比丘比丘尼優婆塞
優婆夷身得度者即現比丘比丘尼優婆塞
優婆夷身而為說法應以長者居士宰官婆羅
門婦女身得度者即現婦女身而
以童男童女身得度者即現
為說法應以天龍夜叉乾闥婆
羅緊那羅摩睺羅伽人非人等
皆現之而為說法應以執金剛
現執金剛神而為說法无盡意
薩成就如是功德以種種形遊
衆生是故汝等應當一心供養觀
是觀世音菩薩摩訶薩於怖畏
施无畏是故此娑婆世界皆号之
者无盡意菩薩白佛言世尊我今當

BD03411號　觀世音經　　（5–4）

身而為說法應以宰官身得度者即現宰官
身而為說法應以婆羅門身得度者即現婆
羅門身而為說法應以比丘比丘尼優婆塞
優婆夷身得度者即現比丘比丘尼優婆塞
優婆夷身而為說法應以長者居士宰官婆羅
門婦女身得度者即現婦女身而
以童男童女身得度者即現
為說法應以天龍夜叉乾闥婆
羅緊那羅摩睺羅伽人非人等
皆現之而為說法應以執金剛
現執金剛神而為說法无盡意
薩成就如是功德以種種形遊
衆生是故汝等應當一心供養觀
是觀世音菩薩摩訶薩於怖畏
施无畏是故此娑婆世界皆号之
者无盡意菩薩白佛言世尊我今當
世音菩薩即解頸衆寶珠瓔珞價
金而以與之作是言仁者受此法
珞時觀世音菩薩不肯受之无盡意

BD03411號　觀世音經　　（5–5）

積菩薩寶手菩薩寶印手菩薩常舉手
菩薩常下手菩薩常慘菩薩喜根菩薩喜王
菩薩辯音菩薩虛空藏菩薩執寶炬菩薩
寶勇菩薩寶見菩薩帝網菩薩明網菩薩无
緣觀菩薩慧積菩薩寶勝菩薩天王菩薩
壞魔菩薩電德菩薩自在王菩薩功德相嚴
菩薩師子吼菩薩雷音菩薩山相擊音菩薩
香象菩薩白香象菩薩常精進菩薩不休息菩
薩妙生菩薩華嚴菩薩觀世音菩薩得大勢
菩薩梵網菩薩寶杖菩薩无勝菩薩嚴土
菩薩金髻菩薩珠髻菩薩彌勒菩薩文殊師
利法王子菩薩如是等三萬二千人俱
復有万梵天王尸棄從餘四天下來詣佛所而
聽法復有万二千天帝亦從餘四天下來在
會坐并餘大威力諸天龍神夜叉乾闥婆阿
脩羅迦樓羅緊那羅摩睺羅伽等悉來會
坐諸比丘比丘尼優婆塞優婆夷俱來會
彼佛與无量百千之眾恭敬圍繞而為說法譬
如須彌山王顯于大海安處眾寶師子之座蔽
於一切諸來大眾

BD03412 號　維摩詰所說經卷上　（24–1）

會坐并餘天威力諸天龍神夜叉乾闥婆阿
脩羅迦樓羅緊那羅摩睺羅伽等悉來會
坐諸比丘比丘尼優婆塞優婆夷俱來會
彼佛與无量百千之眾恭敬圍繞而為說法譬
如須彌山王顯于大海安處眾寶師子之座蔽
於一切諸來大眾
尒時毗耶離城有長者子名曰寶積與五百
長者子俱持七寶蓋來詣佛所頭面礼足各
以其蓋供養佛之威神令諸寶蓋合成一
蓋遍覆三千大千世界而此世界廣長之相
悉於中現又此三千大千世界諸須彌山雪山
目真隣陁山摩訶目真隣陁山香山寶山金
山黑山鐵圍山大鐵圍山大海江河川流泉源
及日月星辰天宮龍宮諸尊神宮悉現於寶
蓋中又十方諸佛諸佛說法亦現於寶蓋中
尒時一切大眾覩佛神力歎未曾有合掌礼
佛瞻仰尊顏目不暫捨長者子寶積即於
佛前以偈頌曰
目淨脩廣如青蓮　心淨已度諸禪定
久積淨業稱无量　導眾以寂故稽首
既見大聖以神變　普現十方无量土
其中諸佛演說法　於是一切悉見聞
法王法力超群生　常以法財施一切
能善分別諸法相　於第一義而不動
已於諸法得自在　是故稽首此法王
說法不有亦不无　以因緣故諸法生
无我无造无受者　善惡之業亦不亡
始在佛樹力降魔　得甘露滅覺道成
已无心意无受行　而悉摧伏諸外道

BD03412 號　維摩詰所說經卷上　（24–2）

說法不有亦不无　以因緣故諸法生
无我无造无受者　善惡之業亦不亡
始在佛樹力降魔　得甘露滅覺道成
已无心意无受行　而悉摧伏諸外道
三轉法輪於大千　其輪本來常清淨
天人得道此為證　三寶於是現世間
以斯妙法濟群生　一受不退常寂然
度老病死大醫王　當礼法海德无邊
毀譽不動如須弥　於善不善等以慈
心行平等如虛空　孰聞人寶不敬承
今奉世尊此微蓋　於中現我三千界
諸天龍神所居宮　揵闥婆等及夜叉
悉見世間諸所有　十力哀現是化變
衆覩希有皆歎佛　今我稽首三界尊
大聖法王衆所歸　淨心觀佛靡不欣
各見世尊在其前　斯則神力不共法
佛以一音演說法　衆生隨類各得解
皆謂世尊同其語　斯則神力不共法
佛以一音演說法　衆生各各隨所解
普得受行獲其利　斯則神力不共法
佛以一音演說法　或有恐畏或歡喜
或生猒離或斷疑　斯則神力不共法
稽首十力大精進　稽首已得无所畏
稽首住於不共法　稽首一切大導師
稽首能斷衆結縛　稽首已到於彼岸
稽首能度諸世間　稽首永離生死道
悉知衆生來去相　善於諸法得解脫
不著世間如蓮華　常善入於空寂行
達諸法相无罣礙　稽首如空无所依

BD03412 號　維摩詰所說經卷上　（24–3）

稽首能斷衆結縛　稽首已到於彼岸
稽首能度諸世間　稽首永離生死道
悉知衆生來去相　善於諸法得解脫
不著世間如蓮華　常善入於空寂行
達諸法相无罣礙　稽首如空无所依
尒時長者子寶積說此偈已白佛言世尊是
五百長者子皆已發阿耨多羅三藐三菩提
心願聞得佛國土清淨唯願世尊說諸菩薩
淨土之行佛言善哉寶積乃能為諸菩薩問
於如來淨土之行諦聽諦聽善思念之當為
汝說於是寶積及五百長者子受教而聽佛言
寶積衆生之類是菩薩佛土所以者何菩薩
隨所化衆生而取佛土隨所調伏衆生而取佛
土隨諸衆生應以何國入佛智慧而取佛土隨
諸衆生應以何國起菩薩根而取佛土所以者
何菩薩取於淨國皆為饒益諸衆生故譬
如有人欲於空地造立宮室隨意无礙若於
虛空終不能成菩薩如是為成就衆生故願
取佛國願取佛國者非於空也寶積當知直
心是菩薩淨土菩薩成佛時不諂衆生來生
其國深心是菩薩淨土菩薩成佛時具足
功德衆生來生其國大乘心是菩薩淨土
菩薩成佛時大乘衆生來生其國布施是
菩薩淨土菩薩成佛時一切能捨衆生來生
其國持戒是菩薩淨土菩薩成佛時行十善
道滿願衆生來生其國忍是菩薩淨土菩薩
成佛時三十二相莊嚴衆生來生其國精進
是菩薩淨土菩薩成佛時懃脩一切功德衆
[illegible]

BD03412 號　維摩詰所說經卷上　（24–4）

菩薩成佛時大乘衆生來生其國布施是
菩薩淨土菩薩成佛時一切能捨衆生來生
其國持戒是菩薩淨土菩薩成佛時行十善
道滿願衆生來生其國忍辱是菩薩淨土菩薩
成佛時三十二相莊嚴衆生來生其國精進
是菩薩淨土菩薩成佛時懃脩一切功德衆
生來生其國禪定是菩薩淨土菩薩成佛時
攝心不亂衆生來生其國智慧是菩薩淨土
菩薩成佛時正定衆生來生其國四无量心
是菩薩淨土菩薩成佛時成就慈悲喜捨衆
生來生其國四攝法是菩薩淨土菩薩成佛
時解脫所攝衆生來生其國方便是菩薩淨
土菩薩成佛時於一切法方便无㝵衆生來
生其國卅七道品是菩薩淨土菩薩成佛時念
處正勤神足根力覺道衆生來生其國迴向
心是菩薩淨土菩薩成佛時得一切具足功德
國土說除八難是菩薩淨土菩薩成佛時
國土无有三惡八難自守戒行不譏彼闕是
菩薩淨土菩薩成佛時國土无有犯禁之
名十善是菩薩淨土菩薩成佛時命不中夭
大冨梵行所言誠諦常以軟語眷屬不離善
和諍訟言必饒益不嫉不恚正見衆生來生
其國如是寶積菩薩隨其直心則能發行隨其
發行則得深心隨其深心則意調伏隨意調伏
則如說行隨如說行則能迴向隨其迴向則有方
便隨其方便則成就衆生隨成就衆生則佛
土淨隨佛土淨則說法淨隨說法淨則智慧
淨隨智慧淨則其心淨隨其心淨則一切功德
淨是故寶積若菩薩欲得淨土當淨其心

BD03412 號　維摩詰所說經卷上

（24–5）

則如說行隨如說行則能迴向隨其迴向則有方
便隨其方便則成就衆生隨成就衆生則佛
土淨隨佛土淨則說法淨隨說法淨則智慧
淨隨智慧淨則其心淨隨其心淨則一切功德
淨是故寶積若菩薩欲得淨土當淨其心
隨其心淨則佛土淨
尒時舍利弗承佛威神作是念若菩薩心淨則
佛土淨者我世尊本為菩薩時意豈不淨而是
佛土不淨若此佛知其念即告之言於意云
何日月豈不淨邪而盲者不見對曰不也世尊
是盲者過非日月咎舍利弗衆生罪故不見
如來佛國嚴淨非如來咎舍利弗我見此土
清淨而汝不見尒時螺髻梵王語舍利弗勿
作是意謂此土以為不淨所以者何我見釋
迦牟尼佛土清淨譬如自在天宮舍利弗言
我見此土丘陵坑坎荊蕀沙礫土石諸山
穢惡充滿螺髻梵言仁者心有高下不依佛
慧故見此土為不淨耳舍利弗菩薩於一切
衆生悉皆平等深心清淨依佛智慧則能見
此佛土清淨於是佛以足指案地即時三千
大千世界若干百千珎寶嚴飾譬如寶莊
嚴佛无量功德寶莊嚴土一切大衆嘆未曾
有而皆自見坐寶蓮華佛告舍利弗汝且觀
是佛土嚴淨舍利弗言唯然世尊本所不見
本所不聞今佛國土嚴淨悉現佛語舍利弗我
佛國土常淨若此為欲度斯下劣人故示是衆
惡不淨土耳譬如諸天共寶器食隨其福德
飯色有異如是舍利弗若人心淨便見此土功
德莊嚴當佛現此國土嚴淨之時寶積所

BD03412 號　維摩詰所說經卷上

（24–6）

佛國土常淨若此為欲度斯下劣人故示是衆
惡不淨土耳譬如諸天共寶器食隨其福德
飯色有異如是舍利弗若人心淨便見此土功
德莊嚴當佛現此國土嚴淨之時寶積所
將五百長者子皆得无生法忍八萬四千人發
阿耨多羅三藐三菩提心佛攝神足於是世
界還復如故求聲聞乘三萬二千天及人
知有為法皆悉无常遠塵離垢得法眼淨
八千比丘不受諸法漏盡意解

方便品第二

尒時毗耶離大城中有長者名維摩詰已曾
供養无量諸佛深植善本得无生忍辯才无
礙遊戲神通逮諸摠持獲无所畏降魔勞怨
入深法門善於智度通達方便大願成就明
了衆生心之所趣又能分別諸根利鈍久於佛
道心已純淑決定大乘諸有所作能善思惟
住佛威儀心大如海諸佛咨嗟弟子釋梵世
主所敬欲度人故以善方便居毗耶離資財无
量攝諸貧民奉戒清淨攝諸毀禁以忍調
行攝諸恚怒以大精進攝諸懈怠一心禪寂
攝諸亂意以決定慧攝諸无智雖為白衣奉
持沙門清淨律行雖處居家不著三界示有
妻子常脩梵行現有眷屬常樂遠離雖服寶
飾而以相好嚴身雖復飲食而以禪悅為味若
至博弈戲處輒以度人受諸異道不毀正信
雖明世典常樂佛法一切見敬為供養中最
執持正法攝諸長幼一切治生諧偶雖獲俗
利不以喜悅遊諸四衢饒益衆生入治正法
救護一切入講論處導以大乘入諸學堂誘

BD03412號　維摩詰所說經卷上　（24–7）

雖明世典常樂佛法一切見敬為供養中最
執持正法攝諸長幼一切治生諧偶雖獲俗
利不以喜悅遊諸四衢饒益衆生入治正法
救護一切入講論處導以大乘入諸學堂誘
開童蒙入諸婬舍示欲之過入諸酒肆能立
其志若在長者長者中尊為說勝法若在居
士居士中尊斷諸貪著若在刹利刹利中尊
教以忍辱若在婆羅門婆羅門中尊除其
我慢若在大臣大臣中尊教以正法若在王
子王子中尊示以忠孝若在內官內官中尊
化政宮女若在庶民庶民中尊令興福力若
在梵天梵天中尊誨以勝慧若在帝釋
帝釋中尊示現无常若在護世護世中尊
護諸衆生長者維摩詰以如是等无量方便
饒益衆生其以方便現身有疾以其疾故國王
大臣長者居士婆羅門等及諸王子并餘官
屬无數人天皆往問疾其往者維摩詰因以
身疾廣為說法諸仁者是身无常无強无
力无堅速朽之法不可信也為苦為惱衆病所
集諸仁者如此身明智者所不怙是身如聚
沫不可撮摩是身如泡不得久立是身如炎從渴
愛生是身如芭蕉中无有堅是身如幻從顛倒
起是身如夢為虛妄見是身如影從業緣現
是身如響屬諸因緣是身如浮雲須臾變滅
是身如電念念不住是身无主為如地是身
无我為如火是身无壽為如風是身无人為
如水是身不實四大為家是身為空離我
我所是身无知如草木瓦礫是身无作風
力所轉是身不淨穢惡充滿是身為虛偽雖

BD03412號　維摩詰所說經卷上　（24–8）

无我爲如火是身无壽爲如風是身无人爲
如水是身不實四大爲家是身爲空離我
我所是身无知如草木瓦礫是身无作風
力所轉是身不淨穢惡充滿是身爲虛僞雖
假以澡浴衣食必歸磨滅是身爲災百一病
惱是身如丘井爲老所逼是身无定爲要當死
是身如毒蛇如怨賊如空聚陰界諸入所共
合成諸仁者此可患厭當樂佛身所以者何
佛身者即法身也從无量功德智慧生從戒
定慧解脫解脫知見生從慈悲喜捨生從布
施持戒忍辱柔和勤行精進禪定解脫三昧
多聞智慧諸波羅蜜生從方便生從六通生從
三明生從卅七道品生從止觀生從十力四无
所畏十八不共法生從斷一切不善法集一切
善法生從真實生從不放逸生從如是无量
清淨法生如來身諸仁者欲得佛身斷一切
衆生病者當發阿耨多羅三藐三菩提心如
是長者維摩詰爲諸問疾者如應說法令
无數千人皆發阿耨多羅三藐三菩提心

弟子品第三

尒時長者維摩詰自念寑疾于牀世尊大慈
寧不垂愍佛知其意即告舍利弗汝行詣維
摩詰問疾舍利弗白佛言世尊我不堪任詣
彼問疾所以者何憶念我昔曾於林中宴坐
樹下時維摩詰來謂我言唯舍利弗不必是
坐爲宴坐也夫宴坐者不於三界現身意是爲
宴坐不起滅定而現諸威儀是爲宴坐不捨道
法而現凡夫事是爲宴坐心不住內亦不在
外是爲宴坐於諸見不動而脩行三十七道

BD03412號　維摩詰所說經卷上　（24–9）

坐爲宴坐也夫宴坐者不於三界現身意是爲
宴坐不起滅定而現諸威儀是爲宴坐不捨道
法而現凡夫事是爲宴坐心不住內亦不在
外是爲宴坐於諸見不動而脩行三十七道
品是爲宴坐不斷煩惱而入涅槃是爲宴坐若
能如是坐者佛所印可時我世尊聞是語已
默然而止不能加報故我不任詣彼問疾
佛告大目揵連汝行詣維摩詰問疾目連白
佛言世尊我不堪任詣彼問疾所以者何憶
念我昔入毗耶離大城於里巷中爲諸居士
說法時維摩詰來謂我言唯大目連爲白衣
居士說法不當如仁者所說夫說法者當如
法說法无衆生離衆生垢故法无有我離
我垢故法无壽命離生死故法无有人前後
際斷故法常寂然滅諸相故法離於相无所
緣故法无名字言語斷故法无有說離覺
觀故法无形相如虛空故法无戲論畢竟
空故法无我所離我所故法无分別離諸識故
法无有比无相待故法不屬因不在緣故法同
法性入諸法故法隨於如无所隨故法住實際
諸邊不動故法无動搖不依六塵故法无去來
常不住故法順空隨无相應无作法離好醜
法无增損法无生滅法无所歸法過眼耳鼻
舌身心法无高下法常住不動法離一切觀行
唯大目連法相如是豈可說乎夫說法者无說
无示其聽法者无聞无得譬如幻士爲幻人說
法當建是意而爲說法當了衆生根有利鈍善
於知見无所罣礙以大悲心讚于大乘念報佛
恩不斷三寶然後說法維摩詰說是法時八百居

BD03412號　維摩詰所說經卷上　（24–10）

无示其聽法者无聞无得辟如幻士為幻人説
法當建是意而為説法當了衆生根有利鈍善
於知見无所罣礙以大悲心讃于大乘念報佛
恩不斷三寶然後説法維摩詰説是法時八百居
士發阿耨多羅三藐三菩提心我无此辯是故
不任詣彼問疾
佛告大迦葉汝行詣維摩詰問疾迦葉白佛言
世尊我不堪任詣彼問疾所以者何憶念我昔
於貧里而行乞食時維摩詰來謂我言唯大迦
葉有慈悲心而不能普捨豪富從貧乞迦葉
住平等法應次行乞食為不食故應行乞食為
懷和合相故應取揣食為不受故應受彼食以
空聚相入於聚落所見色與盲等所聞聲與響
等所嗅香與風等所食味不分別受諸觸如智
證知諸法如幻相无自性无他性本自不然今
則无滅迦葉若能不捨八邪入八解脫以邪相
入正法以一食施一切供養諸佛及衆賢聖然
後可食如是食者非有煩惱非離煩惱非入定
意非起定意非住世間非住涅槃其有施者无
大福无小福不為益不為損是為正入佛道不
依聲聞迦葉若如是食為不空食人之施也時
我世尊聞説是語得未曾有即於一切菩薩深
起敬心復作是念斯有家名辯才智慧乃能如
是其誰不發阿耨多羅三藐三菩提心我從是來
不復勸人以聲聞辟支佛行故我不任詣彼問疾
佛告須菩提汝行詣維摩詰問疾須菩提白
佛言世尊我不堪任詣彼問疾所以者何憶念
我昔入其舍從乞食時維摩詰取我鉢盛滿飯
謂我言唯須菩提若能於食等者諸法亦等諸法

BD03412號　維摩詰所説經卷上　（24–11）

不復勸人以聲聞辟支佛行故我不任詣彼問疾
佛告須菩提汝行詣維摩詰問疾須菩提白
佛言世尊我不堪任詣彼問疾所以者何憶念
我昔入其舍從乞食時維摩詰取我鉢盛滿飯
謂我言唯須菩提若能於食等者諸法亦等諸法
等者於食亦等如是行乞乃可取食若須菩提
不斷婬怒癡亦不與俱不壞於身而隨一相不滅
癡愛起於明脫以五逆相而得解脫亦不解不縛
不見四諦非不見諦非得果非不得果非凡夫
非離凡夫法非聖人非不聖人雖成就一切法
而離諸法相乃可取食若須菩提不見佛不
聞法彼外道六師富蘭那迦葉末伽梨拘賒
梨子刪闍夜毗羅胝子阿耆多翅舍欽婆羅迦
羅鳩馱迦旃延尼犍陀若提子是汝之師因其
出家彼師所墮汝亦隨墮乃可取食若須菩提
入諸邪見不到彼岸住於八難不得无難同
於煩惱離清淨法汝得无諍三昧一切衆生亦
得是定其施汝者不名福田供養汝者墮三惡
道為與衆魔共一手作諸勞侶汝與衆魔及諸
塵勞等无有異於一切衆生而有怨心謗諸佛
毀於法而不入衆數然不得滅度汝若如是乃可
取食時我世尊聞此茫然不識是何言不知以
何荅便置鉢欲出其舍維摩詰言唯須菩提
取鉢勿懼於意云何如來所作化人若以是事
詰寧有懼不我言不也維摩詰言一切諸法
如幻化相汝今不應有所懼也所以者何一切言
説不離是相至於智者不著文字故无所懼
何以故文字性離无有文字是則解脫解
脫相者則諸法也維摩詰説是法時二百天

BD03412號　維摩詰所説經卷上　（24–12）

詰寧有懼不我言不也維摩詰言一切諸法
如幻化相汝今不應有所懼也所以者何一切言
說不離是相至於智者不著文字故无所懼
何以故文字性離无有文字是則解脫解
脫相者則諸法也維摩詰說是法時二百天
子得法眼淨故我不任詣彼問疾
佛告富樓那彌多羅尼子汝行詣維摩詰問疾
富樓那白佛言世尊我不堪任詣彼問疾所以
者何憶念我昔於大林中在一樹下為諸新學比
丘說法時維摩詰來謂我言唯富樓那先當
入定觀此人心然後說法无以穢食置於寶器
當知是比丘心之所念无以瑠璃同彼水精汝不
能知衆生根原无得發起以小乘法彼自无瘡勿
傷之也欲行大道莫示小徑无以大海內於牛跡
无以日光等彼螢火唯富樓那此比丘久發大乘
心中忘此意如何以小乘法而教道之我觀小
乘智慧微淺猶如盲人不能分別一切衆生根
之利鈍時維摩詰即入三昧令此比丘自識宿命曾
於五百佛所植衆德本迴向阿耨多羅三藐三
菩提即時豁然還得本心於是諸比丘稽首礼
維摩詰足時維摩詰因為說法於阿耨多羅三
藐三菩提不復退轉我念聲聞不觀人根不應
說法是故不任詣彼問疾
佛告摩訶迦旃延汝行詣維摩詰問疾迦旃
延白佛言世尊我不堪任詣彼問疾所以者何
憶念昔者佛為諸比丘略說法要我即於後
敷演其義謂无常義苦義空義无我義寂
滅義時維摩詰來謂我言唯迦旃延无以生滅
心行說實相法迦旃延諸法畢竟不生不滅是

延白佛言世尊我不堪任詣彼問疾所以者何
憶念昔者佛為諸比丘略說法要我即於後
敷演其義謂无常義苦義空義无我義寂
滅義時維摩詰來謂我言唯迦旃延无以生滅
心行說實相法迦旃延諸法畢竟不生不滅是
无常義五受陰洞達空无所起是苦義諸法
究竟无所有是空義於我无我而不二是无我
義法本不然今則无滅是寂滅義說是法時彼
諸比丘心得解脫故我不任詣彼問疾
佛告阿那律汝行詣維摩詰問疾阿那律白
佛言世尊我不堪任詣彼問疾所以者何憶念
我昔於一處經行時有梵王名曰嚴淨與万梵
俱放淨光明來詣我所稽首作礼問我言幾
何阿那律天眼所見我即答言仁者吾見此釋
迦牟尼佛土三千大千世界如觀掌中菴摩
勒果時維摩詰來謂我言唯阿那律天眼所
見為作相耶无作相耶假使作相則與外道
五通等若无作相即是无為不應有見世尊
我時嘿然後諸梵聞其言得未曾有即
為作礼而問曰世孰有真天眼者維摩詰言
有佛世尊得真天眼常在三昧悉見諸佛
國不以二相於是嚴淨梵王及其眷屬五百
梵天皆發阿耨多羅三藐三菩提心礼維摩
詰足忽然不現故我不任詣彼問疾
佛告優婆離汝行詣維摩詰問疾優婆離
白佛言世尊我不堪任詣彼問疾所以者何憶
念昔者有二比丘犯律行以為耻不敢問佛來問
我言唯優婆離我等犯律誠以為耻不敢問
佛願解疑悔得免斯咎我即為其如法解說

佛告優婆離汝行詣維摩詰問疾優婆離
白佛言世尊我不堪任詣彼問疾所以者何憶
念昔者有二比丘犯律行以為恥不敢問佛來問
我言唯優婆離我等犯律誠以為恥不敢問
佛願解疑悔得免斯咎我即為其如法解說
時維摩詰來謂我言唯優波離无重增此二
比丘罪當直除滅勿擾其心所以者何彼罪性
不在內不在外不在中間如佛所說心垢故衆生
垢心淨故衆生淨心亦不在內不在外不在中
間如其心然罪垢亦然諸法亦然不出於
如如優波離以心相得解脫時寧有垢不
我言不也維摩詰言一切衆生心相无垢亦
復如是唯優波離妄相是垢无妄想是淨顛
倒是垢无顛倒是淨取我是垢不取我是淨
優波離一切法生滅不住如幻如電諸法不相
待乃至一念不住諸法皆妄見如夢如焰如
水中月如鏡中像以妄相生其知此者是名
奉律其知此者是名善解於是二比丘言上
智哉是優波離所不及持律之上而不能說
我荅言自捨如來未有聲聞及菩薩能制
其樂說之辯其智慧明達為若此也時二比
丘疑悔即除發阿耨多羅三藐三菩提心作
是願言令一切衆生皆得是辯故我不任詣
彼問疾
佛告羅睺羅汝行詣維摩詰問疾羅睺羅
白佛言世尊我不堪任詣彼問疾所以者何
憶念昔時毗耶離諸長者子來詣我所稽
首作禮問我言唯羅睺羅汝佛之子捨轉輪王
位出家為道其出家者有何等利我即如法為

BD03412號　維摩詰所說經卷上　（24–15）

彼問疾
佛告羅睺羅汝行詣維摩詰問疾羅睺羅
白佛言世尊我不堪任詣彼問疾所以者何
憶念昔時毗耶離諸長者子來詣我所稽
首作禮問我言唯羅睺羅汝佛之子捨轉輪王
位出家為道其出家者有何等利我即如法為
說出家功德之利時維摩詰來謂我言唯羅
睺羅不應說出家功德之利所以者何无利无
功德是為出家有為法者可說有利有功德
夫出家者為无為法无為法中无利无功德
羅睺羅夫出家者无彼无此亦无中間離六
十二見處於涅槃智者所受聖所行處降伏
衆魔度五道淨五眼得五力立五根不惱於
彼離衆雜惡摧諸外道超越假名出淤泥无
繫著无我所无所受无擾亂內懷喜護彼意
隨禪定離衆過若能如是是出家於是維摩
詰語諸長者子汝等於正法中宜共出家所以
者何佛世難值諸長者子言居士我聞佛言父
母不聽不得出家維摩詰言然汝等便發阿耨
多羅三藐三菩提心是即出家是即具足尒時三
十二長者子皆發阿耨多羅三藐三菩提心故
我不任詣彼問疾
佛告阿難汝行詣維摩詰問疾阿難白佛言
世尊我不堪任詣彼問疾所以者何憶念昔
時世尊身小有疾當用牛乳我即持鉢詣大
婆羅門家門下立時維摩詰來謂我言唯阿
難何為晨朝持鉢住此我言居士世尊身小有
疾當用牛乳故來至此維摩詰言止止阿
難莫作是語如來身金剛之體諸惡已斷

BD03412號　維摩詰所說經卷上　（24–16）

難何為晨朝持鉢住此我言居士世尊身小有
疾當用牛乳故來至此維摩詰言止止阿
難莫作是語如來身金剛之體諸惡已斷
衆善普會當有何疾當有何惱嘿往阿難
勿謗如來莫使異人聞此麁言无令大威德諸
天及他方淨土諸來菩薩得聞斯語阿難轉輪
聖王以少福故尚得无疾豈況如來无量福會
普勝者哉行矣阿難勿使我等受斯恥也外
道梵志若聞此語當作是念何名為師自疾
不能救而能救諸疾人可密速去勿使人聞
當知阿難諸如來身即是法身非思欲身佛
為世尊過於三界佛身无漏諸漏已盡佛身
无為不墮諸數如此之身當有何疾時我世
尊實懷慙愧得无近佛而謬聽耶即聞空中
聲曰阿難如居士言但為佛出五濁惡世現行
斯法度脫衆生行矣阿難取乳勿慙世尊維
摩詰智慧辯才為若此也是故不任詣彼
問疾如是五百大弟子各各向佛說其本緣
稱述維摩詰所言皆曰不任詣彼問疾

菩薩品第四

於是佛告弥勒菩薩汝行詣維摩詰問疾
弥勒白佛言世尊我不堪任詣彼問疾所以者
何憶念我昔為兜率天王及其眷屬說不退轉
地之行時維摩詰來謂我言弥勒世尊授仁
者記一生當得阿耨多羅三藐三菩提為用
何生得受記乎過去耶未來耶現在耶若過
去生過去生已滅若未來生未來生未至若
現在生現在生无住如佛所說比丘汝今即時亦
[illegible]即是

[illegible]
者記一生當得阿耨多羅三藐三菩提為用
何生得受記乎過去耶未來耶現在耶若過
去生過去生已滅若未來生未來生未至若
現在生現在生无住如佛所說比丘汝今即時亦
生亦老亦滅若以无生得受記者无生即是
正位於正位中亦无受記亦无得阿耨多羅
三藐三菩提心云何弥勒受一生記乎為從
如生得受記耶為從如滅得受記耶若以
如生得受記者如无有生若以如滅得受記
者如无有滅一切衆生皆如也一切法亦如也
衆聖賢亦如也至於弥勒亦如也若弥勒
得受記者一切衆生亦應受記所以者何夫如
者不二不異若弥勒得阿耨多羅三藐三菩
提者一切衆生皆亦應得所以者何一切衆生
即菩提相若弥勒滅度者一切衆生亦當滅
度所以者何諸佛知一切衆生畢竟寂滅
即涅槃相不復更滅是故弥勒无以此法誘
諸天子實无發阿耨多羅三藐三菩提心者
亦无退者弥勒當令此諸天子捨於分別菩
提之見所以者何菩提者不可身得不可以
心得寂滅是菩提滅諸相故不觀是菩提
離諸緣故不行是菩提无憶念故斷是菩
提捨諸見故離是菩提離諸妄想故鄣是
菩提鄣諸願故不入是菩提无貪著故順是
菩提順於如故住是菩提住法性故至是菩
提至實際故不二是菩提離意法故等是菩
提等虛空故无為是菩提无生住滅故智是
菩提了衆生心行故不會是菩提諸入不會
故合是菩提離煩惱習故无處是菩提无

菩提障諸願故不入是菩提无貪著故順是
菩提順於如故住是菩提住法性故至是菩
提至實際故不二是菩提離意法故等是菩
提等虛空故无為是菩提无生住滅故智是
菩提了衆生心行故不會是菩提諸入不會
故不合是菩提離煩惱習故无處是菩提无
形色故假名是菩提名字空故如化是菩提
无取捨故不亂是菩提常自靜故善寂是
菩提性清淨故无取是菩提離攀緣故无異
是菩提諸法等故无比是菩提无可喻故微
妙是菩提諸法難知故世尊維摩詰說是法
時二百天子得无生法生故我不任詣彼問疾
佛告光嚴童子汝行詣維摩詰問疾光嚴白
佛言世尊我不堪任詣彼問疾所以者何憶念
念我昔出毗耶離大城時維摩詰方入城我
即為作礼而問言居士從何所來荅我言吾從
道場來我問道場何所是荅曰直心是道場
无虛假故發行是道場能辦事故深心是道
場增益功德故菩提心是道場无錯謬故布
施是道場不望報故持戒是道場得願具故
忍辱是道場於諸衆生心无㝵故精進是
道場不懈退故禪定是道場心調柔故智
智慧是道場現見諸法故慈是道場等衆
生故悲是道場忍疲苦故喜是道場悅樂法故
捨是道場憎愛斷故神通是道場成就六通
故解脫是道場能背捨故方便是道場教化
衆生故四攝法是道場攝衆生故多聞是道
場如聞行故伏心是道場正觀諸法故卅七品是
道場捨有為法故諦是道場不誑世間故緣

捨是道場憎愛斷故神通是道場成就六通
故解脫是道場能背捨故方便是道場教化
衆生故四攝法是道場攝衆生故多聞是道
場如聞行故伏心是道場正觀諸法故卅七品是
道場捨有為法故諦是道場不誑世間故緣
起是道場无明乃至老死皆无盡故諸煩惱
是道場知如實故衆生是道場知无我故一切
法是道場知諸法空故降魔是道場不傾
動故三界是道場无所趣故師子吼是道場无
所畏故力无畏不共法是道場无諸過故三
明是道場无餘礙故一念知一切法是道場
成就一切智故如是善男子菩薩若應諸
波羅蜜教化衆生諸有所作舉足下足當知
皆從道場來住於佛法矣說是法時五百天
人皆發阿耨多羅三藐三菩提心故我不任
詣彼問疾
佛告持世菩薩汝行詣維摩詰問疾持世白
佛言世尊我不堪任詣彼問疾所以者何
憶念我昔住於靜室時魔波旬從萬二
千天女狀如帝釋鼓樂絃歌來詣我所與
其眷屬稽首我足合掌恭敬於一面立我意
謂是帝釋而語之言善來憍尸迦雖福應有
不當自恣當觀五欲无常以求善本於身命
財而脩堅法即語我言正士受是萬二千天女可
備掃灑我言憍尸迦无以此非法之物要我沙
門釋子此非我宜所言未訖時維摩詰來謂
我言非帝釋也是為魔來嬈固汝耳即語魔言
是諸女等可以與我如我應受魔即驚懼念
維摩詰將无惱我欲隱形去而不能隱盡其

我言非帝釋也是為魔來嬈固汝耳即語魔言
是諸女等可以與我如我應受魔即驚懼念
維摩詰將无惱我欲隱形去而不能隱盡其
神力亦不得去即聞空中聲曰波旬以女與之
乃可得去魔以畏故俛仰而與尒時維摩詰
語諸女言魔以汝等與我今汝皆當發阿
耨多羅三藐三菩提心即随所應而為說法
令發道意復言汝等已發道意有法樂可以
自娯不應復樂五欲樂也天女即問何謂法
樂荅言樂常信佛樂欲聽法樂供養衆樂
離五欲樂觀五陰如怨賊樂觀四大如毒蛇樂
觀内入如空聚樂随護道意樂饒益衆生樂
養敬師樂廣行施樂堅持戒樂忍辱柔和樂勤
集善根樂禪定不亂樂離垢明慧樂廣菩
提心樂降伏衆魔樂斷諸煩惱樂淨佛國土樂
成就相好脩諸功德樂莊嚴道場樂聞深法不
畏樂三解脫門不樂非時樂近同學樂於非同學
中心无恚礙樂將護惡知識樂近善知識樂心
喜清淨樂脩无量道品之法是為菩薩法樂
於是波旬告諸女言我欲與汝俱還天宮諸
女言以我等與此居士有法樂我等甚樂不
復樂五欲樂也魔言居士可捨此女一切所有
施於彼者是為菩薩維摩詰言我已捨矣
汝便將去令一切衆生得法願具足於是諸
女問維摩詰我等云何止於魔宫維摩詰言
諸姊有法門名无盡燈汝等學无盡燈
者譬如一燈然百千燈冥者皆明明終不
盡如是諸姊夫一菩薩開導百千衆生令
發阿耨多羅三藐三菩提心於其道意亦不

女問維摩詰我等云何止於魔宫維摩詰言
諸姊有法門名无盡燈汝等學无盡燈
者譬如一燈然百千燈冥者皆明明終不
盡如是諸姊夫一菩薩開導百千衆生令
發阿耨多羅三藐三菩提心於其道意亦不
滅盡随所說法而自增益一切善法是名无
盡燈也汝等雖住魔宫以是无盡燈令无數
天子天女皆發阿耨多羅三藐三菩提心者為
報佛恩亦大饒益一切衆生尒時天女頭面礼
維摩詰足随魔還宫忽然不現世尊維摩詰
有如是自在神力智慧辯才故我不任詣彼問
疾佛告長者子善得汝行詣維摩詰問疾
善得白佛言世尊我不堪任詣彼問疾所以者
何憶念我昔自於父舍設大施會供養一切沙
門婆羅門及諸外道貧窮下賤孤露无人期
滿七日時維摩詰來入會中謂我言長者子
夫大施會不當如汝所設當為法施之會何
用是財施會為我言居士何謂法施之會法
施會者无前无後一時供養一切衆生是名
法施之會何謂也謂以菩提起於慈心以救
衆生起大悲心以持正法起於喜心以攝智
慧行於捨心以攝慳貪起檀波羅蜜以化犯
戒起尸波羅蜜以无我法起羼提波羅蜜以
離身心相起毗耶梨波羅蜜以菩提相起禪
波羅蜜以一切智起般若波羅蜜教化衆生
而起於空不捨有為法而起无相示現受生
而起无作護持正法起方便力以度衆生起四
攝法以敬事一切起除慢法於身命財起三
堅法於六念中起思念法於六和敬起質直心

波羅蜜以一切智起般若波羅蜜教化衆生
而起於空不捨有為法而起无相示現受生
而起无作護持正法起方便力以度衆生起四
攝法以敬事一切起除慢法於身命財起三
堅法於六念中起思念法於六和敬起質直心
正行善法起於淨命心淨歡喜起近賢聖
不憎惡人起調伏心以出家法起於深心以
如說行起於多聞以无諍法起空閑處取
向佛慧起於宴坐解衆生縛起脩行地以具
相好及淨佛土起福德業知一切衆生心念
如應說法起於智業知一切法不取不捨入
一相門起於慧業斷一切煩惱一切鄣㝵
一切不善法起一切善業得一切智慧一切
善法起一切助佛道法如是善男子是為法
施之會若菩薩住是法施會者為大施
主亦為一切世間福田世尊維摩詰說是法
時婆羅門衆中二百人皆發阿耨多羅三藐
三菩提心我時心得清淨嘆未曾有稽首礼維
摩詰足即解瓔珞價直百千以上之不肯取
我言居士願必納受隨意所與維摩詰乃受
瓔珞分作二分持一分施此會中一冣下乞人持分
奉彼難勝如來一切衆會皆見光明國土難
勝如來又見珠瓔在彼佛上變成四柱寶臺
四面嚴飾不相鄣蔽時維摩詰現神變已
作是願言若施主等心施一冣下乞人猶如如
來福田之相无所分別等于大悲不求果報
是則名曰具足法施城中一冣下乞人見是神
力聞其所說即發阿耨多羅三藐三菩提心
故我不任詣彼問疾如是諸菩薩各各向

主亦為一切世間福田世尊維摩詰說是法
時婆羅門衆中二百人皆發阿耨多羅三藐
三菩提心我時心得清淨嘆未曾有稽首礼維
摩詰足即解瓔珞價直百千以上之不肯取
我言居士願必納受隨意所與維摩詰乃受
瓔珞分作二分持一分施此會中一冣下乞人持分
奉彼難勝如來一切衆會皆見光明國土難
勝如來又見珠瓔在彼佛上變成四柱寶臺
四面嚴飾不相鄣蔽時維摩詰現神變已
作是願言若施主等心施一冣下乞人猶如如
來福田之相无所分別等于大悲不求果報
是則名曰具足法施城中一冣下乞人見是神
力聞其所說即發阿耨多羅三藐三菩提心
故我不任詣彼問疾如是諸菩薩各各向
佛說其本緣稱述維摩詰所言皆曰不任
詣彼問疾

維摩詰經卷上

復次常精進若善男子善女人受持是經若
讀若誦若解說若書寫成就八百鼻功德以
是清淨鼻根聞於三千大千世界上下內外種
種諸香須曼那華香闍提華香末利華香
瞻蔔華香波羅羅華香赤蓮華香青蓮華
香白蓮華香華樹香菓樹香栴檀香沈水香
多摩羅跋香多伽羅香及千万種和香若末若
丸若塗香持是經者於此間住悉能分別又
復別知衆生之香象香馬香牛羊等香男香
女香童子香童女香及草木叢林香若近若
遠所有諸香悉皆得聞分別不錯持是經者
雖住於此亦聞天上諸天之香波利質多羅
拘鞞陀羅樹香及曼陁羅華香摩訶曼陁羅
華香曼殊沙華香摩訶曼殊沙華香栴檀沈
水種種末香諸雜華香如是等天香和合所
出之香无不聞知又聞諸天身香釋提桓因
在勝殿上五欲娛樂嬉戲時香若在妙法堂
上爲忉利諸天說法時香若於諸園遊戲時
香及餘天等男女身香皆悉遥聞如是展轉
乃至梵世上至有頂諸天身香亦皆聞之并

BD03413號　妙法蓮華經（八卷本）卷六　（7-1）

上爲忉利諸天說法時香若於諸園遊戲時
香及餘天等男女身香皆悉遥聞如是展轉
乃至梵世上至有頂諸天身香亦皆聞之并
聞諸天所燒之香及聲聞香辟支佛香菩薩
香諸佛身香亦皆遥聞知其所在雖聞此香
然於鼻根不壞不錯若欲分別爲他人說憶
念不謬尒時世尊欲重宣此義而說偈言

是人鼻清淨　於此世界中　若香若臭物　種種悉聞知
須曼那闍提　多摩羅栴檀　沈水及桂香　種種華菓香
及知衆生香　男子女人香　說法者遠住　聞香知所在
大勢轉輪王　小轉輪王子　群臣諸宮人　聞香知所在
身所著珎寶　及地中寶藏　轉輪王寶女　聞香知所在
諸人嚴身具　衣服及瓔珞　種種所塗香　聞則知其身
諸天若行坐　遊戲及神變　持是法華者　聞香悉能知
諸樹華菓實　及蘇油香氣　持經者住此　悉知其所在
諸山深險處　栴檀樹華敷　衆生在中者　聞香皆能知
鐵圍山大海　地中諸衆生　持經者聞香　悉知其所在
阿脩羅男女　及其諸眷屬　鬪諍遊戲時　聞香皆能知
曠野險隘處　師子象虎狼　野牛水牛等　聞香知所在
若有懷妊者　未辯其男女　无根及非人　聞香悉能知
以聞香力故　知其初懷妊　成就不成就　安樂產福子
以聞香力故　知男女所念　染欲癡恚心　亦知脩善者
地中衆伏藏　金銀諸珎寶　銅器之所盛　聞香悉能知
種種諸瓔珞　无能識其價　聞香知貴賤　出處及所在

BD03413號　妙法蓮華經（八卷本）卷六　（7-2）

以聞香力故　知其初懷任　成就不成就　安樂產福子
以聞香力故　知男女所念　深欲癡恚心　亦知脩善者
地中衆伏藏　金銀諸珎寶　銅器之所盛　聞香悉能知
種種諸瓔珞　无能識其價　聞香知貴賤　出處及所在
天上諸華等　曼陁曼殊沙　波利質多樹　聞香悉能知
天上諸宮殿　上中下差別　衆寶華莊嚴　聞香悉能知
天園林勝殿　諸觀妙法堂　在中而娛樂　聞香悉能知
諸天若聽法　或受五欲時　來往行坐卧　聞香悉能知
天女所著衣　好華香莊嚴　周旋遊戲時　聞香悉能知
如是展轉上　乃至於梵世　入禪出禪者　聞香悉能知
光音遍淨天　乃至于有頂　初生及退沒　聞香悉能知
諸比丘衆等　於法常精進　若坐若經行　及讀誦經法
或在林樹下　專精而坐禪　持經者聞香　悉知其所在
菩薩志堅固　坐禪若讀誦　或為人說法　聞香悉能知
在在方世尊　一切所恭敬　愍衆而說法　聞香悉能知
衆生在佛前　聞經皆歡喜　如法而脩行　聞香能悉知
雖未得菩薩　无漏法生鼻　而是持經者　先得此鼻相
復次常精進若善男子善女人受持是經若
讀若誦若解說若書寫得千二百舌功德若
好若醜若美不美及諸苦澁物在其舌根皆
變成上味如天甘露无不美者若以舌根於
大衆中有所演說出深妙聲能入其心皆令
歡喜快樂又諸天子天女釋梵諸天聞是深
妙音聲有所演說言論次第皆悉來聽及諸
龍龍女夜叉夜叉女乾闥婆乾闥婆女阿脩

大衆中有所演說出深妙聲能入其心皆令
歡喜快樂又諸天子天女釋梵諸天聞是深
妙音聲有所演說言論次第皆悉來聽及諸
龍龍女夜叉夜叉女乾闥婆乾闥婆女阿脩
羅阿脩羅女迦樓羅迦樓羅女緊那羅緊那
羅女摩睺羅伽摩睺羅伽女為聽法故皆來
親近恭敬供養及比丘比丘尼優婆塞優婆
夷國王王子群臣眷屬小轉輪王大轉輪王
七寶千子內外眷屬乘其宮殿俱來聽法以
是菩薩善說法故婆羅門居士國內人民盡
其形壽隨侍供養又諸聲聞辟支佛菩薩諸
佛常樂見之是人所在方面諸佛皆向其處
說法悉能受持一切佛法又能出於深妙法
音尒時世尊欲重宣此義而說偈言
是人舌根淨　終不受惡味　其有所食噉　悉皆成甘露
以深淨妙音　於大衆說法　以諸因緣喻　引導衆生心
聞者皆歡喜　設諸上供養　諸天龍夜叉　及阿脩羅等
皆以恭敬心　而共來聽法　是說法之人　若欲以妙音
遍滿三千界　隨意即能至　大小轉輪王　及千子眷屬
合掌恭敬心　常來聽受法　諸天龍夜叉　羅刹毗舍闍
亦以歡喜心　常樂來供養　梵天王魔王　自在大自在
如是諸天衆　常來至其所　諸佛及弟子　聞其說法音
常念而守護　或時為現身
復次常精進若善男子善女人受持是經若
讀若誦若解說若書寫得八百身功德得清

如是諸天衆　常来至其所　諸佛及弟子　聞其說法音
常念而守護　或時為現身
復次常精進若善男子善女人受持是經若
讀若誦若解說若書寫得八百身功德清
淨身如淨琉璃衆生憙見其身淨故三千大
千世界衆生生時死時上下好醜生善處惡
處悉於中現及鐵圍山大鐵圍山彌樓山摩
訶彌樓山等諸山及其中衆生悉於中現下
下阿鼻地獄上至有頂所有及衆生悉於中
現若聲聞辟支佛菩薩諸佛說法皆於身中
現其色像尒時世尊欲重宣此義而說偈言
若持法華者　其身甚清淨　如彼淨琉璃　衆生皆憙見
又如淨明鏡　悉見諸色像　菩薩於淨身　皆見世所有
唯獨自明了　餘人所不見　三千世界中　一切諸群萌
天人阿脩羅　地獄鬼畜生　如是諸色像　皆於身中現
諸天等宮殿　乃至於有頂　鐵圍及彌樓　摩訶彌樓山
諸大海水等　皆於身中現　諸佛及聲聞　佛子菩薩等
若獨若在衆　說法悉皆現　雖未得无漏　法性之妙身
以清淨常體　一切於中現
復次常精進若善男子善女人如来滅後受
持是經若讀若誦若解說若書寫得千二百
意功德以是清淨意根乃至聞一偈一句通
達无量无邊之義解是義已能演說一句一
偈至於一月四月乃至一歲諸所說法隨其
義趣皆與實相不相違背若說俗間經書治

BD03413號　妙法蓮華經（八卷本）卷六　（7–5）

持是經若讀若誦若解說若書寫得千二百
意功德以是清淨意根乃至聞一偈一句通
達无量无邊之義解是義已能演說一句一
偈至於一月四月乃至一歲諸所說法隨其
義趣皆與實相不相違背若說俗間經書治
世語言資生業等皆順正法三千大千世界
六趣衆生心之所行心所動作心所戲論皆
悉知之雖未得无漏智慧而其意根清淨如
此是人有所思惟籌量言說皆是佛法无不
真實亦是先佛經中所說尒時世尊欲重
宣此義而說偈言
是人意清淨　明利无穢濁　以此妙意根　知上中下法
乃至聞一偈　通達无量義　次第如法說　月四月至歲
是世界內外　一切諸衆生　若天龍及人　夜叉鬼神等
其在六趣中　所念若干種　持法華之報　一時皆悉知
十方无數佛　百福莊嚴相　為衆生說法　悉聞能受持
思惟无量義　說法亦无量　終始不忘錯　以持法華故
悉知諸法相　隨義識次第　達名字語言　如所知演說
此人有所說　皆是先佛法　以演此法故　於衆无所畏
持法華經者　意根淨若斯　雖未得无漏　先有如是相
是人持此經　安住希有地　為一切衆生　歡喜而愛敬
能以千万種　善巧之語言　分別而說法　持法華經故

妙法蓮華經卷第六

BD03413號　妙法蓮華經（八卷本）卷六　（7–6）

乃至聞一偈　通達无量義　次第如法說　月四月至歲
是世界內外　一切諸衆生　若天龍及人　夜叉鬼神等
其在六趣中　所念若干種　持法華之報　一時皆悉知
十方无數佛　百福莊嚴相　為衆生說法　悉聞能受持
思惟无量義　說法亦无量　終始不忘錯　以持法華故
悉知諸法相　隨義識次第　達名字語言　如所知演說
此人有所說　皆是先佛法　以演此法故　於衆无所畏
持法華經者　意根淨若斯　雖未得无漏　先有如是相
是人持此經　安住希有地　為一切衆生　歡喜而愛敬
能以千万種　善巧之語言　分別而說法　持法華經故

妙法蓮華經卷第六

BD03413 號　妙法蓮華經（八卷本）卷六　（7–7）

提心應云何住云何降
我須菩提如汝所說如
付囑諸菩薩汝今諦聽
女人發阿耨多羅三藐三
是降伏其心唯然世尊
佛告須菩提諸菩薩摩
心所有一切衆生之類若卵
若化生若有色若无色
非有想若非无想我皆令
度之如是滅度无量无數　邊衆生實无衆
生得滅度者何以故須菩提　若菩薩有我相
人相衆生相壽者相即非菩薩
復次須菩提菩薩於法應无所住行於布施
所謂不住色布施不住聲香味觸法布施須
菩提菩薩應如是布施不住於相何以故若
菩薩不住相布施其福德不可思量須菩提
於意云何東方虛空可思量不不也世尊須菩
提南西北方四維上下虛空可思量不不也世
尊須菩提菩薩无住相布施福德亦復如

BD03414 號　金剛般若波羅蜜經　（15–1）

菩薩不住相布施其福德不可思量須菩提
於意云何東方虛空可思量不不也世尊須菩
提南西北方四維上下虛空可思量不不也世
尊須菩提菩薩无住相布施福德亦復如
是不可思量須菩提菩薩但應如所教住須
菩提於意云何可以身相見如來不不也世
尊不可以身相得見如來何以故如來所說
身相即非身相佛告須菩提凡所有相皆
是虛妄若見諸相非相則見如來
須菩提白佛言世尊頗有衆生得聞如是言
說章句生實信不佛告須菩提莫作是說如
來滅後後五百歲有持戒脩福者於此章句
能生信心以此為實當知是人不於一佛二
佛三四五佛而種善根已於无量千万佛所
種諸善根聞是章句乃至一念生淨信者須
菩提如來悉知悉見是諸衆生得如是无量
福德何以故是諸衆生无復我相人相衆生
相壽者相无法相亦无非法相何以故是諸
衆生若心取相則為著我人衆生壽者若取
法相即著我人衆生壽者何以故若取非法
相即著我人衆生壽者是故不應取法不應
取非法以是義故如來常說汝等比丘知我
說法如筏喻者法尚應捨何況非法
須菩提於意云何如來得阿耨多羅三藐三
菩提耶如來有所說法耶須菩提言如我解

BD03414號　金剛般若波羅蜜經　（15–2）

說法如筏喻者法尚應捨何況非法
須菩提於意云何如來得阿耨多羅三藐三
菩提耶如來有所說法耶須菩提言如我解
佛所說義无有定法名阿耨多羅三藐三菩
提亦无有定法如來可說何以故如來所說
法皆不可取不可說非法非非法所以者何一切
賢聖皆以无為法而有差別
須菩提於意云何若人滿三千大千世界七
寶以用布施是人所得福德寧為多不須菩
提言甚多世尊何以故是福德即非福德性
是故如來說福德多若復有人於此經中受
持乃至四句偈等為他人說其福勝彼何以
故須菩提一切諸佛及諸佛阿耨多羅三藐
三菩提法皆從此經出須菩提所謂佛法者
即非佛法
須菩提於意云何須陁洹能作是念我得須
陁洹果不須菩提言不也世尊何以故須陁
洹名為入流而无所入不入色聲香味觸法
是名須陁洹須菩提於意云何斯陁含能作
是念我得斯陁含果不須菩提言不也世尊
何以故斯陁含名一往來而實无往來是名
斯陁含須菩提於意云何阿那含能作是念
我得阿那含果不須菩提言不也世尊何以
故阿那含名為不來而實无來是故名阿那
含須菩提於意云何阿羅漢能作是念我得

BD03414號　金剛般若波羅蜜經　（15–3）

我得阿那含果不須菩提言不也世尊何以
故阿那含名為不来而實无来是故名阿那
含須菩提於意云何阿羅漢能作是念我得
阿羅漢道不須菩提言不也世尊何以故實
无有法名阿羅漢世尊若阿羅漢作是念我
得阿羅漢道即為著我人衆生壽者世尊佛
說我得无諍三昧人中最為第一是第一離
欲阿羅漢我不作是念我是離欲阿羅漢世
尊我若作是念我得阿羅漢道世尊則不
說須菩提是樂阿蘭那行者以須菩提實无
所行而名須菩提是樂阿蘭那行
佛告須菩提於意云何如来昔在然燈佛所
於法有所得不世尊如来在然燈佛所於法
實无所得須菩提於意云何菩薩莊嚴佛土
不不也世尊何以故莊嚴佛土者則非莊嚴
是名莊嚴是故須菩提諸菩薩摩訶薩應
如是生清淨心不應住色生心不應住聲香
味觸法生心應无所住而生其心須菩提譬
如有人身如須弥山王於意云何是身為大
不須菩提言甚大世尊何以故佛說非身是
名大身
須菩提如恒河中所有沙數如是沙等恒河於
意云何是諸恒河沙寧為多不須菩提言甚
多世尊但諸恒河尚多无數何况其沙須菩
提我今實言告汝若有善男子善女人以七

須菩提如恒河中所有沙數如是沙等恒河於
意云何是諸恒河沙寧為多不須菩提言甚
多世尊但諸恒河尚多无數何况其沙須菩
提我今實言告汝若有善男子善女人以七
寶滿尒所恒河沙數三千大千世界以用布
施得福多不須菩提言甚多世尊佛告須
菩提若善男子善女人於此經中乃至受持
四句偈等為他人說而此福德勝前福德復
次須菩提隨說是經乃至四句偈等當知此
處一切世間天人阿脩羅皆應供養如佛塔
廟何况有人盡能受持讀誦須菩提當知
是人成就最上第一希有之法若是經典所
在之處則為有佛若尊重弟子
尒時須菩提白佛言世尊當何名此經我等
云何奉持佛告須菩提是經名為金剛般若
波羅蜜以是名字汝當奉持所以者何須菩
提佛說般若波羅蜜則非般若波羅蜜須菩
提於意云何如来有所說法不須菩提白佛
言世尊如来无所說須菩提於意云何三千
大千世界所有微塵是為多不須菩提言甚
多世尊須菩提諸微塵如来說非微塵是
名微塵如来說世界非世界是名世界須菩提
於意云何可以三十二相見如来不不也世尊
不可以三十二相得見如来何以故如来說三十
二相即是非相是名三十二相須菩提若有善

名微塵如来說世界非世界是名世界須菩提
於意云何可以三十二相見如来不不也世尊
不可以三十二相得見如来何以故如来說三十
二相即是非相是名三十二相須菩提若有善
男子善女人以恒河沙等身命布施若復有
人於此經中乃至受持四句偈等為他人說
其福甚多
尒時須菩提聞說是經深解義趣涕淚悲泣
而白佛言希有世尊佛說如是甚深經典我
從昔来所得慧眼未曾得聞如是之經世尊
若復有人得聞是經信心清淨則生實相當
知是人成就第一希有功德世尊是實相者
則是非相是故如来說名實相世尊我今得
聞如是經典信解受持不足為難若當来世
後五百歲其有衆生得聞是經信解受持
是則人為第一希有何以故此人无我相人相
衆生相壽者相所以者何我相即是非相人
相衆生相壽者相即是非相何以故離一切
諸相則名諸佛佛告須菩提如是如是若復有
人得聞是經不驚不怖不畏當知是人甚為
希有何以故須菩提如来說第一波羅蜜非
第一波羅蜜是名第一波羅蜜
須菩提忍辱波羅蜜如来說非忍辱波羅蜜
何以故須菩提如我昔為歌利王割截身體
我於尒時无我相无人相无衆生相无壽者
相何以故我於往昔節節支解時若有我相

BD03414號　金剛般若波羅蜜經　（15–6）

須菩提[illegible]
何以故須菩提如我昔為歌利王割截身體
我於尒時无我相无人相无衆生相无壽者
相何以故我於往昔節節支解時若有我相
人相衆生相壽者相應生瞋恨須菩提又念
過去於五百世作忍辱仙人於尒所世无我
相无人相无衆生相无壽者相是故須菩提
菩薩應離一切相發阿耨多羅三藐三菩提
心不應住色生心不應住聲香味觸法生心
應生无所住心若心有住則為非住是故佛
說菩薩心不應住色布施須菩提菩薩為利
益一切衆生應如是布施如来說一切諸相
即是非相又說一切衆生則非衆生須菩提
如来是真語者實語者如語者不誑語者不
異語者須菩提如来所得法此法无實无虛
須菩提若菩薩心住於法而行布施如人入
闇則无所見若菩薩心不住法而行布施如
人有目日光明照見種種色須菩提當来之
世若有善男子善女人能於此經受持讀誦
則為如来以佛智慧悉知是人悉見是人皆
得成就无量无邊功德
須菩提若有善男子善女人初日分以恒河
沙等身布施中日分復以恒河沙等身布施
後日分亦以恒河沙等身布施如是无量百
千万億劫以身布施若復有人聞此經典信
心不逆其福勝彼何況書寫受持讀誦為人

BD03414號　金剛般若波羅蜜經　（15–7）

沙等身布施中日分復以恒河沙等身布施
後日分亦以恒河沙等身布施如是无量百
千万億劫以身布施若復有人聞此經典信
心不逆其福勝彼何况書寫受持讀誦為人
解說須菩提以要言之是經有不可思議不可
稱量无邊功德如來為發大乘者說為發最
上乘者說若有人能受持讀誦廣為人說如
來悉知是人悉見是人皆得成就不可量不
可稱无有邊不可思議功德如是人等則為
荷擔如來阿耨多羅三藐三菩提何以故須
菩提若樂小法者著我見人見衆生見壽者
見則於此經不能聽受讀誦為人解說須菩
提在在處處若有此經一切世間天人阿脩
羅所應供養當知此處則為是塔皆應恭敬
作禮圍遶以諸華香而散其處復次須菩提
善男子善女人受持讀誦此經若為人輕賤
是人先世罪業應墮惡道以今世人輕賤故
先世罪業則為消滅當得阿耨多羅三藐三
菩提須菩提我念過去无量阿僧祇劫於然
燈佛前得值八百四千万億那由他諸佛悉皆
供養承事无空過者若復有人於後末世
能受持讀誦此經所得功德於我所供養諸
佛功德百分不及一千万億分乃至筭數譬喻
所不能及須菩提若善男子善女人於後末
世有受持讀誦此經所得功德我若具說者
或有人聞心則狂亂狐疑

能受持讀誦此經所得功德於我所供養諸
佛功德百分不及一千万億分乃至筭數譬喻
所不能及須菩提若善男子善女人於後末
世有受持讀誦此經所得功德我若具說者
或有人聞心則狂亂狐疑不信須菩提當知
是經義不可思議果報亦不可思議
尒時須菩提白佛言世尊善男子善女人發
阿耨多羅三藐三菩提心云何應住云何降
伏其心佛告須菩提善男子善女人發阿耨
多羅三藐三菩提者當生如是心我應滅度
一切衆生滅度一切衆生已而无有一衆生
實滅度者何以故若菩薩有我相人相衆生
相壽者相則非菩薩所以者何須菩提實无
有法發阿耨多羅三藐三菩提者須菩提於
意云何如來於然燈佛所有法得阿耨多羅
三藐三菩提不不也世尊如我解佛所說義
佛於然燈佛所无有法得阿耨多羅三藐三
菩提佛言如是如是須菩提實无有法如來
得阿耨多羅三藐三菩提須菩提若有法如
來得阿耨多羅三藐三菩提者然燈佛則不與
我受記汝於來世當得作佛号釋迦牟尼以
實无有法得阿耨多羅三藐三菩提是故然
燈佛與我受記作是言汝於來世當得作佛
号釋迦牟尼何以故如來者即諸法如義若
有人言如來得阿耨多羅三藐三菩提須菩
提實无有法佛得阿耨多羅三藐三菩提須

燈佛與我受記作是言汝於来世當得作佛
号釋迦牟尼何以故如来者即諸法如義若
有人言如来得阿耨多羅三藐三菩提須菩
提實无有法佛得阿耨多羅三藐三菩提須
菩提如来所得阿耨多羅三藐三菩提於是
中无實无虛是故如来說一切法皆是佛法
須菩提所言一切法者即非一切法是故名一
切法須菩提譬如人身長大須菩提言世尊
如来說人身長大則為非大身是名大身須
菩提菩薩亦如是若作是言我當滅度无量
衆生則不名菩薩何以故須菩提實无有法
名為菩薩是故佛說一切法无我无人无衆
生无壽者須菩提若菩薩作是言我當莊嚴
佛土是不名菩薩何以故如来說莊嚴佛土
者即非莊嚴是名莊嚴須菩提若菩薩通
達无我法者如来說名真是菩薩
須菩提於意云何如来有肉眼不如是世尊
如来有肉眼須菩提於意云何如来有天眼不
如是世尊如来有天眼須菩提於意云何如
来有慧眼不如是世尊如来有慧眼須菩提
於意云何如来有法眼不如是世尊如来有
法眼須菩提於意云何如来有佛眼不如是
世尊如来有佛眼須菩提於意云何恒河中
所有沙佛說是沙不如是世尊如来說是沙
須菩提於意云何如一恒河中所有沙有如

BD03414號　金剛般若波羅蜜經　（15–10）

世尊如来有佛眼須菩提於意云何恒河中
所有沙佛說是沙不如是世尊如来說是沙
須菩提於意云何如一恒河中所有沙有如
是等恒河是諸恒河所有沙數佛世界如是
寧為多不甚多世尊佛告須菩提尒所國土
中所有衆生若干種心如来悉知何以故如
来說諸心皆為非心是名為心所以者何須
菩提過去心不可得現在心不可得未来心不
可得須菩提於意云何若有人滿三千大千
世界七寶以用布施是人以是因緣得福多不
如是世尊此人以是因緣得福甚多須菩提
若福德有實如来不說得福德多以福德无
故如来說得福德多
須菩提於意云何佛可以具足色身見不不
也世尊如来不應以具足色身見何以故如
来說具足色身即非具足色身是名具足色身
須菩提於意云何如来可以具足諸相見不
不也世尊如来不應以具足諸相見何以故如
来說諸相具足即非具足是名諸相具足須
菩提汝勿謂如来作是念我當有所說法莫
作是念何以故若人言如来有所說法即為
謗佛不能解我所說故須菩提說法者无法
可說是名說法須菩提白佛言世尊佛得阿
耨多羅三藐三菩提為无所得耶如是如是
須菩提我於阿耨多羅三藐三菩提乃至无有

BD03414號　金剛般若波羅蜜經　（15–11）

耨多羅三藐三菩提為无所得耶如是如是
須菩提我於阿耨多羅三藐三菩提乃至无有
少法可得是名阿耨多羅三藐三菩提復次
須菩提是法平等无有高下是名阿耨多
羅三藐三菩提以无我无人无衆生无壽者
脩一切善法則得阿耨多羅三藐三菩提須
菩提所言善法者如来說非善法是名善法
須菩提若三千大千世界中所有諸須弥山
王如是等七寶聚有人持用布施人若以此
般若波羅蜜經乃至四句偈等受持讀誦為
他人說於前福德百分不及一百千万億分乃
至筭數譬喻所不能及
須菩提於意云何汝等勿謂如来作是念我
當度衆生須菩提莫作是念何以故實无有
衆生如来度者若有衆生如来度者如来則
有我人衆生壽者須菩提如来說有我者則
非有我而凡夫之人以為有我須菩提凡夫者
如来說則非凡夫須菩提於意云何可以三
十二相觀如来不須菩提言如是如是以三十
二相觀如来佛言須菩提若以三十二相觀
如来者轉輪聖王則是如来須菩提白佛言
世尊如我解佛所說義不應以三十二相觀如
来尒時世尊而說偈言
若以色見我 以音聲求我 是人行邪道 不能見如来
須菩提汝若作是念如来不以具足相故得阿

BD03414號　金剛般若波羅蜜經　（15–12）

来尒時世尊而說偈言
若以色見我 以音聲求我 是人行邪道 不能見如来
須菩提汝若作是念如来不以具足相故得阿
阿耨多羅三藐三菩提須菩提莫作是念如
来不以具足相故得阿耨多羅三藐三菩提
須菩提汝若作是念發阿耨多羅三藐三菩
提者說諸法斷滅相莫作是念何以故發阿
耨多羅三藐三菩提者於法不說斷滅相須
菩提若菩薩以滿恒河沙等世界七寶布施
若復有人知一切法无我得成於忍此菩薩
勝前菩薩所得功德須菩提以諸菩薩不
受福德故須菩提白佛言世尊云何菩薩不
受福德須菩提菩薩所作福德不應貪著
是故說不受福德須菩提若有人言如来
若来若去若坐若卧是人不解我所說義何以
故如来者无所從来亦无所去故名如来
須菩提若善男子善女人以三千大千世界
碎為微塵於意云何是微塵衆寧為多不甚
多世尊何以故若是微塵衆實有者佛則不
說是微塵衆所以者何佛說微塵衆則非微
塵衆是名微塵衆世尊如来所說三千大千
世界則非世界是名世界何以故若世界實
有者則是一合相如来說一合相則非一合
相是名一合相須菩提一合相者則是不可
說但凡夫之人貪著其事須菩提若人言佛

BD03414號　金剛般若波羅蜜經　（15–13）

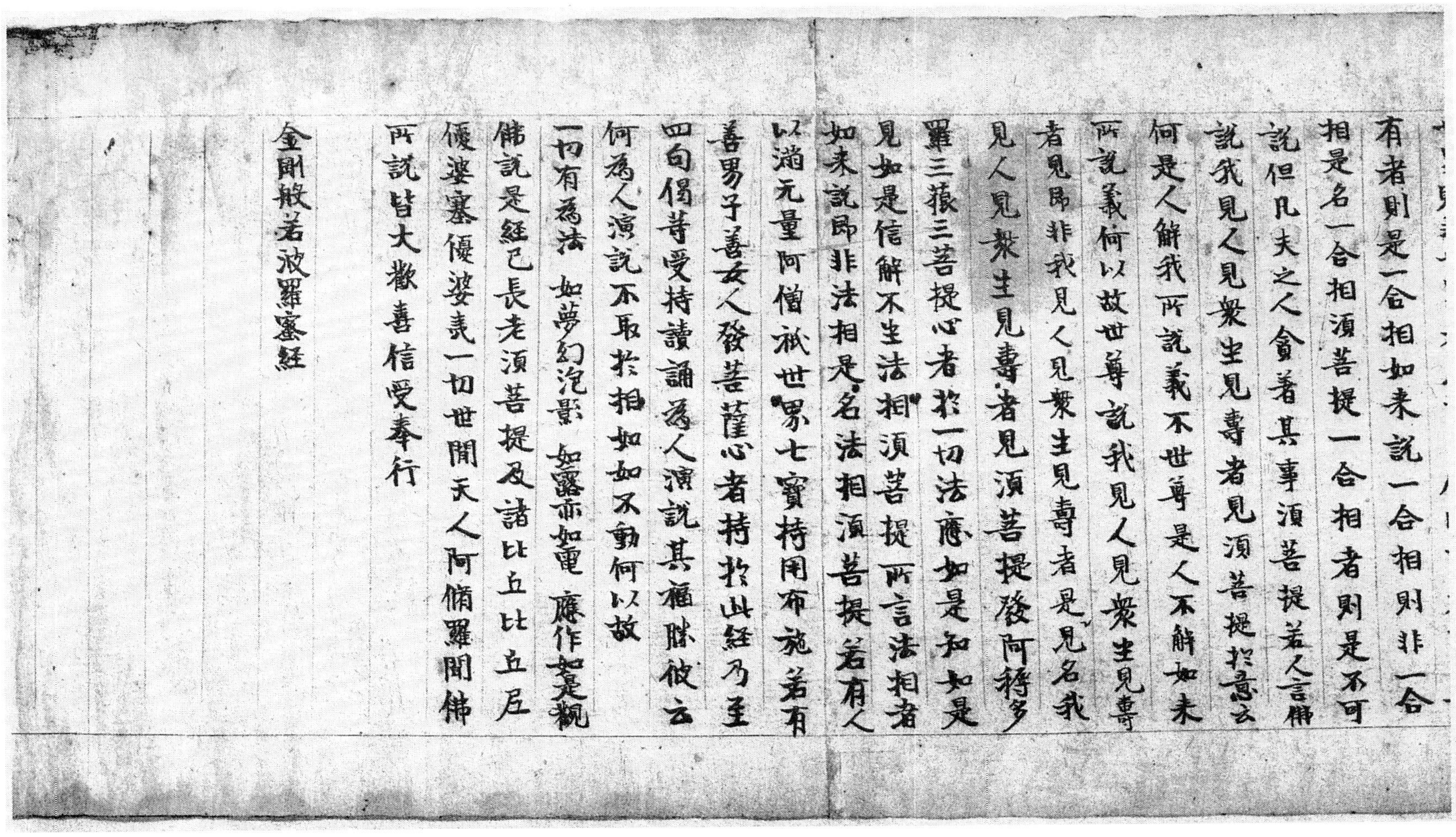
有者則是一合相如來說一合相則非一合
相是名一合相須菩提一合相者則是不可
說但凡夫之人貪著其事須菩提若人言佛
說我見人見衆生見壽者見須菩提於意云
何是人解我所說義不世尊是人不解如來
所說義何以故世尊說我見人見衆生見壽
者見即非我見人見衆生見壽者是名我
見人見衆生見壽者見須菩提發阿耨多
羅三藐三菩提心者於一切法應如是知如是
見如是信解不生法相須菩提所言法相者
如來說即非法相是名法相須菩提若有人
以滿无量阿僧祇世界七寶持用布施若有
善男子善女人發菩薩心者持於此經乃至
四句偈等受持讀誦為人演說其福勝彼云
何為人演說不取於相如如不動何以故
一切有為法　如夢幻泡影　如露亦如電　應作如是觀
佛說是經已長老須菩提及諸比丘比丘尼
優婆塞優婆夷一切世間天人阿脩羅聞佛
所說皆大歡喜信受奉行
金剛般若波羅蜜經

BD03414 號　金剛般若波羅蜜經　（15–14）

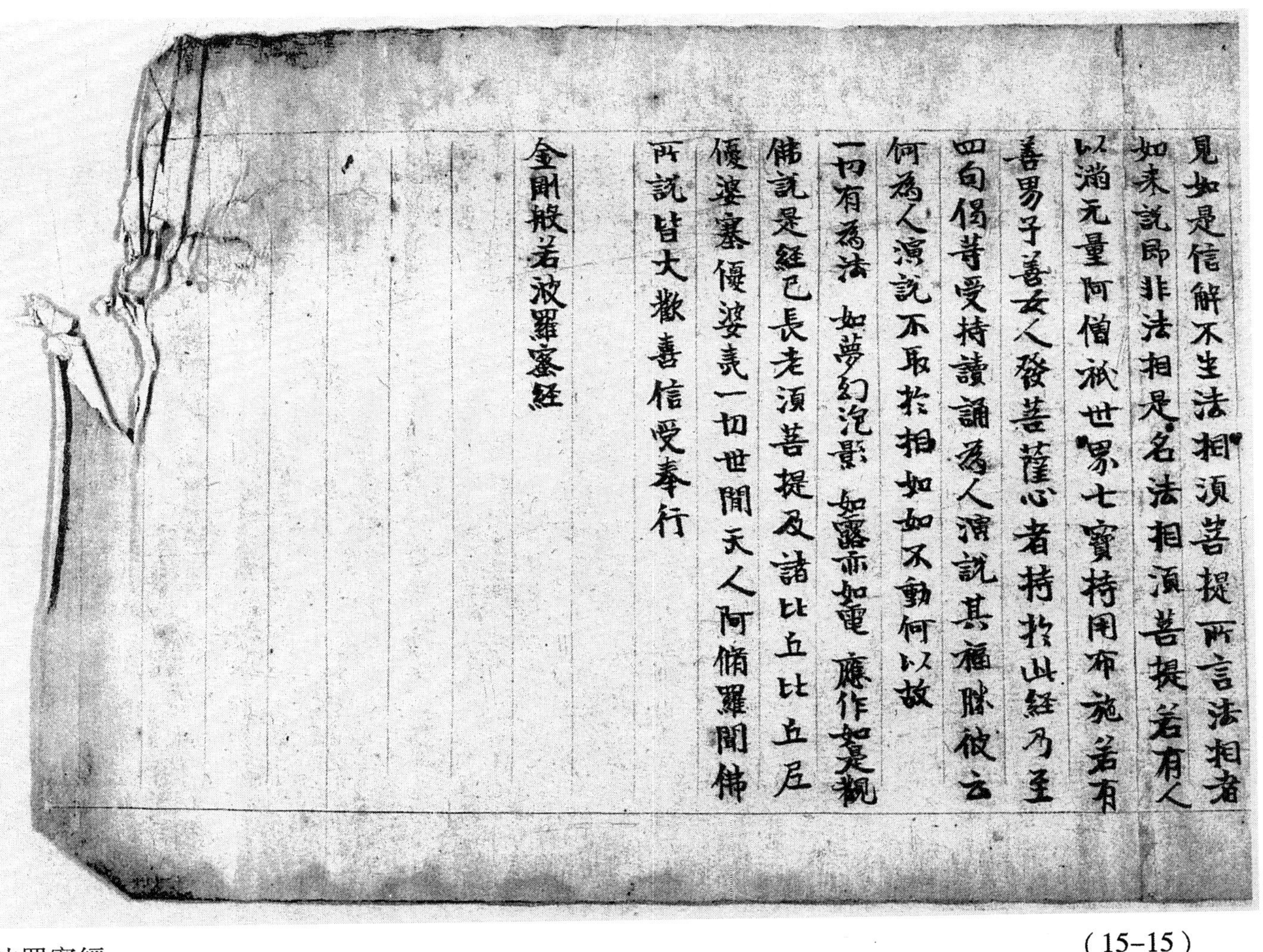
見如是信解不生法相須菩提所言法相者
如來說即非法相是名法相須菩提若有人
以滿无量阿僧祇世界七寶持用布施若有
善男子善女人發菩薩心者持於此經乃至
四句偈等受持讀誦為人演說其福勝彼云
何為人演說不取於相如如不動何以故
一切有為法　如夢幻泡影　如露亦如電　應作如是觀
佛說是經已長老須菩提及諸比丘比丘尼
優婆塞優婆夷一切世間天人阿脩羅聞佛
所說皆大歡喜信受奉行
金剛般若波羅蜜經

BD03414 號　金剛般若波羅蜜經　（15–15）

……多
……已若无色
……我皆令……
度之如是滅度无量无數……
生得滅度者何以故須菩……
人相衆生相壽者相即非菩……
復次須菩提菩薩於法應无所住……
所謂不住色布施不……
菩提菩薩應如是布……
菩薩不住相布施其……
於意云何東方虛空可思量不不也世尊須
菩提南西北方四維上下虛空可思量不不
也世尊須菩提菩薩无住相布施福德亦復如
是不可思量須菩提菩薩但應如所教住
須菩提於意云何可以身相見如来不不也
世尊不可以身相得見如来何以故如来所
說身相即非身相佛告須菩提凡所有相皆
是虛妄若見諸相非相則見如来
須菩提白佛言世尊頗有衆生得聞如是言
說章句生實信不佛告須菩提莫作是說如
来滅後後五百歲有持戒脩福者於此章句
……一佛二

BD03415號　金剛般若波羅蜜經　（14–1）

說身相即非身相佛告須菩提凡所有相皆
是虛妄若見諸相非相則見如来
須菩提白佛言世尊頗有衆生得聞如是言
說章句生實信不佛告須菩提莫作是說如
来滅後後五百歲有持戒脩福者於此章句
能生信心以此為實當知是人不於一佛二
佛三四五佛而種善根已於无量千万佛所
種諸善根
聞是章句乃至一念生淨信者須菩提如来
悉知悉見是諸衆生得如是无量福德何以
故是諸衆生无復我相人相衆生相壽者相无
法相亦无非法相何以故是諸衆生若心取
相則為著我人衆生壽者何以故若取法相即
著我人衆生壽者是故不應取法不應取非法
以是義故如来常說汝等比丘知我說法如
栰喻者法尚應捨何況非法
須菩提於意云何如来得阿耨多羅三藐三
菩提耶如来有所說法耶須菩提言如我解
佛所說義无有定法名阿耨多羅三藐三菩
提亦无有定法如来可說何以故如来所說
法皆不可取不可說非法非非法所以者何
一切賢聖皆以无為法而有差別
須菩提於意云何若人滿三千大千世界七寶
以用布施是人所得福德寧為多不須菩提
言甚多世尊何以故是福德即非福德性是
故如来說福德多若復有人於此經中乃至
受持四句偈等為他人說其福勝彼何以故

BD03415號　金剛般若波羅蜜經　（14–2）

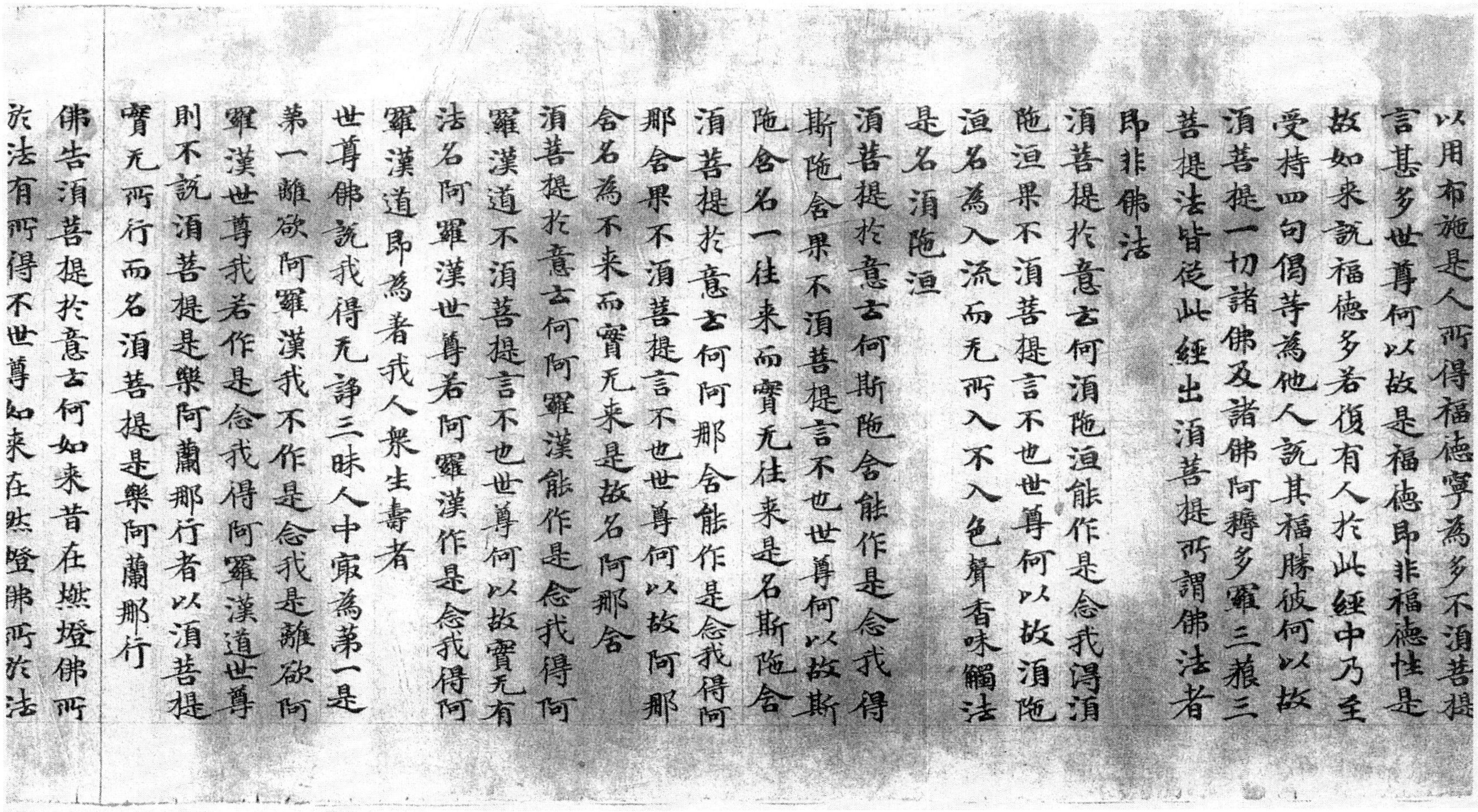

以用布施是人所得福德寧為多不湏菩提
言甚多世尊何以故是福德即非福德性是
故如来說福德多若復有人於此經中乃至
受持四句偈等為他人說其福勝彼何以故
湏菩提一切諸佛及諸佛阿耨多羅三藐三
菩提法皆從此經出湏菩提所謂佛法者
即非佛法
湏菩提於意云何湏陁洹能作是念我得湏
陁洹果不湏菩提言不也世尊何以故湏陁
洹名為入流而无所入不入色聲香味觸法
是名湏陁洹
湏菩提於意云何斯陁含能作是念我得
斯陁含果不湏菩提言不也世尊何以故斯
陁含名一往来而實无往来是名斯陁含
湏菩提於意云何阿那含能作是念我得阿
那含果不湏菩提言不也世尊何以故阿那
含名為不来而實无来是故名阿那含
湏菩提於意云何阿羅漢能作是念我得阿
羅漢道不湏菩提言不也世尊何以故實无有
法名阿羅漢世尊若阿羅漢作是念我得阿
羅漢道即為著我人衆生壽者
世尊佛說我得无諍三昧人中最為第一是
第一離欲阿羅漢我不作是念我是離欲阿
羅漢世尊我若作是念我得阿羅漢道世尊
則不說湏菩提是樂阿蘭那行者以湏菩提
實无所行而名湏菩提是樂阿蘭那行
佛告湏菩提於意云何如来昔在然燈佛所
於法有所得不世尊如来在然燈佛所於法

BD03415 號　金剛般若波羅蜜經　（14–3）

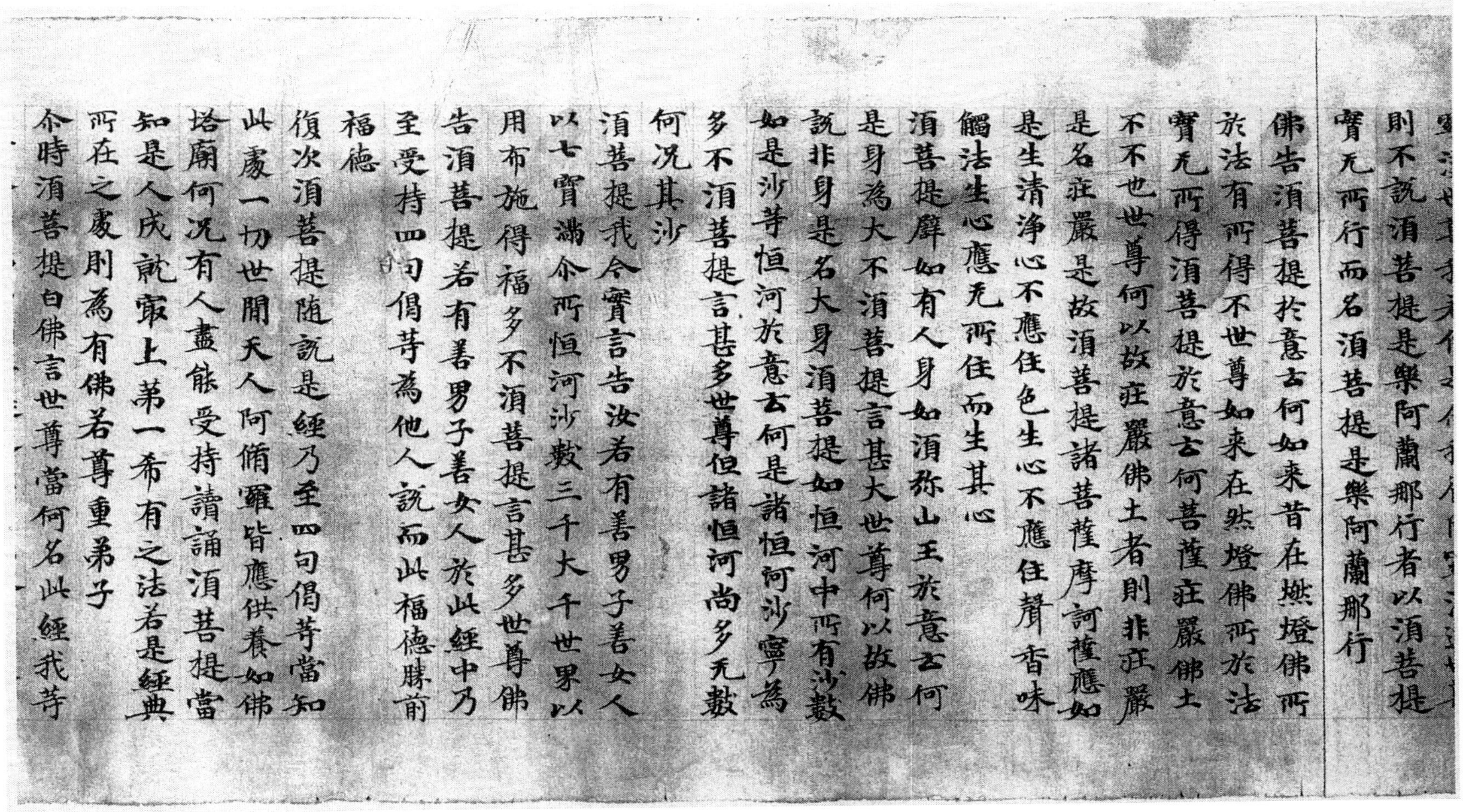

則不說湏菩提是樂阿蘭那行者以湏菩提
實无所行而名湏菩提是樂阿蘭那行
佛告湏菩提於意云何如来昔在然燈佛所
於法有所得不世尊如来在然燈佛所於法
實无所得湏菩提於意云何菩薩莊嚴佛土
不不也世尊何以故莊嚴佛土者則非莊嚴
是名莊嚴是故湏菩提諸菩薩摩訶薩應如
是生清淨心不應住色生心不應住聲香味
觸法生心應无所住而生其心
湏菩提譬如有人身如湏弥山王於意云何
是身為大不湏菩提言甚大世尊何以故佛
說非身是名大身湏菩提如恒河中所有沙數
如是沙等恒河於意云何是諸恒河沙寧為
多不湏菩提言甚多世尊但諸恒河尚多无數
何况其沙
湏菩提我今實言告汝若有善男子善女人
以七寶滿尒所恒河沙數三千大千世界以
用布施得福多不湏菩提言甚多世尊佛
告湏菩提若善男子善女人於此經中乃
至受持四句偈等為他人說而此福德勝前
福德
復次湏菩提隨說是經乃至四句偈等當知
此處一切世間天人阿脩羅皆應供養如佛
塔廟何况有人盡能受持讀誦湏菩提當
知是人成就最上第一希有之法若是經典
所在之處則為有佛若尊重弟子
尒時湏菩提白佛言世尊當何名此經我等

BD03415 號　金剛般若波羅蜜經　（14–4）

知是人成就㝡上第一希有之法若是經典
所在之處則為有佛若尊重弟子
尒時須菩提白佛言世尊當何名此經我等
云何奉持佛告須菩提是經名為金剛般若
波羅蜜以是名字汝當奉持所以者何須菩
提佛說般若波羅蜜則非般若波羅蜜須菩
提於意云何如來有所說法不須菩提白佛
言世尊如來无所說
須菩提於意云何三千大千世界所有微塵是
為多不須菩提言甚多世尊須菩提是諸微
塵如來說非微塵是名微塵如來說世界非
世界是名世界
須菩提於意云何可以三十二相見如來不
不也世尊何以故如來說三十二相即是非
相是名三十二相須菩提若有善男子善
女人以恒河沙等身命布施若復有人於
此經中乃至受持四句偈等為他人說其
福甚多
尒時須菩提聞說是經深解義趣涕淚悲泣
而白佛言希有世尊佛說如是甚深經典我
從昔来所得慧眼未曾得聞如是之經世尊
若復有人得聞是經信心清淨則生實相當
知是人成就第一希有功德世尊是實相者
則是非相是故如來說名實相世尊我今得聞
如是經典信解受持不足為難若當来世後
五百歲其有衆生得聞是經信解受持是人
則為第一希有何以故此人无我相人相衆

如是經典信解受持不足為難若當来世後
五百歲其有衆生得聞是經信解受持是人
則為第一希有何以故此人无我相人相衆
生相壽者相所以者何我相即是非相人相
衆生相壽者相即是非相何以故離一切諸
相則名諸佛
佛告須菩提如是如是若復有人得聞是
經不驚不怖不畏當知是人甚為希有何以
故須菩提如來說第一波羅蜜非第一波羅
蜜是名第一波羅蜜
須菩提忍辱波羅蜜如來說非忍辱波羅蜜
何以故須菩提如我昔為歌利王割截身體
我於尒時无我相无人相无衆生相无壽者
相何以故我於往昔節節支解時若有我相
人相衆生相壽者相應生瞋恨
須菩提又念過去於五百世作忍辱仙人於尒
所世无我相无人相无衆生相无壽者相是故須
菩提菩薩應離一切相發阿耨多羅三藐三
菩提心不應住色生心不應住聲香味觸法
生心應生无所住心若心有住則為非住是
故佛說菩薩心不住色布施須菩提菩薩
為利益一切衆生應如是布施
如來說一切諸相即是非相又說一切衆生
則非衆生須菩提如來是真語者實語者如
語者不誑語者不異語者須菩提如來所得
法此法无實无虛
須菩提若菩薩心住於法而行布施如人入

則非衆生須菩提如來是真語者實語者如
語者不誑語者不異語者須菩提如來所得
法此法无實无虛
須菩提若菩薩心住於法而行布施如人入
闇則无所見若菩薩心不住法而行布施如
人有目日光明照見種種色須菩提當來之
世若有善男子善女人能於此經受持讀誦
則為如來以佛智慧悉知是人悉見是人皆
得成就无量无邊功德
須菩提若有善男子善女人初日分以恒河
沙等身布施中日分復以恒河沙等身布施
後日分亦以恒河沙等身布施如是无量百
千万億劫以身布施若復有人聞此經典信
心不逆其福勝彼何況書寫受持讀誦為人
解說
須菩提以要言之是經有不可思議不可稱
量无邊功德如來為發大乘者說為發最上
乘者說若有人能受持讀誦廣為人說如來
悉知是人悉見是人皆得成就不可量不可
稱无有邊不可思議功德如是人等則為荷
擔如來阿耨多羅三藐三菩提何以故須菩
提若樂小法者著我見人見衆生見壽者見
則於此經不能聽受讀誦為人解說
須菩提在在處處若有此經一切世間天人
阿修羅所應供養當知此處則為是塔皆應
恭敬作禮圍遶以諸華香而散其處
復次須菩提若善男子善女人受持讀誦此
經若為人輕賤是人先世罪業應墮惡道以

BD03415號　金剛般若波羅蜜經　（14–7）

須菩提在在處處若有此經一切世間天人
阿修羅所應供養當知此處則為是塔皆應
恭敬作禮圍遶以諸華香而散其處
復次須菩提若善男子善女人受持讀誦此
經若為人輕賤是人先世罪業應墮惡道以
今世人輕賤故先世罪業則為消滅當得阿
耨多羅三藐三菩提
須菩提我念過去无量阿僧祇劫於然燈佛
前得值八百四千万億那由他諸佛悉皆供
養承事无空過者若復有人於後末世能受持
讀誦此經所得功德於我所供養諸佛功德
百分不及一千万億分乃至筭數譬喻所不
能及須菩提若善男子善女人於後末世有受
持讀誦此經所得功德我若具說者或有人聞
心則狂亂狐疑不信須菩提當知是經義不
可思議果報亦不可思議
尒時須菩提白佛言世尊善男子善女人發
阿耨多羅三藐三菩提心云何應住云何降
伏其心佛告須菩提善男子善女人發阿耨
多羅三藐三菩提者當生如是心我應滅度
一切衆生滅度一切衆生已而无有一衆生
實滅度者何以故若菩薩有我相人相衆生
相壽者相則非菩薩所以者何須菩提實无
有法發阿耨多羅三藐三菩提者
須菩提於意云何如來於然燈佛所有法得
阿耨多羅三藐三菩提不不也世尊如我解
佛所說義佛於然燈佛所无有法得阿耨多
羅三藐三菩提

BD03415號　金剛般若波羅蜜經　（14–8）

相壽者相則非菩薩所以者何須菩提實无
有法發阿耨多羅三藐三菩提者
須菩提於意云何如來於然燈佛所有法得
阿耨多羅三藐三菩提不不也世尊如我解
佛所說義佛於然燈佛所无有法得阿耨多
羅三藐三菩提
佛言如是如是須菩提實无有法如來得阿
耨多羅三藐三菩提須菩提若有法如來得
阿耨多羅三藐三菩提然燈佛則不與我受
記汝於來世當得作佛号釋迦牟尼以實无
有法得阿耨多羅三藐三菩提是故然燈佛
與我受記而作是言汝於來世當得作佛号釋
迦牟尼何以故如來者即諸法如義若有人
言如來得阿耨多羅三藐三菩提須菩提實
无有法佛得阿耨多羅三藐三菩提須菩提
如來所得阿耨多羅三藐三菩提於是中无
實无虛是故如來說一切法皆是佛法須菩
提所言一切法者即非一切法是故名一
切法
須菩提譬如人身長大須菩提言世尊如來
說人身長大則為非大身是名大身須菩提
菩薩亦如是若作是言我當滅度无量眾生
則不名菩薩何以故須菩提无有法名為菩
薩是故佛說一切法无我无人无眾生无壽
者須菩提若菩薩作是言我當莊嚴佛土是
不名菩薩何以故如來說莊嚴佛土者則非
莊嚴是名莊嚴須菩提若菩薩通達无我
法者如來說名真是菩薩

BD03415號　金剛般若波羅蜜經　（14-9）

者須菩提若菩薩作是言我當莊嚴佛土是
不名菩薩何以故如來說莊嚴佛土者則非
莊嚴是名莊嚴須菩提若菩薩通達无我
法者如來說名真是菩薩
須菩提於意云何如來有肉眼不如是世尊
如來有肉眼須菩提於意云何如來有天眼
不如是世尊如來有天眼須菩提於意云何
如來有慧眼不如是世尊如來有慧眼須菩
提於意云何如來有法眼不如是世尊如來
有法眼須菩提於意云何如來有佛眼不如
是世尊如來有佛眼
須菩提於意云何恒河中所有沙佛說是沙
不如是世尊如來說是沙須菩提於意云何
如一恒河中所有沙有如是等恒河是諸恒
河所有沙數佛世界如是寧為多不甚多世
尊佛告須菩提尒所國土中所有眾生若干
種心如來悉知何以故如來說諸心皆為非
心是名為心所以者何須菩提過去心不可
得現在心不可得未來心不可得
須菩提於意云何若有人滿三千大千世界
七寶以用布施是人以是因緣得福多不如
是世尊此人以是因緣得福甚多須菩提若
福德有實如來不說得福德多以福德无故
如來說得福德多
須菩提於意云何佛可以具足色身見不不
也世尊如來不應以具足色身見何以故如
來說具足色身即非具足色身是名具足色
身須菩提於意云何如來可以具足諸相見

BD03415號　金剛般若波羅蜜經　（14-10）

如来説得福德多
須菩提於意云何佛可以具足色身見不不
世世尊如来不應以具足色身見何以故如
来説具足色身即非具足色身是名具足色
身須菩提於意云何如来可以具足諸相見
不不也世尊如来不應以具足諸相見何以
故如来説諸相具足即非具足是名諸相
具足
須菩提汝勿謂如来作是念我當有所説法
莫作是念何以故若人言如来有所説法即
為謗佛不能解我所説故須菩提説法者无
法可説是名説法
須菩提白佛言世尊佛得阿耨多羅三藐三
菩提為无所得耶如是如是須菩提我於阿
耨多羅三藐三菩提乃至无有少法可得是名
阿耨多羅三藐三菩提復次須菩提是法平
等无有高下是名阿耨多羅三藐三菩提以
无我无人无衆生无壽者脩一切善法則得
阿耨多羅三藐三菩提須菩提所言善法
者如来説即非善法是名善法
須菩提若三千大千世界中所有諸須弥山
王如是等七寶聚有人持用布施若人以此
般若波羅蜜經乃至四句偈等受持為他
人説於前福德百分不及一百千万億分乃
至筭數譬喻所不能及
須菩提於意云何汝等勿謂如来作是念我
當度衆生須菩提莫作是念何以故實无有

人説於前福德百分不及一百千万億分乃
至筭數譬喻所不能及
須菩提於意云何汝等勿謂如来作是念我
當度衆生須菩提莫作是念何以故實无有
衆生如来度者若有衆生如来度者如来則
有我人衆生壽者須菩提如来説有我者則
非有我而凡夫之人以為有我須菩提凡夫者
如来説則非凡夫
須菩提於意云何可以三十二相觀如来不
須菩提言如是如是以三十二相觀如来佛
言須菩提以三十二相觀如来者轉輪聖王
則是如来須菩提白佛言世尊如我解佛所
説義不應以三十二相觀如来尒時世尊而
説偈言
若以色見我　以音聲求我　是人行耶道　不能見如来
須菩提汝若作是念如来不以具足相故得
阿耨多羅三藐三菩提須菩提莫作是念如
来不以具足相故得阿耨多羅三藐三菩提
須菩提汝若作是念發阿耨多羅三藐三菩
提者説諸法斷滅莫作是念何以故發阿耨
多羅三藐三菩提者於法不説斷滅相
須菩提若菩薩以滿恒河沙等世界七寶布
施若復有人知一切法无我得成於忍此菩
薩勝前菩薩所得功德何以故須菩提以諸
菩薩不受福德故須菩提白佛言世尊云何
菩薩不受福德須菩提菩薩所作福德不應
貪著是故説不受福德
須菩提若有人言如来若来若去若坐若

薩勝前菩薩所得功德何以故須菩提以諸
菩薩不受福德故須菩提白佛言世尊云何
菩薩不受福德須菩提菩薩所作福德不應
貪着是故説不受福德
須菩提若有人言如来若来若去若坐若
卧是人不解我所説義何以故如来者无所
從来亦无所去故名如来
須菩提若善男子善女人以三千大千世界碎
為微塵於意云何是微塵衆寧為多不須菩
提言甚多世尊何以故若是微塵衆實有者
佛則不説是微塵衆所以者何佛説微塵衆則
非微塵衆是名微塵衆世尊如来所説三千
大千世界則非世界是名世界何以故若世
界實有則是一合相如来説一合相則非一
合相是名一合相須菩提一合相者則是不
可説但凡夫之人貪着其事
須菩提若人言佛説我見人見衆生見壽者
見須菩提於意云何是人解我所説義不世尊
是人不解如来所説義何以故世尊説我見
人見衆生見壽者見即非我見人見衆生見
壽者見是名我見人見衆生見壽者見
須菩提發阿耨多羅三藐三菩提心者於一
切法應如是知如是見如是信解不生法相
須菩提所言法相如来説即非法相是名法
相
須菩提若有人以滿无量阿僧祇世界七寶
持用布施若有善男子善女人發菩薩心者
持於此經乃至四句偈等受持讀誦為人

BD03415號　金剛般若波羅蜜經　（14–13）

人見衆生見壽者見即非我見人見衆生見
壽者見是名我見人見衆生見壽者見
須菩提發阿耨多羅三藐三菩提心者於一
切法應如是知如是見如是信解不生法相
須菩提所言法相如来説即非法相是名法
相
須菩提若有人以滿无量阿僧祇世界七寶
持用布施若有善男子善女人發菩薩心者
持於此經乃至四句偈等受持讀誦為人
演説其福勝彼云何為人演説不取於相
如如不動何以故
一切有為法　如夢幻泡影　如露亦如電　應作如是觀
佛説是經已長老須菩提及諸比丘比丘尼
優婆塞優婆夷一切世間天人阿脩羅聞佛
所説皆大歡喜信受奉持
金剛般若波羅蜜經

BD03415號　金剛般若波羅蜜經　（14–14）

大般若波羅蜜多經卷第二百六十四
初分難信解品第卅四之八十三　三藏法師玄奘奉詔譯
善現一切智智清淨故五眼清淨五眼清淨
故集聖諦清淨何以故若一切智智清淨若
五眼清淨若集聖諦清淨无二无二分无別
无斷故一切智智清淨故六神通清淨六神
通清淨故集聖諦清淨何以故若一切智智
清淨若六神通清淨若集聖諦清淨无二无
二分无別无斷故善現一切智智清淨故佛
十力清淨佛十力清淨故集聖諦清淨何以
故若一切智智清淨若佛十力清淨若集聖
諦清淨无二无二分无別无斷故一切智智
清淨故四无所畏四无礙解大慈大悲大喜
大捨十八佛不共法清淨四无所畏乃至十八
佛不共法清淨故集聖諦清淨何以故若
一切智智清淨若四无所畏乃至十八佛不
共法清淨若集聖諦清淨无二无二分无別
无斷故善現一切智智清淨故无忘失法清淨
无忘失法清淨故集聖諦清淨何以故若

BD03416號　大般若波羅蜜多經（兌廢稿）卷二六四　（10-1）

一切智智清淨若四无所畏乃至十八佛不
共法清淨若集聖諦清淨无二无二分无別
无斷故善現一切智智清淨故无忘失法清淨
无忘失法清淨故集聖諦清淨何以故若
一切智智清淨若无忘失法清淨若集聖諦
清淨无二无二分无別无斷故一切智智清
淨故恒住捨性清淨恒住捨性清淨故集聖
諦清淨何以故若一切智智清淨若恒住捨
性清淨若集聖諦清淨无二无二分无別无
斷故善現一切智智清淨故一切智清淨
一切智清淨故集聖諦清淨何以故若一切智
智清淨若一切智清淨若集聖諦清淨无二
无二分无別无斷故一切智智清淨故道相智
一切相智清淨道相智一切相智清淨故
集聖諦清淨何以故若一切智智清淨道相
智一切相智清淨若集聖諦清淨无二无
二分无別无斷故善現一切智智清淨故一切
陁羅尼門清淨一切陁羅尼門清淨故集
聖諦清淨何以故若一切智智清淨若一切
陁羅尼門清淨若集聖諦清淨无二无二分
无別无斷故一切智智清淨故一切三摩地
門清淨一切三摩地門清淨故集聖諦清淨
何以故若一切智智清淨若一切三摩地門清
淨若集聖諦清淨无二无二分无別无斷
故
善現一切智智清淨故預流果清淨預流果
清淨故集聖諦清淨何以故若一切智智清

淨若集聖諦清淨无二无二分无別无斷
故
善現一切智智清淨故預流果清淨預流果
清淨故集聖諦清淨何以故若一切智智清
淨若預流果清淨若集聖諦清淨无二无二
分无別无斷故一切智智清淨故一來不還
阿羅漢果清淨一來不還阿羅漢果清淨故
集聖諦清淨何以故若一切智智清淨若一
來不還阿羅漢果清淨若集聖諦清淨无二
无二分无別无斷故善現一切智智清淨故獨
覺菩提清淨獨覺菩提清淨故集聖諦
清淨何以故若一切智智清淨若獨覺菩提清
淨若集聖諦清淨无二无二分无別无斷故
善現一切智智清淨故一切菩薩摩訶薩行
清淨一切菩薩摩訶薩行清淨故集聖諦清
淨何以故若一切智智清淨若一切菩薩摩
訶薩行清淨若集聖諦清淨无二无二分无
別无斷故善現一切智智清淨故諸佛无上
正等菩提清淨諸佛无上正等菩提清淨故
集聖諦清淨何以故若一切智智清淨若諸
佛无上正等菩提清淨若集聖諦清淨无二
无二分无別无斷故
復善現一切智智清淨故色清淨色清淨
故滅聖諦清淨何以故若一切智智清淨若
色清淨若滅聖諦清淨无二无二分无別无
斷故一切智智清淨故受想行識清淨受想
行識清淨故滅聖諦清淨何以故若一切智

BD03416號　大般若波羅蜜多經（兌廢稿）卷二六四　（10–3）

復善現一切智智清淨故色清淨色清淨
故滅聖諦清淨何以故若一切智智清淨若
色清淨若滅聖諦清淨无二无二分无別无
斷故一切智智清淨故受想行識清淨受想
行識清淨故滅聖諦清淨何以故若一切智
智清淨若受想行識清淨若滅聖諦清淨无
二无二分无別无斷故善現一切智智清淨
故眼處清淨眼處清淨故滅聖諦清淨何以
故若一切智智清淨若眼處清淨若滅聖諦
清淨无二无二分无別无斷故一切智智清
淨故耳鼻舌身意處清淨耳鼻舌身意處
清淨故滅聖諦清淨何以故若一切智智清淨
若耳鼻舌身意處清淨若滅聖諦清淨无二
无二分无別无斷故善現一切智智清淨故
色處清淨色處清淨故滅聖諦清淨何以故
若一切智智清淨若色處清淨若滅聖諦清
淨无二无二分无別无斷故一切智智清淨
故聲香味觸法處清淨聲香味觸法處清
淨故滅聖諦清淨何以故若一切智智清淨若
聲香味觸法處清淨若滅聖諦清淨无二无
二分无別无斷故善現一切智智清淨故眼
界清淨眼界清淨故滅聖諦清淨何以故若
一切智智清淨若眼界清淨若滅聖諦清淨
无二无二分无別无斷故一切智智清淨故
色界眼識界及眼觸眼觸為緣所生諸受清
淨色界乃至眼觸為緣所生諸受清淨故滅
聖諦清淨何以故若一切智智清淨若色界
乃至眼觸為緣所生諸受清淨若滅聖諦清

色界眼識界及眼觸眼觸爲緣所生諸受清
淨色界乃至眼觸爲緣所生諸受清淨故滅
聖諦清淨何以故若一切智智清淨若色界
乃至眼觸爲緣所生諸受清淨若滅聖諦清
淨无二无二分无別无斷故善現一切智智
清淨故耳界清淨耳界清淨故滅聖諦清淨
何以故若一切智智清淨若耳界清淨若滅
聖諦清淨无二无二分无別无斷故一切智
智清淨故聲界耳識界及耳觸耳觸爲緣
所生諸受清淨聲界乃至耳觸爲緣所生諸受
清淨故滅聖諦清淨何以故若一切智智清
淨若聲界乃至耳觸爲緣所生諸受清淨若
滅聖諦清淨无二无二分无別无斷故善現一
切智智清淨故鼻界清淨鼻界清淨故滅聖
諦清淨何以故若一切智智清淨若鼻界清淨
若滅聖諦清淨无二无二分无別无斷故
一切智智清淨故香界鼻識界及鼻觸鼻觸
爲緣所生諸受清淨香界乃至鼻觸爲緣
所生諸受清淨故滅聖諦清淨何以故若一
切智智清淨若香界乃至鼻觸爲緣所生諸
受清淨若滅聖諦清淨无二无二分无別无
斷故善現一切智智清淨故舌界清淨舌界
清淨故滅聖諦清淨何以故若一切智智清
淨若舌界清淨若滅聖諦清淨无二无二分
无別无斷故一切智智清淨故味界舌識界
及舌觸舌觸爲緣所生諸受清淨味界乃至
舌觸爲緣所生諸受清淨故滅聖諦清淨何

BD03416 號　大般若波羅蜜多經（兌廢稿）卷二六四　　（10–5）

淨若舌界清淨若滅聖諦清淨无二无二分
无別无斷故一切智智清淨故味界舌識界
及舌觸舌觸為緣所生諸受清淨味界乃至
舌觸為緣所生諸受清淨故滅聖諦清淨何
以故若一切智智清淨若味界乃至舌觸為
緣所生諸受清淨若滅聖諦清淨无二无二
分无別无斷故善現一切智智清淨故身界
清淨身界清淨故滅聖諦清淨何以故若一
切智智清淨若身界清淨若滅聖諦清淨无
二无二分无別无斷故一切智智清淨故觸
界身識界及身觸身觸為緣所生諸受清淨
觸界乃至身觸為緣所生諸受清淨故滅聖
諦清淨何以故若一切智智清淨若觸界乃
至身觸為緣所生諸受清淨若滅聖諦清淨
无二无二分无別无斷故善現一切智智清
淨故意界清淨意界清淨故滅聖諦清淨何
以故若一切智智清淨若意界清淨若滅聖
諦清淨无二无二分无別无斷故一切智智
清淨故法界意識界及意觸意觸為緣所生
諸受清淨法界乃至意觸為緣所生諸受清
淨故滅聖諦清淨何以故若一切智智清淨
若法界乃至意觸為緣所生諸受清淨若滅
聖諦清淨无二无二分无別无斷故善現一
切智智清淨故地界清淨地界清淨故滅聖
諦清淨何以故若一切智智清淨若地界清
淨若滅聖諦清淨无二无二分无別无斷故
一切智智清淨故水火風空識界清淨水火

淨若滅聖諦清淨无二无二分无別无斷故
一切智智清淨故水火風空識界清淨水火
風空識界清淨故滅聖諦清淨何以故若一
切智智清淨若水火風空識界清淨若滅聖
諦清淨无二无二分无別无斷故善現一切
智智清淨故无明清淨无明清淨故滅聖諦
清淨何以故若一切智智清淨若无明清淨
若滅聖諦清淨无二无二分无別无斷故一
切智智清淨故行識名色六處觸受愛取有
生老死愁歎苦憂惱清淨行乃至老死愁歎
苦憂惱清淨故滅聖諦清淨何以故若一切
智智清淨若行乃至老死愁歎苦憂惱清淨
若滅聖諦清淨无二无二分无別无斷故
善現一切智智清淨故布施波羅蜜多清淨
布施波羅蜜多清淨故滅聖諦清淨何以故
若一切智智清淨若布施波羅蜜多清淨若
滅聖諦清淨无二无二分无別无斷故一切智
智清淨故淨戒安忍精進靜慮般若波羅
蜜多清淨淨戒乃至般若波羅蜜多清淨故
滅聖諦清淨何以故若一切智智清淨若淨
戒乃至般若波羅蜜多清淨若滅聖諦清淨
无二无二分无別无斷故善現一切智智清淨
故內空清淨內空清淨故滅聖諦清淨何
以故若一切智智清淨若內空清淨若滅聖
諦清淨无二无二分无別无斷故一切智智
清淨故外空內外空空空大空勝義空有為
空无為空畢竟空无際空散空无變異空本

BD03416號　大般若波羅蜜多經（兌廢稿）卷二六四

（10–7）

諦清淨无二无二分无別无斷故一切智智
清淨故外空內空內外空空空大空勝義空有為
空无為空畢竟空无際空散空无變異空本
性空自相空共相空一切法空不可得空无
性空自性空无性自性空清淨外空乃至无
性自性空清淨故滅聖諦清淨何以故若一
切智智清淨若外空乃至无性自性空清淨
若滅聖諦清淨无二无二分无別无斷故善
現一切智智清淨故真如清淨真如清淨故
滅聖諦清淨何以故若一切智智清淨若真
如清淨若滅聖諦清淨无二无二分无別无
斷故一切智智清淨故法界法性不虛妄性
不變異性平等性離生性法定法住實際
虛空界不思議界清淨法界乃至不思議界
清淨故滅聖諦清淨何以故若一切智智清淨
若法界乃至不思議界清淨若滅聖諦清淨
無二無二分無別無斷故善現一切智智清淨
故苦聖諦清淨苦聖諦清淨故滅聖諦清
淨何以故若一切智智清淨若苦聖諦清淨
若滅聖諦清淨無二無二分無別無斷故一切
智智清淨故集滅道聖諦清淨集道聖諦清
淨故滅聖諦清淨何以故若一切智智清淨若
集道聖諦清淨若滅聖諦清淨無二無二分
別無斷故善現一切智智清淨故四靜慮清
淨四靜慮清淨故滅聖諦清淨何以故若
切智智清淨若四靜慮清淨若滅聖諦清淨
無二無二分無別無斷故一切智智清淨故四

淨四靜慮清淨故滅聖諦清淨何以故若
一切智智清淨若四靜慮清淨若滅聖諦清淨
無二無二分無別無斷故一切智智清淨故四
無量四無色定清淨四無量四無色定清淨
故滅聖諦清淨何以故若一切智智清淨若
四無量四無色定清淨若滅聖諦清淨無
二無二分無別無斷故善現一切智智清淨
故八解脫清淨八解脫清淨故滅聖諦清淨
何以故若一切智智清淨若八解脫清淨若
滅聖諦清淨無二無二分無別無斷故一切
智智清淨故八勝處九次第定十遍處清淨
淨何以故若一切智智清淨若八勝處九次
八勝處九次第定十遍處清淨故滅聖諦清
第定十遍處清淨若滅聖諦清淨無二無二
分無別無斷故善現一切智智清淨故四念
住清淨四念住清淨故滅聖諦清淨何以故
若一切智智清淨若四念住清淨若滅聖諦
清淨無二無二分無別無斷故一切智智清
淨故四正斷四神足五根五力七等覺支八
聖道支清淨四正斷乃至八聖道支清淨故
滅聖諦清淨何以故若一切智智清淨若四
正斷乃至八聖道支清淨若滅聖諦清淨無
二無二分無別無斷故善現一切智智清淨故
空解脫門清淨空解脫門清淨故滅聖諦
清淨何以故若一切智智清淨若空解脫門
清淨若滅聖諦清淨無二無二分無別無斷
故一切智智清淨故無相無願解脫門清淨

BD03416號　大般若波羅蜜多經（兌廢稿）卷二六四　（10–9）

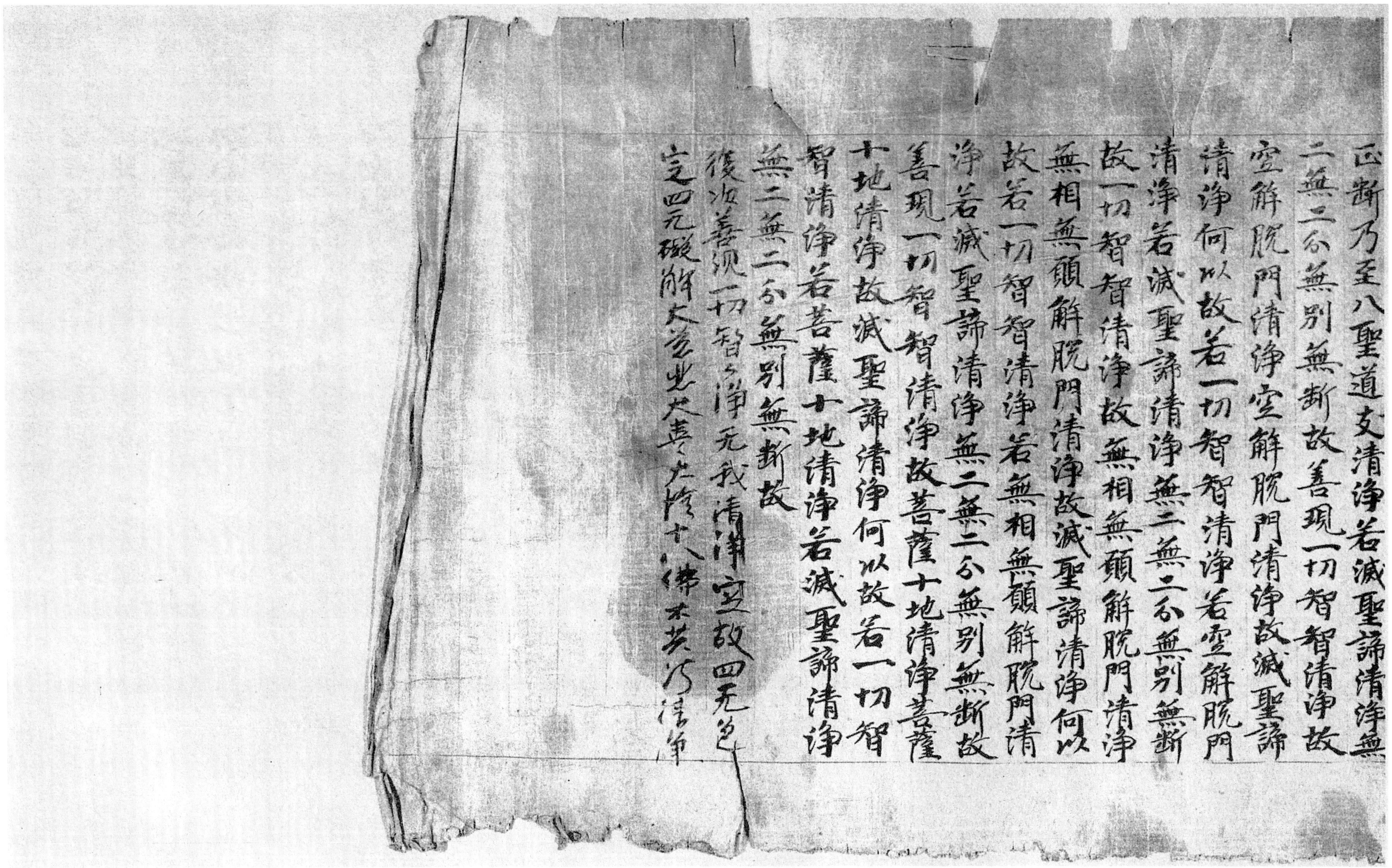
正斷乃至八聖道支清淨若滅聖諦清淨無
二無二分無別無斷故善現一切智智清淨故
空解脫門清淨空解脫門清淨故滅聖諦
清淨何以故若一切智智清淨若空解脫門
清淨若滅聖諦清淨無二無二分無別無斷
故一切智智清淨故無相無願解脫門清淨
無相無願解脫門清淨故滅聖諦清淨何以
故若一切智智清淨若無相無願解脫門清
淨若滅聖諦清淨無二無二分無別無斷故
善現一切智智清淨故菩薩十地清淨菩薩
十地清淨故滅聖諦清淨何以故若一切智
智清淨若菩薩十地清淨若滅聖諦清淨
無二無二分無別無斷故
復次善現一切智々淨无我清淨空故四无色
定四无礙解大慈大悲大喜大捨十八佛不共法清

帝云爲空有等者菩薩并說真俗而並存，龍樹大士取大空爲而雙遣，然則存不遠
違之義，殊郡違不遠，存無相之旨，恒立不違，只有改成二諦之宗
非佛非空契會中道之理，故知迷謬者說空而執有，悟解者辯有而達
空。佛法甚豈不斯矣。但以接引多方，入理非一
言輪迴五趣者，四生攝五趣，非五攝四生者　中有由氏道理，天等六趣攝
生不盡，故復重說卵等四生也
一切教法並以名句文身爲體，並合銷生善音聲爲體，善約詮法
名等即緣由斯，兩說皆是義
大智度論三十五云：善男子者，言簡非男子等不堪教授

BD03416 號背　某論殘序（擬）　　（1-1）

傳持品第十三
尒時文殊師利菩薩前白佛言世尊此經當
來在何等人手以何因緣得聞此經佛言善
男子此經甚深難可得聞譬如金剛一切凡
夫不能親見唯除帝釋此經亦尒聲聞緣覺
所不能見唯除菩薩譬如師子一切禽獸无
敢向者唯除龍王此經亦尒聲聞緣覺斷絕
怖望唯除菩薩假使有人純以真金滿四天
下以用布施不如聞此經名得福万倍假使有
人純以七寶作諸床褥以頗梨衣供養衆生
滿閻浮提具於一劫不如聞此經名得福万倍
若有善男子善女人得聞此經者當知是人
親侍无數諸佛殖衆德本乃能得聞善男子
此經當來至於八地菩薩之手
護經如眼寧喪身命不惜品第十四
佛告諸大衆及寶明菩薩汝護是經如護眼
目寧喪身命莫於此經中如生懈怠若有衆
生於此經中生信心者當知是人真佛弟子无
有疑也尒時世尊說此經已一切大弟衆天

BD03417號　法句經（偽經）　（2–1）

夫不能親見唯除帝釋此經亦尒聲聞緣覺
所不能見唯除菩薩譬如師子一切禽獸无
敢向者唯除龍王此經亦尒聲聞緣覺斷絕
怖望唯除菩薩假使有人純以真金滿四天
下以用布施不如聞此經名得福万倍假使有
人純以七寶作諸床褥以頗梨衣供養衆生
滿閻浮提具於一劫不如聞此經名得福万倍
若有善男子善女人得聞此經者當知是人
親侍无數諸佛殖衆德本乃能得聞善男子
此經當來至於八地菩薩之手
護經如眼寧喪身命不惜品第十四
佛告諸大衆及寶明菩薩汝護是經如護眼
目寧喪身命莫於此經中如生懈怠若有衆
生於此經中生信心者當知是人真佛弟子无
有疑也尒時世尊說此經已一切大弟衆天
龍八部皆各歡喜如法奉行
佛說法句經一卷

BD03417號　法句經（偽經）　（2–2）

何以故須菩提如我昔為歌利王割截身體
我於尒時无我相无人相无衆生相无壽者
相何以故我於往昔節節支解時若有我相
人相衆生相壽者相應生瞋恨須菩提又念
過去於五百世作忍辱仙人於尒所世无我
相无人相无衆生相无壽者相是故須菩提
菩薩應離一切諸相發阿耨多羅三藐三菩
提心不應住色生心不應住聲香味觸法生心
應生无所住心若心有住則為非住是故佛
說菩薩心不應住色布施須菩提菩薩為利
益一切衆生應如是布施如来說一切諸相
即是非相又說一切衆生則非衆生
須菩提如来是真語者實語者如語者不誑
語者不異語者須菩提如来所得法此法无
實无虗
須菩提若菩薩心住於法而行布施如人入
暗則无所見若菩薩心不住法而行布施如
人有目日光明照見種種色
須菩提當来之世若有善男子善女人能於
此經受持讀誦則為如来以佛智慧悉知是
人悉見是人皆得成就无量无邊功德
須菩提若有善男子善女人初日分以恒河

BD03418號　金剛般若波羅蜜經　（8–1）

暗則无所見若菩薩心不住法而行布施如
人有目日光明照見種種色
須菩提當来之世若有善男子善女人能於
此經受持讀誦則為如来以佛智慧悉知是
人悉見是人皆得成就无量无邊功德
須菩提若有善男子善女人初日分以恒河
沙等身布施中日分復以恒河沙等身布施
後日分亦以恒河沙等身布施如是无量百
千万億劫以身布施若復有人聞此經典信
心不逆其福勝彼何况書寫受持讀誦為人
解說
須菩提以要言之是經有不可思議不可稱
量无邊功德如来為發大乘者說為發最上
乘者說若有人能受持讀誦廣為人說如来
悉知是人悉見是人皆得成就不可量不可
稱无有邊不可思議功德如是人等則為荷
擔如来阿耨多羅三藐三菩提何以故須菩
提若樂小法者著我見人見衆生見壽者見
則於此經不能聽受讀誦為人解說須菩提
在在處處若有此經一切世間天人阿脩羅
所應供養當知此處則為是塔皆應恭敬作
礼圍遶以諸華香而散其處
復次須菩提善男子善女人受持讀誦此經
若為人輕賤是人先世罪業應墮惡道以今
世人輕賤故先世罪業則為消滅當得阿耨
多羅三藐三菩提須菩提我念過去无量阿
僧祇劫於然燈佛前得值八百四千万億那
由他諸佛悉皆供養承事无空過者若復有

BD03418號　金剛般若波羅蜜經　（8–2）

多羅三藐三菩提須菩提我念過去无量阿
僧祇劫於然燈佛前得值八百四千万億那
由他諸佛悉皆供養承事无空過者若復有
人於後末世能受持讀誦此經所得功德於
我所供養諸佛功德百分不及一千万億分
乃至筭數譬喻所不能及須菩提若善男子
善女人於後末世有受持讀誦此經所得功
德我若具說者或有人聞心則狂亂狐疑不
信須菩提當知是經義不可思議果報亦不
可思議
尒時須菩提白佛言世尊善男子善女人發
阿耨多羅三藐三菩提心云何應住云何降
伏其心佛告須菩提善男子善女人發阿耨
多羅三藐三菩提者當生如是心我應滅度
一切眾生滅度一切眾生已而无有一眾生
實滅度者何以故若菩薩有我相人相眾生
相壽者相則非菩薩所以者何須菩提實无
有法發阿耨多羅三藐三菩提者
須菩提於意云何如來於然燈佛所有法得
阿耨多羅三藐三菩提不不也世尊如我解
佛所說義佛於然燈佛所无有法得阿耨
多羅三藐三菩提佛言如是如是須菩提實
无有法如來得阿耨多羅三藐三菩提須菩
提若有法如來得阿耨多羅三藐三菩提者
然燈佛則不與我受記汝於來世當得作佛
号釋迦牟尼以實无有法得阿耨多羅三藐三
菩提是故然燈佛與我受記作如是言汝於
來世當得作佛号釋迦牟尼何以故如來者

然燈佛則不與我受記汝於來世當得作佛
号釋迦牟尼以實无有法得阿耨多羅三藐三
菩提是故然燈佛與我受記作如是言汝於
來世當得作佛号釋迦牟尼何以故如來者
即諸法如義若有人言如來得阿耨多羅三藐
三菩提須菩提實无有法佛得阿耨多羅三藐
三菩提須菩提如來所得阿耨多羅三藐三
菩提於是中无實无虛是故如來說一切法
皆是佛法須菩提所言一切法者即非一切
法是故名一切法
須菩提譬如人身長大須菩提言世尊如來
說人身長大則為非大身是名大身
須菩提菩薩亦如是若作是言我當滅度无
量眾生則不名菩薩何以故須菩提實无有
法名為菩薩是故佛說一切法无我无
人无眾生无壽者須菩提若菩薩作是言我
當莊嚴佛土是不名菩薩何以故如來說莊嚴
佛土者即非莊嚴是名莊嚴須菩提若菩薩通
達无我法者如來說名真是菩薩
須菩提於意云何如來有肉眼不如是世尊
如來有肉眼須菩提於意云何如來有天眼
不如是世尊如來有天眼須菩提於意云何
如來有慧眼不如是世尊如來有慧眼須菩
提於意云何如來有法眼不如是世尊如來
有法眼須菩提於意云何如來有佛眼不如
是世尊如來有佛眼須菩提於意云何如恒
河中所有沙佛說是沙不如是世尊如來說
是沙須菩提於意云何如一恒河中所有沙

有法眼須菩提於意云何如來有佛眼不如
是世尊如來有佛眼須菩提於意云何如恒
河中所有沙佛說是沙不如是世尊如來說
是沙須菩提於意云何如一恒河中所有沙
有如是等恒河是諸恒河所有沙數佛世界
如是寧爲多不甚多世尊佛告須菩提尒所國
土中所有衆生若干種心如來悉知何以故
如來說諸心皆爲非心是名爲心所以者何
須菩提過去心不可得現在心不可得未來
心不可得須菩提於意云何若有人滿三千
大千世界七寶以用布施是人以是因緣得
福多不如是世尊此人以是因緣得福甚多
須菩提若福德有實如來不說得福德多以
福德无故如來說得福德多
須菩提於意云何佛可以具足色身見不不
也世尊如來不應以具足色身見何以故如
來說具足色身即非具足色身是名具足色
身須菩提於意云何如來可以具足諸相見
不不也世尊如來不應以具足諸相見何以
故如來說諸相具足即非具足是名諸相具
足須菩提汝勿謂如來作是念我當有所說
法莫作是念何以故若人言如來有所說法
即爲謗佛不能解我所說故須菩提說法者
无法可說是名說法
須菩提白佛言世尊佛得阿耨多羅三藐三
菩提爲无所得耶如是如是須菩提我於阿
耨多羅三藐三菩提乃至无有少法可得是
名阿耨多羅三藐三菩提復次須菩提是法
[illegible]

BD03418 號　金剛般若波羅蜜經　（8–5）

須菩提白佛言世尊佛得阿耨多羅三藐三
菩提爲无所得耶如是如是須菩提我於阿
耨多羅三藐三菩提乃至无有少法可得是
名阿耨多羅三藐三菩提復次須菩提是法
平等无有高下是名阿耨多羅三藐三菩提
以无我无人无衆生无壽者脩一切善法則
得阿耨多羅三藐三菩提須菩提所言善法
者如來說非善法是名善法
須菩提若三千大千世界中所有諸須弥山
王如是等七寶聚有人持用布施若人以此
般若波羅蜜經乃至四句偈等受持讀誦爲
他人說於前福德百分不及一百千万億分
乃至筭數譬喻所不能及
須菩提於意云何汝等勿謂如來作是念我
當度衆生須菩提莫作是念何以故實无有
衆生如來度者若有衆生如來度者如來則
有我人衆生壽者須菩提如來說有我者則
非有我而凡夫之人以爲有我須菩提凡夫
者如來說則非凡夫
須菩提於意云何可以卅二相觀如來不須
菩提言如是如是以卅二相觀如來佛言須
菩提若以卅二相觀如來者轉輪聖王則是
如來須菩提白佛言世尊如我解佛所說義
不應以卅二相觀如來尒時世尊而說偈言
若以色見我　以音聲求我　是人行邪道　不能見如來
須菩提汝若作是念如來不以具足相故得
阿耨多羅三藐三菩提須菩提莫作是念如
來不以具足相故得阿耨多羅三藐三菩提

BD03418 號　金剛般若波羅蜜經　（8–6）

若以色見我　以音聲求我　是人行邪道　不能見如来
須菩提汝若作是念如来不以具足相故得
阿耨多羅三藐三菩提　須菩提莫作是念如
来不以具足相故得阿耨多羅三藐三菩提
須菩提汝若作是念發阿耨多羅三藐三菩
提者說諸法斷滅莫作是念何以故發阿耨
多羅三藐三菩提者於法不說斷滅相須菩
提若菩薩以滿恒河沙等世界七寶布施若
復有人知一切法无我得成於忍此菩薩勝
前菩薩所得功德須菩提以諸菩薩不受福
德故須菩提白佛言世尊云何菩薩不受福
德須菩提菩薩所作福德不應貪著是故說
不受福德
須菩提若有人言如来若来若去若坐若卧
是人不解我所說義何以故如来者无所從
来亦无所去故名如来
須菩提若善男子善女人以三千大千世界
碎為微塵於意云何是微塵衆寧為多不甚
多世尊何以故若是微塵衆實有者佛則不
說是微塵衆所以者何佛說微塵衆則非微
塵衆是名微塵衆世尊如来所說三千大千
世界則非世界是名世界何以故若世界實
有者則是一合相如来說一合相則非一合相
是名一合相須菩提一合相者則是不可說
但凡夫之人貪著其事須菩提若人言佛說
我見人見衆生見壽者見須菩提於意云何
是人解我所說義不不也世尊是人不解如
来所說義何以故世尊說我見人見衆生見
壽者見即非我見人見衆生見壽者見

BD03418號　金剛般若波羅蜜經　（8–7）

但凡夫之人貪著其事須菩提若人言佛說
我見人見衆生見壽者見須菩提於意云何
是人解我所說義不不也世尊是人不解如
来所說義何以故世尊說我見人見衆生見
壽者見即非我見人見衆生見壽者見是名
我見人見衆生見壽者見須菩提發阿耨多
羅三藐三菩提心者於一切法應如是知如是
見如是信解不生法相須菩提所言法相者
如来說即非法相是名法相須菩提若有人
以滿无量阿僧祇世界七寶持用布施若有
善男子善女人發菩薩心者持於此經乃至
四句偈等受持讀誦為人演說其福勝彼云
何為人演說不取於相如如不動何以故
一切有為法　如夢幻泡影　如露亦如電　應作如是觀
佛說是經已長老須菩提及諸比丘比丘尼
優婆塞優婆夷一切世間天人阿脩羅聞佛
所說皆大歡喜信受奉行
金剛般若波羅蜜經

BD03418號　金剛般若波羅蜜經　（8–8）

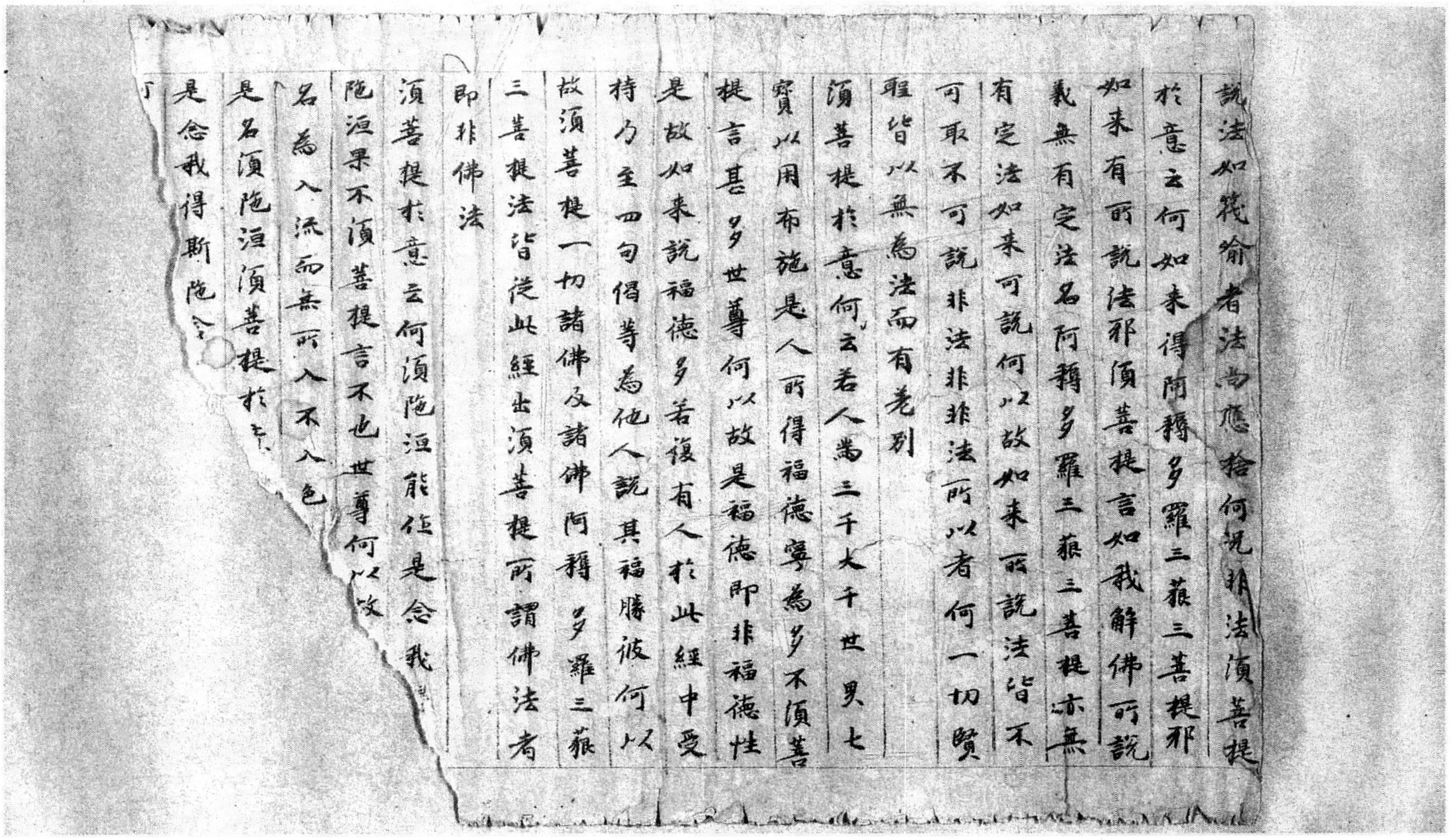

說法如筏喻者法尚應捨何況非法須菩提
於意云何如來得阿耨多羅三藐三菩提耶
如來有所說法耶須菩提言如我解佛所說
義無有定法名阿耨多羅三藐三菩提亦無
有定法如來可說何以故如來所說法皆不
可取不可說非法非非法所以者何一切賢
聖皆以無為法而有差別
須菩提於意云何若人滿三千大千世界七
寶以用布施是人所得福德寧為多不須菩
提言甚多世尊何以故是福德即非福德性
是故如來說福德多若復有人於此經中受
持乃至四句偈等為他人說其福勝彼何以
故須菩提一切諸佛及諸佛阿耨多羅三藐
三菩提法皆從此經出須菩提所謂佛法者
即非佛法
須菩提於意云何須陁洹能作是念我
陁洹果不須菩提言不也世尊何以故
名為入流而無所入不入色
是名須陁洹須菩提於意
是念我得斯陁含
丁

BD03419 號　金剛般若波羅蜜經　（1–1）

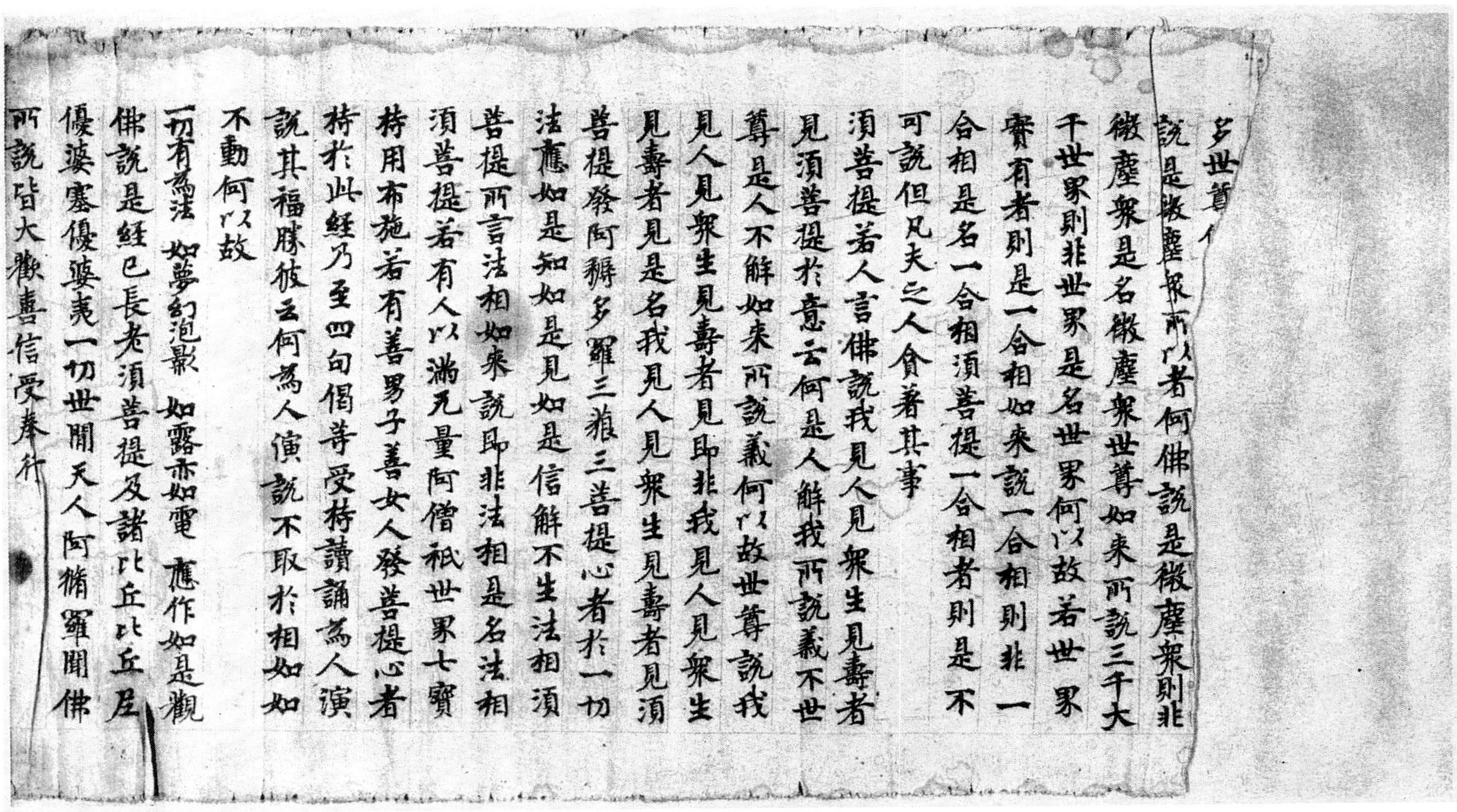

多世尊何
說是微塵衆所以者何佛說是微塵衆則非
微塵衆是名微塵衆世尊如來所說三千大
千世界則非世界是名世界何以故若世界
實有者則是一合相如來說一合相則非一
合相是名一合相須菩提一合相者則是不
可說但凡夫之人貪著其事
須菩提若人言佛說我見人見衆生見壽者
見須菩提於意云何是人解我所說義不世
尊是人不解如來所說義何以故世尊說我
見人見衆生見壽者見即非我見人見衆生
見壽者見是名我見人見衆生見壽者見須
菩提發阿耨多羅三藐三菩提心者於一切
法應如是知如是見如是信解不生法相須
菩提所言法相如來說即非法相是名法相
須菩提若有人以滿无量阿僧祇世界七寶
持用布施若有善男子善女人發菩提心者
持於此經乃至四句偈等受持讀誦為人演
說其福勝彼云何為人演說不取於相如如
不動何以故
一切有為法　如夢幻泡影　如露亦如電　應作如是觀
佛說是經已長老須菩提及諸比丘比丘尼
優婆塞優婆夷一切世間天人阿脩羅聞佛
所說皆大歡喜信受奉行

BD03420 號　金剛般若波羅蜜經　（2–1）

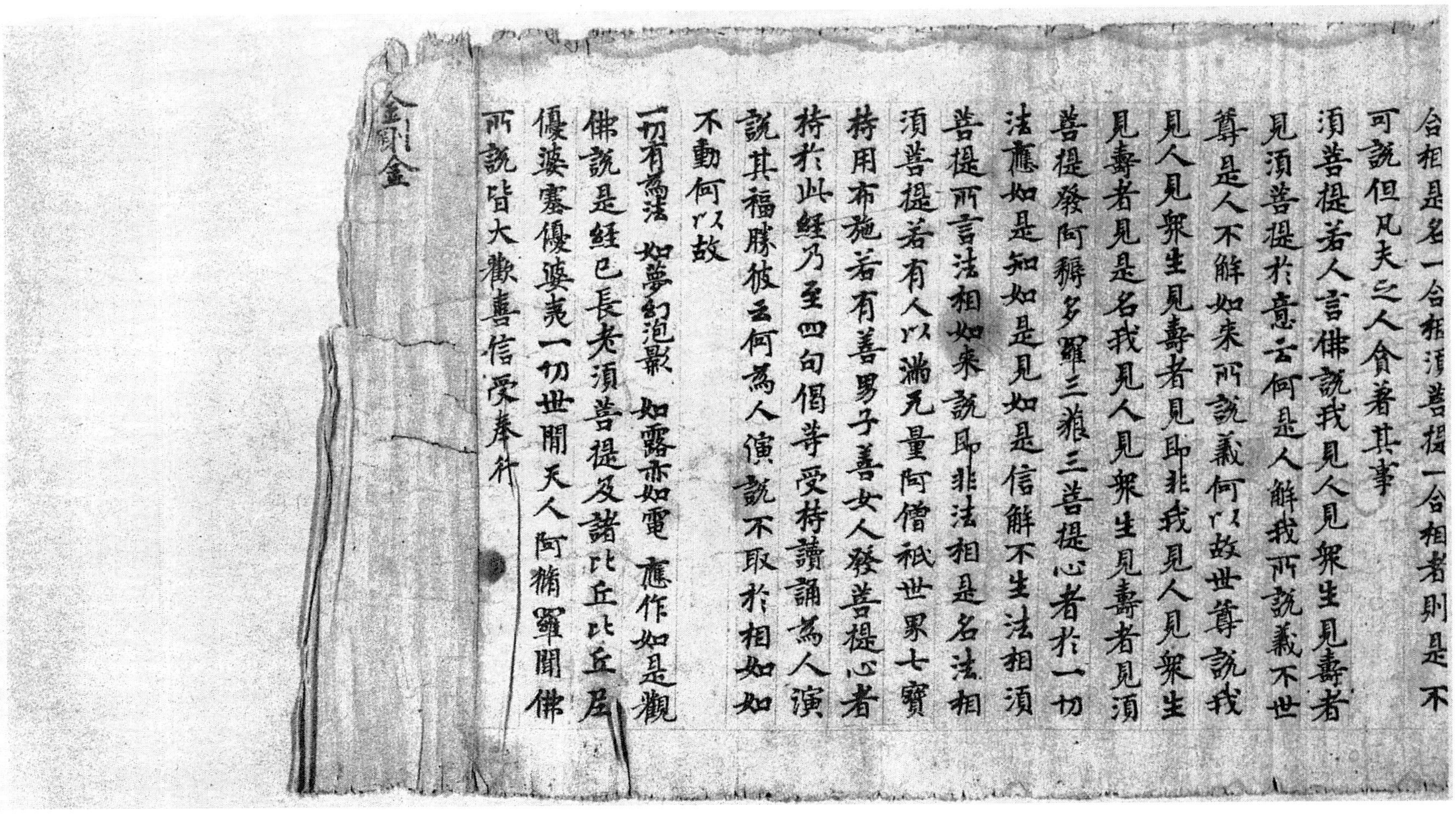

金剛金

合相是名一合相須菩提一合相者則是不
可說但凡夫之人貪著其事
須菩提若人言佛說我見人見衆生見壽者
見須菩提於意云何是人解我所說義不世
尊是人不解如來所說義何以故世尊說我
見人見衆生見壽者見即非我見人見衆生
見壽者見是名我見人見衆生見壽者見須
菩提發阿耨多羅三藐三菩提心者於一切
法應如是知如是見如是信解不生法相須
菩提所言法相如來說即非法相是名法相
須菩提若有人以滿无量阿僧祇世界七寶
持用布施若有善男子善女人發菩提心者
持於此經乃至四句偈等受持讀誦為人演
說其福勝彼云何為人演說不取於相如如
不動何以故
一切有為法　如夢幻泡影　如露亦如電　應作如是觀
佛說是經已長老須菩提及諸比丘比丘尼
優婆塞優婆夷一切世間天人阿脩羅聞佛
所說皆大歡喜信受奉行

BD03420 號　金剛般若波羅蜜經　　（2–2）

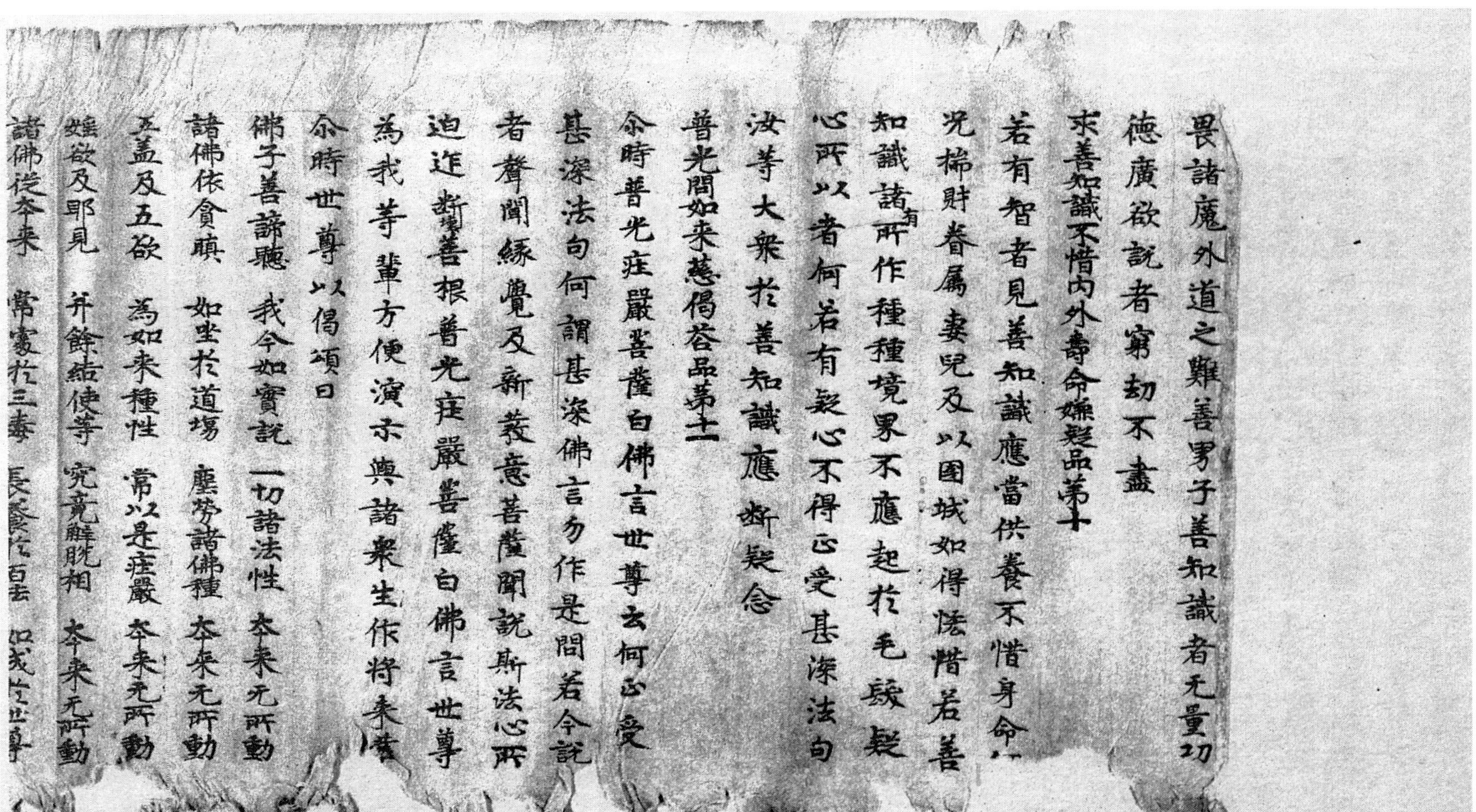

畏諸魔外道之難善男子善知識者无量功
德廣欲說者窮劫不盡
求善知識不惜內外壽命嫌疑品第十
若有智者見善知識應當供養不惜身命以
况捐財眷屬妻兒及以國城如得悋惜若善
知識諸有所作種種境界不應起於毛髮疑
心所以者何若有疑心不得正受甚深法句
汝等大衆於善知識應斷疑念
普光問如來慈偈答品第十一
爾時普光莊嚴菩薩白佛言世尊云何正受
甚深法句何謂甚深佛言勿作是問若今說
者聲聞緣覺及新發意菩薩聞說斯法心所
迫迮斷壞善根普光莊嚴菩薩白佛言世尊
為我等輩方便演亦與諸衆生作將來眷
爾時世尊以偈頌曰
佛子善諦聽　我今如實說　一切諸法性　本來无所動
諸佛依貪瞋　如坐於道場　塵勞諸佛種　本來无所動
五蓋及五欲　為如來種性　常以是莊嚴　本來无所動
婬欲及耶見　并餘結使等　究竟解脫相　本來无所動
諸佛從本來　常處於三毒　長養於百法　以成於世尊

BD03421 號　法句經（偽經）　　（2–1）

知識諸有所作種種境界不應起於毛髮疑
心所以者何若有疑心不得正受甚深法句
汝等大衆於善知識應斷疑念
普光問如來慈偈答品第十一
尒時普光莊嚴菩薩白佛言世尊云何正受
甚深法句何謂甚深佛言勿作是問若令說
者聲聞緣覺及新發意菩薩聞說斯法心所
迫迮斷善根普光莊嚴菩薩白佛言世尊
為我等輩方便演示與諸衆生作將來眷
尒時世尊以偈頌曰
佛子善諦聽　我今如實說　一切諸法性　本来无所動
諸佛依貪瞋　如坐於道場　塵勞諸佛種　本来无所動
五蓋及五欲　為如來種性　常以是莊嚴　本来无所動
婬欲及耶見　并餘結使等　究竟解脫相　本来无所動
諸佛從本来　常處於三毒　長養於白法　如成於世尊
諸法從本来　无是亦无非　是非性寂滅　本来无所動
一切諸衆生　實无有生滅　生滅即涅槃　本来无所動
一切諸法相　從緣无起作　起作性如如　本来无所動

BD03421 號　法句經（僞經）　（2–2）

濟心疾意妬
騰達天曹事犯非法
有祿福不肅不恭致[illegible]
所敘九土之民宜詳此勑下
限勑奢者之脩上至天靈地神下
庶八畜形等礼以儉恭樂以節慎不得競進
淫聲亂音倿言閇賢妬惡隱政皆由魂魄七
神變居不處邪土寄形異黨不念隣親恭
肅之教如人寄居遠方他境福祿之盛非己神
府巔倒是非自高自尊精放五欲貪餞利貨
違礼弄樂不承天炁大道清儉從迷惑政不
思不察雖有朝臣響自聲過死入地獄不節
恭肅不順化樂致罪邪邑七神受害不信所
致
是時龍驎仙主變成妙體身形殊好得无所
比獨樹為上大集群像枝黨種別唱導誘進
來朝中宮九極太上中皇真尊齊陳列位行
行比次各得其所進礼行樂合在其宮是時
廣平先生羡武群畜知礼時節與人不殊先
善始龍驎亦有神變諸畜衆陰陽對合天則
唯時配之之後子孫有
時順遵至道不失其
非是可輕欽敬告言
道之尋命之匠盡所

BD03422 號　太上濟衆經　（1–1）

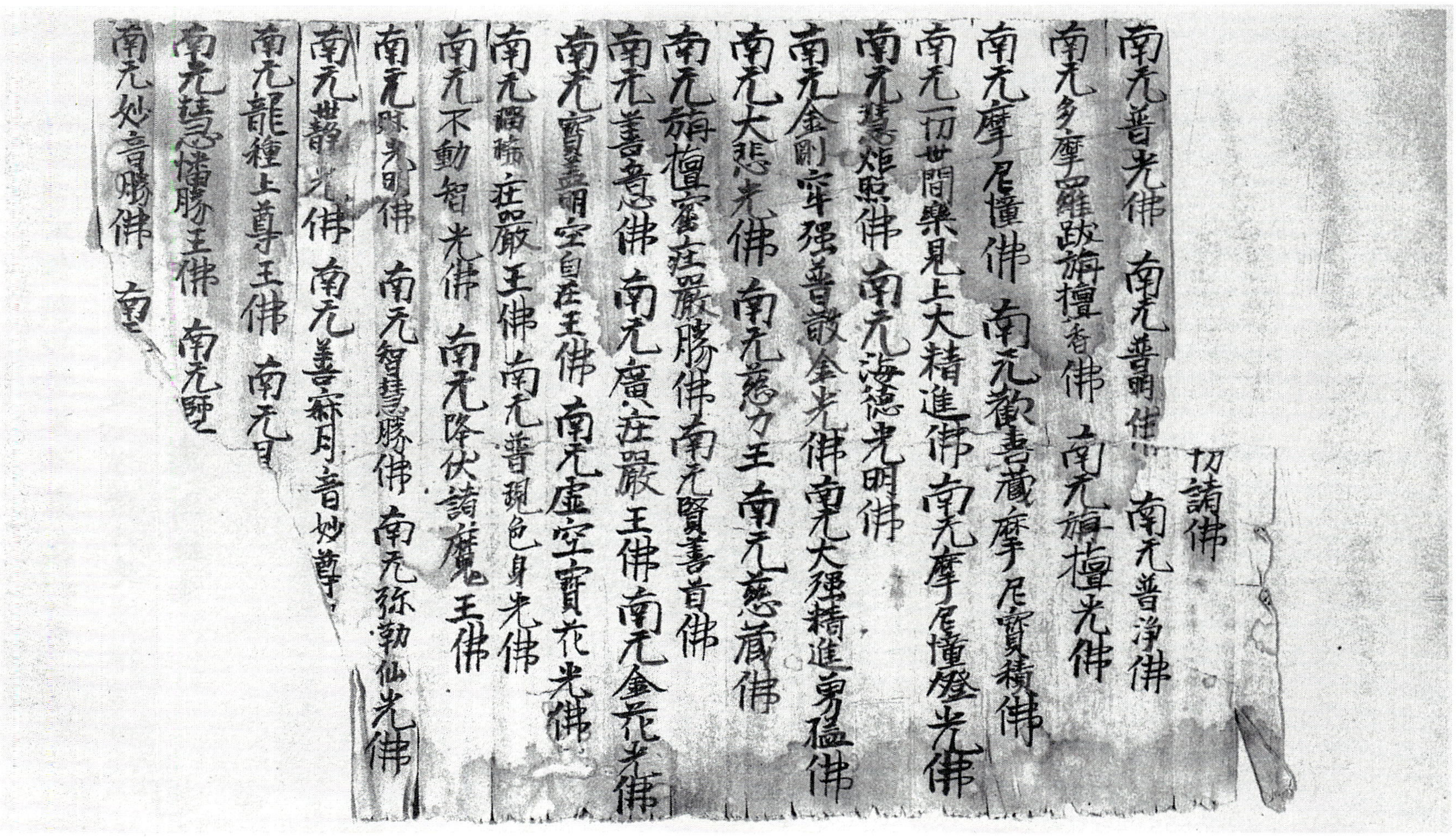
南无普光佛　南无普明佛　切諸佛　南无普淨佛
南无多摩羅跋旃檀香佛　南无旃檀光佛
南无摩尼幢佛　南无歡喜藏摩尼寶積佛
南无一切世間樂見上大精進佛　南无摩尼幢燈光佛
南无慧炬照佛　南无海德光明佛
南无金剛牢強普散金光佛　南无大強精進勇猛佛
南无大悲光佛　南无慈力王　南无慈藏佛
南无旃檀窟莊嚴勝佛　南无賢善首佛
南无善意佛　南无廣莊嚴王佛　南无金花光佛
南无寶蓋照空自在王佛　南无虛空寶花光佛
南无瑠璃莊嚴王佛　南无普現色身光佛
南无不動智光佛　南无降伏諸魔王佛
南无財光明佛　南无智慧勝佛　南无彌勒仙光佛
南无世靜光佛　南无善寂月音妙尊
南无龍種上尊王佛　南无日
南无慧幢勝王佛　南无師
南无妙音勝佛　南

BD03422 號背　七階佛名經　（1–1）

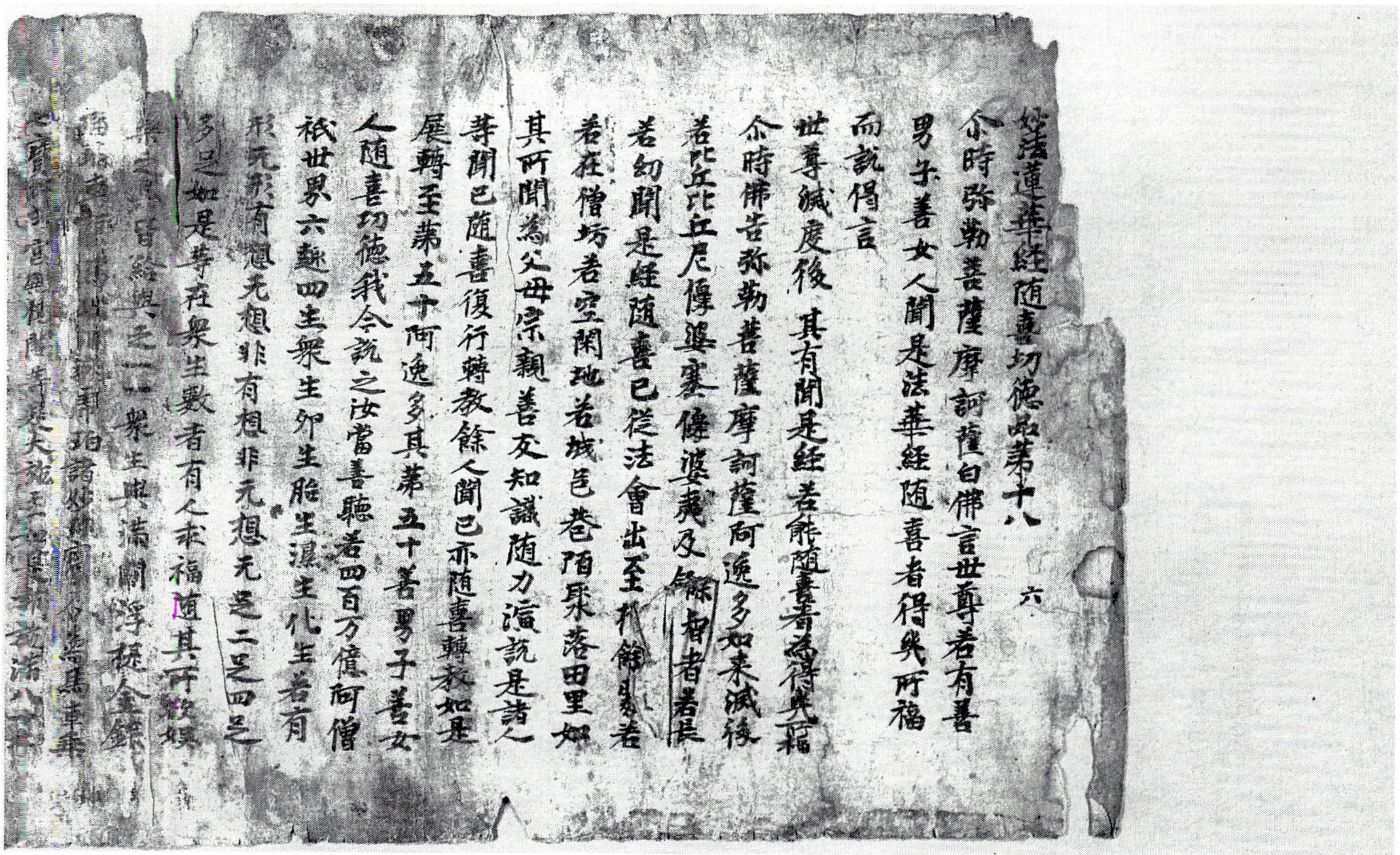
妙法蓮華經隨喜功德品第十八　六
尒時彌勒菩薩摩訶薩白佛言世尊若有善
男子善女人聞是法華經隨喜者得幾所福
而說偈言
世尊滅度後　其有聞是經　若能隨喜者　為得幾所福
尒時佛告彌勒菩薩摩訶薩阿逸多如來滅後
若比丘比丘尼優婆塞優婆夷及餘智者若長
若幼聞是經隨喜已從法會出至於餘處若
在僧坊若空閑地若城邑巷陌聚落田里如
其所聞為父母宗親善友知識隨力演說是諸人
等聞已隨喜復行轉教餘人聞已亦隨喜轉教如是
展轉至第五十阿逸多其第五十善男子善女
人隨喜功德我今說之汝當善聽若四百万億阿僧
祇世界六趣四生眾生卵生胎生濕生化生若有
形无形有想无想非有想非无想无足二足四足
多足如是等在眾生數者有人求福隨其所欲娛
樂之具皆給與之一一眾生與滿閻浮提金銀
瑠璃硨磲碼碯珊瑚虎珀諸妙珍寶及象馬車乘
七寶所成宮殿樓閣是大施主如是布施滿八十

BD03423 號 1　妙法蓮華經（兌廢稿）卷六　（4–1）

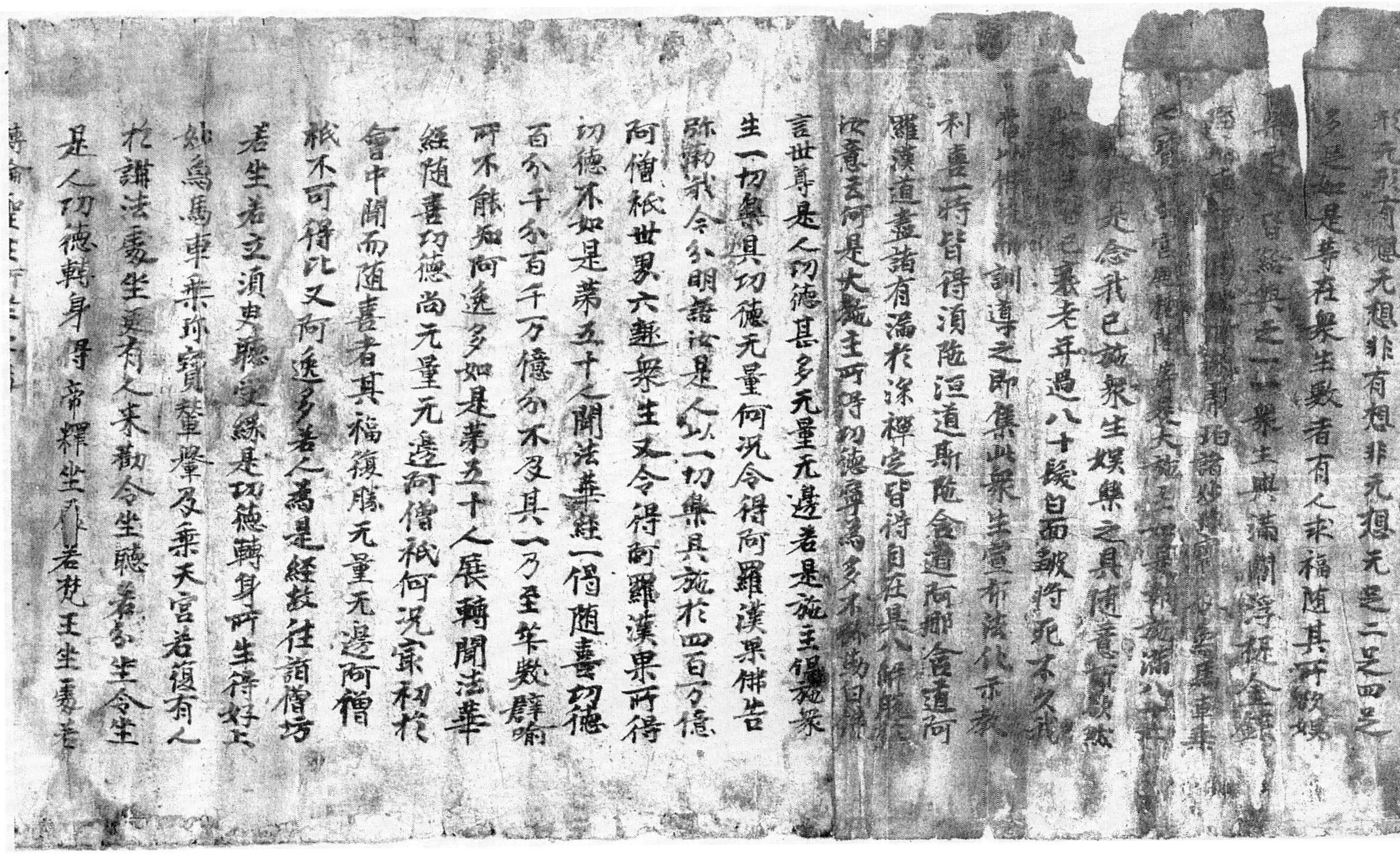

形无形有想无想非有想非无想无足二足四足
多足如是等在衆生數者有人求福隨其所欲娛
[illegible]皆給與之一一衆生與滿閻浮提金銀
[illegible]珀諸妙珍寶[illegible]象馬車乘
七寶[illegible]是大施主如是布施滿八十
年已而作是念我已施衆生娛樂之具隨意所欲然
此衆生皆已衰老年過八十髮白面皺將死不久我
當以佛法而訓導之即集此衆生宣布法化示教
利喜一時皆得須陁洹道斯陁含道阿那含道阿
羅漢道盡諸有漏於深禪定皆得自在具八解脫於
汝意云何是大施主所得功德寧為多不彌勒白佛
言世尊是人功德甚多无量无邊若是施主但施衆
生一切樂具功德无量何況令得阿羅漢果佛告
彌勒我今分明語汝是人以一切樂具施於四百万億
阿僧祇世界六趣衆生又令得阿羅漢果所得
功德不如是第五十人聞法華經一偈隨喜功德
百分千分百千万億分不及其一乃至筭數譬喻
所不能知阿逸多如是第五十人展轉聞法華
經隨喜功德尚无量无邊阿僧祇何況最初於
會中聞而隨喜者其福復勝无量无邊阿僧
祇不可得比又阿逸多若人為是經故往詣僧坊
若坐若立須臾聽受緣是功德轉身所生得好上
妙象馬車乘珍寶輦轝及乘天宮若復有人
於講法處坐更有人來勸令坐聽若分坐令坐
是人功德轉身得帝釋坐處若梵王坐處若
轉輪聖王所坐[illegible]

BD03423 號 1　妙法蓮華經（兌廢稿）卷六

（4–2）

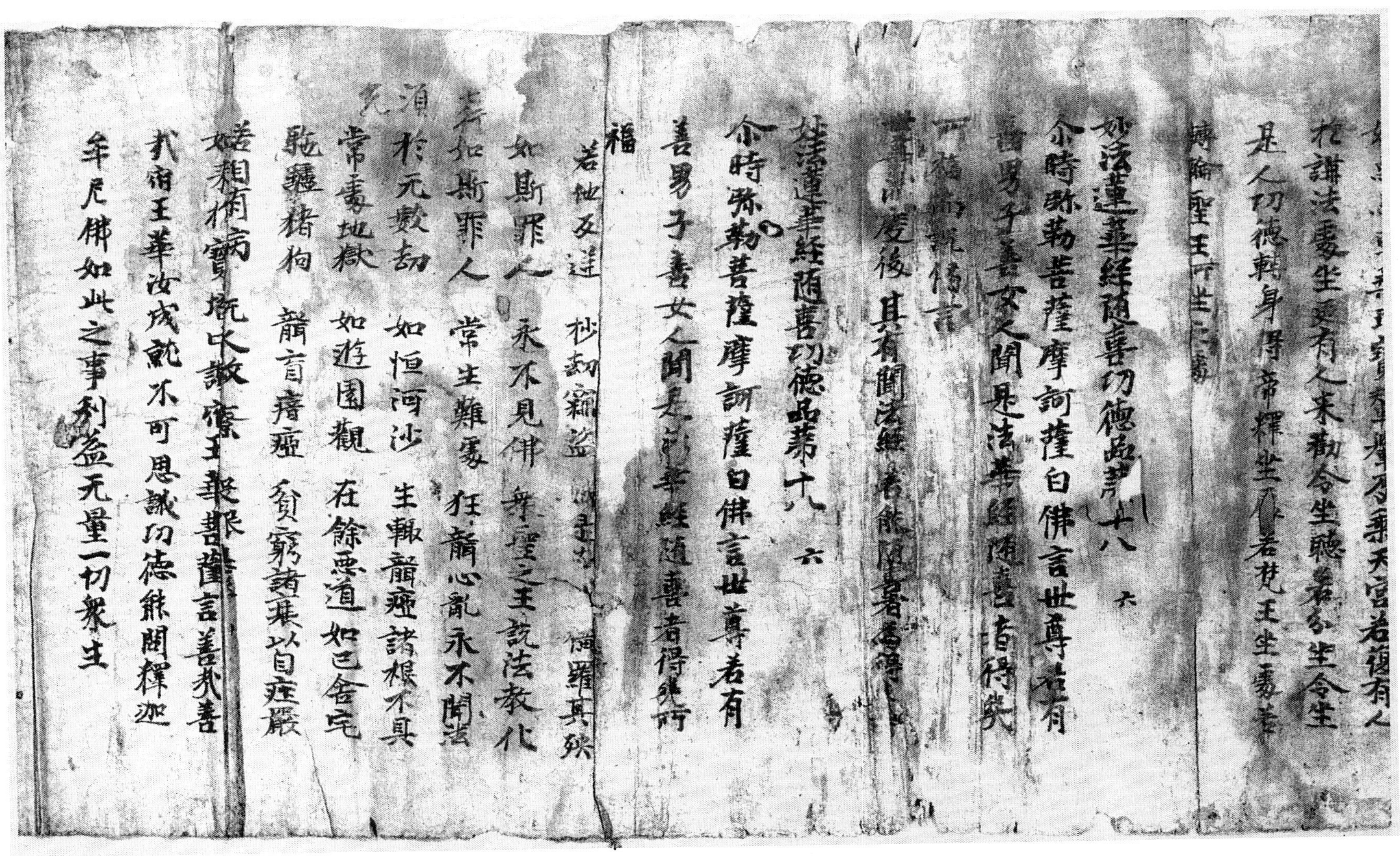

妙[illegible]寶輦轝及乘天宮若復有人
於講法處坐更有人來勸令坐聽若分坐令坐
是人功德轉身得帝釋坐處若梵王坐處若
轉輪聖王所坐之處
妙法蓮華經隨喜功德品第十八　六
爾時彌勒菩薩摩訶薩白佛言世尊若有
善男子善女人聞是法華經隨喜者得幾所
[illegible]而說偈言
世尊滅度後　其有聞法經　若能隨喜者　為得[illegible]
妙法蓮華經隨喜功德品第十八　六
爾時彌勒菩薩摩訶薩白佛言世尊若有
善男子善女人聞是法華經隨喜者得幾所
福
若他反逆　抄劫竊盜　[illegible]　橫羅其殃
如斯罪人　永不見佛　衆聖之王　說法教化
如斯罪人　常生難處　狂聾心亂　永不聞法
於无數劫　如恒河沙　生輒聾瘂　諸根不具
常處地獄　如遊園觀　在餘惡道　如己舍宅
駝驢猪狗　聾盲瘖瘂　貧窮諸衰　以自莊嚴
[illegible]寶塔中讚宿王華菩薩言善哉善
哉宿王華汝成就不可思議功德能聞釋迦
牟尼佛如此之事利益无量一切衆生

BD03423 號 2　妙法蓮華經（兌廢稿）卷六
BD03423 號 3　妙法蓮華經（兌廢稿）卷六
BD03423 號 4　妙法蓮華經（兌廢稿）卷二

（4–3）

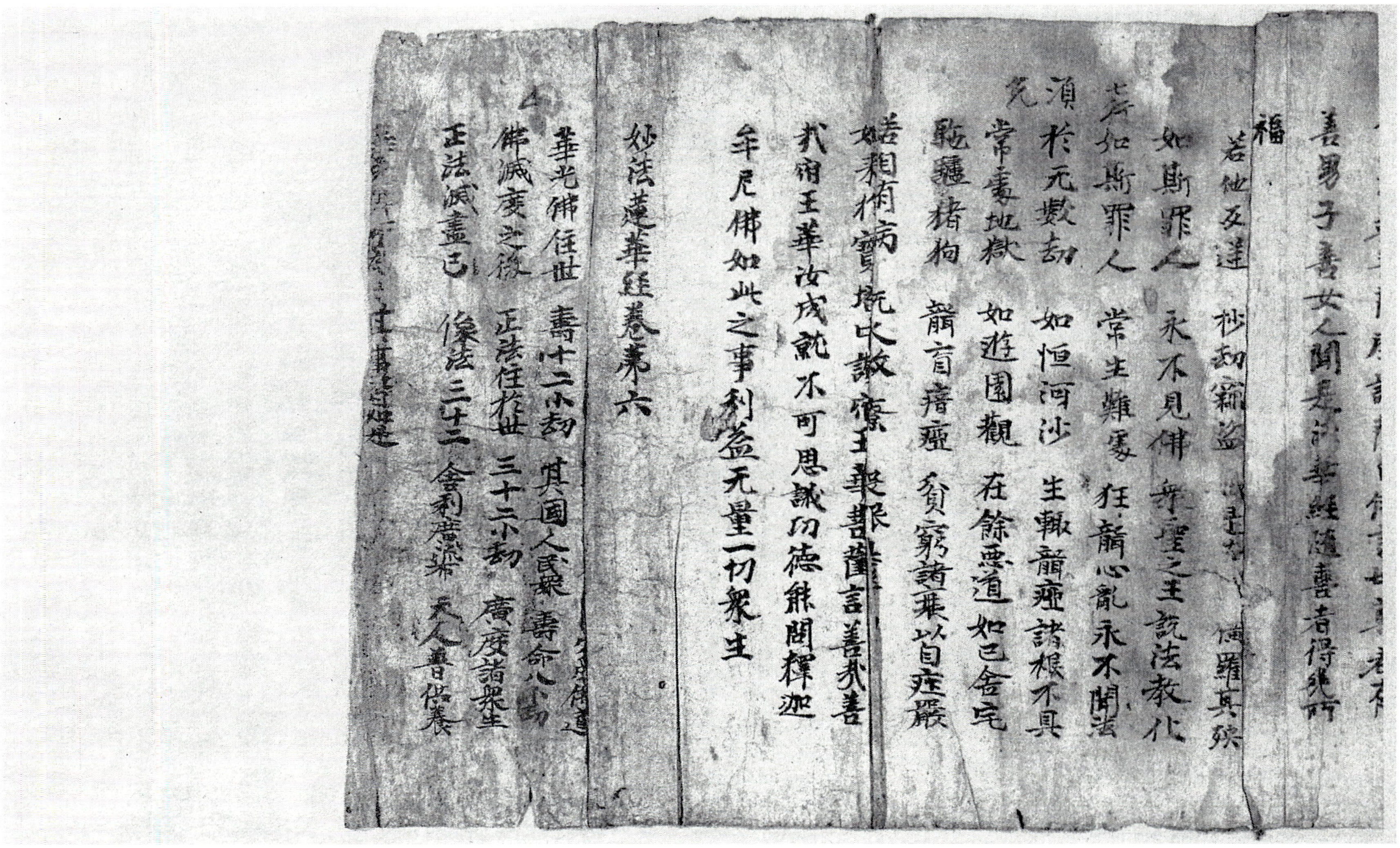

善男子善女人聞是法華經隨喜者得幾所
福
若他反逆　抄劫竊盜
如斯罪人　永不見佛　衆聖之王　說法教化
如斯罪人　常生難處　狂聾心亂　永不聞法
須於无數劫　如恒河沙　生輒聾瘂　諸根不具
免常處地獄　如遊園觀　在餘惡道　如己舍宅
駝驢猪狗　聾盲瘖瘂　貧窮諸衰　以自莊嚴
……讚言善哉善
哉宿王華汝成就不可思議功德能問釋迦
牟尼佛如此之事利益无量一切衆生
妙法蓮華經卷第六
華光佛住世　壽十二小劫　其國人民衆　壽命八小劫
佛滅度之後　正法住於世　三十二小劫　廣度諸衆生
正法滅盡已　像法三十二　舍利廣流布　天人普供養

BD03423 號 5　妙法蓮華經（兌廢稿）卷六　（4–4）
BD03423 號 6　妙法蓮華經（兌廢稿）卷二

妙法蓮華經一部

BD03423 號背　勘記　（1–1）

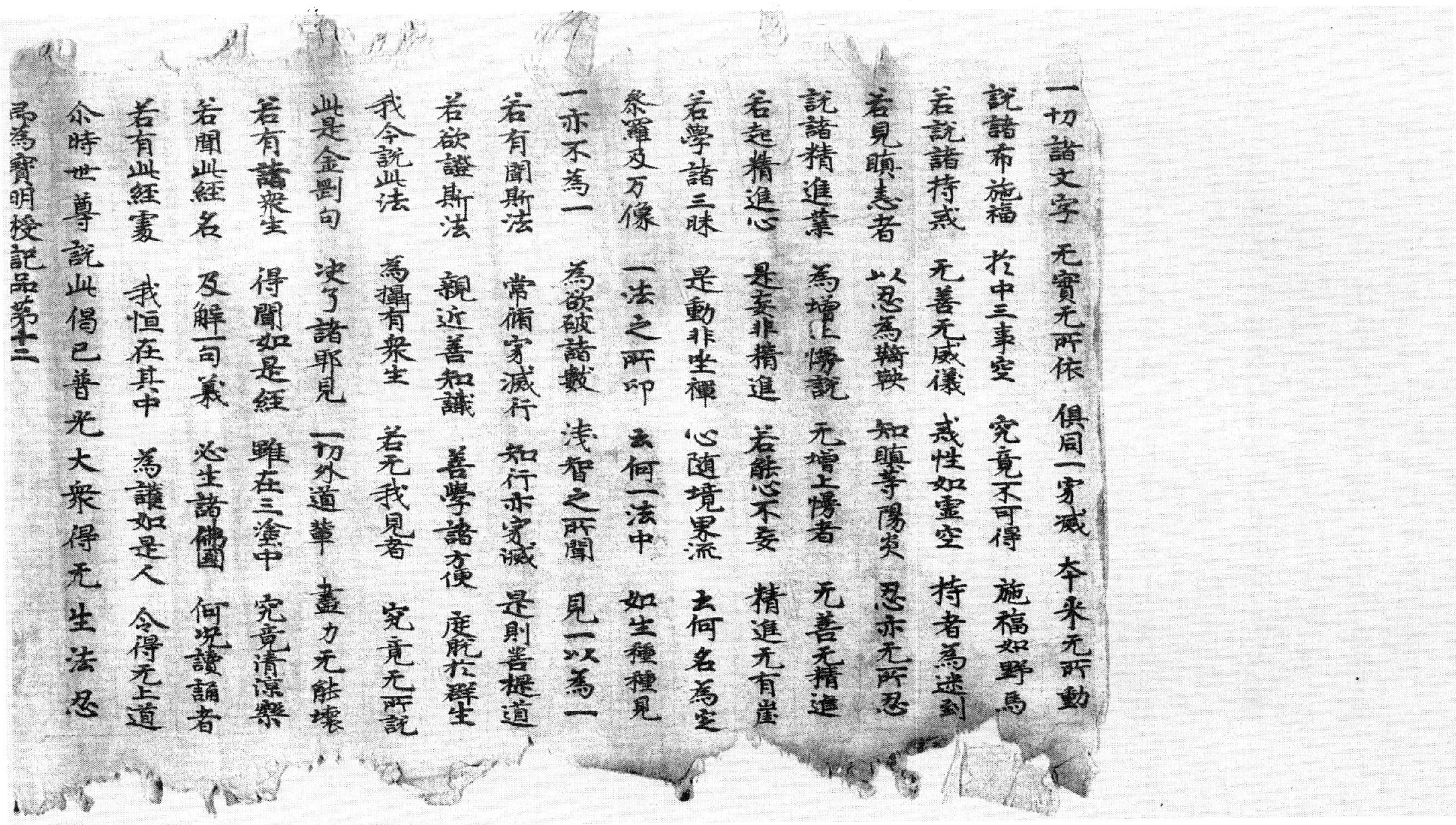

一切諸文字　无實无所依　俱同一寂滅　本来无所動
說諸布施福　於中三事空　究竟不可得　施福如野馬
若說諸持戒　无善无威儀　戒性如虛空　持者為迷倒
若見瞋恚者　以忍為瓔珞　知瞋等陽炎　忍亦无所忍
說諸精進業　為增上慢說　无增上慢者　无善无精進
若起精進心　是妄非精進　若能心不妄　精進无有崖
若學諸三昧　是動非坐禪　心隨境界流　云何名為定
參羅及万像　一法之所印　云何一法中　如生種種見
一亦不為一　為欲破諸數　淺智之所聞　見一以為一
若有聞斯法　常脩寂滅行　知行亦寂滅　是則菩提道
若欲證斯法　親近善知識　善學諸方便　度脫於群生
我今說此法　為攝有衆生　若无我見者　究竟无所說
此是金剛句　決了諸邪見　一切外道輩　盡力无能壞
若有諸衆生　得聞如是經　雖在三塗中　究竟清涼樂
若聞此經名　及解一句義　必生諸佛國　何况讀誦者
若有此經處　我恒在其中　為護如是人　令得无上道
尒時世尊說此偈已普光大衆得无生法忍
佛為寶明授記品第十二

BD03424號　法句經（偽經）　（2–1）

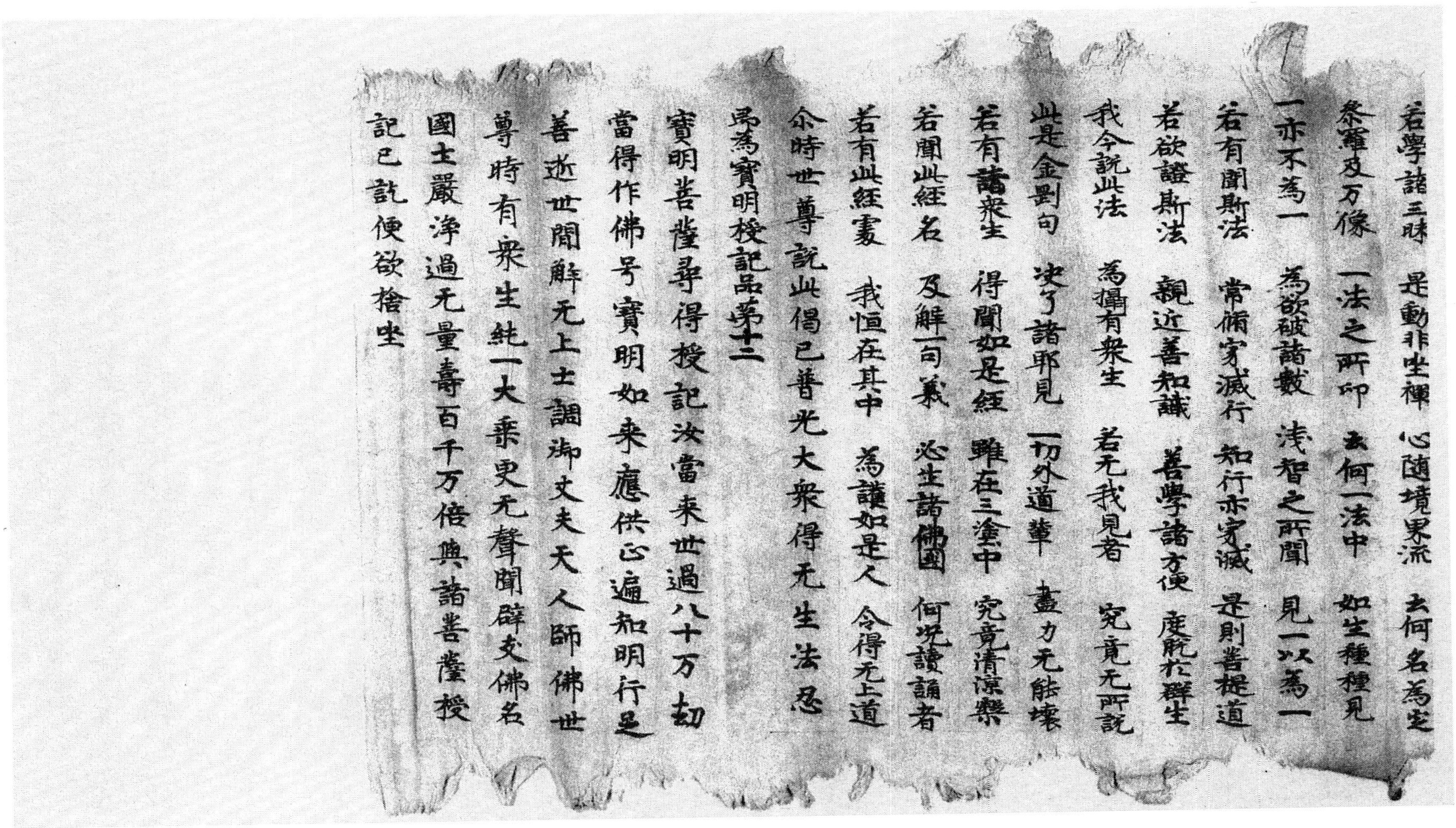

若學諸三昧　是動非坐禪　心隨境界流　云何名為定
參羅及万像　一法之所印　云何一法中　如生種種見
一亦不為一　為欲破諸數　淺智之所聞　見一以為一
若有聞斯法　常脩寂滅行　知行亦寂滅　是則菩提道
若欲證斯法　親近善知識　善學諸方便　度脫於群生
我今說此法　為攝有衆生　若无我見者　究竟无所說
此是金剛句　決了諸邪見　一切外道輩　盡力无能壞
若有諸衆生　得聞如是經　雖在三塗中　究竟清涼樂
若聞此經名　及解一句義　必生諸佛國　何况讀誦者
若有此經處　我恒在其中　為護如是人　令得无上道
尒時世尊說此偈已普光大衆得无生法忍
佛為寶明授記品第十二
寶明菩薩尋得授記汝當来世過八十万劫
當得作佛号寶明如来應供正遍知明行足
善逝世間解无上士調御丈夫天人師佛世
尊時有衆生純一大乘更无聲聞辟支佛名
國土嚴淨過无量壽百千万倍與諸菩薩授
記已說便欲捨坐

BD03424號　法句經（偽經）　（2–2）

薩摩訶薩住此智中方發殊勝四無礙解由
此殊勝四無礙解世間天人阿素洛等無能
問難令此菩薩智慧辯才無窮盡者具壽善
現復白佛言世尊能如殑伽沙劫讚不退轉
位菩薩摩訶薩諸行狀相由此所說諸行狀
相顯不退轉位菩薩摩訶薩成就種種殊
勝功德唯願如來應正等覺復爲菩薩說
甚深處令諸菩薩安住其中能脩布施波
羅蜜多令速圓滿能脩淨戒安忍精進靜
慮般若波羅蜜多令速圓滿能住內空令速
圓滿能住外空內外空空空大空勝義空
有爲無爲空畢竟空無際空散空無變
異空本性空自相空共相空一切法空不可
得空無性空自性空無性自性空令速圓
滿能住真如令速圓滿能住法界法性不虛妄
性不變異性平等性離生性法定法住實際
虛空界不思議界令速圓滿能脩四念住令
速圓滿能脩四正斷四神足五根五力七等
覺支八聖道支令速圓滿能住苦聖諦令
速圓滿能住集滅道聖諦令速圓滿能脩
四靜慮令速圓滿能脩四無量四無色定令

BD03425 號　大般若波羅蜜多經卷三二八　（22–1）

虛空界不思議[illegible]
速圓滿能脩四正斷四神足五根五力七等
覺支八聖道支令速圓滿能住苦聖諦令
速圓滿能住集滅道聖諦令速圓滿能脩
四靜慮令速圓滿能脩四無量四無色定令
速圓滿能脩八解脫令速圓滿能脩八勝處
九次第定十遍處令速圓滿能脩空解脫門
令速圓滿能脩無相無願解脫門令速圓滿
能脩極喜地令速圓滿能脩離垢地發光地
焰慧地極難勝地現前地遠行地不動地善
慧地法雲地令速圓滿能脩五眼令速圓滿
能脩六神通令速圓滿能脩三摩地門令速圓
滿能脩陁羅尼門令速圓滿能脩佛十力令速
圓滿能脩四無所畏四無礙解大慈大悲大喜
大捨十八佛不共法令速圓滿能脩無忘失
法令速圓滿能脩恒住捨性令速圓滿能脩
一切智令速圓滿能脩道相智一切相智令
速圓滿佛言善現善哉善哉汝今乃能爲諸菩
薩問甚深處令諸菩薩安住其中脩住功德令
速圓滿善現甚深處者謂空無相無願無作
無生無滅寂靜涅槃真如法界法性實際如
是等法名甚深處善現如是所說甚深處名
皆顯涅槃爲甚深處時具壽善現白佛言世
尊爲但涅槃名甚深處爲諸餘法亦名甚深
處佛言善現餘一切法亦名甚深善現色亦
名甚深受想行識亦名甚深善現眼處亦
名甚深耳鼻舌身意處亦名甚深善現色
處亦名甚深聲香味觸法處亦名甚深善現

BD03425 號　大般若波羅蜜多經卷三二八　（22–2）

名甚深受想行識亦名甚深善現眼處亦
名甚深耳鼻舌身意處亦名甚深善現色
處亦名甚深聲香味觸法處亦名甚深善現
眼界亦名甚深耳鼻舌身意界亦名甚深善
現色界亦名甚深聲香味觸法界亦名甚深
善現眼識界亦名甚深耳鼻舌身意識界亦
名甚深善現眼觸亦名甚深耳鼻舌身意觸
亦名甚深善現眼觸為緣所生諸受亦名甚
深耳鼻舌身意觸為緣所生諸受亦名甚深
善現地界亦名甚深水火風空識界亦名甚
深善現無明亦名甚深行識名色六處觸
受愛取有生老死愁歎苦憂惱亦名甚深
善現布施波羅蜜多亦名甚深淨戒安忍精
進靜慮般若波羅蜜多亦名甚深善現內空
亦名甚深外空內外空空空大空勝義空有
為空無為空畢竟空無際空散空無變異空
本性空自相空共相空一切法空不可得空無
性空自性空無性自性空亦名甚深善現
真如亦名甚深法界法性不虛妄性不變異
性平等性離生性法定法住實際虛空界不
思議界亦名甚深善現四念住亦名甚深四
正斷四神足五根五力七等覺支八聖道支
亦名甚深善現苦聖諦亦名甚深集滅道聖
諦亦名甚深善現四靜慮亦名甚深四無量
四無色定亦名甚深善現八解脫亦名甚深
八勝處九次第定十遍處亦名甚深善現
空解脫門亦名甚深無相無願解脫門亦名

諦亦名甚深善現四靜慮亦名甚深四無量
四無色定亦名甚深善現八解脫亦名甚深
八勝處九次第定十遍處亦名甚深善現
空解脫門亦名甚深無相無願解脫門亦名
甚深善現極喜地亦名甚深離垢地發光地
焰慧地極難勝地現前地遠行地不動地善
慧地法雲地亦名甚深善現五眼亦名甚深六
神通亦名甚深善現三摩地門亦名甚深陀
羅尼門亦名甚深善現佛十力亦名甚深四
無所畏四無礙解大慈大悲大喜大捨十八佛
不共法亦名甚深善現無忘失法亦名甚深
恒住捨性亦名甚深善現預流果亦名甚深
一來不還阿羅漢果亦名甚深善現獨覺菩
提亦名甚深善現一切智亦名甚深道相智
一切相智亦名甚深善現一切菩薩摩訶薩
行亦名甚深善現諸佛無上正等菩提亦名
甚深時具壽善現白佛言世尊云何色亦名甚
深云何受想行識亦名甚深世尊云何眼處
亦名甚深云何耳鼻舌身意處亦名甚深世
尊云何色處亦名甚深云何聲香味觸法處
亦名甚深世尊云何眼界亦名甚深云何耳
鼻舌身意界亦名甚深世尊云何色界亦名
甚深云何聲香味觸法界亦名甚深世尊云
何眼識界亦名甚深云何耳鼻舌身意識界
亦名甚深世尊云何眼觸亦名甚深云何耳
鼻舌身意觸亦名甚深世尊云何眼觸為緣
所生諸受亦名甚深云何耳鼻舌身意觸為

亦名甚深世尊云何眼觸亦名甚深云何耳
鼻舌身意觸亦名甚深世尊云何眼觸為緣
所生諸受亦名甚深云何耳鼻舌身意觸為
緣所生諸受亦名甚深世尊云何地界亦名
甚深云何水火風空識界亦名甚深世尊
云何無明亦名甚深云何行識名色六處
觸受愛取有生老死愁歎苦憂惱亦名甚
深世尊云何布施波羅蜜多亦名甚深云何
淨戒安忍精進靜慮般若波羅蜜多亦名甚深
世尊云何內空亦名甚深云何外空內外空空
空大空勝義空有為空無為空畢竟空無
際空散空無變異空本性空自相空共相空
一切法空不可得空無性空自性空無性自性
空亦名甚深世尊云何真如亦名甚深云
何法界法性不虛妄性不變異性平等性離
生性法定法住實際虛空界不思議界亦名
甚深世尊云何四念住亦名甚深云何四正
斷四神足五根五力七等覺支八聖道支亦
名甚深世尊云何苦聖諦亦名甚深云何集
滅道聖諦亦名甚深世尊云何四靜慮亦名
甚深云何四無量四無色定亦名甚深世尊
云何八解脫亦名甚深云何八勝處九次第
定十遍處亦名甚深世尊云何空解脫門亦
名甚深云何無相無願解脫門亦名甚深世
尊云何極喜地亦名甚深云何離垢地發光
地焰慧地極難勝地現前地遠行地不動地

BD03425 號　大般若波羅蜜多經卷三二八　（22–5）

名甚深云何無相無願解脫門亦名甚深世
尊云何極喜地亦名甚深云何離垢地發光
地焰慧地極難勝地現前地遠行地不動地
善慧地法雲地亦名甚深世尊云何五眼亦
名甚深云何六神通亦名甚深世尊云何三
摩地門亦名甚深云何陁羅尼門亦名甚深
世尊云何佛十力亦名甚深云何四無所畏四
無礙解大慈大悲大喜大捨十八佛不共法亦
名甚深世尊云何無忘失法亦名甚深云何
恒住捨性亦名甚深世尊云何預流果亦名
甚深云何一來不還阿羅漢果亦名甚深世
尊云何獨覺菩提亦名甚深世尊云何一切菩
薩摩訶薩行亦名甚深世尊云何諸佛無上
正等菩提亦名甚深
佛言善現色真如甚深故色亦甚深受想
行識真如甚深故受想行識亦甚深善現眼
處真如甚深故眼處亦甚深耳鼻舌身意處真
如甚深故耳鼻舌身意處亦甚深善現色處
真如甚深故色處亦甚深聲香味觸法處
真如甚深故聲香味觸法處亦甚深善現眼界
真如甚深故眼界亦甚深耳鼻舌身意界真
如甚深故耳鼻舌身意界亦甚深善現色界
真如甚深故色界亦甚深聲香味觸法界真
如甚深故聲香味觸法界亦甚深善現眼識
界真如甚深故眼識界亦甚深耳鼻舌身意
識界真如甚深故耳鼻舌身意識界亦甚深
善現眼觸真如甚深故眼觸亦甚深耳鼻

BD03425 號　大般若波羅蜜多經卷三二八　（22–6）

界真如甚深故眼識界亦甚深耳鼻舌身意
識界真如甚深故耳鼻舌身意識界亦甚深
善現眼觸真如甚深故眼觸亦甚深耳鼻
舌身意觸真如甚深故耳鼻舌身意觸亦
甚深善現眼觸為緣所生諸受真如甚深故
眼觸為緣所生諸受亦甚深耳鼻舌身意觸
為緣所生諸受真如甚深故耳鼻舌身意觸
為緣所生諸受亦甚深善現地界真如甚
深故地界亦甚深水火風空識界真如甚深
故水火風空識界亦甚深善現無明真如甚
深故無明亦甚深行識名色六處觸受愛取
有生老死愁歎苦憂惱真如甚深故行識名
色六處觸受愛取有生老死愁歎苦憂惱亦
甚深善現布施波羅蜜多真如甚深故布施波
羅蜜多亦甚深淨戒安忍精進靜慮般若波
羅蜜多真如甚深故淨戒安忍精進靜慮般
若波羅蜜多亦甚深善現內空真如甚深故
內空亦甚深外空內外空空空大空勝義空
有為空無為空畢竟空無際空散空無變異
空本性空自相空共相空一切法空不可得空
無性空自性空無性自性空真如甚深故外
空乃至無性自性空亦甚深善現真如真如
甚深故真如亦甚深法界法性不虛妄性不
變異性平等性離生性法定法住實際虛
空界不思議界真如甚深故法界乃至不思議
界亦甚深善現四念住真如甚深故四念住
亦甚深四正斷四神足五根五力七等覺支

變異性平等性離生性法定法住實際虛
空界不思議界真如甚深故法界乃至不思議
界亦甚深善現四念住真如甚深故四念住
亦甚深四正斷四神足五根五力七等覺支
八聖道支真如甚深故四正斷四神足五
根五力七等覺支八聖道支亦甚深善現苦
聖諦真如甚深故苦聖諦亦甚深集滅道
聖諦真如甚深故集滅道聖諦亦甚深善現四
靜慮真如甚深故四靜慮亦甚深四無量四
無色定真如甚深故四無量四無色定亦
甚深善現八解脫真如甚深故八解脫亦
甚深八勝處九次第定十遍處真如甚深故
八勝處九次第定十遍處亦甚深善現空解
脫門真如甚深故空解脫門亦甚深無相無
願解脫門真如甚深故無相無願解脫門亦
甚深善現極喜地真如甚深故極喜地亦甚
深離垢地發光地焰慧地極難勝地現前地
遠行地不動地善慧地法雲地真如甚深故
離垢地乃至法雲地亦甚深善現五眼真如
甚深故五眼亦甚深六神通真如甚深故六
神通亦甚深善現三摩地門真如甚深故三
摩地門亦甚深陀羅尼門真如甚深故陀羅
尼門亦甚深善現佛十力真如甚深故佛十
力亦甚深四無所畏四無礙解大慈大悲
大喜大捨十八佛不共法真如甚深故四無
所畏乃至十八佛不共法亦甚深善現無忘
失法真如甚深故無忘失法亦甚深恒住捨

大喜大捨十八佛不共法真如甚深故四無
所畏乃至十八佛不共法亦甚深善現無忘
失法真如甚深故無忘失法亦甚深恒住捨
性真如甚深故恒住捨性亦甚深善現預流
果真如甚深故預流果亦甚深一來不還阿
羅漢果如甚深故一來不還阿羅漢果亦
甚深善現獨覺菩提真如甚深故獨覺菩
提亦甚深善現一切智真如甚深故一切智亦
甚深道相智一切相智真如甚深故道相智
一切相智亦甚深善現一切菩薩摩訶薩行
真如甚深故一切菩薩摩訶薩行亦甚深善
現諸佛無上正等菩提真如甚深故諸佛無
上正等菩提亦甚深
時具壽善現白佛言世尊云何色真如甚深
云何受想行識真如甚深世尊云何眼處真
如甚深云何耳鼻舌身意處真如甚深世尊
云何色處真如甚深云何聲香味觸法處真
如甚深世尊云何眼界真如甚深云何耳鼻
舌身意界真如甚深世尊云何色界真如甚
深云何聲香味觸法界真如甚深世尊云
何眼識界真如甚深云何耳鼻舌身意識界
真如甚深世尊云何眼觸真如甚深云何
耳鼻舌身意觸真如甚深世尊云何眼觸
為緣所生諸受真如甚深云何鼻舌身
意觸為緣所生諸受真如甚深世尊云何
地界真如甚深云何水火風空識界真如甚
深世尊云何無明真如甚深云何行識名色

BD03425 號　大般若波羅蜜多經卷三二八　（22–9）

為緣所生諸受真如甚深云何鼻舌身
意觸為緣所生諸受真如甚深世尊云何
地界真如甚深云何水火風空識界真如甚
深世尊云何無明真如甚深云何行識名色
六處觸受愛取有生老死愁歎苦憂惱真如
甚深世尊云何布施波羅蜜多真如甚深云
何淨戒安忍精進靜慮般若波羅蜜多真如
甚深世尊云何內空真如甚深云何外空內
外空空空大空勝義空有為空無為空畢竟
空無際空散空無變異空本性空自相空共
相空一切法空不可得空無性空自性空無
性自性空真如甚深世尊云何真如真如甚深
云何法界法性不虛妄性不變異性平等性
離生性法定法住實際虛空界不思議界真
如甚深世尊云何四念住真如甚深云何四
正斷四神足五根五力七等覺支八聖道支
真如甚深世尊云何苦聖諦真如甚深云何集
滅道聖諦真如甚深世尊云何四靜慮真如
甚深云何四無量四無色定真如甚深世尊
云何八解脫真如甚深云何八勝處九次第定
十遍處真如甚深世尊云何空解脫門真如
甚深云何無相無願解脫門真如甚深世尊
云何極喜地真如甚深云何離垢地發光地
焰慧地極難勝地現前地遠行地不動地善
慧地法雲地真如甚深世尊云何五眼真如
甚深云何六神通真如甚深世尊云何三摩
地門真如甚深云何陀羅尼門真如甚深世

BD03425 號　大般若波羅蜜多經卷三二八　（22–10）

焰慧地極難勝地現前地遠行地不動地善
慧地法雲地真如甚深世尊云何五眼真如
甚深云何六神通真如甚深世尊云何三摩
地門真如甚深云何陁羅尼門真如甚深世
尊云何佛十力真如甚深云何四無所畏四
無礙解大慈大悲大喜大捨十八佛不共法
真如甚深世尊云何無忘失法真如甚深云
何恒住捨性真如甚深世尊云何預流果真
如甚深云何一來不還阿羅漢果真如甚深
世尊云何獨覺菩提真如甚深世尊云何一
切智真如甚深云何道相智一切相智真如
甚深世尊云何一切菩薩摩訶薩行真如甚
深世尊云何諸佛無上正等菩提真如甚深
佛言善現色真如非即色非離色是故甚深
受想行識真如非即受想行識非離受想
行識是故甚深善現眼處真如非即眼處非
離眼處是故甚深耳鼻舌身意處真如非即
耳鼻舌身意處非離耳鼻舌身意處是故
甚深善現色處真如非即色處非離色處是
故甚深聲香味觸法處真如非即聲香味觸
法處非離聲香味觸法處是故甚深善現眼
界真如非即眼界非離眼界是故甚深耳鼻
舌身意界真如非即耳鼻舌身意界非離耳
鼻舌身意界是故甚深善現色界真如非
即色界非離色界是故甚深聲香味觸法界
真如非即聲香味觸法界非離聲香味觸法
界是故甚深善現眼識界真如非即眼識界
非離眼識界是故甚深耳鼻舌身意識界

BD03425 號　大般若波羅蜜多經卷三二八　（22–11）

即色界非離色界是故甚深聲香味觸法界
真如非即聲香味觸法界非離聲香味觸法
界是故甚深善現眼識界真如非即眼識界
非離眼識界是故甚深耳鼻舌身意識界真
如非即耳鼻舌身意識界非離耳鼻舌身
意識界是故甚深善現眼觸真如非即眼
觸非離眼觸是故甚深耳鼻舌身意觸真
如非即耳鼻舌身意觸非離耳鼻舌身意
觸是故甚深善現眼觸為緣所生諸受真如
非即眼觸為緣所生諸受非離眼觸為緣
所生諸受是故甚深耳鼻舌身意觸為
緣所生諸受真如非即耳鼻舌身意觸為緣
所生諸受非離耳鼻舌身意觸為緣所生
諸受是故甚深善現地界真如非即地界非
離地界是故甚深水火風空識界真如非即
水火風空識界非離水火風空識界是故甚
深善現無明真如非即無明非離無明是故
甚深行識名色六處觸受愛取有生老死愁
歎苦憂惱真如非即行乃至老死愁歎苦憂惱
非離行乃至老死愁歎苦憂惱是故甚深善
現布施波羅蜜多真如非即布施波羅蜜多
非離布施波羅蜜多是故甚深淨戒安忍
精進靜慮般若波羅蜜多真如非即淨戒
安忍精進靜慮般若波羅蜜多非離淨戒安
忍精進靜慮般若波羅蜜多是故甚深善現
內空真如非即內空非離內空是故甚深外
空內外空空空大空勝義空有為空無為空

BD03425 號　大般若波羅蜜多經卷三二八　（22–12）

安忍精進靜慮般若波羅蜜多非離淨戒安
忍精進靜慮般若波羅蜜多是故甚深善現
內空真如非即內空非離內空是故甚深外
空內外空空空大空勝義空有為空無為空
畢竟空無際空散空無變異空本性空自相
空共相空一切法空不可得空無性空自性
空無性自性空真如非即外空乃至無性自
性空非離外空乃至無性自性空是故甚深
善現真如真如非即真如非離真如是故甚
深法界法性不虛妄性不變異性平等性離
生性法定法住實際虛空界不思議界真如
非即法界乃至不思議界非離法界乃至不
思議界是故甚深善現四念住真如非即四
念住非離四念住是故甚深四正斷四神
足五根五力七等覺支八聖道支真如非即
四正斷乃至八聖道支非離四正斷乃至八
聖道支是故甚深善現苦聖諦真如非即苦
聖諦非離苦聖諦是故甚深集滅道聖諦真
如非即集滅道聖諦非離集滅道聖諦是故
甚深善現四靜慮真如非即四靜慮非離
四靜慮是故甚深四無量四無色定真如非
即四無量四無色定非離四無量四無色定
是故甚深善現八解脫真如非即八解脫非
離八解脫是故甚深八勝處九次第定十遍
處真如非即八勝處九次第定十遍處非離
八勝處九次第定十遍處是故甚深善現空
解脫門真如非即空解脫門非離空解脫門

BD03425 號　大般若波羅蜜多經卷三二八　（22–13）

處真如非即八勝處九次第定十遍處非離
八勝處九次第定十遍處是故甚深善現空
解脫門真如非即空解脫門非離空解脫門
是故甚深無相無願解脫門真如非即無相
無願解脫門非離無相無願解脫門是故甚
深善現極喜地真如非即極喜地非離極喜
地是故甚深離垢地發光地焰慧地極難勝
地現前地遠行地不動地善慧地法雲地真
如非即離垢地乃至法雲地非離離垢地乃
至法雲地是故甚深
善現五眼真如非即五眼非離五眼是故甚
深六神通真如非即六神通非離六神通是
故甚深善現三摩地門真如非即三摩地門
非離三摩地門是故甚深陀羅尼門真如非
即陀羅尼門非離陀羅尼門是故甚深善
現佛十力真如非即佛十力非離佛十力是
故甚深四無所畏四無礙解大慈大悲大喜
大捨十八佛不共法真如非即四無所畏乃至
十八佛不共法非離四無所畏乃至十八佛
不共法是故甚深善現無忘失法真如非
即無忘失法非離無忘失法是故甚深恒住
捨性真如非即恒住捨性非離恒住捨性是
故甚深善現預流果真如非即預流果非
離預流果是故甚深一來不還阿羅漢果
真如非即一來不還阿羅漢果非離一來不
還阿羅漢果是故甚深善現獨覺菩提真
如非即獨覺菩提非離獨覺菩提是故

BD03425 號　大般若波羅蜜多經卷三二八　（22–14）

離預流果是故甚深一來不還阿羅漢果
真如非即一來不還阿羅漢果非離一來不
還阿羅漢果是故甚深善現獨覺菩提真
如非即獨覺菩提非離獨覺菩提是故
甚深善現一切智真如非即一切智非離一
切智是故甚深道相智一切相智真如非
即道相智一切相智非離道相智一切相智是
故甚深善現一切菩薩摩訶薩行真如非即
一切菩薩摩訶薩行非離一切菩薩摩訶薩
行是故甚深善現諸佛無上正等菩提真如
非即諸佛無上正等菩提非離諸佛無上正
等菩提是故甚深
爾時具壽善現白佛言世尊甚奇微妙方便
為不退轉地菩薩摩訶薩遣諸色顯示涅
槃遣受想行識顯示涅槃世尊甚奇微妙
方便為不退轉地菩薩摩訶薩遣眼處
顯示涅槃遣耳鼻舌身意處顯示涅槃
世尊甚奇微妙方便為不退轉地菩薩摩訶
薩遣色處顯示涅槃遣聲香味觸法
處顯示涅槃世尊甚奇微妙方便為不退轉
地菩薩摩訶薩遣眼界顯示涅槃遣耳
鼻舌身意界顯示涅槃世尊甚奇微妙方便
為不退轉地菩薩摩訶薩遣色界顯示
涅槃遣聲香味觸法界顯示涅槃世尊甚奇
微妙方便為不退轉地菩薩摩訶薩遣眼
識界顯示涅槃遣耳鼻舌身意識界顯示
涅槃世尊甚奇微妙方便為不退轉地菩薩
摩訶薩遣眼觸顯示涅槃遣耳鼻舌身

微妙方便為不退轉地菩薩摩訶薩遣眼
識界顯示涅槃遣耳鼻舌身意識界顯示
涅槃世尊甚奇微妙方便為不退轉地菩薩
摩訶薩遣眼觸顯示涅槃遣耳鼻舌身
意觸顯示涅槃世尊甚奇微妙方便為不退
轉地菩薩摩訶薩遣眼觸為緣所生諸受
顯示涅槃遣耳鼻舌身意觸為緣所生諸
受顯示涅槃世尊甚奇微妙方便為不退轉
地菩薩摩訶薩遣地界顯示涅槃遣水
火風空識界顯示涅槃世尊甚奇微妙方便為
不退轉地菩薩摩訶薩遣無明顯示涅槃遣
遣行識名色六處觸受愛取有生老死愁歎
苦憂惱顯示涅槃
世尊甚奇微妙方便為不退轉地菩薩摩訶
薩遣布施波羅蜜多顯示涅槃遣淨戒
安忍精進靜慮般若波羅蜜多顯示涅槃世
尊甚奇微妙方便為不退轉地菩薩摩訶薩
遣內空顯示涅槃遣外空內外空空空
大空勝義空有為空無為空畢竟空無際空
散空無變異空本性空自相空共相空一切
法空不可得空無性空自性空無性自性空
顯示涅槃世尊甚奇微妙方便為不退轉地
菩薩摩訶薩遣真如顯示涅槃遣法界
法性不虛妄性不變異性平等性離生性法
定法住實際虛空界不思議界顯示涅槃世
尊甚奇微妙方便為不退轉地菩薩摩訶薩
遣四念住顯示涅槃遣四正斷四神足

定法住實際虛空界不思議界顯示涅槃世
尊甚奇希妙方便為不退轉地菩薩摩訶薩
遠離四念住顯示涅槃遠離四正斷四神足
五根五力七等覺支八聖道支顯示涅槃世
尊甚奇希妙方便為不退轉地菩薩摩訶薩
遠離苦聖諦顯示涅槃遠離集滅道聖諦
顯示涅槃世尊甚奇希妙方便為不退轉地
菩薩摩訶薩遠離四靜慮顯示涅槃遠
離四無量四無色定顯示涅槃世尊甚奇希
妙方便為不退轉地菩薩摩訶薩遠離八解
脫顯示涅槃遠離八勝處九次第定十遍處
顯示涅槃世尊甚奇希妙方便為不退轉地
菩薩摩訶薩遠離空解脫門顯示涅槃遠
離無相無願解脫門顯示涅槃世尊甚奇
希妙方便為不退轉地菩薩摩訶薩遠離
極喜地顯示涅槃遠離離垢地發光地焰慧
地極難勝地現前地遠行地不動地善慧地
法雲地顯示涅槃世尊甚奇希妙方便為不
退轉地菩薩摩訶薩遠離五眼顯示涅槃遠
離六神通顯示涅槃世尊甚奇希妙方便為
不退轉地菩薩摩訶薩遠離三摩地門顯示
涅槃遠離陀羅尼門顯示涅槃世尊甚奇希
妙方便為不退轉地菩薩摩訶薩遠離佛十
力顯示涅槃遠離四無所畏四無礙解大慈
大悲大喜大捨十八佛不共法顯示涅槃世
尊甚奇希妙方便為不退轉地菩薩摩訶薩遠
離無忘失法顯示涅槃遠離恒住捨性顯示涅槃

BD03425號　大般若波羅蜜多經卷三二八　（22-17）

大悲大喜大捨十八佛不共法顯示涅槃世
尊甚奇希妙方便為不退轉地菩薩摩訶薩遠
離無忘失法顯示涅槃遠離恒住捨性顯示涅槃
世尊甚奇希妙方便為不退轉地菩薩摩訶
薩遠離預流果顯示涅槃遠離一來不還阿羅
漢果顯示涅槃世尊甚奇希妙方便為不退
轉地菩薩摩訶薩遠離獨覺菩提顯示涅槃
世尊甚奇希妙方便為不退轉地菩薩摩訶
薩遠離一切智顯示涅槃遠離道相智一切
相智顯示涅槃世尊甚奇希妙方便為不退
轉地菩薩摩訶薩遠離一切菩薩摩訶薩行
顯示涅槃世尊甚奇希妙方便為不退轉地
菩薩摩訶薩遠離諸佛無上正等菩提顯示
涅槃世尊甚奇希妙方便為不退轉地菩薩
摩訶薩遠離一切若世間若出世間若共若
不共若有漏若無漏若有為若無為法顯示
涅槃佛言善現如是如是如汝所說佛以甚
奇希妙方便為不退轉地菩薩摩訶薩遠離
諸色顯示涅槃遠離受想行識顯示涅槃佛
以甚奇希妙方便為不退轉地菩薩摩訶薩
遠離眼處顯示涅槃遠離耳鼻舌身意處顯
示涅槃佛以甚奇希妙方便為不退轉地菩
薩摩訶薩遠離色處顯示涅槃遠離聲香
味觸法處顯示涅槃佛以甚奇希妙方便為
不退轉地菩薩摩訶薩遠離眼界顯示涅槃
遠離耳鼻舌身意界顯示涅槃佛以甚奇

BD03425號　大般若波羅蜜多經卷三二八　（22-18）

味觸法處顯示涅槃佛以甚奇微妙方便為
不退轉地菩薩摩訶薩遠離眼界顯示涅槃
遠離耳鼻舌身意界顯示涅槃佛以甚奇
微妙方便為不退轉地菩薩摩訶薩遠離色
界顯示涅槃遠離聲香味觸法界顯示涅槃
佛以甚奇微妙方便為不退轉地菩薩摩訶
薩遠離眼識界顯示涅槃遠離耳鼻舌身意
識界顯示涅槃佛以甚奇微妙方便為不退
轉地菩薩摩訶薩遠離眼觸顯示涅槃遠離
耳鼻舌身意觸顯示涅槃佛以甚奇微妙方
便為不退轉地菩薩摩訶薩遠離眼觸為緣
所生諸受顯示涅槃遠離耳鼻舌身意觸為
緣所生諸受顯示涅槃佛以甚奇微妙方
便為不退轉地菩薩摩訶薩遠離地界顯
示涅槃遠離水火風空識界顯示涅槃佛以
甚奇微妙方便為不退轉地菩薩摩訶薩遠
離無明顯示涅槃遠離行識名色六處觸受愛
取有生老死愁歎苦憂惱顯示涅槃
佛以甚奇微妙方便為不退轉地菩薩摩訶
薩遠離布施波羅蜜多顯示涅槃遠離淨戒
安忍精進靜慮般若波羅蜜多顯示涅槃佛
以甚奇微妙方便為不退轉地菩薩摩訶薩
遠離內空顯示涅槃遠離外空內外空空空
大空勝義空有為空無為空畢竟空無際空
散空無變異空本性空自相空共相空一切
法空不可得空無性空自性空無性自性空
顯示涅槃佛以甚奇微妙方便為不退轉地

BD03425號　大般若波羅蜜多經卷三二八　（22-19）

大空勝義空有為空無為空畢竟空無際空
散空無變異空本性空自相空共相空一切
法空不可得空無性空自性空無性自性空
顯示涅槃佛以甚奇微妙方便為不退轉地
菩薩摩訶薩遠離真如顯示涅槃遠離法界
法性不虛妄性不變異性平等性離生性
法定法住實際虛空界不思議界顯示涅槃
佛以甚奇微妙方便為不退轉地菩薩摩
訶薩遠離四念住顯示涅槃遠離四正斷四神
足五根五力七等覺支八聖道支顯示涅槃佛
以甚奇微妙方便為不退轉地菩薩摩訶
薩遠離苦聖諦顯示涅槃遠離集滅道聖諦
顯示涅槃佛以甚奇微妙方便為不退轉地
菩薩摩訶薩遠離四靜慮顯示涅槃遠離四
無量四無色定顯示涅槃佛以甚奇微妙方
便為不退轉地菩薩摩訶薩遠離八解脫顯
示涅槃遠離八勝處九次第定十遍處顯示
涅槃佛以甚奇微妙方便為不退轉地菩薩
摩訶薩遠離空解脫門顯示涅槃遠離無
相無願解脫門顯示涅槃佛以甚奇微妙方便
為不退轉地菩薩摩訶薩遠離極喜地顯示
涅槃遠離離垢地發光地焰慧地極難勝地
現前地遠行地不動地善慧地法雲地顯示涅
槃佛以甚奇微妙方便為不退轉地菩薩摩
訶薩遠離五眼顯示涅槃遠離六神通顯示涅
槃佛以甚奇微妙方便為不退轉地菩薩摩
訶薩遠離三摩地門顯示涅槃遠離陀羅尼

BD03425號　大般若波羅蜜多經卷三二八　（22-20）

現前地遠行地不動地善慧地法雲地顯示涅
槃佛以甚奇微妙方便為不退轉地菩薩摩
訶薩遮遣五眼顯示涅槃遮遣六神通顯示涅
槃佛以甚奇微妙方便為不退轉地菩薩摩
訶薩遮遣三摩地門顯示涅槃遮遣陁羅尼
門顯示涅槃佛以甚奇微妙方便為不退轉
地菩薩摩訶薩遮遣佛十力顯示涅槃遮遣
四無所畏四無礙解大慈大悲大喜大捨十
八佛不共法顯示涅槃佛以甚奇微妙方便
為不退轉地菩薩摩訶薩遮遣無忘失法顯
示涅槃遮遣恒住捨性顯示涅槃佛以甚奇
微妙方便為不退轉地菩薩摩訶薩遮遣預
流果顯示涅槃遮遣一來不還阿羅漢果顯
示涅槃佛以甚奇微妙方便為不退轉地菩
薩摩訶薩遮遣獨覺菩提顯示涅槃佛以甚
奇微妙方便為不退轉地菩薩摩訶薩遮遣
一切智顯示涅槃遮遣道相智一切相智顯
示涅槃佛以甚奇微妙方便為不退轉地菩
薩摩訶薩遮遣一切菩薩摩訶薩行顯示涅
槃佛以甚奇微妙方便為不退轉地菩薩摩
訶薩遮遣諸佛無上正等菩提顯示涅槃佛
以甚奇微妙方便為不退轉地菩薩摩訶薩
遮遣一切若世間若出世間若共若不共若
有漏若無漏若有為若無為法顯示涅槃

大般若波羅蜜多經卷第三百廿八

BD03425號　大般若波羅蜜多經卷三二八　（22–21）

流果顯示涅槃遮遣一來不還阿羅漢果顯
示涅槃佛以甚奇微妙方便為不退轉地菩
薩摩訶薩遮遣獨覺菩提顯示涅槃佛以甚
奇微妙方便為不退轉地菩薩摩訶薩遮遣
一切智顯示涅槃遮遣道相智一切相智顯
示涅槃佛以甚奇微妙方便為不退轉地菩
薩摩訶薩遮遣一切菩薩摩訶薩行顯示涅
槃佛以甚奇微妙方便為不退轉地菩薩摩
訶薩遮遣諸佛無上正等菩提顯示涅槃佛
以甚奇微妙方便為不退轉地菩薩摩訶薩
遮遣一切若世間若出世間若共若不共若
有漏若無漏若有為若無為法顯示涅槃

大般若波羅蜜多經卷第三百廿八

BD03425號　大般若波羅蜜多經卷三二八　（22–22）

三百廿八

BD03425 號背　勘記　　（1–1）

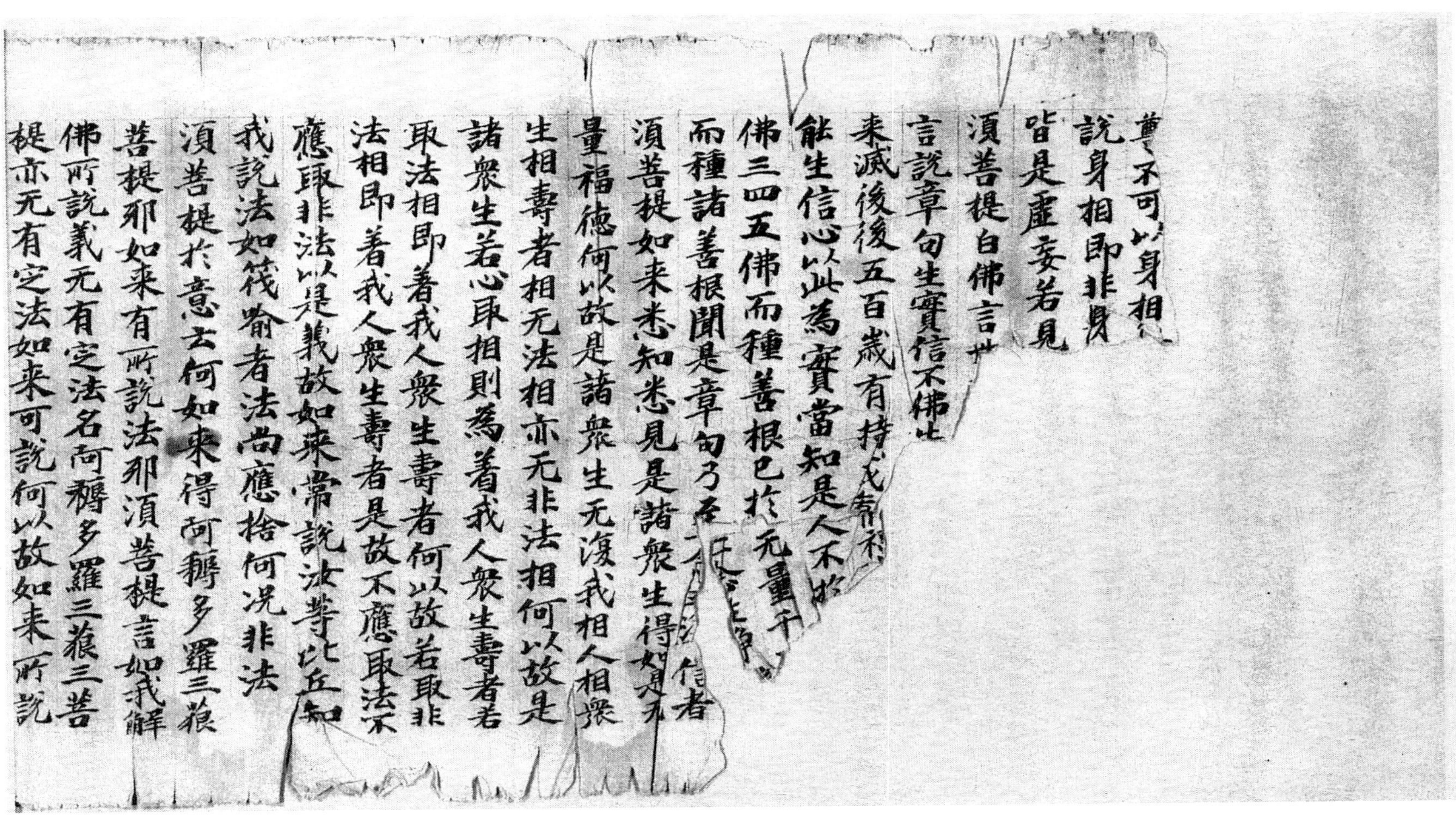
尊不可以身相
說身相即非身
皆是虛妄若見
須菩提白佛言世
言說章句生實信不佛
来滅後後五百歲有持戒脩福
能生信心以此為實當知是人不於
佛三四五佛而種善根已於无量千
而種諸善根聞是章句乃至 [illegible] 信者
須菩提如来悉知悉見是諸衆生得如是无
量福德何以故是諸衆生无復我相人相衆
生相壽者相无法相亦无非法相何以故是
諸衆生若心取相則為著我人衆生壽者若
取法相即著我人衆生壽者何以故若取非
法相即著我人衆生壽者是故不應取法不
應取非法以是義故如来常說汝等比丘知
我說法如筏喻者法尚應捨何況非法
須菩提於意云何如来得阿耨多羅三藐
菩提耶如来有所說法耶須菩提言如我解
佛所說義无有定法名阿耨多羅三藐三菩
提亦无有定法如来可說何以故如来所說

BD03426 號　金剛般若波羅蜜經　　（14–1）

須菩提於意云何如来得阿耨多羅三藐
菩提耶如来有所說法耶須菩提言如我解
佛所說義无有定法名阿耨多羅三藐三菩
提亦无有定法如来可說何以故如来所說
法皆不可取不可說非法非非法所以者何一
切賢聖皆以无為法而有差別
須菩提於意云何若人滿三千大千世界七
寶以用布施是人所得福德寧為多不須
菩提言甚多世尊何以故是福德即非福德性
是故如来說福德多若復有人於此經中受
持乃至四句偈等為他人說其福勝彼何以
故須菩提一切諸佛及諸佛阿耨多羅三藐
三菩提法皆從此經出須菩提所謂佛法者
即非佛法
須菩提於意云何須陁洹能作是念我得須
陁洹果不須菩提言不也世尊何以故須陁
洹名為入流而无所入不入色聲香味觸法
是名須陁洹須菩提於意云何斯陁含能作
是念我得斯陁含果不須菩提言不也世尊何
以故斯陁含名一往来而實无往来是名斯
陁含須菩提於意云何阿那含能作是念我
得阿那含果不須菩提言不也世尊何以故
阿那含名為不来而實无来是故名阿那含
須菩提於意云何阿羅漢能作是念我得阿
羅漢道不須菩提言不也世尊何以故實无

BD03426號　金剛般若波羅蜜經　（14–2）

阿那含名為不来而實无来是故名阿那含
須菩提於意云何阿羅漢能作是念我得阿
羅漢道不須菩提言不也世尊何以故實无
有法名阿羅漢世尊若阿羅漢作是念我得
阿羅漢道即為著我人衆生壽者世尊佛說
我得无諍三昧人中最為第一是第一離欲
阿羅漢我不作是念我是離欲阿羅漢世尊
我若作是念我得阿羅漢道世尊則不說須
菩提是樂阿蘭那行者以須菩提實无所行
而名須菩提是樂阿蘭那行
佛告須菩提於意云何如来昔在然燈佛所
於法有所得不世尊如来在然燈佛所於法
實无所得須菩提於意云何菩薩莊嚴佛
土不不也世尊何以故莊嚴佛土者則非莊嚴
是名莊嚴是故須菩提諸菩薩摩訶薩應
如是生清淨心不應住色生心不應住聲香味
觸法生心應无所住而生其心須菩提譬如
有人身如須弥山王於意云何是身為大不
須菩提言甚大世尊何以故佛說非身是名
大身須菩提如恒河中所有沙數如是沙等
恒河於意云何是諸恒河沙寧為多不須菩
提言甚多世尊但諸恒河尚多无數何況其
沙須菩提我今實言告汝若有善男子
善女人以七寶滿爾所恒河沙數三千大千世界

BD03426號　金剛般若波羅蜜經　（14–3）

恒河於意云何是諸恒河沙寧為多不須菩
提言甚多世尊但諸恒河尚多无數何況其
沙須菩提我今實言告汝若有善男子
善女人以七寶滿尒所恒河沙數三千大千世界
以用布施得福多不須菩提言甚多世尊佛
告須菩提若善男子善女人於此經中乃至
受持四句偈等為他人說而此福德勝前福
德復次須菩提隨說是經乃至四句偈等當
知此處一切世間天人阿脩羅皆應供養如
佛塔廟何況有人盡能受持讀誦須菩提
當知是人成就最上第一希有之法若是經
典所在之處則為有佛若尊重弟子
尒時須菩提白佛言世尊當何名此經我等
云何奉持佛告須菩提是經名為金剛般若
波羅蜜以是名字汝當奉持所以者何須菩
提佛說般若波羅蜜則非般若波羅蜜須菩
提於意云何如来有所說法不須菩提白佛
言世尊如来无所說須菩提於意云何三千
大千世界所有微塵是為多不須菩提言甚
多世尊須菩提諸微塵如来說非微塵是名
微塵如来說世界非世界是名世界須菩提
於意云何可以卅二相見如来不不也世尊不
可以卅二相得見如来何以故如来說卅二
相即是非相是名卅二相須菩提若有善
男子善女人以恒河沙等身命布施若復有

可以卅二相得見如来何以故如来說卅二
相即是非相是名卅二相須菩提若有善
男子善女人以恒河沙等身命布施若復有
人於此經中乃至受持四句偈等為他人說其
福甚多
尒時須菩提聞說是經深解義趣涕淚悲
泣而白佛言希有世尊佛說如是甚深經典
我從昔来所得慧眼未曾得聞如是之經世尊
若復有人得聞是經信心清淨則生實相當
知是人成就第一希有功德世尊是實相者
則是非相是故如来說名實相世尊我今得
聞如是經典信解受持不足為難若當来世
後五百歲其有衆生得聞是經信解受持
是人則為第一希有何以故此人无我相人相衆
生相壽者相所以者何我相即是非相人相
衆生相壽者相即是非相何以故離一切
諸則名諸佛
佛告須菩提如是如是若復有人得聞是
經不驚不怖不畏當知是人甚為希有何以故
須菩提如来說第一波羅蜜非第一波羅蜜
是名第一波羅蜜須菩提忍辱波羅蜜如来
說非忍辱波羅蜜何以故須菩提如我昔為
歌利王割截身體我於尒時无我相人相
无衆生相无壽者相何以故我於往昔節節
支解時若有我相人相衆生相壽者相應生

說非忍辱波羅蜜何以故須菩提如我昔爲
歌利王割截身體我於尒時无我相人相
无衆生相无壽者相何以故我於往昔節節
支解時若有我相人相衆生相壽者相應生
瞋恨須菩提又念過去於五百世作忍辱仙
人於尒所世无我相无人相无衆生相无壽者
相是故須菩提菩薩應離一切相發阿耨
多羅三藐三菩提心不應住色生心不應住
聲香味觸法生心應生无所住心若心有住
則爲非住是故佛說菩薩心不應住色布施
須菩提菩薩爲利益一切衆生應如是布施
如來說一切諸相即是非相又說一切衆生
則非衆生須菩提如來是真語者實語者
如語者不誑語者不異語者須菩提如來所得
法此法无實无虛須菩提若菩薩心住於法
而行布施如人入闇則无所見若菩薩心不住
法而行布施如人有目日光明照見種種色
須菩提當來之世若有善男子善女人能於
此經受持讀誦則爲如來以佛智慧悉知是
人悉見是人皆得成就无量无邊功德
須菩提若有善男子善女人初日分以恒河沙
等身命布施中日分復以恒河沙等身布
施後日分亦以恒河沙等身布施如是无量
百千万億劫以身布施若復有人聞此經典
信心不逆其福勝彼何況書寫受持讀誦爲

等身命布施中日分復以恒河沙等身布
施後日分亦以恒河沙等身布施如是无量
百千万億劫以身布施若復有人聞此經典
信心不逆其福勝彼何況書寫受持讀誦爲
人解說須菩提以要言之是經有不可思議
不可稱量无邊功德如來爲發大乘者說爲
發最上乘者說若有人能受持讀誦廣爲人
說如來悉知是人悉見是人皆成就不可量
不可稱无有邊不可思議功德如是人等則
爲荷擔如來阿耨多羅三藐三菩提何以故
須菩提若樂小法者著我見人見衆生見壽
者見則於此經不能聽受讀誦爲人解說須
菩提在在處處若有此經一切世間天人阿
脩羅所應供養當知此處則爲是塔皆應
恭敬作禮圍遶以諸華香而散其處
復次須菩提善男子善女人受持讀誦此經
若爲人輕賤是人先世罪業應墮惡道以今
世人輕賤故先世罪業則爲消滅當得阿耨
多羅三藐三菩提須菩提我念過去无量阿
僧祇劫於然燈佛前得值八百四千万億那
由他諸佛悉皆供養承事无空過者若復
有人於後末世能受持讀誦此經所得功德於
我所供養諸佛功德百分不及一千万億分
乃至筭數譬喻所不能及須菩提若善男
子善女人於後末世有受持讀誦此經所得功
德我若具說者或有人聞心則狂亂狐疑

有人於後末世能受持讀誦此經所得功德於
我所供養諸佛功德百分不及一千万億分
乃至筭數譬喻所不能及須菩提若善男
子善女人於後末世有受持讀誦此經所得功
德我若具說者或有人聞心則狂亂狐疑不
信須菩提當知是經義不可思議果報亦
不可思議
尒時須菩提白佛言世尊善男子善女人發
阿耨多羅三藐三菩提心云何應住云何降
伏其心佛告須菩提善男子善女人發阿耨
多羅三藐三菩提者當生如是心我應滅度
一切衆生滅度一切衆生已而无有一切衆生
實滅度者何以故若菩薩有我相人相衆生
相壽者相則非菩薩所以者何須菩提實无
有法發阿耨多羅三藐三菩提者須菩提於
意云何如来於然燈佛所有法得阿耨多羅
三藐三菩提不不也世尊如我解佛所說義
佛於然燈佛所无有法得阿耨多羅三藐三
菩提佛言如是如是須菩提實无有法如来
得阿耨多羅三藐三菩提須菩提若有法如
来得阿耨多羅三藐三菩提者然燈佛則不
與我受記汝於来世當得作佛号釋迦牟尼
以實无有法得阿耨多羅三藐三菩提是故
然燈佛與我受記作是言汝於来世當得作
佛号釋迦牟尼何以故如来者即諸法如義

與我受記汝於来世當得作佛号釋迦牟尼
以實无有法得阿耨多羅三藐三菩提是故
然燈佛與我受記作是言汝於来世當得作
佛号釋迦牟尼何以故如来者即諸法如義
若有人言如来得阿耨多羅三藐三菩提須
菩提實无有法佛得阿耨多羅三藐三菩提
須菩提如来所得阿耨多羅三藐三菩提於
是中无實无虗是故如来說一切法皆是佛
法須菩提所言一切法者即非一切法是故
名一切法須菩提譬如人身長大須菩提言
世尊如来說人身長大則為非大身是名大
身須菩提菩薩亦如是若作是言我當滅
度无量衆生則不名菩薩何以故須菩提无
有法名為菩薩是故佛說一切法无我无人无
衆生无壽者須菩提若菩薩作是言我當莊
嚴佛土是不名菩薩何以故如来說莊嚴佛
土者即非莊嚴是名莊嚴須菩提若菩薩
通達无我法者如来說名真是菩薩
須菩提於意云何如来有肉眼不如是世尊
如来有肉眼須菩提於意云何如来有天眼
不如是世尊如来有天眼須菩提於意云何
如来有慧眼不如是世尊如来有慧眼須菩
提於意云何如来有法眼不如是世尊如来
有法眼須菩提於意云何如来有佛眼不如
是世尊如来有佛眼

提於意云何如来有法眼不如是世尊如来
有法眼須菩提於意云何如来有佛眼不如
是世尊如来有佛眼
須菩提於意云何恒河中所有沙佛說是沙
不如是世尊如来說是沙須菩提於意云何
如一恒河中所有沙有如是等恒河是諸恒
河所有沙數佛世界如是寧為多不甚多世
尊佛告須菩提尒所國土中所有衆生若干
種心如来悉知何以故如来說諸心皆為非
心是名為心所以者何須菩提過去心不可得
現在心不可得未来心不可得
須菩提於意云何若有人滿三千大千世界
七寶以用布施是人以是因緣得福多不如
是世尊此人以是因緣得福甚多須菩提若
福德有實如来不說得福德多以福德无故
如来說得福德多
須菩提於意云何佛可以具足色身見不不
也世尊如来不應以色身見何以故如来說
具足色身即非具足色身是名具足色身須
菩提於意云何如来可以具足諸相見不不也
世尊如来不應以具足諸相見何以故如来
說諸相具足即非具足是名諸相具足須
菩提汝等勿謂如来作是念我當有所說法
莫作是念何以故若人言如来有所說法即

BD03426號　金剛般若波羅蜜經　（14–10）

說諸相具足即非具足是名諸相具足須
菩提汝等勿謂如来作是念我當有所說法
莫作是念何以故若人言如来有所說法即
為謗佛不能解我所說故須菩提說法者无
法可說是名說法
尒時慧命須菩提白佛言世尊頗有衆生於
未来世聞說是法生信心不佛言須菩提彼
非衆生非不衆生何以故須菩提衆生衆生者如来說非衆生是名衆生
須菩提白佛言世尊佛得阿耨多羅三藐三
菩提為无所得耶如是如是須菩提我於阿
耨多羅三藐三菩提乃至无有少法可得是
名阿耨多羅三藐三菩提
復次須菩提是法平等无有高下是名阿
耨多羅三藐三菩提以无我无人无衆生无壽
者脩一切善法則得阿耨多羅三藐三菩提
須菩提所言善法者如来說非善法是名
善法須菩提若三千大千世界中所有諸須
弥山王如是等七寶聚有人持用布施若人
以此般若波羅蜜經乃至四句偈等受持為
他人說於前福德百分不及一百千万億分
乃至筭數譬喻所不能及
須菩提於意云何汝等勿謂如来作是念我
當度衆生須菩提莫作是念何以故實无有
衆生如来度者若有衆生如来度者如来則
有我人衆生壽者須菩提如来說有我者則
非有我而凡夫之人以為有我須菩提凡夫
者如来說則非凡夫

BD03426號　金剛般若波羅蜜經　（14–11）

衆生如来度者若有衆生如来度者如来則
有我人衆生壽者須菩提如来說有我者則
非有我而凡夫之人以為有我須菩提凡夫
者如来說則非凡夫
須菩提於意云何可以卅二相觀如来不須
菩提言如是如是以卅二相觀如来佛言須
菩提若以卅二相觀如来者轉輪聖王則是
如来須菩提白佛言世尊如我解佛所說義
不應以卅二相觀如来尒時世尊而說偈言
若以色見我　以音聲求我　是人行邪道　不能見如来
須菩提汝若作是念如来不以具足相故得
阿耨多羅三藐三菩提須菩提莫作是念如
来不以具足相故得阿耨多羅三藐三菩提
者說諸法斷滅相莫作是念何以故發阿
耨多羅三藐三菩提者於法不說斷滅相
須菩提若菩薩以滿恒河沙等世界七寶布
施若復有人知一切法无我得成於忍此菩
薩勝前菩薩所得功德須菩提以諸菩薩
不受福德故須菩提白佛言世尊云何菩薩
不受福德須菩提菩薩所作福德不應貪
著是故說不受福德
須菩提若有人言如来若来若去若坐若
卧是人不解我所說義何以故如来者无所
從来亦无所去故名如来
須菩提若善男子善女人以三千大千世界

BD03426號　金剛般若波羅蜜經　（14–12）

須菩提若有人言如来若来若去若坐若
卧是人不解我所說義何以故如来者无所
從来亦无所去故名如来
須菩提若善男子善女人以三千大千世界
碎為微塵於意云何是微塵衆寧為多不
甚多世尊何以故若是微塵衆實有者佛則
不說是微塵衆所以者何佛說微塵衆則非
微塵衆是名微塵衆世尊如来所說三千大
千世界則非世界是名世界何以故若世界實
有者則是一合相如来說一合相則非一合
相是名一合相須菩提一合相者則是不可
說但凡夫之人貪著其事
須菩提若人言佛說我見人見衆生見壽
者見須菩提於意云何是人解我所說義
不世尊是人不解如来所說義何以故世尊
說我見人見衆生見壽者見即非我見人見
衆生見壽者見是名我見人見衆生見壽
者見須菩提發阿耨多羅三藐三菩提心者於一
切法應如是知如是見如是信解不生法相須
菩提所言法相者如来說即非法相是名法
相須菩提若有人以滿无量阿僧祇世界七
寶持用布施若有善男子善女人發菩薩
心者持於此經乃至四句偈等受持讀誦為
人演說其福勝彼云何為人演說不取於相
如如不動何以故
一切有為法　如夢幻泡影　如露亦如電

BD03426號　金剛般若波羅蜜經　（14–13）

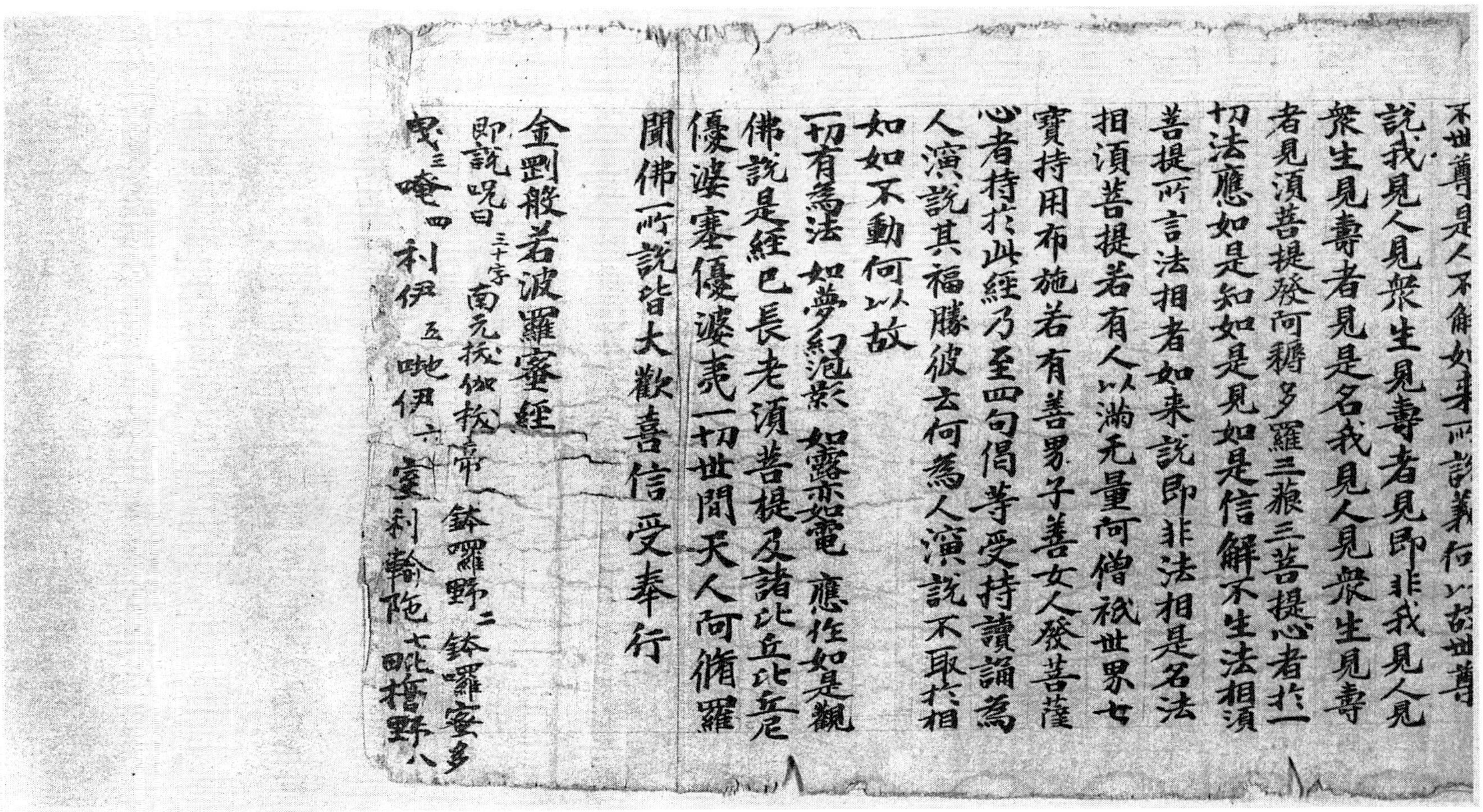

不世尊是人不解如來所說義何以故世尊
說我見人見衆生見壽者見即非我見人見
衆生見壽者見是名我見人見衆生見壽
者見須菩提發阿耨多羅三藐三菩提心者於一
切法應如是知如是見如是信解不生法相須
菩提所言法相者如來說即非法相是名法
相須菩提若有人以滿无量阿僧祇世界七
寶持用布施若有善男子善女人發菩薩
心者持於此經乃至四句偈等受持讀誦為
人演說其福勝彼云何為人演說不取於相
如如不動何以故
一切有為法　如夢幻泡影　如露亦如電　應作如是觀
佛說是經已長老須菩提及諸比丘比丘尼
優婆塞優婆夷一切世間天人阿脩羅
聞佛所說皆大歡喜信受奉行
金剛般若波羅蜜經
即說呪曰 三十字 南无拔伽枝帝一 鉢囉野二 鉢囉蜜多
曳三 唵四 利伊五 唎地伊六 室利輸陀七 毗舍野八

BD03426 號　金剛般若波羅蜜經　（14–14）

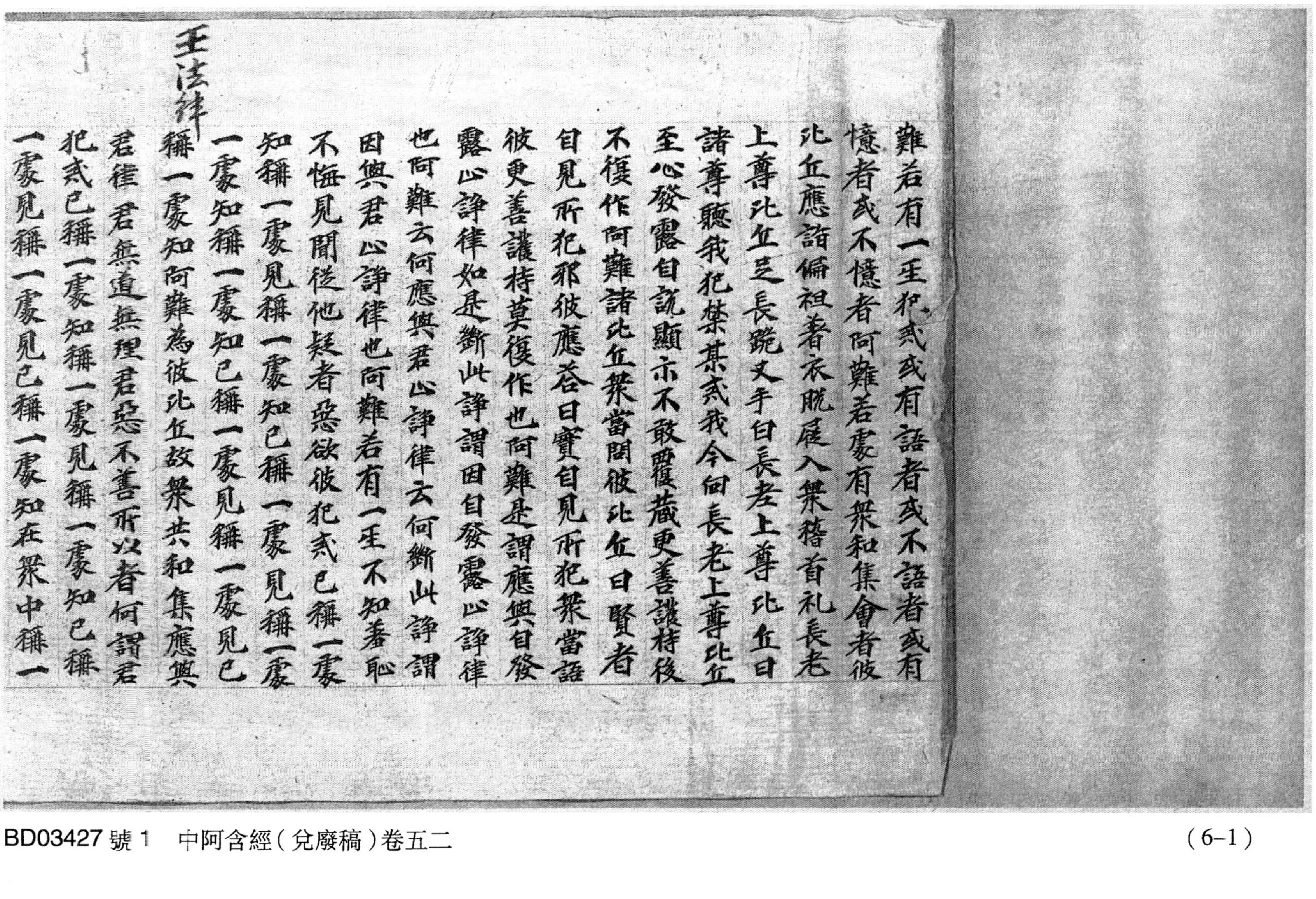

難若有一丘犯式或有語者或不語者或有
憶者或不憶者阿難若處有衆和集會者彼
比丘應諸偏袒著衣脫屣入衆稽首礼長老
上尊比丘已長跪叉手白長老上尊比丘曰
諸尊聽我犯禁某式我今向長老上尊比丘
至心發露自說顯示不敢覆藏更善護持後
不復作阿難諸比丘衆當問彼比丘曰賢者
自見所犯耶彼應答曰實自見所犯衆當語
彼更善護持莫復作也阿難是謂應與自發
露心諍律如是斷此諍謂因自發露心諍律
也阿難云何應與君心諍律云何斷此諍謂
因與君心諍律也阿難若有一丘不知羞恥
不悔見聞從他疑者惡欲彼犯式已稱一處
知稱一處見稱一處知已稱一處見稱一處
一處知稱一處知已稱一處見稱一處見已
稱一處知阿難為彼比丘故衆共和集應與
王法律
君律 君無道無理君惡不善所以者何謂君
犯式已稱一處知稱一處見稱一處知已稱
一處見稱一處見已稱一處知在衆中稱一

BD03427 號 1　中阿含經（兌廢稿）卷五二　（6–1）

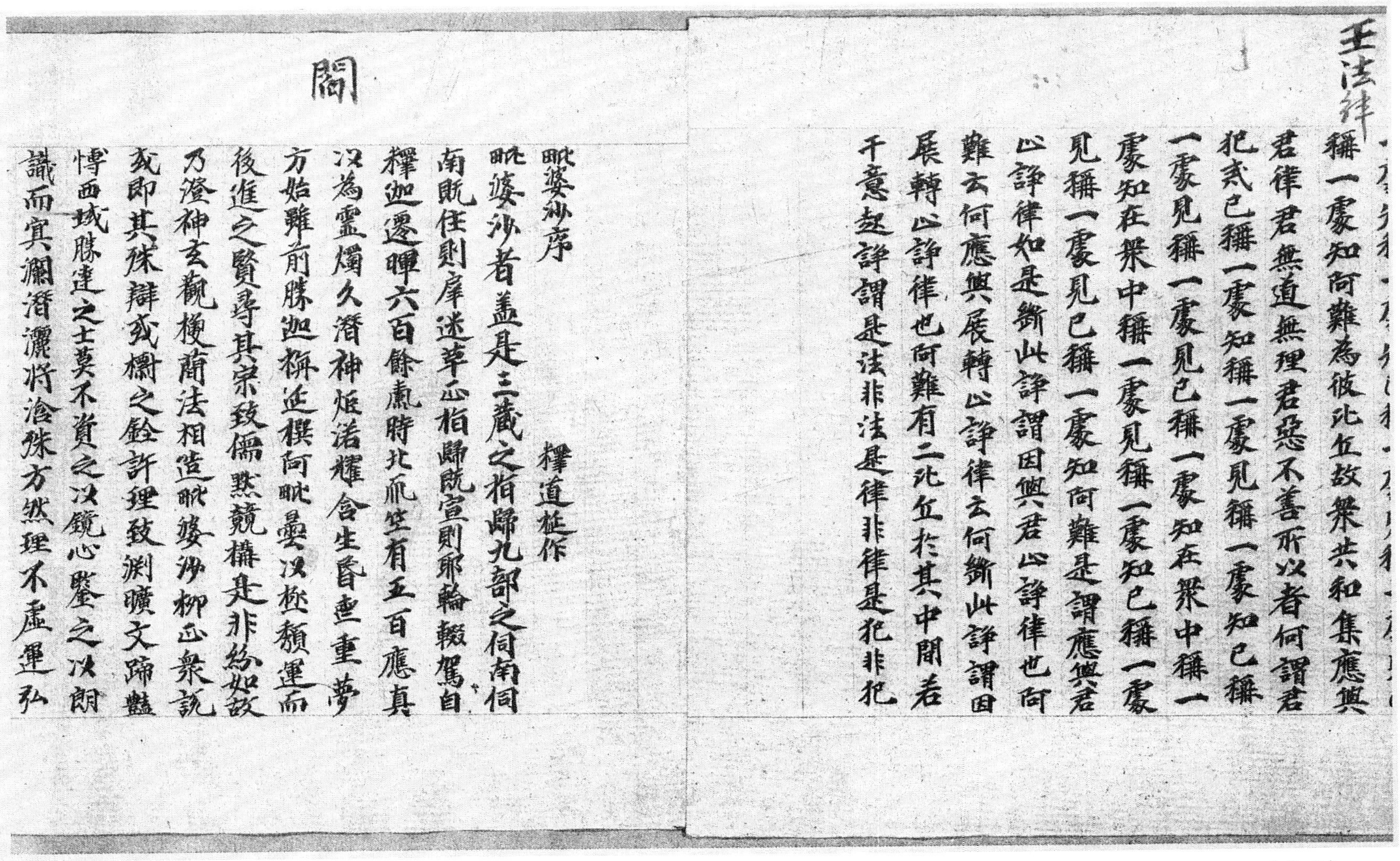

王法律

稱一處知阿難為彼比丘故衆共和集應與
君律君無道無理君惡不善所以者何謂君
犯式已稱一處知稱一處見稱一處知已稱
一處見稱一處見已稱一處知在衆中稱一
處知在衆中稱一處見稱一處知已稱一處
見稱一處見已稱一處知阿難是謂應與君
心諍律知是斷此諍謂因與君心諍律也阿
難云何應與展轉心諍律云何斷此諍謂因
展轉心諍律也阿難有二比丘於其中間若
干意起諍謂是法非法是律非律是犯非犯

閣

毗婆沙序　　釋道梴作
毗婆沙者蓋是三藏之指歸九部之伺南伺
南既往則庠迷革正指歸既宣則邪輪輟駕自
釋迦遷暉六百餘[illegible]時北天竺有五百應真
以為靈燭久潛神炬潛耀含生昏喜重夢
方始雖前勝迦旃延撰阿毗曇以拯頹運而
後進之賢尋其宗致儒然競構是非紛如故
乃澄神玄觀搜簡法相造毗婆沙抑正衆說
或即其殊辯或標之銓評理致淵曠文蹄豔
博西域勝達之士莫不資之以鏡心鑒之以朗
識而冥瀾潛灑將洽殊方然理不虛運弘

BD03427 號 1　中阿含經（兌廢稿）卷五二
BD03427 號 2　阿毗曇毗婆沙論序（兌廢稿）
（6–2）

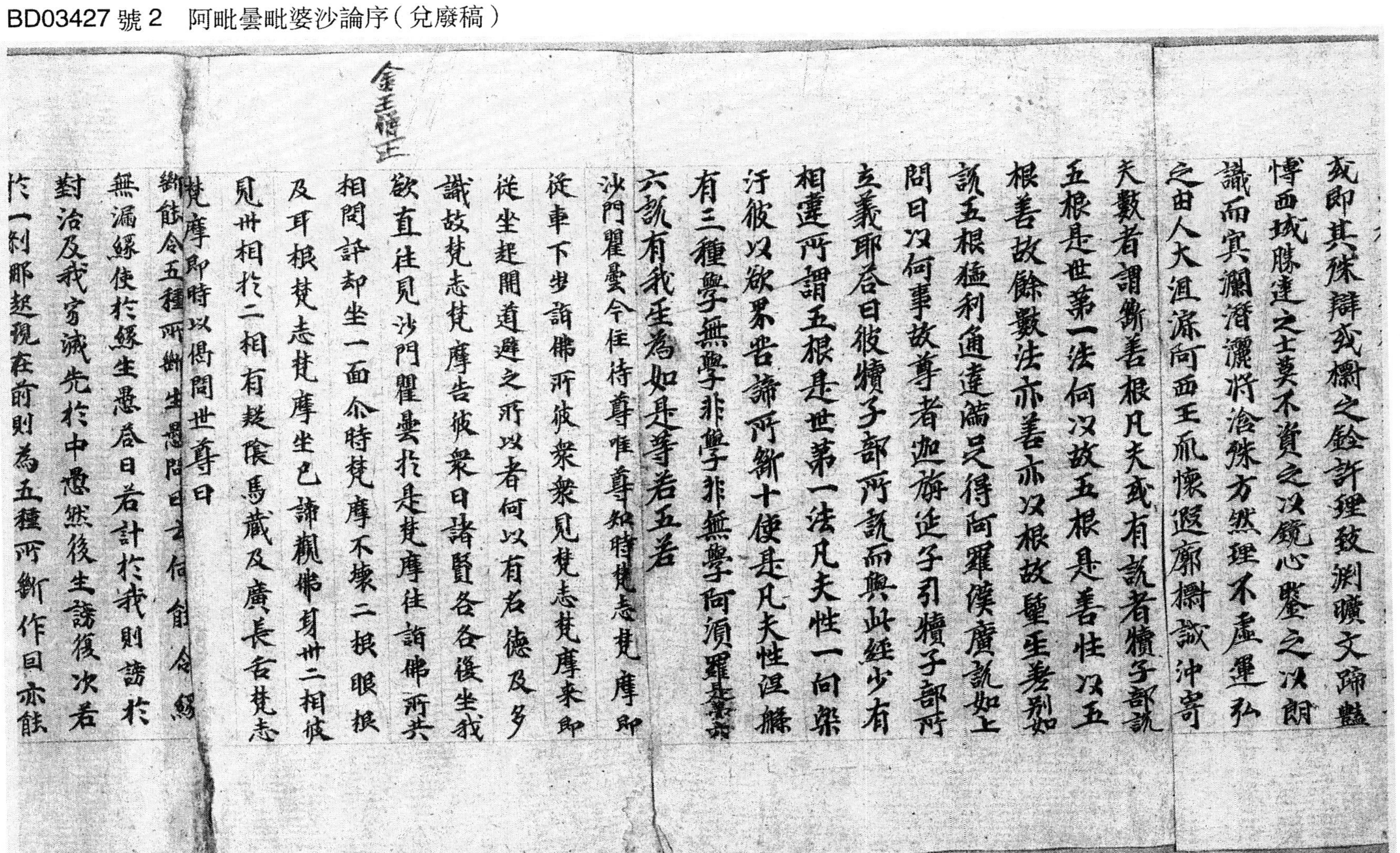

或即其殊辯或標之銓評理致淵曠文蹄豔
博西域勝達之士莫不資之以鏡心鑒之以朗
識而冥瀾潛灑將洽殊方然理不虛運弘
之由人大沮渠河西王爪懷遐廓摽誠沖寄
夫數者謂斷善根凡夫或有說者犢子部說
五根是世第一法何以故五根是善性以五
根善故餘數法亦善亦以根故璧至差別如
說五根極利通達滿足得阿羅漢廣說如上
問曰以何事故尊者迦旃延子引犢子部所
立義耶答曰彼犢子部所說而與此經少有
相違所謂五根是世第一法凡夫性一向染
汙彼以欲界苦諦所斷十使是凡夫性涅槃
有三種學無學非學非無學阿須羅是[illegible]
六說有我至為如是等若五若
沙門瞿曇今住待尊唯尊如時梵志梵摩即
從車下步詣佛所彼衆衆見梵志梵摩來即
從坐起開道避之所以者何以有名德及多
識故梵志梵摩告彼衆曰諸賢各各復坐我
欲直往見沙門瞿曇於是梵摩往詣佛所共
相問訊却坐一面尒時梵摩不壞二根眼根
及耳根梵志梵摩坐已諦觀佛身卅二相彼
見卅相於二相有疑陰馬藏及廣長舌梵志
梵摩即時以偈問世尊曰
斷能令五種所斷生愚[illegible]何能令[illegible]緣
無漏緣使於緣生愚答曰若計於我則謗於
對治及我寂滅先於中愚然後生謗復次若
於一剎那起現在前則為五種所斷作因亦能

金玉稽正

BD03427 號 2　阿毗曇毗婆沙論序（兌廢稿）
BD03427 號 3　阿毗曇毗婆沙論（兌廢稿）卷一
BD03427 號 4　中阿含經（兌廢稿）卷四一
（6–3）

梵摩即時以偈問世尊曰
斷能令五種所斷生愚問曰云何能令緣
無漏緣使於緣生愚答曰若計於我則謗於
對治及我究滅先於中愚然後生謗復次若
於一剎那起現在前則為五種所斷作因亦能
緣使是一切遍義依相應法雖能作因亦
能緣而不能使非使性故依共俱生等雖能
作因而不能緣亦不能使非緣非使性故
問曰遍使相應共有法為是一切遍為非一
切遍若是者何以但說卅三使是遍若非者
何以相應共有法或是一切遍或非一切遍
答曰應作是說非一切遍問曰若然者何以
相應共有法或是一切遍或非一切遍答曰
如相應共有法或是使或非使如是相應共
有法或是一切遍或非一切遍評曰應作是
說是一切遍問曰若然者何以但說卅三是
一切遍答曰為使故說所為有二種一為法
二為使若為使故說有卅三若為法故說是
一切遍復有說者此文以章故說一切遍一
以因故二以緣故三以使故依遍使相應法
以因以緣故名一切遍不以使故一切遍使
共有法以因故不以緣不以使使則以三事
故而以為文以是事故使共俱生等是一切
遍問曰一切遍得為是一切遍不尊者僧伽
婆修說曰是一切遍若一切遍得非一切遍
者非一切遍是一切遍耶此難非難所以者
何答作是說色法得非色非色是色耶如是

BD03427 號 5　阿毗曇毗婆沙論（兌廢稿）卷一一　（6–4）

存

故而以為文以是事故
遍問曰一切遍得為是一切遍不尊者僧伽
婆修說曰是一切遍若一切遍得非一切遍
者非一切遍是一切遍耶此難非難所以者
何若作是說色法得非色非色是色耶如是
說者好非是一切遍問曰何故一切遍生老
住無常是一切遍得非一切遍耶答曰生老

弟姊妹親族展轉共諍彼既如是共鬪諍已
毋說子惡子說毋惡父子兄弟姊妹親族更
相說惡況復他人摩訶男是謂現法苦陰因
欲緣欲以欲為本摩訶男復次衆生因欲緣
欲以欲為本故王王共諍梵志梵志共諍居
士居士共諍民民共諍國國共諍彼因鬪諍
共相憎故以種種器仗轉相加害或以拳扠
石擲或以杖打刀斫彼當鬪時或死或怖受
極重苦摩訶男是謂現法苦陰因欲緣欲以
欲為本摩訶男復次衆生因欲緣欲以欲為
本故著鎧被袍持矟弓箭或執刀楯入在軍
陣或以象鬪或馬或車或以步軍或以男女
鬪彼當鬪時或死或怖受極重苦摩訶男是
謂現法苦陰因欲緣欲以欲為本摩訶男復
次衆生因欲緣欲以欲為本故著鎧被袍持
矟弓箭或執刀楯往奪他國攻城破塢共相
格戰打鼓吹角高聲喚呼或以椎打或以鉾
戟或以利輪或以箭射或亂下石或以大弩
或以融銅珠子灑之彼當鬪時或死或怖受
極重苦摩訶男是謂現法苦陰因欲緣欲以

BD03427 號 5　阿毗曇毗婆沙論（兌廢稿）卷一一　（6–5）
BD03427 號 6　中阿含經（兌廢稿）卷二五

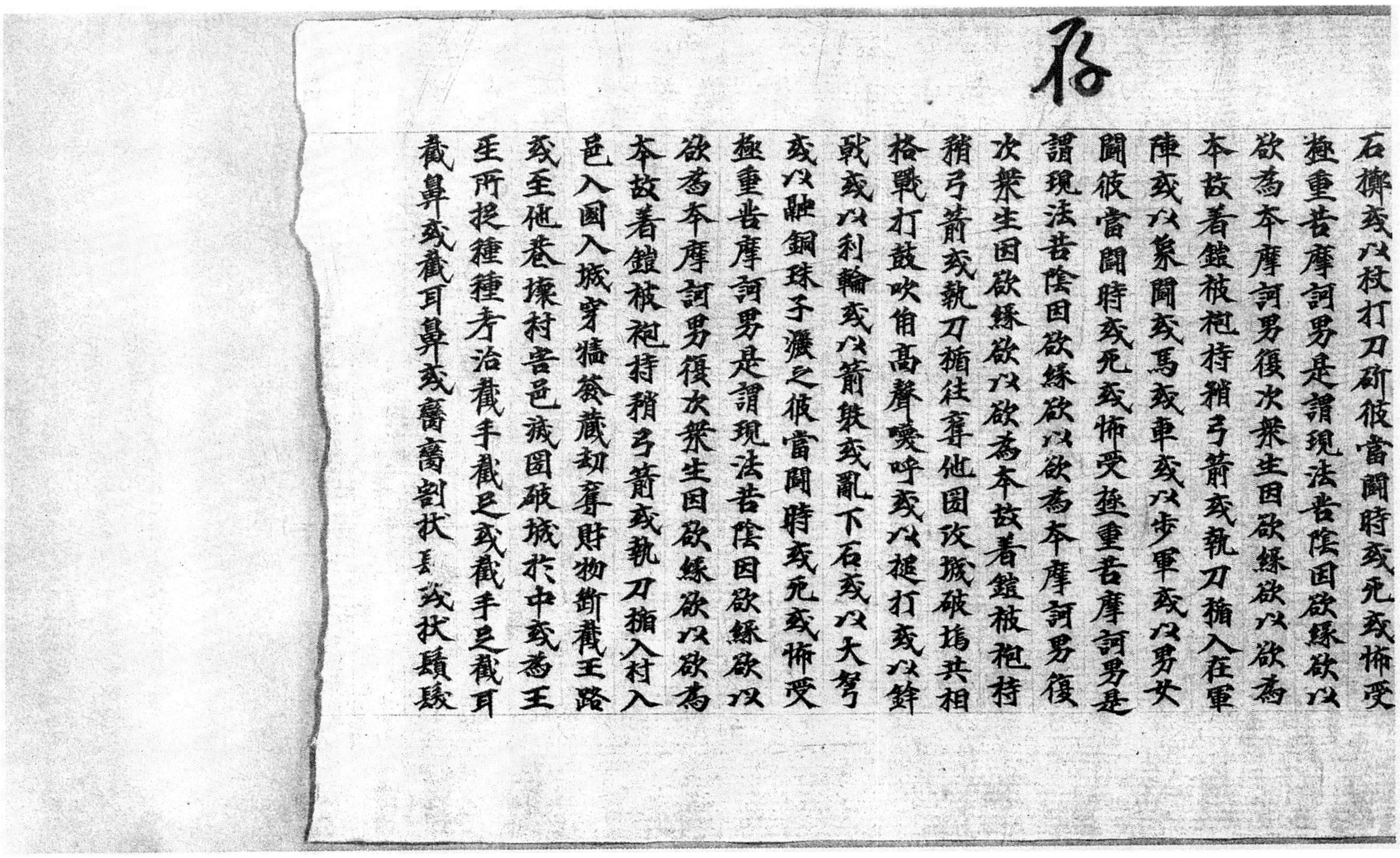

存

石擲或以杖打刀斫彼當鬪時或死或怖受
極重苦摩訶男是謂現法苦陰因欲緣欲以
欲為本摩訶男復次衆生因欲緣欲以欲為
本故著鎧被袍持矟弓箭或執刀楯入在軍
陣或以象鬪或馬或車或以步軍或以男女
鬪彼當鬪時或死或怖受極重苦摩訶男是
謂現法苦陰因欲緣欲以欲為本摩訶男復
次衆生因欲緣欲以欲為本故著鎧被袍持
矟弓箭或執刀楯往奪他國攻城破塢共相
格戰打鼓吹角高聲喚呼或以椎打或以鉾
戟或以利輪或以箭鏃或亂下石或以大弩
或以融銅珠子灑之彼當鬪時或死或怖受
極重苦摩訶男是謂現法苦陰因欲緣欲以
欲為本摩訶男復次衆生因欲緣欲以欲為
本故著鎧被袍持矟弓箭或執刀楯入村入
邑入國入城穿牆發藏劫奪財物斷截王路
或至他巷壞村害邑滅國破城於中或為王
丞所捉種種考治截手截足或截手足截耳
截鼻或截耳鼻或臠臠割拔鬚或拔鬚髮

BD03427 號 6　中阿含經（兌廢稿）卷二五　　（6–6）

BD03427 號背　題名　　（2–1）

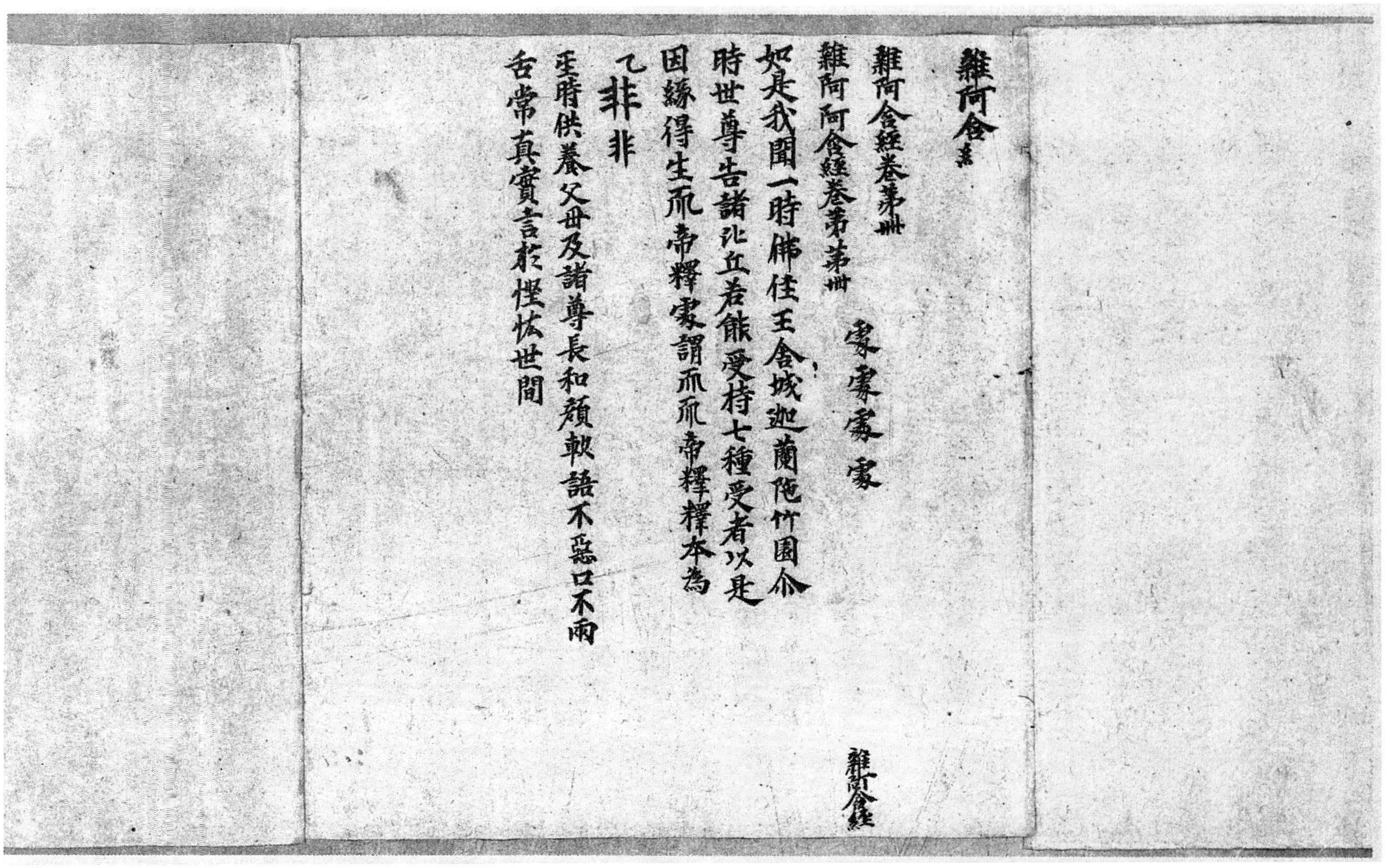
雜阿含〻
雜阿含經卷第卌
雜阿含經卷第卌　處處處處　處
如是我聞一時佛住王舍城迦蘭陀竹園尒
時世尊告諸比丘若能受持七種受者以是
因緣得生帝釋處謂帝釋帝釋本為
乙非非
人時供養父母及諸尊長和顏軟語不惡口不兩
舌常真實言於慳悋世間
雜阿含經

BD03427 號背　雜寫　（2–2）

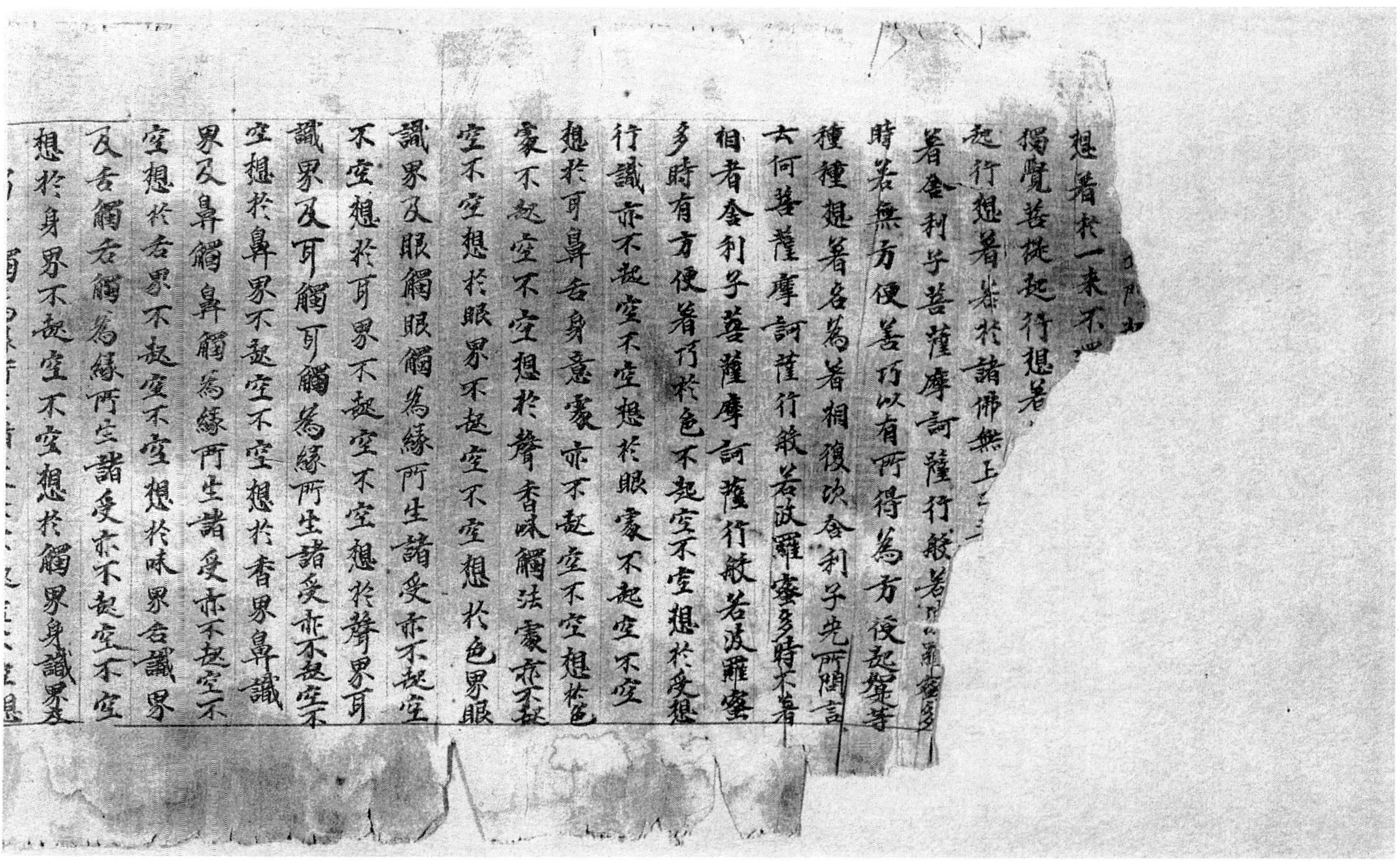
想著於一來不[illegible]
獨覺菩提起行想著[illegible]
起行想著於諸佛無上[illegible]
著舍利子菩薩摩訶薩行般若[illegible]蜜多
時若無方便善巧以有所得為方便起種種
種種想著名為著相復次舍利子如所問言
云何菩薩摩訶薩行般若波羅蜜多時不著
相者舍利子菩薩摩訶薩行般若波羅蜜
多時有方便著行於色不起空不空想於受想
行識亦不起空不空想於眼處不起空不空
想於耳鼻舌身意處亦不起空不空想於色
處不起空不空想於聲香味觸法處亦不起
空不空想於眼界不起空不空想於色界眼
識界及眼觸眼觸為緣所生諸受亦不起空
不空想於耳界不起空不空想於聲界耳
識界及耳觸耳觸為緣所生諸受亦不起空不
空想於鼻界不起空不空想於香界鼻識
界及鼻觸鼻觸為緣所生諸受亦不起空不
空想於舌界不起空不空想於味界舌識界
及舌觸舌觸為緣所生諸受亦不起空不空
想於身界不起空不空想於觸界身識界及

BD03428 號　大般若波羅蜜多經卷二八八　（20–1）

界及鼻觸鼻觸為緣所生諸受亦不起空不
空想於舌界不起空不空想於味界舌識界
及舌觸舌觸為緣所生諸受亦不起空不空
想於身界不起空不空想於觸界身識界及
身觸身觸為緣所生諸受亦不起空不空想
於意界不起空不空想於法界意識界及意
觸意觸為緣所生諸受亦不起空不空想於
地界不起空不空想於水火風空識界亦不起
空不空想於無明不起空不空想於行識名
色六處觸受愛取有生老死愁歎苦憂惱
亦不起空不空想
於布施波羅蜜多不起空不空想於淨戒安
忍精進靜慮般若波羅蜜多亦不起空不空
想於內空不起空不空想於外空內外空空
空大空勝義空有為空無為空畢竟空無際
空散空無變異空本性空自相空共相空一
切法空不可得空無性空自性空無性自性空
亦不起空不空想於真如不起空不空想於
法界法性不虛妄性不變異性平等性離生
性法定法住實際虛空界不思議界亦不
起空不空想於苦聖諦不起空不空想於
集滅道聖諦亦不起空不空想於四靜慮不起
空不空想於四無量四無色定亦不起空不
空想於八解脫不起空不空想於八勝處九
次第定十遍處亦不起空不空想於四念住
不起空不空想於四正斷四神足五根五力七

BD03428 號　大般若波羅蜜多經卷二八八　（20–2）

空不空想於四無量四無色定亦不起空不
空想於八解脫不起空不空想於八勝處九
次第定十遍處亦不起空不空想於四念住
不起空不空想於四正斷四神足五根五力七
等覺支八聖道支亦不起空不空想於空解
脫門不起空不空想於無相無願解脫門亦
不起空不空想於菩薩十地不起空不空
想
於五眼不起空不空想於六神通亦不起空
不空想於佛十力不起空不空想於四無所
畏四無礙解大慈大悲大喜大捨十八佛不
共法亦不起空不空想於無忘失法不起
空不空想於恒住捨性亦不起空不空想於一
切智不起空不空想於道相智一切相智亦
不起空不空想於一切陀羅尼門不起空不
空想於一切三摩地門亦不起空不空想於
預流果不起空不空想於一來不還阿羅
漢果亦不起空不空想於獨覺菩提不起空
不空想於一切菩薩摩訶薩行不起空不空
想於諸佛無上正等菩提不起空不空想於
過去法不起空不空想於未來現在法不起
空不空想
復次舍利子菩薩摩訶薩行般若波羅蜜
多時以無所得為方便不作是念我能行施
慧彼受者此所施物及慧施性不作是念我能
護戒此所護戒不作是念我能脩忍此所脩
忍不作是念我能精進此是精進不作是念

BD03428 號　大般若波羅蜜多經卷二八八　（20–3）

多時以無所得爲方便不作是念我能行施
彼受者此所施物及慧施性不作是念我能
護戒此所護戒不作是念我能脩忍此所脩
忍不作是念我能精進此是精進不作是念
我能入定此所入定不作是念我能脩慧此所
脩慧不作是念我能殖福此所殖福及所得
果不作是念我能入菩薩正性離生不作是
念我能成熟有情不作是念我能嚴淨佛
土不作是念我能證得一切智智不作是念我
能住空證法實性不作是念我能脩習諸菩
薩行不作是念我能具證諸佛功德舍利子
若菩薩摩訶薩有方便善巧以無所得爲方
便行般若波羅蜜多時無如是等一切分別
妄想執著由善通達內空外內外空空空大
空勝義空有爲空無爲空畢竟空無際
空散空無變異空本性空自相空共相空一
切法空不可得空無性空自性空無性自性
空故舍利子是若菩薩摩訶薩行般若波羅
蜜多時有方便善巧無所得爲方便無執著
相

尒時天帝釋問具壽善現言大德住菩薩乘
諸善男子善女人等脩行般若波羅蜜多時
云何著相善現荅言憍尸迦住菩薩乘諸善
男子善女人等脩行般若波羅蜜多時無方
便善巧有所得爲方便起心想著起布施波
羅蜜多想著起淨戒安忍精進靜慮般若
波羅蜜多想著起內空想著起外空內外空空

BD03428號　大般若波羅蜜多經卷二八八　（20-4）

男子善女人等脩行般若波羅蜜多時無方
便善巧有所得爲方便起心想著起布施波
羅蜜多想著起淨戒安忍精進靜慮般若
波羅蜜多想著起內空想著起外空內外空空
空大空勝義空有爲空無爲空畢竟空無際
空散空無變異空本性空自相空共相空一
切法空不可得空無性空自性空無性自性空
想著起真如想著起法界法性不虛妄性不
變異性平等性離生性法定法住實際虛
空界不思議界想著起苦聖諦想著起集滅
道聖諦想著起四靜慮想著起四無量四無色
定想著起八解脫想著起八勝處九次第定
十遍處想著起四念住想著起四正斷四
神足五根五力七等覺支八聖道支想著起
空解脫門想著起無相無願解脫門想著
起菩薩十地想著起五眼想著起六神通想
著起佛十力想著起四無所畏四無礙解大慈
大悲大喜大捨十八佛不共法想著起無忘
失法想著起恒住捨性想著起一切智想著
起道相智一切相智想著起一切陀羅尼門
想著起一切三摩地門想著起預流果想著
起一來不還阿羅漢果想著起獨覺菩提
想著起一切菩薩摩訶薩行想著起諸佛無
上正等菩提想著起諸菩薩摩訶薩想著
起諸如來應正等覺想著起於佛所種諸善
根想著起以如是所種善根和合迴向阿耨多羅
三藐三菩提想著憍尸迦是名住菩薩乘諸

BD03428號　大般若波羅蜜多經卷二八八　（20-5）

上正等菩提想著起諸菩薩摩訶薩想著
起諸如來應正等覺想著起於佛所種諸善
根想著起以如是所種善根和合迴向阿耨多羅
三藐三菩提想著憍尸迦是名住菩薩乘諸
善男子善女人等無方便善巧有所得為方
便脩行般若波羅蜜多時所有著相
憍尸迦住菩薩乘諸善男子善女人等由著
想故不能脩行無著般若波羅蜜多迴向無
上正等菩提何以故憍尸迦非色本性可能
迴向非受想行識本性可能迴向故非眼處
本性可能迴向非耳鼻舌身意處本性可能
迴向故非色處本性可能迴向非聲香味觸
法處本性可能迴向故非眼界本性可能迴
向非色界眼識界及眼觸眼觸為緣所生諸
受本性可能迴向故非耳界本性可能迴向非
聲界耳識界及耳觸耳觸為緣所生諸受本
性可能迴向故非鼻界本性可能迴向非香
界鼻識界及鼻觸鼻觸為緣所生諸受
本性可能迴向故非舌界本性可能迴向非味
界舌識界及舌觸舌觸為緣所生諸受本性
可能迴向故非身界本性可能迴向非觸界身
識界及身觸身觸為緣所生諸受本性可
能迴向故非意界本性可能迴向非法界意
識界及意觸意觸為緣所生諸受本性可能
迴向故非地界本性可能迴向非水火風空識
界本性可能迴向故非無明本性可能迴向
非行識名色六處觸受愛取有生老死愁

能迴向故非意界本性可能迴向非法界意
識界及意觸意觸為緣所生諸受本性可能
迴向故非地界本性可能迴向非水火風空識
界本性可能迴向故非無明本性可能迴向
非行識名色六處觸受愛取有生老死愁
歎苦憂惱本性可能迴向故
憍尸迦非布施波羅蜜多本性可能迴向非淨
戒安忍精進靜慮般若波羅蜜多本性可
能迴向故非內空本性可能迴向非外空內外
空空空大空勝義空有為空無為空畢竟
空無際空散空無變異空本性空自相空
共相空一切法空不可得空無性空自性空無
性自性空本性可能迴向故非真如本性可
能迴向非法界法性不虛妄性不變異性平
等性離生性法定法住實際虛空界不思議
界本性可能迴向故非苦聖諦本性可能迴
向非集滅道聖諦本性可能迴向故非四靜
慮本性可能迴向非四無量四無色定本性可
能迴向故非八解脫本性可能迴向非八勝
處九次第定十遍處本性可能迴向故非
四念住本性可能迴向非四正斷四神足五根
五力七等覺支八聖道支本性可能迴向
故非空解脫門本性可能迴向非無相無願
解脫門本性可能迴向故非菩薩十地本性
可能迴向故非五眼本性可能迴向非六神
通本性可能迴向故非佛十力本性可能迴向
非四無所畏四無礙解大慈大悲大喜大捨

解脫門本性可能迴向故非菩薩十地本性
可能迴向故非五眼本性可能迴向非六神
通本性可能迴向故非佛十力本性可能迴向
非四無所畏四無礙解大慈大悲大喜大捨
十八佛不共法本性可能迴向故非無忘
失法本性可能迴向非恒住捨性本性可能
迴向故非一切智本性可能迴向非道相智一
切相智本性可能迴向故非一切陁羅尼門
本性可能迴向非一切三摩地門本性可能
迴向故非預流果本性可能迴向非一來不
還阿羅漢果本性可能迴向故非獨覺菩
提本性可能迴向故非一切菩薩摩訶薩行
本性可能迴向故非諸佛無上正等菩提本
性可能迴向故
復次憍尸迦若菩薩摩訶薩欲於無上正等
菩提示現教導讚勵讚喜他有情者應以如
實相意示現教導讚勵讚喜復應如是示現
教導讚勵讚喜謂行布施波羅蜜多時不應
分別我能惠捨若行淨戒波羅蜜多時不應
分別我能護戒若行安忍波羅蜜多時不應
分別我能脩忍若行精進波羅蜜多時不應
分別我能精進若行靜慮波羅蜜多時不應分
別我能入定若行般若波羅蜜多時不應分
別我能智慧若行內空時不應分別我能
住內空若行外空內外空空空大空勝義空
有為空無為空畢竟空無際空散空無變
異空本性空自相空共相空一切法空不可得

別我能智慧若行內空時不應分別我能
住內空若行外空內外空空空大空勝義空
有為空無為空畢竟空無際空散空無變
異空本性空自相空共相空一切法空不可得
空無性空自性空無性自性空時不應分別我
能住外空乃至無性自性空若行真如時不
應分別我能住真如若行法界法性不虛妄
性不變異性平等性離生性法定法住實際
虛空界不思議界時不應分別我能住法界
乃至不思議界若行苦聖諦時不應分別我
能住苦聖諦若行集滅道聖諦時不應分
別我能住集滅道聖諦若行四靜慮時不應
分別我能脩四靜慮若行四無量四無色定
時不應分別我能脩四無量四無色定若行
八解脫時不應分別我能脩八解脫若行八勝
處九次第定十遍處時不應分別我能脩八
勝處九次第定十遍處若行四念住時不應
分別我能脩四念住若行四正斷四神足五根
五力七等覺支八聖道支時不應分別我
能脩四正斷乃至八聖道支若行空解脫門
時不應分別我能脩空解脫門若行無相無
願解脫門時不應分別我能脩無相無願解
脫門若行菩薩十地時不應分別我能脩菩
薩十地若行五眼時不應分別我能脩五眼
若行六神通時不應分別我能脩六神通
若行佛十力時不應分別我能脩佛十力若

薩十地若行五眼時不應分別我能脩五眼
若行六神通時不應分別我能脩六神通
若行佛十力時不應分別我能脩佛十力若
行四無所畏四無礙解大慈大悲大喜大捨
十八佛不共法時不應分別我能脩四無所畏
乃至十八佛不共法若行無忘失法時不應分
別我能脩無忘失法若行恒住捨性時不
應分別我能脩恒住捨性若行一切智時不
應分別我能脩一切智若行道相智一切相
智時不應分別我能脩道相智一切相智若行
一切陀羅尼門時不應分別我能脩一切陀
羅尼門若行一切三摩地門時不應分別我
能脩一切三摩地門若行預流果相似法時
不應分別我能脩預流果相似法若行一來
不還阿羅漢果相似法時不應分別我能脩
一來不還阿羅漢果相似法若行獨覺菩提
相似法時不應分別我能脩獨覺菩提相似
法若行一切菩薩摩訶薩行時不應分別我
能脩一切菩薩摩訶薩行若行諸佛無上正
等菩提時不應分別我能脩諸佛無上正等
菩提憍尸迦諸菩薩摩訶薩於無上正等菩
提應如是示現教導勸勵讚喜他有情類若
菩薩摩訶薩於無上正等菩提能如是示現
教道勸勵讚喜他有情者於自無損亦不損
他如諸如來所應許可示現教導勸勵讚喜
諸有情故憍尸迦住菩薩乘諸善男子善女

BD03428號　大般若波羅蜜多經卷二八八　（20–10）

菩薩摩訶薩於無上正等菩提能如是示現
教道勸勵讚喜他有情者於自無損亦不損
他如諸如來所應許可示現教導勸勵讚喜
諸有情故憍尸迦住菩薩乘諸善男子善女
人等若能如是示現教導勸勵讚喜趣菩
薩乘諸有情類便能遠離一切執著
尒時世尊讚具壽善現言善哉善哉如汝所
說汝今善能為諸菩薩說執著相善現復
有此餘微細著相當為汝說應諦聽極善思
惟善現白言唯然願說我等樂聞佛言善現
住菩薩乘諸善男子善女人等欲趣無上正
等菩提若於如來應正等覺取相憶念皆是
執著若於過去未來現在一切如來應正等
覺無著功德從初發心乃至法住所有善根
取相憶念既憶念已迴向無上正等菩提如是
一切取相憶念皆名執著若於一切如來弟子
及餘有情所脩善法取相憶念迴向無上
正等菩提如是一切亦名執著所以者何一切
如來應正等覺所有無著功德善根不應
取相而憶念故於佛弟子及餘有情所有善
法不應取相而憶念故諸取相者皆虛妄
故
尒時具壽善現白佛言世尊如是般若波羅蜜
多最為甚深佛言如是以一切法本性離故
具壽善現復白佛言世尊如是般若波羅蜜
多皆應禮敬佛言如是功德多故然此般若

BD03428號　大般若波羅蜜多經卷二八八　（20–11）

多最為甚深佛言如是以一切法本性離故
具壽善現復白佛言世尊如是般若波羅蜜
多皆應礼敬佛言如是切德多故然此般若
波羅蜜多無造無作無能覺者具壽善現
復白佛言世尊一切法性皆難可覺佛言如
是以一切法一性非二善現當知諸法一性即是
無性諸法無性即是一性如是諸法一性
無性無造無作若菩薩摩訶薩能如實知
諸所有法一性無性無造無作則能遠離一
切執著具壽善現復白佛言世尊如是般若波
羅蜜多難可覺了佛言如是由此般若波羅
蜜多無能見者無能聞者無能覺者無能
知者離證相故具壽善現復白佛言世尊如
是般若波羅蜜多不可思議佛言如是所以
者何如是般若波羅蜜多不可以心知離心
相故如是般若波羅蜜多不可以色知離色
相故不可以受想行識知離受想行識相故
如是般若波羅蜜多不可以眼處知離眼處
相故不可以耳鼻舌身意處知離耳鼻舌身
意處相故如是般若波羅蜜多不可以色處
知離色處相故不可以聲香味觸法處知離
聲香味觸法處相故如是般若波羅蜜多不
可以眼界知離眼界相故不可以色界眼識界
及眼觸眼觸為緣所生諸受知離色界乃
至眼觸為緣所生諸受相故如是般若波羅
蜜多不可以耳界知離耳界相故不可以聲

BD03428號　大般若波羅蜜多經卷二八八　（20–12）

及眼觸眼觸為緣所生諸受知離色界乃
至眼觸為緣所生諸受相故如是般若波羅
蜜多不可以耳界知離耳界相故不可以聲
界耳識界及耳觸耳觸為緣所生諸受知離
聲界乃至耳觸為緣所生諸受相故如是般
若波羅蜜多不可以鼻界知離鼻界相故不
可以香界鼻識界及鼻觸鼻觸為緣所生諸
受離香界乃至鼻觸為緣所生諸受相故
如是般若波羅蜜多不可以舌界知離舌界
相故不可以味界舌識界及舌觸舌觸為緣
所生諸受知離味界乃至舌觸為緣所生諸受
相故如是般若波羅蜜多不可以身界知離
身界相故不可以觸界身識界及身觸身
觸為緣所生諸受知離觸界乃至身觸為緣
所生諸受相故如是般若波羅蜜多不可以意
界知離意界相故不可以法界意識界及
意觸意觸為緣所生諸受知離法界乃至意
觸為緣所生諸受相故如是般若波羅蜜多
不可以地界知離地界相故不可以水火風空
識界知離水火風空識界相故如是般若波
羅蜜多不可以無明知離無明相故不可以行
識名色六處觸受愛取有生老死愁歎苦憂
惱知離行乃至老死愁歎苦憂惱相故如是
般若波羅蜜多不可以布施波羅蜜多知離
布施波羅蜜多相故不可以淨戒安忍精
進靜慮般若波羅蜜多知離淨戒乃至般

BD03428號　大般若波羅蜜多經卷二八八　（20–13）

性知離行[illegible]故如是
般若波羅蜜多不可以布施波羅蜜多知離
布施波羅蜜多相故不可以淨戒安忍精
進靜慮般若波羅蜜多知離淨戒乃至般
若波羅蜜多相故如是般若波羅蜜多不可
以內空知離內空相故不可以外空內外空空
空大空勝義空有爲空無爲空畢竟空無
際空散空無變異空本性空自相空共相空
一切法空不可得空無性空自性空無性自
性空知離外空乃至無性自性空相故如是
般若波羅蜜多不可以真如知離真如相故
不可以法界法性不虛妄性不變異性平等
性離生性法定法住實際虛空界不思議界
知離法界乃至不思議界相故如是般若波
羅蜜多不可以苦聖諦知離苦聖諦相故不
可以集滅道聖諦知離集滅道聖諦相故如
是般若波羅蜜多不可以四靜慮知離四靜
慮相故不可以四無量四無色定知離四無
量四無色定相故如是般若波羅蜜多不可
以八解脫知離八解脫相故不可以八勝處九
次第定十遍處知離八勝處九次第定十
遍處相故如是般若波羅蜜多不可以四念
住知離四念住相故不可以四正斷四神足五
根五力七等覺支八聖道支知離四正斷乃至
八聖道支相故如是般若波羅蜜多不可以
空解脫門知離空解脫門相故不可以無
相無願解脫門知離無相無願解脫門相故

根五力七等覺支八聖道支知離四正斷乃至
八聖道支相故如是般若波羅蜜多不可以
空解脫門知離空解脫門相故不可以無
相無願解脫門知離無相無願解脫門相故
如是般若波羅蜜多不可以菩薩十地知離菩
薩十地相故
如是般若波羅蜜多不可以五眼知離五眼
相故不可以六神通知離六神通相故如是般
若波羅蜜多不可以佛十力知離佛十力相故
不可以四無所畏四無礙解大慈大悲大喜
大捨十八佛不共法知離四無所畏乃至十
八佛不共法相故如是般若波羅蜜多不可
以無忘失法知離無忘失法相故不可以恒住
捨性知離恒住捨性相故如是般若波羅
蜜多不可以一切智知離一切智相故不可以
道相智一切相智知離道相智一切相智相
故如是般若波羅蜜多不可以一切陀羅尼
門知離一切陀羅尼門相故不可以一切三
摩地門知離一切三摩地門相故
如是般若波羅蜜多不可以預流果知離預
流果相故不可以一來不還阿羅漢果知離
一來不還阿羅漢果相故如是般若波羅蜜
多不可以獨覺菩提知離獨覺菩提相故如
是般若波羅蜜多不可以一切菩薩摩訶薩
行知離一切菩薩摩訶薩行相故如是般若
波羅蜜多不可以諸佛無上正等菩提知離

多不可以獨覺菩提知離獨覺菩提相故如
是般若波羅蜜多不可以一切菩薩摩訶薩
行知離一切菩薩摩訶薩行相故如是般若
波羅蜜多不可以諸佛無上正等菩提知離
諸佛無上正等菩提相故
尒時具壽善現復白佛言世尊如是般若波
羅蜜多無所造作佛言如是以諸作者不可
得故善現色不可得故作者不可得受想
行識不可得故作者不可得善現眼處不可
得故作者不可得耳鼻舌身意處不可得故作
者不可得善現色處不可得故作者不可得
聲香味觸法處不可得故作者不可得善現
眼界不可得故作者不可得色界眼識界及
眼觸眼觸為緣所生諸受不可得故作者不
可得善現耳界不可得故作者不可得聲界
耳識界及耳觸耳觸為緣所生諸受不可得
故作者不可得善現鼻界不可得故作者不
可得香界鼻識界及鼻觸鼻觸為緣所生諸
受不可得故作者不可得善現舌界不可得故
作者不可得味界舌識界及舌觸舌觸為緣所
生諸受不可得故作者不可得善現身界不
可得故作者不可得觸界身識界及身觸
身觸為緣所生諸受不可得故作者不可得
善現意界不可得故作者不可得法界意
識界及意觸意觸為緣所生諸受不可得故
作者不可得善現地界不可得故作者不可
得水火風空識界不可得故作者不可得善

BD03428號　大般若波羅蜜多經卷二八八　（20–16）

身觸為緣所生諸受不可得故作者不可得
善現意界不可得故作者不可得法界意
識界及意觸意觸為緣所生諸受不可得故
作者不可得善現地界不可得故作者不可
得水火風空識界不可得故作者不可得善
現無明不可得故作者不可得行識名色六
處觸受愛取有生老死愁歎苦憂惱不可
得故作者不可得
善現布施波羅蜜多不可得故作者不可得
淨戒安忍精進靜慮般若波羅蜜多不可
得故作者不可得善現內空不可得故作
者不可得外空內外空空空大空勝義空有為空
無為空畢竟空無際空散空無變異空本性空
自相空共相空一切法空不可得空無性空自
性空無性自性空不可得故作者不可得善
現真如不可得故作者不可得法界法性不
虛妄性不變異性平等性離生性法定法
住實際虛空界不思議界不可得故作者
不可得善現四靜慮不可得故作者不可得四
無量四無色定不可得故作者不可得善現
八解脫不可得故作者不可得八勝處九次第
定十遍處不可得故作者不可得善現四
念住不可得故作者不可得四正斷四神足
五根五力七等覺支八聖道支不可得故作
者不可得善現空解脫門不可得故作者
不可得無相無願解脫門不可得故作者不
可得善現菩薩十地不可得故作者不可得

BD03428號　大般若波羅蜜多經卷二八八　（20–17）

五根五力七等覺支八聖道支不可得故作
者不不得善現空解脫門不可得故作者
不可得無相無願解脫門不可得故作者不
可得善現菩薩十地不可得故作者不可得
善現五眼不可得故作者不可得六神通不
可得故作者不可得善現佛十力不可得故
作者不可得四無所畏四無礙解大慈大悲大
喜大捨十八佛不共法不可得故作者不可得
善現無忘失法不可得故作者不可得恒
住捨性不可得故作者不可得善現一切智
不可得故作者不可得道相智一切相智不
可得故作者不可得善現一切陀羅尼門
故作者不可得
善現布施波羅蜜多不可得故作者不可得
淨戒安忍精進靜慮般若波羅蜜多不可得
故作者不可得善現內空不可得故作者不可
得外空內外空空空大空勝義空有為空無
為空畢竟空無際空散空無變異空本性空
自相空共相空一切法空不可得空無性空自
性空無性自性空不可得故作者不可得善
現真如不可得故作者不可得法界法性不
虛妄性不變異性平等性離生性法定法住
實際虛空界不思議界不可得故作者不
可得善現四靜慮不可得故作者不可得四無
量四無色定不可得故作者不可得善現
八解脫不可得故作者不可得八勝處九次第

BD03428號　大般若波羅蜜多經卷二八八　（20–18）

實際虛空界不思議界不可得故作者不
可得善現四靜慮不可得故作者不可得四無
量四無色定不可得故作者不可得善現
八解脫不可得故作者不可得八勝處九次第
定十遍處不可得故作者不可得善現四
念住不可得故作者不可得四正斷四神
足五根五力七等覺支八聖道支不可得故
作者不不得善現空解脫門不可得故作者
不可得無相無願解脫門不可得故作者不
可得善現菩薩十地不可得故作者不可得
善現五眼不可得故作者不可得六神通不
可得故作者不可得善現佛十力不可得故
作者不可得四無所畏四無礙解大慈大悲大
喜大捨十八佛不共法不可得故作者不可得
善現無忘失法不可得故作者不可得恒
住捨性不可得故作者不可得善現一切智
不可得故作者不可得道相智一切相智不
可得故作者不可得善現一切陀羅尼門
不可得故作者不可得一切三摩地門不可
得故作者不可得善現預流果不可得故作
者不可得一來不還阿羅漢果不可得故
作者不可得善現獨覺菩提不可得故作者
不可得善現一切菩薩摩訶薩行不可得故作
者不可得善現諸佛無上正等菩提不可得
故作者不可得善現由諸作者及色等法不
可得故如是般若波羅蜜多無所造作

BD03428號　大般若波羅蜜多經卷二八八　（20–19）

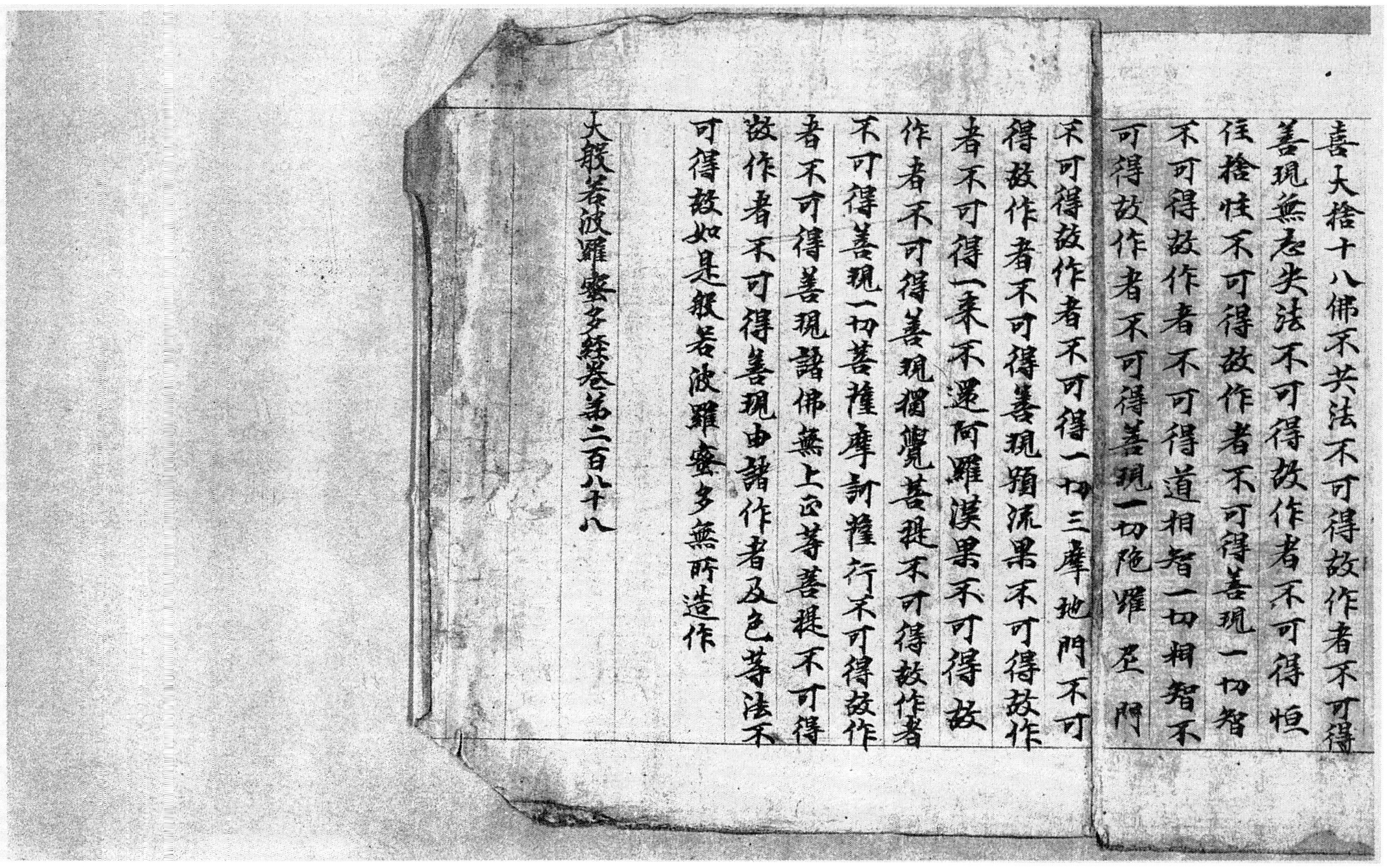
喜大捨十八佛不共法不可得故作者不可得
善現無忘失法不可得故作者不可得恒
住捨性不可得故作者不可得善現一切智
不可得故作者不可得道相智一切相智不
可得故作者不可得善現一切陁羅尼門
不可得故作者不可得一切三摩地門不可
得故作者不可得善現預流果不可得故作
者不可得一來不還阿羅漢果不可得故
作者不可得善現獨覺菩提不可得故作者
不可得善現一切菩薩摩訶薩行不可得故作
者不可得善現諸佛無上正等菩提不可得
故作者不可得善現由諸作者及色等法不
可得故如是般若波羅蜜多無所造作

大般若波羅蜜多經卷第二百八十八

BD03423號　大般若波羅蜜多經卷二八八　（20–20）

廿九袟
二百八十八

BD03423號背　勘記　（1–1）

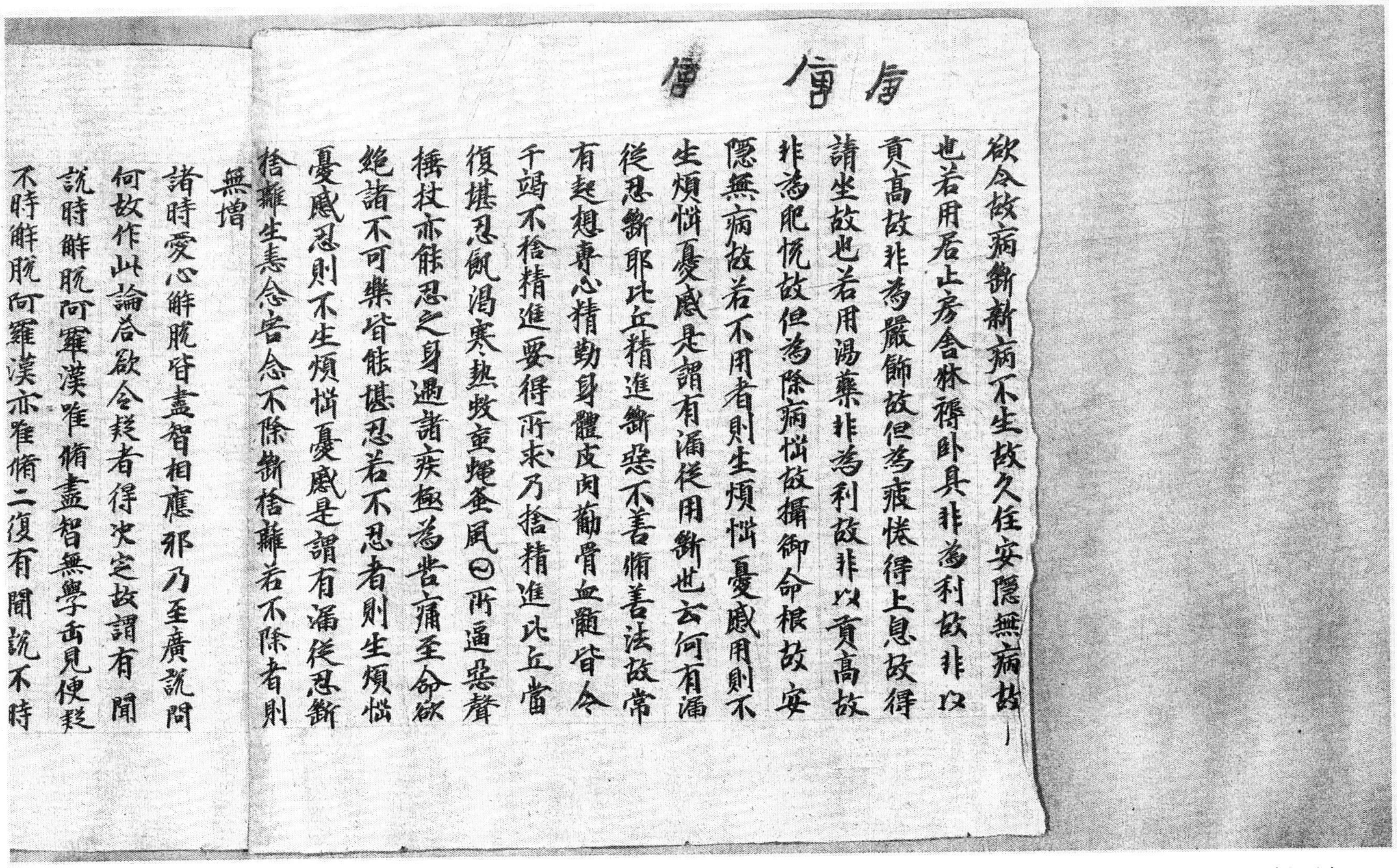

欲令故病斷新病不生故久住安隱無病故
也若用居止房舍牀褥卧具非為利故非以
貢高故非為嚴飾故但為疲惓得止息故得
請坐故也若用湯藥非為利故非以貢高故
非為肥悅故但為除病惱故攝御命根故安
隱無病故若不用者則生煩惱憂慼用則不
生煩惱憂慼是謂有漏從用斷也云何有漏
從忍斷耶比丘精進斷惡不善修善法故常
有起想專心精勤身體皮肉筋骨血髓皆令
乾竭不捨精進要得所求乃捨精進比丘當
復堪忍飢渴寒熱蚊虻蠅蚤風日所逼惡聲
捶杖亦能忍之身遇諸疾極為苦痛至命欲
絕諸不可樂皆能堪忍若不忍者則生煩惱
憂慼忍則不生煩惱憂慼是謂有漏從忍斷
捨離生恚念害念不除斷捨離若不除者則

無增
諸時愛心解脫皆盡智相應耶乃至廣說問
何故作此論荅欲令疑者得決定故謂有聞
說時解脫阿羅漢唯脩盡智無學正見便疑
不時解脫阿羅漢亦唯脩二復有聞說不時

BD03429號1　中阿含經（兌廢稿）卷二　（3–1）

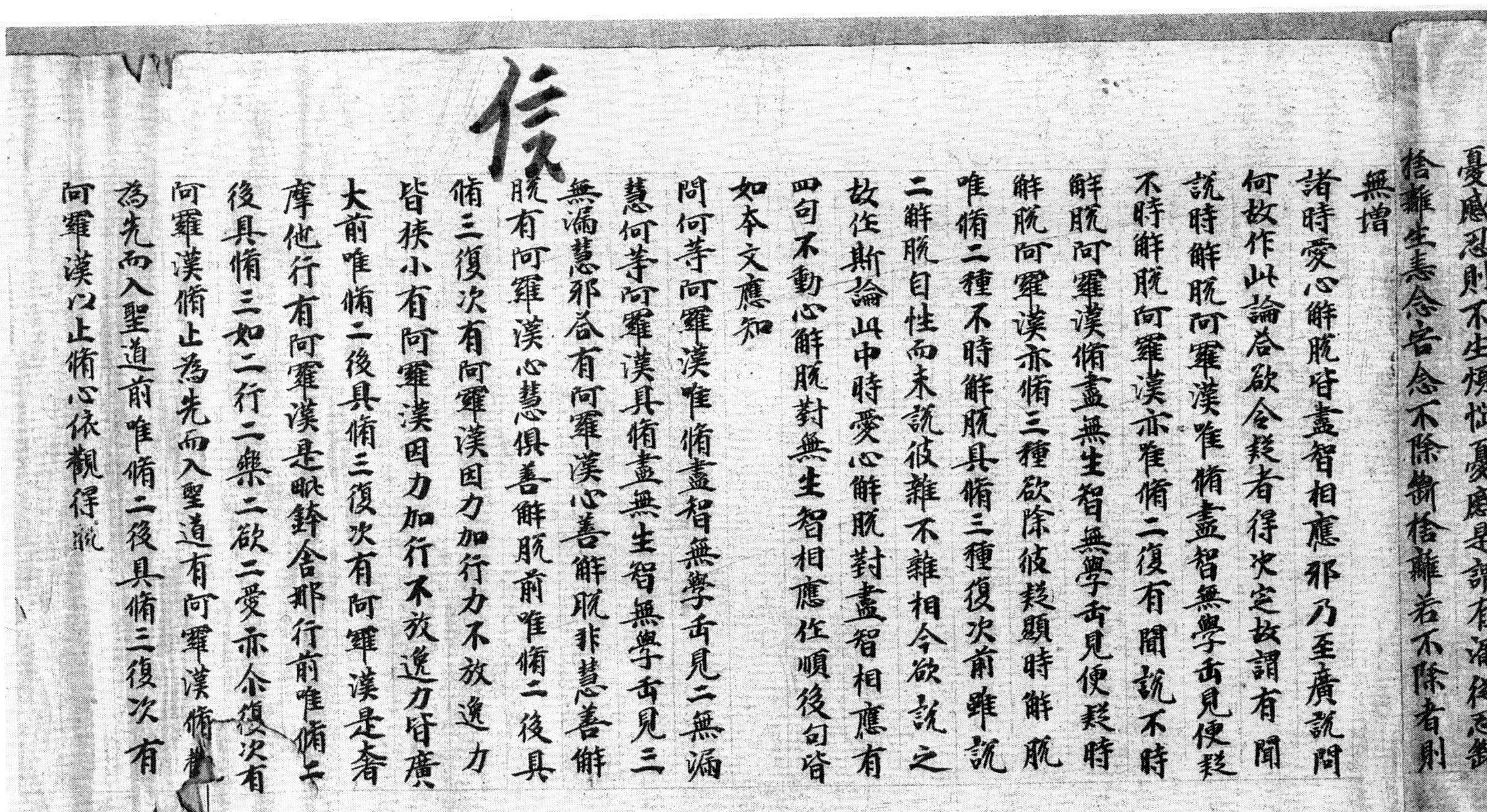

憂慼忍則不生煩惱憂慼是謂有漏從忍斷
捨離生恚念害念不除斷捨離若不除者則
無增
諸時愛心解脫皆盡智相應耶乃至廣說問
何故作此論荅欲令疑者得決定故謂有聞
說時解脫阿羅漢唯脩盡智無學正見便疑
不時解脫阿羅漢亦唯脩二復有聞說不時
解脫阿羅漢脩盡無生智無學正見便疑時
解脫阿羅漢亦脩三種欲除彼疑顯時解脫
唯脩二種不時解脫具脩三種復次前雖說
二解脫自性而未說彼雜不雜相今欲說之
故作斯論此中時愛心解脫對盡智相應有
四句不動心解脫對無生智相應作順後句皆
如本文應知
問何等阿羅漢唯脩盡智無學正見二無漏
慧何等阿羅漢具脩盡無生智無學正見三
無漏慧耶荅有阿羅漢心善解脫非慧善解
脫有阿羅漢心慧俱善解脫前唯脩二後具
脩三復次有阿羅漢因力加行力不放逸力
皆狹小有阿羅漢因力加行不放逸力皆廣
大前唯脩二後具脩三復次有阿羅漢是奢
摩他行有阿羅漢是毗鉢舍那行前唯脩二
後具脩三如二行二樂二欲二愛亦尒復次有
阿羅漢脩止為先而入聖道有阿羅漢脩觀
為先而入聖道前唯脩二後具脩三復次有
阿羅漢以止脩心依觀得脫

BD03429號2　阿毗達磨大毗婆沙論（兌廢稿）卷一〇二　（3–2）

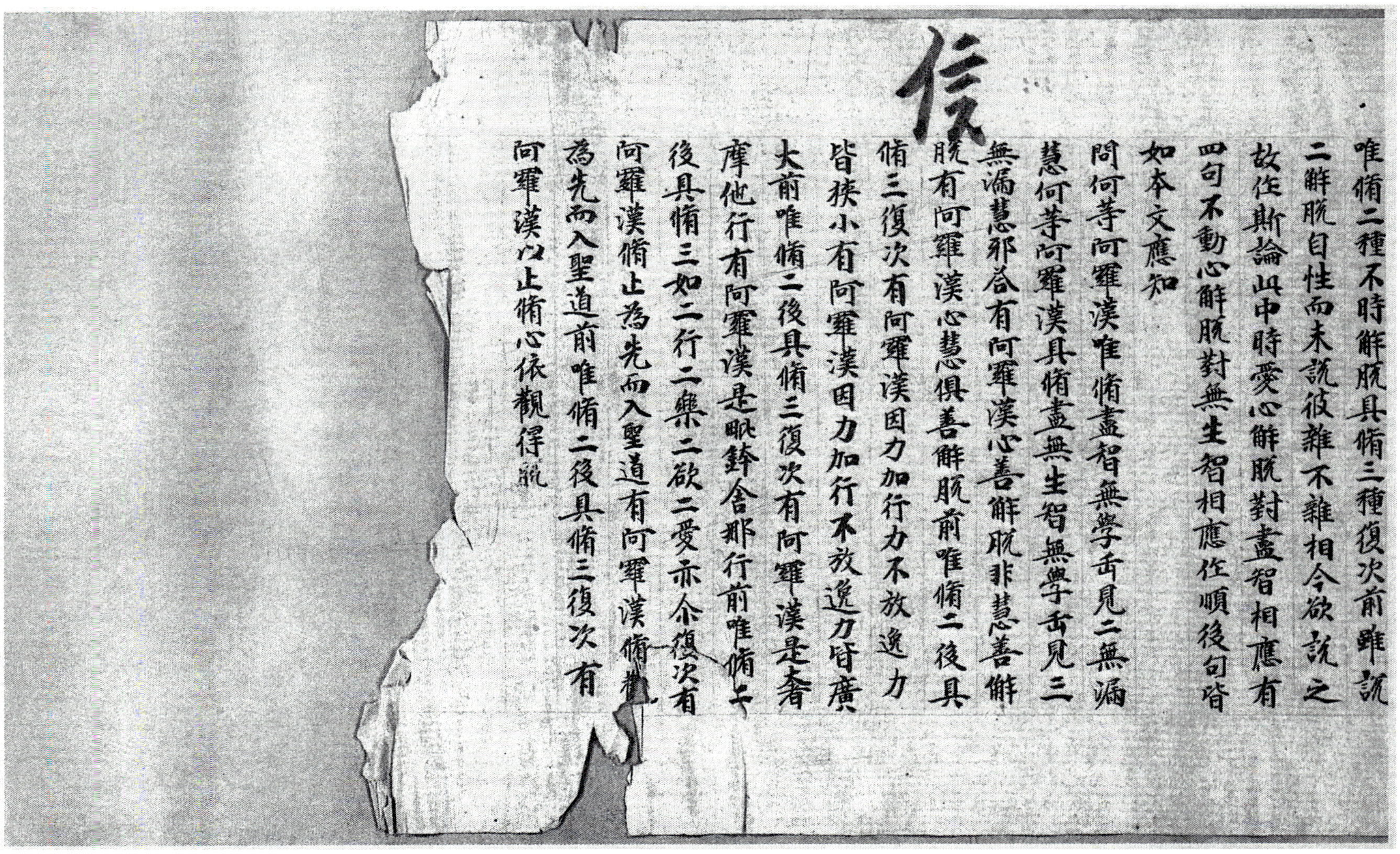

兌

唯脩二種不時解脫具脩三種復次前雖說
二解脫自性而未說彼雜不雜相今欲說之
故作斯論此中時愛心解脫對盡智相應有
四句不動心解脫對無生智相應作順後句皆
如本文應知
問何等阿羅漢唯脩盡智無學正見二無漏
慧何等阿羅漢具脩盡無生智無學正見三
無漏慧邪答有阿羅漢心善解脫非慧善解
脫有阿羅漢心慧俱善解脫前唯脩二後具
脩三復次有阿羅漢因力加行力不放逸力
皆狹小有阿羅漢因力加行不放逸力皆廣
大前唯脩二後具脩三復次有阿羅漢是奢
摩他行有阿羅漢是毗鉢舍那行前唯脩二
後具脩三如二行二樂二欲二愛亦尒復次有
阿羅漢脩止為先而入聖道有阿羅漢脩觀
為先而入聖道前唯脩二後具脩三復次有
阿羅漢以止脩心依觀得脫

BD03429號2　阿毗達磨大毗婆沙論（兌廢稿）卷一〇二　（3–3）

之之之

BD03429號背　雜寫　（1–1）

思惟我今必定
是之人雖未得成无上道果已爲得
无邊不可稱計假使有人當言是人
義一切比丘无不犯者何以故我於
十億劫常離一切不淨之物少欲知
成就善脩如來无上法藏亦自定知
性是故我今得成阿耨多羅三藐三
名爲佛有大慈悲如是經律是佛所說若有
不能隨順是者是魔眷屬若能隨順是大菩
薩復有說言无四波羅夷十三僧殘二不定
法卅捨法九十一墮四懺悔法衆多學法七
滅諍等无偷蘭遮五逆等罪及一闡提之若有
比丘犯如是等墮地獄者外道之人悉應生
天何以故諸外道等无戒可犯是故如來示
現怖人故說斯戒若言佛說我諸比丘若欲
行婬應捨法服著俗衣裳然後行婬復應生
念婬欲因緣非我過咎如來在世亦有比丘
習行婬欲得正解脫或命終後生於天上古
今有之非獨我作或犯四重或犯五戒或行
一切不淨律儀猶故而得真正解脫如來雖

BD03430號　大般涅槃經（北本　異卷）卷七　（25–1）

念婬欲因緣非我過咎如來在世亦有比丘
習行婬欲得正解脫或命終後生於天上古
今有之非獨我作或犯四重或犯五戒或行
一切不淨律儀猶故而得真正解脫如來雖
說犯突吉羅如忉利天日月歲數八百万歲
墮在地獄是亦如來示現怖人言波羅夷至
突吉羅輕重无差是諸律師妄作此言言是
佛制必定當知非佛所說如是言說是魔經
律若復說言於諸戒中若犯四戒乃至微細
當受苦報无有齊限如是知已防護自身如
龜藏六若有律師復作是言凡所犯戒都无
罪報如是之人不應親近如佛所說
若過一法　是名妄語　不見後世　无惡不造
是故不應親近是人我佛法中清淨如是況
復有犯偷蘭遮罪或犯僧殘及波羅夷而非
罪耶是故應當深自防護如是等法若不守
護更以何法名爲禁戒我於經中亦說有犯
四波羅夷乃至微細突吉羅等應當苦治衆
生若不護持禁戒云何當得見於佛性一切
衆生雖有佛性要因持戒然後乃見因見佛
性得成阿耨多羅三藐三菩提九部經中无
方等經是故不說有佛性也經雖不說當知
實有若作是說當知是人真我弟子迦葉菩

BD03430號　大般涅槃經（北本　異卷）卷七　（25–2）

眾生雖有佛性要因持戒然後乃見因見佛
性得成阿耨多羅三藐三菩提九部經中无
方等經是故不說有佛性也經雖不說當知
實有若作是說當知是人真我弟子迦葉菩
薩白佛言世尊如上所說一切眾生有佛性
者九部經中所未曾聞如其說有云何不犯
波羅夷耶佛言善男子如汝所說實不毀犯
波羅夷也善男子譬如有人說言大海唯有
七寶无八種者是人无罪若有說言九部經
中无佛性者亦復无罪何以故我於大乘大
智海中說有佛性二乘之人所不知見是故
說无不得罪也如是境界諸佛所知非是聲
聞緣覺所及善男子若人不聞如來甚深秘
密藏者云何當知有佛性耶何等名為秘密
之藏所謂方等大乘經典善男子有諸外道
或說我常或說我斷如來不尒亦說有我亦
說无我是名中道若有說言佛說中道一切
眾生悉有佛性煩惱覆故不知不見是故應
當懃修方便斷壞煩惱若有能作如是說者
當知是人不犯四重若不能作如是說者是
則名為犯波羅夷若有說言我已成就阿耨
多羅三藐三菩提何以故有佛性故有佛性
者必定當成阿耨多羅三藐三菩提以是因
緣我今已得成就菩提當知是人則名為犯

BD03430號　大般涅槃經（北本　異卷）卷七　（25-3）

多羅三藐三菩提何以故有佛性故有佛性
者必定當成阿耨多羅三藐三菩提以是因
緣我今已得成就菩提當知是人則名為犯
波羅夷罪何以故雖有佛性以未修習諸善
方便是故未見以未見故不能得成阿耨多
羅三藐三菩提善男子以是義故佛法甚深
不可思議迦葉菩薩白佛言世尊有王問言
云何比丘墮過人法佛告迦葉若有比丘為
利養故為飲食故作諸諂曲詐偽欺誑云何
當令諸世間人定實知我是乞士也以是因
緣令我大得利養名譽如是比丘多愚癡故
長夜常念我實未得四沙門果云何當令諸
世間人謂我已得復當云何令諸優婆塞優
婆夷等咸共指我作如是言是人福德真是
聖人如是思惟正為求利非為求法行來入
出進止安祥執持衣鉢不失威儀獨坐空處
如阿羅漢令世間人咸作是言如是比丘善
好第一精懃苦行修寂滅法以是因緣我當
大得門徒弟子諸人亦當大致供養衣服飲
食臥具醫藥令多女人敬念愛重若有比丘
及比丘尼作如是事墮過人法復有比丘為
欲建立无上正法住空靜處非阿羅漢而欲
令人謂是羅漢是好比丘是善比丘寂靜比

BD03430號　大般涅槃經（北本　異卷）卷七　（25-4）

及比丘在作如是事隨過人法須有比丘為
欲建立无上正法住空靜處非阿羅漢而欲
令人謂是羅漢是好比丘是善比丘寂靜比
丘令无量人生於信心以此因緣我得无量
諸比丘等以為眷屬因是得教破戒比丘及
優婆塞悉令持戒以是因緣建立正法光揚
如來无上大事開顯方等大乘法化度脫一
切无量衆生善解如來所說經律輕重之義
復言我今亦有佛性有經名曰如來祕藏於
是經中我當必定得成佛道能盡无量億煩
惱結廣為无量諸優婆塞說言汝等盡有佛
性我之与汝俱當安住如是道地成阿耨多
羅三藐三菩提盡无量億諸煩惱結作是說
者是人不名墮過人法名為菩薩若言有犯
突吉羅者忉利天上日月歲數八百万歲墮
地獄中受諸罪報何況故犯偷蘭遮罪此大
乘中若有比丘犯偷蘭遮不應親近何等名
為大乘經中偷蘭遮罪若有長者造立佛寺
以諸華鬘用供養佛有比丘見華貫中縷不
問輒取犯偷蘭遮若知不知亦如是犯若以
貪心破壞佛塔犯偷蘭遮如是之人不應親
近若王大臣見塔朽故為欲脩補供養舍利
於是塔中或得珎寶即寄比丘比丘得已自

BD03430號　大般涅槃經（北本　異卷）卷七　（25–5）

貪心破壞佛塔犯偷蘭遮如是之人不應親
近若王大臣見塔朽故為欲脩補供養舍利
於是塔中或得珎寶即寄比丘比丘得已自
在而用如是比丘名為不淨多起鬪諍善優
婆塞不應親近供養恭敬如是比丘名為无
根名為二根名不定根不定根者欲貪女時
身即為女欲貪男時身即為男如是比丘名
為惡根不名為男不名為女不名出家不名
在家如是比丘不應親近供養恭敬於佛法
中沙門法者應生悲心覆育衆生乃至蟻子
應施无畏是沙門法遠離飲酒乃至嗅香是
沙門法不得妄語乃至夢中不念妄語是沙
門法不生欲心乃至夢中亦復如是是沙門
法迦葉菩薩白佛言世尊若有比丘夢行婬
欲是犯戒不佛言不也應於婬欲生臭穢想
乃至不生一念淨想遠離女人煩惱愛想若
夢行欲寤應生悔比丘乞食受供養時應如
飢世食子肉想若生婬欲應疾捨離如是法
門當知是佛所說經律若有隨順魔所說者
是魔眷屬若能隨順佛所說者是名菩薩若
有說言佛聽比丘常翹一脚寂嘿不言投淵
赴火自墜高巖不避嶮難服毒斷食卧灰土
上自縛手足煞害衆生方道呪術旃陀羅子
无根二根及不定根身根不具如是等事如

BD03430號　大般涅槃經（北本　異卷）卷七　（25–6）

赴火自墜高巖不避嶮難服毒斷食卧灰土
上自縛手足煞害衆生方道呪術栴陁羅子
无根二根及不定根身根不具如是等事如
來悉聽出家爲道是名魔説佛先聽食五種
牛味及以油蜜憍奢耶衣革屣之等除是之
外若有説言聽著摩訶楞伽一切種子悉聽
貯畜草木之屬皆有壽命佛説是已便入涅
槃若有經律作是説者當知是即魔之所説
我亦不聽常翹一脚若爲法故聽行住坐卧
又亦不聽服毒斷食五熱炙身繫縛手足煞
害衆生方道呪術珂貝象牙以爲革屣儲畜
種子草木有命著摩訶楞伽若言世尊作如
是説當知是爲外道眷屬非我弟子我唯聽
食五種牛味及油蜜等聽著革屣憍奢耶衣
我説四大无有壽命若有經律作是説者是
名佛説若有隨順佛所説者當知是等真我
弟子若有不隨佛所説者是魔眷屬若有隨
順佛經律者當知是人是大菩薩善男子魔
説佛説差別之相今已爲汝廣宣分別迦葉
白佛言世尊我今始知魔説佛説差別之相
因是得入佛法深義佛讃迦葉善哉善哉善
男子汝能如是曉了分別是名點慧善男子
所言苦者不名聖諦何以故若言苦是苦聖

白佛言世尊我今始知魔説佛説差別之相
因是得入佛法深義佛讃迦葉善哉善哉善
男子汝能如是曉了分別是名點慧善男子
所言苦者不名聖諦何以故若言苦是苦聖
諦者一切牛羊驢馬及地獄衆生應有聖諦
善男子若復有人不知如來甚深境界常住
不變微密法身謂是食身非是法身不知如
來道德威力是名爲苦何以故以不知故法
見非法非法見法當知是人必墮惡趣輪轉
生死增長諸結多受苦惱若有能知如來常
住无有變異或聞常住二字音聲若一逕耳
即生天上後解脱時乃能證知如來常住无
有變易既證知已而作是言我於往昔曾聞
是義今得解脱方乃證知我於本際以不知
故輪轉生死周迴无窮始於今日乃得真智
若如是知真是修苦多所利益若不知者雖
復懃修无所利益是名知苦名苦聖諦若人
不能如是修習是名爲苦非苦聖諦苦集諦
者於真法中不生真智受不淨物所謂奴婢
能以非法言是正法斷滅正法不令久住以
是因緣不知法性以不知故輪轉生死多受
苦惱不得生天及正解脱若有深智不壞正
法以是因緣得生天上及正解脱若有不知

是因緣不知法性以不知故輪轉生死多受
苦惱不得生天及正解脫若有深智不壞正
法以是因緣得生天上及正解脫若有不知
苦集諦處而言正法无有常住悉是滅法以
是因緣於无量劫流轉生死受諸苦惱若能
知法常住不異是名知集名集聖諦若人不
能如是脩習是名為習非習聖諦苦滅諦者
若有多脩習學空法是為不善何以故滅一
切法故壞於如來真法藏故作是脩學是
名脩空脩苦滅者逆於一切諸外道等若
言脩空是滅諦者一切外道亦脩空法應有
滅諦若有說言有如來藏雖不可見若能滅
除一切煩惱尒乃得入若發此心一念因緣
於諸法中而得自在若有脩習如來秘藏无
我空寂如是之人於无量世在生死中流轉
受苦若有不作如是脩者雖有煩惱疾能滅
除何以故因知如來秘密藏故是名苦滅聖
諦若能如是脩習滅者是我弟子若有不能
作如是脩是名空脩非滅聖諦道聖諦者所
謂佛法僧寶及正解脫有諸衆生顛倒心言
无佛法僧及正解脫生死流轉猶如幻化脩
習是見以此因緣輪轉三有久受大苦若能
發心見於如來常住不變法僧解脫亦復如

BD03430號　大般涅槃經（北本　異卷）卷七　（25–9）

无佛法僧及正解脫生死流轉猶如幻化脩
習是見以此因緣輪轉三有久受大苦若能
發心見於如來常住不變法僧解脫亦復如
是乘此一念於无量世自在果報隨意而得
何以故我於往昔以四倒故非法見法受於
无量惡業果報我今已滅如是見故成佛正
覺是名道聖諦若有人言三寶无常脩習是
見是虛妄脩非道聖諦若脩是法為常住者
是我弟子真見脩習四聖諦法是名四聖諦
迦葉菩薩復白佛言世尊我今始知脩習甚
深四聖諦法佛告迦葉善男子謂四倒者於
非苦中生於苦想名曰顛倒非苦者名為如
來生苦想者謂於如來无常變異若說如來
是无常者名大罪苦若言如來捨此苦身入
於涅槃如薪盡火滅是名非苦而生苦想是
名顛倒我若說言如來常者即是我見以我
見故有无量罪是故應說如來无常如是說
者我則受樂如來无常即為是苦若是苦者
云何生樂以於苦中生樂想故名為顛倒樂
生苦想名為顛倒樂者即是如來苦者如來
无常若說如來是无常者是名樂中生於苦
想如來常住是名為樂若我說言如來是常
云何復得入於涅槃若言如來非是苦者云何

BD03430號　大般涅槃經（北本　異卷）卷七　（25–10）

无常若說如来是无常者是名樂中生於苦
想如来常住是名為樂若我說言如来是常
云何復得入於涅槃若言如来非是苦者云何
捨身而取滅度以於樂中生苦想故名為顛
倒是名初倒无常常想常无常想是名顛倒
无常者名不脩空不脩空故壽命促短若有
說言不脩空寂得長壽者是名顛倒是名第
二顛倒无我我想我无我想是名顛倒世間
之人亦說有我佛法之中亦說有我世間之
人雖說有我无有佛性是則名為於无我中
而生我想是名顛倒佛法有我即是佛性世
間之人說佛法无我是名我中生无我想若
言佛法必定无我是故如来勑諸弟子脩習
无我名為顛倒是名第三顛倒淨不淨想不
淨淨想是名顛倒淨者即是如来常住非雜
食身非煩惱身非是宍身非是筋骨繫縛之
身若有說言如来无常是雜食身乃至筋骨
繫縛之身法僧解脫是滅盡者是名顛倒不淨
淨想名顛倒者若有說言我此身中无有一法
是不淨者以无不淨定當得入清淨之處如
来所說脩不淨觀如是之言是虛妄說是名
顛倒是則名為第四顛倒迦葉菩薩白佛言
世尊我從今日始得正見世尊自是之前我

BD03430號　大般涅槃經（北本　異卷）卷七　（25-11）

是不淨者以无不淨定當得入清淨之處如
来所說脩不淨觀如是之言是虛妄說是名
顛倒是則名為第四顛倒迦葉菩薩白佛言
世尊我從今日始得正見世尊自是之前我
等悉名耶見之人世尊廿五有有我不耶佛
言善男子我者即是如来藏義一切衆生悉
有佛性即是我義如是我義從本已来常為
无量煩惱所覆是故衆生不能得見善男子
如貧女人舍內多有真金之藏家人大小无
有知者時有異人善知方便語貧女人我今
顧汝汝可為我芸除草穢女即荅言我不能
也汝若能示我子金藏然後乃當速為汝作
是人復言我知方便能示汝子女人荅言我
家大小尚自不知況汝能知是人復言我今
審能女人荅言我亦欲見并可示我是人即
於其家掘出真金之藏女人見已心生歡喜
生奇特想宗仰是人善男子衆生佛性亦復
如是一切衆生不能得見如彼寶藏貧人不
知善男子我今普示一切衆生所有佛性為
諸煩惱之所覆蔽如彼貧人有真金藏不能
得見如来今日普示衆生諸覺寶藏所謂佛
性而諸衆生見是事已心生歡喜歸仰如来
善方便者即是如来貧女人者即是一切无
量衆生真金藏者即是佛性復次善男子譬

BD03430號　大般涅槃經（北本　異卷）卷七　（25-12）

得見如來今日普示衆生諸覺寶藏所謂佛
性而諸衆生見是事已心生歡喜歸仰如來
善方便者即是如來貧女人者即是一切无
量衆生真金藏者即是佛性復次善男子辟
如女人産育一子嬰孩得病是女愁惱求覓
醫師醫師既來合三種藥蘇乳石蜜与之令
服因告女人兒服藥已且莫与乳須藥消已
尒乃与之是時女人即以苦味用塗其乳母
語兒言我乳毒塗不可復觸小兒渴乏欲得
母乳聞乳毒氣便遠捨去逮至藥消母人以
水淨洗其乳喚其子言來与汝乳是時小兒
雖復飢渴先聞毒氣是故不來母復語言為
汝服藥故以毒塗汝藥已消我已洗竟汝便
可來飲乳无苦是兒聞已漸漸還飲善男子
如來亦尒為度一切教諸衆生脩无我法如
是脩已永斷我心入於涅槃為除世間諸妄
見故示現出過世間法故復示世間計我虛
妄非真實故脩无我法清淨身故喻如女人
為其子故以苦味塗乳如來亦尒為脩空故
說言諸法悉无有我如彼女人淨洗乳已而
喚其子欲令還服我今亦尒說如來藏是故
比丘不應生怖如彼小兒聞母喚已漸還飲
乳比丘亦尒應自分別如來秘藏不得不有
迦葉菩薩白佛言世尊實无有我何以故嬰

BD03430號　大般涅槃經（北本　異卷）卷七　（25–13）

比丘不應生怖如彼小兒聞母喚已漸還飲
乳比丘亦尒應自分別如來秘藏不得不有
迦葉菩薩白佛言世尊實无有我何以故嬰
兒生時无所知曉若有我者即生之日尋應
有知以是義故定知无我若定有我受生已
後應无終沒若使一切皆有佛性是常住者
應无壞相若无壞相云何而有刹利婆羅門
毗舍首陀及旃陀羅畜生差別今見業緣種
種不同諸趣各異若定有我一切衆生應无
勝負以是義故定知佛性非是常法若言佛
性定是常者云何復說有殺盜婬兩舌惡口
妄言綺語貪恚耶見若我性常何故酒後迷
荒醉亂若我性常盲應見色聾應聞聲瘂應
能語拘躄能行若我性常不應避於火坑大
水毒藥刀劍惡人禽獸若我常者本所更事
不應忘失若不忘失何緣復言我曾何處見
是人耶若我常者則不應有少壯老等衰盛
力勢憶念往事若我常者止住何處為在涕
唾青黃赤白諸色中耶若我常者應遍身中
如胡麻油間无空處若斷身時我亦應斷佛
告迦葉善男子譬如王家有大力士其人眉
間有金剛珠与餘力士捔力相撲而彼力士
以頭抵觸其頞上珠尋沒膚中都不自知是
珠所在其處有瘡即命良醫欲自療治時有

BD03430號　大般涅槃經（北本　異卷）卷七　（25–14）

告汝善男子譬如王家有大力士其人眉
間有金剛珠与餘力士捔力相撲而彼力士
以頭抵觸其額上珠尋沒膚中都不自知是
珠所在其處有創即命良醫欲自療治時有
明醫善知方藥即知是創因珠入體是珠入
皮即便停住是時良醫尋問力士卿額上珠
為何所在力士驚荅大師醫王我額上珠乃
无去耶是珠今者為何所在將非幻化憂愁
啼哭是時良醫慰喻力士汝今不應生大愁
苦汝因鬪時寶珠入體今在皮裏影現於外
汝當鬪時瞋恚毒盛珠陷入體故不自知是
時力士不信醫言若在皮裏膿血不淨何緣
不出若在筋裏不應可見汝今云何欺誑於
我時醫執鏡以照其面珠在鏡中明了顯現
力士見已心懷驚怪生奇特想善男子一切眾
生亦復如是不能親近善知識故雖有佛性
皆不能見而為貪婬瞋恚愚癡之所覆蔽故
墮地獄畜生餓鬼阿脩羅旃陀羅剎利婆羅
門毗舍首陁生如是等種種家中因心所起種
種業緣雖受人身聾盲瘖瘂拘躄癃跛於廿
五有受諸果報貪婬瞋恚愚癡覆心不知佛
性如彼力士寶珠在體謂呼失去眾生亦尒
不知親近善知識故不識如來微密寶藏脩
學无我喻如非聖雖說有我亦復不知我之

BD03430號　大般涅槃經（北本　異卷）卷七　（25–15）

性如彼力士寶珠在體謂呼失去眾生亦尒
不知親近善知識故不識如來微密寶藏脩
學无我喻如非聖雖說有我亦復不知我之
真性我諸弟子亦復如是不知親近善知識
故脩學无我亦復不知无我之處尚自不知无
我真性況復能知有我真性善男子如來如
是說諸眾生皆有佛性喻如良醫示彼力士
金剛寶珠是諸眾生為諸无量億煩惱等之
所覆蔽不識佛性若盡煩惱尒時乃得證知了
了如彼力士於明鏡中見其寶珠善男子如
來秘藏如是无量不可思議復次善男子譬
如雪山有一味藥名曰樂味其味極甜在深
叢下无人能見有人聞香即知其地當有是
藥過去往昔世有轉輪王於此雪山為此藥
故在在處處造作木筩以接是藥是藥熟時
從地流出集木筩中其味真正王既沒已其
後是藥或醋或醎或甜或苦或辛或淡如是
一味隨其流處有種種異是藥真味停留在
山猶如滿月凡人薄福雖以钁斸加功困苦而
不能得復有聖王出現於世以福因緣即得
是藥真正之味善男子如來秘藏其味亦尒
為諸煩惱叢林所覆无明眾生不能得見一
味者喻如佛性以煩惱故出種種味所謂地
獄畜生餓鬼天人男女非男非女剎利婆羅

BD03430號　大般涅槃經（北本　異卷）卷七　（25–16）

是藥真正之味善男子如来秘藏其味亦尒
為諸煩惱叢林所覆无明衆生不能得見一
味者喻如佛性以煩惱故出種種味所謂地
獄畜生餓鬼天人男女非男非女剎利婆羅
門毗舍首陁佛性雄猛難可俎壞是故无有
能殺害者若有殺者則斷佛性如是佛性終
不可斷性若可斷无有是處如我性者即是
如来秘密之藏如是密藏一切无能俎壞燒
滅雖不可壞然不可見若得成就阿耨多羅
三藐三菩提尒乃證知以是因緣无能殺者
迦葉菩薩復白佛言世尊若无殺者應當无
有不善之業佛告迦葉實有殺生何以故善
男子衆生佛性住五陰中若壞五陰名曰殺
生若有殺生即墮惡趣以業因緣而有剎利
婆羅門等毗舍首陁及旃陁羅若男若女非
男非女廿五有差別之相流轉生死非聖之
人横計於我大小諸相猶如稗子或如米豆
乃至拇指如是種種妄生憶想妄想之相无
有真實出世我相名為佛性如是計我是名
最善復次善男子譬如有人善知伏藏即取
利钁斸地直下盤石沙礫直過无難唯至金
剛不能穿徹夫金剛者所有刀斧不能俎壞
善男子衆生佛性亦復如是一切論者天魔
波旬及諸人天所不能壞五陰之相即是起

利钁斸地直下盤石沙礫直過无難唯至金
剛不能穿徹夫金剛者所有刀斧不能俎壞
善男子衆生佛性亦復如是一切論者天魔
波旬及諸人天所不能壞五陰之相即是起
作起作之相喻如石沙可穿可壞佛性者喻
如金剛不可俎壞以是義故壞五陰者名為
殺生善男子必定當知佛法如是不可思議
善男子方等經者猶如甘露亦如毒藥迦葉
菩薩復白佛言如来何緣說方等經譬如甘
露亦如毒藥佛言善男子汝今欲知如来秘
藏真實義不迦葉言尒我今實欲得知如来
秘藏之義尒時世尊而說偈言

或有服甘露　傷命而早夭　或復服甘露　壽命得長存
或有服毒生　有緣服毒死　无㝵智甘露　所謂大乘典
如是大乘典　亦名雜毒藥　如蘇醍醐等　及以諸石蜜
服消則為藥　不消則為毒　方等亦如是　智者為甘露
愚不知佛性　服之則成毒　聲聞及緣覺　大乘為甘露
猶如諸味中　乳最為第一　如是懃進者　依因於大乘
得至於涅槃　成人中鳥王　衆生知佛性　猶如迦葉等
无上甘露味　不生亦不死　迦葉汝今當　善分別三歸
如是三歸性　則是我之性　若能諦觀察　我性有佛性
當知如是人　得入秘密藏　知我及我所　是人已出世
佛法三寶性　无上第一尊　如我所說偈　其性義如是

如是三歸性　則是我之性　若能諦觀察　我性有佛性
當知如是人　得入秘密藏　知我及我所　是人已出世
佛法三寶性　无上第一尊　如我所說偈　其性義如是
尒時迦葉復說偈言
我今都不知　歸依三寶處　云何當歸趣　无上无所畏
不知三寶處　云何作无我　云何歸佛者　而得於安隱
云何歸依法　唯願為我說　云何得自在　云何不自在
云何歸依僧　轉得无上利　云何真實說　未來成佛道
未來若不成　云何歸三寶　我今无豫知　當行次第依
云何未懷任　而作生子想　若必在胎中　則名為有子
子若在胎中　定當生不久　是名為子義　衆生業亦然
如佛之所說　愚者不能知　以其不知故　輪轉生死獄
假名優婆塞　不知真實義　唯願廣分別　除斷我疑網
如來大智慧　唯垂哀分別　願說於如來　秘密之實藏
迦葉汝當知　我今當為汝　善開妙密藏　令汝疑得斷
今當至心聽　汝於諸菩薩　則與第七佛　同其一名號
歸依於佛者　真名優婆塞　終不更歸依　其餘諸天神
歸依於法者　則離於殺害　歸依聖僧者　不求於外道
如是歸三寶　則得无所畏　迦葉白佛言　我亦歸三寶
是名為正路　諸佛之境界　三寶平等相　常有大智性
我性及佛性　无有二差別　是道佛所讚　正進安隱處
亦名正遍見　故為佛所讚　我亦趣善逝　所讚无上道
是最為甘露　諸有所无有

BD03430號　大般涅槃經（北本　異卷）卷七　（25–19）

我性及佛性　无有二差別　是道佛所讚　正進安隱處
亦名正遍見　故為佛所讚　我亦趣善逝　所讚无上道
是最為甘露　諸有所无有
尒時佛告迦葉菩薩善男子汝今不應如諸
聲聞凡夫之人分別三寶於此大乘无有三
歸分別之相所以者何於佛性中即有法僧
為欲化度聲聞凡夫故分別說三歸異相善
男子若欲隨順世間法者則應分別有三歸
依善男子菩薩應作如是思惟我今此身歸
依於佛若即此身得成佛道既成佛已不當
恭敬礼拜供養於諸世尊何以故諸佛平等
等為衆生作歸依故若欲尊重法身舍利便
應礼敬諸佛塔廟所以者何為欲化度諸衆
生故亦令衆生於我身中起塔廟想礼拜供
養如是衆生以我法身為歸依處一切衆生
皆依非真邪偽之法我當次第為說真法又
有歸依非真僧者我當為作依真僧處若有
分別三歸依者我當為作一歸依處无三差
別於生盲衆為作眼目復當為諸聲聞緣覺
作真歸處善男子如是菩薩為无量惡諸衆
生等及諸智者而作佛事善男子譬如有人
臨陣戰時即生心念我於是中最為第一一切
兵衆悉依恃我亦如王子如是思惟我當調

BD03430號　大般涅槃經（北本　異卷）卷七　（25–20）

生等及諸智者而作佛事善男子譬如有人
臨陳戰時即生心念我於是中最為苐一切
兵眾悉依恃我又如王子如是思惟我當調
伏其餘王子紹繼大王霸王之業而得自在
令諸王子悉見歸依是故不應生下劣心如
王王子大臣亦尒善男子菩薩摩訶薩亦復
如是作是思惟云何三事與我一體善男子
我示三事即是涅槃如來者名无上士譬如
人身頭最為上非餘支節手足等也佛亦如
是最為尊上非法僧也為欲化度諸世間故
種種示現差別之相如彼梯橙是故汝今不
應受持如凡愚人所知三歸差別之相汝於
大乘猛利決斷應如剛刀迦葉菩薩白佛言
世尊我知故問非為不知我為菩薩大勇猛
者問於无垢清淨行處欲令如來為諸菩薩
廣宣分別奇特之事稱揚大乘方等經典如
來大悲今已善說我亦如是安住其中所說
菩薩清淨行處即是宣說大涅槃經世尊我
今亦當廣為眾生顯揚如是如來秘藏亦當
證知真三歸處若有眾生能信如是大涅槃
經其人則能自然了達三歸依處何以故如
來秘藏有佛性故其有宣說是經典者皆言
身中盡有佛性如是之人則不遠求三歸依

經其人則能自然了達三歸依處何以故如
來秘藏有佛性故其有宣說是經典者皆言
身中盡有佛性如是之人則不遠求三歸依
處何以故於未來世我身即當成就三寶是
故聲聞緣覺之人及餘眾生皆依於我恭敬
礼拜善男子以是義故應當正學大乘經典
迦葉復言佛性如是不可思議卅二相八十
種好亦不可思議尒時佛讚迦葉菩薩善哉
善哉善男子汝已成就深利智慧我今當更
善為汝說入如來藏若我住者即是常法不
離於苦若无我者脩行淨行无所利益若言
諸法皆无有我即是斷見若言我住即是常
見若言一切行无常者即是斷見諸行常者
復是常見若言苦者即是斷見若言樂者復
是常見脩一切法常者墮於斷見脩一切法
斷者墮於常見如步屈虫要因前脚得移後
足脩斷常者亦復如是要依斷常以是義故
脩餘法苦者皆名不善脩餘法樂者則名為
善脩餘法无我者是諸煩惱分脩餘法常者
是則名曰如來秘藏所謂涅槃无有窟宅脩
餘无常法者即是財物脩餘法常者謂佛法
僧及正解脫當知如是佛法中道遠離二邊
而說真法凡夫愚人於中无疑如羸病人服

餘无常法者即是財物循餘法常者謂佛法
僧及正解脫當知如是佛法中道遠離二邊
而說真法凡夫愚人於中无疑如羸病人服
食蘇已氣力輕便有无之法體性不定譬如
四大其性不同各各違反良醫善知隨其偏
發而消息之善男子如來亦尒於諸衆生猶
如良醫知諸煩惱體相差別而為除斷開示
如來秘密之藏清淨佛性常住不變若言有
者智不應染若言无者即是妄語若言有者
不應嘿然亦復不應戲論諍訟但求了知諸
法真性凡夫之人戲論諍訟不解如來微密
藏故若說於苦愚人便謂身是无常說一切
苦復不能知身有樂性說无常者凡夫之人
計一切身皆是无常譬如瓦坏有智之人應
當分別不應盡言一切无常何以故我身即
有佛性種子若說无我凡夫當謂一切佛法
悉无有我智者應當分別无我假名非實如
是知已不應生疑若言如來秘密空寂凡夫
聞之生斷滅見有智之人應當分別如來是
常无有變易若言解脫喻如幻化凡夫當謂
得解脫者即是磨滅有智之人應當分別人
中師子雖有去來常住无變若言无明因緣
諸行凡夫之人聞已分別生二法想明与无

BD03430號　大般涅槃經（北本　異卷）卷七　（25–23）

得解脫者即是磨滅有智之人應當分別人
中師子雖有去來常住无變若言无明因緣
諸行凡夫之人聞已分別生二法想明与无
明智者了達其性无二无二之性即是實性
若言諸行因緣識者凡夫謂二行之与識智
者了達其性无二无二之性即是實性若言
十善十惡可作不可作善道惡道白法黑法
凡夫謂二智者了達其性无二无二之性即
是實性若言應循一切法苦凡夫謂二智者
了達其性无二无二之性即是實性若言一
切行无常如來秘藏亦是无常凡夫謂二智
者了達其性无二无二之性即是實性一切
法无我如來秘藏亦无有我凡夫謂二智者
了達其性无二无二之性即是實性我与无
我性无有二如來秘藏其義如是不可稱計
无量无邊諸佛所讚我今於是一切功德成
就經中皆悉說已

大般涅槃經卷第七

BD03430號　大般涅槃經（北本　異卷）卷七　（25–24）

是實性若言應循一切法若凡夫謂二智者
了達其性无二无二之性即是實性若言一
切行无常如來秘藏亦是无常凡夫謂二智
者了達其性无二无二之性即是實性一切
法无我如來秘藏亦无有我凡夫謂二智者
了達其性无二无二之性即是實性我与无
我性无有二如來秘藏其義如是不可稱計
无量无邊諸佛所讚我今於是一切功德成
就經中皆悉說已

大般涅槃經卷第七

BD03430號　大般涅槃經（北本　異卷）卷七　　（25–25）

山為聽法故尒時
來至佛所而聽法如來于時觀
是眾生諸根利鈍精進懈怠隨其所堪而為
說法種種无量皆令歡喜快得善利是諸眾
生聞是法已現世安隱後生善處以道受樂
亦得聞法既聞法已離諸障礙於諸法中任
力所能漸得入道如彼大雲雨於一切卉木
叢林及諸藥草如其種性具足蒙潤各得生
長如來說法一相一味所謂解脫相離相滅相
究竟至於一切種智其有眾生聞如來法若
持讀誦如說修行所得功德不自覺知所
以者何唯有如來知此眾生種相體性念何
事思何事修何事云何念云何思云何修以何
法念以何法思以何法修以何法得何法眾
生住於種種之地唯有如來如實見之明了
无礙如彼卉木叢林諸藥草等而不自知上
中下性如來知是一相一味之法所謂解脫
相離相滅相究竟涅槃常寂滅相終歸於空
佛知是已觀眾生心欲而將護之是故不
即為說一切種智汝等迦葉甚為希有能知

BD03431號　妙法蓮華經卷三　　（17–1）

无导如彼卉木叢林諸藥草等而不自知上
中下性如来知是一相一味之法所謂解脫
相離相滅相究竟涅槃常寂滅相終歸於空
佛知是已觀衆生心欲而将護之是故不
即為說一切種智汝等迦葉甚為希有能知
如来隨宜說法能信能受所以者何諸佛世
尊隨宜說法難解難知尒時世尊欲重宣此
義而說偈言
破有法王　出現世間　隨衆生欲　種種說法
如来尊重　智慧深遠　久默斯要　不務速說
有智若聞　則能信解　无智疑悔　則為永失
是故迦葉　隨力為說　以種種緣　令得正見
迦葉當知　譬如大雲　起於世間　遍覆一切
恵雲含潤　電光晃曜　雷聲遠震　令衆悅豫
日光掩蔽　地上清涼　靉靆垂布　如可承攬
其雨普等　四方俱下　流澍无量　率土充洽
山川險谷　幽邃所生　卉木藥草　大小諸樹
百穀苗稼　甘蔗蒲桃　雨之所潤　无不豐足
乾地普洽　藥木並茂　其雲所出　一味之水
草木叢林　隨分受潤　一切諸樹　上中下等
稱其大小　各得生長　根莖枝葉　華菓光色
一雨所及　皆得鮮澤　如其體相　性分大小
所潤是一　而各滋茂　佛亦如是　出現於世
譬如大雲　普覆一切　既出于世　為諸衆生
分別演說　諸法之實　大聖世尊　於諸天人

BD03431號　妙法蓮華經卷三　（17–2）

一雨所及　皆得鮮澤　如其體相　性分大小
所潤是一　而各滋茂　佛亦如是　出現於世
譬如大雲　普覆一切　既出于世　為諸衆生
分別演說　諸法之實　大聖世尊　於諸天人
一切衆中　而宣是言　我為如来　兩足之尊
出于世間　猶如大雲　充潤一切　枯槁衆生
皆令離苦　得安隱樂　世間之樂　及涅槃樂
諸天人衆　一切善聽　皆應到此　觀无上尊
我為世尊　无能及者　安隱衆生　故現於世
為大衆說　甘露淨法　其法一味　解脫涅槃
以一妙音　演暢斯義　常為大乘　而作因緣
我觀一切　普皆平等　无有彼此　愛憎之心
我无貪著　亦无限礙　恒為一切　平等說法
如為一人　衆多亦然　常演說法　曾无他事
去来坐立　終不疲猒　充足世間　如雨普潤
貴賤上下　持戒毀戒　威儀具足　及不具足
正見耶見　利根鈍根　等雨法雨　而无懈惓
一切衆生　聞我法者　隨力所受　住於諸地
或處人天　轉輪聖王　釋梵諸王　是小藥草
知无漏法　能得涅槃　起六神通　及得三明
獨處山林　常行禪定　得緣覺證　是中藥草
求世尊處　我當作佛　行精進定　是上藥草
又諸佛子　專心佛道　常行慈悲　自知作佛
決定无疑　是名小樹　安住神通　轉不退輪
度无量億　百千衆生　如是菩薩　名為大樹

BD03431號　妙法蓮華經卷三　（17–3）

獨處山林 常行禪定 得緣覺證 是中藥草
求世尊處 我當作佛 行精進定 是上藥草
又諸佛子 專心佛道 常行慈悲 自知作佛
決定无疑 是名小樹 安住神通 轉不退輪
度无量億 百千眾生 如是菩薩 名為大樹
佛平等說 如一味雨 隨眾生性 所受不同
如彼草木 所稟各異 佛以此喻 方便開示
種種言辭 演說一法 於佛智慧 如海一渧
我雨法雨 充滿世間 一味之法 隨力修行
如彼叢林 藥草諸樹 隨其大小 漸增茂好
諸佛之法 常以一味 令諸世間 普得具足
漸次修行 皆得道果 聲聞緣覺 處於山林
住最後身 聞法得果 是名藥草 各得增長
若諸菩薩 智慧堅固 了達三界 求最上乘
是名小樹 而得增長 復有住禪 得神通力
聞諸法空 心大歡喜 放无數光 度諸眾生
是名大樹 而得增長 如是迦葉 佛所說法
譬如大雲 以一味雨 潤於人華 各得成實
迦葉當知 以諸因緣 種種譬喻 開示佛道
是我方便 諸佛亦然 今為汝等 說最實事
諸聲聞眾 皆非滅度 汝等所行 是菩薩道
漸漸修學 悉當成佛

妙法蓮華經授記品第六

尒時世尊說是偈已告諸大眾唱如是言我此
弟子摩訶迦葉於未來世當得奉覲三百万
億諸佛[illegible]

BD03431號　妙法蓮華經卷三　(17-4)

漸漸修學 悉當成佛

妙法蓮華經授記品第六

尒時世尊說是偈已告諸大眾唱如是言我此
弟子摩訶迦葉於未來世當得奉覲三百万
億諸佛世尊供養恭敬尊重讚歎廣宣諸
佛无量大法於最後身得成為佛名曰光明
如來應供正遍知明行足善逝世間解无上
士調御丈夫天人師佛世尊國名光德劫名
大莊嚴佛壽十二小劫正法住世二十小劫
像法亦住二十小劫國界嚴飾无諸穢惡
瓦礫荊棘便利不淨其土平正无有高下坑坎
堆阜琉璃為地寶樹行列黃金為繩以界道
側散諸寶華周遍清淨其國菩薩无量千億
諸聲聞眾亦復无數无有魔事雖有魔及魔
民皆護佛法尒時世尊欲重宣此義而說偈言
告諸比丘 我以佛眼 見是迦葉 於未來世
過无數劫 當得作佛 而於來世 供養奉覲
三百万億 諸佛世尊 為佛智慧 淨修梵行
供養最上 二足尊已 修習一切 无上之法
於最後身 得成為佛 其土清淨 琉璃為地
多諸寶樹 行列道側 金繩界道 見者歡喜
常出好香 散眾名華 種種奇妙 以為莊嚴
其地平正 无有丘坑 諸菩薩眾 不可稱計
其心調柔 逮大神通 奉持諸佛 大乘經典
諸聲聞眾 无漏後身 法王之子 亦不可計

BD03431號　妙法蓮華經卷三　(17-5)

其地平正　无有丘坑　諸菩薩衆　不可稱計
其心調柔　逮大神通　奉持諸佛　大乘經典
諸聲聞衆　无漏後身　法王之子　亦不可計
乃以天眼　不能數知　其佛當壽　十二小劫
正法住世　二十小劫　像法亦住　二十小劫
光明世尊　其事如是
尒時大目揵連須菩提摩訶迦旃延等皆悉
悚慄一心合掌瞻仰世尊目不暫捨即共同
聲而說偈言
大雄猛世尊　諸釋之法王　哀愍我等故　而賜佛音聲
若知我深心　見為授記者　如以甘露灑　除熱得清涼
如從飢國來　忽遇大王饍　心猶懷疑懼　未敢即便食
若復得王教　然後乃敢食　我等亦如是　每惟小乘過
不知當云何　得佛无上慧　雖聞佛音聲　言我等作佛
心尚懷憂懼　如未敢便食　若蒙佛授記　尒乃快安樂
大雄猛世尊　常欲安世間　願賜我等記　如飢須教食
尒時世尊知諸大弟子心之所念告諸比丘是
須菩提於當來世奉覲三百万億那由他佛
供養恭敬尊重讚歎常脩梵行具菩薩道
於最後身得成為佛号曰名相如來應供正
遍知明行足善逝世間解无上士調御丈夫
天人師佛世尊劫名有寶國名寶生其土平
正頗梨為地寶樹莊嚴无諸丘坑沙礫荊棘
便利之穢寶華覆地周遍清淨其土人民皆
處寶臺珍妙樓閣聲聞弟子无量无邊筭

BD03431號　妙法蓮華經卷三　（17–6）

天人師佛世尊劫名有寶國名寶生其土平
正頗梨為地寶樹莊嚴无諸丘坑沙礫荊棘
便利之穢寶華覆地周遍清淨其土人民皆
處寶臺珍妙樓閣聲聞弟子无量无邊筭
數譬喻所不能知諸菩薩衆无數千万億那
由他佛壽十二小劫正法住世二十小劫像
法亦住二十小劫其佛常處虛空為衆說法
度脫无量菩薩及聲聞衆尒時世尊欲重宣此
義而說偈言
諸比丘衆　今告汝等　皆當一心　聽我所說
我大弟子　須菩提者　當得作佛　号曰名相
當供无數　万億諸佛　隨佛所行　漸具大道
最後身得　三十二相　端正姝妙　猶如寶山
其佛國土　嚴淨第一　衆生見者　无不愛樂
佛於其中　度无量衆　其佛法中　多諸菩薩
皆悉利根　轉不退輪　彼國常以　菩薩莊嚴
諸聲聞衆　不可稱數　皆得三明　具六神通
住八解脫　有大威德　其佛說法　現於无量
神通變化　不可思議　諸天人民　數如恒沙
皆共合掌　聽受佛語　其佛當壽　十二小劫
正法住世　二十小劫　像法亦住　二十小劫
尒時世尊復告諸比丘衆我今語汝是大迦
旃延於當來世以諸供具供養奉事八千億
佛恭敬尊重諸佛滅後各起塔廟高千由旬
縱廣正等五百由旬以金銀瑠璃車璖馬瑙

BD03431號　妙法蓮華經卷三　（17–7）

旃延於當來世以諸供具供養奉事八千億
佛恭敬尊重諸佛滅後各起塔廟高千由旬
縱廣正等五百由旬以金銀瑠璃車𤦲馬瑙
真珠玫瑰七寶合成衆華瓔珞塗香末香燒
香繒蓋幢幡供養塔廟過是已後當復供養
二万億佛亦復如是供養是諸佛已具菩薩
道當得作佛号曰閻浮那提金光如来應供
正遍知明行足善逝世間解无上士調御丈夫
天人師佛世尊其土平正頗梨為地寶樹莊
嚴黃金為繩以界道側妙華覆地周遍清淨
見者歡喜无四惡道地獄餓鬼畜生阿脩羅道
多有天人諸聲聞衆及諸菩薩无量万億
莊嚴其國佛壽十二小劫正法住世二十小
劫像法亦住二十小劫尒時世尊欲重宣此
義而說偈言
諸比丘衆 皆一心聽 如我所說 真實无異
是迦旃延 當以種種 妙好供具 供養諸佛
諸佛滅後 起七寶塔 亦以華香 供養舍利
其最後身 得佛智慧 成等正覺 國土清淨
度脫无量 万億衆生 皆為十方 之所供養
佛之光明 无能勝者 其佛号曰 閻浮金光
菩薩聲聞 斷一切有 无量无數 莊嚴其國
尒時世尊復告大衆我今語汝是大目揵連
當以種種供具供養八千諸佛恭敬尊重諸
佛滅後各起塔廟高千由旬縱廣正等五百

BD03431號　妙法蓮華經卷三　（17–8）

菩薩聲聞 斷一切有 无量无數 莊嚴其國
尒時世尊復告大衆我今語汝是大目揵連
當以種種供具供養八千諸佛恭敬尊重諸
佛滅後各起塔廟高千由旬縱廣正等五百
由旬以金銀瑠璃車𤦲馬瑙真珠玫瑰七寶
合成衆華瓔珞塗香末香燒香繒蓋幢幡
以用供養過是已後當復供養二百万億諸佛
亦復如是當得成佛号曰多摩羅跋栴檀香如
来應供正遍知明行足善逝世間解无上
士調御丈夫天人師佛世尊劫名喜滿國名
意樂其土平正頗梨為地寶樹莊嚴散真珠
華周遍清淨見者歡喜多諸天人菩薩聲聞
其數无量佛壽二十四小劫正法住世四十
小劫像法亦住四十小劫尒時世尊欲重宣
此義而說偈言
我此弟子 大目揵連 捨是身已 得見八千
二百万億 諸佛世尊 為佛道故 供養恭敬
於諸佛所 常脩梵行 於无量劫 奉持佛法
諸佛滅後 起七寶塔 長表金刹 華香伎樂
而以供養 諸佛塔廟 漸漸具足 菩薩道已
於意樂國 而得作佛 号多摩羅 栴檀之香
其佛壽命 二十四劫 常為天人 演說佛道
聲聞无量 如恒河沙 三明六通 有大威德
菩薩无數 志固精進 於佛智慧 皆不退轉
佛滅度後 正法當住 四十小劫 像法亦尒
我諸弟子 威德具足 其數五百 皆當授記

BD03431號　妙法蓮華經卷三　（17–9）

其佛壽命　二十四劫　常為天人　演說佛道
聲聞无量　如恒河沙　三明六通　有大威德
菩薩无數　志固精進　於佛智慧　皆不退轉
佛滅度後　正法當住　四十小劫　像法亦尒
我諸弟子　威德具足　其數五百　皆當授記
於未來世　咸得成佛　我及汝等　宿世因緣
吾今當說　汝等善聽

妙法蓮華經化城喻品第七

佛告諸比丘乃往過去无量无邊不可思議
阿僧祇劫尒時有佛名大通智勝如來應供
正遍知明行足善逝世間解无上士調御丈
夫天人師佛世尊其國名好成劫名大相諸
比丘彼佛滅度已來甚大久遠譬如三千大
千世界所有地種假使有人磨以為墨過於
東方千國土乃下一點大如微塵又過千國
土復下一點如是展轉盡地種墨於汝等意
云何是諸國土若筭師若筭師弟子能得邊
際知其數不不也世尊諸比丘是人所經國
土若點不點盡末為塵一塵一劫彼佛滅度
已來復過是數无量无邊百千万億阿僧祇
劫我以如來知見力故觀彼久遠猶若今日
尒時世尊欲重宣此義而說偈言
我念過去世　无量无邊劫　有佛兩足尊　名大通智勝
如人以力磨　三千大千土　盡此諸地種　皆悉以為墨
過於千國土　乃下一塵點　如是展轉點　盡此諸塵墨
如是諸國土　點與不點等　復盡末為塵　一塵為一劫

BD03431號　妙法蓮華經卷三　（17–10）

我念過去世　无量无邊劫　有佛兩足尊　名大通智勝
如人以力磨　三千大千土　盡此諸地種　皆悉以為墨
過於千國土　乃下一塵點　如是展轉點　盡此諸塵墨
如是諸國土　點與不點等　復盡末為塵　一塵為一劫
此諸微塵數　其劫復過是　彼佛滅度來　如是无量劫
如來无礙智　知彼佛滅度　及聲聞菩薩　如見今滅度
諸比丘當知　佛智淨微妙　无漏无所导　通達无量劫
佛告諸比丘大通智勝佛壽五百四十万億
那由他劫其佛本坐道場破魔軍已垂得阿
耨多羅三藐三菩提而諸佛法不現在前如
是一小劫乃至十小劫結加趺坐身心不動
而諸佛法猶不在前尒時忉利諸天先為彼
佛於菩提樹下敷師子座高一由旬佛於此
座當得阿耨多羅三藐三菩提適坐此座時
諸梵天王雨眾天華面百由旬香風時來吹
去萎華更雨新者如是不絕滿十小劫供養
於佛乃至滅度常雨此華四王諸天為供養
佛常擊天鼓其餘諸天作天伎樂滿十小劫
至于滅度亦復如是諸比丘大通智勝佛過
十小劫諸佛之法乃現在前成阿耨多羅三
藐三菩提其佛未出家時有十六子其第一
者名曰智積諸子各有種種珍異玩好之具
聞父得成阿耨多羅三藐三菩提皆捨所珍
往詣佛所諸母涕泣而隨送之其祖轉輪聖王
與一百大臣及餘百千万億人民皆共圍繞

BD03431號　妙法蓮華經卷三　（17–11）

者名曰智積諸子各有種種珍異玩好之具
聞父得成阿耨多羅三藐三菩提皆捨所珍
往詣佛所諸母涕泣而隨送之其祖轉輪聖王
與一百大臣及餘百千万億人民皆共圍繞
隨至道場咸欲親近大通智勝如來供養
恭敬尊重讚歎到已頭面礼足繞佛畢已一
心合掌瞻仰世尊以偈頌曰
大威德世尊 為度衆生故 於无量億歲 尒乃得成佛
諸願已具足 善哉吉無上 世尊甚希有 一坐十小劫
身體及手足 靜然安不動 其心常惔怕 未曾有散亂
究竟永寂滅 安住無漏法 今者見世尊 安隱成佛道
我等得善利 稱慶大歡喜 衆生常苦惱 盲瞑無導師
不識苦盡道 不知求解脫 長夜增惡趣 減損諸天衆
從瞑入於瞑 永不聞佛名 今佛得最上 安隱無漏道
我等及天人 為得最大利 是故咸稽首 歸命無上尊
尒時十六王子偈讚佛已勸請世尊轉於法輪
咸作是言世尊說法多所安隱憐愍饒益
諸天人民重說偈言
世雄無等倫 百福自莊嚴 得无上智慧 願為世間說
度脫於我等 及諸衆生類 為分別顯示 令得是智慧
若我等得佛 衆生亦復然 世尊知衆生 深心之所念
亦知所行道 又知智慧力 欲樂及脩福 宿命所行業
世尊悉知已 當轉無上輪
佛告諸比丘大通智勝佛得阿耨多羅三藐
三菩提時十方各五百萬億諸佛世界六種震
動其國中間幽瞑之處日月威光所不能照

BD03431 號　妙法蓮華經卷三　（17–12）

亦知所行道 又知智慧力 欲樂及脩福 宿命所行業
世尊悉知已 當轉無上輪
佛告諸比丘大通智勝佛得阿耨多羅三藐
三菩提時十方各五百萬億諸佛世界六種震
動其國中間幽瞑之處日月威光所不能照
而皆大明其中衆生各得相見咸作是言
此中云何忽生衆生又其國界諸天宮殿乃至
梵宮六種震動大光普照遍滿世界勝諸天
光尒時東方五百萬億諸國土中梵天宮
殿光明照曜倍於常明諸梵天王各作是念
今者宮殿光明昔所未有以何因緣而現此
相是時諸梵天王即各相詣共議此事時彼
衆中有一大梵天王名救一切為諸梵衆而
說偈言
我等諸宮殿 光明昔未有 此是何因緣 宜各共求之
為大德天生 為佛出世間 而此大光明 遍照於十方
尒時五百萬億國土諸梵天王與宮殿俱各
以衣裓盛諸天華共詣西方推尋是相見大
通智勝如來處于道場菩提樹下坐師子座
諸天龍王乾闥婆緊那羅摩睺羅伽人非人
等恭敬圍繞及見十六王子請佛轉法輪即
時諸梵天王頭面礼佛繞百千帀即以天華
而散佛上其所散華如須弥山并以供養佛
菩提樹其菩提樹高十由旬華供養已各以
宮殿奉上彼佛而作是言唯見哀愍饒益我

BD03431 號　妙法蓮華經卷三　（17–13）

而散佛上其所散華如須弥山并以供養佛
菩提樹其菩提樹高十由旬華供養已各以
宮殿奉上彼佛而作是言唯見哀愍饒益我
等所獻宮殿願垂納受時諸梵天王即於佛
前一心同聲以偈頌曰
世尊甚希有　難可得值遇　具無量功德　能救護一切
天人之大師　哀愍於世間　十方諸衆生　普皆蒙饒益
我等所從來　五百万億國　捨深禪定樂　為供養佛故
我等先世福　宮殿甚嚴飾　今以奉世尊　唯願哀納受
尒時諸梵天王偈讚佛已各作是言唯願世尊
轉於法輪度脫衆生開涅槃道時諸梵天王
一心同聲而說偈言
世雄兩足尊　唯願演說法　以大慈悲力　度苦惱衆生
尒時大通智勝如來默然許之又諸比丘東南
方五百萬億國土諸大梵王各自見宮殿
光明照曜昔所未有歡喜踊躍生希有心即
各相詣共議此事時彼衆中有一大梵天王
名曰大悲為諸梵衆而說偈言
是事何因緣　而現如此相　我等諸宮殿　光明昔未有
為大德天生　為佛出世間　未曾見此相　當共一心求
過千萬億土　尋光共推之　多是佛出世　度脫苦衆生
尒時五百萬億諸梵天王與宮殿俱各以衣
裓盛諸天華共詣西北方推尋是相見大通
智勝如來處于道場菩提樹下坐師子座諸
天龍王乾闥婆緊那羅摩睺羅伽人非人等

尒時五百萬億諸梵天王與宮殿俱各以衣
裓盛諸天華共詣西北方推尋是相見大通
智勝如來處于道場菩提樹下坐師子座諸
天龍王乾闥婆緊那羅摩睺羅伽人非人等
恭敬圍繞及見十六王子請佛轉法輪時諸梵
天王頭面礼佛繞百千帀即以天華而散
佛上所散之華如須弥山并以供養佛菩提樹
華供養已各以宮殿奉上彼佛而作是言
唯見哀愍饒益我等所獻宮殿願垂納受尒
時諸梵天王即於佛前一心同聲以偈頌曰
聖主天中王　迦陵頻伽聲　哀愍衆生者　我等今敬礼
世尊甚希有　久遠乃一現　一百八十劫　空過無有佛
三惡道充滿　諸天衆減少　今佛出於世　為衆生作眼
世間所歸趣　救護於一切　為衆生之父　哀愍饒益者
我等宿福慶　今得值世尊
尒時諸梵天王偈讚佛已各作是言唯願世
尊哀愍一切轉於法輪度脫衆生時諸梵天
王一心同聲而說偈言
大聖轉法輪　顯示諸法相　度苦惱衆生　令得大歡喜
衆生聞此法　得道若生天　諸惡道減少　忍善者增益
尒時大通智勝如來默然許之又諸比丘南方
五百萬億國土諸大梵王各自見宮殿光
明照曜昔所未有歡喜踊躍生希有心即各
相詣共議此事以何因緣我等宮殿有此光
曜而彼衆中有一大梵天王名曰妙法為諸
梵衆而說偈言

明照曜昔所未有歡喜踊躍生希有心即各
相詣共議此事以何因緣我等宮殿有此光
曜而彼衆中有一大梵天王名曰妙法為諸
梵衆而説偈言
我等諸宮殿　光明甚威曜　此非無因緣　是相宜求之
過於百千劫　未曾見是相　為大德天生　為佛出世間
尒時五百萬億諸梵天王與宮殿俱各以衣
裓盛諸天華共詣北方推尋是相見大通智
勝如來處于道場菩提樹下坐師子座諸天
龍王乾闥婆緊那羅摩睺羅伽人非人等恭
敬圍繞及見十六王子請佛轉法輪時諸梵
天王頭面礼佛繞百千帀即以天華而散佛
上所散之華如須弥山并以供養佛菩提樹
華供養已各以宮殿奉上彼佛而作是言唯
見哀愍饒益我等所獻宮殿願垂納受尒時
諸梵天王即於佛前一心同聲以偈頌曰
世尊甚難見　破諸煩惱者　過百三十劫　今乃得一見
諸飢渴衆生　以法雨充滿　昔所未曾見　無量智慧者
如優曇鉢羅　今日乃值遇　我等諸宮殿　蒙光故嚴飾
世尊大慈愍　唯願垂納受
尒時諸梵天王偈讃佛已各作是言唯願世尊
轉於法輪令一切世間諸天魔梵沙門婆
羅門皆獲安隱而得度脱時諸梵天王一心
同聲以偈頌曰
唯願天人尊　轉無上法輪　擊于大法鼓　而吹大法螺

BD03431號　妙法蓮華經卷三　(17–16)

上所散之華如須弥山并以供養佛菩提樹
華供養已各以宮殿奉上彼佛而作是言唯
見哀愍饒益我等所獻宮殿願垂納受尒時
諸梵天王即於佛前一心同聲以偈頌曰
世尊甚難見　破諸煩惱者　過百三十劫　今乃得一見
諸飢渴衆生　以法雨充滿　昔所未曾見　無量智慧者
如優曇鉢羅　今日乃值遇　我等諸宮殿　蒙光故嚴飾
世尊大慈愍　唯願垂納受
尒時諸梵天王偈讃佛已各作是言唯願世尊
轉於法輪令一切世間諸天魔梵沙門婆
羅門皆獲安隱而得度脱時諸梵天王一心
同聲以偈頌曰
唯願天人尊　轉無上法輪　擊于大法鼓　而吹大法螺
度無量衆生　我等咸歸請　當演深遠音
至

BD03431號　妙法蓮華經卷三　(17–17)

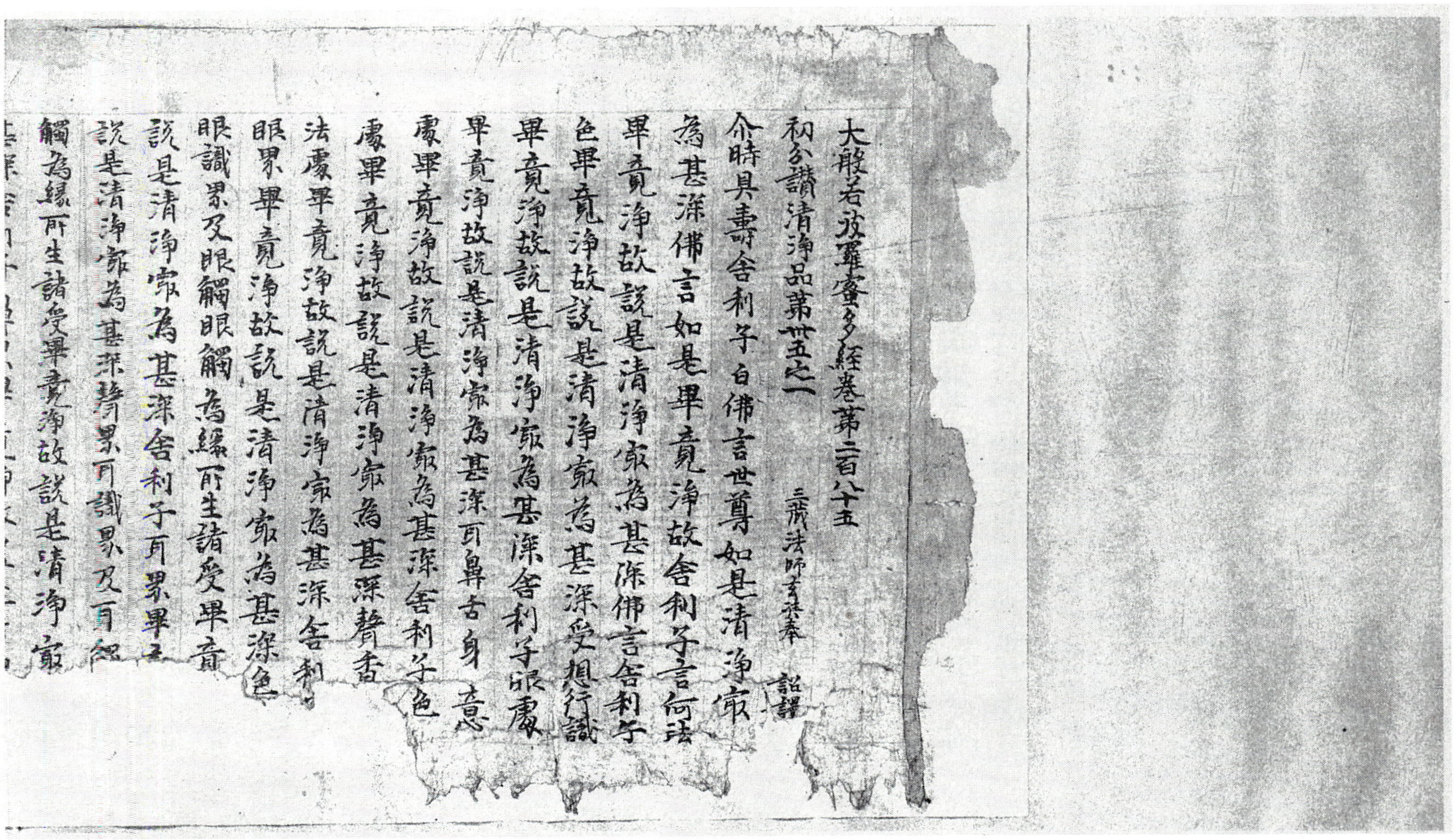

大般若波羅蜜多經卷第二百八十五　三藏法師玄奘奉　詔譯
初分讚清淨品第卅五之一
尒時具壽舍利子白佛言世尊如是清淨寂
為甚深佛言如是畢竟淨故舍利子言何法
畢竟淨故說是清淨寂為甚深佛言舍利子
色畢竟淨故說是清淨寂為甚深受想行識
畢竟淨故說是清淨寂為甚深舍利子眼處
畢竟淨故說是清淨寂為甚深耳鼻舌身意
處畢竟淨故說是清淨寂為甚深舍利子色
處畢竟淨故說是清淨寂為甚深聲香
法處畢竟淨故說是清淨寂為甚深舍利
眼界畢竟淨故說是清淨寂為甚深色
眼識界及眼觸眼觸為緣所生諸受畢竟
說是清淨寂為甚深舍利子耳界畢竟
說是清淨寂為甚深聲界耳識界及耳觸
觸為緣所生諸受畢竟淨故說是清淨寂

BD03432 號　大般若波羅蜜多經卷二八五　（3–1）

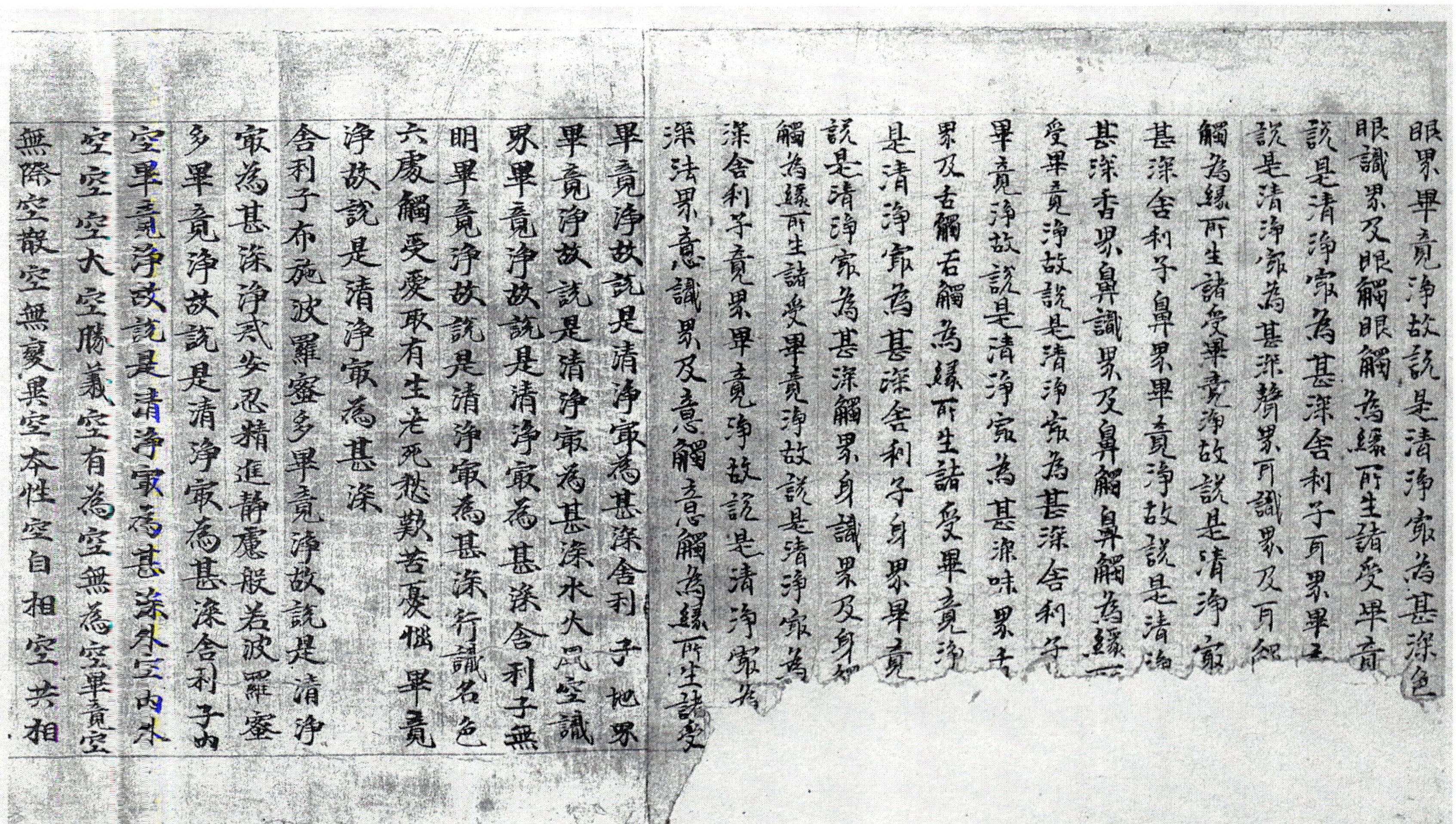

BD03432 號　大般若波羅蜜多經卷二八五　（3–2）

舍利子布施波羅蜜多畢竟淨故說是清淨
寂為甚深淨戒安忍精進靜慮般若波羅蜜
多畢竟淨故說是清淨寂為甚深舍利子內
空畢竟淨故說是清淨寂為甚深外空內外
空空空大空勝義空有為空無為空畢竟空
無際空散空無變異空本性空自相空共相
空一切法空不可得空無性空自性空無性
自性空畢竟淨故說是清淨寂為甚深舍利
子真如畢竟淨故說是清淨寂為甚深法界
法性不虛妄性不變異性平等性離生性法
定法住實際虛空界不思議界畢竟淨故說
是清淨寂為甚深舍利子苦聖諦畢竟淨故
說是清淨寂為甚深集滅道聖諦畢竟淨故
說是清淨寂為甚深舍利子四靜慮畢竟淨
故說是清淨寂為甚深四無量四無色定畢
竟淨故說是清淨寂為甚深舍利子八解脫
畢竟淨故說是清淨寂為甚深八勝處九次
第定十遍處畢竟淨故說是清淨寂為甚深
舍利子四念住畢竟淨故說是清淨寂為甚
深四正斷四神足五根五力七等覺支八聖
道支畢竟淨故說是清淨寂為甚深舍利子
空解脫門畢竟淨故說是清淨寂為甚深無

BD03432 號　大般若波羅蜜多經卷二八五　　（3–3）

而於釋迦
佛一方所分之身猶故未盡時釋迦牟
佛欲容受所分身諸佛故八方各更變二百
億那由他國皆令清淨无有地獄餓鬼畜生
及阿脩羅又移諸天人羅於他土所化之國
亦以琉璃為地寶樹莊嚴高五百由旬枝葉
華菓次第莊嚴樹下皆有寶師子坐高五由
旬種種諸寶以為莊嚴亦无大海江河及
目真隣陀山摩訶目真隣陀山鐵圍山大鐵
圍山須弥山等諸山王通為一佛國土寶地
平正寶交露幔遍覆其上懸諸幡蓋燒大寶
香諸天寶華遍布其地釋迦牟尼佛為諸佛
當來坐故復於八方各變二百万億那由他
國皆令清淨无有地獄餓鬼畜生及阿脩羅
又移諸天人置於他土所化之國亦以琉離
為他寶樹莊嚴樹高百五由旬枝葉華菓次
第莊嚴樹下皆有寶師子坐高五由旬亦以
大寶而校飾之亦无大海江河及目真隣陀
山摩訶目真隣陀山鐵圍山大鐵圍山須弥
山等諸山王通為一佛國土寶地平正寶交
露幔遍覆其上懸諸幡蓋燒大寶香諸天寶
華遍布其地爾時東方釋迦牟尼所分身百

BD03433 號　妙法蓮華經（十卷本）卷六　　（17–1）

山摩訶目真鄰陁山鐵圍山大鐵圍山須彌
山等諸山王通為一佛國土寶地平正寶交
露幔遍覆其上懸諸幡蓋燒大寶香諸天寶
華遍布其地尒時東方釋迦牟尼所分身百
千万億那由他恒河沙等國土中諸佛各各
說法来集於此如是次第十方諸佛皆悉来集
坐於八方尒時一一方四百万億那由他國土
諸佛如来遍滿其中是時諸佛各在寶樹下
坐師子坐皆遣侍者問訊釋迦牟尼佛各賫
寶華滿掬而告之言善男子汝往詣耆闍崛
山釋迦牟尼佛所如我辭曰少病少惱氣力
安樂及菩薩聲聞衆悉安隱不以此寶華散
佛供養而作是言彼某甲佛與欲開此寶塔
諸佛遣使亦復如是尒時釋迦牟尼佛見所
分身佛悉已来集各各坐於師子之坐皆聞
諸佛與欲同開寶塔即從坐起住虛空中一
切四衆起立合掌一心觀佛於是釋迦牟尼
佛以右指開七寶塔戶出大音聲如却關鑰
開大城門即時一切衆會皆見多寶如来於
寶塔中坐師子坐全身不散如入禪定又聞
其言善哉善哉釋迦牟尼佛快說是法華經
我為聽是經故而来至此尒時四衆等見過
去无量百千万億劫滅度佛說如是言嘆未
曾有以天寶華聚散多寶佛及釋迦牟尼佛
上尒時多寶佛於寶塔中分半坐與釋迦牟
尼佛而作是言釋迦牟尼佛可就此坐即時

BD03433號　妙法蓮華經（十卷本）卷六　（17-2）

上尒時多寶佛於寶塔中分半坐與釋迦牟
尼佛而作是言釋迦牟尼佛可就此坐即時
釋迦牟尼佛入其塔中坐其半坐結跏趺坐
尒時大衆見二如来在七寶塔師子坐上結
跏趺坐各作是念佛坐高遠唯願如来以神
通力令我等輩俱處虛空即時釋迦牟尼佛
以神通力接諸大衆皆在虛空以大音聲普
告四衆誰能於此娑婆國土廣說妙法華經
今正是時如来不久當入涅槃佛欲以此妙
法華經付囑有在尒時世尊欲重宣此義而
說偈言
聖主世尊　雖久滅度　在寶塔中　尚為法来
諸人云何　不懃為法
此佛滅度　无鞅數劫　處處聽法　以難遇故
彼佛本願　我滅度後　在在所往　常為聽法
又我分身　无量諸佛　如恒沙等　来欲聽法
及見滅度　多寶如来
各捨妙土　及弟子衆　天人龍神　諸供養事
令法久住　故来至此
為坐諸佛　以神通力　移无量衆　令國清淨
諸佛各各　詣寶樹下　如清淨池　蓮華莊嚴
其寶樹下　諸師子坐　佛坐其上　光明嚴飾
如夜闇中　然大炬火
身出妙香　遍十方國　衆生蒙薰　喜不自勝
譬如大風　吹小樹枝　以是方便　令法久住
告諸大衆　我滅度後　誰能護持　讀說斯經
今於佛前　自說誓言

BD03433號　妙法蓮華經（十卷本）卷六　（17-3）

身出妙香　遍十方國　衆生蒙薰　喜不自勝
譬如大風　吹小樹枝　以是方便　令法久住
告諸大衆　我滅度後　誰能護持　讀說斯經
今於佛前　自說誓言
其多寶佛　雖久滅度　以大誓願　而師子吼
多寶如來　及與我身　所集化佛　當知此意
諸佛子等　誰能護法　當發大願　令得久住
其有能護　此經法者　則為供養　我及多寶
此多寶佛　處於寶塔　常遊十方　為是經故
亦復供養　諸來化佛　莊嚴光飾　諸世界者
若說此經　則為見我　多寶如來　及諸化佛
諸善男子　各諦思惟　此為難事　宜發大願
諸餘經典　數如恒沙　雖說此等　未足為難
若接須彌　擲置他方　无數佛土　亦未為難
若以足指　動大千界　遠擲他國　亦未為難
若立有頂　為衆演說　无量餘經　亦未為難
若佛滅後　於惡世中　能說此經　是則為難
假使有人　手把虛空　而以遊行　亦未為難
於我滅後　若自書持　若使人書　是則為難
若以大地　置足甲上　昇於梵天　亦未為難
佛滅度後　於惡世中　暫讀此經　是則為難
假使劫燒　擔負乾草　入中不燒　亦未為難
我滅度後　若持此經　為一人說　是則為難
若持八万　四千法藏　十二部經　為人演說
令諸聽者　得六神通　雖能如是　亦未為難
於我滅後　聽受此經　問其義趣　是則為難

BD03433號　妙法蓮華經（十卷本）卷六　（17–4）

我滅度後　若持此經　為一人說　是則為難
若持八万　四千法藏　十二部經　為人演說
令諸聽者　得六神通　雖能如是　亦未為難
於我滅後　聽受此經　問其義趣　是則為難
若人說法　令千万億　无量无數　恒沙衆生
得阿羅漢　具六神通　雖有是益　亦未為難
於我滅後　若能奉持　如斯經典　是則為難
我為佛道　於无量土　從始至今　廣說諸經
而於其中　此經第一　若有能持　則持佛身
諸善男子　於我滅後　誰能受持　讀誦此經
今於佛前　自說誓言
此經難持　若暫持者　我則歡喜　諸佛亦然
如是之人　諸佛所歎　是則勇猛　是則精進
是名持戒　行頭陀者　則為疾得　无上佛道
於未來世　讀持此經　是真佛子　住純善地
佛滅度後　能解其義　是諸天人　世間之眼
於恐畏世　能須臾說　一切天人　皆應供養

妙法蓮華經持品第十二

爾時藥王菩薩摩訶薩及大樂說菩薩摩訶
薩與二万菩薩眷屬俱皆於佛前作是誓言
唯願世尊不以為慮我等於佛滅後當奉持
讀誦說此經典後惡世衆生善根轉少多增
上慢貪利供養增不善根遠離解脫雖難可
教化我等當起大忍讀誦此經持說書寫種
種供養不惜身命爾時衆中五百阿羅漢得
受記者白佛言世尊我等亦自誓願於異國
土廣說此經復有學无學八千人得受記者

BD03433號　妙法蓮華經（十卷本）卷六　（17–5）

上慢貪利供養增不善根遠離解脫難可
教化我等當起大忍讀誦此經持說書寫種
種供養不惜身命尒時衆中五百阿羅漢得
受記者白佛言世尊我等亦自誓願於異國
土廣說此經復有學无學八千人得受記者
從坐而起合掌向佛作是誓言世尊我等亦
當於他國土廣說此經所以者何是娑婆國
中人多弊惡懷增上慢功德淺薄瞋濁諂曲
心不實故尒時佛姨母摩訶波闍波提比丘
尼與學无學比丘尼六千人俱從坐而起一
心合掌瞻仰尊顏目不暫捨於時世尊告憍
曇彌何故憂色而視如來汝心將无謂我不
說汝名受阿耨多羅三藐三菩提記耶憍曇彌
我先惣說一切聲聞皆已受記今汝欲知
記者將來之世當於六万八千億諸佛法中
為大法師及六千學无學比丘尼俱為法師
汝是如漸漸具菩薩道當得作佛号一切衆
生憙見如來應供正遍知明行足善逝世間
解无上士調御丈夫天人師佛世尊憍曇彌
是一切衆生憙見及六千菩薩轉次授記得阿
耨多羅三藐三菩提尒時羅睺羅母耶輸陀
羅比丘尼作是念世尊於授記中獨不說我
名佛告耶輸陀羅汝於來世百千万億諸佛
法中脩菩薩行為大法師漸具佛道於善國
中當得作佛号具足千万光相如來應供正
遍知明行足善逝世間解无上士調御丈夫

BD03433 號　妙法蓮華經（十卷本）卷六　（17–6）

名佛告耶輸陀羅汝於來世百千万億諸佛
法中脩菩薩行為大法師漸具佛道於善國
中當得作佛号具足千万光相如來應供正
遍知明行足善逝世間解无上士調御丈夫
天人師佛世尊其佛壽无量阿僧祇劫尒時
摩訶波闍波提比丘尼及耶輸陀羅比丘尼
并其眷屬皆大歡喜得未曾有即於佛前而
說偈言
世尊導師　安隱天人　我等聞記　心安具足
諸比丘尼說是偈已白佛言世尊我等亦能
於他方國土廣宣此經
尒時世尊視八十万億那由他諸菩薩摩訶
薩是諸菩薩皆是阿惟越致轉不退法輪得
諸陀羅尼即從坐起到於佛前一心合掌而
作是念若世尊告勅我等持說此經者當如
佛教廣宣斯法復作是念佛今嘿然不見告
勅我當云何時諸菩薩敬順佛意并欲自滿本
願便於佛前作師子吼而發誓言世尊我等
於如來滅後周旋往返十方世界能令衆生
書寫是經受持讀誦解說其義如法脩行正
憶念皆是佛之威力唯願世尊在於他方遙
見守護即時諸菩薩俱同發聲而說偈言
唯願不為慮　於佛滅度後　恐怖惡世中　我等當廣說
有諸无智人　惡口罵詈等　及加刀杖者　我等皆當忍
惡世中比丘　邪智心諂曲　未得謂為得　我慢心充滿
或有阿練若　納衣在空閑　自謂行真道　輕賤人間者
貪著利養故　與白衣說法　為世所恭敬　如六通羅漢

BD03433 號　妙法蓮華經（十卷本）卷六　（17–7）

即時諸菩薩俱同發聲而說偈言
唯願不為慮　於佛滅度後　恐怖惡世中　我等當廣說
有諸无智人　惡口罵詈等　及加刀杖者　我等皆當忍
惡世中比丘　邪智心諂曲　未得謂為得　我慢心充滿
或有阿練若　納衣在空閑　自謂行真道　輕賤人間者
貪着利養故　與白衣說法　為世所恭敬　如六通羅漢
是人懷惡心　常念世俗事　假名阿練若　好出我等過
而作如是言　此諸比丘等　為貪利養故　說外道論議
自作此經典　誑惑世間人　為求名聞故　分別於此經
常在大眾中　欲毀我等故　向國王大臣　婆羅門居士
及餘比丘眾　誹謗說我過　謂是邪見人　說外道論議
我等敬佛故　悉忍是諸惡　為斯所輕言　汝等皆是佛
如此輕慢言　皆當忍受之
濁劫惡世中　多有諸恐怖　惡鬼入其身　罵詈毀辱我
我等敬信佛　當着忍辱鎧　為說是經故　忍此諸難事
我不愛身命　但惜无上道　我等於來世　護持佛所囑
世尊自當知　濁世惡比丘　不知佛方便　隨宜所說法
惡口而顰蹙　數數見擯出　遠離於塔寺　如是等眾惡
念佛教勅故　皆當忍是事
諸聚落城邑　其有求法者　我皆到其所　說佛所囑法
我是世尊使　處眾无所畏　我當善說法　願佛安隱住
我於世尊前　諸來十方佛　發如是誓言　佛自知我心

妙法蓮華經安樂行品第十三

尒時文殊師利法王子菩薩摩訶薩白佛言
世尊是諸菩薩甚為難有敬順佛故發大誓
願於後惡世護持讀誦說是法華經世尊菩
薩摩訶薩於後惡世云何能說是經佛告文

BD03433號　妙法蓮華經（十卷本）卷六　（17-8）

尒時文殊師利法王子菩薩摩訶薩白佛言
世尊是諸菩薩甚為難有敬順佛故發大誓
願於後惡世護持讀誦說是法華經世尊菩
薩摩訶薩於後惡世云何能說是經佛告文
殊師利若菩薩摩訶薩於後惡世欲說是經當
安住四法一者安住菩薩行處親近處能為
眾生演說是經文殊師利云何名菩薩摩訶
薩行處若菩薩摩訶薩住忍辱地柔和善順
而不卒暴心亦不驚又復於法无所行而觀
諸法如實相亦不行不分別是名菩薩摩訶
薩行處云何名菩薩摩訶薩親近處菩薩摩
訶薩不親近國王王子大臣官長不親近諸
外道梵志尼揵子等及造世俗文筆讚詠外
書及路伽耶陁逆路伽耶陁者亦不親近諸
有凶戲相叉相撲及那羅等種種變現之戲
又不親近栴陁羅及畜猪羊雞狗畋獵漁捕
諸惡律儀如是人等或時來者則為說法无
所悕望又不親近求聲聞比丘比丘尼優婆
塞優婆夷亦不問訊若於房中若經行處若
在講堂中不共住止或時來者隨宜說法无所
悕求文殊師利又菩薩摩訶薩不應於女人身
所能生欲想相而為說法亦不樂見若入他
家不與小女處女寡女等共語亦復不近五
種不男之人以為親厚不獨入他家若有因
緣須獨入時但一心念佛若為女人說法不
露齒笑不現胸臆乃至為法猶不親厚況復
餘事不樂畜年少弟子沙彌小兒亦不樂與

BD03433號　妙法蓮華經（十卷本）卷六　（17-9）

所能生欲想相而為說法亦不樂見
家不与小女處女寡女等共語亦復不近五
種不男之人以為親友不獨入他家若有因
緣須獨入時但一心念佛若為女人說法不
露齒咲不現胸臆乃至為法猶不親厚況復
餘事不樂畜年少弟子沙弥小兒亦不樂与
同師常好坐禪在於閑處脩攝其心文殊師
利是名初親近處復次菩薩摩訶薩觀一切
法空如實相不顛倒不動不退不轉如虛空
无所有性一切語言道斷不生不出不起无
名无相實无所有无量无邊无㝵无鄣但以
因緣有從顛倒生故說常樂觀如是法相是
名菩薩摩訶薩第二親近處尒時世尊重
宣此義而說偈言
若有菩薩　於後惡世　无畏怖心　欲說是經
應入行處　及親近處　常離國王　及國王子
大臣官長　凶險戲者　及旃陀羅　外道梵志
亦不親近　增上慢人　貪著小乘　三藏學者
破戒比丘　名字羅漢　及比丘尼　好戲咲者
深著五欲　求現滅度　諸優婆夷　皆勿親近
若是女人　以好心來　到菩薩所　為聞佛道
菩薩則以　无所畏心　不懷悕望　而為說法
寡女處女　及諸不男　皆勿親近　以為親厚
亦莫親近　屠兒魁膾　田獵魚捕　為利殺害
販肉自活　衒賣女色　如是之人　皆勿親近
凶險相撲　種種嬉戲　諸婬女等　盡勿親近
莫獨屏處　為女說法　若說法時　无得戲咲

BD03433號　妙法蓮華經（十卷本）卷六　（17–10）

販肉自活　衒賣女色　如是之人　皆勿親近
凶險相撲　種種嬉戲　諸婬女等　盡勿親近
莫獨屏處　為女說法　若說法時　无得戲咲
入里乞食　將一比丘　若无比丘　一心念佛
是則名為　行處近處　以此二處　能安樂說
又復不行　上中下法　有為无為　實不實法
亦不分別　是男是女　不得諸法　不知不見
是則名為　菩薩行處
一切諸法　空无所有　无有常住　亦无起滅
是名智者　所親近處　顛倒分別　諸法有无
是實非實　是生非生　在於閑處　脩攝其心
安住不動　如須弥頂　觀一切法　皆无所有
猶如虛空　无有堅固　不生不出　不動不退
常住一相　是名近處　若有比丘　於我滅後
入是行處　及親近處　說斯經時　无有怯弱
菩薩有時　入於靜室　以正憶念　隨義觀法
從禪定起　為諸國王　王子臣民　婆羅門等
開化演暢　說斯經典　其心安隱　无有怯弱
文殊師利　是名菩薩　安住初法　能於後世　說
法華經又文殊師利如來滅後於末法中欲
說是經應住安樂行若口宣說若讀經時不
樂說人及經典過亦不輕慢諸餘法師不說
他人好惡長短於聲聞人亦不稱名說其過
惡亦不稱名讚嘆其美又亦不生怨嫌之心
善脩如是安樂心故諸有聽者不逆其意有
所難問不以小乘法荅但以大乘而為解說
令得一切種智尒時世尊欲重宣此義而說

BD03433號　妙法蓮華經（十卷本）卷六　（17–11）

他人好惡長短於聲聞人亦不稱名說其過
惡亦不稱名讚歎其美又亦不生怨嫌之心
善脩如是安樂心故諸有聽者不逆其意有
所難問不以小乘法荅但以大乘而為解說
令得一切種智尒時世尊欲重宣此義而說
偈言
菩薩常樂 安隱說法 於清淨地 而施牀坐
以油塗身 澡浴塵穢 著新淨衣 內外俱淨
安處法坐 隨問為說
若有比丘 及比丘尼 諸優婆塞 及優婆夷
國王王子 群臣士民 以微妙義 和顏為說
若有難問 隨義而荅 因緣譬喻 敷演分別
以是方便 皆使發心 漸漸增益 入於佛道
除嬾惰意 及懈怠想 離諸憂惱 慈心說法
晝夜常說 无上道教 以諸因緣 无量譬喻
開示衆生 咸令歡喜 衣服卧具 飲食醫藥
而於其中 无所悕望 但一心念 說法因緣
願成佛道 令衆亦尒 是則大利 安樂供養
我滅度後 若有比丘 能演說斯 妙法華經
心无嫉恚 諸惱鄣导 亦无憂愁 及罵詈者
又无怖畏 加刀杖等 亦无擯出 安住忍故
智者如是 善脩其心 能住安樂 如我上說
其人功德 千億万劫 筭數譬喻 說不能盡
又文殊師利菩薩摩訶薩於後末世法欲滅
時受持讀誦斯經典者无懷嫉妬諂誑之心
亦勿輕罵學佛道者求其長短若比丘比丘
尼優婆塞優婆夷求聲聞者求辟支佛者求

BD03433號　妙法蓮華經（十卷本）卷六　（17–12）

又文殊師利菩薩摩訶薩於後末世法欲滅
時受持讀誦斯經典者无懷嫉妬諂誑之心
亦勿輕罵學佛道者求其長短若比丘比丘
尼優婆塞優婆夷求聲聞者求辟支佛者求
菩薩道者无得惱之令其疑悔語其人言汝
等去道甚遠終不能得一切種智所以者何
汝是放逸之人於道懈怠故又亦不應戲論
諸法有所諍競當於一切衆生起大悲想於
諸如來起慈父想於諸菩薩起大師想於十
方諸大菩薩常應深心恭敬禮拜於一切衆
生平等說法以順法故不多不少乃至深愛
法者亦不為多說文殊師利是菩薩摩訶
薩於後末世法欲滅時有成就是第三安樂
行者說是法時无能惱亂得好同學共讀誦是
經亦得大衆而來聽受聽已能持持已能誦
誦已能說說已能書若使人書供養經卷恭
敬尊重讚歎尒時世尊欲重宣此義而說偈言
若欲說是經 當捨嫉恚慢 諂誑邪偽心 常脩質直行
不輕蔑於人 亦不戲論法 不令他疑悔 云汝不得佛
是佛子說法 常柔和能忍 慈悲於一切 不生懈怠心
十方大菩薩 愍衆故行道 應生恭敬心 是則我大師
於諸佛世尊 生无上父想 破於憍慢心 說法无鄣导
第三法如是 智者應守護 一心安樂行 无量衆所敬
又文殊師利菩薩摩訶薩於後末世法欲滅
時有持是法華經者於在家出家人中生大
慈心於非菩薩人中生大悲心應作是念如
是人之則為大失如來方便隨宜說法不聞

BD03433號　妙法蓮華經（十卷本）卷六　（17–13）

又文殊師利菩薩摩訶薩於後末世法欲滅
時有持是法華經者於在家出家人中生大
慈心於非菩薩人中生大悲心應作是念如
是人之則為大失如來方便隨宜說法不聞
不知不覺不問不信不解其人雖不問不信
不解是經我得阿耨多羅三藐三菩提時隨
在何地以神通力智慧力引之令得住是法
中文殊師利是菩薩摩訶薩於如來滅後有
成就此第四法者說是法時无有過失常為
比丘比丘尼優婆塞優婆夷國王王子大臣
人民婆羅門居士等供養恭敬尊重讚嘆虛
空諸天為聽法故亦常隨侍若在聚落城邑
空閑林中有人來欲難問者諸天晝夜常為
法故而守護之能令聽者皆得歡喜所以者
何此經是一切過去未來現在諸佛神力所
護故文殊師利是法華經於无量國中乃至
名字不可得聞何況得見受持讀誦文殊師利
譬如強力轉輪聖王欲以威勢降伏諸國
而諸小王不順其命時轉輪王起種種兵而
往討罰王見兵衆戰有功者即大歡喜隨功
賞賜或与田宅聚落城邑或与衣服嚴身之
具或與種種珍寶金銀琉璃車璖馬瑙珊瑚
虎珀象馬車乘奴婢人民唯髻中明珠不以
與之所以者何獨王頂上有此一珠若以與
之王諸眷屬必大驚怪文殊師利如來亦復
如是以禪定智慧力得法國土王於三界而

BD03433號　妙法蓮華經（十卷本）卷六　（17–14）

具或與種種珍寶金銀琉璃車璖馬瑙珊瑚
虎珀象馬車乘奴婢人民唯髻中明珠不以
與之所以者何獨王頂上有此一珠若以與
之王諸眷屬必大驚怪文殊師利如來亦復
如是以禪定智慧力得法國土王於三界而
諸魔王不肯順伏如來賢聖諸將与之共戰
其有功者心亦歡喜於四衆中為說諸經令
其心悅賜以禪定解脫无漏根力諸法之財
又復賜与涅槃之城言得滅度引導其心令
皆歡喜而不為說是法華經文殊師利如轉
輪王見諸兵衆有大功者心甚歡喜以此難
信之珠久在髻中不妄與人而以與之如來亦
復如是於三界中為大法王以法教化一
切衆生見賢聖軍與五陰魔煩惱魔死魔共
戰有大功勳滅三毒出三界破魔網尒時如
來亦大歡喜此法華經能令衆生至一切智
一切世間多怨難信先所未說而今說之文
殊師利此法華經是諸如來第一之說於諸
說中最為甚深末後賜與如彼強力之王久
護明珠今乃與之文殊師利此法華經諸佛
如來秘密之藏於諸經中最在其上長夜守
護不妄宣說始於今日乃與汝等而敷演之
尒時世尊欲重宣此義而說偈言
常行忍辱　哀愍一切　乃能演說　佛所讚經
後末世時　持此經者　於家出家　及非菩薩
應生慈悲　斯等不聞　不信是經　則為大失
我得佛道　以諸方便　為說此經　令住其中

BD03433號　妙法蓮華經（十卷本）卷六　（17–15）

常行忍辱 哀愍一切 乃能演說 佛所讚經
後末世時 持此經者 於家出家 及非菩薩
應生慈悲 斯等不聞 不信是經 則為大失
我得佛道 以諸方便 為說此經 令住其中
譬如強力 轉輪之王 兵戰有功 賞賜諸物
象馬車乘 嚴身之具 及諸田宅 聚落城邑
或與衣服 種種珍寶 奴婢財物 歡喜賜與
如有勇健 能為難事 王解髻中 明珠賜之
如來亦尒 為諸法王 忍辱大力 智慧寶藏
以大慈悲 如法化世 見一切人 受諸苦惱
欲求解脫 與諸魔戰 為是眾生 說種種法
以大方便 說此諸經 既知眾生 得其力已
末後乃為 說是法華 如王解髻 明珠與之
此經為尊 眾經中上 我常守護 不妄開示
今正是時 為汝等說
我滅度後 求佛道者 欲得安隱 演說斯經
應當親近 如是四法 讀是經者 常无憂惱
又无病痛 顏色鮮白 不生貧窮 卑賤醜陋
眾生樂見 如慕賢聖 天諸童子 以為給使
刀杖不加 毒不能害 若人惡罵 口則閉塞
遊行无畏 如師子王 智慧光明 如日之照
若於夢中 但見妙事 見諸如來 坐師子座
諸比丘眾 圍繞說法 又見龍神 阿脩羅等
數如恒沙 恭敬合掌 自見其身 而為說法
又見諸佛 身相金色 放无量光 照於一切
以梵音聲 演說諸法 佛為四眾 說无上法

BD03433號 妙法蓮華經（十卷本）卷六 （17–16）

又見諸佛 身相金色 放无量光 照於一切
以梵音聲 演說諸法 佛為四眾 說无上法
見身處中 合掌讚佛 聞法歡喜 而為供養
得陀羅尼 證不退智 佛知其心 深入佛道
即為授記 成最正覺 汝善男子 當於來世
得无量智 佛之大道 國土嚴淨 廣大无比
亦有四部 合掌聽法 又見自身 在山林中
脩習善法 證諸實相 深入禪定 見十方佛
諸佛身金色 百福相莊嚴 聞法為人說 常有是好夢
又夢作國王 捨宮殿眷屬 及上妙五欲 行詣於道場
在菩提樹下 而處師子座 求道過七日 得諸佛之智
成无上道已 起而轉法輪 為四眾說法 經千万億劫
說无漏妙法 度无量眾生 後當入涅槃 如烟盡燈滅
若後惡世中 說是第一法 是人得大利 如上諸功德

妙法蓮華經卷第六

BD03433號 妙法蓮華經（十卷本）卷六 （17–17）

提於意云何斯陁含能作是
念我得斯陁含果不須菩提言不也世尊何
以故實无有法名斯陁含是名斯陁含須菩
提於意云何阿那含能作是念我得阿那含
果不須菩提言不也世尊何以故實无有法
名阿那含是名阿那含須菩提於意云何阿
羅漢能作是念我得阿羅漢果不須菩提言
不也世尊何以故實无有法名阿羅漢世尊
若阿羅漢作是念我得阿羅漢即為著我人
衆生壽者世尊佛說我得无諍三昧最為第
一世尊說我是離欲阿羅漢世尊我不作是
念我是離欲阿羅漢世尊我若作是念我得
阿羅漢世尊則不說我无諍行第一以須菩
提實无所行而名須菩提无諍无諍行
佛告須菩提於意云何如来昔在然燈佛所
得阿耨多羅三藐三菩提法不須菩提言不
也世尊如来在然燈佛所於法實无所得阿
耨多羅三藐三菩提
佛告須菩提若菩薩作是言我莊嚴佛國土

BD03434號　金剛般若波羅蜜經　（14–1）

佛告須菩提於意云何如来昔在然燈佛所
得阿耨多羅三藐三菩提法不須菩提言不
也世尊如来在然燈佛所於法實无所得阿
耨多羅三藐三菩提
佛告須菩提若菩薩作是言我莊嚴佛國土
彼菩薩不實語何以故須菩提如来所說莊
嚴佛土者則非莊嚴是名莊嚴佛土是故須
菩提諸菩薩摩訶薩應如是生清淨心而无
所住不住色生心不住聲香味觸法生心應
无所住而生其心須菩提譬如有人身如須
弥山王須菩提於意云何是身為大不須菩
提言甚大世尊何以故佛說非身是名大身
彼身非身是名大身
佛言須菩提如恒河中所有沙數如是沙等
恒河於意云何是諸恒河沙寧為多不須菩
提言甚多世尊但諸恒河尚多无數何況其
沙佛言須菩提我今實言告汝若有善男子
善女人以七寶滿尒數恒沙數世界以施諸
佛如来須菩提於意云何彼善男子善女人
得福多不須菩提言甚多世尊彼善男子善
女人得福甚多佛告須菩提以七寶滿尒數
恒河沙世界持用布施若善男子善女人於
此法門乃至受持四句偈等為他人說而此
福德勝前福德无量阿僧祇
復次須菩提隨所有處說是法門乃至四句

BD03434號　金剛般若波羅蜜經　（14–2）

恒河沙世界持用布施若善男子善女人於
此法門乃至受持四句偈等為他人說而此
福德勝前福德无量阿僧祇
復次須菩提隨所有處說是法門乃至四句
偈等當知此處一切世間天人阿脩羅皆應
供養如佛塔廟何況有人盡能受持讀誦此
經須菩提當知是人成就最上第一希有之
法若是經典所在之處則為有佛若尊重似
佛尒時須菩提白佛言世尊當何名此法門
我等云何奉持佛告須菩提是法門名為金
剛般若波羅蜜以是名字汝當奉持何以故
須菩提佛說般若波羅蜜則非般若波羅蜜
須菩提於意云何如來有所說法不須菩提
言世尊如來无所說法須菩提於意云何三
千大千世界所有微塵是為多不須菩提言
彼微塵甚多世尊須菩提是諸微塵如來說
非微塵是名微塵如來說世界非世界是名
世界佛言須菩提於意云何可以卅二大人
相見如來不須菩提言不也世尊何以故如
來說卅二大人相即是非相是名卅二大人
相
佛言須菩提若有善男子善女人以恒河沙
等身命布施若復有人於此法門中乃至受
持四句偈等為他人說其福甚多无量阿僧
祇尒時須菩提聞說是經深解義趣涕淚悲

BD03434號　金剛般若波羅蜜經　（14–3）

佛言須菩提若有善男子善女人以恒河沙
等身命布施若復有人於此法門中乃至受
持四句偈等為他人說其福甚多无量阿僧
祇尒時須菩提聞說是經深解義趣涕淚悲
泣捫淚而白佛言希有婆伽婆希有脩伽陁
佛說如是甚深法門我從昔來所得慧眼未
曾得聞如是法門何以故須菩提佛說般若
波羅蜜即非般若波羅蜜世尊若復有人得
聞是經信心清淨則生實相當知是人成就
第一希有功德世尊是實相者則是非相是
故如來說名實相實相世尊我今得聞如是
法門信解受持不足為難若當來世其有衆
生得聞是法門信解受持是人則為第一希
有何以故此人无我相人相衆生相壽者相
何以故我相即是非相人相衆生相壽者相
即是非相何以故離一切諸相則名諸佛佛
告須菩提如是如是若復有人得聞是經不
驚不怖不畏當知是人甚為希有何以故須
菩提如來說第一波羅蜜非第一波羅蜜如
來說第一波羅蜜者彼无量諸佛亦說波羅
蜜是名第一波羅蜜
須菩提如來說忍辱波羅蜜即非忍辱波羅
蜜何以故須菩提如我昔為歌利王割截身
體我於尒時无我相无人相无衆生相无壽
者相无相亦非无相何以故須菩提我於往

BD03434號　金剛般若波羅蜜經　（14–4）

須菩提如來說忍辱波羅蜜即非忍辱波羅
蜜何以故須菩提如我昔為歌利王割截身
體我於尒時无我相无眾生相无人相无壽
者相无相亦非无相何以故須菩提我於往
昔節節支解時若有我相眾生相人相壽者
相應生瞋恨須菩提又念過去於五百世作
忍辱仙人於尒所世无我相无眾生相无人
相无壽者相是故須菩提菩薩應離一切相
發阿耨多羅三藐三菩提心何以故若心有
住則為非住不應住色生心不應住聲香味
觸法生心應生无所住心是故佛說菩薩心
不住色布施須菩提菩薩為利益一切眾生
應如是布施須菩提言世尊一切眾生相即
是非相何以故如來說一切眾生即非眾生
須菩提如來是真語者實語者如語者不異
語者須菩提如來所得法所說法无實无妄
語須菩提辟如有人入闇則无所見若菩薩
心住於事而行布施亦復如是須菩提辟如
人有目夜分已盡日光明照見種種色若菩
薩不住於事行於布施亦復如是
復次須菩提若有善男子善女人能於此法
門受持讀誦脩行則為如來以佛智慧悉知
是人悉見是人悉覺是人皆得成就无量无
邊功德聚須菩提若有善男子善女人初日
分以恒河沙等身布施中日分復以恒河沙

BD03434 號　金剛般若波羅蜜經　　（14–5）

是人悉見是人悉覺是人皆得成就无量无
邊功德聚須菩提若有善男子善女人初日
分以恒河沙等身布施中日分復以恒河沙
等身布施後日分復以恒河沙等身布施如
是捨恒河沙等无量身如是百千萬億那由
他劫以身布施若復有人聞此法門信心不
謗其福勝彼无量阿僧祇何況書寫受持讀
誦脩行為人廣說
須菩提以要言之是經有不可思議不可稱
量无邊功德此法門如來為發大乘者說為
發最上乘者說若有人能受持讀誦脩行此
經廣為人說如來悉知是人悉見是人皆成
就不可思議不可稱无有邊无量功德聚如
是人等則為荷擔如來阿耨多羅三藐三菩
提何以故須菩提若樂小法者則於此經不
能受持讀誦脩行為人解說若有我見眾生
見人見壽者見於此法門能受持讀誦脩行
為人解說者无有是處須菩提在在處處若
有此經一切世間天人阿脩羅所應供養當
知此處則為是塔皆應恭敬作礼圍遶以諸
華香而散其處
復次須菩提若善男子善女人受持讀誦此
經為人輕賤何以故是人先世罪業應墮惡
道以今世人輕賤故先世罪業則為消滅當
得阿耨多羅三藐三菩提須菩提我念過去

BD03434 號　金剛般若波羅蜜經　　（14–6）

復次須菩提若善男子善女人受持讀誦此
經為人輕賤何以故是人先世罪業應墮惡
道以今世人輕賤故先世罪業則為消滅當
得阿耨多羅三藐三菩提須菩提我念過去
无量阿僧祇阿僧祇劫於然燈佛前得值八
十四億那由他百千萬諸佛我皆親承供養
无空過者須菩提如是无量諸佛我皆親承
供養无空過者若復有人於後世末世能受
持讀誦脩行此經所得功德我所供養諸佛
功德於後百分不及一千萬億分乃至筭數
譬喻所不能及須菩提若有善男子善女人
於後世末世有受持讀誦脩行此經所得功
德若我具說者或有人聞心則狂亂疑惑不
信須菩提當知是法門不可思議果報亦不
可思議
尒時須菩提白佛言世尊云何菩薩發阿耨
多羅三藐三菩提心云何住云何脩行云何
降伏其心佛告須菩提菩薩發阿耨多羅三
藐三菩提心者當生如是心我應滅度一切衆
生令入无餘涅槃界如是滅度一切衆生已而
无一衆生實滅度者何以故須菩提若菩薩
有衆生相人相壽者相則非菩薩何以故
須菩提實无有法名為菩薩發阿耨多羅
三藐三菩提心者
須菩提於意云何如来於燃燈佛所有法得

有衆生相人相壽者相則非菩薩何以故
須菩提實无有法名為菩薩發阿耨多羅
三藐三菩提心者
須菩提於意云何如来於燃燈佛所有法得
阿耨多羅三藐三菩提不須菩提白佛言不
也世尊如我解佛所說義佛於燃燈佛所无有
法得阿耨多羅三藐三菩提佛言如是如是
須菩提實无有法如来於燃燈佛所得阿耨
多羅三藐三菩提須菩提若有法如来得阿
耨多羅三藐三菩提者燃燈佛則不与我
受記汝於来世當得作佛号釋迦牟尼以實
无有法得阿耨多羅三藐三菩提是故然燈佛
與我受記作如是言摩那婆汝於来世當得
作佛号釋迦牟尼何以故須菩提言如来者即
實真如須菩提若有人言如来得阿耨多
羅三藐三菩提者是人不實語須菩提實无
有法佛得阿耨多羅三藐三菩提須菩提如
来所得阿耨多羅三藐三菩提於是中不實
不妄語是故如来說一切法皆是佛法須菩
提所言一切法一切法者即非一切法是故名
一切法
須菩提譬如有人其身妙大須菩提言世尊
如来說人身妙大則非大身是故如来說名
大身
佛言須菩提菩薩亦如是若作是言我當滅度

須菩提譬如有人身妙大須菩提言世尊
如來說人身妙大則非大身是故如來說名
大身
佛言須菩提菩薩亦如是若作是言我當滅度
无量衆生則非菩薩佛言須菩提於意云何
頗有實法名爲菩薩須菩提言不也世尊實
无有法名爲菩薩是故佛說一切法无衆生
无人无壽者須菩提若菩薩作是言我莊嚴
佛國土是不名菩薩何以故如來說莊嚴
佛土莊嚴佛土者則非莊嚴是名莊嚴佛國
土須菩提若菩薩通達无我无我法者如來
說名真是菩薩菩薩
須菩提於意云何如來有宍眼不須菩提言
如是世尊如來有宍眼佛言須菩提於意云何
如來有天眼不須菩提言如是世尊如來有天
眼佛言須菩提於意云何如來有慧眼不須
菩提言如是世尊如來有慧眼佛言須菩
提於意云何如來有法眼不須菩提言如
是世尊如來有法眼佛言須菩提於意云何
如來有佛眼不須菩提言如是世尊如來有
佛眼佛言須菩提於意云何如恒河中所有
沙佛說是沙不須菩提言如是世尊如來說
是沙佛言須菩提於意云何如一恒河中所
有沙有如是等恒河是諸恒河所有沙數佛
世界如是世界寧爲多不須菩提言彼世界

BD03434 號　金剛般若波羅蜜經　（14–9）

沙佛說是沙不須菩提言如是世尊如來說
是沙佛言須菩提於意云何如一恒河中所
有沙有如是等恒河是諸恒河所有沙數佛
世界如是世界寧爲多不須菩提言彼世界
甚多世尊佛告須菩提尒所世界中所有衆
生若干種心住如來悉知何以故如來說諸心
住皆爲非心住是名爲心住何以故須菩提
過去心不可得現在心不可得未來心不可
得須菩提於意云何若有人以滿三千大千
世界七寶持用布施是善男子善女人以是
因緣得福多不須菩提言如是世尊此人以是
因緣得福甚多佛言如是如是須菩提彼善
男子善女人以是因緣得福德聚多須菩
提若福德聚有實如來則不說福德聚
福德聚
須菩提於意云何佛可以具足色身見不須
菩提言不也世尊如來不應以色身見何以
故如來說具足色身即非具足色身是故如
來說名具足色身佛言須菩提於意云何如
來可以具足諸相見不須菩提言不也世尊如
來不應以具足諸相見何以故如來說諸相
具足即非具足是故如來說名諸相具足佛
言須菩提於意云何汝謂如來作是念我當
有所說法耶須菩提莫作是念何以故若人
言如來有所說法則爲謗佛不能解我所

BD03434 號　金剛般若波羅蜜經　（14–10）

具足即非具足是故如來說名諸相具足佛
言須菩提於意云何汝謂如來作是念我當
有所說法耶須菩提莫作是念何以故若人
言如來有所說法則為謗佛不能解我所
說故何以故須菩提如來說法說法者无法
可說是名說法
尒時慧命須菩提白佛言世尊頗有衆生於
未來世聞說是法生信心不佛言須菩提彼
非衆生非不衆生何以故須菩提衆生衆生
者如來說非衆生是名衆生
佛言須菩提於意云何如來得阿耨多羅三
藐三菩提耶須菩提言不也世尊世尊无有少
法如來得阿耨多羅三藐三菩提佛言如是
如是須菩提我於阿耨多羅三藐三菩提乃
至无有少法可得是名阿耨多羅三藐三
菩提復次須菩提是法平等无有高下是名
阿耨多羅三藐三菩提以无衆生无人无壽
者得平等阿耨多羅三藐三菩提一切善法
得阿耨多羅三藐三菩提須菩提所言善法
善法者如來說非善法是名善法
須菩提三千大千世界中所有諸須弥山王
如是等七寶聚有人持用布施若人以此般
若波羅蜜經乃至四句偈等受持讀誦為他
人說於前福德百分不及一千分不及一百千
万分不及一歌羅分不及一數分不及一優波

BD03434號　金剛般若波羅蜜經　（14–11）

若波羅蜜經乃至四句偈等受持讀誦為他
人說於前福德百分不及一千分不及一百千
万分不及一歌羅分不及一數分不及一優波
尼沙陁分不及一乃至筭數譬喻所不及能
須菩提於意云何汝謂如來作是念我度衆
生耶須菩提莫作是見何以故實无有衆生
如來度者佛言須菩提若有實衆生如來度
者如來則有我人衆生壽者相須菩提如來
說有我者則非有我而毛道凡夫生者以為
有我須菩提毛道凡夫生者如來說名非生
是故言毛道凡夫生
須菩提於意云何可以相成就得見如來不
須菩提言如我解如來所說義不以相成就
得見如來佛言如是如是須菩提不以相成就得
見如來佛言須菩提若以相成就觀如來者
轉輪聖王應是如來是故非以相成就得見如來
尒時世尊而說偈言
若以色見我　以音聲求我　是人行耶道　不能見如來
彼如來妙體　即法身諸佛　法體不可見　彼識不能知
須菩提於意云何如來可以相成就得阿耨多
羅三藐三菩提須菩提莫作是念如來
以相成就得阿耨多羅三藐三菩提須菩提
汝若作是念菩薩發阿耨多羅三藐三菩提
心者說諸法斷滅相須菩提莫作是念菩薩
發阿耨多羅三藐三菩提心說諸法斷滅相

BD03434號　金剛般若波羅蜜經　（14–12）

以相成就得阿耨多羅三藐三菩提
汝若作是念菩薩發阿耨多羅三藐三菩提
心者說諸法斷滅相須菩提莫作是念菩薩
發阿耨多羅三藐三菩提心說諸法斷滅相
何以故菩薩發阿耨多羅三藐三菩提心者於
法不說斷滅相須菩提若善男子善女人以
滿恒河沙等世界七寶持用布施若有菩
薩知一切法无我得无生法忍此功德勝前
所得福德須菩提以諸菩薩不取福德故須
菩提白佛言世尊菩薩不取福德佛言須菩
提菩薩受福德不取福德是故菩薩取福德
須菩提若有人言如來若去若來若住若坐
若卧是人不解我所說義何以故如來者无
所至去无所從來故名如來
須菩提若善男子善女人以三千大千世界
微塵復以尒許微塵世界碎為微塵阿僧祇
須菩提於意云何是微塵衆寧為多不須菩
提言彼微塵衆甚多世尊何以故若是微塵
衆實有者佛則不說是微塵衆何以故佛
說微塵衆則非微塵衆是故佛說微塵衆世
尊如來所說三千大千世界則非世界是故佛
說三千大千世界何以故若世界實有者則是
一合相如來說一合相則非一合相是故佛
說一合相佛言須菩提一合相者則是不
可說但凡夫之人貪著其事何以故須菩

BD03434 號　金剛般若波羅蜜經　（14–13）

說一合相佛言須菩提一合相者則是不
可說但凡夫之人貪著其事何以故須菩
提若人如是言佛說我見人見衆生見壽
者見須菩提於意云何是人所說為正語不
須菩提言不也世尊何以故世尊如來說我
見人見衆生見壽者見即非我見人見衆生
見壽者見是名我見人見衆生見壽者見須
菩提菩薩發阿耨多羅三藐三菩提心者於
一切法應如是知如是見如是信如是不住法
相何以故須菩提所言法相法相者如來說
即非法相是名法相須菩提若有菩薩摩訶
薩以滿无量阿僧祇世界七寶持用布施若
有善男子善女人發菩薩心者於此般若波
羅蜜經乃至四句偈等受持讀誦為他人說
其福勝彼无量阿僧祇云何為人演說而不
名說是名為說
一切有為法　如星翳燈幻　露泡夢電雲　應作如是觀
佛說是經已長老須菩提及諸比丘比丘尼優
婆塞優婆夷菩薩摩訶薩一切世間天人阿
脩羅乾闥婆等聞佛所說皆大歡喜信受
奉行

金剛般若經一卷

BD03434 號　金剛般若波羅蜜經　（14–14）

大般若波羅蜜多經卷第二百八十八

BD03435號背　大般若波羅蜜多經卷二八八護首　（1–1）

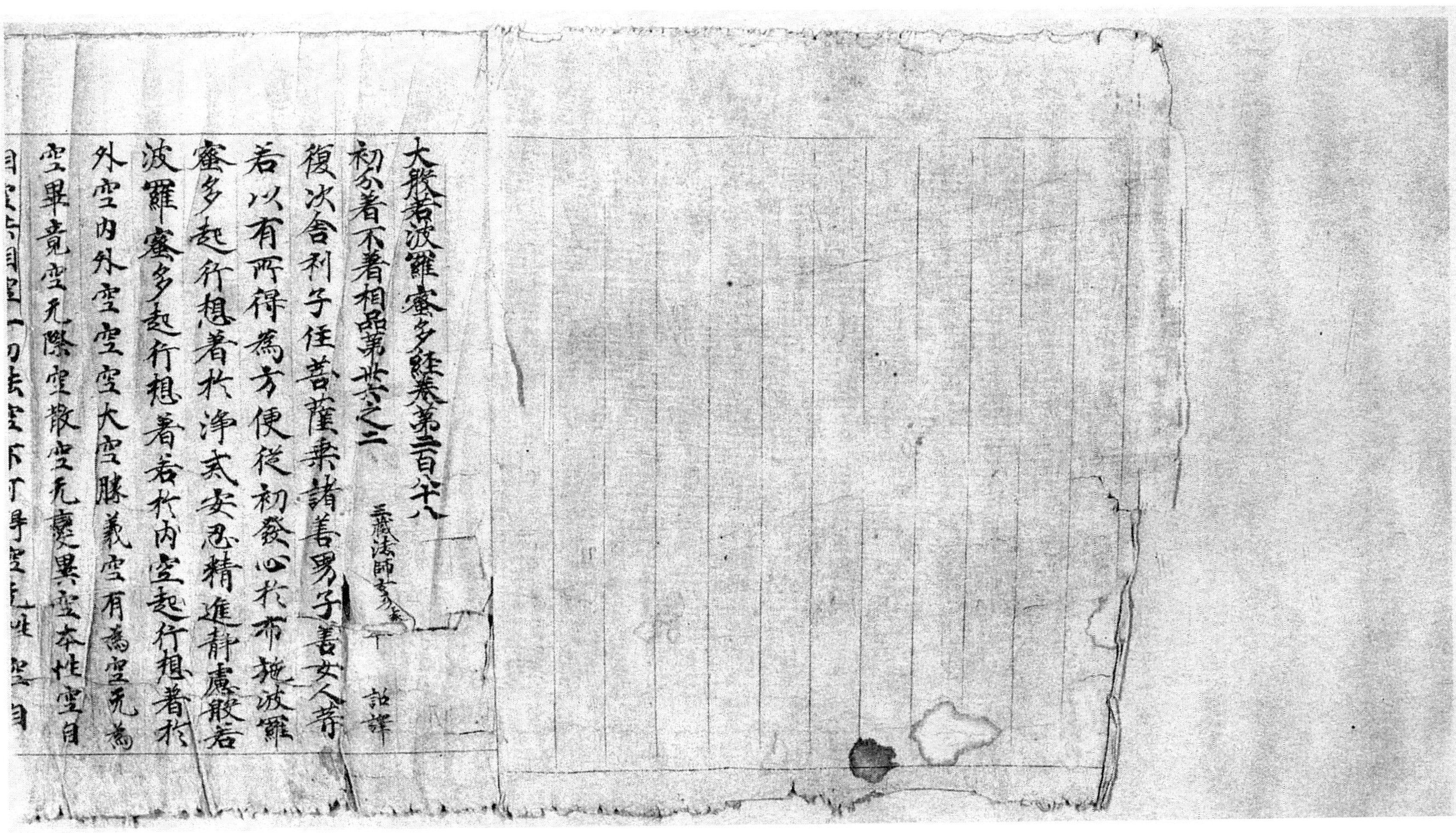
大般若波羅蜜多經卷第二百八十八
初分著不著相品第卅六之二　三藏法師玄奘奉　詔譯
復次舍利子住菩薩乘諸善男子善女人等
若以有所得為方便從初發心於布施波羅
蜜多起行想著於淨戒安忍精進靜慮般若
波羅蜜多起行想著若於內空起行想著於
外空內外空空空大空勝義空有為空无為
空畢竟空无際空散空无變異空本性空自
相空共相空一切法空不可得空无性空自

BD03435號　大般若波羅蜜多經卷二八八　（2–1）

蜜多起行想著於淨戒安忍精進靜慮般若
波羅蜜多起行想著若於內空起行想著於
外空內外空空空大空勝義空有為空无為
空畢竟空无際空散空无變異空本性空自
相空共相空一切法空不可得空无性空自
性空无性自性空起行想著若於真如起行
相著於法界法性不虛妄性不變異性平
性離生性法定法住實際虛空界不思議界
起行想著若於苦聖諦起行想著於集滅
道聖諦起行想著若於四靜慮起行想著於四
无量四无色定起行想著若於八解脫起行
想著於八勝處九次第定十遍處起行想著
若於四念住起行想著於四正斷四神足五
根五力七等覺支八聖道支起行想著若於
空解脫門起行想著於无相无願解脫門起
行想著若於菩薩十地起行想著若於五眼
起行想著於六神通起行想著若於佛十力
起行想著於四无所畏四无礙解大慈大悲
大喜大捨十八佛不共法起行想著若於无
忘失法起行想著於恒住捨性起行想著若
於一切智起行想著於道相智一切相智起
行想著若於一切陀羅尼門起行想著於一

BD03435號　大般若波羅蜜多經卷二八八　（2–2）

行眼處若我若無我是行般若波羅
行耳鼻舌身意處若我若無我是般
羅蜜多不行眼處若淨若不淨是行
羅蜜多不行耳鼻舌身意處若淨若
是行般若波羅蜜多何以故善現眼處性
所有況有眼處若常若無常若樂若苦若我
若無我若淨若不淨耳鼻舌身意處性尚無
所有況有耳鼻舌身意處若常若無常若樂
若苦若我若無我若淨若不淨
善現菩薩摩訶薩行般若波羅蜜多時若不
行色處是行般若波羅蜜多不行聲香味觸
法處是行般若波羅蜜多不行色處若常若
無常是行般若波羅蜜多不行聲香味觸法
處若常若無常是行般若波羅蜜多不行色
處若樂若苦是行般若波羅蜜多不行聲香
味觸法處若樂若苦是行般若波羅蜜多不
行色處若我若無我是行般若波羅蜜多不
行聲香味觸法處若我若無我是行般若波
羅蜜多不行色處若淨若不淨是行般若波
羅蜜多不行聲香味觸法處若淨若不淨是
行般若波羅蜜多何以故善現色處性尚無
所有況有色處若常若無常若樂若苦若我
若無我若淨若不淨聲香味觸法處性尚無

BD03436號　大般若波羅蜜多經卷二八九　（3–1）

行聲香味觸法處若我若無我是行般若波
羅蜜多不行色處若淨若不淨是行般若波
羅蜜多不行聲香味觸法處若淨若不淨是
行般若波羅蜜多何以故善現色處性尚無
所有況有色處若常若無常若樂若苦若我
若無我若淨若不淨聲香味觸法處性尚無
所有況有聲香味觸法處若常若無常若樂
若苦若我若无我若淨若不淨
善現菩薩摩訶薩行般若波羅蜜多時若不
行眼界是行般若波羅蜜多不行色界眼識
界及眼觸眼觸為緣所生諸受是行般若波
羅蜜多不行眼界若常若無常是行般若波
羅蜜多不行色界乃至眼觸為緣所生諸受
若常若無常是行般若波羅蜜多不行眼界
若樂若苦是行般若波羅蜜多不行色界乃
至眼觸為緣所生諸受若樂若苦是行般若
波羅蜜多不行眼界若我若無我是行般若
波羅蜜多不行色界乃至眼觸為緣所生諸
受若我若無我是行般若波羅蜜多不行眼
界若淨若不淨是行般若波羅蜜多不行色
界乃至眼觸為緣所生諸受若淨若不淨是
行般若波羅蜜多何以故善現眼界性尚無
所有況有眼界若常若無常若樂若苦若我
若無我若淨若不淨色界乃至眼觸為緣所
生諸受性尚無所有況有色界乃至眼觸為
緣所生諸受若常若無常若樂若苦若我若
無我若淨若不淨
善現菩薩摩訶薩行般若波羅蜜多時若不

BD03436號　大般若波羅蜜多經卷二八九　（3–2）

波羅蜜多不行色界乃至眼觸為緣所生諸
受若我若無我是行般若波羅蜜多不行眼
界若淨若不淨是行般若波羅蜜多不行色
界乃至眼觸為緣所生諸受若淨若不淨是
行般若波羅蜜多何以故善現眼界性尚無
所有況有眼界若常若無常若樂若苦若我
若無我若淨若不淨色界乃至眼觸為緣所
生諸受性尚無所有況有色界乃至眼觸為
緣所生諸受若常若無常若樂若苦若我若
無我若淨若不淨
善現菩薩摩訶薩行般若波羅蜜多時若不
行耳界是行般若波羅蜜多不行聲界耳識
界及耳觸耳觸為緣所生諸受是行般若波羅
蜜多不行耳界若常若無常是行般若波
羅蜜多不行聲界乃至耳觸為緣所生諸受
若常若無常是行般若波羅蜜多不行耳界
若樂若苦是行般若波羅蜜多不行聲界乃
至耳觸為緣所生諸受若樂若苦是行般若
波羅蜜多不行耳界若我若無我是行般若
波羅蜜多不行聲界乃至耳觸為緣所生諸
受若我若無我是行般若波羅蜜多不行耳
界若淨若不淨是行般若波羅蜜多不行聲

BD03436號　大般若波羅蜜多經卷二八九　（3–3）

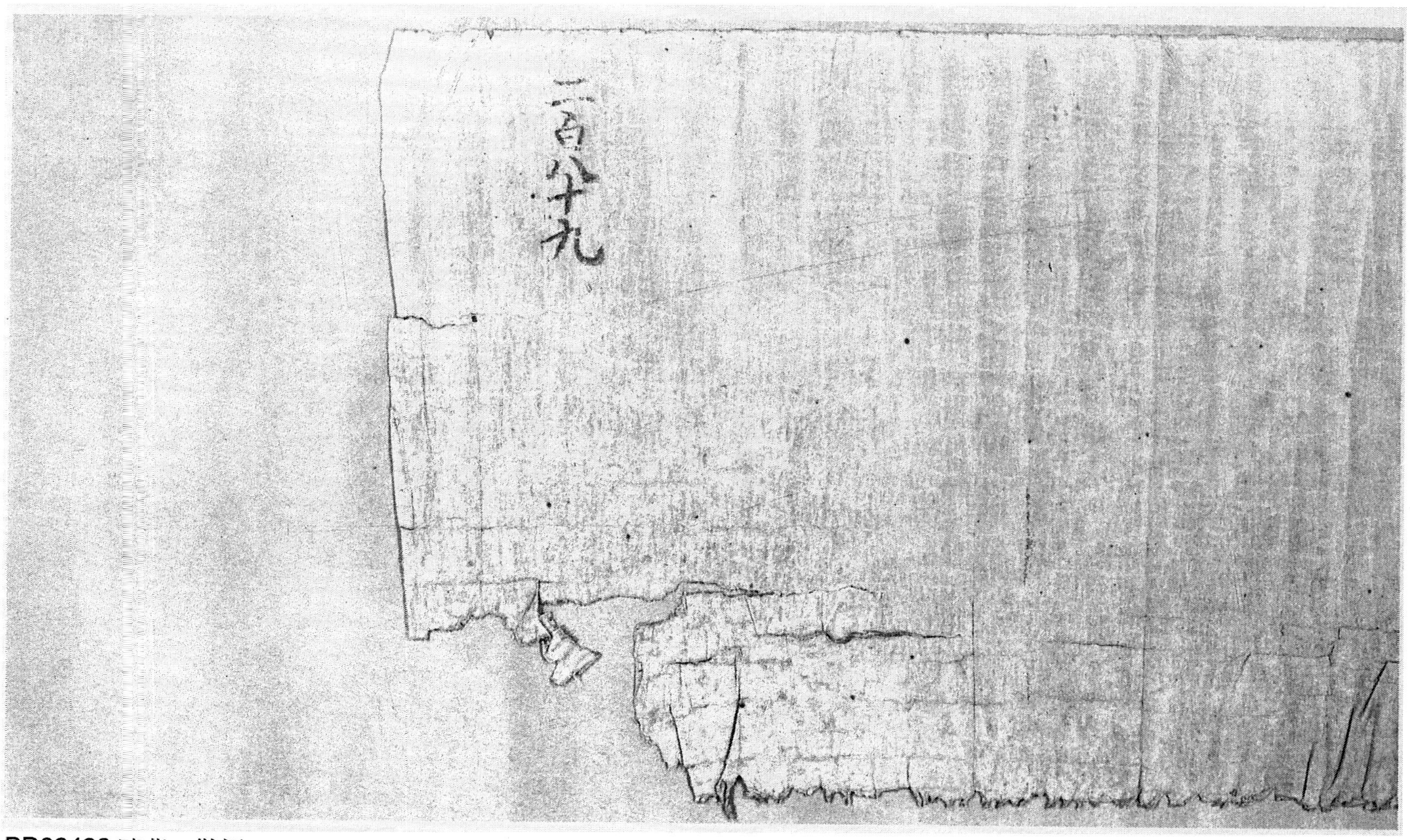

BD03436 號背　勘記

（1–1）

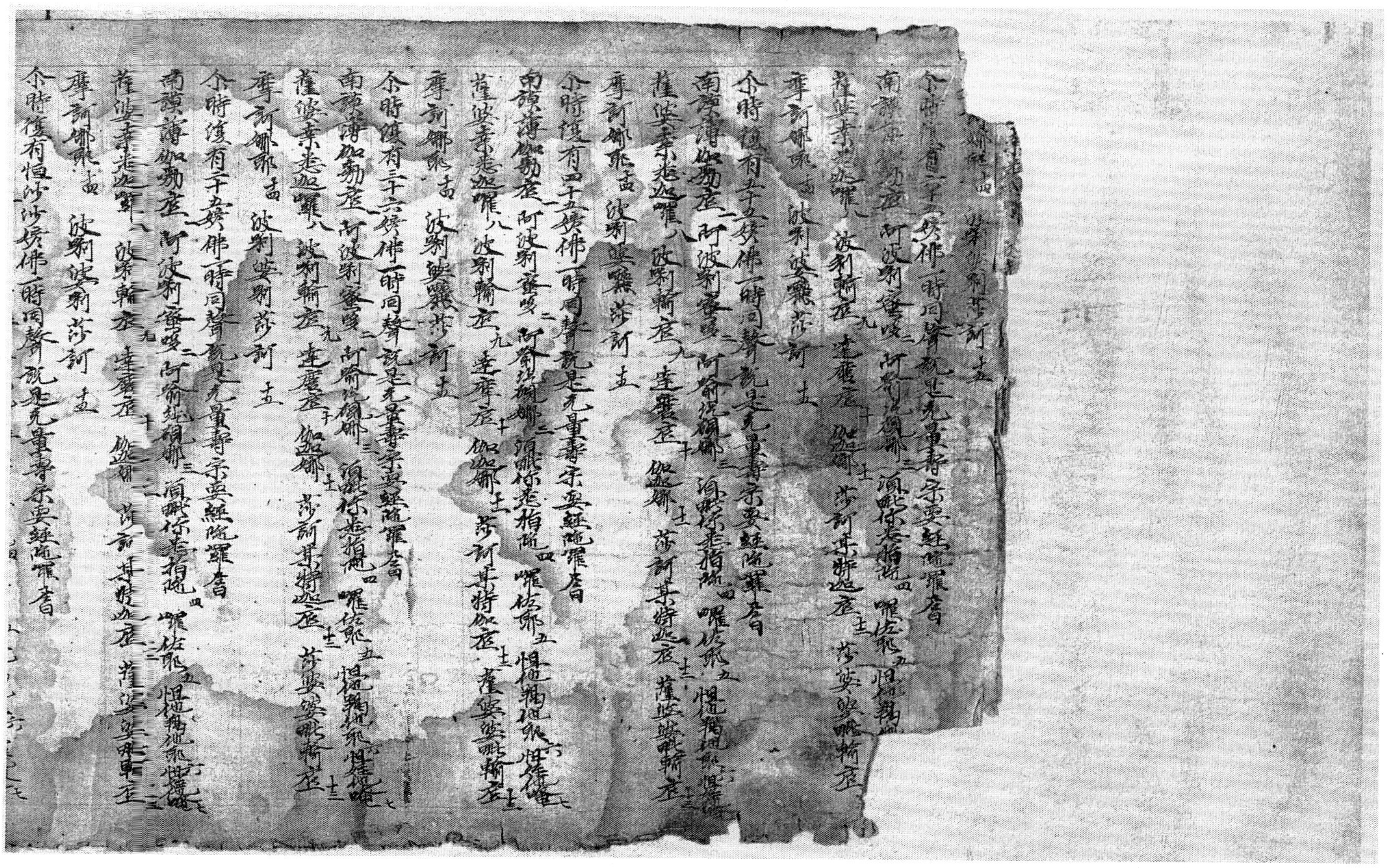

BD03437 號　無量壽宗要經

（5–1）

摩訶娜耶十四 波唎婆唎莎訶十五
尒時復有二十五殑佛一時同聲說是无量壽宗要經陁羅尼曰
南謨薄伽勃底一 阿波唎蜜多二 阿喻紇硯娜三 須毗你悉指陁四 囉佐耶五 怛他羯他耶六 怛姪他七
薩婆桑悉迦囉八 波唎輸底九 達磨底十 伽伽娜十一 莎訶某特迦底十二 薩婆婆毗輸底十三
摩訶娜耶十四 波唎婆唎莎訶十五
尒時復有恒沙沙倍佛一時同聲說是无量壽宗要經陁羅尼曰
南謨薄伽勃底一 阿波唎蜜多二 阿喻紇硯娜三 須毗你悉指陁四 囉佐耶五 怛他羯他耶六 怛姪他七
薩婆桑悉迦囉八 波唎輸底九 達磨底十 伽伽娜十一 莎訶某特迦底十二 薩婆婆毗輸底十三
摩訶娜耶十四 波唎婆唎莎訶十五
善男子若有自書寫教人書寫是无量壽宗要經如其命盡復得長壽而滿年陁羅尼曰
南謨薄伽勃底一 阿波唎蜜多二 阿喻紇硯娜三 須毗你悉指陁四 囉佐耶五 怛他羯他耶六 怛姪他七
薩婆桑悉迦囉八 波唎輸底九 達磨底十 伽伽娜十一 莎訶某特迦底十二 薩婆婆毗輸底十三
摩訶娜耶十四 波唎婆唎莎訶十五
若有自書寫教人書寫是无量壽宗要經讀誦受持畢竟不墮地獄在在所生得宿命智陁羅尼曰
南謨薄伽勃底一 阿波唎蜜多二 阿喻紇硯娜三 須毗你悉指陁四 囉佐耶五 怛他羯他耶六 怛姪他七
薩婆桑悉迦囉八 波唎輸底九 達磨底十 伽伽娜十一 莎訶某特迦底十二 薩婆婆毗輸底十三
摩訶娜耶十四 波唎婆唎莎訶十五
若有自書寫教人書寫是无量壽宗要經受持讀誦如同書寫八万四千一切經典陁羅尼曰
南謨薄伽勃底一 阿波唎蜜多二 阿喻紇硯娜三 須毗你悉指陁四 囉佐耶五 怛他羯他耶六 怛姪他七
薩婆桑悉迦囉八 波唎輸底九 達磨底十 伽伽娜十一 莎訶某特迦底十二 薩婆婆毗輸底十三
摩訶娜耶十四 波唎婆唎莎訶十五
若有自書寫教人書寫是无量壽宗要經即是書寫八万四千部建立塔廟陁羅尼曰
南謨薄伽勃底一 阿波唎蜜多二 阿喻紇硯娜三 須毗你悉指陁四 囉佐耶五 怛他羯他耶六 怛姪他七
薩婆桑悉迦囉八 波唎輸底九 達磨底十 伽伽娜十一 莎訶某特迦底十二 莎婆婆毗輸底十三
摩訶娜耶十四 波唎婆囉莎訶十五
若有自書寫教人書寫是无量壽宗要經能消五无間等一切重罪陁羅尼曰
南謨薄伽勃底一 阿波唎蜜多二 阿喻紇硯娜三 須毗你悉指陁四 囉佐耶五 怛他羯他耶六 怛姪他七 薩
婆桑悉迦囉八 波唎輸底九 達磨底十 伽伽娜十一 莎訶某特迦底十二 莎婆婆毗輸底十三
摩訶娜耶十四 波唎波唎莎訶十五
若有自書寫教人書寫是无量壽宗要經受持讀誦設有重罪猶如須弥盡能除滅陁羅尼曰
南謨薄伽勃底一 阿波唎蜜多二 阿喻紇硯娜三 須毗你悉指陁四 囉佐耶五 怛他羯他耶六 怛姪他七

BD03437號　無量壽宗要經　（5–2）

婆桑悉迦囉八 波唎輸底九 達磨底十 伽伽娜十一 莎訶某特迦底十二 莎婆婆毗輸底十三
摩訶娜耶十四 波唎波唎莎訶十五
若有自書寫教人書寫是无量壽宗要經受持讀誦設有重罪猶如須弥盡能除滅陁羅尼曰
南謨薄伽勃底一 阿波唎蜜多二 阿喻紇硯娜三 須毗你悉指陁四 囉佐耶五 怛他羯他耶六 怛姪他七
薩婆桑悉迦囉八 波唎輸底九 達磨底十 伽伽娜十一 莎訶某特迦底十二 薩婆婆毗輸底十三
摩訶娜耶十四 波唎婆唎莎訶十五
若有自書寫教人書寫是无量壽宗要經受持讀誦若魔魔眷屬夜叉羅剎不得其
便終无枉死陁羅尼曰
南謨薄伽勃底一 阿波唎蜜多二 阿喻紇硯娜三 須毗你悉指陁四 囉佐耶五 怛他羯他耶六 怛姪他七
薩婆桑悉迦囉八 波唎輸底九 達磨底十 伽伽娜十一 莎訶某特迦底十二 薩婆婆毗輸底十三
摩訶娜耶十四 波唎波囉莎訶十五
若有自書寫教人書寫是无量壽宗要經受持讀誦當命終時有九十九姟佛現其人前
千佛授手能遊一切佛剎莫於此經生於疑或陁羅尼曰
南謨薄伽勃底一 阿波唎蜜多二 阿喻紇硯娜三 須毗你悉指陁四 囉佐耶五 怛他羯他耶六 怛姪他七
薩婆桑悉迦囉八 波唎輸底九 達磨底十 伽伽娜十一 莎訶某特迦底十二 薩婆婆毗輸底十三
摩訶娜耶十四 波唎婆唎莎訶十五
若有自書寫教人書寫是无量壽宗要經受持讀誦常得四天大王隨其衛護陁羅尼曰
南謨薄伽勃底一 阿波唎蜜多二 阿喻紇硯娜三 須毗你悉指陁四 囉佐耶五 怛他羯他耶六 怛姪他七
薩婆桑悉迦囉八 波唎輸底九 達磨底十 伽伽娜十一 莎訶某特迦底十二 薩婆婆毗輸底十三
摩訶娜耶十四 波唎波唎莎訶十五
若有自書寫教人書寫是无量壽宗要經受持讀誦當得往生西方極樂世界阿弥
陁淨土陁羅尼曰
南謨薄伽勃底一 阿波唎蜜多二 阿喻紇硯娜三 須毗你悉指陁四 囉佐耶五 怛他羯他耶六 怛姪他七
薩婆桑悉迦囉八 波唎輸底九 達磨底十 伽伽娜十一 莎訶某特迦底十二 薩婆婆毗輸底十三
摩訶娜耶十四 波唎婆唎莎訶十五
若有方所自書寫教人書寫是无量壽經典之處則為是塔皆應恭敬作礼若是畜生
或為鳥獸得聞是經如是等類皆當不久得成一切種智陁羅尼曰
南謨薄伽勃底一 阿波唎蜜多二 阿喻紇硯娜三 須毗你悉指陁四 囉佐耶五 怛他羯他耶六 怛姪他七
薩婆桑悉迦囉八 波唎輸底九 達磨底十 伽伽娜十一 莎訶某特迦底十二 薩婆婆毗輸底十三
摩訶娜耶十四 波唎婆唎莎訶十五
若有於是无量壽經自書寫教人書寫畢竟不受女人之身陁羅尼曰

BD03437號　無量壽宗要經　（5–3）

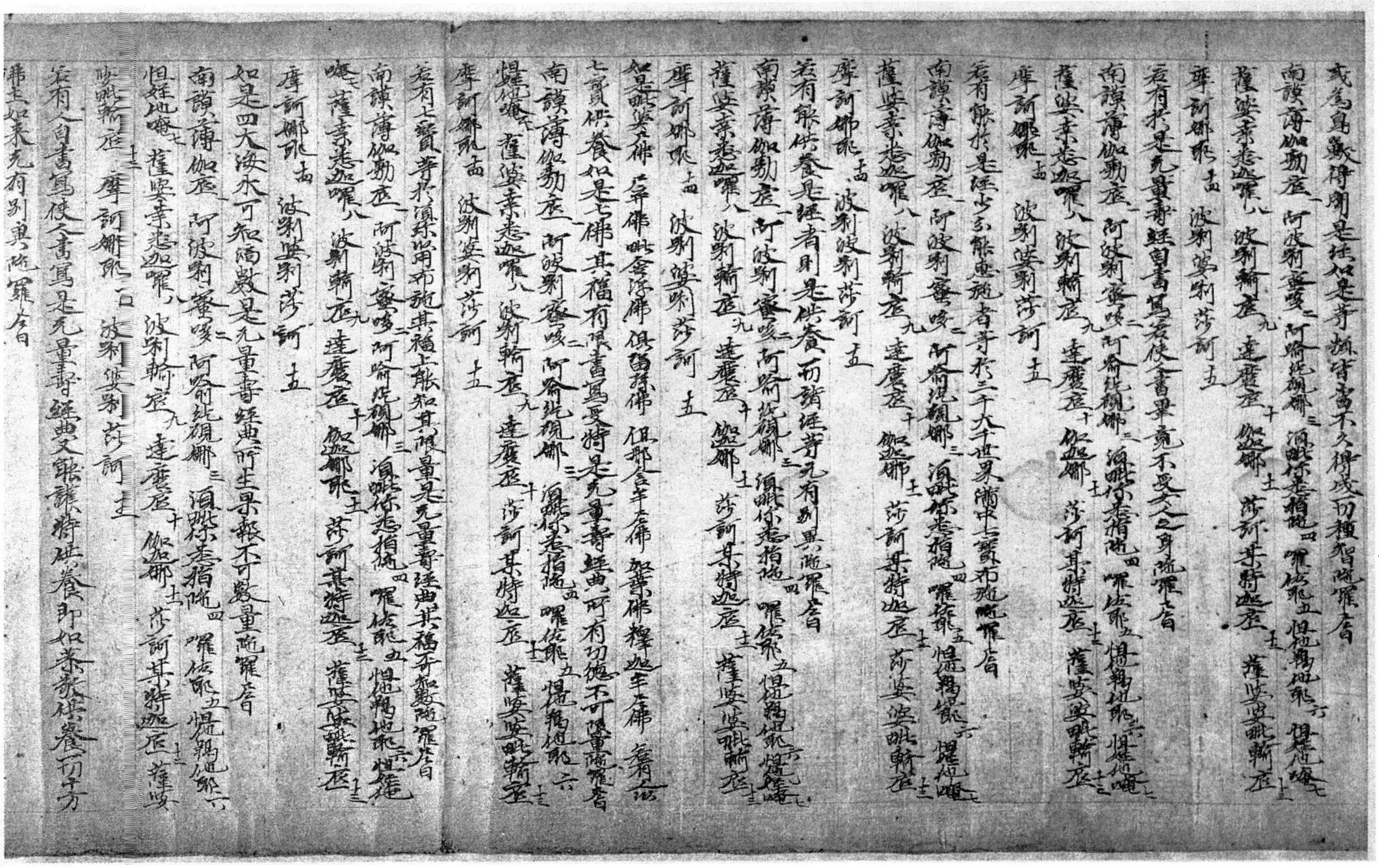

或為鳥獸得聞是經如是等類皆當不久得成一切種智陁羅尼曰
南謨薄伽勃底一 阿波唎蜜哆二 阿喻紇硯那三 須毗你悉指陁四 囉佐耶五 怛他羯他耶六 怛姪他唵七
薩婆桑悉迦囉八 波唎輸底九 達磨底十 伽伽那十一 莎訶某特迦底十二 薩婆婆毗輸底十三
摩訶娜耶十四 波唎婆唎莎訶十五
若有於是無量壽經自書寫若使人書畢竟不受女人之身陁羅尼曰
南謨薄伽勃底一 阿波唎蜜哆二 阿喻紇硯那三 須毗你悉指陁四 囉佐耶五 怛他羯他耶六 怛姪他唵七
薩婆桑悉迦囉八 波唎輸底九 達磨底十 伽伽那十一 莎訶某特迦底十二 薩婆婆毗輸底十三
摩訶娜耶十四 波唎婆唎莎訶十五
若有能於是經少分能惠施者等於三千大千世界滿中七寶布施陁羅尼曰
南謨薄伽勃底一 阿波唎蜜哆二 阿喻紇硯那三 須毗你悉指陁四 囉佐耶五 怛他羯他耶六 怛姪他唵七
薩婆桑悉迦囉八 波唎輸底九 達磨底十 伽伽那十一 莎訶某特迦底十二 薩婆婆毗輸底十三
摩訶娜耶十四 波唎波唎莎訶十五
若有能供養是經者則是供養一切諸經等無有異陁羅尼曰
南謨薄伽勃底一 阿波唎蜜哆二 阿喻紇硯那三 須毗你悉指陁四 囉佐耶五 怛他羯他耶六 怛姪他唵七
薩婆桑悉迦囉八 波唎輸底九 達磨底十 伽伽那十一 莎訶某特迦底十二 薩婆婆毗輸底十三
摩訶娜耶十四 波唎婆唎莎訶十五
毗婆尸佛 尸棄佛 毗舍浮佛 俱留孫佛 俱那含牟尼佛 迦葉佛 釋迦牟尼佛 若有人以
七寶供養如是七佛其福有限書寫受持是無量壽經典所有功德不可限量陁羅尼曰
南謨薄伽勃底一 阿波唎蜜哆二 阿喻紇硯那三 須毗你悉指陁四 囉佐耶五 怛他羯他耶六
怛姪他唵七 薩婆桑悉迦囉八 波唎輸底九 達磨底十 莎訶某特迦底十二 薩婆婆毗輸底十三
摩訶娜耶十四 波唎婆唎莎訶十五
若有七寶等於須彌山用布施其福上能知其限量是無量壽經典其福不可數量陁羅尼曰
南謨薄伽勃底一 阿波唎蜜哆二 阿喻紇硯那三 須毗你悉指陁四 囉佐耶五 怛他羯他耶六 怛姪他
唵七 薩婆桑悉迦囉八 波唎輸底九 達磨底十 伽伽那十一 莎訶某特迦底十二 薩婆婆毗輸底十三
摩訶娜耶十四 波唎婆唎莎訶十五
如是四大海水可知滴數是無量壽經典所生果報不可數量陁羅尼曰
南謨薄伽勃底一 阿波唎蜜哆二 阿喻紇硯那三 須毗你悉指陁四 囉佐耶五 怛他羯他耶六
怛姪他唵七 薩婆桑悉迦囉八 波唎輸底九 達磨底十 伽伽那十一 莎訶某特迦底十二 薩婆
婆毗輸底十三 摩訶娜耶十四 波唎婆唎莎訶十五
若有人自書寫使人書寫是無量壽經典又能謙恭供養即如恭敬供養一切十方
佛土如來無有別異陁羅尼曰

BD03437 號　無量壽宗要經　（5–4）

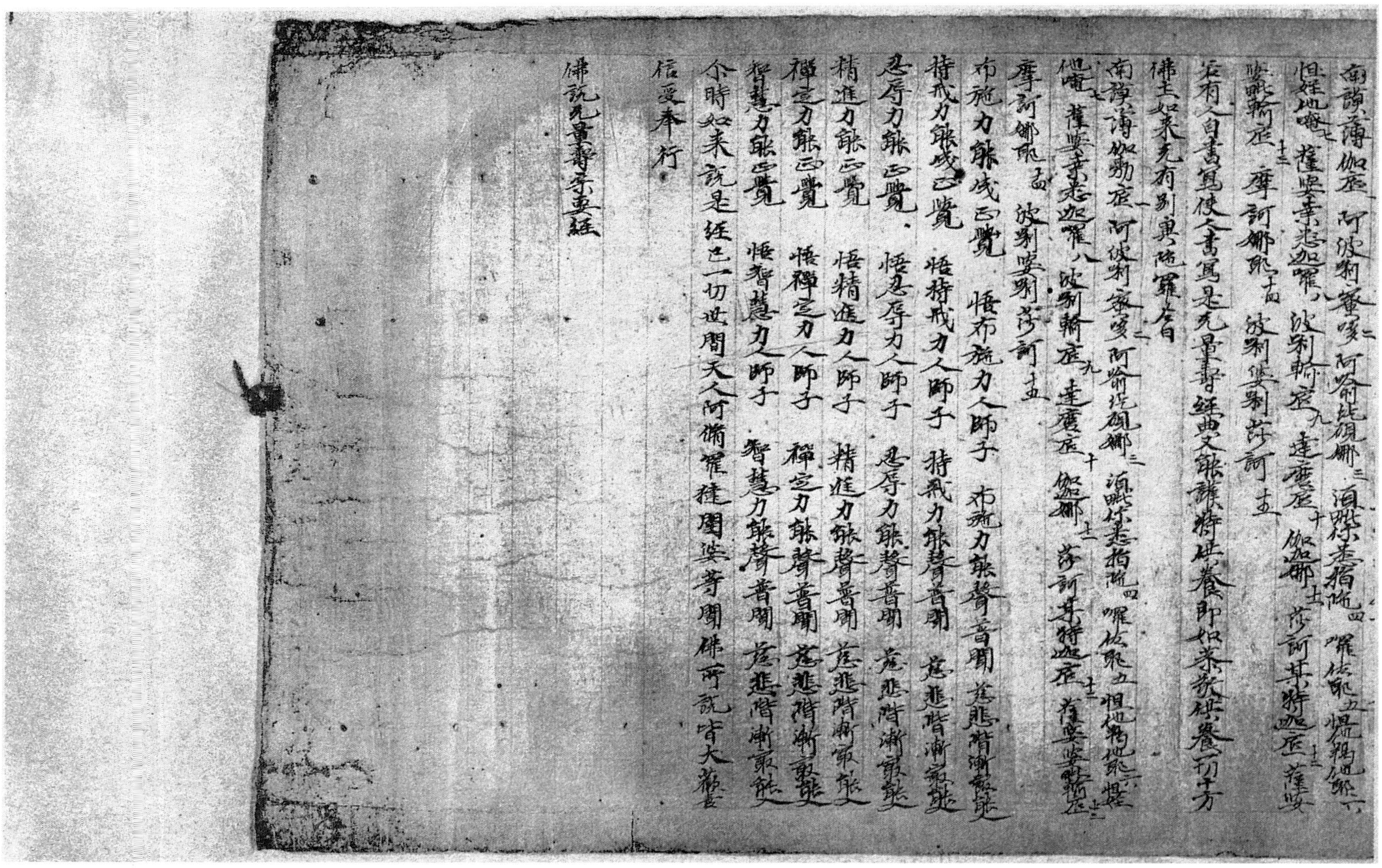

南謨薄伽勃底一 阿波唎蜜哆二 阿喻紇硯那三 須毗你悉指陁四 囉佐耶五 怛他羯他耶六
怛姪他唵七 薩婆桑悉迦囉八 波唎輸底九 達磨底十 伽伽那十一 莎訶某特迦底十二 薩婆
婆毗輸底十三 摩訶娜耶十四 波唎婆唎莎訶十五
若有人自書寫使人書寫是無量壽經典又能謙恭供養即如恭敬供養一切十方
佛土如來無有別異陁羅尼曰
南謨薄伽勃底一 阿波唎蜜哆二 阿喻紇硯那三 須毗你悉指陁四 囉佐耶五 怛他羯他耶六 怛姪他
唵七 薩婆桑悉迦囉八 波唎輸底九 達磨底十 伽伽那十一 莎訶某特迦底十二 薩婆婆毗輸底十三
摩訶娜耶十四 波唎婆唎莎訶十五
布施力能成正覺 悟布施力入師子 布施力能聲音聞 慈悲皆漸家能
持戒力能成正覺 悟持戒力入師子 持戒力能聲音聞 慈悲皆漸家能
忍辱力能成正覺 悟忍辱力入師子 忍辱力能聲音聞 慈悲皆漸家能
精進力能成正覺 悟精進力入師子 精進力能聲音聞 慈悲皆漸家能
禪定力能成正覺 悟禪定力入師子 禪定力能聲音聞 慈悲皆漸家能
智慧力能成正覺 悟智慧力入師子 智慧力能聲音聞 慈悲皆漸家能
尒時如來說是經已一切世間天人阿脩羅揵闥婆等聞佛所說皆大歡喜
信受奉行
佛說無量壽宗要經

BD03437 號　無量壽宗要經　（5–5）

大般若波羅蜜多經卷第二百九十

初分著不著相品第卅六之四　三藏法師

善現菩薩摩訶薩行般若波羅蜜
行一切智是行般若波羅蜜多一
一切相智是行般若波羅蜜多
若常若無常是行般若波羅蜜
智一切相智若常若無常是行
多不行一切智若樂若苦是行
多不行道相智一切相智若樂若苦
若波羅蜜多不行一切智若我若
般若波羅蜜多不行道相智一切相
若無我是行般若波羅蜜多不
淨若不淨是行般若波羅蜜多
一切相智若淨若不淨是行般若
何以故善現一切智性尚無所有況
智若常若無常若樂若苦若我若
若不淨道相智一切相智性尚無所
道相智一切相智若常若無常若樂若
我若無我若淨若不淨
善現菩薩摩訶薩行般若波羅蜜多

BD03438 號　大般若波羅蜜多經卷二九〇　（4–1）

何以故善現一切智性尚無所有況
智若常若無常若樂若苦若我若
若不淨道相智一切相智性尚無所
道相智一切相智若常若無常若樂若
我若無我若淨若不淨
善現菩薩摩訶薩行般若波羅蜜多
行一切陁羅尼門是行般若波羅蜜多
一切三摩地門是行般若波羅蜜多不
切陁羅尼門若常若無常是行般若波羅蜜
多不行一切三摩地門若常若無常是行般
若波羅蜜多不行一切陁羅尼門若樂若苦
是行般若波羅蜜多不行一切三摩地門若
樂若苦是行般若波羅蜜多不行一切陁羅
尼門若我若無我是行般若波羅蜜多不行
一切三摩地門若我若無我是行般若波羅
蜜多不行一切陁羅尼門若淨若不淨是行
般若波羅蜜多不行一切三摩地門若淨若
不淨是行般若波羅蜜多何以故善現一切
陁羅尼門性尚無所有況有一切陁羅尼門
若常若無常若樂若苦若我若無我若淨若
不淨一切三摩地門性尚無所有況有一切
三摩地門若常若無常若樂若苦若我若無
我若淨若不淨
善現菩薩摩訶薩行般若波羅蜜多時若不
行預流果是行般若波羅蜜多不行一來不
還阿羅漢果是行般若波羅蜜多不行預流
果若常若無常是行般若波羅蜜多不行一
來不還阿羅漢果若常若無常是行般若波

BD03438 號　大般若波羅蜜多經卷二九〇　（4–2）

行預流果是行般若波羅蜜多不行一来不
還阿羅漢果是行般若波羅蜜多不行預流
果若常若無常是行般若波羅蜜多不行一
来不還阿羅漢果若常若無常是行般若波
羅蜜多不行預流果若樂若苦是行般若波
羅蜜多不行一来不還阿羅漢果若樂若苦
是行般若波羅蜜多不行預流果若我若無
我是行般若波羅蜜多不行一来不還阿羅
漢果若我若無我是行般若波羅蜜多不行
預流果若淨若不淨是行般若波羅蜜多不
行一来不還阿羅漢果若淨若不淨是行般
若波羅蜜多何以故善現預流果性尚無所
有況有預流果若常若無常若樂若苦若
我若無我若淨若不淨一来不還阿羅漢果
性尚無所有況有一来不還阿羅漢果若常
若無常若樂若苦若我若無我若淨若不
淨
善現菩薩摩訶薩行般若波羅蜜多時若不
行獨覺菩提是行般若波羅蜜多不行獨覺
菩提若常若無常是行般若波羅蜜多不行
獨覺菩提若樂若苦是行般若波羅蜜多不
行獨覺菩提若我若無我是行般若波羅蜜
多不行獨覺菩提若淨若不淨是行般若波
羅蜜多何以故善現獨覺菩提性尚無所有
況有獨覺菩提若常若無常若樂若苦若我
若無我若淨若不淨
善現菩薩摩訶薩行般若波羅蜜多時若不

BD03438號　大般若波羅蜜多經卷二九〇　（4-3）

多不行獨覺菩提若淨若不淨是行般若波
羅蜜多何以故善現獨覺菩提性尚無所有
況有獨覺菩提若常若無常若樂若苦若我
若無我若淨若不淨
善現菩薩摩訶薩行般若波羅蜜多時若不
行一切菩薩摩訶薩行是行般若波羅蜜多
不行一切菩薩摩訶薩行若常若無常是行
般若波羅蜜多不行一切菩薩摩訶薩行若
樂若苦是行般若波羅蜜多不行一切菩薩
摩訶薩行若我若無我是行般若波羅蜜多
不行一切菩薩摩訶薩行若淨若不淨是行
般若波羅蜜多何以故善現一切菩薩摩訶
薩行性尚無所有況有一切菩薩摩訶薩行
若常若無常若樂若苦若我若無我若淨若
不淨
善現菩薩摩訶薩行般若波羅蜜多時若不
行諸佛無上正等菩提是行般若波羅蜜多
不行諸佛無上正等菩提若常若無常是行
般若波羅蜜多不行諸佛無上正等菩提若
樂若苦是行般若波羅蜜多不行諸佛無上
正等菩提若我若無我是行般若波羅蜜多
不行諸佛無上正等菩提若淨若不淨是行

BD03438號　大般若波羅蜜多經卷二九〇　（4-4）

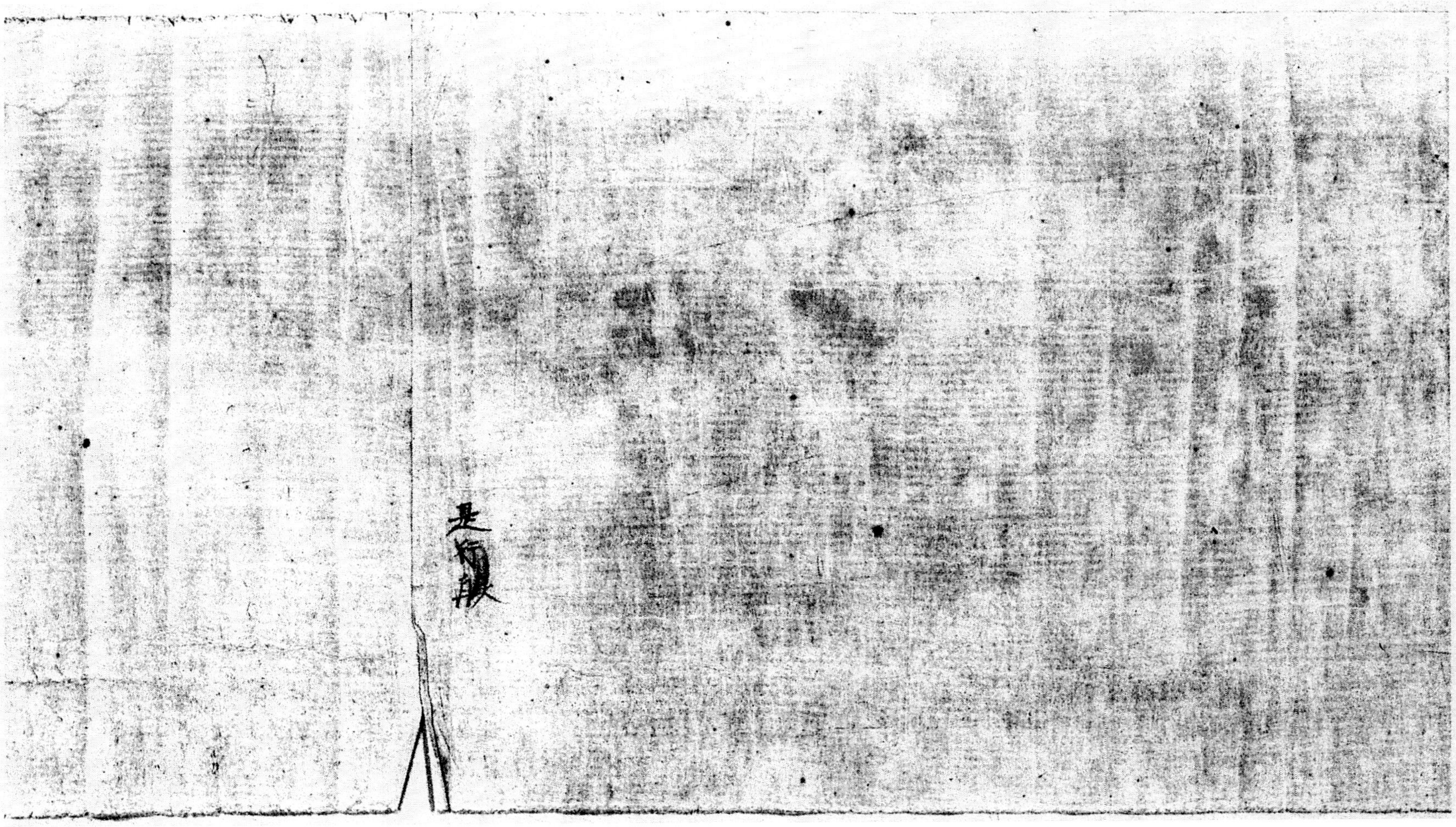

BD03438 號背　雜寫　　（2–1）

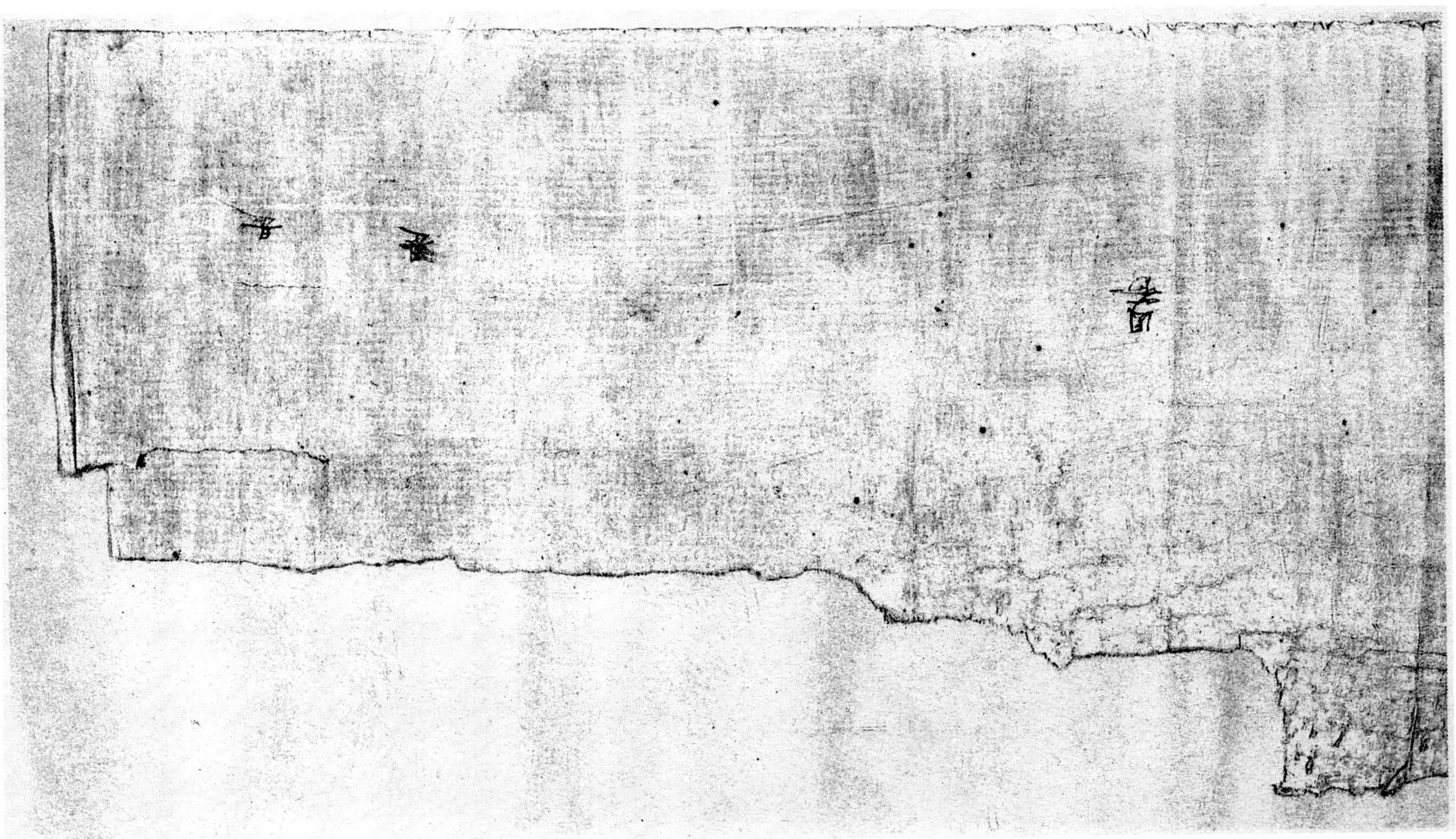

BD03438 號背　雜寫　　（2–2）

……辟支佛名唯……
……菩薩衆佛為說法其界一切皆以香作
樓閣經行香地苑園皆香其食香氣周流十
方無量世界時彼佛與諸菩薩方共坐食有
諸天子皆号香嚴悉發阿耨多羅三藐三
菩提心供養彼佛及諸菩薩……衆……
不目見時維摩詰問衆菩薩……
致彼佛飯以文殊師利威神力……
摩詰言仁者此諸大衆無乃可……
如佛所言勿輕未學於是維摩詰……
於衆會前化作菩薩相好光明威德殊……
衆會而告之曰汝往上方界分度
沙佛土有國名衆香佛号香積
方共坐食汝往到彼如我辭曰維
世尊足下致敬無量問訊起居
力安不損得世尊所食之餘當
施作佛事令此樂小法者得弘
名聲普聞時化菩薩即於……

BD03439號　維摩詰所說經卷下　（22–1）

名聲普聞時化菩……
衆皆見其去到衆香界礼彼佛足又聞其言
維摩詰稽首世尊足下致敬無量問訊起居少
病少惱氣力安不損得世尊所食之餘欲於娑
婆世界施作佛事使此樂小法者得弘大道亦
使如來名聲普聞彼諸大士見化菩薩歎
未曾有今此上人從何所來娑婆世界為在
何許云何名為樂小法者即以問佛佛告之
曰下方度如卌二恒河沙佛土有世界名娑
婆佛号釋迦牟尼今現在於五濁世為樂
小法衆生敷演道教彼有菩薩名維摩詰
住不可思議解脫為諸菩薩說法故遣化來
稱楊我名并讚此土令彼菩薩增益功德彼菩
薩言其人何如乃作是化德力無畏神足若斯
佛言甚大一切十方皆遣化往施作佛事饒益
衆生於是香積如來以衆香鉢盛滿香飯
與化菩薩時彼九百万菩薩俱發聲言我欲
詣娑婆世界供養釋迦牟尼佛并欲見維摩
詰等諸菩薩衆佛言可往攝汝身香無令彼
諸衆生起惑著心又當捨汝本形勿使彼國
求菩薩者而自鄙恥又汝於彼莫懷輕賤而
作閡想所以者何十方國土皆如虛空又諸佛
為欲化諸樂小法者不盡現其清淨土耳時
化菩薩既受鉢飯與彼九百万菩薩俱承
佛威神及維摩詰力於彼世界忽然不現須
臾之間至維摩詰舍維摩詰即化作九百

BD03439號　維摩詰所說經卷下　（22–2）

為欲化諸樂小法者不盡現其清淨土耳時
化菩薩既受鉢飯與彼九百万菩薩俱承
佛威神及維摩詰力於彼世界忽然不現須
臾之間至維摩詰舍維摩詰即化作九百
万師子之座嚴好如前諸菩薩皆坐其上化菩
薩以滿鉢香飯與維摩詰飯香普熏毗耶離
城及三千大千世界時毗耶離婆羅門居士
等聞是香氣身意快然歎未曾有於是長者
主月蓋從八万四千人來入維摩詰舍見其室
中菩薩甚多諸師子坐高廣嚴好皆大歡喜
礼眾菩薩及大弟子却住一面諸地神虛空
神及欲色界諸天聞此香氣亦皆來入維摩
詰舍時維摩詰語舍利弗等諸大聲聞仁者
可食如來甘露味飯大悲所熏无以限意食
之使不消也有異聲聞念是飯少而此大
眾人人當食化菩薩曰勿以聲聞小德小智
稱量如來无量福慧四海有竭此飯无盡使一
切人食揣若須彌乃至一劫猶不能盡所
以者何无盡戒定智慧解脫知見功德具足
者所食之餘終不可盡於是鉢飯悉飽眾
會猶故不賜其諸菩薩聲聞天人食此飯
者身安快樂譬如一切樂莊嚴國諸菩薩
也又諸毛孔皆出妙香亦如眾香國土諸
樹之香
尒時維摩詰問眾香菩薩香積如來以何
說法彼菩薩曰我土如來无文字說但以眾

者身安快樂譬如一切樂莊嚴國諸菩薩
也又諸毛孔皆出妙香亦如眾香國土諸
樹之香
尒時維摩詰問眾香菩薩香積如來以何
說法彼菩薩曰我土如來无文字說但以眾
香令諸天人得入律行菩薩各各坐香樹下聞
斯妙香即獲一切德藏三昧得是三昧者菩薩
所有功德皆悉具足彼諸菩薩問維摩詰
今世尊釋迦牟尼以何說法維摩詰言此土
眾生剛強難化故佛為說剛強之語以調伏之
言是地獄是畜生是餓鬼是諸難處是愚
人生處是身邪行是身邪行報是口邪行
是口邪行報是意邪行是意邪行報是殺生
是殺生報是不與取是不與取報是邪婬是邪婬
報是妄語是妄語報是兩舌是兩舌報是惡口
是惡口報是无義語是无義語報是貪嫉是
貪嫉報是瞋惱是瞋惱報是邪見是邪見
報是慳悋是慳悋報是毀戒是毀戒報是瞋
恚是瞋恚報是懈怠是懈怠報是亂意是
亂意報是愚癡是愚癡報是結戒是持戒是
犯戒是應作是不應作是鄣閡是不鄣閡
是得罪是離罪是淨是垢是有漏是无漏是
邪道是正道是有為是无為是世間是涅槃
以難化之人心如猨猴故以若干種法制御其
心乃可調伏譬如象馬𢤱悷不調加諸楚毒
乃至徹骨然後調伏如是剛強難化眾生故

以難化之人心如猨猴故以若干種法制御其
心乃可調伏辟如象馬𢤱悷不調加諸楚毒
乃至徹骨然後調伏如是剛強難化眾生故
以一切苦切之言乃可入律彼諸菩薩聞說
是已皆曰未曾有也如世尊釋迦牟尼佛隱
其无量自在之力乃以貧所樂法度脫眾生
斯諸菩薩亦能勞謙以无量大悲生是佛土維
摩詰言此土菩薩於諸眾生大悲堅固誠如
所言然其一世饒益眾生多於彼國百千劫
行所以者何以娑婆世界有十事善法諸餘
淨土之所无有何等為十以布施攝貧窮以
淨戒攝毀禁以忍辱攝瞋恚以精進攝懈
怠以禪定攝亂意以智慧攝愚癡說除難
法度八難者以大乘法度樂小乘者以諸善
根濟无德者常以四攝成就眾生是為十彼菩薩
曰菩薩成就幾法於此世界行无瘡疣生于
淨土維摩詰言菩薩成就八法於此世界行
无瘡疣生乎淨土何等為八饒益眾生而不
望報代一切眾生受諸苦惱所作功德盡以
施之等心眾生謙下无閡於諸菩薩視之如佛
所未聞經聞之不疑不與聲聞而相違背不
嫉彼供不高己利而於其中調伏其心常省己
過不訟彼短恒以一心求諸功德是為八維摩
詰文殊師利於大眾中說是法時百千
天人皆發阿耨多羅三藐三菩提心十千菩
薩得无生法忍

詰文殊師利於大眾中說是法時百千
天人皆發阿耨多羅三藐三菩提心十千菩
薩得无生法忍

菩薩行品第十一

是時佛說法於菴羅樹園其地忽然廣博
嚴事一切眾會皆作金色阿難白佛言世尊以
何因緣有此瑞應是處忽然廣博嚴事一切
眾會皆作金色佛告阿難是維摩詰文殊師
利與諸大眾恭敬圍繞發意欲來故先為此
瑞應於是維摩詰語文殊師利可共見佛與
諸菩薩禮事供養文殊師利言善哉行矣今
正是時維摩詰即以神力持諸大眾并師子
座置於右掌往詣佛所到已著地稽首佛足
右遶七帀一心合掌在一面立其諸菩薩即
皆避坐稽首佛足亦遶七帀於一面立諸大
弟子釋梵四天王等亦皆避坐稽首佛足在
一面立於是世尊如法慰問諸菩薩已各令
復坐即皆受教眾坐已定佛語舍利弗汝見
菩薩大士自在神力之所為乎唯然已見汝
意云何世尊我覩其為不可思議非意所
圖非度所測尒時阿難白佛言世尊今所聞香
自昔未有是為何香佛告阿難是彼菩薩毛
孔之香於是舍利弗語阿難言我等毛孔亦
出是香阿難言此所從來曰是長者維摩詰
從眾香國取佛餘飯於舍食者一切毛孔皆
香若此阿難問維摩詰是香氣住當久如維

孔之香於是舍利弗語阿難言我等毛孔亦
出是香阿難言此所從來曰是長者維摩詰
從衆香國取佛餘飯於舍食者一切毛孔皆
香若此阿難問維摩詰是香氣住當久如維
摩詰言至此飯消曰此飯久如當消曰此飯
勢力至于七日然後乃消又阿難若聲聞人
未入正位食此飯者得入正位然後乃消已
入正位食此飯者得心解脫然後乃消若未
發大乘意食此飯者至發意乃消已發意
食此飯者得无生忍然後乃消已得无生忍食
此飯者至一生補處然後乃消譬如有藥名
曰上味其有服者身諸毒滅然後乃消此飯
如是滅除一切諸煩惱毒然後乃消阿難白
佛言未曾有也世尊如此香飯能作佛事佛
言如是如是阿難或有佛土以佛光明而作
佛事有以諸菩薩而作佛事有以佛所化人
而作佛事有以菩提樹而作佛事有以佛衣
服卧具而作佛事有以飯食而作佛事有以
園林臺觀而作佛事有以卅二相八十隨形好
而作佛事有以佛身而作佛事有以虛空
而作佛事衆生應以此緣得入律行有以夢
幻影響鏡中像水中月熱時炎如是等喻而
作佛事有以音聲語言文字而作佛事或有
清淨佛土寂漠无言无說无示无識无作无
為而作佛事如是阿難諸佛威儀進止諸所
施為无非佛事阿難有此四魔八万四千諸
煩惱門而諸衆生為之疲勞諸佛即以此法

BD03439號　維摩詰所說經卷下　（22–7）

清淨佛土寂漠无言无說无示无識无作无
為而作佛事如是阿難諸佛威儀進止諸所
施為无非佛事阿難有此四魔八万四千諸
煩惱門而諸衆生為之疲勞諸佛即以此法
而作佛事是名入一切諸佛法門菩薩入此
門者若見一切淨妙佛土不以為喜不貪不
高若見一切不淨佛土不以為憂不礙不没
但於諸佛生清淨心歡喜恭敬未曾有也
諸佛如來功德平等為教化衆生故而現佛土
不同阿難汝見諸佛國土地有若干而虛空
无若干也如是見諸佛色身有若干耳其
无礙慧无若干也阿難諸佛色身威相種性
戒定智慧解脫解脫知見力无所畏不共之法
大慈大悲威儀所行及其壽命說法教化成
就衆生淨佛國土具諸佛法悉皆同等是故
名為三藐三佛陁名為多陁阿伽度名為佛
陁阿難若我廣說此三句義汝以劫壽不能
盡受正使三千大千世界滿中衆生皆如阿
難多聞第一得念總持此諸人等以劫之壽
亦不能受如是阿難諸佛阿耨多羅三藐三
菩提无有限量智慧辯才不可思議阿難白
佛言我從今已往不敢自謂以為多聞佛告阿
難勿起退意所以者何我說汝於聲聞中為
最多聞非謂菩薩且止阿難其有智者不應
限度諸菩薩也一切海淵尚可測量菩薩禪
定智慧總持辯才一切功德不可量也阿難

BD03439號　維摩詰所說經卷下　（22–8）

衆多聞非謂菩薩且止阿難其有智者不應
限度諸菩薩也一切海淵尚可測量菩薩禪
定智慧捴持辯才一切功德不可量也阿難
汝等捨置菩薩所行是維摩詰一時所現神
通之力一切聲聞辟支佛於百千劫盡力變
化所不能作
尒時衆香世界菩薩來者合掌白佛言世尊
我等初見此土生下劣想今自悔責捨離是
心所以者何諸佛方便不可思議為度衆生
故隨其所應現佛國異唯然世尊願賜少法
還於彼土當念如來佛告諸菩薩有盡无盡
解脫法門汝等當學何謂為盡謂有為法何
謂无盡謂无為法如菩薩者不盡有為不住
无為何謂不盡有為謂不離大慈不捨大悲
深發一切智心而不忽忘教化衆生終不猒惓
於四攝法常念順行護持正法不惜軀命
種諸善根无有疲猒志常安住方便迴向求
法不懈說法无悋勤供諸佛故入生死而无
所畏於諸榮辱心无憂喜不輕未學敬學
如佛墮煩惱者令發正念於遠離樂不以為貴
不著已樂慶於彼樂在諸禪定如地獄想於
生死中如園觀想見來求者為善師想捨諸
所有具一切智想見毀戒人起救護想諸波
羅蜜為父母想道品之法為眷屬想發行善
根无有齊限以諸淨國嚴飾之事成己佛土
行不限施具足相好除一切惡淨身口意生

BD03439號　維摩詰所說經卷下　（22-9）

生死中如園觀想見來求者為善師想捨諸
所有具一切智想見毀戒人起救護想諸波
羅蜜為父母想道品之法為眷屬想發行善
根无有齊限以諸淨國嚴飾之事成己佛土
行不限施具足相好除一切惡淨身口意生
死无數劫意而有勇聞佛无量德志而不惓
以智慧劒破煩惱賊出陰界入荷負衆生永
使解脫以大精進摧伏魔軍常求无念實相
智慧於世間法少欲知足於出世間法求之
无猒不壞威儀而能隨俗起神通慧引導衆
生得念捴持所聞不忘善別諸根斷衆生疑
以樂說辯演法无礙淨十善道受天人福脩四
无量開梵天道勸請說法隨喜讚善得佛
音聲身口意善得佛威儀深脩善法所行轉
勝以大乘教成菩薩僧心无放逸不失衆善
行如此法是名菩薩不盡有為何謂菩薩不
住无為謂脩學空不以空為證脩學无相无
作不以无相无作為證脩學无起不以无起
為證觀於无常而不猒善本觀世間苦而不
惡生死觀於无我而誨人不惓觀於寂滅而
不永滅觀於遠離而身心脩善觀无所歸而
歸趣善法觀於无生而以生法荷負一切觀
於无漏而不斷諸漏觀无所行而以行法教
化衆生觀於空无而不捨大悲觀正法位而
不隨小乘觀諸法虛妄无牢无人无主无相本
願未滿而不虛福德禪定智慧脩如此法
是名菩薩不住无為又具福德故不住无為

BD03439號　維摩詰所說經卷下　（22-10）

化衆生觀於空无而不捨大悲觀正法位而
不隨小乘觀諸法虛妄无牢无人无主无相本
願未滿而不虛福德禪定智慧脩如此法
是名菩薩不住无為又具福德故不住无為
具智慧故不盡有為大慈悲故不住无為滿
本願故不盡有為集法藥故不住无為隨授
藥故不盡有為知衆生病故不住无為滅衆
生病故不盡有為諸正士菩薩已脩此法不
盡有為不住无為是名盡无盡解脫法門汝
等當學尒時彼諸菩薩聞說是法皆大歡喜
以衆妙華若干種色若干種香散遍三千大
千世界供養於佛及此經法并諸菩薩已稽
首佛足歎未曾有言釋迦牟尼佛乃能於此
善行方便言已忽然不現還到彼國

見阿閦佛品第十二

尒時世尊問維摩詰汝欲見如來為以何等
觀如來乎維摩詰言如自觀身實相觀佛亦
然我觀如來前際不來後際不去今則不住
不觀色不觀色如不觀色性不觀受想行識
不觀識如不觀識性非四大起同於虛空六
入无積眼耳鼻舌身心已過不在三界三垢
已離順三脫門具足三明與无明等不一相不
異相不自相不他相非无相非取相不此
岸不彼岸不中流而化衆生觀於寂滅亦不
永滅不此不彼不以此不以彼不可以智知
不可以識識无晦无明无名无相无強无弱

BD03439 號　維摩詰所說經卷下　（22–11）

已離順三脫門具足三明與无明等不一相不
異相不自相不他相非无相非取相不此
岸不彼岸不中流而化衆生觀於寂滅亦不
永滅不此不彼不以此不以彼不可以智知
不可以識識无晦无明无名无相无強无弱
非淨非穢不在方不離方非有為非无為无
示无說不施不慳不戒不犯不忍不恚不進
不怠不定不亂不智不愚不誠不欺不來不
去不出不入一切言語道斷非福田非不福田
非應供養非不應供養非取非捨非有相非无
相同真際等法性不可稱可量過諸稱量非
大非小非見非聞非覺非知離衆結縛等諸
智同衆生於諸法无分別一切无失无濁无惱
无作无起无生无滅无畏无憂无喜无猒无
著无已有无當有无今有不可以一切言
說分別顯示世尊如來身為若此作如是觀
以斯觀者名為正觀若他觀者名為邪觀尒
時舍利弗問維摩詰汝於何沒而來生此維
摩詰言汝所得法有沒生乎舍利弗言无沒
生也若諸法无沒生相云何問言汝於何沒
而來生此於意云何譬如幻師幻作男女寧
沒生耶舍利弗言无沒生也汝豈不聞佛說
諸法如幻相乎答曰如是若一切法如幻相
者云何問言汝於何沒而來生此舍利弗沒
者為虛誑法壞敗之相生者為虛誑法相續
之相菩薩雖沒不盡善本雖生不長諸惡是
時佛告舍利弗有國名妙喜佛号无動是維

BD03439 號　維摩詰所說經卷下　（22–12）

說法如幻相乎荅曰如是若一切法如幻相
者云何問言汝於何沒而來生此舍利弗沒
者為虛誑法壞敗之相生者為虛誑法相續
之相菩薩雖沒不盡善本雖生不長諸惡是
時佛告舍利弗有國名妙喜佛号无動是維
摩詰於彼國沒而來生此舍利弗言未曾有
也世尊是人乃能捨清淨土而來樂此多怒
害處維摩詰語舍利弗於意云何日光出時
與冥合乎荅曰不也日光出時則无衆冥維
摩詰言夫日何故行閻浮提荅曰欲以明照
為之除冥維摩詰言菩薩如是雖生不淨佛
土為化衆生不與愚闇而共合也但滅衆生
煩惱闇耳是時大衆渴仰欲見妙喜世界不
動如來及其菩薩聲聞之衆佛知一切衆會
所念告維摩詰言善男子為此衆會現妙喜
國不動如來及諸菩薩聲聞之衆衆皆欲見
於是維摩詰心念吾當不起于座接妙喜國
鐵圍山川溪谷江河大海泉源須弥諸山及
日月星宿天龍鬼神梵天宮等并諸菩薩聲
聞之衆城邑聚落男女大小乃至无動如來
及菩提樹諸妙蓮華能於十方作佛事者三
道寶階從閻浮提至忉利天以此寶階諸天
來下悉為礼敬无動如來聽受經法閻浮提
人亦登其階上昇忉利見彼諸天妙喜世界
成就如是无量功德上至阿迦尼吒天下至
水際以右手斷取如陶家輪入此世界猶持
華鬘示一切衆作是念已入於三昧現神通

BD03439號　維摩詰所說經卷下　（22–13）

來下悉為礼敬无動如來聽受經法閻浮提
人亦登其階上昇忉利見彼諸天妙喜世界
成就如是无量功德上至阿迦尼吒天下至
水際以右手斷取如陶家輪入此世界猶持
華鬘示一切衆作是念已入於三昧現神通
力以其右手斷取妙喜世界置於此土彼得
神通菩薩及聲聞衆并餘天人俱發聲言
唯然世尊誰取我去願見救護无動佛言非我
所為是維摩詰神力所作其餘未得神通者
不覺不知己之所往妙喜世界雖入此土而
不增減於是世界亦不迫隘如本无異
尒時釋迦牟尼佛告諸大衆汝等且觀妙喜
世界无動如來其國嚴飾菩薩行淨弟子清
白皆曰唯然已見佛言若菩薩欲得如是清
淨佛土當學无動如來所行之道現此妙喜
國時娑婆世界十四那由他人發阿耨多羅
三藐三菩提心皆願生於妙喜佛土釋迦牟
尼佛即記之曰當生彼國時妙喜世界於此
國土所應饒益其事訖已還復本處舉衆皆
見佛告舍利弗汝見此妙喜世界及无動佛
不唯然已見世尊願使一切衆生得清淨土
如无動佛獲神通力如維摩詰世尊我等快
得善利得見是人親近供養其諸衆生若今
現在若佛滅後聞此經者亦得善利況復聞
已信解受持讀誦解說如法脩行若有手得
是經典者便為已得法寶之藏若有讀誦解
[illegible]

BD03439號　維摩詰所說經卷下　（22–14）

得善利得見是人親近供養其諸衆生若今
現在若佛滅後聞此経者亦得善利況復聞
已信解受持讀誦解說如法脩行若有手得
是経典者便爲已得法寶之藏若有讀誦解
釋其義如說脩行則爲諸佛之所護念其有
供養如是人者當知則爲供養於佛其有書
持此経卷者當知其室則有如來若聞是経能
隨喜者斯人則爲取一切智若能信解此
経乃至一四句偈爲他說者當知此人即是受
阿耨多羅三藐三菩提記

法供養品第十三

尒時釋提桓因於大衆中白佛言世尊我雖
從佛及文殊師利聞百千経未曾聞此不可
思議自在神通决定實相経典如我解佛所
說義趣若有衆生聞是経法信解受持讀誦
之者必得是法不疑何況如說脩行斯人則
爲閇衆惡趣開諸善門常爲諸佛之所護念
降伏外學摧滅魔怨脩治菩提安處道場履
踐如來所行之跡世尊若有受持讀誦如說
脩行者我當與諸眷屬供養給事所在聚落
城邑山林曠野有是経處我亦與諸眷屬聽
受法故共到其所其未信者當令生信其已
信者當爲作護佛言善哉善哉天帝如汝所
說吾助尒喜此経廣說過去未來現在諸佛
不可思議阿耨多羅三藐三菩提是故天帝
若善男子善女人受持讀誦供養是経者則

BD03439號　維摩詰所說經卷下　（22–15）

信者當爲作護佛言善哉善哉天帝如汝所
說吾助尒喜此経廣說過去未來現在諸佛
不可思議阿耨多羅三藐三菩提是故天帝
若善男子善女人受持讀誦供養是経者則
爲供養去来今佛天帝正使三千大千世界
如来滿中譬如甘蔗竹葦稻麻叢林若有善
男子善女人或一劫或減一劫恭敬尊重讃
歎供養奉諸所安至諸佛滅後以一一全身
舍利起七寶塔縱廣一四天下高至梵天表
剎莊嚴以一切華香瓔珞幢幡伎樂微妙第
一若一劫若減一劫而供養之於天帝意
云何其人殖福寧爲多不釋提桓因言多矣
世尊彼之福德若以百千億劫說不能盡佛告
天帝當知是善男子善女人聞是不可思議
解脫経典信解受持讀誦脩行福多於彼所
以者何諸佛菩提皆從是生菩提之相不可
限量以是因緣福不可量
佛告天帝過去无量阿僧祇劫時世有佛号
曰藥王如來應供正遍知明行足善逝世間
解无上士調御丈夫天人師佛世尊世界曰
大莊嚴劫曰莊嚴佛壽廿小劫其聲聞僧卅
六億那由他菩薩僧有十二億天帝是時有
轉輪聖王名曰寶蓋七寶具足王四天下王
有千子端政勇健能伏怨敵尒時寶蓋與其
眷屬供養藥王如來施諸所安至滿五劫過
五劫已告其千子汝等亦當如我以深心供

BD03439號　維摩詰所說經卷下　（22–16）

有千子端政勇健能伏怨敵尒時寶蓋與其
眷屬供養藥王如來施諸所安至滿五劫過
五劫已告其千子汝等亦當如我以深心供
養於佛於是千子受父王命供養藥王如來
復滿五劫一切施安其王一子名曰月蓋獨
坐思惟寧有供養殊過此者以佛神力空中
有天曰善男子法之供養勝諸供養即問何
謂法之供養天曰汝可往問藥王如來當廣
為汝說法之供養即時月蓋王子行詣藥王
如來稽首佛足却住一面白佛言世尊諸供
養中法供養勝云何為法供養佛言善男子
法供養者謂諸佛所說深經一切世間難信
難受微妙難見清淨无染非但分別思惟之
所能得菩薩法藏所攝陁羅尼印之至不
退轉成就六度善分別義順菩提法衆經之
上入大慈悲離衆魔事及諸邪見順因緣法
无我无人无衆生无壽命空无相无作无起
能令衆生坐於道場而轉法輪諸天龍神
乾闥婆等所共歎譽能令衆生入佛法藏攝
諸賢聖一切智慧說衆菩薩所行之道依於諸
法實相之義明宣无常苦空无我寂滅之法
能救一切毀禁衆生諸魔外道及貪著者能
使怖畏諸佛賢聖所共稱歎背生死苦示涅
槃樂十方三世諸佛所說若聞如是等經信
解受持讀誦以方便力為諸衆生分別解說
顯示分明守護法故是名法之供養又於諸

BD03439 號　維摩詰所說經卷下　(22–17)

使怖畏諸佛賢聖所共稱歎背生死苦示涅
槃樂十方三世諸佛所說若聞如是等經信
解受持讀誦以方便力為諸衆生分別解說
顯示分明守護法故是名法之供養又於諸
法如說修行隨順十二因緣離諸邪見得无
生忍決定无我无有衆生而於因緣果報无
違无諍離諸我所依於義不依語依於智不
依識依了義經不依不了義經依於法不依
人隨順法相无所入无所歸无明畢竟滅故
諸行亦畢竟滅乃至生畢竟滅故老死亦畢
竟滅作如是觀十二因緣无有盡相不復
起見是名最上法之供養
佛告天帝王子月蓋從藥王佛聞如是法得
柔順忍即解寶衣嚴身之具以供養佛白佛
言世尊如來滅後我當行法供養守護正法
願以威神加哀建立令我得降伏魔怨修菩
薩行佛知其深心所念而記之曰汝於末後
守護法城天帝時王子月蓋見法清淨聞
佛授記以信出家修集善法精進不久得五神
通行菩薩道得陁羅尼无斷辯才於佛滅後
以其所得神通總持辯才之力滿十小劫藥
王如來所轉法輪隨而分布月蓋比丘以護
持法勤行精進即於此身化百万億人於阿
耨多羅三藐三菩提立不退轉十四那由他
人深發聲聞辟支佛心无量衆生得生天上
天帝時王寶蓋豈異人乎今現得佛号寶燄

BD03439 號　維摩詰所說經卷下　(22–18)

持法勤行精進即於此身化百万億人於阿
耨多羅三藐三菩提立不退轉十四那由他
人深發聲聞辟支佛心无量衆生得生天上
天帝時王寶蓋豈異人乎今現得佛号寶燄
如來其王千子即賢劫中千佛是也從迦羅
鳩村馱為始得佛最後如來号曰樓至月蓋
比丘則我身是如是天帝當知此要以法供
養於諸供養為上為最第一无比是故天帝
當以法之供養供養於佛
囑累品第十四
於是佛告弥勒菩薩言弥勒我今以是无量
億阿僧祇劫所集阿耨多羅三藐三菩提付
囑於汝如是輩經於佛滅後末世之中汝等
當以神力廣宣流布於閻浮提无令斷絕所
以者何未來世中當有善男子善女人及天
龍鬼神乾闥婆羅剎等發阿耨多羅三藐三
菩提心樂于大法若使不聞如是等經則失
善利如此輩人聞是等經必多信樂發希有
心當以頂受隨諸衆生所應得利而為廣說
弥勒當知菩薩有二相何謂為二一者好於
雜句文飾之事二者不畏深義如實能入若
好雜句文飾事者當知是為新學菩薩若於
如是无染无著其深經典无有恐畏能入其
中聞已心淨受持讀誦如說脩行當知是為
久脩道行弥勒復有二法名新學者不能決
定於其深法何等為二一者所未聞深經聞

BD03439號　維摩詰所說經卷下　（22–19）

如是无染无著其深經典无有恐畏能入其
中聞已心淨受持讀誦如說脩行當知是為
久脩道行弥勒復有二法名新學者不能決
定於其深法何等為二一者所未聞深經聞
之驚怖生疑不能隨順毀謗不信而作是言
我初不聞從何所來二者若有護持解說如
是深經者不肯親近供養恭敬或時於中說
其過惡有此二法當知是新學菩薩為自毀
傷不能於深法中調伏其心弥勒復有二法
菩薩雖信解深法猶自毀傷而不能得无生
法忍何等為二一者輕慢新學菩薩而不教
誨二者雖解深法而取相分別是為二法弥勒
菩薩聞說是已白佛言世尊未曾有也如
佛所說我當遠離如斯之惡奉持如來无數
阿僧祇劫所集阿耨多羅三藐三菩提法若
未來世善男子善女人求大乘者當令手得
如是等經與其念力使受持讀誦為他廣說
世尊若後末世有能受持讀誦為他說者當
知是弥勒神力之所建立佛言善哉善哉弥
勒如汝所說佛助尒喜於是一切菩薩合掌
白佛我等亦於如來滅後十方國土廣宣流
布阿耨多羅三藐三菩提復當開導諸說法
者令得是經
尒時四天王白佛言世尊在在處處城邑聚
落山林曠野有是經卷讀誦解說者我當率
諸官屬為聽法故往詣其所擁護其人面百

BD03439號　維摩詰所說經卷下　（22–20）

尒時四天王白佛言世尊在〻處〻
落山林曠野有是經卷讀誦解說者我當率
諸官屬為聽法故往詣其所擁護其人面百
由旬令无伺求得其便者是時佛告阿難受
持是經廣宣流布阿難言唯我已受持要
者世尊當何名斯經佛言阿難是經名為維
摩詰所說亦名不可思議解脫法門如是受持
佛說是經已長者維摩詰文殊師利舍利弗
阿難等及諸天人阿脩羅一切大衆聞佛所
說皆大歡喜

維摩詰經卷下

BD03439號　維摩詰所說經卷下　（22–21）

說皆大歡喜

維摩詰經卷下

BD03439號　維摩詰所說經卷下　（22–22）

是頂上兩肩上放一切
佛刹微塵等寶光山雲普照一切无滿法界
我見是已起无量歡喜盧舍那佛於一々毛孔放
一切佛刹微塵等香雲普熏十方一切佛刹我
見是已起无量歡喜盧舍那佛一々相中出一
切佛刹微塵等相充滿一切諸佛世界海我見是
已起无量歡喜盧舍那佛一々毛孔出一切佛
刹微塵等自在力靈初發心等清淨波羅蜜
莊嚴菩薩諸地我見是已起无量歡喜盧舍
那佛一々毛孔念々出生不々可々說々佛刹
微塵等諸龍王身為見龍身而受化故人出
不々可々說々佛刹微塵等諸夜叉身乾
闥婆阿脩羅伽樓羅緊那羅摩睺羅伽等身
為見彼身而受化故我見是已起无量歡喜盧
舍那佛一々毛孔出不々可々說々佛刹微塵
等轉輪王身雲七寶成就神力自在充滿法
界為見彼身而受化故我見是已起无量歡
喜盧舍那佛一々毛孔出不々可々說々佛
刹微塵等梵王身雲出淨梵音為衆生說法
為見聞彼受而化故我見是已於念々中起
无量歡喜悉與法界菩薩等起者非起淨

BD03440號　大方廣佛華嚴經（晉譯五十卷本）卷四三　（18-1）

界為見彼身而受化故我見是已起无量歡
喜盧舍那佛一々毛孔出不々可々說々佛
刹微塵等梵王身雲出淨梵音為衆生說法
為見聞彼受而化故我見是已於念念中起
无量歡喜悉與法界菩薩等起者非起淨
者非淨見者非見入者非入慶者非慶滿者
非滿聞者非聞何以故分別了知法界性故
餘三世法悉一性故佛子此菩薩无量歡喜
莊嚴法門有如是等无量境界佛子此法門
者无量无邊究竟方便諸法海故此法門者
不可損減菩薩著心不可壞故此法門者不
可窮盡衆生忘想不可盡故此法門者系為甚
深寂靜境界故此法門者系為廣大一切諸佛境
界故此法門者不可破壞菩薩智所故此
法門者不可稱量不可破壞滿法界故
此法門者即是普門於一相中攝身一切自
在力故此門者是第一法一切法无身行无
二故此法門者非生一切諸法悲死如故
此法門者如電攝菩薩著諸大願故此法
門者如化善能變化菩薩行故此法門
者如大地輪饒益一切諸衆生故此法門者
如大水輪以廣大悲潤衆生故此法門者如
大火輪消竭衆生諸貪愛故此法門者如大
風輪立一切衆生菩薩著故此法門者猶如大
海功德莊嚴一切衆生故此法門者如須彌
山一切德海中起故此法門者如大城鄉一切
法街巷而莊嚴故此法門者猶如虛空三世
諸佛自在係无上故此法門者猶如慶雲普雨
衆生甘露法故此法門者猶如白日普照一切識

BD03440號　大方廣佛華嚴經（晉譯五十卷本）卷四三　（18-2）

山一切德海中起故此法門者如大城郭一切
法街巷而莊嚴故此法門者猶如虛空三世
諸佛自在緣無上故此法門者猶如優雲普雨
眾生甘露法故此法門者猶如白日普照一切滅
衆闇故此法門者猶如滿月滿足眾生功德
海故此法門者如々至一切故法門者如影善
能應化諸業報故此法門者如響隨其所應
為說法故此法門者猶如電光隨其所應
悉照知此法門者猶如樹王一切諸佛功德
妙華成就一切智果實故此法門者猶如
金剛一切世間無能壞故此法門者如隨意
寶王出生無量自在力故此法門者如離垢
寶悉能分別知三世佛故此法門者猶如寶
幢出一切佛平等法輪妙音聲故佛子如此
諸喻非喻為喻尒時善財白寂靜音夜天言
菩薩脩何等法得此法門答言佛子菩薩脩
行十妙法故得此法門何等為十所謂菩薩
脩行布施令一切眾生海皆悉歡喜脩行淨
戒滿諸佛功德大海脩行忍辱了知一切
諸法真性脩行精進於菩薩道若堅固不退脩
行禪定除滅一切眾生煩惱脩行智慧分別了
知一切法海脩行方便教化成就一切眾生海
脩行大願於一切佛剎海盡未來劫脩菩薩
行脩行諸力於念々中現一切剎成正等覺脩
行無盡智了三世法無所障导佛子是為十妙
法菩薩摩訶薩脩行此法起此法門得此法門淨
此法門成此法門長養增廣不可沮壞善財
白言天神發阿耨多羅三藐三菩提心為久

BD03440號　大方廣佛華嚴經（晉譯五十卷本）卷四三　（18–3）

行無盡智了三世法無所障导佛子是為十妙
法菩薩摩訶薩脩行此法起此法門得此法門淨
此法門成此法門長養增廣不可沮壞善財
白言天神發阿耨多羅三藐三菩提心為久
如耶答言佛子乃往古世過二佛剎微塵等
劫有劫名普燈幢於此蓮華藏莊嚴世界海
東過十世界海有一世界海名曰離垢眾寶
莊嚴彼世界海中有世界性名一切佛光明
願音彼世界性中有一世界名離垢光金色
莊嚴一切寶雲而莊嚴之眾寶為地堅固不
動於如一切香妙德王莊嚴樓閣皆悉清淨
諸天宮殿充滿其中彼有王都名曰普滿妙
德藏王彼有道場名一切眾寶莊嚴藏月光
明其佛子號不退法界妙音於此道場得阿
耨多羅三藐三菩提我於尒時為菩提樹神名
功德燈光息光幢我見彼佛成等正覺顯現
無量自在神力我於尒時發阿耨多羅三藐三
菩提心於彼佛所逮得三昧名普照佛功德
海彼道場上次有如來出興于世號法樹功
德山彼菩提樹神命終之後還生此處為菩
提樹夜天名妙德慧功德光明聞彼如來轉
正法輪復得無量歡喜普照一切境界三昧
彼道場上次有如來出興于世號一切法海妙
音聲王值彼如來復得三昧名成就一切法
地彼道場上次有如來出興于世號寶光炎
燈幢王值彼如來復得三昧名分別一切普照
雲彼道場上次有如來出興于世號功德須
彌光王值彼如來復得三昧名照諸佛海彼道

BD03440號　大方廣佛華嚴經（晉譯五十卷本）卷四三　（18–4）

地彼道場上次有如來出興于世号寶光炎
燈幢王值彼如來復得三昧名分別一切普照
雲彼道場上次有如來出興于世号功德須
彌光王值彼如來復得三昧名照諸佛海彼道
場上次有如來出興于世号法虛空妙音聲
王值彼如來復得三昧名一切法海燈彼道場
上次有如來出興于世号焰慧炬明淨燈王
時我爲天女值彼如來復得三昧名明淨燈
滅衆生苦彼道場上次有如來出興于世号
法勇幢妙德值彼如來復得三昧名三世佛
普照藏彼道場上次有如來出興于世号法
燈勇猛焰慧師子值彼如來復得三昧名明
淨焰慧普照一切无所畏尋彼道場上次有
如來出興于世号焰力山王值彼如來復得三
昧名普照三世衆生根行佛子彼普照幢勿離
垢光金色座嚴世界如是次第有十佛世界微塵
等如來出興于世我於尒時或爲天王龍王夜叉
王乾闥婆王阿脩羅王伽樓羅王緊那羅王摩睺
羅伽王或爲人王梵王男子女人童男童女皆
悉值彼一切如來恭敬供養彼佛說法悉聞
受持於彼佛刹二佛世界微塵等劫脩菩薩
行逕佛刹微塵等受生衆命終生此蓮花
藏座嚴世界海娑婆世界中作道場夜天神
值拘樓孫如來得三昧眼名離垢一切香王
光明次值拘那含牟尼如來復得三昧名隨
順普照一切刹海次值迦葉如來復得三昧
名妙音聲海分別一切衆生音海今復值見
盧舍那佛坐於道場菩提樹下成等正覺於
念々中顯見无量自在力海復得菩薩无量歎

順普照一切刹海次值迦葉如來復得三昧
名妙音聲海分別一切衆生音海今復值見
盧舍那佛坐於道場菩提樹下成等正覺於
念々中顯現无量自在力海復得菩薩无量歎
喜莊嚴法門得法門已深入十不々可々說々
世界海微塵等法界方便海以此法界方便海
於一切佛刹微塵等一々微塵中悉見十不々可々
說々佛刹微塵等世界及彼諸佛彼諸如來所說
正法悉聞受持又見盧舍那佛於念々中一
切世界坐於道場成等正覺出生无量自在
神力一々神力滿法界海我悉諸彼所說正
法悉聞受持又復見彼一切諸佛一々毛孔
出化身海滿法界海顯現種々自在神力於
一切佛刹海一切世界性一切世界一切諸趣
一切衆生中隨其所應轉正法輪我以精進聞
持陀羅尼故悉能受持正念思惟知味知義明
焰慧藏圓滿清淨分別了知一切法海觀察三世
諸佛平等出生一切方便法門於一々方便
出生一切脩多羅雲一々脩多羅雲成熟一
切諸正法海一々法海攝取一切諸迴轉法
一迴轉法普出一切諸妙法雲一々法雲出生一
切諸法彼浪一々波浪還得一切歡喜法海
一々歡喜法海出生一切諸功德地一々功
德地出生一切諸三昧海一々三昧海見一
切佛海一々佛所得一切光明海一々光明
海普照三世得圓滿焰地普照十方知无量
佛過去行海照一切佛无量本事海難捨能
攝持无量淨我行无量忍長養清淨菩薩精
進青淨无量諸障之海了知如來眼与[illegible]

海普照三世得圓滿智地普照十方知无量
佛過去行海照一切佛无量本事海難稱數
持无量淨戒行无量忍長養清淨菩薩精
進清淨无量諸禪定海了知如來般若波羅
蜜海普照如來无量方便海了知如來長養
功德智慧力波羅蜜分別如來无量智波羅
蜜海普照如來過去无量菩薩諸地无量佛
地神力自在无量劫中所脩習起淨无量佛
過去菩薩地脩无量佛過去智地照无量佛諸智
慧地知无量佛為菩薩時相續善根知无量佛
為菩薩時一切劫海中一切佛海所脩菩薩行知
无量佛為菩薩時出生佛剎海无量菩薩行
充滿法界種種方便門教化衆生普照十方諸世
界海為諸衆生現自在力普照如來一切知
地轉淨法輪悉聞受持一切法雲顯現无量
菩薩自在神力普照諸佛相海行海力海於
念念中知彼諸佛從初發心乃至无餘涅槃遺
法滅盡善男子汝所問我發心已來為幾時
者如上所說乃至未生此剎供養盧舍那佛如此
世界供養拘樓孫佛乃至盧舍那佛供養賢劫
未來諸佛亦復如是供養賢劫諸佛供養一
切世界未來諸佛亦復如是而彼離垢光金
色莊嚴世界今猶現在是故善男子汝當一
心脩此法門尒時寂靜音夜天欲重明此門
義以偈頌曰
善財應諦聽　我說此法門　應生歡喜心　慇懃令究竟
无量諸劫海　脩習菩薩行　心淨如虛空　入一切智城
聞三世佛法　一心樂尊求　於彼如來所　脩習諸功德

義以偈頌曰
善財應諦聽　我說此法門　應生歡喜心　慇懃令究竟
无量諸劫海　脩習菩薩行　心淨如虛空　入一切智城
聞三世佛法　一心樂尊求　於彼如來所　脩習諸功德
我見過去佛　恭敬悉供養　聞佛說正法　歡喜心无量
亦以悲恭敬　供養於父母　一心樂尊求　究竟此法門
老病貧窮者　諸根不具者　除滅彼苦惱　悉令得安樂
水火官賊難　怨敵諸恐怖　及海中諸難　我皆救濟之
衆生煩惱集　種種受鄙苦　摧破生死山　救護諸群生
一切諸惡道　无量楚毒苦　生老病死痛　我當悉除滅
我願无量劫　安隱一切衆　常見一切佛　滅除生死苦
善男子我唯成就此无量歡喜莊嚴法門諸
大菩薩入深法海分別一切劫善知一切諸世
界海成敗之事我當云何能知能說彼功德
行善男子此道場上如來衆中有一夜天名
日妙德守護諸城汝詣彼問云何菩薩學菩
薩行脩菩薩道尒時善財讚歎寂靜音夜天
以偈頌曰
我從知識教　來詣天神所　見无量淨身　安處天寶王
虛妄取諸相　染着一切法　无智衆生等　不能知境界
清淨妙色身　一切諸天衆　无量劫諦觀　其心无厭足
遠離於五陰　一切无所著　超出世疑惑　顯現自在力
不取內外法　无等心不動　明淨智慧眼　見佛自在力
身為正法藏　心是无㝵智　成佛智慧光　普照諸群生
分別說心業　莊嚴諸世間　知心業自性　現身等衆生
知世悉如夢　了佛如電光　一切法如響　令衆无所著
念念悉除滅　三世衆生惑　不取三世相　而能演說法
一切佛剎海　一切諸佛海　无量衆生海　无著脩滅門

分別說心業　莊嚴諸世間　知心業自性　現身等衆生
如世悉如夢　了佛如電光　一切法如響　令衆无所著
念念悉除滅　三世衆生我　不著三世相　而能演說法
一切佛剎海　一切諸佛海　无量衆生海　无著脩法門
時善財童子頭面敬禮彼夜天足遶无數迊
敬心辭退尒時善財童子正念思惟智慧分
別隨順正趣脩習身證无量歡喜莊嚴法門
住諸妙德守護諸城夜天所見彼夜天處普
照一切宮殿寶師子座不可說諸天眷屬圍
遶隨方面身一切衆生色身普現一切衆生前
身一切衆生无所著身一切衆生身身一切
衆生无上身隨順教化一切衆生身遊十方
身至一切十方身究竟佛身究竟教化一切
衆生身善財見此身已歡喜无量頭面禮足
遶无數迊恭敬合掌於一面住白言天神已
先發阿耨多羅三藐三菩提心而未知菩薩
云何學菩薩道饒益衆生以无上攝法攝取
衆生順如來業親近法王時彼夜天告善財言
善哉善哉佛子爲救護一切衆生故問菩薩行
爲嚴淨一切佛剎供養一切佛住一切劫救護
一切衆生守護一切如來種姓究竟十方一
切法界海平等之心充滿一切悉聞受持一切
諸佛所轉法輪隨其所應雨甘露法故問菩
薩行善男子我已成就甚深妙德自在音聲
門法是故佛子我爲勝大法師无所罣㝵於一切法
心无所著分別如來一切法藏安住如來大慈大
悲建立衆生於菩提心得一切剎不捨菩提心長
養一切善根爲一切衆生調御大師安立衆

BD03440號　大方廣佛華嚴經（晉譯五十卷本）卷四三　（18-9）

門法是故佛子我爲勝大法師无所罣㝵於一切法
心无所著分別如來一切法藏安住如來大慈大
悲建立衆生於菩提心得一切剎不捨菩提心長
養一切善根爲一切衆生調御大師安立衆
生一切智道故於一切世界爲明淨日照一
切衆生无量善根故等心觀察一切衆生不捨
一切衆生出生長養一切善根甚深智慧觀淨
尒炎斷一切不善業行諸善業離諸衆生顯
現一切諸佛世界脩行嚴淨諸本事業立一
切衆生清淨善根令值一切諸善知識无能壞
者立一切衆生佛正教故佛子我常以法施爲
首出生長養諸白淨法一切智心堅固不動如金
剛藏不可沮壞心常依心佛力魔力善知識
力心壞一切諸結業山心能尋求一切智因滿
白淨法无量法門一切種智佛子我以如是智
慧光明淨諸衆生无量善法饒益一切復次佛
子我以十行觀察法界隨順法界攝取法界何
等爲十所謂知法界无量智慧无量故知法界无
量无邊悉見一切諸如來故知佛法界无量无
邊諸一切剎恭敬供養一切佛故知法界无分
齊於一切世界海行菩薩行故知法界不可壞
究竟如來不可沮壞圓滿智故知法界一如來
妙音一切衆生无不聞故知法界自然清淨
教化一切衆生滿佛願故知法界遍至衆生深
入普賢菩薩行故知法界一莊嚴普賢菩薩行
自在莊嚴故知法界不可滅一切智善根充滿
法界令諸衆生悉清淨故佛子我以此十行觀
察法界增長善根知佛哥持境界不可思議

BD03440號　大方廣佛華嚴經（晉譯五十卷本）卷四三　（18-10）

入普賢菩薩行故知法界一塵微普賢菩薩行
自在塵微故知法界不可壞一切諸善根充滿
法界令諸衆生悉清淨故佛子我以此十行觀
察法界增長善根知佛所持境界不可思議
佛子我如是正念思惟以一万陁羅尼為衆生
說法所謂攝取一切諸法圓滿陁羅尼持一
切法圓滿陁羅尼一切法雲雷震圓滿陁羅
尼諸佛起住圓滿陁羅尼轉一切佛名号輪
圓滿陁羅尼分別演說三世諸佛大願海圓
滿陁羅尼攝一切乘海圓滿陁羅尼照一切
衆生業海燈藏圓滿陁羅尼一切法現前遊
流勇猛圓滿陁羅尼一切智勇猛圓滿陁羅
尼以如是等万陁羅尼為一切衆生分別
說法復次佛子我或為衆生說聞慧法或一
為衆生說思慧法或為衆生說脩慧法或說
一有或說一切有海或說一佛海或說一切
佛名号海或說一世界或一切世界海或說
授一記或說授一切記海或說一佛眷屬海
或說一切佛眷屬海或說一佛法輪或說一
切佛法輪海或說一脩多羅或說一切佛脩
多羅海或說一會或說一切會海或說一薩
婆若心或說一切菩提心海或說一乘或說
一切乘海佛子以如是等无量方便為諸衆
生演不〻可〻說〻法佛子我深入此无壞法
界皆悉究竟如來正法以无上法攝取衆
生盡未來劫脩習普賢菩薩所行佛子我已
成就此甚深妙德自在音聲法門於念〻
中悉能長養一切法門充滿法界尒時善財

BD03440號　大方廣佛華嚴經（晉譯五十卷本）卷四三　（18–11）

界皆悉究竟如來正法以无上法攝取衆
生盡未來劫脩習普賢菩薩所行佛子我已
成就此甚深妙德自在音聲法門於念〻
中悉能長養一切法門充滿法界尒時善財
白夜天言妙哉天神如此法門最為甚深得
此法門其已久如答言佛子乃往古世過轉
世界微塵等劫有劫名離垢光明時有世界
名法界妙德雲有四天下微塵等香須弥山
塵微於蓮華中出一切佛妙顯音聲一切衆
生淨業所行衆寶合成形如蓮華清淨无垢有
須弥山微塵等衆妙寶樹周通圍遶有須弥山
微塵等衆妙寶香以為塵微有須弥山微塵
等諸四天下一〻四天下各有不〻
可〻說〻城彼世界中有四天下名塵微幢彼四天
下有王都城名普寶華光於彼城外有道場名
法王宮殿光明其道場有須弥山微塵等
佛出興于世其最初佛号法海雲音光
明王時有轉輪王名離垢光明於彼佛
所奇護正法聞於正法脩多羅海佛滅度後
出家學道正法欲滅於大劫中有惡劫起煩
惱熾盛衆生志慾念嫉文諍諸比丘衆背功
德利心樂放逸常好王論賊論女論國論海論
世間之論樂如是等種〻諸論時王比丘作如是
念如來无量阿僧祇劫脩集妙法方何此諸
比丘而共毀滅彼王比丘即昇虛空放大光
明雲无量種色普照十方一切世界除滅一
一衆生煩惱立无量衆生无上菩提復令正
法於六万五千歲而興盛時有比丘尼名法

BD03440號　大方廣佛華嚴經（晉譯五十卷本）卷四三　（18–12）

比丘而共鬪滅循王比丘即昇虛空放大光
明雲无量種色普照十方一切世界除滅一
一衆生煩惱立无量衆生无上菩提復令正
法於六万五千歲而興盛時有比丘尼名法
輪華光是彼轉輪王女十万比丘尼以爲眷
屬見父王比丘光明神變即發阿耨多羅三
藐三菩提心得一切佛燈明三昧甚深妙德
自在音藏法門得色身心柔軟法海雷音光
明王佛神力自在一切功德悉現在前佛子
時轉輪王隨彼如來轉正法輪興隆法者豈
異人乎今普賢菩薩摩訶薩是也法輪化
光比丘尼者我身是也我於尔時守護佛法
建立十万比丘衆得不退轉地又令攝取一
切如來法門三昧法輪光明三昧又復建立
入一切法海方便般若波羅蜜佛子次有如
來出興于世名離垢法山我得值遇次有如
來名法圓滿光明國羅次有如來名法日妙
德雲次有如來名法海大別妙音藏王次有
如來名法日圓滿燈次有如來名法化幢雲
次有如來名法炎山幢王次有如來名甚深
法妙德月次有如來名法焰普光明藏次有
如來名普焰境界覺悟衆生次有如來名妙
德山王次有如來名普門普賢須弥山次有
如來名一切法精進幢次有如來名寶華妙
德雲次有如來名寂靜甚深光明閻羅次有
如來名法炎大慈光明月次有如來名光炎
妙德海次有如來名焰慧日普照一切次有
如來圓名滿普焰次有如來名无上焰覺明
王次有如來名功德炎華燈次有如來名焰

BD03440號　大方廣佛華嚴經（晉譯五十卷本）卷四三　（18–13）

如來名一切法精進幢次有如來名寶華妙
德雲次有如來名寂靜甚深光明閻羅次有
如來名法炎大慈光明月次有如來名光炎
妙德海次有如來名焰慧日普照一切次有
如來圓名滿普焰次有如來名无上焰覺明
王次有如來名功德炎華燈次有如來名焰
慧師子幢王次有如來名普日光明王次有
如來名須弥相莊嚴次有如來名勇猛日普
光明次有如來名法網覺妙德月次有如來
名法蓮華敷普德妙音次有如來名相日普
光明次有如來名普光妙德正法音藏次有
如來名无長妙德那羅延師子次有如來名
普焰健幢次有如來名數法蓮化身次有如
來名功德華妙法海次有如來名道場覺次
妙德月次有如來名法燈妙德月次有如來名
普照光明閻羅次有如來名法幢燈次有如
來名妙德海幢雲次有如來名山靜妙德雲
次有如來名稱種妙德月次有如來名明淨
普妙德華次有如來名普照衆生光明王次
有如來名鉢頭摩華妙功德藏次有如來名
普香炎光明王次有如來名鉢頭摩國次有
如來名明淨相山次有如來名普稱功德幢
次有如來名普門光明須弥山次有如來名
妙德法城光明次有如來名明淨功德山次
有如來名勝相妙德次有如來名法力勇猛
幢次有如來名法輪光明妙音次有如來名
功德光炎樓閣焰光次有如來名无上妙法
轉月次有如來名明淨法鉢頭摩覺幢次有
如來名寶[illegible]摩光藏次有如來名寶[illegible]

BD03440號　大方廣佛華嚴經（晉譯五十卷本）卷四三　（18–14）

有如來名睒相妙德次有如來名法大覺攝
幢次有如來名法輪光明妙音次有如來名
功德光炎樓閣焰光次有如來名无上妙法
轉月次有如來名明淨法鈴頸摩覺幢次有
如來名寶鈴頸摩光藏次有如來名寶尸棄
雲燈次有如來名焰覺華次有如來名種種
炎妙德須弥山藏次有如來名圓滿炎妙德
王次有如來名功德雲莊嚴光明次有如來
名法山雲幢次有如來名普明淨功德山次
有如來名法日雲燈王次有如來名法雲名
聲自在王次有如來名法圓滿雲次有如來名善
覺明淨焰幢次有如來名法圓滿善覺妙德
月次有如來名金色山賢次有如來名明
淨賢妙德須弥山次有如來名普焰慧雲妙
音聲次有如來名法力妙德樓閣次有如來
名音炎妙德王次有如來名金色摩尼山妙
聲次有如來名白豪藏一切法圓滿光明次
有如來名明淨法輪次有如來名无上清淨
尸羅山次有如來名普精進炬光照雲次有
如來名廣三昧海天冠光明次有如來名寶
炎妙德王次有如來名法炬寶帳妙聲次有
如來名法雲空光明師子次有如來名相好
莊嚴幢月次有如來名光明炎山電雲次有
如來名无导虛空法光次有如來名蝶焰花
敷次有如來名世間主光明妙聲次有如來
名法三昧光明妙聲次有如來名法音真實
藏次有如來名法光明炎妙聲海次有如
來名普照三世相幢次有如來名法圓滿

如來名无导虛空法光次有如來名蝶焰花
敷次有如來名世間主光明妙聲次有如來
名法三昧光明妙聲次有如來名法音真實
藏次有如來名法光明炎妙聲海次有如
來名普照三世相幢次有如來名法圓滿
山光明次有如來名法界師子光明次有如
來名法界師子炎次有如來名明淨妙
德須弥山次有如來名一切三昧海師子次
有如來名普焰光明燈佛子於離垢光明劫
中如是等須弥山微塵等如來出興于世最
後佛名法界城明淨焰燈彼諸如來我悉恭
敬供養聞法受持出家學道守護佛法於彼諸
佛所種種方便入此甚深妙德自在音聲法門
以種種方便化眾生海復次佛子復有佛刹微
塵等劫中諸佛出世我之皆悉恭敬供養是
故佛子一切眾生長寢生死唯我獨覺復欲
覺悟一切眾生守護心城離三界城入一切
智无上法城善男子我唯成就此甚妙德自
在音聲法門除滅眾生麁舌口過令得實實
語諸大菩薩彼了眾生諸語言道於一念中
覺悟一切眾生之心深入眾生語言音海善
知眾生施設語法分別了知一切法海深入
攝取一切諸法陁羅尼海善巧方便為眾生
出一切法雲究竟受脫一切眾生攝取眾生
立无上業隨順淨焰分別業藏能師子吼法
攝一切智諸法地圓滿陁羅尼我當云何能
說彼功德行善男子此佛眾中有一夜天名
開敷樹華汝詣彼問云何菩薩學一切智安

主无上乘隨順淨智分別業藏能師子吼法
施一切得諸法地圓滿陁羅尼我當云何修
就彼功德行善男子此佛衆中有一夜天名
開敷樹華汝詣彼問云何菩薩學一切智安
立衆生於薩婆若介時妙德守護諸城夜天
欲重明此法門義以偈頌曰
佛子深法門　虛空如如性　分別三世佛　无量諸法界
出生无量門　不思議諸法　長養无等智　了達三世法
過時剎塵劫　劫名離垢光　世界妙德雲　城名寶花光
彼劫次第有　須彌塵等佛　初佛号法海　雷音光明王
攝佛法界城　明淨智慧燈　我皆悉供養　聞法大歡喜
見法雷海音　光明王如來　衆妙相莊嚴　猶如須弥山
見佛即發心　專求一切智　心大如虛空　其性同如ゝ
充滿於三世　諸佛菩薩衆　大悲心普覆　一切剎衆生
清淨妙法身　充滿諸佛剎　隨其所應化　悉為顯現身
我初發心時　震動一切剎　教化諸群生　悉令大歡喜
次值第二佛　聞法而供養　即時得觀見　十剎海塵佛
如是次第值　須弥塵等佛　恭敬供養彼　一切諸如來
聞法悉受持　悉得此法門　轉剎塵等劫　諸佛興出世
我皆悉詣彼　恭敬而供養　聞法悉受持　清淨此法門
介時善財得此甚深妙德自在音聲法門入
菩薩无量无邊諸三昧海出生无量无邊陁
羅尼海得菩薩神通諸明光明入諸願海長
養一切甚深法海欲讚嘆彼妙德守護諸城
夜天以偈頌曰
智慧海成滿　永度生死海　長壽智慧藏　普照於十方
了達內外法　皆悉如虛空　无等清淨慧　究竟於三世
念ゝ能分別　无量无有邊　一切諸境界　而心无所著

BD03440號　大方廣佛華嚴經（晉譯五十卷本）卷四三　（18–17）

介時善財得此甚深妙德自在音聲法門入
菩薩无量无邊諸三昧海出生无量无邊陁
羅尼海得菩薩神通諸明光明入諸願海長
養一切甚深法海欲讚嘆彼妙德守護諸城
夜天以偈頌曰
智慧海成滿　永度生死海　長壽智慧藏　普照於十方
了達內外法　皆悉如虛空　无等清淨慧　究竟於三世
念ゝ能分別　无量无有邊　一切諸境界　而心无所著
无量大悲心　度脫衆生海　明淨智慧眼　了衆生无性
深入佛法門　窮盡其底源　種ゝ巧方便　化度諸群生
普於一切法　了達其真性　備習菩薩行　令衆悉清淨
天是調御師　究竟一切智　充滿諸法界　說法化衆生
傾盧舍那願　无等度衆生　安住至處道　普見十方佛
天心甚深妙　除滅煩惱塵　清淨如虛空　離垢无染着
攝取於三世　佛剎諸如來　一切菩薩衆　一切群生類
一念分別知　剎那及羅婆　晝夜月半月　乃至无量劫
十方諸群生　有色及无色　有想无想等　知死此生彼
除滅一切衆　虛妄顛倒想　善知語言法　顯現菩提道
出盧舍那願　一切佛法海　无等法身心　隨應現衆生

大方廣佛華嚴經卷第卅三

BD03440號　大方廣佛華嚴經（晉譯五十卷本）卷四三　（18–18）

金光明最勝王經善生王品第廿九
尒時世尊為諸大衆說王法正論已復
告大衆汝等𪧐聽我今為汝說其往
昔奉法因緣即於是時說伽他曰
我昔曾為轉輪王 捨此大地并大海
四洲珎寶皆充滿 持以供養諸如來
我於往昔无量劫 為求清淨真法身
所愛之物皆悉捨 乃至身命心无悋

BD03441 號　金光明最勝王經卷九　（22–1）

我昔曾為轉輪王 捨此大地并大海
四洲珎寶皆充滿 持以供養諸如來
我於往昔无量劫 為求清淨真法身
所愛之物皆悉捨 乃至身命心无悋
又於過去難思劫 有正遍知名寶髻
於彼如來涅槃後 有王出世名善生
為轉輪王化四洲 盡大海際咸歸伏
有城名曰妙音聲 時彼輪王於此住
夜夢聞說佛福智 見有法師名寶積
處坐端嚴如日輪 演說金光微妙典
尒時彼王從夢覺 生大歡喜充遍身
至天曉已出王宮 往詣苾芻僧伽處
恭敬供養聖衆已 即便問彼諸大衆
頗有法師名寶積 功德成就化衆生
尒時寶積大法師 在一室中而住止
正念誦斯微妙典 端然不動身心樂
時有苾芻引導王 至彼寶積所居處
見在室中端身坐 光明妙相遍其身
白王此即是寶積 能持甚深佛行處
所謂微妙金光明 諸經中王最第一
時王即便禮寶積 恭敬合掌如是請
唯願滿月面端嚴 為說金光微妙法
寶積法師受王請 許為說此金光明
周遍三千世界中 諸天大衆咸歡喜

BD03441 號　金光明最勝王經卷九　（22–2）

唯願滿月面端嚴　為說金光微妙法
寶積法師受王請　許為說此金光明
周遍三千世界中　諸天大衆咸歡喜
王於廣博清淨處　奇珍妙寶如嚴飾
上妙香水灑塵　種種雜花皆散布
即於勝處敷高座　懸繒幡蓋以莊嚴
種種抹香及塗香　香氣芬馥皆周遍
天龍脩羅緊那羅　莫呼洛伽及藥叉
諸天悉雨曼陀花　咸來供養彼高座
復有千億万諸天　樂聞正法俱來集
法師初從本座起　咸悉供養以天花
是時寶積大法師　淨洗浴已著鮮服
詣彼大衆法座所　合掌虔心而礼敬
天主天衆及天女　悉皆共散曼陀花
百千天樂難思議　住在空中出妙響
尒時寶積大法師　即昇高座跏趺坐
念彼十方諸剎土　百千万億大慈尊
遍及一切苦衆生　皆起平等慈悲念
為彼請主善生故　演說微妙金光明
王既得聞如是法　合掌一心唱隨喜
聞法希有淚交流　身心大喜皆充遍
于時國主善生王　為欲供養此經故
手持如意末尼珠　發願咸為諸衆生

BD03441 號　金光明最勝王經卷九　（22–3）

聞法希有淚交流　身心大喜皆充遍
于時國主善生王　為欲供養此經故
手持如意末尼珠　發願咸為諸衆生
今可於斯贍部洲　普雨七寶瓔珞具
所有匱乏資財者　皆得隨心受安樂
即便遍雨於七寶　悉皆充足四洲中
瓔珞嚴身隨所須　衣服飲食皆无乏
尒時國主善生王　見此四洲雨珍寶
咸持供養寶髻佛　所有遺教苾芻僧
應知過去善生王　即我釋迦牟尼是
為於昔時捨大地　及諸珍寶滿四洲
昔時寶積大法師　為彼善生說妙法
因彼開演經王故　東方現成不動佛
以我曾聽此經王　合掌一言稱隨喜
及施七寶諸功德　獲此最勝金剛身
金光百福相莊嚴　所有見者皆歡喜
一切有情无不愛　俱胝天衆亦同然
過去曾經九十九　俱胝億劫作輪王
亦於小國為人王　復經无量百千劫
於无量劫為帝釋　亦復曾為大梵王
供養十力大慈尊　彼之數量難窮盡
我昔聞經隨喜善　所有福聚量難知
由斯福故證菩提　獲得法身真妙智
尒時大衆聞是說已歎未曾有皆願奉持金
光明經流通不絕

BD03441 號　金光明最勝王經卷九　（22–4）

由斯福故證菩提　　獲得法身真妙智
尒時大衆聞是說已歎未曾有皆願奉持金
光明經流通不絶
金光明最勝王經諸天藥叉護持品第廿二
尒時世尊告大吉祥天女曰若有淨信善男
子善女人欲於過去未來現在諸佛以不可
思議廣大微妙供養之具而為奉獻及欲解
了三世諸佛甚深行處是人應當決定至心
隨是經王所在之處城邑聚落或山澤中廣
為衆生敷演流布其聽法者應除亂想攝耳
用心世尊即為彼天及諸大衆說伽他曰
若欲於諸佛　不思議供養　復了諸如來　甚深境界者
若見演說此　最勝金光明　應親詣彼方　至其所住處
此經難思議　能生諸功德　无邊大苦海　解脫諸有情
我觀此經王　初中後皆善　甚深不可測　譬喻无能比
假使恒河沙　大地塵海水　虛空諸山石　无能喻少分
欲入深法界　應先聽是經　法性之制底　甚深善安住
於斯制底內　見我牟尼尊　悅意妙音聲　演說斯經典
由此俱胝劫　數量難思議　生在人天中　常受勝妙樂
若聽是經者　應作如是心　我得不思議　无邊功德蘊
假使大火聚　滿百踰繕那　為聽此經王　直過无辭苦
既至彼住處　得聞如是經　能滅於罪業　及除諸惡夢
惡星諸變怪　蠱道邪魅等　得聞是經時　諸惡皆捨離
應嚴勝高座　淨妙若蓮花　法師處其上　猶如大龍坐
於斯安坐已　說此甚深經　書寫及誦持　并為解其義

BD03441 號　金光明最勝王經卷九　　（22–5）

既至彼住處　得聞如是經　能滅於罪業　及除諸惡夢
惡星諸變怪　蠱道邪魅等　得聞是經時　諸惡皆捨離
應嚴勝高座　淨妙若蓮花　法師處其上　猶如大龍坐
於斯安坐已　說此甚深經　書寫及誦持　并為解其義
法師捨此座　往詣餘方所　於此高座中　神通非一相
或見法師像　猶在高座上　或時見世尊　及以諸菩薩
或作普賢像　或如妙吉祥　或見慈氏尊　身處於高座
或見希奇相　及以諸天像　暫得覩容儀　忽然還不現
成就諸吉祥　所作皆隨意　功德悉圓滿　世尊如是說
最勝有名稱　能滅諸煩惱　他國賊皆除　戰時常得勝
惡夢悉皆无　及消諸毒害　所作惡業罪　經力能除滅
於此贍部洲　名稱咸充滿　所有諸怨結　悉皆相捨離
設有怨敵至　聞名便退散　不假動兵戈　兩陣生歡喜
梵王帝釋主　護世四天王　及金剛藥叉　正了知大將
无熱池龍王　及以娑揭羅　緊那羅樂神　蘇羅金翅主
大辯才天女　并大吉祥天　斯等上首天　各領諸天衆
常供養諸佛　法寶不思議　恒生歡喜心　於經起恭敬
斯等諸天衆　皆悉共思惟　遍觀脩福者　共作如是說
應觀此有情　咸是大福德　善根精進力　當來生我天
為聽甚深經　敬心來至此　供養法制底　尊重正法故
憐愍於衆生　而作大饒益　於此深經典　能為法寶器
入此法門者　能入於法性　於此金光明　至心應聽受
是人曾供養　无量百千佛　由彼諸善根　得聞此經典
如是諸天主　天女大辯才　并彼吉祥天　及以四王衆

BD03441 號　金光明最勝王經卷九　　（22–6）

入此法門者　能入於法性　於此金光明　至心應聽受
是人曾供養　无量百千佛　由彼諸善根　得聞此經典
如是諸天王　天女大辯才　并彼吉祥天　及以四王衆
无數藥叉衆　勇猛有神通　各於其四方　常來相擁護
日月天帝釋　風水火諸神　吠率怒大肩　閻羅辯才等
一切諸護世　勇猛具威神　擁護持經者　晝夜常不離
大力藥叉王　那羅延自在　正了知為首　二十八藥叉
餘藥叉百千　神通有大力　恒於怖畏處　常來護此人
金剛藥叉王　并五百眷屬　諸大菩薩衆　常來護此人
寶王藥叉王　及以滿賢王　曠野金毗羅　賓度羅黃色
此等藥叉王　各五百眷屬　見聽此經者　皆來共擁護
彩軍乾闥婆　葦王常戰勝　珠頸及青頸　并勃里沙王
大最勝大黑　蘊跋拏難舍　半之迦羊足　及以大婆伽
小渠并護法　及以獼猴王　針毛及日支　寶髮皆來護
大渠諸擁羅　旃檀欲中勝　舍羅及雪山　及以娑多山
皆有大神通　雄猛具大力　見持此經者　皆來相擁護
阿那婆苔多　及以娑揭羅　目真善羅葉　難陁小難陁
於百千龍中　神通具威德　共護持經人　晝夜常不離
婆稚羅睺羅　毗摩質多羅　母者占跋羅　大肩及歡喜
及餘蘇羅王　并无數天衆　大力有勇健　皆來護是人
訶利底母神　五百藥叉衆　於彼人睡覺　常來相擁護
旃荼旃荼利　藥叉旃稚女　昆帝拘吒齒　吸衆生精氣
如是諸神衆　大力有神通　常護持經者　晝夜恒不離
上首辯才天　无量諸天女　吉祥天為首　并餘諸眷屬
此大地神女　果實園林神　樹神江河神　制底諸神等

BD03441 號　金光明最勝王經卷九　（22–7）

上首辯才天　无量諸天女　吉祥天為首　并餘諸眷屬
此大地神女　果實園林神　樹神江河神　制底諸神等
如是諸天神　心生大歡喜　彼皆來擁護　讀誦此經人
見有持經者　增壽命色力　威光及福德　妙相以莊嚴
星宿現災變　困厄當此人　夢見惡徵祥　皆悉令除滅
此大地神女　堅固有威勢　由此經力故　法味常充足
地肥若流下　過百踰繕那　地神令味上　滋潤於大地
此地厚六十　八億踰繕那　乃至金剛際　地味皆令上
由聽此經王　獲大功德蘊　能使諸天衆　悉蒙其利益
復令諸天衆　威力有光明　歡喜常安樂　捨離於衰相
於此南洲內　林果苗稼神　由此經威力　心常得歡喜
苗實皆成就　處處有妙花　果實並滋繁　充滿於大地
所有諸果樹　及以衆園林　悉皆生妙花　香氣常芬馥
衆草諸樹木　咸出微妙花　及生甘美果　隨處皆充遍
於此贍部洲　无量諸龍女　心生大歡喜　皆共入池中
種植鉢頭摩　及以分陁利　青白二蓮花　池中皆遍滿
由此經威力　虛空淨无翳　雲霧皆除遣　冥闇悉光明
日出放千光　无垢燄清淨　由此經王力　流暉遶四天
此經威德力　資助於天子　皆用贍部金　而作於宮殿
日天子初出　見此洲歡喜　常以大光明　周遍皆照耀
於斯大地內　所有蓮花池　日光照及時　无不盡開發
於此贍部洲　田疇諸果藥　悉皆令善熟　充滿於大地
由此經威力　日月所照處　星辰不失度　風雨皆順時
遍此贍部洲　國土咸豐樂　隨有此經處　殊勝倍餘方

BD03441 號　金光明最勝王經卷九　（22–8）

於此贍部洲　田疇諸果藥　悉皆令善熟　充滿於大地
由此經威力　日月所照處　星辰不失度　風雨皆順時
遍此贍部洲　國土咸豐樂　隨有此經處　殊勝倍餘方
若此金光明　經典流布處　有能講誦者　悉得如上福
尒時大吉祥天女及諸天等聞佛所說皆大
歡喜於此經王及受持者一心擁護令无憂
惱常得安樂

金光明最勝王經授記品第廿三

尒時如來於大衆中廣說法已欲爲妙幢菩
薩及其二子銀幢銀光授阿耨多羅三藐
三菩提記時有十千天子最勝光明而爲上
首俱從三十三天來至佛所頂礼佛足却坐一
面聽佛說法尒時佛告妙幢菩薩言汝於來
世過无量无數百千万億那庾多劫已於金
光明世界當成阿耨多羅三藐三菩提號金
寶山王如來應正遍知明行足善逝世間解
无上士調御丈夫天人師佛世尊出現於世
時此如來般涅槃後所有教法亦皆滅盡時
彼長子名曰銀幢即於此界次補佛處世界
尒時轉名淨幢當得作佛名曰金幢光如來
應正遍知明行足善逝世間解无上士調御丈
夫天人師佛世尊時此如來般涅槃後所有教
法亦皆滅盡次子銀光即補佛處還於此
界當得作佛號曰金光明如來應正遍知明
行足善逝世間解无上士調御丈夫天人師

法亦皆滅盡次子銀光即補佛處還於此
界當得作佛號曰金光明如來應正遍知明
行足善逝世間解无上士調御丈夫天人師
佛世尊是時十千天子聞三大士得授記已
復聞如是最勝王經心生歡喜清淨无垢猶
如虛空尒時如來知是十千天子善根成熟
即便與授大菩提記汝等天子於當來世過
无量无數百千万億那庾多劫於最勝因陁
羅高幢世界得成阿耨多羅三藐三菩提同
一種姓又同一名號曰面目清淨優鉢羅香山
十號具足如是次第十千諸佛出現於世
尒時菩提樹神白佛言世尊是十千天子從
三十三天爲聽法故來詣佛所云何如來便
與授記當得成佛世尊我未曾聞是諸天子
具足脩習六波羅蜜多難行苦行捨於手足
頭目髓腦眷屬妻子象馬車乘奴婢僕使宮
殿園林金銀琉璃硨磲碼碯珊瑚虎魄璧玉
珂貝飲食衣服卧具醫藥如餘无量百千菩
薩以諸供具供養過去无數百千万億那庾
多佛如是菩薩各經无量无邊劫數然後方
得受菩提記世尊是諸天子以何因緣脩何
勝行種何善根從彼天來暫時聞法便得授
記唯願世尊爲我解說斷除疑網佛告地神
善女天如汝所說皆從勝妙善根因緣勤苦
脩己方得受記此諸天子於妙天宮舍五欲

勝行種何善根從彼天來暫時聞法便得授
記唯願世尊為我解說斷除疑網佛告地神
善女天如汝所說皆從勝妙善根因緣勤苦
脩已方得授記此諸天子於妙天宮捨五欲
樂故來聽是金光明經既聞法已於是經中
心生慇重如淨琉璃无諸瑕穢復得聞此三
大菩薩授記之事亦由過去久脩正行誓願
因緣是故我今皆與授記於未來世當成阿
耨多羅三藐三菩提時彼樹神聞佛說已歡
喜信受

金光明最勝王經除病品第廿四

佛告菩提樹神善女天諦聽諦聽善思念之
是十千天子本願因緣今為汝說善女天過
去无量不可思議阿僧企耶劫尒時有佛出
現於世名曰寶髻如來應正遍知明行足善
逝世間解无上士調御丈夫天人師佛世尊
善女天時彼世尊般涅槃後正法滅已於像
法中有王名曰天自在光常以正法化於人
民猶如父母是王國中有一長者名曰持水
善解醫明妙通八術眾生病苦四大不調咸
能救療善女天尒時持水長者唯有一子名
曰流水顏容端正人所樂觀受性聰敏妙閑
諸論書畫筭印无不通達時王國內有无量
百千諸眾生類皆遇疫疾眾苦所逼乃至无

BD03441號　金光明最勝王經卷九　（22–11）

能救療善女天尒時持水長者唯有一子名
曰流水顏容端正人所樂觀受性聰敏妙閑
諸論書畫筭印无不通達時王國內有无量
百千諸眾生類皆遇疫疾眾苦所逼乃至无
有歡喜之心善女天尒時長者子流水見是
无量百千眾生受諸病苦起大悲心作如是
念无量眾生為諸極苦之所逼迫我父長者
雖善醫方妙通八術能療眾病四大增損然
已衰邁老耄虛羸要假扶策方能進步不復
能往城邑聚落救諸病苦今有无量百千眾
生皆遇重病无能救者我今當至大醫父所
諮問治病醫方秘法若得解已當往城邑聚
落之所救諸眾生種種疾病令於長夜得受
安樂時長者子作是念已即詣父所稽首礼
足合掌恭敬却住一面即以伽他請其父曰
慈父當哀愍　我欲救眾生　今請諸醫方　幸願為我說
云何身衰壞　諸大有增損　復在何時中　能生諸疾病
云何噉飲食　得受於安樂　能使內身中　火熱不衰損
眾生有四病　風黃熱痰癊　及以總集病　云何而療治
何時風病起　何時熱病發　何時動痰癊　何時總集生
時彼長者聞子請已復以伽他而荅之曰
我今依古仙　所有療病法　次第為汝說　善聽救眾生
三月是春時　三月名為夏　三月名秋分　三月謂冬時
此據一年中　三三而別說　二二為一節　便成歲六時
初二是花時　三四名熱際　五六名雨際　七八謂秋時
九十是冬時　後二名氷雪　既知如是別　授藥勿令差

BD03441號　金光明最勝王經卷九　（22–12）

我今依古仙 而有療病法 次第為汝說 汝當善聽受
三月是春時 三月名為夏 三月名秋分 三月謂冬時
此據一年中 三三而別說 二二為一節 便成歲六時
初二是花時 三四名熱際 五六名雨際 七八謂秋時
九十是寒時 後二名冰雪 既知如是別 授藥勿令差
當隨此時中 調息於飲食 入腹令消散 眾病則不生
節氣若變改 四大有推移 此時无藥資 必生於病苦
醫人解四時 復知其六節 明閑身七界 食藥使无差
謂味界血肉 膏骨及髓腦 病入此中時 知其可療不
病有四種別 謂風熱痰癊 及以揔集病 應知發動時
春中痰癊動 夏內風病生 秋時黃熱增 冬節三俱起
春食澀熱辛 夏膩熱鹹醋 秋時冷甜膩 冬酸澀膩甜
於此四時中 服藥及飲食 若依如是味 眾病无由生
食後病由癊 食消時由熱 消後起由風 准時須識病
既識病源已 隨病而設藥 假令患狀殊 先須療其本
風病服油膩 患熱利為良 癊病應變吐 揔集須三藥
風熱癊俱有 是名為揔集 雖知病起時 應觀其本性
如是觀知已 順時而授藥 飲食藥无差 斯名善醫者
復應知八術 揔攝諸醫方 於此若明閑 可療眾生病
謂針刺傷破 身疾并鬼神 惡毒及孩童 延年增氣力
先觀彼形色 語言及性行 然後問其夢 知風熱癊殊
乾瘦少頭髮 其心无定住 多語夢飛行 斯人是風性
少年生白髮 多汗及多瞋 聰明夢見火 斯人是熱性
心定身平整 慮審頭津膩 夢見水白物 是癊性應知
揔集性俱有 或二或具三 隨有一偏增 應知是其性
既知本性已 准病而授藥 驗其无死相 方名可救人

BD03441號 金光明最勝王經卷九 （22–13）

乾瘦少頭髮 其心无定住 多語夢飛行 斯人是風性
少年生白髮 多汗及多瞋 聰明夢見火 斯人是熱性
心定身平整 慮審頭津膩 夢見水白物 是癊性應知
揔集性俱有 或二或具三 隨有一偏增 應知是其性
既知本性已 准病而授藥 驗其无死相 方名可救人
諸根倒取境 尊醫人起慢 親友生瞋恚 是死相應知
左眼白色變 舌黑鼻梁欹 耳輪與舊殊 下脣垂向下
訶梨勒一種 具足有六味 能除一切病 无忌藥中王
又三果三辛 諸藥中易得 沙糖蜜蘇乳 此能療眾病
自餘諸藥物 隨病可增加 先起慈愍心 莫規於財利
我已為汝說 療疾中要事 以此救眾生 當獲无邊果
善女天 尒時長者子流水親問其父八術之
要 四大增損時節不同餌藥方法 既善了知
自忖堪能救療眾病 即便遍至城邑聚落所
在之處 隨有百千万億病苦眾生 皆至其所
善言慰喻 作如是語 我是醫人 我是醫人 善知
方藥 今為汝等療治眾病 悉令除愈 善女天
尒時眾人聞長者子善言慰喻許為治病 時
有无量百千眾生遇極重病 聞是語已 身心
踊躍 得未曾有 以此因緣 所有病苦悉得蠲
除 氣力充實 平復如本 善女天 尒時復有无
量百千眾生病苦深重難療治者 即共往詣
長者子所 重請醫療 時長者子即以妙藥令
服 皆蒙除差 善女天 是長者子於此國內百千
万億眾生病苦 悉得除差
金光明最勝王經長者子流水品第廿五

BD03441號 金光明最勝王經卷九 （22–14）

量百千衆生病苦深重難療治者即共詣
長者子所重請醫療時長者子即以妙藥令
服皆蒙除差善女天是長者子於此國内百千
万億衆生病苦悉得除差

金光明最勝王經長者子流水品第廿五

尒時佛告菩提樹神善女天尒時長者子流
水於往昔時在天自在光王國内療諸衆生
所有病苦令得平復受安隱樂時諸衆生以
病除故多脩福業廣行恵施以自歡娛即共
往詣長者子所咸生尊敬作如是言善哉善
哉大長者子善能滋長福德之事增益我等
安隱壽命仁今實是大力醫王慈悲菩薩
妙閑醫藥善療衆生无量病苦如是稱歎周遍
城邑善女天時長者子妻名水肩藏有其二
子一名水滿二名水藏是時流水將其二子漸
次遊行城邑聚落過空澤中深險之處見諸
禽獸犲狼狐玃鵰鷲之屬食血肉者皆悉
奔飛一向而去時長者子作如是念此諸禽
獸何因緣故一向飛走我當隨後暫往觀之
即便隨去見有大池名曰野生其水將盡於
此池中多有衆魚流水見已生大悲心時有
樹神示現半身作如是語善哉善哉善男子
汝有實義名流水者可愍此魚應與其水有
二因緣名為流水一能流水二能與水汝今應
當隨名而作是時流水問樹神言此魚頭數

BD03441號　金光明最勝王經卷九　（22–15）

樹神示現半身作如是語善哉善哉善男子
汝有實義名流水者可愍此魚應與其水有
二因緣名為流水一能流水二能與水汝今應
當隨名而作是時流水問樹神言此魚頭數
為有幾何樹神答曰數滿十千善女天時
長者子聞是數已倍益悲心時此大池為日
所暴餘水无幾是十千魚將入死門旋身婉
轉見是長者心有所希隨逐瞻視目未曾捨
時長者子見是事已馳趣四方欲覓於水竟
不能得復望一邊見有大樹即便昇上折取枝
葉為作蔭涼復更推求是池中水從何處
來尋覓不已見一大河名曰水生時此河
邊有諸漁人為取魚故於河上流懸險之處決
棄其水不令下過於所決處卒難修補便作
是念此崖深峻設百千人時經三月亦未能
斷況我一身而堪濟辦時長者子速還本城
至大王所頭面礼足却住一面合掌恭敬作如
是言我為大王國土人民治種種病悉令安
隱漸次遊行至某空澤見有一池名曰
野生其水欲涸有十千魚為日所暴將死不
久唯願大王慈悲愍念與二十大象暫往負
水濟彼魚命如我與諸病人壽命尒時大王
即勅大臣速疾與此醫王大象時彼大臣奉
王勅已白長者子善哉大士仁今自可至象
廐中隨意選取二十大象利益衆生令得安

BD03441號　金光明最勝王經卷九　（22–16）

即勅大臣速疾與此醫王大象時彼大臣奉
王勅已白長者子善哉大士仁今自可至象
廐中隨意選取二十大象利益衆生令得安
樂是時流水及其二子將二十大象又從酒
家多借皮囊往決水處以囊盛水象負至池
寫置池中水即彌滿還復如故善女天時長
者子於池四邊周旋而視時彼衆魚亦復隨
逐循岸而行時長者子復作是念此魚何故
隨我而行必為飢火之所惱逼復欲從我求
索於食我今當與尒時長者子流水告其子
言汝取一象最大力者速至家中啓父長者
家中所有可食之物乃至父母食噉之分及
以妻子奴婢之分悉皆收取即可持來尒時
二子受父教已乘最大象速往家中至祖父
所說如上事收取家中可食之物置於象上
疾還父所至彼池邊是時流水見其子來身
心喜踊遂取餅食遍散池中魚得食已悉皆
飽足便作是念我今施食令魚得命願於來
世當施法食充濟无邊復更思惟我先曾
於空閑林處見一苾芻讀大乘經說十二緣生
甚深法要又經中說若有衆生臨命終時得
聞寶髻如來名者即生天上我今當為是十
千魚演說甚深十二緣起亦當稱說寶髻佛
名然贍部洲有二種人一者深信大乘二者
不信毀呰亦當為彼增長信心時長者子作

BD03441號　金光明最勝王經卷九　（22–17）

聞寶髻如來名者即生天上我今當為是十
千魚演說甚深十二緣起亦當稱說寶髻佛
名然贍部洲有二種人一者深信大乘二者
不信毀呰亦當為彼增長信心時長者子作
如是念我入池中可為衆魚說深妙法作是
念已即便入水唱言南謨過去寶髻如來應
正遍知明行足善逝世間解无上士[illegible]御丈
夫天人師佛世尊此佛往昔脩菩薩行時作
是誓願於十方界所有衆生臨命終時[illegible]我
名者命終之後得生三十三天尒時流水復
為池魚演說如是甚深妙法此有故彼有此
生故彼生所謂无明緣行行緣識識緣名色
名色緣六處六處緣觸觸緣受受緣愛愛緣
取取緣有有緣生生緣老死憂悲苦惱此滅
故彼滅所謂无明滅則行滅行滅則識滅識
滅則名色滅名色滅則六處滅六處滅則觸
滅觸滅則受滅受滅則愛滅愛滅則取滅取
滅則有滅有滅則生滅生滅則老死
滅則憂悲苦惱滅如是純極苦蘊悉皆除滅
說是法已復為宣說十二緣起相應陀羅尼
曰
怛姪他　毗折你毗折你
毗折你　僧塞枳你
僧塞枳你　僧塞枳你
毗尒你毗尒你　毗尒你莎訶

BD03441號　金光明最勝王經卷九　（22–18）

毗折你 僧塞枳你
僧塞枳你 僧塞枳你
毗尒你毗尒你 毗尒你莎訶
怛姪他 耶弭你耶弭你
耶弭你敎雉你 敎雉你敎雉你
颯鉢哩設你 颯鉢哩設你
颯鉢哩設你 颯鉢哩設你
颯鉢哩設你莎訶
怛姪他 薜達你薜達你
薜達你 室里瑟你
室里瑟你 室里瑟你
鄔波地你 鄔波地你
鄔波地你 莎訶
怛姪他 婆毗你婆毗你
婆毗你 闍底丁里反下同你
闍底你 闍底你
闍摩你你 闍摩
闍摩你你莎訶
尒時世尊爲諸大衆說長者子昔
諸人天衆歎未曾有時四大天王各各
異口同音作如是說
善哉釋迦尊 說妙法明呪 生福除衆惡 十二支相
我等亦說呪 擁護如是法 若有生違逆 不善隨順
頭破作七分 猶如蘭香梢 我等於佛前 共說其呪

BD03441號　金光明最勝王經卷九　（22–19）

異口同音作如是說
善哉釋迦尊 說妙法明呪 生福除衆惡 十二支相
我等亦說呪 擁護如是法 若有生違逆 不善隨順
頭破作七分 猶如蘭香梢 我等於佛前 共說其呪
怛姪他 呬里謎 揭睇他陁
旃荼里地囉 騐代囉石呬
補囉布囉 矩矩末底 崎囉末亡亡
窶噜婆母噜婆 具荼母以
杜噜杜噜毗囉 翳泥志尼
達沓娓鄔志怛哩 烏
頻剌婆代底 鉢
俱蘓摩代底 …
佛告善女天尒時長
彼池魚施水施食并說法已
長者子流水復於後時因有
醉酒而臥時十千魚同時命過生
如是念我等以何善業因緣生此天中便相
謂曰我等先於贍部洲内墮傍生中共受魚
身長者子流水施我等水及以餅食復爲我
等說甚深法十二緣起及陁羅尼復稱寶髻
如來名号以是因緣能令我等得生此天是故
我今咸應詣彼長者子所報恩供養尒時
十千天子即於天没至贍部洲大醫王所時
長者子在高樓上安隱而睡時十千天子共
以十千真珠瓔珞置其頭邊復以十千置其

BD03441號　金光明最勝王經卷九　（22–20）

如來名号以是因緣能令我等得生此天是故
我今咸應詣彼長者子所報恩供養余時
十千天子即於天沒至贍部洲大醫王所時
長者子在高樓上安隱而睡時十千天子共
以十千真珠瓔珞置其頭邊復以十千置其
足處復以十千置於右脅復以十千置左脅
邊雨曼陁羅花摩訶曼陁羅花積至于膝光
明普照種種天樂出妙音聲令贍部洲有睡
眠者皆悉覺悟長者子流水亦從睡寤是時
十千天子為供養已即於空中飛騰而去於
天自在光王國內處處皆雨天妙蓮花是諸
天子復至本處空澤池中雨眾天花便於此
沒還天宮殿隨意自在受五欲樂天自在光
王至天曉已問諸大臣昨夜何緣忽現如是
希有瑞相放大光明大臣答言大王當知有諸
天眾於長者子流水家中雨四十千真珠瓔
珞及天曼陁羅花積至于膝王告臣曰詣
長者家喚取其子大臣受勑即至其家奉宣
王命喚長者子時長者子即至王所王曰何緣
昨夜示現如是希有瑞相長者子言如我
思忖定應是彼池內眾魚如經所說命終之
後得生三十三天彼來報恩故現如是希奇
之相王曰何以得知流水答曰王可遣使并我
二子往彼池所驗其虛實彼十千魚為死
為活王聞是語即便遣使及子向彼池邊見

王命喚長者子時長者子即至王所王曰何緣
昨夜示現如是希有瑞相長者子言如我
思忖定應是彼池內眾魚如經所說命終之
後得生三十三天彼來報恩故現如是希奇
之相王曰何以得知流水答曰王可遣使并我
二子往彼池所驗其虛實彼十千魚為死
為活王聞是語即便遣使及子向彼池邊見
其池中多有曼陁羅花積成大聚諸魚並死
見已馳還為王廣說王聞是已心生歡喜歎
未曾有余時佛告菩提樹神善女天汝今當
知昔時長者子流水者即我身是持水長者
即妙幢是彼之二子長子水滿即銀幢是次子
水藏即銀光是彼天自在光王者即汝菩提
樹神是十千魚者即十千天子是因我往昔
以水濟魚與食令飽為說甚深十二緣起并
此相應陁羅……為稱彼寶髻佛名因此
……示我所歡喜聽法我皆當
菩提記說其名号

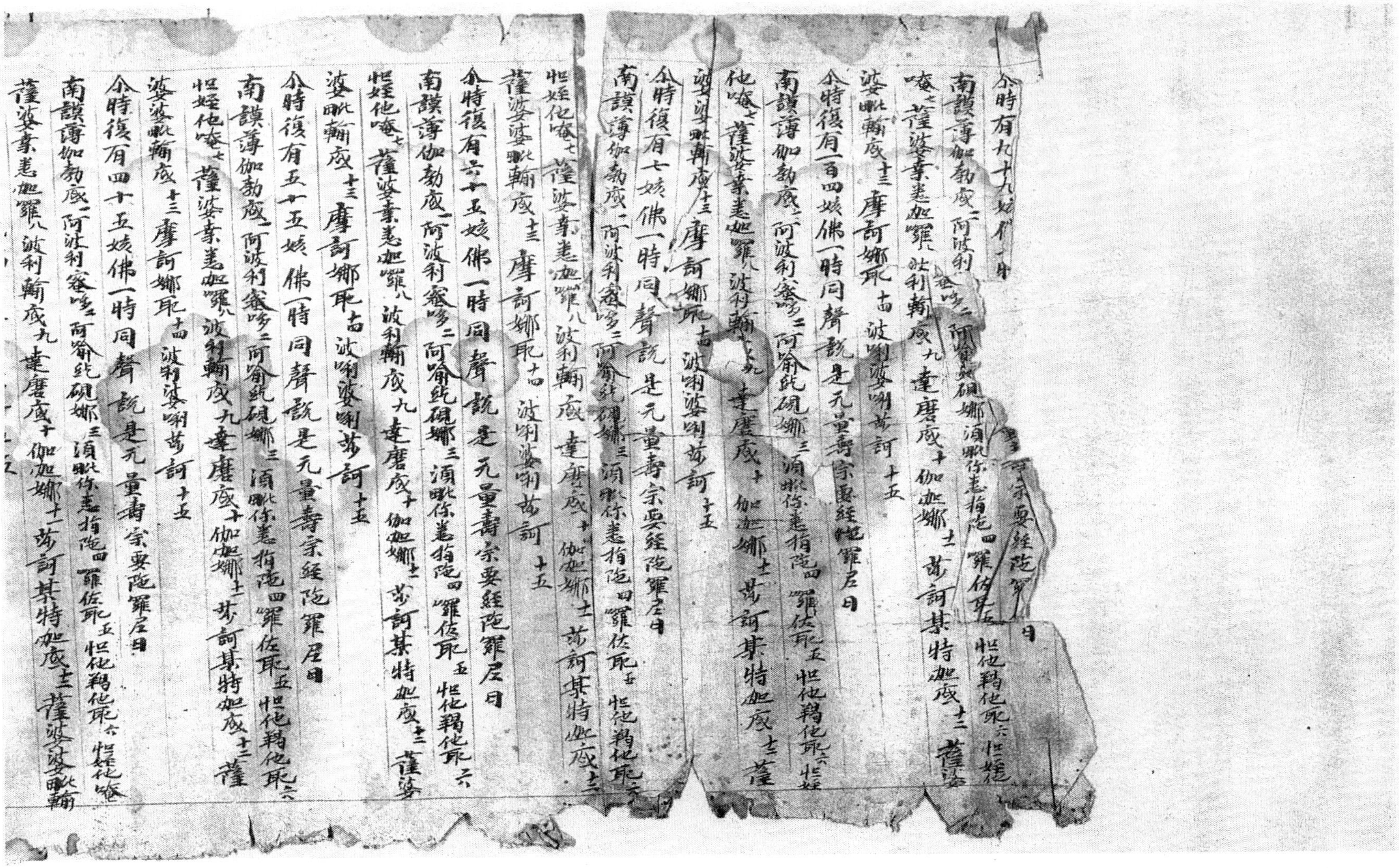

尒時有九十九姟佛一……宗要經陀羅尼曰
南謨薄伽勃底一 阿波唎蜜多二 阿喻紇硯娜三 須毗你悉指陀四 囉佐耶五 怛他羯他耶六 怛姪
他唵七 薩婆桑悉迦囉八 波唎輸底九 達磨底十 伽伽娜十一 莎訶某特伽底十二 薩婆
婆毗輸底十三 摩訶娜耶十四 波唎婆唎莎訶 十五
尒時復有一百四姟佛一時同聲說是无量壽宗要經陀羅尼曰
南謨薄伽勃底一 阿波唎蜜多二 阿喻紇硯娜三 須毗你悉指陀四 囉佐耶五 怛他羯他耶六 怛姪
他唵七 薩婆桑悉迦囉八 波唎輸底九 達磨底十 伽伽娜十一 莎訶某特伽底十二 薩
婆婆毗輸底十三 摩訶娜耶十四 波唎婆唎莎訶 十五
尒時復有七姟佛一時同聲說是无量壽宗要經陀羅尼曰
南謨薄伽勃底一 阿波唎蜜多二 阿喻紇硯娜三 須毗你悉指陀四 囉佐耶五 怛他羯他耶六
怛姪他唵七 薩婆桑悉迦囉八 波唎輸底九 達磨底十 伽伽娜十一 莎訶某特伽底十二
薩婆婆毗輸底十三 摩訶娜耶十四 波唎婆唎莎訶 十五
尒時復有六十五姟佛一時同聲說是无量壽宗要經陀羅尼曰
南謨薄伽勃底一 阿波唎蜜多二 阿喻紇硯娜三 須毗你悉指陀四 囉佐耶五 怛他羯他耶六
怛姪他唵七 薩婆桑悉迦囉八 波唎輸底九 達磨底十 伽伽娜十一 莎訶某特伽底十二 薩婆
婆毗輸底十三 摩訶娜耶十四 波唎婆唎莎訶 十五
尒時復有五十五姟佛一時同聲說是无量壽宗要經陀羅尼曰
南謨薄伽勃底一 阿波唎蜜多二 阿喻紇硯娜三 須毗你悉指陀四 囉佐耶五 怛他羯他耶六
怛姪他唵七 薩婆桑悉迦囉八 波唎輸底九 達磨底十 伽伽娜十一 莎訶某特伽底十二 薩
婆婆毗輸底十三 摩訶娜耶十四 波唎婆唎莎訶 十五
尒時復有四十五姟佛一時同聲說是无量壽宗要經陀羅尼曰
南謨薄伽勃底一 阿波唎蜜多二 阿喻紇硯娜三 須毗你悉指陀四 囉佐耶五 怛他羯他耶六 怛姪他唵
薩婆桑悉迦囉八 波唎輸底九 達磨底十 伽伽娜十一 莎訶某特伽底十二 薩婆婆毗輸

BD03442 號　無量壽宗要經　　（6–1）

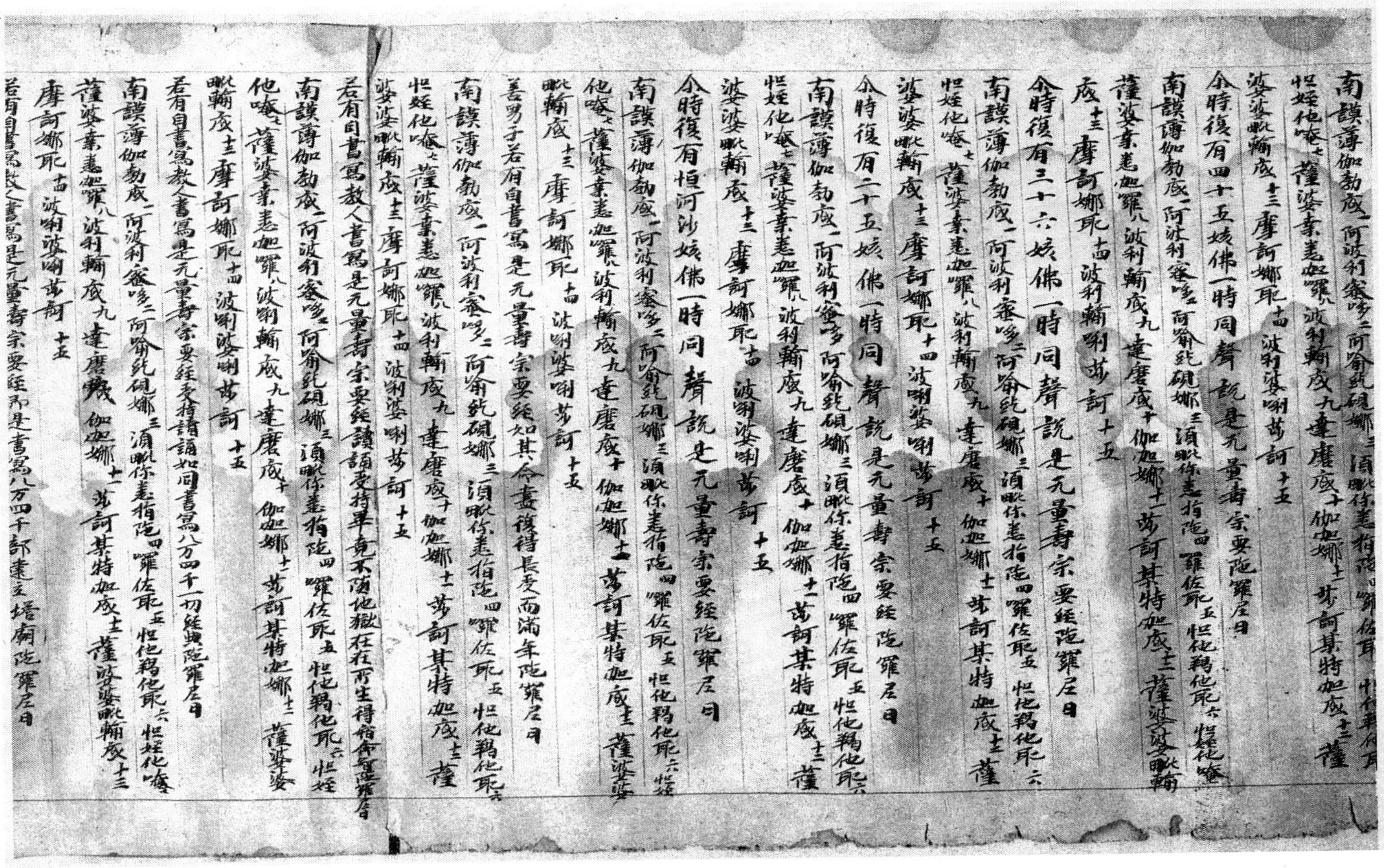

南謨薄伽勃底一 阿波唎蜜多二 阿喻紇硯娜三 須毗你悉指陀四 囉佐耶五 怛他羯他耶六
怛姪他唵七 薩婆桑悉迦囉八 波唎輸底九 達磨底十 伽伽娜十一 莎訶某特伽底十二 薩
婆婆毗輸底十三 摩訶娜耶十四 波唎婆唎莎訶 十五
尒時復有四十五姟佛一時同聲說是无量壽宗要經陀羅尼曰
南謨薄伽勃底一 阿波唎蜜多二 阿喻紇硯娜三 須毗你悉指陀四 囉佐耶五 怛他羯他耶六 怛姪他唵
薩婆桑悉迦囉八 波唎輸底九 達磨底十 伽伽娜十一 莎訶某特伽底十二 薩婆婆毗輸
底十三 摩訶娜耶十四 波唎婆唎莎訶 十五
尒時復有三十六姟佛一時同聲說是无量壽宗要經陀羅尼曰
南謨薄伽勃底一 阿波唎蜜多二 阿喻紇硯娜三 須毗你悉指陀四 囉佐耶五 怛他羯他耶六
怛姪他唵七 薩婆桑悉迦囉八 波唎輸底九 達磨底十 伽伽娜十一 莎訶某特伽底十二 薩
婆婆毗輸底十三 摩訶娜耶十四 波唎婆唎莎訶 十五
尒時復有二十五姟佛一時同聲說是无量壽宗要經陀羅尼曰
南謨薄伽勃底一 阿波唎蜜多二 阿喻紇硯娜三 須毗你悉指陀四 囉佐耶五 怛他羯他耶六
怛姪他唵七 薩婆桑悉迦囉八 波唎輸底九 達磨底十 伽伽娜十一 莎訶某特伽底十二 薩
婆婆毗輸底十三 摩訶娜耶十四 波唎婆唎莎訶 十五
尒時復有恒河沙姟佛一時同聲說是无量壽宗要經陀羅尼曰
南謨薄伽勃底一 阿波唎蜜多二 阿喻紇硯娜三 須毗你悉指陀四 囉佐耶五 怛他羯他耶六 怛姪
他唵七 薩婆桑悉迦囉八 波唎輸底九 達磨底十 伽伽娜十一 莎訶某特伽底十二 薩婆婆
毗輸底十三 摩訶娜耶十四 波唎婆唎莎訶 十五
善男子若有自書寫是无量壽宗要經如其命盡復得長壽滿年陀羅尼曰
南謨薄伽勃底一 阿波唎蜜多二 阿喻紇硯娜三 須毗你悉指陀四 囉佐耶五 怛他羯他耶六
怛姪他唵七 薩婆桑悉迦囉八 波唎輸底九 達磨底十 伽伽娜十一 莎訶某特伽底十二 薩婆
婆毗輸底十三 摩訶娜耶十四 波唎婆唎莎訶 十五
若有自書寫教人書寫是无量壽宗要經讀誦受持畢竟不墮他獄在在所生得宿命智陀羅尼曰
南謨薄伽勃底一 阿波唎蜜多二 阿喻紇硯娜三 須毗你悉指陀四 囉佐耶五 怛他羯他耶六 怛姪
他唵七 薩婆桑悉迦囉八 波唎輸底九 達磨底十 伽伽娜十一 莎訶某特伽底十二 薩婆婆
毗輸底十三 摩訶娜耶十四 波唎婆唎莎訶 十五
若有自書寫教人書寫是无量壽宗要經受持讀誦如同書寫八万四千一切經典陀羅尼曰
南謨薄伽勃底一 阿波唎蜜多二 阿喻紇硯娜三 須毗你悉指陀四 囉佐耶五 怛他羯他耶六 怛姪他唵
薩婆桑悉迦囉八 波唎輸底九 達磨底十 伽伽娜十一 莎訶某特伽底十二 薩婆婆毗輸底十三
摩訶娜耶十四 波唎婆唎莎訶 十五
若有自書寫教人書寫是无量壽宗要經即是書寫八万四千部建立塔廟陀羅尼曰

BD03442 號　無量壽宗要經　　（6–2）

毗輸底十三 摩訶娜耶十四 波唎婆唎莎訶十五

若有自書寫教人書寫是无量壽宗要經受持讀誦如同書寫八万四千一切經典陀羅尼曰

南謨薄伽勃底一 阿波唎蜜哆二 阿喻紇硯娜三 須毗你悉指陀四 囉佐耶五 怛他羯他耶六 怛姪他唵七

薩婆桑悉迦囉八 波唎輸底九 達磨底十 伽伽娜十一 莎訶某特伽底十二 薩婆婆毗輸底十三

摩訶娜耶十四 波唎婆唎莎訶十五

若有自書寫教人書寫是无量壽宗要經即是書寫八万四千部建立塔廟陀羅尼曰

南謨薄伽勃底一 阿波唎蜜哆二 阿喻紇硯娜三 須毗你悉指陀四 囉佐耶五 怛他羯他耶六 怛姪他唵七

薩婆桑悉迦囉八 波唎輸底九 達磨底十 伽伽娜十一 莎訶某特伽底十二 薩婆婆毗輸底十三

摩訶娜耶十四 波唎婆唎莎訶十五

若有自書寫教人書寫是无量壽宗要經能消五无間等一切重罪陀羅尼曰

南謨薄伽勃底一 阿波唎蜜哆二 阿喻紇硯娜三 須毗你悉指陀四 囉佐耶五 怛他羯他耶六 怛姪他唵七

薩婆桑悉迦囉八 波唎輸底九 達磨底十 伽伽娜十一 莎訶某特伽底十二 薩婆婆毗輸底十三

摩訶娜耶十四 波唎婆唎莎訶十五

若有自書寫教人書寫是无量壽宗要經受持讀誦設有重罪猶如須弥盡能除滅陀羅尼曰

南謨薄伽勃底一 阿波唎蜜哆二 阿喻紇硯娜三 須毗你悉指陀四 囉佐耶五 怛他羯他耶六 怛姪他

唵七 薩婆桑悉指陀八 波唎輸底九 達磨底十 伽伽娜十一 莎訶某特伽底十二 薩婆婆毗輸底十三

摩訶娜耶十四 波唎婆唎莎訶十五

若有自書寫教人書寫是无量壽宗要經受持讀誦若魔魔之眷屬恙叉羅剎不得其便終

无狂死陀羅尼曰 南謨薄伽勃底一 阿波唎蜜哆二 阿喻紇硯娜三 須毗你悉指陀四 囉佐耶五

怛他羯他耶六 怛姪他唵七 薩婆桑悉迦囉八 波唎輸底九 伽伽娜十 莎訶某特伽底十二 薩婆婆毗

輸底十三 摩訶娜耶十四 波唎婆唎莎訶十五

若有自書寫教人書寫是无量壽宗要經受持讀誦當命終時有九十九億佛現其人前來手

佛授手能遊於一切佛剎莫於此經生於疑惑陀羅尼曰

南謨薄伽勃底一 阿波唎蜜哆二 阿喻紇硯娜三 須毗你悉指陀四 囉佐耶五 怛他羯他耶六 怛姪他

唵七 薩婆婆毗輸底十八 波唎輸底九 達磨底十 伽伽娜十一 莎訶某特伽底十二 薩婆

婆毗輸底十三 摩訶娜耶十四 波唎婆唎莎訶十五

若有自書寫教人書寫是无量壽宗要經受持讀誦常得四天大王隨其衛護陀羅尼曰

南謨薄伽勃底一 阿波唎蜜哆二 阿喻紇硯娜三 須毗你悉指陀四 囉佐耶五 怛他羯他耶六 怛姪他唵七

薩婆桑悉迦囉八 波唎輸底九 達磨底十 伽伽娜十一 莎訶某特伽底十二 薩婆婆毗輸底十三

摩訶娜耶十四 波唎婆唎莎訶十五

若有自書寫教人書寫是无量壽宗要經受持讀誦當得往生西方極樂世界阿弥陀淨土陀羅尼曰

BD03442號　無量壽宗要經　（6–3）

南謨薄伽勃底一 阿波唎蜜哆二 阿喻紇硯娜三 須毗你悉指陀四 囉佐耶五 怛他羯他耶六 怛姪他唵七

薩婆桑悉迦囉八 波唎輸底九 達磨底十 伽伽娜十一 莎訶某特伽底十二 薩婆婆毗輸底十三

摩訶娜耶十四 波唎婆唎莎訶十五

若有自書寫教人書寫是无量壽宗要經受持讀誦當得往生西方極樂世界阿弥陀淨土陀羅尼曰

南謨薄伽勃底一 阿波唎蜜哆二 阿喻紇硯娜三 須毗你悉指陀四 囉佐耶五 怛他羯他耶六 怛姪他唵七

薩婆桑悉迦囉八 波唎輸底九 達磨底十 伽伽娜 莎訶某特伽底十二 薩婆婆毗輸底十三

摩訶娜耶十四 波唎婆唎莎訶十五

若有方所自書寫使人書寫是无量壽宗要經典之處則爲是塔皆應恭敬作礼若是畜生或爲鳥

獸得聞是經如是等類皆當不久得成一切種智陀羅尼曰

南謨薄伽勃底一 阿波唎蜜哆二 阿喻紇硯娜三 須毗你悉指陀四 囉佐耶五 怛他羯他耶六 怛姪他唵七

薩婆桑悉迦囉八 波唎輸底九 達磨底十 伽伽娜十一 莎訶某特伽底十二 薩婆婆毗輸底

十三 摩訶娜耶十四 波唎婆唎莎訶十五

若有於是无量壽經自書寫若使人書寫畢竟不受女人之身陀羅尼曰

南謨薄伽勃底一 阿波唎蜜哆二 阿喻紇硯娜三 須毗你悉指陀四 囉佐耶五 怛他羯他耶六 怛姪他唵七

薩婆桑悉迦囉八 波唎輸底九 達磨底十 伽伽娜十一 莎訶某特伽底十二 薩婆婆毗輸底十三

摩訶娜耶十四 波唎婆唎莎訶十五

若有能於是經少分能惠施者等於三千大千世界滿中七寶布施陀羅尼曰

南謨薄伽勃底一 阿波唎蜜哆二 阿喻紇硯娜三 須毗你悉指陀四 囉佐耶五 怛他羯他耶六 怛

姪他唵七 薩婆桑悉迦囉八 波唎輸底九 達磨底十 伽伽娜十一 莎訶某特伽底十二 薩婆婆毗

輸底十三 摩訶娜耶十四 波唎婆唎莎訶十五

若有供養是經者則是供養一切諸經等无有別異陀羅尼曰

南謨薄伽勃底一 阿波唎蜜哆二 阿喻紇硯娜三 須毗你悉指陀四 囉佐耶五 怛他羯他耶六

怛姪他唵七 薩婆桑悉迦囉八 波唎輸底九 達磨底十 伽伽娜十一 莎訶某特伽底十二 薩婆

婆毗輸底十三 摩訶娜耶十四 波唎婆唎莎訶十五

如是毗婆尸佛 尸弃佛 毗舍浮佛 俱留孫佛 俱那含牟尼佛 加葉佛 釋迦牟尼佛

若有人以七寶供養如是七佛其福有限書寫受持是无量壽經所有功德不可限量陀羅尼曰

南謨薄伽勃底一 阿波唎蜜哆二 阿喻紇硯娜三 須毗你悉指陀四 囉佐耶五 怛他羯他耶六

怛姪他唵七 薩婆桑悉迦囉八 波唎輸底九 達磨底十 伽伽娜十一 莎訶某特伽底十二 薩婆

毗輸底十三 摩訶娜耶十四 波唎婆唎莎訶十五

BD03442號　無量壽宗要經　（6–4）

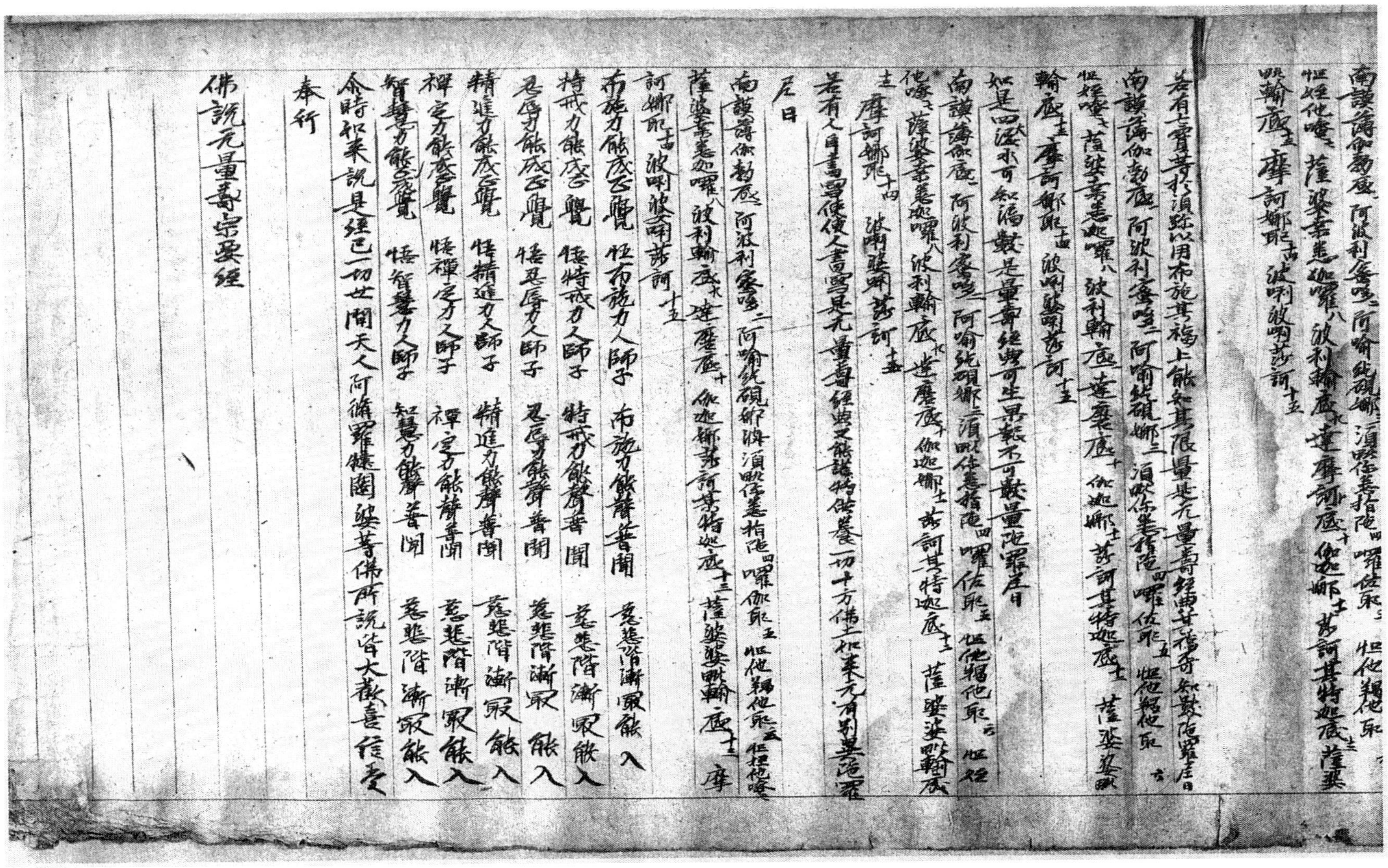

BD03442號　無量壽宗要經　（6–5）

若有人自書寫使人書寫是无量壽經典又能讀持供養一切十方佛土如來无有別異陀羅
尼曰
南謨薄伽勃底一 阿波利蜜哆二 阿喻紇硯娜須毗你悉指陀四 囉伽耶五 怛他羯他耶六 怛姪他唵
薩婆桒塞悉迦囉八 波利輸底九 達摩底十 伽迦娜莎訶其特迦底十三 薩婆婆毗輸底十三 摩
訶娜耶十四 波唎波唎莎訶十五
布施力能成正覺 悟布施力人師子 布施力能聲普聞 慈悲階漸眾能入
持戒力能成正覺 悟持戒力人師子 持戒力能聲普聞 慈悲階漸眾能入
忍辱力能成正覺 悟忍辱力人師子 忍辱力能聲普聞 慈悲階漸眾能入
精進力能成正覺 悟精進力人師子 精進力能聲普聞 慈悲階漸眾能入
禪定力能成正覺 悟禪定力人師子 禪定力能聲普聞 慈悲階漸眾能入
智慧力能成正覺 悟智慧力人師子 智慧力能聲普聞 慈悲階漸眾能入
爾時如來說是經已一切世間天人阿脩羅揵闥婆等佛所說皆大歡喜信受
奉行
佛說无量壽宗要經

BD03442號　無量壽宗要經　（6–6）

…破壞　吾大地十地
…果義此為
者亟行淨乃…　乘神通
者教智者說諸法故經云智光明也解脫者於一切法行用无㝵
經云入无㝵法果道也佛土淨者於三五道得自在如三自在
行也入大乘者於一切行善示現也神通者身業不異也能
釋義者口業稱三世根性說也坐道場者意行清淨降天魔
伏外道也達一切法一相无相名為正覺也於无邊世界不斷
者明一切法中无功用念念常行也以是故者結也　經曰菩薩
見佛更本世界法明是此地行相也　論曰法明依四相者法明是
三自在家因此三自在何由得成從初地乘於諸广所受法明為
因得此三自在果也故云彼因相真金者向來作莊嚴具
竟此中依人喻人福勝故全合轉妙此經文中以化衆生顯
證轉淨也　自下釋明中明猶道菩薩
善慧地第九
從前地猶道得郭地已能淨國起智神通此地復能以无
㝵力說法教化衆生智能无㝵惠中之善行者尒時唯見諸
佛為梵王說法更无餘人當知是時得九地相故論云无㝵力
說法成就利他行故名善惠也師方便者此是善解世法智
隨物根性應時而說彼此俱益是自利利他也智成就
者智法藥智若不善識隨根之教則化行不立故次明
建藥智入行者明知藥此明知病若不善識相行不同无以施
化次明十種稠林名入行也雖識病知藥若不善同方音妙辯應
機知之无由故次明說成就具此四惠成法師行也淨土衆生者

隨物根性應時而說彼此俱益是自利〻他也智成就
者智法藥智若不善識隨根之教則化行不立故次明
建藥智入行者明知藥此明知病若不善識相行不同无以施
化次明十種稠林名入行也雖識病知藥若不善同方音妙辯應
聲知之无益故次明說成就具此四德成法師能也淨土眾生者
為顯九地勝義　問曰淨土之化理通十地何故但云八地　荅曰實
通十地欲顯菩薩智為優劣得法門不同故八故但明淨土化
眾生九地亦得淨土加以辯才教化眾生具二種法故勝前八
地一切相者能說一切法種〻教化也　問曰如七地已前皆光明對
治後明其果八地但明方便不顯有果九地不明對治亦不顯
果何尒也　荅曰以八地攝用初地至七地与八地至十地為因既
以對治為因則八地至十地是果故不別明也　論曰法師方便
依自利〻他者初為十句不出自他利初一句明他利次一句明
自利故云一亡復五句明自利故云五三也依无色者此
外化句明眾生不識真家解脫不達深旨以色身為旨以
无色為解脫菩薩亦真家解脫化令捨為從真能云更求化
眾生未究竟者如來一切種智窮達万法名究竟智自身未證故
轉求為利益也根熟者是聞慧等人既為誠信為說初地无相
法令證也耶念者不違真為調耶為正聞正能信名可化為說正法
无漏令修行也未知法者未識佛法眾生以三昧法化令聞生解
發恩猶等智耶歸依者為現神通令生正信也信生天者現淨國
土令生欣求也如經奉經欣業怙也十力无畏是佛果功德猶此功
德名依正覺　問曰轉法論正是外化何故自在行中明者　荅曰為顯
內備此德方能外用故也依法輪求如來相好是莊嚴道場事
如來涅槃大悲化物故云依也大涅槃乘現者　問曰何故更明
此者　荅曰涅槃之名通大小乘今為簡異大乘能尒小乘不
能故也　論曰依染淨不二者善名淨不善名染无記為不
二大乘身義以解遠故名不善解順故名善虛空等為无記凡
夫二乘中不得以虛空為无記彼處皆以心相遠順以明善惡故
說心中非違非順及皆樂二果以明无記淨法是行法故下
廣說淨法中分別未入淨心地未見諦聲聞名有漏見道已

BD03443號　大乘五門十地實相論卷六　（27–2）

能故也　論曰依染淨不二者善名淨不善名染无記不
二大乘弁義以解遠故名不善解慎故名善虛空等為无記凡
夫二乘中不得以虛空為无記依處皆以心相遠慎以明善惡故
眾融心中非遠非慎及生樂二果以明无記淨法是行法故下
廣融淨法中分別未入淨心地未見帝聲聞名有漏見道已
上名无漏復无漏中世俗善法為世間真如觀智為出世若
融无為緣集中方便方用為世間真諦之旨為出世間復
依法者世間出世間為思義者一切對治道不思義者真
證行難測也依思義中為定者得正決定不定者未入定
乘也依復三乘中為定不定差別也三乘中一切世帝為
為為真帝為无為也名依為已无為耶觀名慎行也云何入行者初
一揩揔列十種網林名言網林者大本大菩提難正以善提為
難猶是眾生以善提為煩惚也　論曰是中入行者論主束
為三分明義一依共二依染淨三依定不定時依共者是揔
有三種共一是染心共二是淨心共染是第七心淨是佛性心網
林万差依心為主離心則无六道果報名依共也依煩惚業
生者為便及習氣此五名依染何故但云煩惚業生者此
三杈六道回果俱盡故也次共者是佛性淨心是信性染心但
網林依淨心名共復次染者是使行次煩惚者是習氣行此二
通在二處也下云染者結前煩惚等五也淨者結根等也四依
定不定時者是三聚行更无別解正融染淨九種法上為
定不定義慎染心非正行是耶定慎真如起四行是正
定雖此二名不定彼復定不定者喔當定不定法相
次第者以循循習時為定不定或從根起不相似令且
明次第与相等相似信寸也衆炙義者釋網林義諸木
非一為衆交能藏毒獸名難知煩惚無余万或文心喻網
林能陰真如佛性令人不見喻難知也不正信者理外
不也正行也云何心行網林差別者自下別明十一種也　論曰
是中心差別者此句捻大乘中交以第八真識為心此是本心隨
緣相乘業繫波浪故為六識七識之殊故經言心為抹集主意
為廣抹集現識分別五彼心為八種一差別者六識不同也
行相者心之句解集起生滅也第一義相者心相空觀彼心

不也正行也云何心行稠林差別者自下別明十一種也　論曰
是中心差別者此句揔大乘中文從第八真識為心此是本心隨
緣相喚業轉波浪故為六識七識之殊故經言心為抹集主意
為廣抹集現識分別五依心為八種一差別者六識不同也
行相者心之自體集起生滅也第一義相者心相空觀彼心
離名為空身名體心體不可得也　自相者心從知為自相故
論云傾行无量境界取故也自性不染者自性清淨心體
性无染善是真識也心為染汙名同而性光潔名不同煩
惱者隨煩惱也使者性殃隨逐此二句不染而染難可了知
因相者從此真識為因則為生死分段之報如其得軌相之
解便能廣周法界无导之用故言菩薩從能力生餘衆生
自業生也正從業五是性淨心故第六第七說染淨縛解煩惱
染亦現者不染而染也第八句生染者亦報相也云何煩惱行
者　論曰種三亦現乃至為煩者雖仏善斷為煩種故至為
煩名遠也二難知者若与差別則易可知正從乃至金剛无
量善根中雜染不能遠離也三染者業煩惱及生三體
性是染也下一一分別初為三句說煩惱次為明二句明生染
後二句說業染是中已下論主從義名之奉經佔也是中隨
所縛者奉釋隨所縛者是心心從煩惱故集煩惱依心故
生故云遠共同事同一集起故云相依也以何縛謂使者使
能隨逐故縛者是使云何是縛義從為使故不得解脫也
煩惱使一義者奉經會使縛母是煩惱縛也所縛事謂
心者何明七識心今明自性清淨心相應不相應者奉經不染
而染名相應而性清淨名不相應從性淨故可得終顯染非
自性可得除盡故云可得解脫也身事生者釋生染諸道身
事生母是果道界因者六道三界從煩惱為因生煩惱染者
從煩惱集故生染如水因土故就煩惱說生也於三乂已下釋業
染三乂者三種衆生隨煩世間起三業故敦不得解脫不斷
起因者煩惱与業作非因者不斷煩惱則起業因染亦現
者顯煩惱中亦業染也分中者奉初句釋受行欲者釋
愛母欲求也无求者釋无明无明非善為无求母是為求

染三久者三種衆生隨順世間起三業故業不得解脫不斷
起曰者煩惱与業作非因若不斷煩惱則起業因染示現
者顯煩惱中亦業染也久中者本初句釋受行欲者釋
愛即欲求也无求者釋无明无明非善為无求即是為求
也外道起見釋見前即梵行求也云何業行　論曰道因
差別者六道皆以業故生此句標明業謂善不善无記
問曰善惡是因可尓无記如何名因　答曰无記正可不
能獨感於果名為无記然无記不孤必依善惡因起若善
中即善感報若在不善中即不善感報故言皆是道因
也　既中為赤播初一播直与作名字以經帖第二是中已下
〻別釋自性者業以造作為能也方便者起業方便也
盡集果者雖辭謝為因不無必能得起報也已受未受果
明業得報時熟則受不熟不受也對差別者善惡相對也因
緣者業相微細故明因緣也已集未集者聖人已集善
業不造惡業凡夫已集惡業未集善業也三種報
三種乘皆為定不定受報名定未受名不定猶對治入三乘
果名定不入名不定也是中已下第三等量時是方便也
作時者起業時也心共生者以心故起業不別生果者宜心
是報不能別生於果要從心別起方便因方便能感果常
起依心故云不別生果也无始時業雖念〻滅壞而因不亡
故云集為為故盡集故是有決定得果不失也三報受不
受遇緣時熟則受不遇緣時不熟則不受也黑白者善
惡相對不黑不白无漏業定不定者既三報明時受為定
不定為不定入三乘无漏名定不入三乘无漏名不定非
乘者不入无漏名世間入性地名定不入性地名不定也
云何根行初十句是根行從菩薩如實知已下并彝
性心三行差別　問曰故既根中明此三行者　答曰信名
為欲乃根之差別心是性之差別根之与據成聚語欲之
与心據方便為言也　論曰根行者相以能生為義而有
二攝器者隨能受法名器聲聞緣覺中菩薩上也
根攝者或進或退或住也性者解性〻乘中各為上中

云何根行初十句是根行從菩薩如實知已下并弁
性心三行差別　問曰故就根中明此三行者　荅曰信名
为欲乃根之差別心是性之差別根之与㨿成泰語欲之
与心㨿方便为言也　論曰根行者相以能生為義前有
二幡器者随能受法名器聲聞濡緣覺中菩薩上也
根轉者或進或退或住也性者躰性三乘中各为上中
下煩惱染者煩惱根也定不定者於乘非乘中为成不
成也不退名淳熟是乘名定不熟名不定煩行者
根与諸識相應随煩生死流行也聲聞淨者根与法
性相應为聲聞淨也菩薩淨法也亦一切根攝者攝
攝一切根也是中已下第二前後根者以前根淡後相
前下以今上故前下此是進也增者前根增今下此是退
平者前下今下前上今上此住也性者三乘憂苦也意樂等
者五受相隨習使如從喜生貪等定不定可知小乘不定
根故可轉向大乘已下正定今得解脫也郭定者捨明世間定
故攀根未熟者宜捨也身依頂行者根依於身了謂六丁
身相縛者識共六丁展轉相縛根依於識不離身也
生滅煩行者相躰生滅也觀行取相者法智心躰是分別故
玄取相也聲聞淨者煩惱鄣淨法也菩薩淨者一地行滿
進入餘地故名轉求進名不轉也一切根者摠一切根雖始
行及正道方便及郭熟時也信等差別同根故略奉
而已如是性入應知者性等正是道器入於道應知也云何
使行者此使是第七識中根本无明上心稠林但明心過煩
惱熟染行心为語使以駈为義由此无明駈使衆生随煩
六道名为使經中或明三使七使九使荷毗量中明十使
名明明五十八使毗婆沙中明九十八使此十地中明八万四千使
論曰使者随逐縛義此義既以随逐为使此使何𧕫随
以何随逐開此二門下諸句顯此差別郭者謂受世間辞非
但世間心随出世心名不免也与聖人心俱者名深共生与
凡心俱者名共生也皆現在相應方便名不離現事欲
色色等三界色欲二界四心同緣名相應上界不同緣名

BD03443號　大乘五門十地實相論卷六

論曰使者隨逐縛著此著眠从隨逐為使此使何處隨
从何隨逐開此二門下諸句顯此差別義者謂受世間義非
但世間心隨出世心亦不免也与聖人心俱者名深共生与
凡心俱者名共生也皆現在相應方便名不離現事欲
色色等三界色欲二界四心同緣名相應上界不同緣名
不相應至有頂者若但在下界不窮邊際則易可免今
明隨逐乃至非非想是故難知也无邊世界悉知怖畏者
前際无始也從本已來无道能滅故常隨逐也世間
禪等不能滅者何以无道故本來不怖无始隨逐禪
定名道凡夫有定而不能滅故說是世間欲觀禪定
道亦隨煩行故不滅正猶相違故能滅也以何隨逐者
舉第二此使有何等義能隨逐六句經文成一有不斷
者与根本識同時有正以有心即有能斷故恒隨逐
相似作者以有使為本起六識次第生四心貪瞋相
續不斷也若此使有之阿今則斷之不離正以有未
无始莫知其源名逐時隨逐一身生者此句明七種
識中隨逐一　六識中二根本識中諸入門者是六根為
界六識　六種生者六根起集六識也同生隨逐者明
識出根此使一時俱起也阿梨耶藏者以境界風鼓
藏識海是以第七識无始妄想流注与心俱有名隨逐
此是无始无明也不實者真為相對經明能治智論舉
所治能證真如智所治是理外妄心為明此使唯能使
妄心不能使實心也微細者　問曰无明既是不實理是
易斷得初地真觀時即斷何故乃至九地者
答曰初地斷七識根本盡如屋中除火炭盡唯有烟氣
乃至十地終心但今據九地明義唯言九地六入處者經言
隨不隨三界心名隨初地至九地斷故不名隨煩也雖皆着
初地已上訖十地皆離三界皆然不免此使餘勢隨逐十
地終心方得免離餘皆不免名離皆隨逐故經云唯如
來菩提智之所能斷也云何生行者識果報明義
論曰有八種一身種種者六道果報非一一道中復有无量
身種別不同也業者是因報異由於業殊也住處者

初地已上訖十地皆離三界苦然不免此行劫習隨逐十
地終心方得免離餘皆不免名雖苦隨逐故經云雖如
來善提智之所能斷也云何生行者謂果報明義
論曰有八種一身種〻者六道果報非〻一道中復有无量
身種別不同也業者是因報異由於業殊也住處者
三界中六道業受報處異也色相上下者有色為
无色為為想為下謂三禪已下无想為上謂四禪及非想也
外色因者總奉五因為生因緣也自相者自體相六道果
報隨業不差名種〻也本煩生因者六道生以為癡愛
為主為是行處是无明支愛是愛支此三是生死根本也
言煩者生煩於本因也苦集帝者三求衆生差別也是欲
愛者禪欲求衆生樂貪共取處〻求者求欲也欲生者釋
有求樂有故求也自身者現在身他身者未來六天及色
界妙色身名他身於此三界上下身中造業往取名集帝
小大无量等者是三界釋梵行求衆生等四禪已除處
想不覺細相謂无相出為輪也展轉苦帝者三界皆是苦也
云何習氣行者既業差異各有習氣不同然自有餘習名習
自有增習〻若從下至上以為增坊之習若從上至下是餘習
之習此中久是餘習也　論曰習氣行一与果者習氣
与果亦現不現宜得報便度名不現得起習名為現在也道斷
者六道習異如牛呞ヒ丘等也親近者善近惠則惡也刀業
者如五明論等情偏著名習氣處於正道名煩惱也中陰者如
生時梵行淨乃至中陰不欲不受昭也　問曰陰何道所攝也
答曰毗婆沙論云陰乃是後生方便无別道也与果次第者中陰
既不同次第至正報生異也雖世間因者欲斷生死蘊實慧故定
是出離因世間雖得禪定不能發慧斷煩惱為所幸也同法異外
道者二乘證无漏出世不同外道名同法於大乘小是習氣故
經云實不實也乘名由遷慧好樂不
同也云何三乘行者上之十種不出耶正及不定故次
明三乘也　問曰就何法上弁此三乘也　答曰據十種
稠林不出染淨二心隨染心起煩惱業生使習氣等五稠
林者是耶定相隨淨心起根信性染心等是正定不同此

同也。云何三乘行者上之十種不出耶正及不定故。次
明三乘也。　問曰：就何法上弁此三乘也？　答曰：推十種
稠林不出染淨二心。隨染心起煩惱業生使習氣等五稠
林者，是耶定相；隨淨心起根信性染心等是正定，不同此
二名不定。故知還就向十種稠林以明三乘也。　論曰：一
有涅槃法，无涅槃者，若計生死是定不可斷，无涅槃因，
名无涅槃法；若計必定得涅槃，名有涅槃法。乘得涅槃以
為一向定，闡提等一向不得，并名定，餘名不定也。善惠行
因從見起行，故見為善惠行；因從行得果，故善惠業
為善惠道。人以所行故果，是以八耶為外道，因正位為聲
聞因也。菩薩差別者，菩薩有二種習種性，前是名字菩
薩，若捨始悟越外凡地入習種性地，名轉，是正定；若不進入
習種，名不轉，是耶定也。捨可化衆生者，菩薩攝化衆生不
過財法无畏三種施。始不施法，慳不施財，瞋不与无畏，令他生
恐怖，名生他苦。有此三過，正与菩薩檀波羅蜜相違，名惠
行不轉也。三種成就地中善住，名為安住也。云何說成就
者？正明菩薩四辯應。　菩行化物上雖明三種成就，若不
善同方音，應機巧說，不名善善。故以妙辯隨方施化，聞
者皆使也，能与衆生作出離因緣，名解脫也。　論曰：所
与因緣者，說以進行此句攝也。三種相亦現者，就說中分為三
分：明藥智者知法根，明藥相應說對治法也。　問曰：前只明
智，此只明智有何等異？　答曰：向云智者，宜明知法藥，知今
應器之法向入行宜，明知根今明應法之根也。口業者難
知根法相應，若无一导，并十則智有限滯，未若開導衆
之在說也。雖有无导，并力至於說時，若不具法師德行，則
不能无量不能接深，故明法師意行也。釋中隨所知者是
勝上初法師方便，第二智法藥，第三十一種稠林等是所
知法。隨所依者，欲說法對病，隨心隨使，隨根隨信，是所依
器也。器得熟者，根未熟，故未勘聞出世法，隨心隨使化
令成器也。解脫熟者，既出世器，熟正得真證相應名解脫。
差別者，以器不同故授三乘行法，令得三解脫也。　何者隨
所依是問，說法對器者是；若以卅弁十依上知心知使二重因

知法隨所依者欲說法對病隨心隨使隨根隨信是所依
器也器得熟者根未熟故未勘聞出世法隨心隨使化
令成器也解脫解者既出世器熟正得真證相應名解脫
差別者以器不同故授三乘行法令得三解脫也　何者隨
所依是問說法對器者是若以卌弁才依上知心知使二種稠
林中根未熟者說對治法化令根熟成法器故言隨應度
者授治法也二句說者隨心隨使二句經文說也所說法器欲
者知彼所化衆生出世根成三乘器熟說三乘法度令得解脫
心義二句說者隨根隨信二句經文說也前二句對上解脫器得
熟故後二句對上解脫解正度故若經就文前言化衆生法此
云隨心隨使前言度衆生法此云隨根隨信隨譬喻解器者明
法脫不悟須弁譬喻隨其近情說意況理如言況衣之子教作不
淨觀等也隨種種異者總明衆生根有万差受法器別菩薩善
知為說法喻斷疑也成就器者隨性不同而為說令成法器也隨
辞器者衆生所好言語非一隨情欲應之也彼生行稠林煩惱者
煩惱稠林業者業行稠林藝者習乘行稠林明衆生万殊處
不同言音隔塞具辞弁力故善同方音隨類而說也以能信三
乘是出世因名乘因稱信為說令得解脫即以信為出世器也
云何口業者此文是標何得知下結言是說成就沖熟成就已
說故知下卌弁才正是中口業也　論曰法陳章出訓以為說
立教傳通李來不隱名持二句亦現者具二種持一者聞持二
者義持任大法師衆妙義者是義持弁護法藏者是聞持
九地菩薩既識座根藥具廿種義軌是具法師之德也廿中
前十五依利他說後五依自德說也時无八難時與非時顯應
時八難可知也正意者雖復知時須教受故云住非不正住也何以故
者釋明法出離者故持教方說故令他重也　問曰此正辟義
住了是時說中而釋正意也　答曰此是播時人情不同故
也現者一頓為衆生二頓說一切法離慳明无情過相續者常
說法也漸者如字次第聞慧是也次者句次第思惠是也
義者是義次第脩惠是也句義漸次者正證初地也說義饒
益為因說非義不同亦教利法欄其首以為示指　又顯對治以
之為教法能潤已以之為利得利沾心益已生喜也勸者勸身

BD03443 號　大乘五門十地實相論卷六

(27–10)

也現者一頓為衆生二頓說一切法辭性明无情遍相續者常
說法也漸者如字次第聞慧是也次者句次第思惠是也
義者是義次第脩惠是也句義漸次者正證初地也說義饒
益為同說非義不同亦教利法樹其首以為示指 又顯對治以
之為教法能潤已以之為利得利沾心益已生喜也勸者勸身
外發具德者說三量智於教證中具足說也不毀者說合理起也
不動不雜者說法時靜心正念不起衆生煩惱也後五自心清淨
可詳也說成就中智者結異上智也云何口業成就者雖具勝智若
无辯才口業善說則化道不暢故次明具卅弁才也 論曰四无
㝵者謂其所說法與義論其能說辭與樂說此四无㝵正為弁
一法門義要以法為宗若以行法為法者以軌用為法此四无㝵論
法者法名自躰自躰中所以能顯法者以之為義直軌法義
以之為辭能善方音隨根隨情動種種非一契物之心以為樂說
不壞者如如義而知如文如義而說善同方音名不壞也法躰者
法名自躰隨以何法二諦等皆自躰為法也境界躰者是
法之境界義之躰非是心所緣境名非自境界直指義是其
境界是義无㝵也得法得義授與衆生名之為辭故言正得
與衆生也正乘无量門者隨彼正求與種種法門是樂說无
㝵也遠離二邊者釋法无㝵不常不斷中道緣起也色者
且指一法得是色相各異此不雜色法故顯當法相為躰所
攝中者是義无㝵智所知義還指前法无㝵智所知法上所以
名義也如實智境界者以色相為法躰則隨此法境界以為義
〻是智境界菩薩如彼中住者顯即相无相義處妄分者義色
性不得就色既介一切法亦然故云如是等也於彼如實智者
釋辭无㝵智隨他所喜者善識衆生方音不同正知而與者
既識不同隨其不同以所得法義隨一切衆生言音而說也无
量種〻義釋說无㝵明菩薩慈心內發大悲外被隨衆生樂
欲何法隨彼所樂不同說種種法門故言隨他所喜也下弁十種
者法相分別故有種之自相者還論法躰也問曰捨自相義十
種皆攝名為自相何故初〻但得名也 答曰今且據一脩教
門故初弁諸法躰相謂各〻相也同相者是其理既達於法次
知法之真實也理不自顯必籍於詮故辯諸法行相謂非有非

者法相分別故有種之自相者還論法解也問曰捨自相義十
種皆應名為自相何故初但得名也　答曰今且據一脯教
門故初弁諸法解相謂各〻相也同相者是其理既處於法次
知法之真實也理不自顯必藉於詮故辯諸法行相謂非有非
无不斷不常因緣集起既處法理詮旦須顯說故次弁於
說說者聖人隨說分別顯示也說生於解故次弁智相智
者知法麁細自相為麁同相為細也智為所除次弁无我
慱相謂詮相應法也除惡興行故為三乘也於證中同入
為菩薩如來等究竟地如來果中不思議用以為住持
相也後五是淨者前五謂對治以彰行後五是无為緣集
用以為真淨相　論曰生法自相者以因緣法遠離二邊
為生法自相差別者因緣差別如色差別謂可見不見
以之為義想堅固者此差別相生於心來是淨相以之為想
想起覺觀鯀動於說以為辭法相顯現不壞故言想堅
因自相也辭之差別无量種種非一以為故想差別也是中
不壞諸者奉辭重釋隨所覺隨衆生說說如所覺故曰
不壞也次第不斷者奉樂說无导釋也云何同相論曰一切
法者自相一切法皆无解性无我同為為同相者諸諸法生
法故空是以无常門入无我義中若隨實知以空故諸法生滅
故空无常門入无我義中為去相同顯无我以之為義假名
同相者假以名說同相故名〻同相假名是分別興於言說
以之為辭假名同相者樂說依辭假名復在此假名以興
分別種〻說以為樂說是中无常門者生滅同相入无我義
者以生滅故空无常是第二句空是初句何法上明此无常
正初自相无导所明色自相法上有此无常故云第二相初
緇境界成是中知假名者法是假名不斷假名者以辭說
也不壞无邊法者不壞前辭假名而能果假名種種說也
云何行相論曰生行相者現在集起故攝為生前弁生法者弁因緣法
生中弁有為行相差別以為生相也已未生者過去未來法以
過去故知現在非常以未來故知現在非斷故名為義初假名
者三世物據法以顯行相界此生住滅法以明行相分別此行

云何行相論曰生行相者現在集起故稱為生前念生法者念因緣法
生中念有為行相差別以為生相也已未生者過去未來法以
過去故知現在非常以未來故知現在非斷故名為義初假名
者三世物據法以顯行相界此生住滅法以明行相分別此行
以為徵名界辞无导也說事者名是物但物差別故為第三
世中无量分別以為樂說也一一世現在世者過去曾有曾現未
來當有當現當相各在故云彼彼攝受此釋法无导也見過未
知現在世者見過去曾有離故无知現亦當无見未來當緣集
可現知現二從緣起也起故不斷无故不常不斷不常是法之實
相故菩薩義无导知境界成就說事者以辞說三世事也无量
樂說也是中巳下重釋可知也云何辯相　論曰現見辯者現辯
者隨煩惱論以辞說也相似說者依辞廣作譬喻以顯時情以為
法明者樂說不同故異之也云何說相論曰脩多羅者宣明経本
以之為法解釋者分別此脩多羅能為表詮以之為義隨煩說相
知現法以法无导智知現智所以知法也此智者依現智以智知現
之類以義无导智知此智所以法也欲得方便者是智信言量
智雖非現境要是可智之流於智所知辞中无导也得智者得
第一義故於名清淨樂說无导界是教量智也是中法智知怖
者智三世差別知現法不同名法智差別不壞者如法相不異此
智如此如實分別者依現而此故餘亦如是此知也隨家生所聞
不同為說令得證會故就衆說智第一義非顛倒異者与第一義
相應也云何无叙惧謂正證如實離諸取相也　論曰第一義諦
者法无叙空證也世帝者隨相方便人无叙智此中巳弁實證之
位正以理之外用以之為人界此用家以為无我无我真照以之
為智但就相故對陰界入帝因緣以為人无我也說義妙者善於
辞說无上者无量種種樂說也是中一相不壞着真法无我
也我无我者取方便相我證无我取相如是等名之為我寂此
我故以為无我攝陰等方便者以觀陰等知无為我境界成
者无我義成也取積者謂陰知但假名无有我故對治此著我
也異因者就謂別為我能知於塵故觀十八界知識性了別
識能知塵更无異因也欲著者十二入內外相煩故名為欲觀
十二入自性无相如空聚故離著我也作著者帝與因緣因

也異因者能謂別為我能知於塵故觀十八界知識性了別
識能知塵更无異因也欲著者十二入內外相傾故名為欲觀
十二入自性无相如空聚故離著我也作著者帝與因緣因
觀以因得果无別作者此對治入无我法義无異成故云方便也
云何大乘小乘相　論曰觀相觀可為虛宵本无二三豈為
一實可存也性相者三乘性正能菩薩位中階降差別以為大
乘小乘也七地已還為小亦八地九地為大亦也解脫者能以辞
稱性為說得於解脫也念相者樂說隨念乃至世間種種欲念
盡皆為說也是中智諸法无着者以理一故攝三亦以為一亦故
云一觀也依同解脫者明稱可所習為說三乘同得一解脫果
既信更无疑不懼不得於果也无量說者種種異說也隨可度
者依行隨慎解脫也云何菩薩地相者第十以為菩薩地也
論曰智相者證道智是地能說相者教道智地相也与方便
者以辞不壞說隨地道得地不遠也入无量門者樂說也法行
智行智行者得法之智行謂心者證地心差別說者口業說證之相
也不顛倒者稱法為說也云如來地相　論曰法身者實相法色
身者報身能現色也以辞說仏相差別故云正覺相也无量種種
說者樂說相也時者隨何劫成以時也事者隨何等云仏身是仏
事也相者可以表彰故云相也依十種仏者如華嚴經中十仏覺
差別也云何住持者一切思義所住仏事盡為住持相也
論曰覺相者住持以智為能也差別者正覺業差別也說相者以
如來音聲辞說也彼无量者以如來智行圓滿无量說也是中
仏語者能說法故力等可解此一切事一切智智通達皆智
所為也隨心者隨心信根欲性諸仏智行說不壞者具足利益
方便也菩薩以仏智行圓滿故无盡樂說也云何法師自
在成就上來所明四種成師之意此明法師行化之義若不能
受持論仏法藏則无法可說不名法師故明持成就唯復能
持若不聚衆可說則不名法師故明說成就唯復能持能說
若不善答問難則師義不故明問答成就由此化物九地行之
究竟得勝受持故明受持成就也問曰此說成就与說有何等
異答曰上明明化物之意此中正明對機行化之時故此經云

持若不豪象呪說則不名法師故明說成就唯復能持能說
若不善答問難則師義不故明問答成就由此化功九地行之
究竟得勝更持故明更持成就也問曰此說成就与說有何等
異答曰上明明化物之意此中正明對機行化之時故此經云
是菩薩處於法坐教以一音說令一切大衆悉得解了也
問曰決前云成就後復云更持成就為何等異也　答曰前
直明善得陀羅尼內具摠持之意後明能受諸佛所說教法
是受持之行也　論曰十種陀羅尼者如持地中為四一法
陀羅尼二義陀三呪術陀羅尼四忍陀羅尼此為十種一義
者此是義藏名義持聞陀羅尼者是聞藏為聞持智者
為說聞及義令生三惠故經云起智陀羅尼也放光者丞神
通等也降伏者能現麁言令物伏從故經云善意也此中或
先釋後以經帖或先牽經後以論釋可依文而推也供養
者能以出世勝則上供養諸佛下攝衆生故經云衆財也於大乘
中者能以大乘妙果亦小令歸故經云廣意也不斷弁財者為
果則斷无号故不斷也无盡樂說者義无盡窮深也種種
義樂者衆多明廣也　經曰已下至皆能說明說成就從是
菩薩三千世界已下明問答成就是菩薩轉倍精進已下明
更持成就可依文而推也　法雲地第十
此地法喻令名十地因行究竟惠降佛果施化益物大同諸
佛一能受諸佛雲雨之說二能自雲雨之說慈心普覆能除煩惱
塵炎得生善反故借世雲為喻行者介時唯見十方諸佛与
佛說法更无餘說當知是時得十地相故論釋云得大法身
具足自在故名法地雲此是勝故者顯故勝相喻八地淨國身
九地成就法身弁方化物十地成就智善提身現受佛位正覺
滿足故名為勝　問曰所以不從初地挍量正就八地者
答曰八地已前功用无功用別義在无濫故不須料簡今八地已上
同无功用道得法身之位義在有濫故須料簡也此地有八分
者　問曰此地正有六分下之二分是十地之通況今云何八分
者　答曰十地是十種波羅十地為正主若下之二分別作
一分便為十一分通前事分乃為十二分但今於正宗所弁正以十地

BD03443號　人乘五門十地實相論卷六　（27–15）

同无功用道得法身之位義在有證故須新簡也此地有八分
者　問曰此地正有六分下之二分是十地之通況今云何八分
者　荅曰十地早是十種脩多羅十地為正宗者下之二分別作
一分便為十一分通前序分乃為十二分但今於正宗所弁正以十地
為主但鏡像利益為在十地之未故通為八分也方便久者
前之九地行未究竟揔為方便十地得受佛位名之為果
問曰前八地已立揔明集地通与十地為方便竟此何故復明者
荅曰前明者乃攝功用无功用別此明者乃顯受位不受位異
也得三三昧者初入地以為首者五時能出生果報智神通等
故初說也既三時現前得受佛位智識故言受多受既已得
位智行窮滿究竟故云大盡是地界也此地名法雲故釋
名以此地是滿足地故顯勝下准除如來故云无上有上分也影
像者譬喻以況義取譬亦取如因水見影鏡中觀像此通況
十地初益者流通十地顯聞信生解歡數持也　論曰於初
地至九九地善釋智業者揔九地為方便道釋中眾勝故云
善擇業者是行之異名明從初地盡九地行不住道業廣
化衆生集功德智惠盡起十地滿足果故名業也　問曰前八
故揔以七地為方便有揔別之名此中揔用九地為方便何故不立
揔別之名　荅曰前說道位　語故有揔別之名此說九種行
相故不立揔別之名雖无揔別之名理則有之故但為七句初三句是揔也
揔中略作三道名說清白法是證道集學道攝福德智惠是不住道
此三相資故言諸句次第相釋也晉邊者初地至七地脩行大悲淨
菩薩道行難為三要唯自利利他也自他具便能成於淨土故第
二弁國土身早第八地第四化衆生世間早第五地也善解者智正
覺身於九地中起入十地行得如來境界也无躰足者像入行成
一行脩聚行徽窮仏地也地盡者入脩行已方便窮極行得圓脩
故云盡至也云何得三昧分方便行成次論正得地位入地之本三昧為初
故次弁三昧分也　問曰三昧為九種何故但離括也　荅曰實為
九句但弟六中為二句合故言雖八種也入塞者得甚深微塞境界照同
諸仏无為諸郭名无垢也近至寺莊嚴道場近於仏果也放光寺
得此三昧放光動地照曜十方清淨无郭也四陁羅尼者得此三

BD03443 號　大乘五門十地實相論卷六　（27–16）

故說爲三昧分也　問曰三昧爲九種何故但說七也
九句但第六中爲二句合故言雖八種也八密者得甚深微密境界照同
諸佛无爲諸事名无垢也近至寺莊嚴道場近於佛果也放光寺
得此三昧放光動地照曜十方清淨无事也四陀羅尼者得此三
昧攝持諸佛一切法藏猶如大海受納百川不覺滿溢也起通寺得此三
昧神通自在放大光明普照十方隨緣施化也淨佛國土寺爲二
句上句明功德下句智惠皆淨佛國土因也化衆生者得此三昧照
達一切衆生根性應病与藥也正覺者覺佛所覺故与佛相
知无分別寺平等与无分別名異義一既受佛位与諸佛无差故
照同諸佛也善知三昧者前釋不盡故重來更釋由得此三昧一切所
作隨心成就故名滿足三昧也云何得受位分　論曰是中得
受位者借世間受位相顯之隨何等坐世間輪王長子受職時在
閻浮檀金坐上今明菩薩受佛職在大寶蓮花坐上也隨何
等身量者王子受職要玉女寶所生具足王相今明菩薩身
相殊妙稱可花坐也隨何等眷屬者王子受職時群官輔弼道
從前後明菩薩有十千万菩薩爲眷屬各坐眷屬蓮花上也隨何
等相者王子受職時香水灑地街巷清淨懸繒幡蓋鍾鼓振響今
明菩薩受佛智職大地振動世界清淨以爲相也隨何等出處者
王子受職時藏出奇珍周給貧下恩赦獄囚爵賞百貴今明菩
薩十處放光拔苦与樂也隨所得位者世間輪王以金瓶香水灌
子頂上名灌頂大王今明菩薩爲諸智光入其頂已名受佛智職也
隨如是說六事者隨世間受職相說菩薩受職應知也是中坐
者光坐寺顯菩薩事相從其由在數中故寄大顯大不從限限
无爲量也宝相者爲二義一勝相二爲統領義大寶蓮花王界
其相也量相大小也勝相者出世果報不同世間所莊嚴也地
相者安固如地出世善根所生不同一切世間境界也因相者自明
其果此出世无漏因也成相者滿足義從初地來修出世万行
終至十地始就名成業力善功名爲勤也第一義者是佛性真
如解此坐光明依性理而起也善㝵者真如无雜也功息者既是
出世善蓋天報能化也解相者此坐形如蓮花也莊嚴者外嚴瞱
嚴內相清淨也隨何等身量第二坐本爲身大小稱形也隨
何等眷屬[illegible]　[illegible]至一切山明第四隨何等相者

其果此出世无漏因也所相亦…
終至十地始說名成業力善巧名為紡也第一義者是仏性真
如斯此坐光明依性理而起也善與者真如无雜也巧慧者既是
出世善豈天郭能比也斯相者此坐形如蓮花也莊嚴者外嚴暎
嚴内相清淨也隨何等身量　第二坐本為身大小稱形也隨
何等眷屬去弁第三也　經曰至一切仏明第四隨何等相者
五種相一動地二出苦三放光普照四淨世界五見聞諸仏也菩
薩之家无時不作心益物況登仏果而无大益據明利益故光
現相作利益故先現相作利益之瑞動地為為欲覺悟衆
生為所見聞心苦者為令寄心聞法雖轍心苦若不見仏聞法
則不永離故次放光令得見仏也雖从光照若淨穢殊障則見
聞路塞故次世界嚴淨既去无淨穢平等无別猶如一坐聞法
受悟是故次明皆得見聞一切諸仏也何从故已下第五出處十
處放光　論曰動等相者等取餘四如上經弁也何等出處者
釋十處放光光為三業是光之功能差別亦足亦膝脊輪左右
脇亦手此五放光除苦与樂名利益也亦肩項背面門白豪
頂上此五處放光為覺悟義名嚴覺業也一切魔宮隱蔽不現
於啟撿曜名擇伏業也決定不退者得證初地名於地中決定
也定不放逸者謂習種已上蒙光故善起脩道名定不放逸所
作者自覺所作入仏境界也万字句者表金剛不憙在於句
科故相中无訟也　經曰已下次釋第六隨所得位　論曰平等
攝受者明作憙等入仏境界故从光相照顯相攝受前時受
位菩薩放大光明入諸仏足下此中諸仏放光同遍一切來入菩薩
頂為顯菩薩所得与如來道同菩薩仰有稟受之能如
來有盡加之力上齊下同彼此若一故言送至智平等攝取也
云何得位者太子受位隨在王數菩薩受位隨在仏數也云
何大盡者受位菩薩既受仏位諸仏神光入頂益其智力如
仏所知一切事盡也依五義者說者說五大功能相依正覺者
正覺諸法得智自在也依心者心於諸法无礙无畏名解脫也
依嚴心者三昧於一境界種種能作放云畢成也依一切世間
者隨羅足能說法故隨利益衆生也數度衆生者神通能度
衆生也前三是意行第四口行第五身皆是仏意圓極滿

BD03443號　大乘五門十地實相論卷六　（27–18）

佛所知一切事盡也依五義者說者說五大功能相依正覺者
正覺諸法得智自在也依心者心於諸法无礙无畏名解脫也
依教心者三昧於一境界種種能作故云易成也依一切世間
者陁羅尼能說法故隨利益衆生也變度衆生者神通能度
衆生也前三是意行第四口行第五身皆是佛意圓極滿
足故稱為大云何智大　論曰有七種集智大者況弁集有二種
一者解集二者相集有為緣集无為緣集此是相集此中意
弁万用之本以之為解集也既云其集解相云何故第二出其
解相故辨應化大化者不實義有為有相而非實猶如於化
真集有用而无相亦於化也如持者何離明真集解相由如應
化能與大用而无相然此解相決有所成成有所弁種種諸事故
有涅槃十地等行名之為持成則有其用用則出於情表以為細
微入智難復當解備用解是細微由未能除細現麁觀緣
謂設令弁轉而不可測以為麁家智也入劫智者弁時而非時
而能為時用也入道智者无法而非道一切諸法於解而皆順
故仁王經云諸佛以煩惱為菩提也依初斷疑者迷集故起
疑解集故斷疑也彼身者彼彼依集身故起應化之相也依
轉行力者正以依集依解故轉成就因果之道也　第四
依應化等向第二加持等向第三善集等向第一不二等明微
智善說故云不二依護相等乎寸根未熟者一往說細必生
驚怖正以隱細顯麁而不顯其言令不驚怖劫中之壽
以之命行者上乘諸智盡名為行加持能長拾能捉如意
自在意无遮近一時但至故借意為名也對治意說者若
善若惡及无記等因果對治盡為入道之智辨智中集證故
種惑雖有三初地已前名之為染初地至十地名之為淨圓
窮涅槃以之為滅解集不二隨緣差別故有染淨衆名
之起也不復一一事相隨所有三界釋三界集也隨所有
衆生釋衆生集隨所有染淨者釋識界集八識為淨七
識為染性不由業為淨染隨緣轉為緣隨所有為釋有為集无
為等釋无為緣无知知者无為是无知言知者為所智證智此顯
无為非謂直有用而无實此弁无為有用而有實故无知之
道所有虛空者釋虛空界集　問曰虛空是无不由因生云何

无差也下眞一切者相所有三界[illegible]
衆生釋衆生集隨所有染淨者釋識界集八識為淨七
識為染性不由業為淨染隨緣轉為集隨所有為釋有為集无
為者釋无為集无知之者无為是无知言知者為所知證知此顯
无為非謂直有用而无實此并无為有用而有實故无知之
隨所有虛空者釋虛空界集　問曰虛空是无不由因生云何
名集　荅曰此空於衆生有用若无業感則色无所容取用為言
故名為集隨所說正不正者釋法界集十二部經辯所顯隨所
證者大小乘涅槃皆由因得名涅槃界集隨所聽見外道等
者釋煩惱集顯所見不證涅槃也隨所有器世間者釋世界
成壞集世界之用衆生業感業有期限故有成壞也隨所有
三乘集者釋聲聞集乃至一法成智差別集也應化智者有十
種明現作實不作法界化者所說善惡无記等法一切分別者可
分別也无分別者用而難知也餘句可解故釋也細微智者取射
論細取用論微射細用微而有大用也舊本者現　行七步以相
陰故辯也密處者有十句可解入劫智者有十對　問曰經云
有劫入无劫无云何名劫也　荅曰此非謂世間有為以之為劫此是
真實之用劫而非劫以為无劫有劫射顯有而无无而有短而長
長而短无量以之為一也平等一者平等解脫空以情別故三世殊
分空則上於彼此是以諸劫相入而无量也依凡夫地者為凡心所
作故云道為心之所依故云地壞解而言无法而非道但凡夫自
迷積累成舉故起諸相我慢行等以為非道智者了達非道
為道也依我慢行者能入微塵大小相容現不思議神變故
攝我慢心依信生天者之現淨國土遍諸天所有轉其所信依覺
觀者衆生身心善提等智種之法相覺觀分別如是種之是為
善提道用也云何解脫大者神通所作无有量縛名為解脫
論曰一依神通者解脫本對縛得名以神通自在歎解脫相也
能至无量者既具勝妙神通遊化十方无有歎量猶顯智力也
知世間出世間者上知諸仏下照二乘也衆生无邊化門无量不可別說
隨所作一切无量也陀羅尼者所以能廣化十方自在无量由具足
摠持如來法藏能破他言者既具摠持善識所正能正法破諸邪
說也三世劫者如前入劫中說因緣集智如前集智中說皆无

能至无量老死身用处亦通達化十方无有章导亦能知才达
知世間出世間者上知諸仏下照二乘也衆生无邊化門无量不可别説
隨所作一切无导也陁羅尼者所以能廣化十方自在无导由具足
揔持如來法藏能破他言者既具揔持善識耶正能正法破諸耶
説也三世劫者如前入劫中説因緣集經如前集經中説皆无
鄣导故名解脱光不離身者菩薩身施光明具足无导
也依一時者此句揔釋前所知是一念具知非前後時也三時
者自下三句經文中略是故論主宜牽經結三時者大盡中第
三現照三昧也陁羅尼者第四明堅固智神通者第五明无导
智差别如解脱中説云何地釋名者地行高下深淺万差
若不立名指釋无以弁其異相故須釋名也依論有三經曰
乃至名法雲地明如雲普覆二從復次是菩薩住此地自
從韻力已下明如雲注雨滅除塵炎三從復次住此地於一世界
中已下明如雲注雨能生善AA　論曰是中有三以遍覆故
者此地闇法受時一切仏法以身遍覆也滅塵除諸煩惱塵
炎也三度衆生者八相示現令生善根正利益也是中成就
念力者牽經文近説者有受持照示正明能受能説義衆交徽
密速度者是速疾持義是中无量者重釋諸仏同時説
名衆多。早入如來密家也速疾者上明十方並説此明一
念但特也聞者從諸仏聞成三慧解為性能説為作云何性
者此攢性解大法光明者出三慧解為性解也云何〻責
作解大法雨者説法利他如雨益物名為作也釋經能受能
勘能思能持〻之持於法義也大海名如是者海以不濁故
能受一切水菩薩信淨能受一切法也餘水失本名等百川入
海同名為海喻思慧得言理處平等不見一切徵名差别也用
不可盡者猶惠洞達理教故不可盡也此十地經教是三世
諸仏所説名三世法界藏故上本分中云過去未來現在諸仏皆説
此十地法故也三種事等喻菩薩能説之相云何无上有上者
既十地行滿現居受位具勝神通自在化物於下為餘名无上
望仏不足名為上也　經曰於智慧中得自在者罷本上大盡
分神通用明此有上无上義論主分為二分明義初牒明无上
義第二令歡喜已下明有上義就无上中為四分一依内早大盡中五

四十地法故也三種事亏皆菩薩自說之於云何无上之
既十地行滿現居更位具勝神通自在化物於下為餘名无上
涅仏不足名為上也　經曰於智慧中得自在者還本上大盡
外神通用明此有上无上之義論主分為二分明義初勝明无上
義第二令歡喜已下明有上義就无上中為四分一依內界大盡中五
種　問曰何故名內　答曰此依經文經云住此地於智慧中得
自在智是內解故內也自在者是无縛義界上解脫力亏是自
在用界上三昧大善釋者是攝持界上陀羅尼大通者五神通
界上神通大也隨心所念或以大國已下第二明依外第三名
自相者外中差別相於一念間示微塵身已下第四名住
持相　論曰為六內者智外者地等自相者還向外依中神
通用之自相更无別文也住持待者易道法令歡喜者說
菩薩力无上群情生驚故下現變令親見除疑令歡喜大勝者
予滯果寸當地添足福利復勝此歡喜大勝二分文在論後俱
論主像作名字也依內為四者界五種大俱起智陀羅尼令故
言四外者可解但對智故身等為外自相等皆可知
問曰略廣乃是外事何故旁內中經文也　答曰為明依內
四種自在為本方能轉變外事等故也於淨不不同名異是
互相作名轉住持者猶是三業供養教化眾生不絕名
住持令歡喜亏自下第二為上義時眾覩菩薩神通勝妙
藏生疑或金剛藏解釋令眾除疑也仏復云何亏此不疑
仏但疑菩薩以何說當須故疑也少亦菩薩神通者　問曰
大眾見菩薩神力如是不可思議故生念言仏復云何今正應
請顯仏勝事以除眾疑所以乃請菩薩神通者　答曰上來
但說菩薩神通勝妙未見實事故請現事故言少亦也念
剛藏入解性者　問曰解脫月請亦亏請更亦更位菩薩
勝事非請令剛藏令何故金剛藏自入三昧亏　答曰方誠未
若界事若不現相无以表示故金剛藏自入三昧表更位菩薩
復為如是勝神力也此三昧名何等亏解脫月初見不識故問其
名也　問曰上已云入國土解性三昧今何故方問名者
答曰前集經亏列名未問已前實未為名故問也百千去縛
皆是疑也解脫月問若菩薩行力如是仏復云何者上親見

若所事若不現神无以[illegible]
復為如是勝神力也此三昧名何等解脫月初見不識故問其
名也　問曰上已云入國土解性三昧今何故方問名者
答曰前集經等列名未問已前實未為名故問也百千去縛
皆是疑也解脫月問若菩薩行力如是仏復云何者上觀見
見其事於菩薩生信今復疑仏更何能過下備喻釋四天下土喻
十地功德二三豆喻何來現事无邊地土喻仏功德以向来說尚
不盡十地功德而疑如來可不仏二三豆土比十方云云何者已非
其言也如人者舉喻合法雲地合上四天下土但說一分合上二三
豆土何況如來合上十方地土明說法雲一分猶尚不盡何況
如來下引仏證明不可比義仏子是菩薩通達已下是調柔
果　問曰准諸地中調柔果皆云无量百仏无量千仏今此十
地中何故不云爰少也　答曰從初地至九地雖現證真如見二无
我但分別未盡故見一仏作多仏之解今十地大土回道窮圓躰
鄣以盡詎於分別是故无有數量之異也　論曰是中令歎
善者　問曰何故在前釋乃在柔滯果後釋者　答曰論主并
義若通若別為在无居言通不雷於別言別不遠於通こ別
在時義驗同准也是中大勝有二神力及數勝勝下九地等三世
智者通達三世智有三種一斷疑行者正覺三世法故除物三世中
疑也道義者舉三世以名道行非三世集起名行也速疾者聞
說祕密法一念能非後廣也三等作身行者与諸仏平等然
是學分故云身行此有三種者明功德智惠二種在徹淨上
是功德身道法明正覺二句明智惠身道法明者以教始化
物正覺者以真如理化令證也鏡像分者上法說竟次明喻
說身是流通分言鏡像者与理教為喻鏡喻教詮像喻於
理如人已面是一不自見法而因鏡及顯鏡中雖无實面而令
人自現与已面无差喻十地證智无名相法雖不可依教直尋非
不依及證得詮故借為況也有四喻況四種功德循行者如地出
四河菩薩依家心起十地功德津流於心自治こ他終至究竟
也循行已成則道圓地滿故第二明勝上功德如十大山王无量
物集在其中也行成位滿窮深難惻所得功德皆入仏境界
故第三弁仏果甚深由如海難度也深有所成功用弥倫菩提之

四河菩薩依發心起十地功德津液於心自沾々他終至究竟
也猶行已成則道圓地滿故第二明勝上功德如十大山王无量
物集在其中也行成位滿窮深難測所得功德皆入佛境界
故第三弁佛果甚深由如海難度也深有所成功用弥倫菩提之
心漸有清淨如摩尼珠放日轉盡堅固德也經云從菩提心
者是佛性真心衆生猶行非性不發故從佛性阿耨大池流
出善根大願之水向耨池此方言清涼池　論曰依本願力者
依初地中十大願力終成如來大海本願如下大海池四據如四
河自利々他善根增長如水漸增及得菩提亦如滿大海也云
何增上勝功德經列十山為喻雪山香山此二因事得名毗陁梨
此名廣山仙聖山由乾陀此名高山亦名上首此山四面高中央
下馬耳尼民人名因人為稱斫迦者此山形如月初生此名
圍山衆相者以形相名須彌山者名功德具足山　論曰依一切
智增上者得佛功德成就位也因佛智故者但便得地位与
真證相應皆名佛智但有滿不滿故有十階之別如依大
地有十山之別依佛智故有十種地位之別後弁依大海得
名者以佛果為深因果相顯得名故上本分中言生成佛智住
持以名地也十山中前二非純淨後八是純淨初地直弁離解行
之未立但除外垢二地是離惡之行未是自解淨行但名離
垢以非淨也十山中有八寶山喻前八地但第三地雖是世間
禪觀善清淨以如寶山也山中所集要唯衆生非衆生有
二受用亦謂香藥也字護亦寶等也受用中四大增損
對治者藥草香也長養者菓蔬等四非衆生數依業
六亦指行也衆生數亦有六山六難對治貧難者邪見窮
之人之无正見善財四地菩薩行道品化對治身見貪窮
如五通福田也死難者以无道力不得自在受生死苦五
地菩薩行不住道入生死救苦如夜人畜神鬼難者七
地菩薩功用究竟行十波羅蜜廣益群生對治功用驗
難不調伏亦八地菩薩住山功用解冥大家對治功用不
調伏心如得大象自在力調伏狠強也惡業者九地菩薩
在法師之位具足卌弁才呪力善降衆生十種稠林煩惱

地菩薩功用究竟行十波羅蜜廣益群生對治功用餘
難不調伏于八地菩薩位以功用解寘大家對治功用不
調伏心如得大象自在力調伏猥強也惡業者九地菩薩
在法師之位具足卌弁才呪力善除衆生十種稠林煩惱
惡業如脩羅善呪也恐懼難者十地菩薩諸行究竟現受
仏位能震動大法雨音无衆電光智惠疾風對治衆生〻
死恐懼如天王彼脩羅衆也不斷不息于喻十地功行終至
菩提廣衆生不可窮盡也言因果相者非生因〻果菩相
對相顯對大海故為十寶山異對仏一切智海為十地深淺
不同也云何果功德論曰是中相順于果勝則因妙理深
則行遠以勝以勝因得妙果名為相順十地行深名難度對
得菩提名能度　問曰經弁十數論何故云八者　答曰以常
六弟八各合二句故也易入者初地行位聞于易從化物不
難如海如漸深也淨功德者二地具持三聚淨戒不容破
戒之行如海不受死屍也厚于三地得三惠明解思得其盲
諸法平等不見假名差別如水海〻入失本名也護功德者
四地菩薩行道品化護煩惱小乘同一大乘義同一味如海醎甜
不雜也利益功德于五地菩薩行不住道化能与衆生出世
實聚如海出寶也不竭功德謂深廣者六地波若能窮因緣之
本如海甚深七地无生具十波羅蜜行喻海廣大无量也住處
功德者七地功用為小八地无功用為大悲大海不容大身衆生
非八地大海不容不動菩薩也護世間功德于二句俱是護功
德九善薩善識根病瘥病与藥說不差機如大海潮
不過限十方諸仏化法无邊十地能受无為潦歡如大海
能受衆流也大海相似者十地十階從微至著如海十相
從淺至深也云何轉盡于　論曰摩尼寶轉〻精妙于盡其
妙故過十寶性也為八種于珠為十德言八于第六中合為
三句故也出功德于初地始出三界如珠出海也色功德
于二地持三聚戒脩道无犯戒行明淨如除內垢令珠顯明也
形相于三地菩薩禪惠明神通外用如珠鍊石中練外美可
觀也无垢功德于四地菩薩脩道品觀除內細垢如珠藥草

妙故還十寶性也夫八種十寶……
三身故也出功德者初地始出三界如珠出海也色功德
者二地持三聚戒循道无犯戒行明淨如除內垢令珠顯曜也
形相者三地善薩禪慧明神通外用如珠爽石中鍊亦義可
觀也无垢功德者四地善薩循道品觀除內細垢如娛藥草
中景令轉明淨也明淨功德者五地善薩具不住道行
如珠梨汁中景轉除微垢善淨光澤也起行功德者六
地善薩循因緣觀令解增明如珠蘇和景巳攢穿七
地循方便波羅蜜如貫以寶縷八地出功用位如置在高
幢也神力功德者九地善薩亦方益物有緣斯化如放光照曜
也不護功德者十地善薩雲雨說法惠施群生薩婆若心隨行
者王意證一切智位如珠隨王意雨眾寶物也同善根藏者
釋所以能令眾生證一切智位者以同為佛性善根如來藏躰
緣循則證也過十地性者此顯爭星雖朗不如一日之曜眾
鐇爭暈不及百祈觀小不以大其義亦也云何地利益者
經曰若不染種善根不聞此經此利不益相喜歡勸歎循行
流通也解脫月問夫涅槃則言絕聞者則益染故問生幾許
功德也金剛藏言隨一切智智者此若聞經功德與佛果齊
等隨一切智智者將若先舉佛果功德此法門品亦復如是
者舉十地起佛積果故功德與佛不異此與人聞經亦復如
是者如十地境界普遍信解是以編彼生功德亦如佛也何以
故釋非善薩不得聞此經今是善薩聞經應善薩法故功
德无量无為齊限同於佛也何況信持為聞經尚同何況信
解循行益物中勝也以佛力地大動者示法為大力發起信
敬也　論曰利益為二者八種相動起生信功德而天花等起
供養功德動地為信緣故言緣生故六種相者一動東西南
北桃動踊者或泉沸水波上去者覺悟人心起者如麵漸
起下者震向下吼者動而為聲二為三動中三者動而不動一
切處動也遍者一切處動而不時也一切處一時名等遍踊顯
令依四眾生者不善眾生怖令從信天者令正信我慢者
示勝力呪術者現過彼所依以引勸故示下中上六相
也供養功德如經可知一切世界說示无量利益也

者奉十地起仏績果故功德与仏不異此与人聞経亦復如
是者如十地境界普遍信解是以稱彼生功德亦如仏也何以
故釋非菩薩不得聞此経今是菩薩聞経應善薩法故功
德无量无為齊限同於仏也何況信持者聞経尚同何況信
解循行益物中勝也以仏力地大動之亦法為大力發起信
敬也
論曰利益為二者八種相動起生信功德而天花等起
供養功德動地為信緣故言緣生故六種相之一動東西爭
北桃動踊者或泉沸水波上去之覺悟人心起之如麵漸
起下者震向下吼者動而為聲二為三動中三者動而不動一
切處動也遍者一切處動而不時也一切處一時名等遍皆顯
令依回衆生者不善衆生怖令從信天之合正信我慢者
示勝力呪術者現過彼所作以外勅故亦下中上六相
也供養功德如経可知一切世界說亦无量利益也
大乘五門十地實相論卷第六

慧心如幻夢
无非亦无是
毗離耶
進脩名焰地 良
无明念念滅
禪波羅
禪河隨浪淨
遍計盡分別
般若波
慧燈如朗
妄心猶未
三代僧秖
二空方漸
須菩提於
尊須菩提南
不不也世尊須菩
亦復如是不可思量
教住

BD03444號　梁朝傅大士頌金剛經　（20-1）

須菩提於
尊須菩提南
不不也世尊須菩
亦復如是不可思量
教住　　　　　弥
若論无相施 功德極難量 行
凡夫情行劣 初請略稱揚
如理實見分
須菩提於意云何可以身
世尊不可以身相得見如來何
身相即非身相 佛告須菩提凡
虛妄若見諸相非相則見如來
如來舉身相 為順世間情 恐人生斷見
假言三十二 八十也空聲 有身非覺
正信希有分第六
須菩提白佛言世尊頗有衆
説章句生實信不佛告須菩提
如來滅後後五百歲有持戒修福
章句能生信心以此為實　弥
深果亦深 理奧難尋 當來末法世 唯
空生情未達 聞義恐難任 如能信此法 定
當知是人不於一佛二佛三四五佛
已於無量千万佛所種諸善根聞
至一念生淨信者須菩提如來悉
是諸衆生得如是無量福德　弥
信根生一念 諸佛盡能知 生因於此日 證果

BD03444號　梁朝傅大士頌金剛經　（20-2）

已於無量千万佛所種諸善根聞
至一念生淨信者須菩提如來悉知
是諸衆生得如是無量福德　弥
信根生一念　諸佛盡能知　生因於此日　證果
三代經多劫　六度久安施　薰成无漏種　方号
何以故是諸衆生無復我相人相衆生相
相無法相亦無非法相何以故是諸衆生若
相則為著我人衆生壽者若取法相
我人衆生壽者何以故若取非法相即
我人衆生壽者　弥勒
人空法亦空　二相本來同　遍計虛分別　依他
圓成沉識海　流轉若飄蓬　欲識无生性　心外斷
是故不應取法不應取非法　弥勒頌
有因名假号　无相有馳名　有无无別體　无有有无
有无无自性　妄起有无情　有无如谷響　勿著有
以是義故如來常說汝等比丘知我說法
喻者法尚應捨何况非法　弥勒
渡河須用筏　到岸不須船　人法知无我　悟理
中流仍被溺　誰論在二邊　有无如取一　即被污

無得無說分第七

須菩提於意云何如來得阿耨多羅三藐三菩
提耶如來有所說法耶須菩提言如我解
所說義無有定法名阿耨多羅三藐三菩
亦無有定法如來可說何以故如來所說法
不可取不可說非法非非法　弥勒頌
菩提離言說　從來无得人　須依二空理　當證法王
有心俱是妄　无執乃名真

BD03444號　梁朝傳大士頌金剛經　（20–3）

所說義無有定法名阿耨多羅三藐三菩
亦無有定法如來可說何以故如來所說法
不可取不可說非法非非法　弥勒頌
菩提離言說　從來无得人　須依二空理　當證法王
有心俱是妄　无執乃名真　若悟非非法　逍遙出六塵
所以者何一切賢聖皆以无為法而有差別
人法俱名執　了即二无為　菩薩能齊證　聲聞
所知煩惱障　空中无所依　常能作此觀　得

依法出生分第八

須菩提於意云何若人滿三千大
寶以用布施是人所得福德寧
菩提言甚多世尊何以故是福德
德性是故如來說福德多若復有人於此
受持乃至四句偈等為他人
故須菩提一切諸佛及諸佛
菩提法皆從此經出須菩提所
非佛法
寶滿三千界　賫持作福田　唯成有漏業　終不離
持經取四句　與聖作良緣　欲入无為海　須乘般若

一切無相分第九

須菩提於意云何須陁洹能作是念我得須
陁洹果不須菩提言不也世尊何以故
果名為入流而無所入不入色聲香味觸
須陁洹須菩提於意云何斯陁含
能作是念我得斯陁含果不須菩提言不也世
尊斯陁含名一往來而實無往來是名斯

BD03444號　梁朝傳大士頌金剛經　（20–4）

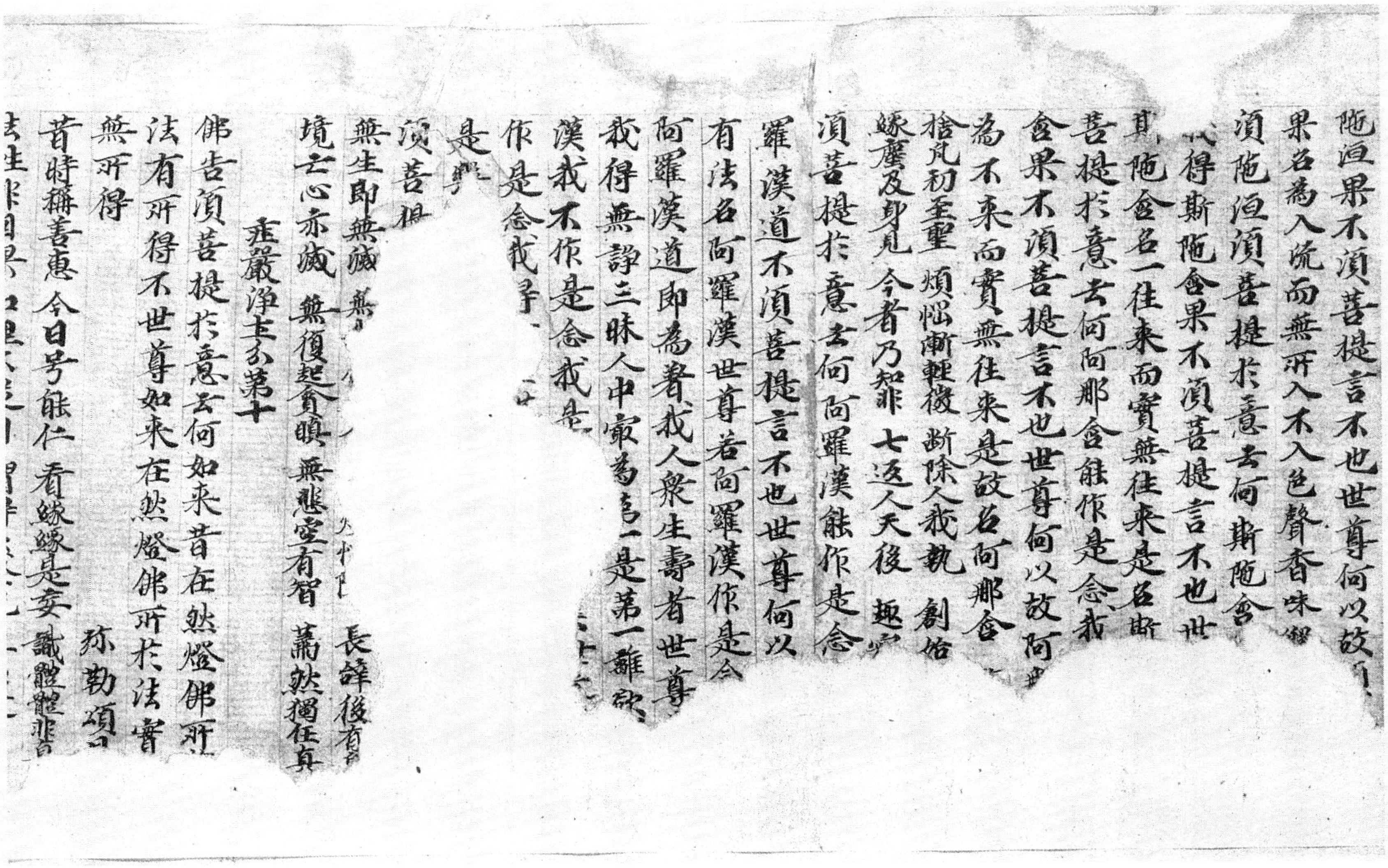

陁洹果不須菩提言不也世尊何以故□
果名為入流而無所入不入色聲香味觸
須陁洹須菩提於意云何斯陁含
我得斯陁含果不須菩提言不也世
斯陁含名一往來而實無往來是名斯
菩提於意云何阿那含能作是念我
含果不須菩提言不也世尊何以故阿那
為不來而實無往來是故名阿那含
捨凡初至聖　煩惱漸輕微　斷除人我執　創始
緣塵及身見　今者乃知非　七返人天後　趣寂
須菩提於意云何阿羅漢能作是念
羅漢道不須菩提言不也世尊何以
有法名阿羅漢世尊若阿羅漢作是念
阿羅漢道即為著我人衆生壽者世尊
我得無諍三昧人中最為第一是第一離欲
漢我不作是念我是
作是念我得
是樂
須菩提
無生即無滅　無[illegible]　[illegible]　長辭後有
境亡心亦滅　無復起貪瞋　無悲空有智　蕭然獨任真

莊嚴淨土分第十

佛告須菩提於意云何如來昔在然燈佛所
法有所得不世尊如來在然燈佛所於法實
無所得　彌勒頌曰
昔時稱善惠　今日號能仁　看緣緣是妄　識體體非
法[illegible]

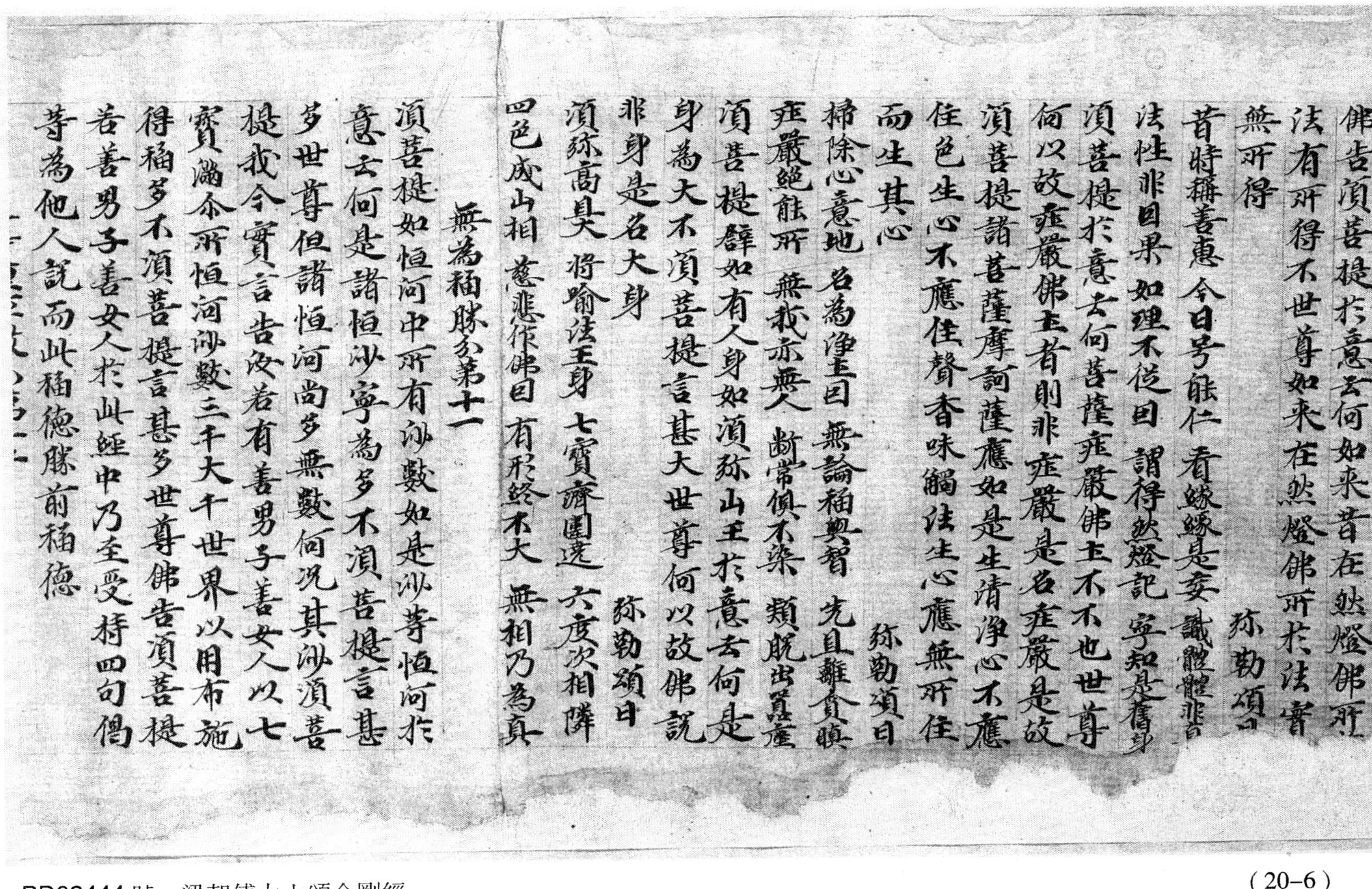

佛告須菩提於意云何如來昔在然燈佛所
法有所得不世尊如來在然燈佛所於法實
無所得　彌勒頌曰
昔時稱善惠　今日號能仁　看緣緣是妄　識體體非真
法性非因果　如理不從因　謂得然燈記　寧知是舊身
須菩提於意云何菩薩莊嚴佛土不不也世尊
何以故莊嚴佛土者則非莊嚴是名莊嚴是故
須菩提諸菩薩摩訶薩應如是生清淨心不應
住色生心不應住聲香味觸法生心應無所住
而生其心　彌勒頌曰
掃除心意地　名為淨土因　無論福與智　先且離貪瞋
莊嚴絕能所　無我亦無人　斷常俱不染　穎脫出囂塵
須菩提譬如有人身如須彌山王於意云何是
身為大不須菩提言甚大世尊何以故佛說
非身是名大身　彌勒頌曰
須彌高且大　將喻法王身　七寶齊圍遶　六度次相隣
四色成山相　慈悲作佛因　有形終不大　無相乃為真

無為福勝分第十一

須菩提如恒河中所有沙數如是沙等恒河於
意云何是諸恒沙寧為多不須菩提言甚
多世尊但諸恒河尚多無數何況其沙須菩
提我今實言告汝若有善男子善女人以七
寶滿尒所恒河沙數三千大千世界以用布施
得福多不須菩提言甚多世尊佛告須菩提
若善男子善女人於此經中乃至受持四句偈
等為他人說而此福德勝前福德

得福多不須菩提言甚多世尊佛告須菩提
若善男子善女人於此經中乃至受持四句偈
等為他人說而此福德勝前福德
尊重正教分第十二
復次須菩提隨說是經乃至四句偈等當知此處
一切世間天人阿脩羅皆應供養如佛塔廟何況
有人盡能受持讀誦須菩提當知是人成就最
上第一希有之法若是經典所在之處則為有
佛若尊重弟子　彌勒頌曰
恒沙為比量　分為六種多　持經取四句　七寶詎能過
法門遊歷處　供養感脩羅　經中稱最勝　尊高似佛陁
如法受持分第十三
尒時須菩提白佛言世尊當何名此經我等云
何奉持佛告須菩提是經名為金剛般若波羅
蜜以是名字汝當奉持所以者何須菩提佛說
般若波羅蜜則非般若波羅蜜須菩提於意云
何如來有所說法不須菩提白佛言世尊如來
無所說　彌勒頌曰
名中無有義　義上復無名　金剛喻真智　能破惡堅貞
若到波羅岸　入理出迷情　智人心自覺　愚者外求聲
須菩提於意云何三千大千世界所有微塵是
為多不須菩提言甚多世尊須菩提諸微塵
如來說非微塵是名微塵如來說世界非世界
是名世界　彌勒頌曰
積塵成世界　析界作微塵　界喻人天果　塵為有漏因
因塵因不實　界果果非真　果因如是幻　逍遙自在人

BD03444 號　梁朝傅大士頌金剛經　（20–7）

如來說非微塵是名微塵如來說世界非世界
是名世界　彌勒頌曰
積塵成世界　析界作微塵　界喻人天果　塵為有漏因
因塵因不實　界果果非真　果因如是幻　逍遙自在人
須菩提於意云何可以三十二相見如來不不也
世尊不可以三十二相得見如來何以故如來說
三十二相即是非相是名三十二相須菩提若有善
男子善女人以恒河沙等身命布施　彌勒頌曰
施命如沙數　人天業轉深　既掩菩提相　能障涅槃心
猿猴探水月　莨菪拾花針　愛河浮更沒　苦海出還沉
若復有人於此經中乃至受持四句偈等為他人
說其福甚多　彌勒頌曰
經中持四句　應當不離身　愚人看似妄　智者見唯真
法性無前後　無中非故新　蘊空無實法　憑何見有人
離相寂滅分第十四
尒時須菩提聞說是經深解義趣涕淚悲泣而
白佛言希有世尊佛說如是甚深經典我從
昔來所得惠眼未曾得聞如是之經　彌勒頌曰
聞經深解義　心中喜且悲　昔除煩惱障　今能離所知
遍計於先了　圓成證此時　宿乘無尋惠　方便勸人持
世尊若復有人得聞是經信心清淨則生實相
當知是人成就第一希有功德世尊是實相者
則是非相是故如來說名實相　彌勒頌曰
未有無心境　曾無無境心　境忘心自滅　心滅境無侵
經中稱實相　語妙理能深　證知唯有佛　小聖詎堪任
世尊我今得聞如是經典信解受持不足為

BD03444 號　梁朝傅大士頌金剛經　（20–8）

未有无心境　曾无无境心　境忘心自滅　心滅境無侵
經中稱實相　語妙理能深　證知唯有佛　小聖詎堪任
世尊我今得聞如是經典信解受持不足為
難若當來世後五百歲其有衆生得聞是經
信解受持是人則為第一希有何以故此人無我
相衆生相壽者相所以者何我相即是非相人相
衆生相壽者相即是非相何以故離一切諸相則
名諸佛　弥勒頌曰
空生聞妙理　如蓬植在麻　凡流信此法　同火出蓮花
恐人生斷見　大聖預開遮　如能離諸相　定入法王家
佛告須菩提如是如是若復有人得聞是經
不驚不怖不畏當知是人甚為希有　弥勒頌曰
如能發心者　應當了二邊　涅槃無有相　菩提離所緣
無乘及乘者　人法兩俱捐　欲達真如理　應當識本源
何以故須菩提如來說第一波羅蜜非第一波羅
蜜是名第一波羅蜜　弥勒頌曰
波羅稱彼岸　於中十種名　高卑緣妄識　次第為迷情
焰裏尋求水　空中覓響聲　真如何得失　今始號圓成
須菩提忍辱波羅蜜如來說非忍辱波羅蜜
何以故須菩提如我昔為歌利王割截身體
我於尒時無我相無人相無衆生相無壽者
相何以故我於往昔節節支解時若有我相
人相衆生相壽者相應生瞋恨須菩提又念
過去於五百世作忍辱仙人於尒所世無我
相無人相無衆生相無壽者相　弥勒頌曰
暴虐唯無道　時稱歌利王　逢君出遊獵　仙人橫被傷

相無人相無衆生相無壽者相　弥勒頌曰
暴虐唯無道　時稱歌利王　逢君出遊獵　仙人橫被傷
頻經五百代　前後極時長　承仙忍辱力　今乃證真常
是故須菩提菩薩應離一切相發阿耨多羅
三藐三菩提心不應住色生心不應住聲香味
觸法生心應生無所住心若心有住則為非住是
故佛說菩薩心不應住色布施須菩提菩薩
為利益一切衆生應如是布施　弥勒頌曰
菩薩懷深智　何時不帶悲　投身憂虎餓　割肉恐鷹飢
精勤三大劫　曾無一念疲　如能同此行　皆得作天師
如來說一切諸相即是非相又說一切衆生則非
衆生須菩提如來是真語者實語者如語者
不誑語者不異語者　弥勒頌曰
衆生与蘊界　名別體非殊　了知心似幻　迷情見有餘
真言言不妄　實語語非虛　始終無變異　性相本來如
須菩提如來所得法此法無實無虛須菩提
若菩薩心住於法而行布施如人入闇則无所見
若菩薩心不住法而行布施如人有目日光明照
見種種色須菩提當來之世若有善男子善女
人能於此經受持讀誦則為如來以佛智惠
悉知是人悉見是人皆得成就無量無邊
功德　弥勒頌曰
證空便為實　執我乃成虛　非空亦非有　誰有復誰無
對病應施藥　無病藥還祛　須依二空理　顯脫入無餘
持經功德分第十五
須菩提若有善男子善女人初日分以恒河沙

功德　　弥勒頌曰
證空便為實　執我乃成虛　非空亦非有　誰有復誰無
對病應施藥　無病藥還祛　須依二空理　顯脫入無餘
持經功德分第十五
須菩提若有善男子善女人初日分以恒河沙
等身布施中日分復以恒河沙等身布施後
日分亦以恒河沙等身布施如是無量百千万
億劫以身布施若復有人聞此經典信心不逆
其福勝彼何況書寫受持讀誦為人解說　弥勒頌曰
眾生及壽者　蘊上假虛名　如龜毛不實　似兔角無形
捨身由妄識　施命為迷情　詳論福比智　不及受持經
須菩提以要言之是經有不可思議不可稱量
無邊功德如來為發大乘者說為發最上乘
者說若有人能受持讀誦廣為人說如來悉知
是人悉見是人皆得成就不可量不可稱無有
邊不可思議功德如是人等則為荷擔如來阿
耨多羅三藐三菩提何以故須菩提若樂小法
者著我見人見眾生見壽者見則於此經不能
聽受讀誦為人解說須菩提在在處處若有
此經一切世間天人阿脩羅所應供養當知此
處則為是塔皆應恭敬作禮圍繞以諸華香而散其處
弥勒頌曰
所依依他性　修成功德林　終無趣寂意　唯有濟群心
行悲悲廣大　用智智能深　利他兼自利　小聖詎能任
能淨業障分第十六
復次須菩提善男子善女人受持讀誦此經若為

BD03444 號　梁朝傅大士頌金剛經　（20–11）

行悲悲廣大　用智智能深　利他兼自利　小聖詎能任
能淨業障分第十六
復次須菩提善男子善女人受持讀誦此經若為
人輕賤是人先世罪業應墮惡道以今世人輕
賤故先世罪業則為消滅當得阿耨多羅三藐
三菩提須菩提我念過去無量阿僧祇劫於然
燈佛前得值八百四千万億那由他諸佛悉皆
供養承事無空過者若復有人於後末世能受
持讀誦此經所得功德於我所供養諸佛功德
百分不及一千万億分乃至筭數譬喻所不能及
須菩提若善男子善女人於後末世有受持讀
誦此經所得功德我若具說者或有人聞心則狂
亂狐疑不信須菩提當知是經義不可思議果
報亦不可思議　　弥勒頌曰
先身有報障　今日受持經　暫被人輕賤　轉重復還輕
若了依他起　能除遍計情　常依般若觀　何慮不圓成
究竟無我分第十七
爾時須菩提白佛言世尊善男子善女人發阿
耨多羅三藐三菩提心云何應住云何降伏其心
佛告須菩提善男子善女人發阿耨多羅三藐
三菩提心者當生如是心我應滅度一切眾生
滅度一切眾生已而無有一眾生實滅度者何
以故若菩薩有我相人相眾生相壽者相則非
菩薩所以者何須菩提實無有法發阿耨多羅
三藐三菩提心者　　弥勒頌曰
空生重請問　無心為自身　欲發菩提者　當了現前因

BD03444 號　梁朝傅大士頌金剛經　（20–12）

以故若菩薩有我相人相衆生相壽者相則非
菩薩所以者何須菩提實無有法發阿耨多羅
三藐三菩提心者　　弥勒頌曰
空生重請問　無心爲自身　欲發菩提者　當了現前因
行悲疑似妄　用智最言真　度生權立我　證理即無人
須菩提於意云何如來於然燈佛所有法得阿
耨多羅三藐三菩提不不也世尊如我解佛所
説義佛於然燈佛所無有法得阿耨多羅三
藐三菩提佛言如是如是須菩提實无有法如
來得阿耨多羅三藐三菩提須菩提若有法如
來得阿耨多羅三藐三菩提者然燈佛則不與
我受記汝於來世當得作佛号釋迦牟尼以實
無有法得阿耨多羅三藐三菩提是故然燈佛
與我受記作如是言汝於來世當得作佛号釋
迦牟尼何以故如來者即諸法如義若有人言
如來得阿耨多羅三藐三菩提須菩提實無
有法佛得阿耨多羅三藐三菩提如來所得阿
耨多羅三藐三菩提於是中無實無虛是故如
來説一切法皆是佛法須菩提所言一切法佛者即
非一切法是故名一切法須菩提譬如人身長大
須菩提言世尊如來説人身長大則爲非大是
名大身須菩提菩薩亦如是若作是言我當滅
度無量衆生則不名菩薩何以故須菩提實無
有法名爲菩薩是故佛説一切法無我無人無衆
生無壽者須菩提若菩薩作是言我當莊嚴佛
土是不名菩薩何以故如來説莊嚴佛土者即非
莊嚴是名莊嚴須菩提若菩薩通達無我法者

BD03444 號　梁朝傅大士頌金剛經　（20–13）

生無壽者須菩提若菩薩作是言我當莊嚴佛
土是不名菩薩何以故如來説莊嚴佛土者即非
莊嚴是名莊嚴須菩提若菩薩通達無我法者
如來説名真是菩薩　　弥勒頌曰
人與法相待　二相本來如　法空人是妄　人空法亦祛
人法兩俱實　受記可非虛　一切皆如幻　誰言得有無
一體同觀分第十八
須菩提於意云何如來有肉眼不如是世尊如來
有肉眼須菩提於意云何如來有天眼不如是
世尊如來有天眼須菩提於意云何如來有
惠眼不如是世尊如來有惠眼須菩提於意云
何如來有法眼不如是世尊如來有法眼須菩
提於意云何如來有佛眼不如是世尊如來有佛眼　弥勒頌曰
天眼通非导　肉眼导非通　法眼唯觀俗　惠眼直緣空
佛眼如千日　照異體還同　圓明法界内　無處不鑒容
須菩提於意云何恒河中所有沙佛説是沙不
如是世尊如來説是沙須菩提於意云何如一恒
河中所有沙有如是等恒河是諸恒河所有沙數
佛世界如是寧爲多不甚多世尊佛告須菩提
尒所國土中所有衆生若干種心如來悉知何以故
如來説諸心皆爲非心是名爲心所以者何須菩
提過去心不可得現在心不可得未來心不可得　弥勒頌曰
依他一念起　俱爲妄所行　便分六十二　九百乱縱横
過去滅無滅　當來生不生　常能作此觀　真妄坦然平
法界通化分第十九
須菩提於意云何若有人滿三千大千世界七寶以
布施是人以是因緣得福多不如是世尊此人以是

BD03444 號　梁朝傅大士頌金剛經　（20–14）

依他一念起　俱為妄所行　便分六十二　九百亂縱橫
過去滅無滅　當來生不生　常能作此觀　真妄坦然平
法界通化分第十九
須菩提於意云何若有人滿三千大千世界七寶以用
布施是人以是因緣得福多不如是世尊此人以是
因緣得福甚多須菩提若福德有實如來不說
得福德多以福德無故如來說福德多
離色離相分第二十
須菩提於意云何佛可以具足色身見不不也世
尊如來不應以具足色身見何以故如來說具足
色身即非具足色身是名具足色身須菩提於
意云何如來可以具足諸相見不不也世尊如來
不應以具足諸相見何以故如來說諸具足即非具
足是名諸相具足　彌勒頌曰
八十隨形好　相分三十二　應物万般形　理中非一異
人法兩俱遣　色心齊一棄　所以證菩提　寔由諸相離
非說所說分第二十一
須菩提汝勿謂如來作是念我當有所說法莫作是
念何以故若人言如來有所說法即為謗佛不能解
我所說故須菩提說法者無法可說是名說法
尒時惠命須菩提白佛言世尊頗有衆生於未來
世聞說是法生信心不佛言須菩提彼非衆生非不
衆生何以故須菩提衆生衆生者如來說非衆生是名衆生
無法可得分第二十二
須菩提白佛言世尊佛得阿耨多羅三藐三菩提為無
所得耶如是如是須菩提我於阿耨多羅三藐三菩提
乃至無有少法可得是名阿耨多羅三藐三菩提

BD03444號　梁朝傳大士頌金剛經　（20–15）

衆生何以故須菩提衆生衆生者如來說非衆生是名衆生
無法可得分第二十二
須菩提白佛言世尊佛得阿耨多羅三藐三菩提為無
所得耶如是如是須菩提我於阿耨多羅三藐三菩提
乃至無有少法可得是名阿耨多羅三藐三菩提
淨心行善分第二十三
復次須菩提是法平等無有高下是名阿耨多羅三
藐三菩提以無我無人無衆生無壽者脩一切善法則
得阿耨多羅三藐三菩提須菩提所言善法者如來
說非善法是名善法　彌勒頌曰
水陸同真際　飛行體一如　法中無彼此　理上豈親踈
自他分別遣　高下執情除　了斯平等性　咸共入無餘
福智無比分第二十四
須菩提若三千大千世界中所有諸須彌山王如是等
七寶聚有人持用布施若人以此般若波羅蜜經乃至四
句偈等受持讀誦為他人說於前福德百分不及一
百千万億分乃至筭數譬喻所不能及　彌勒頌曰
施寶如沙數　唯成有漏因　不如無我觀　了妄乃名真
欲證无生忍　要假離貪瞋　人法知无我　逍遥出六塵
化無所化分第二十五
須菩提於意云何汝等勿謂如來作是念我當度
衆生須菩提莫作是念何以故實無有衆生如來度
者若有衆生如來度者如來則有我人衆生壽者
須菩提如來說有我者則非有我而凡夫之人以為
有我須菩提凡夫者如來說則非凡夫
法身非相分第二十六
須菩提於意云何可以三十二相觀如來不須菩提

BD03444號　梁朝傳大士頌金剛經　（20–16）

須菩提如來說有我者則非有我而凡夫之人以為
有我須菩提凡夫者如來說則非凡夫
法身非相分第二十六
須菩提於意云何可以三十二相觀如來不須菩提
言如是如是以三十二相觀如來佛言須菩提若以
三十二相觀如來者轉輪聖王則是如來須菩提白
佛言世尊如我解佛所說義不應以三十二相觀如
來尒時世尊而說偈言　若以色見我　以音聲求我
是人行邪道　不能見如來　彌勒頌曰
涅槃含四德　唯我契真常　齊名八自在　獨我最靈長
非色非聲相　心識豈能量　看時不可見　悟理即形彰
無斷無滅分第二十七
須菩提汝若作是念如來不以具足相故得阿耨多羅三
藐三菩提須菩提莫作是念如來不以具足相故得
阿耨多羅三藐三菩提須菩提汝若作是念發阿耨
多羅三藐三菩提心者說諸法斷滅莫作是念何以
故發阿耨多羅三藐三菩提心者於法不說斷滅相
不受不貪分第二十八
須菩提若菩薩以滿恒河沙等世界七寶布施若復
有人知一切法無我得成於忍此菩薩勝前菩薩所得功
德須菩提以諸菩薩不受福德故須菩提白佛言世
尊云何菩薩不受福德須菩提菩薩所作福德不
應貪著是故說不受福德
威儀寂靜分第二十九
須菩提若有人言如來若來若去若坐若臥是人不
解我所說義何以如來者無所從來亦無所去故名

BD03444號　梁朝傅大士頌金剛經　(20–17)

應貪著是故說不受福德
威儀寂靜分第二十九
須菩提若有人言如來若來若去若坐若臥是人不
解我所說義何以如來者無所從來亦無所去故名
如來
一合理相分第三十
須菩提若善男子善女人以三千大千世界碎為微
塵於意云何是微塵眾寧為多不甚多世尊何以故
若是微塵眾實有者佛則不說是微塵眾所以者
何佛說微塵眾則非微塵眾是名微塵眾世尊如
來所說三千大千世界則非世界是名世界何以故若
世界實有者則是一合相如來說一合相則非一合相
是名一合相須菩提一合相者則是不可相但凡夫之人
貪著其事　彌勒頌曰
界塵何一異　報應亦同然　非因亦非果　誰後復誰先
事中通一合　理則兩俱捐　欲達無生路　應當識本源
知見不生分第三十一
須菩提若人言佛說我見人見眾生見壽者見須菩
提於意云何是人解我所說義不世尊是人不解如來
所說義何以故世尊說我見人見眾生見壽者見即非
我見人見眾生見壽者見是名我見人見眾生見壽
者見須菩提發阿耨多羅三藐三菩提心者於一切法
應如是知如是見如是信解不生法相須菩提所言
法相者如來說即非法相是名法相
應化非真分第三十二
須菩提若有人以滿無量阿僧祇世界七寶持用布施

BD03444號　梁朝傅大士頌金剛經　(20–18)

應如是知如是見如是信解不生法相須菩提所言
法相者如來說即非法相是名法相
應化非真分第三十二
須菩提若有人以滿無量阿僧祇世界七寶持用布施
若有善男子善女人發菩薩心者持於此經乃至四
句偈等受持讀誦為人演說其福勝彼云何為人演
說不取於相如如不動何以故
一切有為法如夢幻泡影 如露亦如電 應作如是觀
彌勒頌曰
如星翳燈幻 皆為喻无常 漏識脩因果 誰言得久長
危脆同泡露 如雲影電光 饒經八万劫 終始落空亡
佛說是經已長老須菩提及諸比丘比丘尼優婆塞優婆
夷一切世間天人阿脩羅聞佛所說皆大歡喜信受奉行
金剛般若波羅蜜經
頌遍計
妄計因成執 迷繩為是虵 心疑生闇鬼 眼病見空花
一境雖无異 三人乃見差 了茲名不實 長馭白牛車
頌依他
依他非自立 必假眾緣成 日謝樹无影 燈來室乃明
名因共業變 万像積微生 若悟真空色 翛然去有情
頌圓成
相滅名亦遣 心融境亦亡 去來終莫見 語嘿永无方
智入圓成理 身同法性常 證終還了俗 不廢亦津梁
大身真言
那謨薄伽跋帝 鉢喇壤 鉢羅弭多曳 唵伊利底伊室利
輸盧馱毗舍耶毗舍耶 娑婆訶 隨心真言

BD03444 號　梁朝傅大士頌金剛經　（20–19）

名因共業變 万像積微生 若悟真空色 翛然去有情
頌圓成
相滅名亦遣 心融境亦亡 去來終莫見 語嘿永无方
智入圓成理 身同法性常 證終還了俗 不廢亦津梁
大身真言
那謨薄伽跋帝 鉢喇壤 鉢羅弭多曳 唵伊利底伊室利
輸盧馱毗舍耶毗舍耶 娑婆訶 隨心真言
那謨婆伽筏帝 鉢喇惹 波羅蜜多曳 怛姪他 唵吽 花析
囉嘰囉 娑婆訶 心中心真言
唵嗚倫泥沙 娑婆訶

BD03444 號　梁朝傅大士頌金剛經　（20–20）

但一心念佛若為女人說法
齒咲不現匈臆乃至為法猶不親厚况
復餘事不樂畜年少弟子沙弥小兒亦不
樂與同師常好坐禪在於閑處脩攝其心文
殊師利是名初親近處復次菩薩摩訶薩
觀一切法空如實相不顛倒不動不退不轉
如虛空无所有性一切語言道斷不生不出不
起无名无相實无所有无量无邊无礙无障
但以因緣有從顛倒生故說常樂觀如是法
相是名菩薩摩訶薩第二親近處尒時世
尊欲重宣此義而說偈言
若有菩薩　於後惡世　无怖畏心　欲說是經
應入行處　及親近處　常離國王　及國王子
大臣官長　凶險戲者　及旃陀羅　外道梵志
亦不親近　增上慢人　貪着小乘　三藏學者
破戒比丘　名字羅漢　及比丘尼　好戲咲者
深着五欲　求現滅度　諸優婆夷　皆勿親近
若是人等　以好心来　到菩薩所　為聞佛道
菩薩則以　无所畏心　不懷悕望　而為說法

BD03445號　妙法蓮華經卷五　（28–1）

亦不親近　增上慢人　貪着小乘　三藏學者
破戒比丘　名字羅漢　及比丘尼　好戲咲者
深着五欲　求現滅度　諸優婆夷　皆勿親近
若是人等　以好心来　到菩薩所　為聞佛道
菩薩則以　无所畏心　不懷悕望　而為說法
寡女處女　及諸不男　皆勿親近　以為親厚
亦莫親近　屠兒魁膾　田獵魚捕　為利煞害
販肉自活　衒賣女色　如是之人　皆勿親近
凶險相撲　種種嬉戲　諸婬女等　盡勿親近
莫獨屏處　為女說法　若說法時　无得戲咲
入里乞食　將一比丘　若无比丘　一心念佛
是則名為　行處近處　以此二處　能安樂說
又復不行　上中下法　有為无為　實不實法
亦不分別　是男是女　不得諸法　不知不見
是則名為　菩薩行處　一切諸法　空无所有
无有常住　亦无起滅　是名智者　所親近處
顛倒分別　諸法有无　是實非實　是生非生
在於閑處　脩攝其心　安住不動　如須弥山
觀一切法　皆无所有　猶如虛空　无有堅固
不生不出　不動不退　常住一相　是名近處
若有比丘　於我滅後　入是行處　及親近處
說斯經時　无有怯弱　菩薩有時　入於静室
以正憶念　隨義觀法　從禪定起　為諸國王
王子臣民　婆羅門等　開化演暢　說斯經典
其心安隱　无有怯弱　文殊師利　是名菩薩
安住初法　能於後世　說法華經

BD03445號　妙法蓮華經卷五　（28–2）

說斯經時　無有怯弱　菩薩有時　入於靜室
以正憶念　隨義觀法　從禪定起　為諸國王
王子臣民　婆羅門等　開化演暢　說斯經典
其心安隱　無有怯弱　文殊師利　是名菩薩
安住初法　能於後世　說法華經
又文殊師利如來滅後於末法中欲說是
經應住安樂行若口宣說若讀經時不樂說
人及經典過亦不輕慢諸餘法師不說他人好
惡長短於聲聞人亦不稱名說其過惡亦不
稱名讚歎其美又亦不生怨嫌之心善修如
是安樂心故諸有聽者不逆其意有所難
問不以小乘法答但以大乘而為解說令得
一切種智爾時世尊欲重宣此義而說偈言
菩薩常樂　安隱說法　於清淨地　而施床座
以油塗身　澡浴塵穢　著新淨衣　內外俱淨
安處法座　隨問為說　若有比丘　及比丘尼
諸優婆塞　及優婆夷　國王王子　群臣士民
以微妙義　和顏為說　若有難問　隨義而答
因緣譬喻　敷演分別　以是方便　皆使發心
漸漸增益　入於佛道　除嬾墮意　及懈怠想
離諸憂惱　慈心說法　晝夜常說　無上道教
以諸因緣　無量譬喻　開示眾生　咸令歡喜
衣服臥具　飲食醫藥　而於其中　無所悕望
但一心念　說法因緣　願成佛道　令眾亦爾
是則大利　安樂供養　我滅度後　若有比丘
能演說斯　妙法華經　心無嫉恚　諸惱障礙

BD03445號　妙法蓮華經卷五　（28-3）

但一心念　說法因緣　願成佛道　令眾亦爾
是則大利　安樂供養　我滅度後　若有比丘
能演說斯　妙法華經　心無嫉恚　諸惱障礙
亦無憂愁　及罵詈者　又無怖畏　加刀杖等
亦無擯出　安住忍故　智者如是　善修其心
能住安樂　如我上說　其人功德　千萬億劫
算數譬喻　說不能盡
又文殊師利菩薩摩訶薩於後末世法欲
滅時受持讀誦斯經典者無懷嫉妬諂誑之心
亦勿輕罵學佛道者求其長短若比丘比丘
尼優婆塞優婆夷求聲聞者求辟支佛者
求菩薩道者無得惱之令其疑悔語其人言
汝等去道甚遠終不能得一切種智所以者
何汝是放逸之人於道懈怠故又亦不應戲
論諸法有所諍競當於一切眾生起大悲想
十方諸大菩薩常應深心恭敬礼拜於一切
眾生平等說法以順法故不多不少乃至深
愛法者亦不為多說文殊師利是菩薩摩訶
薩於後末世法欲滅時有成就是第三安樂
行者說是法時無能惱亂得好同學共讀誦
是經亦得大眾而來聽受聽已能持持已能
誦誦已能說說已能書若使人書供養經卷
恭敬尊重讚歎爾時世尊欲重宣此義而
說偈言
若欲說是經　當捨嫉恚慢　諂誑邪偽心　常脩質直行

BD03445號　妙法蓮華經卷五　（28-4）

誦誦已能誦說已能書若使人書供養經卷
恭敬尊重讚歎尒時世尊欲重宣此義而
說偈言
若欲說是經　當捨嫉恚慢　諂誑邪偽心　常脩質直行
不輕蔑於人　亦不戲論法　不令他人悔　云汝不得佛
是佛子說法　常柔和能忍　慈悲於一切　不生懈怠心
十方大菩薩　愍眾故行道　應生恭敬心　是則我大師
於諸佛世尊　生無上父想　破於憍慢心　說法無障礙
第三法如是　智者應守護　一心安樂行　無量眾所敬
又文殊師利菩薩摩訶薩於後末世法欲滅
時有持法華經者於在家出家人中生大慈
心於非菩薩人中生大悲應作是念如是之人
則為大失如來方便隨宜說法不聞不知
不覺不問不信不解其人雖不問不信不解
是經我得阿耨多羅三藐三菩提時隨在何
地以神通力智慧力引之令得住是法中文
殊師利是菩薩摩訶薩於如來滅後有成
就此第四法者說是法時無有過失常為比
丘比尼、丘優婆塞優婆夷國王王子大臣人
民婆羅門居士等供養恭敬尊重讚歎虛空
諸天為聽法故亦常隨侍若在聚落城邑空
閑林中有人來欲難問者諸天晝夜常為法
故而衛護之能令聽者皆得歡喜所以者何
此經是一切過去未來現在諸佛神力所護
故文殊師利是法華經於無量國中乃至名
字不可得聞何況得見受持讀誦文殊師利

BD03445號　妙法蓮華經卷五　（28–5）

故而衛護之能令聽者皆得歡喜所以者何
此經是一切過去未來現在諸佛神力所護
故文殊師利是法華經於無量國中乃至名
字不可得聞何況得見受持讀誦文殊師利
譬如強力轉輪聖王欲以威勢降伏諸國而
諸小王不順其命時轉輪王起種種兵而往
討伐王見兵眾戰有功者即大歡喜隨功
賞賜或與田宅聚落城邑或與衣服嚴身之具
或與種種珍寶金銀琉璃車璖馬瑙珊瑚虎珀
象馬車乘奴婢人民唯王髻中明珠不以與之所
以者何獨王頂上有此一珠若以與之王諸
眷屬必大驚怪文殊師利如來亦復如是
以禪定智慧力得法國土王於三界而諸魔
王不肯順伏如來賢聖諸將與之共戰其有
功者心亦歡喜於四眾中為說諸經令其心
悅賜以禪定解脫無漏根力諸法之財又復
賜與涅槃之城言得滅度引導其心令皆
歡喜而不為說是法華經文殊師利如轉輪
王見諸兵眾有大功者心甚歡喜以此難信
之珠久在髻中不妄與人而今與之如來亦復
如是於三界中為大法王以法教化一切眾
生見賢聖軍與五陰魔煩惱魔死魔共戰
有大功勳滅三毒出三界破魔網尒時如來
亦大歡喜此法華經能令眾生至一切智一
切世間多怨難信先所未說而今說之文殊
師利此法華經是諸如來第一之說於諸說

BD03445號　妙法蓮華經卷五　（28–6）

有大功勳滅三毒出三界破魔網尒時如來
亦大歡喜此法華經能令衆生至一切智一
切世間多怨難信先所未說而今說之文殊
師利此法華經是諸如來第一之說於諸說
中最為甚深末後賜與如彼強力之王久護
明珠今乃與之文殊師利此法華經諸佛如
來秘密之藏於諸經中最在其上長夜守護
不妄宣說始於今日乃與汝等而敷演之尒時
世尊欲重宣此義而說偈言
常行忍辱 哀愍一切 乃能演說 佛所讚經
後末世時 持此經者 於家出家 及非菩薩
應生慈悲 斯等不聞 不信是經 則為大失
我得佛道 以諸方便 為說此法 令住其中
譬如強力 轉輪之王 兵戰有功 賞賜諸物
象馬車乘 嚴身之具 及諸田宅 聚落城邑
或與衣服 種種珍寶 奴婢財物 歡喜賜與
如有勇健 能為難事 王解髻中 明珠賜之
如來亦尒 為諸法王 忍辱大力 智慧寶藏
以大慈悲 如法化世 見一切人 受諸苦惱
欲求解脫 與諸魔戰 為是衆生 說種種法
以大方便 說此諸經 既知衆生 得其力已
末後乃為 說是法華 如王解髻 明珠與之
此經為尊 衆經中上 我常守護 不妄開示
今正是時 為汝等說 我滅度後 求佛道者
欲得安隱 演說斯經 應當親近 如是四法
讀是經者 常無憂惱 又無病痛 顏色鮮白

此經為尊 衆經中上 我常守護 不妄開示
今正是時 為汝等說 我滅度後 求佛道者
欲得安隱 演說斯經 應當親近 如是四法
讀是經者 常無憂惱 又無病痛 顏色鮮白
不生貧窮 卑賤醜陋 衆生樂見 如慕賢聖
天諸童子 以為給使 刀杖不加 毒不能害
若人惡罵 口則閉塞 遊行無畏 如師子王
智慧光明 如日之照 若於夢中 但見妙事
見諸如來 坐師子座 諸比丘衆 圍繞說法
又見龍神 阿脩羅等 數如恒沙 恭敬合掌
自見其身 而為說法 又見諸佛 身相金色
放無量光 照於一切 以梵音聲 演說諸法
佛為四衆 說無上法 見身處中 合掌讚佛
聞法歡喜 而為供養 得陁羅尼 證不退智
佛知其心 深入佛道 即為授記 成最正覺
汝善男子 當於來世 得無量智 佛之大道
國土嚴淨 廣大無比 亦有四衆 合掌聽法
又見自身 在山林中 脩習善法 證諸實相
深入禪定 見十方佛
諸佛身金色 百福相莊嚴 聞法為人說 常有是好夢
又夢作國王 捨宮殿眷屬 及上妙五欲 行詣於道場
在菩提樹下 而處師子座 求道過七日 得諸佛之智
成無上道已 起而轉法輪 為四衆說法 經千萬億劫
說無漏妙法 度無量衆生 後當入涅槃 如煙盡燈滅
若後惡世中 說是第一法 是人得大利 如上諸功德
妙法蓮華經從地踊出品第十五

成無上道已　起而轉法輪　為四衆說法　經千万億劫
說無漏妙法　度無量衆生　後當入涅槃　如烟盡燈滅
若後惡世中　說是第一法　是人得大利　如上諸功德
妙法蓮華經從地踊出品第十五
尒時他方國土諸來菩薩摩訶薩過八恒河
沙數於大衆中起立合掌作礼而白佛言世
尊若聽我等於佛滅後在此娑婆世界勤加
精進護持讀誦書冩供養是經典者當於此土
而廣說之尒時佛告諸菩薩摩訶薩衆止善
男子不須汝等護持此經所以者何我娑婆
世界自有六万恒河沙等菩薩摩訶薩一一菩
薩各有六万恒河沙眷屬是諸人等能於我
滅後護持讀誦廣說此經佛說是時娑婆
世界三千大千國土地皆震裂而於其中有
無量千万億菩薩摩訶薩同時踊出是諸菩
薩身皆金色三十二相無量光明先盡在此
娑婆世界之下此界虛空中住是諸菩薩聞
釋迦牟尼佛所說音聲從下發來一一菩薩皆
是大衆唱導之首各將六万恒河沙眷屬
況將五万四万三万二万一万恒河沙等眷
屬者況復乃至一恒河沙半恒河沙四分之
一乃至千万億那由他分之一況復千万億
那由他眷屬況復億万眷屬況復千万百万
乃至一万況復一千一百乃至一十況復將五
四三二一弟子者況復單己樂遠離行如
是等比丘無量無邊筭數譬喻所不能知是

那由他眷屬況復億万眷屬況復千万百万
乃至一万況復一千一百乃至一十況復將五
四三二一弟子者況復單己樂遠離行如
是等比丘無量無邊筭數譬喻所不能知是
諸菩薩從地出已各詣虛空七寶妙塔多寶如
來釋迦牟尼佛所到已向二世尊頭面礼足及
至諸寶樹下師子座上佛所亦皆作礼右繞
三匝合掌恭敬以諸菩薩種種讚法而以讚
歎住在一面欣樂瞻仰於二世尊是諸菩薩
摩訶薩從初踊出以諸菩薩種種讚法而讚
於佛如是時間經五十小劫是時釋迦牟尼
佛嘿然而坐及諸四衆亦皆嘿然五十小劫
佛神力故令諸大衆謂如半日尒時四衆亦
以佛神力故見諸菩薩遍滿無量百千万
億國土虛空是菩薩衆中有四導師一名上
行二名無邊行三名淨行四名安立行是四
菩薩於其衆中最為上首唱導之師在大衆
前各共合掌觀釋迦牟尼佛而問訊言世尊
少病少惱安樂行不所應度者受教易不不
令世尊生疲勞耶尒時四大菩薩而說偈言
世尊安樂　少病少惱　教化衆生　得無疲惓
又諸衆生　受化易不　不令世尊　生疲勞耶
尒時世尊於菩薩大衆中而作是言如是如
是諸善男子如來安樂少病少惱諸衆生
等易可化度無有疲勞所以者何是諸衆生世
世已來常受我化亦於過去諸佛供養尊重

是諸善男子　如来安樂少病少惱　諸衆生
等易可化度　无有疲勞　所以者何　是諸衆生世
世已来常受我化　亦於過去諸佛供養尊重
種諸善根　此諸衆生始見我身　聞我所說　即
皆信受入如来慧　除先脩習學小乘者　如是
之人我今亦令得聞是經入於佛慧　尒時諸大
菩薩而說偈言
善哉善哉　大雄世尊　諸衆生等　易可化度
能問諸佛　甚深智慧　聞已信行　我等隨喜
於時世尊讚歎上首諸大菩薩　善哉善哉
善男子　汝等能於如来發隨喜心　尒時弥勒菩
薩及八千恒河沙諸菩薩衆皆作是念　我等
從昔已来　不見不聞如是大菩薩摩訶薩衆
從地踊出　住世尊前合掌供養問訊如来　時
弥勒菩薩摩訶薩知八千恒河沙諸菩薩等
心之所念　并欲自決所疑　合掌向佛以偈問曰
无量千万億　大衆諸菩薩　昔所未曾有　願兩足尊說
是從何所来　以何因緣集　巨身大神通　智慧叵思議
其志念堅固　有大忍辱力　衆生所樂見　為從何所来
一一諸菩薩　所將諸眷屬　其數无有量　如恒河沙等
或有大菩薩　將六万恒沙　如是諸大衆　一心求佛道
是諸大師等　六万恒河沙　俱来供養佛　及護此持經
將五万恒沙　其數過於是　四万及三万　二万至一万
一千一百等　乃至一恒沙　半及三四分　億万分之一
千万那由他　万億諸弟子　乃至於半億　其數復過上

是諸大師等　六万恒河沙　俱来供養佛　及護此持經
將五万恒沙　其數過於是　四万及三万　二万至一万
一千一百等　乃至一恒沙　半及三四分　億万分之一
千万那由他　万億諸弟子　乃至於半億　其數復過上
百万至一万　一千及一百　五十與一十　乃至三二一
單已无眷屬　樂於獨處者　俱来至佛所　其數轉過上
如是諸大衆　若人行籌數　過於恒沙劫　猶不能盡知
是諸大威德　精進菩薩衆　誰為其說法　教化而成就
從誰初發心　稱揚何佛法　受持行誰經　脩習何佛道
如是諸菩薩　神通大智力　四方地震裂　皆從中踊出
世尊我昔来　未曾見是事　願說其所從　國土之名号
我常遊諸國　未曾見是事　我於此衆中　乃不識一人
忽然從地出　願說其因緣　今此之大會　无量百千億
是諸菩薩等　皆欲知此事　是諸菩薩衆　本末之因緣
无量德世尊　唯願決衆疑
尒時釋迦牟尼佛分身諸佛　從无量千万億
他方國土来者　在於八方諸寶樹下師子座上
結跏趺坐　其佛侍者各各見是菩薩大衆於
三千大千世界四方從地踊出住於虛空　各白
其佛言　世尊　此諸无量无邊阿僧祇菩薩
大衆從何所来　尒時諸佛各告侍者　諸善男
子且待須臾　有菩薩摩訶薩名曰弥勒　釋迦牟
尼佛之所授記　次後作佛　已問斯事　佛今答
之　汝等自當因是得聞　尒時釋迦牟尼佛告
弥勒菩薩　善哉善哉　阿逸多　乃能問佛如是
大事　汝等當共一心　被精進鎧　發堅固意

尼佛之所授記次後作佛已問斯事佛今荅
之汝等自當因是得聞尒時釋迦牟尼佛告
弥勒菩薩善哉善哉阿逸多乃能問佛如是
大事汝等當共一心被精進鎧發堅固意如
來今欲顯發宣示諸佛智慧諸佛自在神通
之力諸佛師子奮迅之力諸佛威猛大勢之
力尒時世尊欲重宣此義而說偈言
當精進一心　我欲說此事　勿得有疑悔　佛智叵思議
汝今出信力　住於忍善中　昔所未聞法　今皆當得聞
我今安慰汝　勿得懷疑懼　佛無不實語　智慧不可量
所得第一法　甚深叵分別　如是今當說　汝等一心聽
尒時世尊說此偈已告弥勒菩薩我今於此
大衆宣告汝等阿逸多是諸大菩薩摩訶薩
無量無數阿僧祇從地踊出汝等昔所未見者
我於是娑婆世界得阿耨多羅三藐三菩提
已教化示導是諸菩薩調伏其心令發道意
此諸菩薩皆於是娑婆世界之下此界虛空
中住於諸經典讀誦通利思惟分別正憶念
阿逸多是諸善男子等不樂在衆多有所說
常樂靜處懃行精進未曾休息亦不依止人
天而住常樂深智無有障礙亦常樂於諸佛
之法一心精進求無上慧尒時世尊欲重宣此
義而說偈言
阿逸汝當知　是諸大菩薩　從無數劫來　脩習佛智慧
悉是我所化　令發大道心　此等是我子　依止是世界
常行頭陁事　志樂於靜處　捨大衆憒鬧　不樂多所說

BD03445號　妙法蓮華經卷五　（28–13）

阿逸汝當知　是諸大菩薩　從無數劫來　脩習佛智慧
悉是我所化　令發大道心　此等是我子　依止是世界
常行頭陁事　志樂於靜處　捨大衆憒鬧　不樂多所說
如是諸子等　學習我道法　晝夜常精進　為求佛道故
在娑婆世界　下方空中住　志念力堅固　常懃求智慧
說種種妙法　其心無所畏　我於伽耶城　菩提樹下坐
得成最正覺　轉無上法輪　尒乃教化之　令初發道心
今皆住不退　悉當得成佛　我今說實語　汝等一心信
我從久遠來　教化是等衆
尒時弥勒菩薩摩訶薩及無數諸菩薩等心生
疑惑怪未曾有而作是念云何世尊於少時
間教化如是無量無邊阿僧祇諸大菩薩令
住阿耨多羅三藐三菩提即白佛言世尊如
來為太子時出於釋宮去伽耶城不遠坐於
道場得成阿耨多羅三藐三菩提從是已來
始過四十餘年世尊云何於此少時大作佛
事以佛勢力以佛功德教化如是無量大菩
薩衆當成阿耨多羅三藐三菩提世尊此大
菩薩衆假使有人於千萬億劫數不能盡不
得其邊斯等久遠已來於無量無邊諸佛
所植諸善根成就菩薩道常脩梵行世尊如
此之事世所難信譬如有人色美髮黑年二十
五指百歲人言是我子其百歲人亦指年少
言是我父生育我等是事難信佛亦如是得
道已來其實未久而此大衆諸菩薩等已

BD03445號　妙法蓮華經卷五　（28–14）

此之事世所難信譬如有人色美髮黑年二十
五指百歲人言是我子其百歲人亦指年少
言是我父生育我等是事難信佛亦如是得
道已來其實未久而此大衆諸菩薩等已
於无量千万億劫為佛道故勤行精進善入
出住无量百千万億三昧得大神通久脩梵行
善能次第習諸善法巧於問荅人中之寶一
切世間甚為希有今日世尊方云得佛道時
初令發心教化示道令向阿耨多羅三藐三菩
提世尊得佛未久乃能作此大功德事我等
雖復信佛隨宜所說佛所出言未曾虛妄佛
所知者皆悉通達然諸新發意菩薩於佛
滅後若聞是語或不信受而起破法罪業因
緣唯然世尊願為解說除我等疑及未來世
諸善男子聞此事已亦不生疑尒時弥勒菩
薩欲重宣此義而說偈言
佛昔從釋種　出家近伽耶　坐於菩提樹　尒來尚未久
此諸佛子等　其數不可量　久已行佛道　住神通智力
善學菩薩道　不染世間法　如蓮華在水　從地而踊出
皆起恭敬心　住於世尊前　是事難思議　云何而可信
佛得道甚近　所成就甚多　願為除衆疑　如實分別說
譬如少壯人　年始二十五　示人百歲子　髮白而面皺
是等我所生　子亦說是父　父少而子老　舉世所不信
世尊亦如是　得道來甚近　是諸菩薩等　志固无怯弱
從无量劫來　而行菩薩道　巧於難問荅　其心无所畏
忍辱心決定　端正有威德　十方佛所讚　善能分別說

是等我所生　子亦說是父　父少而子老　舉世所不信
世尊亦如是　得道來甚近　是諸菩薩等　志固无怯弱
從无量劫來　而行菩薩道　巧於難問荅　其心无所畏
忍辱心決定　端正有威德　十方佛所讚　善能分別說
不樂在人衆　常好在禪定　為求佛道故　於下空中住
我等從佛聞　於此事无疑　願佛為未來　演說令開解
若有於此經　生疑不信者　即當墮惡道　願今為解說
是无量菩薩　云何於少時　教化令發心　而住不退地
妙法蓮華經如來壽量品第十六
尒時佛告諸菩薩及一切大衆諸善男子汝
等當信解如來誠諦之語復告大衆汝等當
信解如來誠諦之語又復告諸大衆汝等當
信解如來誠諦之語是時菩薩大衆弥勒為
首合掌白佛言世尊唯願說之我等當信受
佛語如是三白已復言唯願說之我等當信受佛
語尒時世尊知諸菩薩三請不止而告之言
汝等諦聽如來秘密神通之力一切世間天
人及阿脩羅皆謂今釋迦牟尼佛出釋氏宮
去伽耶城不遠坐於道場得阿耨多羅三
藐三菩提然善男子我實成佛已來无量
无邊百千万億那由他劫譬如五百千万億
那由他阿僧祇三千大千世界假使有人末為
微塵過於東方五百千万億那由他阿僧祇
國乃下一塵如是東行盡是微塵諸善男
子於意云何是諸世界可得思惟校計知其
數不弥勒菩薩等俱白佛言世尊是諸世界

微塵過於東方五百千万億那由他阿僧祇
國乃下一塵如是東行盡是微塵諸善男
子於意云何是諸世界可得思惟校計知其
數不弥勒菩薩等俱白佛言世尊是諸世界
无量无邊非筭數所知亦非心力所及一切聲
聞辟支佛以无漏智不能思惟知其限數我
等住阿惟越致地於是事中亦所不達世尊
如是諸世界无量无邊尒時佛告大菩薩衆
諸善男子今當分明宣語汝等是諸世界若
著微塵及不著者盡以為塵一塵一劫我成
佛已來復過於此百千万億那由他阿僧祇
劫自從是來我常在此娑婆世界說法教化
亦於餘處百千万億那由他阿僧祇國導利
衆生諸善男子於是中間我說然燈佛等
又復言其入於涅槃如是皆以方便分別諸善
男子若有衆生來至我所我以佛眼觀其信
等諸根利鈍隨所應度處處自說名字不
同年大小亦復現言當入涅槃又以種種方
便說微妙法能令衆生發歡喜心諸善男
子如來見諸衆生樂於小法德薄垢重者為
是人說我少出家得阿耨多羅三藐三菩提然
我實成佛已來久遠若斯但以方便教化衆
生令入佛道作如是說諸善男子如來所演
經典皆為度脫衆生或說己身或說他身或
示己身或示他身或示己事或示他事諸所言說
皆實不虛所以者何如來如實知見三界之相

BD03445號　妙法蓮華經卷五　（28–17）

生令入佛道作如是說諸善男子如來所演
經典皆為度脫衆生或說己身或說他身或
示己身或示他身或示己事或示他事諸所言說
皆實不虛所以者何如來如實知見三界之相
无有生死若退若出亦无在世及滅度者非實
非虛非如非異不如三界見於三界如斯之事如
來明見无有錯謬以諸衆生有種種性種種欲種種行種
種憶想分別故欲令生諸善根以若干因緣譬喻
言辭種種說法所作佛事未曾暫廢如是我成
佛已來甚大久遠壽命无量阿僧祇劫常住
不滅諸善男子我本行菩薩道所成壽命
今猶未盡復倍上數然今非實滅度而便唱言
當取滅度如來以是方便教化衆生所以者何
若佛久住於世薄德之人不種善根貧窮下
賤貪著五欲入於憶想妄見網中若見如來
常在不滅便起憍恣而懷厭怠不能生於難遭之
想恭敬之心是故如來以方便說比丘當知諸佛
出世難可值遇所以者何諸薄德人過无量
百千万億劫或有見佛或不見者以此事故
我作是言諸比丘如來難可得見斯衆生等
聞如是語必當生於難遭之想心懷戀
慕渴仰於佛便種善根是故如來雖不實
滅而言滅度又善男子諸佛如來法皆如是
為度衆生皆實不虛譬如良醫智慧聰達
明練方藥善治衆病其人多諸子息若十二十
乃至百數以有事緣遠至餘國諸子於後飲他

BD03445號　妙法蓮華經卷五　（28–18）

為度衆生皆實不虛譬如良醫智慧聰達
明練方藥善治衆病其人多諸子息若十二十
乃至百數以有事緣遠至餘國諸子於後飲他
毒藥藥發悶亂宛轉于地是時其父還來歸
家諸子飲毒或失本心或不失者遙見其父
皆大歡喜拜跪問訊善安隱歸我等愚癡誤
服毒藥願見救療更賜壽命父見子等苦惱
如是依諸經方求好藥草色香美味皆悉具
足擣篩和合與子令服而作是言此大良藥
色香美味皆悉具足汝等可服速除苦惱無
復衆患其諸子中不失心者見此良藥色香
俱好即便服之病盡除愈餘失心者見其父
來雖亦歡喜問訊求索治病然與其藥而不
肯服所以者何毒氣深入失本心故於此好色
香藥而謂不美父作是念此子可愍為毒所中
心皆顛倒雖見我喜求索救療如是好藥而
不肯服我今當設方便令服此藥即作是言
汝等當知我今衰老死時已至是好良藥今
留在此汝可取服勿憂不差作是教已復至
他國遣使還告汝父已死是時諸子聞父背
喪心大憂惱而作是念若父在者慈愍我等能
見救護今者捨我遠喪他國自惟孤露無
復恃怙常懷悲感心遂醒悟乃知此藥色
味香美即取服之毒病皆愈其父聞子悉
已得差尋便來歸咸使見之諸善男子於
意云何頗有人能說此良醫虛妄罪不不也世

BD03445號　妙法蓮華經卷五　（28-19）

味香美即取服之毒病皆愈其父聞子悉
已得差尋便來歸咸使見之諸善男子於
意云何頗有人能說此良醫虛妄罪不不也世
尊佛言我亦如是成佛已來無量無邊百千
万億那由他阿僧祇劫為衆生故以方便力言
當滅度亦無有能如法說我虛妄過者尒時
世尊欲重宣此義而說偈言
自我得佛來　所經諸劫數　無量百千万　億載阿僧祇
常說法教化　無數億衆生　令入於佛道　尒來無量劫
為度衆生故　方便現涅槃　而實不滅度　常住此說法
我常住於此　以諸神通力　令顛倒衆生　雖近而不見
衆見我滅度　廣供養舍利　咸皆懷戀慕　而生渴仰心
衆生既信伏　質直意柔軟　一心欲見佛　不自惜身命
時我及衆僧　俱出靈鷲山　我時語衆生　常在此不滅
以方便力故　現有滅不滅　餘國有衆生　恭敬信樂者
我復於彼中　為說無上法　汝等不聞此　但謂我滅度
我見諸衆生　沒在於苦惱　故不為現身　令其生渴仰
因其心戀慕　乃出為說法　神通力如是　於阿僧祇劫
常在靈鷲山　及餘諸住處　衆生見劫盡　大火所燒時
我此土安隱　天人常充滿　園林諸堂閣　種種寶莊嚴
寶樹多華菓　衆生所遊樂　諸天擊天鼓　常作衆伎樂
雨曼陀羅華　散佛及大衆　我淨土不毀　而衆見燒盡
憂怖諸苦惱　如是悉充滿　是諸罪衆生　以惡業因緣
過阿僧祇劫　不聞三寶名　諸有脩功德　柔和質直者
則皆見我身　在此而說法　或時為此衆　說佛壽無量
久乃見佛者　為說佛難值　我智力如是　慧光照無量

BD03445號　妙法蓮華經卷五　（28-20）

而衆見燒盡　[illegible]
憂怖諸苦惱　如是悉充滿　是諸罪衆生　以惡業因緣
過阿僧祇劫　不聞三寶名　諸有脩功德　柔和質直者
則皆見我身　在此而說法　或時為此衆　說佛壽無量
久乃見佛者　為說佛難值　我智力如是　慧光照無量
壽命無數劫　久脩業所得　汝等有智者　勿於此生疑
當斷令永盡　佛語實不虛　如醫善方便　為治狂子故
實在而言死　無能說虛妄　我亦為世父　救諸苦患者
為凡夫顛倒　實在而言滅　以常見我故　而生憍恣心
放逸著五欲　墮於惡道中　我常知衆生　行道不行道
隨應所可度　為說種種法　每自作是意　以何令衆生
得入無上道　速成就佛身

妙法蓮華經分別功德品第十七

尒時大會聞佛說壽命劫數長遠如是無量
無邊阿僧祇衆生得大饒益於時世尊告弥
勒菩薩摩訶薩阿逸多我說是如來壽命
長遠時六百八十万億那由他恒河沙衆生得
無生法忍復千倍菩薩摩訶薩得聞持陁羅尼
門復有一世界微塵數菩薩摩訶薩得樂
說無礙辯才復有一世界微塵數菩薩摩訶
薩得百万億無量旋陁羅尼復有三千大千
世界微塵數菩薩摩訶薩能轉不退法輪復
有二千中國土微塵數菩薩摩訶薩能轉清
淨法輪復有小千國土微塵數菩薩摩訶薩
八生當得阿耨多羅三藐三菩提復有四四天
下微塵數菩薩摩訶薩四生當得阿耨多
羅三藐三菩提復有三四天下微塵數菩薩

BD03445號　妙法蓮華經卷五　（28–21）

有二千中國土微塵數菩薩摩訶薩能轉清
淨法輪復有小千國土微塵數菩薩摩訶薩
八生當得阿耨多羅三藐三菩提復有四四天
下微塵數菩薩摩訶薩四生當得阿耨多
羅三藐三菩提復有三四天下微塵數菩薩
摩訶薩三生當得阿耨多羅三藐三菩提復
有二四天下微塵數菩薩摩訶薩二生當得
阿耨多羅三藐三菩提復有一四天下微塵
數菩薩摩訶薩一生當得阿耨多羅三藐三
菩提復有八世界微塵數衆生皆發阿耨多
羅三藐三菩提心佛說是諸菩薩摩訶薩得
大法利時於虛空中雨曼陁羅華摩訶曼陁
羅華以散無量百千万億寶樹下師子座上
諸佛并散七寶塔中師子座上釋迦牟尼佛
及久滅度多寶如來亦散一切諸大菩薩及
四部衆又雨細末栴檀沉水香等於虛空中
天鼓自鳴妙聲深遠又雨千種天衣垂諸瓔
珞真珠瓔珞摩尼珠瓔珞如意珠瓔珞遍於
九方衆寶香爐燒無價香自然周至供養大
會一一佛上有諸菩薩執持幡蓋次第而上
至于梵天是諸菩薩以妙音聲歌無量頌讚歎諸佛尒
時弥勒菩薩從座而起偏袒右肩合掌向佛而說偈言
佛說希有法　昔所未曾有　世尊有大力　壽命不可量
無數諸佛子　聞世尊分別　說得法利者　歡喜充遍身
或住不退地　或得陁羅尼　或無礙樂說　万億旋總持
或有大千界　微塵數菩薩　各各皆能轉　不退之法輪

BD03445號　妙法蓮華經卷五　（28–22）

佛說希有法　昔所未曾聞　世尊有大力　壽命不可量
無數諸佛子　聞世尊分別　說得法利者　歡喜充遍身
或住不退地　或得陁羅尼　或無礙樂說　万億旋總持
或有大千界　微塵數菩薩　各各皆能轉　不退之法輪
復有中千界　微塵數菩薩　各各皆能轉　清淨之法輪
復有小千界　微塵數菩薩　餘各八生在　當得成佛道
復有四三二　如是四天下　微塵諸菩薩　隨數生成佛
或一四天下　微塵數菩薩　餘有一生在　當成一切智
如是等衆生　聞佛壽長遠　得無量無漏　清淨之果報
復有八世界　微塵數衆生　聞佛說壽命　皆發無上心
世尊說無量　不可思議法　多有所饒益　如虛空無邊
雨天曼陁羅　摩訶曼陁羅　釋梵如恒沙　無數佛土來
雨栴檀沉水　繽紛而亂墜　如鳥飛空下　供散於諸佛
天皷虛空中　自然出妙聲　天衣千万種　旋轉而來下
衆寶妙香爐　燒無價之香　自然悉周遍　供養諸世尊
其大菩薩衆　執七寶幡蓋　高妙万億種　次第至梵天
一一諸佛前　寶幢懸勝幡　亦以千万偈　歌詠諸如來
如是種種事　昔所未曾有　聞佛壽無量　一切皆歡喜
佛名聞十方　廣饒益衆生　一切具善根　以助無上心
尒時佛告弥勒菩薩摩訶薩阿逸多其有
衆生聞佛壽命長遠如是乃至能生一念信解
所得功德無有限量若有善男子善女人為
阿耨多羅三藐三菩提故於八十万億那由他
劫行五波羅蜜檀波羅蜜尸羅波羅蜜羼
提波羅蜜毗梨耶波羅蜜禪波羅蜜除般若
波羅蜜以是功德比前功德百分千百千万億

阿耨多羅三藐三菩提故於八十万億那由他
劫行五波羅蜜檀波羅蜜尸羅波羅蜜羼
提波羅蜜毗梨耶波羅蜜禪波羅蜜除般若
波羅蜜以是功德比前功德百分千百千万億
分不及其一乃至筭數譬喻所不能知若善
男子善女人有如是功德於阿耨多羅三藐
三菩提退者無有是處尒時世尊欲重宣
此義而說偈言
若人求佛慧　於八十万億　那由他劫數　行五波羅蜜
於是諸劫中　布施供養佛　及緣覺弟子　并諸菩薩衆
珎異之飲食　上服與卧具　栴檀立精舍　以園林莊嚴
如是等布施　種種皆微妙　盡此諸劫數　以迴向佛道
若復持禁戒　清淨無缺漏　求於無上道　諸佛之所歎
若復行忍辱　住於調柔地　設衆惡來加　其心不傾動
諸有得法者　懷於增上慢　為此所輕惱　如是亦能忍
若復懃精進　志念常堅固　於無量億劫　一心不懈息
又於無數劫　住於空閑處　若坐若經行　除睡常攝心
以是因緣故　能生諸禪定　八十億万劫　安住心不亂
持此一心福　願求無上道　我得一切智　盡諸禪定際
是人於百千　万億劫數中　行此諸功德　如上之所說
有善男女等　聞我說壽命　乃至一念信　其福過於彼
若人悉無有　一切諸疑悔　深心須臾信　其福為如此
其有諸菩薩　無量劫行道　聞我說壽命　是則能信受
如是諸人等　頂受此經典　願我於未來　長壽度衆生
如今日世尊　諸釋中之王　道場師子吼　說法無所畏
我等未來世　一切所尊敬　坐於道場時　說壽亦如是

其有諸菩薩　無量劫行道　聞我說壽命　是則能信受
如是諸人等　頂受此經典　願我於未來　長壽度衆生
如今日世尊　諸釋中之王　道場師子吼　說法無所畏
我等未來世　一切所尊敬　坐於道場時　說壽亦如是
若有深心者　清淨而質直　多聞能總持　隨義解佛語
如是諸人等　於此無有疑
又阿逸多若有聞佛壽命長遠解其言趣
是人所得功德無有限量能起如來無上之慧
何況廣聞是經若教人聞若自持若教人持
若自書若教人書若以華香瓔珞幢幡繒蓋
香油蘇燈供養經卷是人功德無量無邊能
生一切種智阿逸多若善男子善女人聞我
說壽命長遠深心信解則為見佛常在耆
闍崛山共大菩薩諸聲聞衆圍遶說法又見
此娑婆世界其地琉璃坦然平正閻浮檀金以
界八道寶樹行列諸臺樓觀皆悉寶成其
菩薩衆咸處其中若有能如是觀者當知是為
深信解相又復如來滅後若聞是經而不毀
呰起隨喜心當知已為深信解相何況讀誦
受持之者斯人則為頂戴如來阿逸多是善
男子善女人不須為我復起塔寺及作僧房
以四事供養衆僧所以者何是善男子善女
人受持讀誦是經典者為已起塔造立僧房
供養衆僧則為以佛舍利起七寶塔高廣
漸小至于梵天懸諸幡蓋及衆寶鈴華香
瓔珞末香塗香燒香衆鼓伎樂簫笛箜篌

BD03445號　妙法蓮華經卷五　（28–25）

供養衆僧則為以佛舍利起七寶塔高廣
漸小至于梵天懸諸幡蓋及衆寶鈴華香
瓔珞末香塗香燒香衆鼓伎樂簫笛箜篌
種種舞戲以妙音聲歌唄讚頌則為於無量
千万億劫作是供養已阿逸多若我滅後聞是
經典有能受持若自書若教人書則為起立
僧房以赤栴檀作諸殿堂三十有二高八多
羅樹高廣嚴好百千比丘於其中止園林浴池
經行禪窟衣服飲食牀褥湯藥一切樂具充
滿其中如是僧房堂閣若干百千万億其數無
量以此現前供養於我及比丘僧是故我說如
來滅後若有受持讀誦為他人說若自書
若教人書供養經卷不須復起塔寺及造僧
房供養衆僧況復有人能持是經兼行布
施持戒忍辱精進一心智慧其德最勝無量
無邊譬如虛空東西南北四維上下無量無
邊是人功德亦復如是無量無邊疾至一切種
智若人讀誦受持是經為他人說若自書若
教人書復能起塔及造僧房供養讚歎聲
聞衆僧亦以百千万億讚歎之法讚歎菩薩
功德又為他人種種因緣隨義解說此法華經
復能清淨持戒與柔和者而共同止忍辱無
瞋志念堅固常貴坐禪得諸深定精進勇猛
攝諸善法利根智慧善答問難阿逸多若
我滅後諸善男子善女人受持讀誦是經典
者復有如是諸善功德當知是人已趣道場

BD03445號　妙法蓮華經卷五　（28–26）

瞋志念堅固常貴坐禪得諸深定精進勇猛
攝諸善法利根智慧善荅問難阿逸多若
我滅後諸善男子善女人受持讀誦是經典
者復有如是諸善功德當知是人已趣道場
近阿耨多羅三藐三菩提坐道樹下阿逸多是善
男子善女人若坐若立若經行處此中便應起
塔一切天人皆應供養如佛之塔尒時世尊欲
重宣此義而說偈言
若我滅度後　能奉持此經　斯人福無量　如上之所說
是則為具足　一切諸供養　以舍利起塔　七寶而莊嚴
表剎甚高廣　漸小至梵天　寶鈴千万億　風動出妙音
又於無量劫　而供養此塔　華香諸瓔珞　天衣衆伎樂
然香油蘇燈　周匝常照明　惡世法末時　能持是經者
則為已如上　具足諸供養　若能持此經　則如佛現在
以牛頭栴檀　起僧房供養　堂有三十二　高八多羅樹
上饌妙衣服　床臥皆具足　百千衆住處　園林諸流池
經行及禪窟　種種皆嚴好　若有信解心　受持讀誦書
若復教人書　及供養經卷　散華香末香　以須曼瞻蔔
阿提目多伽　熏油常然之　如是供養者　得無量功德
如虛空無邊　其福亦如是　況復持此經　兼布施持戒
忍辱樂禪定　不瞋不惡口　恭敬於塔廟　謙下諸比丘
遠離自高心　常思惟智慧　有問難不瞋　隨順為解說
若能行是行　功德不可量　若見此法師　成就如是德
應以天華散　天衣覆其身　頭面接足礼　生心如佛想
又應作是念　不久詣道樹　得無漏無為　廣利諸人天

則為已如上　具足諸供養　若能持此經　則如佛現在
以牛頭栴檀　起僧房供養　堂有三十二　高八多羅樹
上饌妙衣服　床臥皆具足　百千衆住處　園林諸流池
經行及禪窟　種種皆嚴好　若有信解心　受持讀誦書
若復教人書　及供養經卷　散華香末香　以須曼瞻蔔
阿提目多伽　熏油常然之　如是供養者　得無量功德
如虛空無邊　其福亦如是　況復持此經　兼布施持戒
忍辱樂禪定　不瞋不惡口　恭敬於塔廟　謙下諸比丘
遠離自高心　常思惟智慧　有問難不瞋　隨順為解說
若能行是行　功德不可量　若見此法師　成就如是德
應以天華散　天衣覆其身　頭面接足礼　生心如佛想
又應作是念　不久詣道樹　得無漏無為　廣利諸人天
其所住止處　經行若坐臥　乃至說一偈　是中應起塔
莊嚴令妙好　種種以供養　佛子住此地　則是佛受用
常在於其中　經行及坐臥　曾進福得利　疾至於菩提

妙法蓮華經卷第五

大乘百法論義章一卷　　曇法師撰

將釋此論略作七門分別　第一明造論意　第二釋論題目
第三辨論宗體　第四顯教時分　第五明教所被機
第六陳造論年主　第七依文解釋　第一明造論意者夫
尋三界有、轉溺迴無替者莫
不以斷常空有然於懷所以淪陷生死輒利物為除空有
兩執故開空有二門　前明百法有體為遣執空　後明人法二空
為除有見所以有體世諦非无所以言空真諦隨何說有隨
為說藥病息藥亡執莫戍病悟病戍藥非空非有即有
即空既絕百非又亡四句然因詮顯旨故假說以明既不說而
說又聽无所聽論之興也其在茲乎此即第一明造論意
第二釋論題目者大乘百法明門論本事分中略錄名數
者大是遮小得名乘者運載為義此言大乘者遮詮立号
非是表詮言遮詮者簡小乘故名曰遮詮十七相蓋名百廢
如後釋能持自性故名為法明者是惠与明為門故曰明門闓
答往還稱之為論言本事分中者即百法明門論本事分
中出也良為本事分中文繁造博此論文略故言略錄文於
故略非義略也目名諸法稱之曰名一十百千名之為數故言
大乘百法明門論本事分中略錄名數此即第二釋其題目

非是表詮言遮詮者簡小乘故名曰遮詮十七相並名百廣
如後釋能持自性故名為法明者是惠与明為門故曰明門閏
為往還稱之為論言本事分中者即百法明門論本事分
中出也良為本事分中文繁法傳世論文略故言略錄文略
故略非義略也目之諸法稱之曰名一十百千名之為數故言
大乘百法明門論本事分中略錄名數此即第二釋其題目
第三弁論宗體者體即總明能詮教體宗者別顯諸教
所詮出仏教體大唐三藏五門出體一攝妄歸真體謂諸
聖教名句文身及以音聲用真如為體故維摩經云一切
衆生皆如也一切法亦如也二攝相歸識門唯識為體故華
嚴云仏子三界虛妄唯一心作又解深密經云我說識所
緣唯識所現故又云識所變有難死量種而能變識類
別唯三又云或說內識轉似外境惣說意云名句文身及以
音聲識之相分故名為識也三以假從實門瑜伽等名
等是假聲即是實離聲之無別名等四三法定之體
門三法即是蘊處界之科即故雜集論名為法品中
婆多宗評家正義用聲為體以故三科門中色蘊聲處
聲界所攝依經部宗假之聲以為教體五蘊門中色行
所攝處界門中聲處法處聲界法界今依大乘聲及名
等四法為性於五蘊中色行二蘊處門中聲處法處聲
界法界名等三法意識境故　五法數出體門三門分別
一法數出體二本業有無三乘集顯現應心差別言法數
者出體者依小乘宗有七十五法廣如俱舍然彼教體雖
心俱舍皆有二說一云用聲為體以聲是善名句文身是
善名句文身是無記故二云名等此為正義以能詮表所
說義故所以者何令物生善音聲為勝故若約詮表義
名等即強故知所對不同各有准據由斯兩說皆是正義
若依彼宗聲為體者論法數門中唯用音聲一法為體名
等為體者即用名等三法為體今依大乘惣有百法自下當
釋出教體法教不同有處唯聲為體如維摩等仏以
一音演說法衆生隨類各得解又俱經此土衆生剛強難

等為體者即用名等三法為體今依大乘總有百法自下當
釋其出教體法教不同有處唯聲為體如維摩等仏以
一音演說法衆生隨類各得解又紙經此土衆生剛強難
化故仏為說剛強之語以調伏之有處但用名等為體如仁
王經云此經名句百千仏說有處合說聲及名等以為自
性無諍稱云或以音聲語言文字而作仏事有處文義合
說為體如瑜伽論八十一云謂契經體略有二種一文二義文
是所依義是能依如是二種總攝一切所知境界所以如是法教
異者三藏解云據實皆用名句文身聲及文義合說為
體而諸聖教各據一義故不相違所以者何以假從實用
聲為體離聲之外無別名句文身故以體從用名等為
體能詮諸法自性差別二所依故假實相藉合說為體
隨闕一種說不成故生解究竟必由文義是故諸說不
同皆不相違若依此說用聲為體者百法之中取聲一
法為體名等為體者即用名等三法為體若合說者用
四法為體謂聲名句文等第二本影有無者如來聖教
四法為體所謂音聲名句文身如是四法如來自說名為本
質叫者識變名之為影如是本影有無總約諸宗有其四
句一有本無影且依諸部有其三說一什婆多宗一切仏聲唯
是有漏皆說名等定唯無記二大衆部等皆作是說諸
仏世尊皆是出世無有漏法諸如來語皆轉法輪仏以音
說一切法三多叫部說仏五音是出世間所謂苦空無常無
我寂靜引聖道故所餘諸教皆是世間叙此三宗仏說法唯本如
是等宗皆作是說唯本非影彼宗不明唯識義故二有影
無本者謂龍軍論師彼說仏果唯有真如及真如智無
色聲等廣相功德比丘度人也三本影俱有者謂親光等
皆作是說一切如來具有三身色聲等德金光明云如來能
轉三種法輪謂轉照持如是等教成證非一或能叫者識
變似彼故知俱有本質影像四本影俱無者者請弁
依勝義諦立一切法其性皆空或可讓法本影俱無勝義

皆作是說一切如来具有三身色聲等德金光明云如来能
轉三種法輪謂轉照持如是等教誠證非一或能中者識
變似彼故知俱有本質影像四本影俱無者清弁菩
依勝義諦立一切法其性皆空或可護法本影俱無勝義
諦中無言等故此即云元雖有如是四句差別大唐三藏及護
法宗有其二義一熟實正教唯本非影本即如来自識變
故二兼正俱說通於本影並由如来說力起故聞中者識
上所變教體爲是有漏爲無漏耶護法菩解云有漏心
所變者定是有漏若無漏心所變者定唯無漏若是如来
後得智說法聲名句文真善无漏若十地菩二乘說法聲名
句文唯是有漏以攝假從實名等即聲十地菩等此聲是第
八識之相分見分既是有漏是故聲並有漏也若依小乘
宗仏說法聲唯是有漏名句文身定唯无漏既
第三聚集顯現歷心差別者如攝大乘元性釋云實窮
縫綴故名爲經此中隨隨八時中者識上直非直說聚集
顯現以爲體性解云八時有其兩釋一云八時即八轉聲也
謂仏說法於八轉聲中隨用一聲故云隨隨八時二云依聲明
論晝夜各有四時合有八時如来說法於八時中隨隨一時故
云隨隨八時瑜伽並同直非直說者詮自性故名爲直說詮
差別故名非直說又釋長門名爲直說偈頌名非直說举
意說隨隨八時聞者識上十二部經名句字等聚集顯現
以爲教體問何等名爲聞者識心如何說爲聚集顯現解
云依瑜伽論具約六識分別五心故彼第一云復次由眼識生三心
可得如其次第謂率尔尋求決定心初是眼識二在意識決
定心後方有染淨此後乃有等流眼識善不善轉而彼不由自
分別乃至此意不趣餘境經尔所時眼意二識或善或惡相
續而轉如眼識生乃至身識亦尔解云五五中初後通六中三唯
意又前三是无記後二通善惡又率尔五識後必有尋求心後
或散或不散々即復起率尔五識不散即起等三決定乃至
等流又意識率尔自有二種一五識同時率尔意識唯緣現在
竟獨頭[illegible]

純所緣以明諸生乃至身諸心亦解云五中初後通六中三唯
意又前三是无記後二通善惡又率尔五識後必有尋求心後
或散或不散々即復起率尔五識不散即起等三決定乃至
等流又意識率尔自有二種一五識同時率尔意識唯緣現在
境二獨頭率尔意識唯緣過去境廣如五心章此中但依前
五種心以明聚集々者如契經說諸行无常有起盡法生必滅
故彼寂為樂解云此即契經比量破執常者諸行无常者是
宗有起盡法者是同法喻舉燈光等生必滅故者是因由是
道理彼寂滅以為勝樂且約初句以弁聚集於中具有四聲
四字四名一句及所詮義於此義中西方諸師且作三釋有云說
諸字時率尔耳識同時意識及尋求心唯得聲相所以者
何五俱意識是現量故不緣名等尋求心尋五識等所
緣境故不緣名等雖此三識所聚聲上皆有名等如生等相而
不緣故不說聚集決定心後有三種相謂諸聲名字至說行時
率尔耳識同時意識及尋求心唯得行聲准前可知決定心
後得六相現謂諸聲名字行聲名字至說无時率尔耳識同
時意識及尋求心唯得无聲准前可知決定心後得九種相謂諸
聲名字行聲名字无聲名字說常字時率尔耳識同時
意識及尋求心唯得常聲准前可知決定心後得十四相現謂
四聲四字四名一句及所詮義由此極少經十六心乃得具足謂說
四字皆有四心謂率尔耳識同時意識尋求決定若不散者
起染淨心乃至等流如理應思 有義率尔耳識同時意識
不緣名等義如前說是現量故尋求已知即非現量由斯亦
得聲名字等四尋求心如其次第得三六九及以十四准前應知
若依此釋經十二心方得具足 有義率尔耳識同時意識
亦緣名等若不尔者尋求意識尋求何等名由斯道理說諸
字時率尔耳識唯得諸聲同時意識得聲名等於此義中亦
處兩釋一云四率尔心各唯得三所以者何說常聲時不緣
諸等聲及名字五識同時率尔直心皆現量故不許緣
者應有散心現量緣過去故至尋求心得圓滿尋求
等心所得多少如第二說二云五識同時意識容非現量故
亦得緣過去名等若依此釋即八心中具足聚集八心者四率尔

諸等聲及名字五識同時寧不随心皆現量故若許緣
者應有散心現量緣過去故至尋求心得圓滿尋求
等心所得多少如第二說二云五識同時意識容非現量故
亦得緣過去名等若依此釋即八心中具足聚集八心者四尋求月意二諦各四
聞若如前說五俱意識定是現量如何亦說緣名等耶解云現
量亦緣名等自相而理門論說不緣者不緣名義相繫屬故
上明惻法師所出教體也下叙大乘基法師出教體者引經頌曰
諸惡者莫作　諸善者奉行　善調伏自心　是諸佛聖教
說諸字時餘惡者等並在未來唯有一字及依一字所成之名在心
上顯現後言惡時餘者莫等並在未來具前諸字雖入過去
現无本質由重熏習力唯識變力仍於此念說惡字時心上顯現即
有二个一字身兩个一字所成名又言者時有三个一字兩个二字身以
二二合說謂諸惡二者二个三字多字身三个一字所成名後言莫字
時有四个一字三个二字身亦二二說兩个三字多字身三二合說更互除
初後一个四字多字身四个一字所成名又言作字時有五个一字四个二
字身二二合說三个三字多字身二个四字多字身一个五字多字
身五个一字所成名至此惣合有十二五二个一二字二所成名十个二字身
六个三字多字身三个四字多字身一个五字多字身字及字身并
多字身有五十合有一句心上聚集以為教體廣如大章上來且說未
轉依位寧尔心等聚集顯現若轉依位於一念中具足顯現如理應
思廣釋五心具如別章　所詮宗者略有二種一部別顯宗於一部
顯雖有多門究其言趣隨部名別法華經以一乘為宗維摩經即
用不思議解脫為宗花嚴經以四十二賢聖觀行為宗涅槃經以佛
性為宗解深密經以无等境行果三為宗　二就時弁宗不過三種
即是四諦无相了義大乘下時之中當廣亦別今此百法論部顯宗
中明一切法无我為宗三時宗中了義宗攝若依大乘法師判大小乘惣
有八宗小乘有六我法俱有宗五部同計犢子法上賢胄正量密
林山二有法无我宗三部同計薩婆多之聞雪轉三法无去来
宗八部同計大衆化地蔭光雞胤制多山西山北山法藏无去
来世唯立現在四現通假實宗二部同計說假經量通實處
假立无去来世五諸法但名宗有名无體一說部六世妄出真

宗八部同計大衆化地陰光鷄胤制多山西山北山法藏元主
来世唯立現在四現通假實宗二部同計說假經量還實處
假名元去来世立諸法但名宗有名元體一說部六世是出真
宗說出世部世間是出世真大乘有二勝義俱空宗即是龍
猛造智度論百論為南人所立二應理圓實宗即是弥勒元着
護法等造瑜伽唯識等論為北人所立下中上具廣分別今此一部
既是大乘了義非是小乘亦非空教已是應理圓實宗收上来
略序宗體訖廣如涅槃疏解
○第四顯教時分者此百法論既引經
作未知所引經教是何時說就此如来一代聖教諸師意解不同
有其五說　有立一時如羅什流支彼說聖教有一時元有前
後世出世間大乘小乘漸頓等異所以者何由仏本願欲令衆
生發大菩提故既成仏已便得自在都不起心說有前後世出
世間大小乘等異於一切時一音演教所謂元上究竟大乘譬如天
樂隨衆生念出種種聲然如来座隨意衆雨種種寶故仏元
心有差別說衆生機感有差別故隨何時處聞各不同謂習
歎隨水緣現然如面像逐鏡等生影像雖復不同月面本元有異
之由水鏡非月面殊故仏言音實元差別故花嚴經云如来
微妙音如空元異相隨應受化者所聞各不同元垢稱云仏
以一音演說法衆生隨類各得解由此如来所有聖教但捴時
無別教定頓定漸世出世間大小等異然無前後時分差別約
機悟解雖復不同應機以詮故無有異然有非名若在會有
大小機可如所說若唯被大如勝鬘等或唯被小如阿含等或有諸
經始終多分大小不同又金光明及解深密瑜伽等對說三時今
但一言便違聖教由此彼立義不可依據前引維摩及花嚴等
此讚仏身能作是說教唯立一　有立二時如曇無讖法師
意說仏教有二頓二漸為諸菩大根大菩頓悟者說大乘不
由小起故名為頓即花嚴楞伽大雲法鼓等是始從道樹終
至雙林從淺至深漸次說法初說人天施戒善等法謂三皈
五戒提謂經等次說二乘人空之教謂阿含等次說大乘法空
之教謂般若等次說一乘無二乘教法花經等及至雙林為闡

BD03446 號　大乘百法論義章
(34–7)

至雙林從淺至深漸次說法初說人天施戒等法謂三歸
五戒提謂經等次說二乘人空之教謂阿含等次說大乘法空
之教謂般若等次說一乘無二乘教法花經等及至雙林為除
四到說佛法身常樂我淨佛性常等初說人天施戒等善法令
離惡趣次為二乘說无我等令出生死復說般若等令求大
果此等諸教大由小起從淺至深故名為漸如是辛者義且可然
宜判諸經即不應理所以者何如花嚴經入法界品初五百聲
聞同在其會又嘆聲聞真實功德如來普為現大莊嚴樓
伽乃有聲聞在會法鼓復說窮子之言故花嚴等通被頓
漸不應唯說是頓教故又法花經分別功德品云佛說如來壽
量品時八世界微塵數眾生發菩提心般若涅槃經等皆為
真是唯被於漸頓悟之人如何定判皆名為漸頓教名之頓漸
隨於何部約機及理說者无違
有云三時如大唐三藏依解深密經及瑜伽等謂諸有情由
執我故執實有我起惑造業五趣生死流轉無窮故大慈尊
初成佛已仙人鹿苑轉四諦法輪說阿笈摩生空之教除我
有執唯有真法橋陳那等眾初得道彼及聲聞四諦教
雖不執我法執猶生故於法空不知趣入智乾旨聞覺遍無
方世尊為除彼法有執循習善巧趣入法空次於鷲峯密意
宣說諸法空教般若等經有聞世尊密意言教便謂諸
法性相皆無所以執空為真實理由斯群品立執有无違諸
興未契中道如來為除此空有執故於三時顯相宣說了義言
教深密等經說一切法唯有識等心外無法遍計所執無依他
圓成有遍計所執無故我法俱遣依他圓成有故真俗皆存
我法遣故破其有執真俗存故除彼執空離有無邊處
示中道故諸聖教總有三時深密等經第三時也故彼經
中世尊廣為勝義生等依遍計所執體相無故說相無自
性依他起上無遍計所執■自然生故說生无自性又即於
此依他起性非清淨智所緣境故名為一分勝義無自性依圓成
實上無遍計所執故又說一分勝義无自性之說三无性皆依遍計

性〻依他起上無遍計所執[illegible]自然生故說生无自性〻又即於
此依他起性非清淨智所緣境故名為〻勝義無自性〻依圓成
實上無遍計所執故又說〻勝義无自性〻說三无性皆依遍計
所執性已勝義生等領解廣說世間出世間〻緣藥雜採畫地熟蘇
盧空論譬喻已世尊讚歎善解所說特勝義生復白仏言世〻
尊〻在昔初於一時在波羅痆斯仙人墮處施鹿林中唯為發
趣聲聞乘者以四諦相轉正法輪雖是甚〻奇甚為希有一切世
間諸天人等先無有能如法轉者而於彼時所轉法輪有上有容
是未了義是諸諍論安足處所世尊在昔第二時中唯為發
趣脩大乘者說一切諸法皆无自性无生无滅本來寂靜自性
以隱密相轉正法輪雖更甚奇甚為希有而於彼時所轉法輪
亦是有上有所容受由未了義是諸諍論安足處所世尊於
第三時普為發趣一切乘者說一切諸法无生无滅本來寂靜自
性〻〻以顯了相轉正法輪第一甚奇最為希有于今世尊所轉
法輪无上无容是真了義非諸諍論安足處所金光明經亦說
三時如其次第名轉照持世尊初說四諦有教轉凡成聖故名
為轉次說无相照破前有名照法輪次第三時說空有教三乘之
人悉可循持名持法輪如涅槃經其初醫師令服乳藥由純服乳
國人多死異醫諫王乳毒愍教斷乳因斷乳故國人皆差
後王遇病問醫所宜教以乳和藥服之王責問之汝先所說
乳為毒藥何故今者令我更服醫答王言前為純服國人
多死由常服之故說為毒恐不能斷惣令斷之據實而言有
病宜服有病不宜王今此病宜和服之仏教三時義亦如是依
初教循能除我執依第二教斷妄證真依第三時了法性
相然諸仏教契此三時對病不同成於甘露問若此三時聖
教前後不同十地經等如會釋十地經說仏初成道至初七
日身說十地大乘之教亦云仏子三界唯心如何深密言第
三時方說大乘唯識等教花嚴經云譬如日出先照高
山次及一切如是如來應正等覺常放无量智惠光明先照
菩薩次照緣覺等此等聖教先為菩薩後為二乘等如何深密

三時方說大乘唯識等教花嚴經云譬如日出先照高
山次及一切如是如來應正等覺常放无量智惠光明先照
菩薩次照緣覺等此等聖教先為菩薩後為二乘等如何涅槃
云初說一時唯為聲聞說阿含等復為菩薩說般若等解云
理有淺深機有漸次詮理即從淺至深根行亦大由小起對
根及理依漸教門故涅槃經說三時別由理及根有漸次故若
非漸悟而入道者菩薩能頓入理大不由小起故無三時教花嚴
涅槃各據一義故不相違問般若經中說三乘學時會宜有
聲聞得道如何涅槃云第三時唯為發趣循大乘者為此義
從勝多分而說理實亦為發趣二乘如何初時唯為聲聞實
亦通為菩薩皆是從勝多分而說　有立四時如真諦三藏
一四諦教謂阿含等二无相教謂般若等三法相教如楞伽等
廣明五法三種自性八識二無我諸法相故四觀行大乘如花
嚴等明卅二賢聖觀故如此所立隨多分說義雖无失然依若
判教前後即不應理觀行大乘衆初說故又无聖教故不可依
如此立者亦於多分　有立五時如晉時有居士劉虬[illegible]
說仏教惣有五時第一時者仏初成道三七日中為提謂波利等
五百賈人但說人天三皈五戒及十善等世間之教即提謂等經
是第二時者三七日外十二年中唯說三乘有行之教即阿含等[illegible]
乘經是未說大乘法空之教第三時者十二年外卅年中唯說
三乘空行之教即般若等大乘經是第四時者卅年外卌年已前
說法花經等一仏乘教然未分明說常樂我等後第五時於雙
林中說仏法身常樂我淨謂除四倒說涅槃經故諸聖教惣有五
時然此所立復流支已廣斥破故亦非理所以者何且提謂經
說五百賈人得受五戒先自懺悔五逆十惡謗法等罪自四大本
淨五蘊本淨六塵本淨五我本淨提謂長者得不起法忍或
初地八地三百賈人得柔順忍四五六七地名柔順忍四五地順二乘
行六地順獨覺行七地順菩薩行二百賈人得須陀洹果四天王等得
柔順忍三百龍王得信忍初二三地名為信忍因於世間行施持
戒由信順名信也自餘天等无量衆生發无上道意又普曜經

行六地順獨覺行七地順菩薩行二百億人得須陀洹果四天王等得
柔順忍三百龍王得法忍初二三地名為法忍同於世間行施持
戒由信順名信也自餘天等无量衆生發无上道意又普耀經
云第二七日提謂等五百賈人施佛麨蜜佛與受記汝於來世當
得作佛皆同一號名曰齊成如何但言第一時中唯說人天世間之教故
餘四時義如大章雖有五時大唐所立以為正義今此百法論既引
了義經作隨所依經然第三時教 第五時明教所被根者論教
所被雖復无量要唯有五一者有處說一機如上經云師子吼者
是決定說一切衆生悉有佛性又云衆生然尔悉皆有心凡有心者
皆當得阿耨菩提等又法花經云十方佛土中唯有一乘法等但
教化菩薩无聲聞弟子及至聲聞菩薩聞我說法皆成於佛依此說
者唯有一乘性二者有處說二如楞伽等一理性二行性又地持論
瑜伽等然說有二有種性由有種性故一切種子皆悉具足二无
種性種性故雖復發心勤行精進終不能得无上菩提但以人天善
根而成熟之三者有處說三如法花經為求聲聞者說應四諦
法為求緣覺者說應十二因緣法為求菩薩者說應六波羅蜜
法又涅槃經云譬如病人有其三種一者若遇良醫若不遇者決
定可差即菩薩也二者若遇即差不遇即不差即二乘也三者若
遇即差不遇即不差即二乘也三者若遇不遇決定不差即
一闡提也有三種人一梵音一闡提此云樂生死此人雖有種性
不樂循行恒翫五欲在於生死故云樂生死二梵音阿闡提此
云不樂乇即是悲增菩薩常在生死教化衆生不求佛果故云
不樂涅槃三梵音阿顛底迦此云畢竟即是无三乘種性人也
由无三乘種性究竟不得三乘聖果故云畢竟四者有處說
四善戒經云衆生調伏有其四種謂三乘性得三乘道人天
性者得人天樂又勝鬘經云又如大地持四重擔大海大山草木
衆生如是无聞非法衆生以人天善根而成熟之求三乘者授
与三乘道五者有處說五謂前四中更開不定性故成五
性闡定性二乘有迴心不答必无所得知深密經云趣寂聲
聞雖蒙佛法佛種種化道終不能得當坐道場證得阿耨

与三乘道五者有虔誠五諦前四年更願不定性故成五
性問定性二乘有迴心不答必无所得知涅槃經云趣寂聲
聞難象佛法佛種〻化道終不能得當坐道場證得阿耨
菩提何以故一本來唯有下劣種性二向慈悲薄弱故三一向怖
畏衆苦由此三因故說不迴又瑜伽云入无餘依涅槃界中遠離
一切發趣事業一切功用皆悉息問如上引老經言一切衆生
悉有佛性如何勝鬘等立无種性答涅槃經依一切諸佛平等性
法身真如理佛性說此是五性皆有佛性勝鬘等依行佛性
說故立无性各據一義故不相違問既有如是法教不同今此百
法被何根性答通被五性何以故并造論菩薩皆清校所以不簡
第六陳造論年主者佛涅槃後大小二乘出興於世今略敘之於
中有二先敘小後述大言小乘出世者如宗輪說如是傳聞佛
薄伽梵般涅槃後百有餘年去聖時淹如日久沒摩揭陀
國俱蘇摩城王號无憂統攝贍部感一白蓋化洽人神是時佛
法大衆初破謂因四衆共議大天五事不同分為兩部大衆部
二上坐部 四衆者何一龍象衆 二邊鄙衆 三多聞衆
四大德衆 其五事如彼頌 餘所誘无知 猶豫他令入 道因聲
故起 是名真佛教 後即於此第二百年大衆部中流出三部一
〻說部 二說出世部 三雞胤部 次後於此第二百年大
衆部中復出一部名多聞部 次後於此第二百年大衆部中
更出一部 名說假部 第二百年滿時有一出家外道
捨邪歸正亦名大天大衆部中出家受具多聞精進居制
多山与彼部僧重詳五事因茲乖諍分為三部
一制多山部 二西山住部 三北山住部 如是大衆部四破或
五破本末別說合成九部 一大衆部 二一說部 三說出世部
四雞胤部 五多聞部 六說假部 七制多山部 八西山住部
九北山住部 其上坐部經爾所時一味和合三百年初有少乖諍
分為兩部 一說一切有部亦名說因部 二即本上坐部轉名雪
山部 後即於此第三百年從一切有部流出一部 名犢子部
次復於此第三百年從犢子部流出四部 一法上部 二賢胄部

九北山住部　其上坐部經尔所時一味和合三百年初有少乖諍
分為兩部　一說一切有部亦名說因部　二是本上坐部轉名雪
山部　後見於此第三百年從一切有部流出一部　名犢子部
次復於此第三百年從犢子部流出四部　一法上部　二賢胄部
三正量部　四密林山部　次復於第三百年末從說一切有部復
出一部　名化地部　次復於此第三百年從化地部流出一部
名法藏部　自稱言我襲採菽氏師　至三百年末從說一
切有部復出一部　名飲光部亦名善歲部　至第四百年初
從說一切有復出一部　名經量部亦名說轉部　自稱言我以慶
喜為師如是上坐部七破或八破本末別說成十一部
一說一切有部　二雪山部　三犢子部　四法上部　五賢胄部
六正量部　七密林山部　八化地部　九法藏部　十飲光部
十一經量部　大乘法師云此論意云仏在之日及涅槃後百年
以來人无諍競法无異說仏及大迦葉等所住持故為仏滅後百
年於聖教中有異部起世有部斯紛亂故興造論所有部起
因由廣如宗輪疏抄　大乘興起者如瑜伽釋般云仏涅槃後
一百餘年部執競興多著有見龍猛菩薩（唐三藏云龍猛菩薩仏滅度後三百年中出世）
證極喜地採集大乘无相空教廣造諸論大智度論及中
論等遣所執有說无相理由是衆生復著空見如是展轉
至九百年无著菩薩位登初地證法光定得大神通事大慈
尊請說瑜伽理无不窮事无不盡正為菩薩兼為餘乘世
親師子覺等傳受彼宗於此時中仏法一味空有之說未有
乖諍親光言千年以前仏法一味從此已後念智衛識空有諍
論競興於世三藏釋云菩薩興諍論者然顯如來聖教甚深
之相欲響發揚仏法故知所說皆為弘揚也具龍樹无著世
親等造論因起具如別傳恐繁不敘即此百法論既是世
親菩薩所造故以世親為主復是仏涅槃後第九百年中所作
百法明門論本事分中略錄名數也
第七依文解釋者就此文中義別不同分為三段第一引經標
宗第二尊經起問　第三依問為通　論云如世尊言一切
法无我

親菩薩所造故以世親為主復是佛涅槃後第九百年中所往
百法明門論本事分中略錄名數也
第七依文解釋者就此文中義別不同分為三段第一引經標
宗第二尋經起問　第三依問為通　論云如世尊言一切
法无我者　解云此初第一引經標宗明法无我如佛世尊諸
經皆說一切法中都无有我故今舉教標以為宗　論云何
等一切法云何為无我者　解云自下第二依經起問既引聖
言諸法无我未知何者是一切法云何為无我　論云一切法等
者解云自下第三依問為通就答文中有二初答前問第
二言无我者以下答後問此言一切法者略有五種等者此答
初問就初答中有三第一牒前起問舉數列名第二處
立五法前後次第第三別解五法就初有三一牒前起問
二舉數三列名此即第一牒前起問也　論云略有五種解云
此即第二舉數略答　論云一者心法　二者心所有法　三者色
法　四者心不相應行法　五者无為法　此即第三列名
論云一切最勝故者　解云自下第二處立五法前後次第
問何故第一明其心法　一切法中心法最勝是前故經言心淨故
眾生淨心垢故眾生垢由此心故或著生死或證涅槃以勝
用強是故第一明其心法　論云與此相應故者　解云何故
第二明其心所有法謂此心所有法常與心王同依同緣及與同
時若約小乘更有同行今依大乘心法與心王不同其
行所以者何心法等與心王行相各各不同如緣青色心王
自變心法自變是故不同此之心法與其心王各緣諸境
一時相應心起即起心无即无如王左右不離於王心數相應
亦復如是　論云二所現影故者　解云何故第三明其色
法謂此色法不能別起依心及心所有法之所變生是彼
二法所現影故故次第三明其色法　論云三位差別故
者　解云何故第四明其心不相應行法　謂不相應行无別
有體揔是假立於前色心心所有法三法之上分位差別假
施設有是故第四明心不相應行法　論云四所顯示故者

二法所現影故次第三明其色法　論云三位差別故
者解云何故第四明其心不相應行法　謂不相應無别
有體總是假立於前色心心所有法三法之上分位差別假
施設有是故第四明心不相應行法　論云四所顯示故者
解云何故第五明其無為法無為之法相難可知若別約
法以明何能顯示故依色心心所有法不相應行四法之上顯
示無為是故第五明無為法如是次第　論云第心法者解云
自下第三別解五法於中有五　第一解心法第二解心所有法
第三解色法　第四解心不相應行法　第五解無為法
就前第一解心法中有三　一牒章　二舉數　三列名此即第一牒
章　論云略有八種者解云此即舉數也　論云一眼識二耳
識三鼻識四舌識五身識六意識七末那識八阿賴耶識
者　解云　自下第三列名　謂眼是眼識能了別謂之云識
依於眼根了別色塵識從所依名為眼識　如眼識既然耳
鼻舌身及與意識隨義應知　七末那者梵音此翻為意　意之以
思量為義此即從義立名　八阿賴耶識阿賴耶者梵
音此翻為藏　點名為宅　宅之即能攝持諸法　藏即貯
積無遺藏宅之名此皆從義立名上來第一明釋其名
今復明以五門料簡八識　第一緣境分別　第二四緣分別
第三四界分別　第四重數分別　第五三性分別
第一緣境分別者　就緣境中有二　初約因位心并次約果位心
并初約因位并者眼等五識所緣境界西方諸師有其兩
釋　第一釋云眼等五識唯緣實塵不緣於假所以者何
眼等五識緣證量塵不待名言不待此餘根塵境界
長短等諸餘假色要待名言及待此餘根塵境是故不
緣長短等假色　問曰五塵之中何者是實何者是假　解
云色塵之中青黃赤白四種是實餘並是假　聲塵之中因
執受大種聲因不執受大種聲因執受不執受俱大
種聲此三是實餘並是假　香塵之中好香惡香平等香
此三是實餘並是假　味塵之中苦醋甘辛醎淡此六是
實餘並假　觸塵之中地水火風四種是實餘並假有

執受大種聲因不執受大種聲因執受因不執受俱大
種聲此三是實餘並是假 香塵之中好香惡香平等香
此三是實餘並是假 味塵之中苦醋甘辛醎淡此六是
實餘悉假 有觸塵之中地水火風四種是實餘並假有
問眼等五識既不緣假何故諸論色塵之中說有長短
等假色乃至觸塵之中說有滑等假觸 解云所以色
塵之中說有假色乃至觸塵之中說有滑澀等觸者此
文但據攝假從實是故合說據實不緣於假 問若不
緣者猶如夜人遠望樹林唯見長等不見青黃云何眼
識不緣於假 解云此亦得緣青黃等實色陰夜遠望
青黃赤白雖非不明了之而見然亦得緣青等實色是
故唯緣青等實色不緣於假 問曰長短等假色眼識
不緣此諸假色何色中攝答曰當知此諸假色法處之中遍
計所起色攝 問曰念等諸或是貪嗔等上假即法處
中攝何故長短等假色是青等上假非色處中收 解云
念等俱是意緣是故法處攝長短非眼見故非色處收
如色塵之中唯此不到乃至觸塵之中不到隨義應知又一釋
云眼等五識假實並緣若緣於假必緣於實之時不
緣於假所以者何假依實有緣假之時具必緣實之不依假
緣實之時不緣於假此義合說諸假法等非法處中遍計
性攝如長短假色即色處中收乃至觸塵之中滑等假觸之
處中攝 第六意識緣一切法如其所應隨義應知 第七
末那緣境西方諸師亦有兩釋一釋云末那緣阿賴耶識
見分為我緣阿賴耶識相分為其我所 問曰云何心執阿
賴耶識見分為我復執阿賴耶識相分為我所 解云且
如眼識時而緣青等種之諸色亦得心執其相見分為我之
所此亦何過 問曰云何諸論並說末那執阿賴耶識為我之
所不言執其相分是其我所何故今者乃言執其相分以為我
所解云當知此相分不離於見所以諸論並言緣阿賴耶
識為我之所此亦無過 又一釋云末那執阿賴耶識為我之所

所不言執其相分是其我所何故今者乃言執其相分以為我
所解云當知此相分不離於見所以諸論並言緣阿賴耶
識為我〻所此亦无過　又釋云末那執阿賴耶識為我〻所
問曰執阿賴耶識為我云何復執為其我所　解云諸業
非先執阿賴耶識為我後復執此所計〻我是我家所有故
名我所　問曰若執阿賴耶識相分為我所者此有何過
釋云諸論中但言執阿賴耶識為我〻所不言執其相分是其
我所未能直執阿賴耶識為我〻所何能復更外執相分以為
我所於義不可是故不緣　第八阿賴耶識緣於種子五根五
塵　問曰何故不緣六七等識　釋云阿賴耶識緣任運境六七
等識非任運境是故不緣　問何故第六識得緣識諸
解云第六識分別用強是故得緣第八无此分別是故不緣也
即第一約因位弁也第二約果位心弁者若至果位眼等諸
識皆緣諸法　第二四緣分別者阿賴耶識當體自望若約
麁言〻但有三緣約細言〻具有四緣約麁言〻具三緣
者種子望現行得有因緣義前心滅後心生得作等无間緣
不相鄣导故得有增上緣阿賴耶識前後不相緣故无所
緣〻若約細言〻亦有所緣〻者謂阿賴耶識所起〻時有
其四分所謂相分見分自證分證自證分〻中有前後相
緣義故得有所緣〻　阿賴耶識望其末那識得有二緣
末那薰阿賴耶識生現行末那故得有因緣不相鄣导故
得有增上緣不由阿賴耶識滅故末那得生无等无間緣阿賴
耶識不能緣末那為竟故无所緣〻　阿賴耶望第六識得
有二緣賴耶識生現行六識故得有因緣不相鄣导故得
有增上緣不由阿賴耶識滅故　第六識得生无等无間緣阿
賴耶識不能緣六識為竟故无所緣〻阿賴耶識望五識有二
緣阿賴耶識生現行五識故得有因緣不相鄣导故得有
增上緣不由賴耶識滅故五識得生无間緣阿賴耶識不能
緣五識為境故无所緣〻　第七末那當體自望若約麁言〻
得有二緣若約細言〻有三緣約麁言〻有二緣者前念

賴耶識不能緣六識爲竟故无所緣々阿賴識望五識有二
緣阿賴耶識生現行五識故得有因緣不相鄣导故得有
增上緣不由賴耶識滅故五識得生无間緣阿賴耶識不能
緣五識爲境故无所緣々　第七末那當體自望若爲麁言之
得有二緣若約細言之有三緣約麁言之有二緣者前念
与後念爲次第緣不相鄣导故有增上緣不從阿賴耶
識種子生故无因緣末那不能前後相緣故无所緣々
約細言之有三緣者二緣如前更加所緣々謂一心有其四分
前後相緣故有所緣々此之四分如前以說不煩重列末那望
阿賴耶識得有三緣謂末那熏阿賴耶識故得有因緣
末那緣阿賴耶識爲境故得有所緣々不相鄣导故得有
增上緣不由末那滅故阿賴耶識生故无等无間緣末那望
第六識得有一緣謂不鄣导故得有增上緣不由末那滅故第
六識得生无等无間緣末那不熏第六識故无因緣末那
不能緣六識爲境故无所緣々　末那望五識得有一緣謂不
相鄣导故曰有增上緣末那不熏五識故无因緣不由末
那滅故五識得生故无等无間緣末那不能緣五識爲境
故无所緣々　第六意識當體自望得有三緣謂前後相
緣故有所緣々前心有開闢義故有等无間緣不相鄣导故
有增上緣不從阿賴耶識種子生故无因緣　第六識望阿
賴耶識得有三緣熏阿賴耶識故得有因緣々賴耶識爲
境故得所緣々不相鄣导故得有增上緣不由第六識滅故
阿賴耶識生故无等无間緣　第六識望末那有二緣謂
緣末那爲境故得有所緣々不相鄣导故得有增上緣不熏
末那故无因緣不由第六識滅故末那得生无等无間緣
第六識望五識得有三緣謂緣五識爲境故得有所緣々由有
開闢義故有等无間緣不相鄣导故得有增上緣六識別能
熏五識故无因緣　五識當體自望若約麁言之有一緣
若約細言之有二緣約麁言之有一緣者諸五識前後不
相鄣导故得有增上緣五識不從阿賴耶識種子生故无因
緣五識後必知意識以間斷故自類相望无等无間緣五

聞緣義故有等无間緣不相鄣导故得有增上緣六識為所
熏五識故无因緣　五識當體自望差約麁言之有一緣
若約細言之亦有二緣約麁言之有一緣者謂五識前後不
相鄣导故得有增上緣五識不從阿賴耶識種子生故无因
緣五識後必知意識以間斷故自類相望无等无間緣五
識前後不相緣故无所緣々　約細言之有二緣者亦得有
所緣々豐五識起時有四分前後相緣故得有所緣々
五識望賴耶識得有二緣謂五識熏阿賴耶識故有因緣
不相鄣导故得有增上緣不由五識滅故賴耶生故无等无
間緣五識不能緣賴耶識為境故无所緣々五識望末那
得有一緣謂不相鄣导故有增上緣五識不熏末那故无因
緣不由五識轉故末那生无等間緣五識不能緣末那為
境故无所緣々五識望六識得有二緣謂五識望第六識有
為開闢義故有等无間緣　五識生時不相鄣导故得有
增上緣不熏第六識故无因緣不緣第六識為境故无所緣々
第三四界分別者欲界色界无色界及无漏界
問曰八識幾通幾界幾通三界幾通二界幾通唯一界
荅曰三通四界三謂意識末那及賴耶識三通三界三諸
眼識耳識身識三界謂　界色界及无漏界二識通二界
界二識謂鼻識舌識二界謂　界及无漏界此八識中當
知无有唯一界者　第四重數分別者眼等五識及与末
那有其三重謂種子為第一重現行為第二重第六意識
緣為第三重第六意識有三重種子為一重現行為第
二重前後相緣為第三重阿賴耶識有四重謂種子為一
重現行為第二重第六意識緣為第三重末那緣為第四
重　第五三性分別者三性　謂善不善无記眼等六識
通於三性　第七末那通於二性言二性者謂有覆无記及与
善性若在因位是有覆无記性若在果位及入觀時當知
是善第八阿賴耶識亦通於二性謂異熟无記及与善
性若在因位是異熟无記若在果位即是其善上來略有
五門料簡八識訖　論文第二心所有法者略有六種者解云
自下第二明心所有法就中有三第一總標開章第二列名舉

善性若在因位是有覆无記性若在果位及入觀時皆知
是善　第八阿賴耶識亦通於二性謂異熟无記及与善
性若在因位是異熟无記若在果位即是其善上來略有
五門料簡八識訖　論云第二心所有法者略有六種者解云
自下第二明心所有法就中有三第一摠慓開章第二列名舉
數　第三别慓重陳此即第一摠慓開章言心所有法者謂彼
心王是其能有此等法數是心法之所有故名心所有法言略
有六種者此即第一舉心所有法六位數名　論云遍行有
五　别境有五　善有十一煩惱有六　隨煩惱有廿　不定有
四者解云此即第二列名舉數　論曰遍行五者一作意二
觸三受四相五思者解云此下第三别慓重陳就中有六第
第一解遍行五第二解别境五第三解善十一第四解煩惱六
第五解隨煩惱廿第六解不定四此即第一解遍行五言遍
行者於一切時恒相續起遍八識有名曰遍行一作意者作動
於心令心數數外緣諸境名為作意已令其心王緣於别境名
之為觸領納外塵覺苦知樂如是取境名之為受謂於境
界取其像貌方圓等相故名為相令心造作善惡无記如
是等業稱之為思此即第一解遍行訖　論云别境五者
一欲二勝解三念四三摩地五惠者解云此即第二解别境五
言别境五者别緣諸境名為别境何者名别且如其欲希
須前境名之為欲不希須境即无有欲希須之欲与不希
須之欲二種有異名之為别乃至第五慧如前簡擇諸法
名之為慧若不簡擇法不名為慧簡擇之慧与不簡擇
惠二種有異名之為别言一欲者於自樂境希望願求或善
或惡名之為欲於所緣境數數推求心生决定是了必不名為
勝解遍去曾緣所習境界明記不忘名之為念於境界
令心不散專注不離名三摩地三摩地者此翻為等持言等
之異名持其心王及与數法等至境一名為等持簡擇是
非分别善惡得决定義名之為慧上來第二解别境訖
論云善有十一者一信二精進三慚四愧五无貪六无嗔七无癡
八輕安九不放逸十行捨十一不害者解云此即第三解善十一

之異名持其心王及与數法等至境一名為等持簡擇是
非名別善惡得決定義名之為慧上来第二解別境訖
論云善有十一者一信二精進三慚四愧五无貪六无嗔七无癡

八輕安九不放逸十行捨十一不害者解云此即第三解善十一
言善十一者不造衆惡名之為善信有三寶四諦誠心不謗
名之為信心勇不退精懃策勵求諸善法名為精進造
諸過惡自羞名慚造諸過惡羞他名愧 又一解云造諸
過惡羞天名慚造諸過惡羞人名愧 論云崇重賢善名
慚輕拒抱惡曰愧於世榮利財色等法心不耽著名曰无
貪於諸有情心无損害慈愍[illegible]懷名曰无嗔於諸善法
心无迷惑如實了知名曰无癡身心調暢遠離麁重適
悅安樂名為輕安耽著五欲名為放逸遠離彼[illegible]
名不放逸離沉離掉處於中庸其心平等名之為行捨
於数有情稱之為害哀愍生故名為不害 上来第
三解善十一訖 論云煩惱六者一貪二嗔三慢四无明五疑
六不正見者述曰此下第四解煩惱六言煩惱者惚亂身心
名為煩惱言貪者於諸有情及資具等愛樂耽著名
之為貪於諸有情起諸損害心不安穩稱之為嗔恃
財色等而起貢高計己勝他名之為慢了知真實
名之曰明不了真實号曰无明於諸諦中心懷猶豫如立
衢路名之曰疑稱懷而知名為正見也見邪僻名不正見
見上来第四解煩惱六訖 論云隨煩惱廿者一忿二恨三
惱四覆五誑六諂七憍八害九嫉十慳十一无慚十二无愧十三不信
十四懈怠十五放逸十六惛沉十七掉舉十八失念十九不正知
心乱者述曰即此第五解隨煩惱廿言隨煩惱者惚乱身心煩
勞行者名為煩惱忿等諸惑隨貪等起名隨煩惱
又解云言此忿等隨煩惱者惱乱於心不令解脫名隨煩惱
言忿等相違憤發名之為忿忿之後結怨名之為恨心很暴惡
稱之為惱隱覆過惡目之為覆讒誑或乱稱之曰誑爲

心乱者述曰即此第五解隨煩惱廿言隨煩惱者皆名心所
勞行者名為煩惱忿等諸惑隨貪等起名隨煩惱
又解云言忿等隨煩惱者惱乱於心不令解脫名隨煩惱
言忿等相違憤發名之為忿忿之後結怨名之為恨心佷暴惡
稱之為惱隱覆過惡目之為覆讒諂惑乱稱之曰誑諂
現恭順名之為諂恃榮自舉悅豫名憍无悲无愍損物惱
稱害妬勝憂戚名之為嫉蘊財貪著名之曰慳過不自
恥名曰无慚惡不羞他名為无愧違正不敬心不清淨名為
不信就惡退善名為懈怠於惡不防名為放逸滯境无
堪名曰惛沉心不寂淨緣貪欲等名為掉舉謂於所說若法
若義无所堪能名為失念正了諸法名為正知邪了不達名
不正知馳散外境其心散乱流轉不息名為心乱上來第五解
隨煩惱廿訖　論云不定四者一睡眠二惡作三尋四伺者述曰
此是第六解不定四不定者謂此四法於三界中不定一處故名
不定如尋伺二數即欲色二界中有餘二即无不定相隨故名
不定言睡眠者略攝於心不自在轉越失所作名曰睡眠於已
作未作善不善了心懷追悔名為惡作於法推求未審細
察令心麁轉名之為尋於所尋法數數推求令心細轉故名
為伺上來第二明心所有法訖　今略作五門料簡心所有法言
五門者第一諸論不同第二假實分別第三四界分別第四三
性分別第五廢立分別　第一諸論不同者依百法論心所
有法有五十一謂遍行五別境五善十一煩惱六隨煩惱廿不定四
若依瑜伽有五十三法五十一同百法論但隨煩惱中更加邪欲
邪勝解二數若依及五蘊論心所有法有五十一並同百
法論元有差別若依雜集論心所有法有五十五自餘諸
數並同百法唯煩惱六中開不正見為五謂薩迦耶見邊執
見見取戒禁取邪見此即諸論顯數不同問曰何故瑜伽隨
煩惱中更加邪欲邪勝解論諸並无此有何意　解云瑜伽
論所以更加邪欲邪勝解者為別境中念定惠三入隨煩惱

法說无有差別若依新集論心所有法有五十一大乘自信說
數並同百法唯煩惱心中開不正見為五謂薩迦耶見邊執
見見取戒禁取邪見此乃諸論顯數不同問曰何故瑜伽隨
煩惱中更加邪欲邪勝解論諸並无此有何意 解云瑜伽
論所以更加邪欲邪勝解者為別境中念定惠三入隨煩惱
當知欲与勝解然入隨煩惱中又此二數為鄣義重可以得
入隨煩惱中又問既如是者諸論何故不說言諸論不說者
為念定惠三五根攝故親為近鄣過失重故所以得入隨煩
惱中問曰欲与勝解五根不攝何故瑜伽建立此二入隨煩惱
等中何故遍行五數不入隨煩惱中 解云此之二數雖望
念定慧三非五根攝為鄣是稍輕若望遍行還是其重
故瑜伽論建立以此二數為鄣義重得入隨煩惱中遍行稍輕
是故不入 問曰此有何意偏重耶解云此中二數鄣修善善行行者要
先以欲解為首故論云欲所解故勝解為諸行先 問曰何故
雜論集論煩惱心中開不正見為五諸論並合為一此有何意
解云諸論所以合為一者以此五見同是慧數性對法所以開為
五者約行解不同開之為五此即無開合為異亦无妨難
第二假實分別者心所有法若依瑜伽論廿七種是其實有
餘是假立言廿七是實有者謂遍行五別境五善中八除不放
逸行捨不害當知不放逸行捨是无貪无嗔无癡精進四上
假不害即是无嗔善根上假故論云問曰是諸善法中幾
是世俗有幾是實物有 答曰三是世俗有謂不放逸捨
及不害所以者何不放逸捨是无貪无嗔无癡精進分故即
如是法離雜染義處於中半建立為捨謂遠離雜染義
立不放逸不害即是无嗔分故无別實物煩惱心中五是實
有謂貪嗔癡慢疑一是假有謂不正見 論云根本煩惱有
六一貪二嗔三无明四慢五不正見六疑 問曰是煩惱幾世
俗有幾實物有 答見是世俗有是惠分故餘是實物
有別有心法故隨煩惱假實者若依瑜伽決擇分中不言四

BD03446號　大乘百法論義章

（34–23）

有諸貪嗔癡慢疑一是假有諸不正見 論云根本煩惱[illegible]
二一貪二嗔三無明四慢五不正見六疑 問曰是煩惱幾世
俗有幾實物有 答見是世俗有是惠分故餘是實物
有別有心法故隨煩惱假實者若依瑜伽決擇分中不定四
法亦入隨煩惱中合廿四揔名隨煩惱分亦無邪欲勝解二數
但本地分中有廿六更加邪欲勝解故決擇分云復次隨煩惱
自性云何謂忿恨覆惱嫉慳誑諂憍害無慚無愧惛沈
掉舉不信懈怠忘念放逸散亂不正知惡作睡眠尋伺此本
地分已廣宣說如是等類名隨煩惱自性須次此隨煩惱
幾世俗有幾實物有謂無慚無愧不信懈怠此四種是實
物有餘是假有謂忿恨惱嫉害五是嗔分故 世俗有
慳憍掉舉三是貪分故亦世俗有覆誑諂惛沈睡眠惡
作忘念散亂惡惠九法是癡分故是世俗有放逸是
貪嗔癡懈怠分故亦是假世俗有尋伺二種是身語意
加行分故及惠分故 是假若依瑜伽廿七是實有廿四
是假有若依對法論文心所有法五十一法中廿二是實物
有餘並假有言廿二實物有者謂遍行五別境五善十一
中七是實物有四是假有 論云無癡者謂報教證知決
擇為性報教證知者謂生得聞思脩所生惠如理應知
決擇者謂惠與懃勇 故知無癡用惠為性更無別體
不放逸捨並云依心正懃無貪嗔癡是故依此四法上假
立言不害者即是無嗔善根一分心悲愍為體當知不害
不離無嗔故亦是假根立本煩惱有十五是實有謂貪嗔
癡慢疑五是假有謂五見離惠已外無別性故隨煩惱
與不定四合廿四云是假有 論云當知忿等是假建立離
嗔等外無別性故謂忿恨惱嫉害此五是嗔一分與瑜伽同慳
憍掉舉此三是貪分亦與瑜伽同放逸依心此懈怠及貪嗔
癡四法上假立亦與瑜伽同無慚無愧二數是貪嗔不信懈怠
[illegible]

嗔等外元別性故謂忿恨惱嫉害此五是嗔一分与瑜伽同惶
憍掉舉此三是貪分然与瑜伽同放逸依此懈怠及貪嗔
癡四法上假立然与瑜伽同元慚元愧二數是貪嗔不信懈怠
二是愚癡分並是假立与瑜伽不同謂瑜伽說此四法是實
物有今據對法並是假立言元慚元愧二數是貪嗔癡分
不信懈怠二數是愚癡分故不同瑜伽諂誑二數是貪癡
一分散乱一數是貪嗔癡分忘念不正知是二煩惱中念惠
為性覆及睡眠惡作惛沈是愚癡分尋伺二數或是思性
或是惠性謂於推度不推度差別故前瑜伽論中隨煩惱
中九數謂覆誑諂惛沈睡眠惡作忘念散乱惡惠此九並
是癡分今對法中唯覆惛沈睡眠惡作四是愚癡分餘五
不同瑜伽謂散乱一數言是貪嗔癡分誑諂二數是貪嗔
癡一分忘念不正知是煩惱中念惠為性當知並是作論者意
異各從一義 西國諸師並云隨煩惱中七是寔有謂元慚元
愧惛沈掉舉不信懈怠心乱此七數並別有體 問曰元慚
元愧不信懈怠四有別體者論有誠文惛沈掉舉散
乱三數而有別體何以得知 解云為掉舉數論判是其
貪分若此數離貪貪分外元別體者貪不与嗔癡相應應不
是有掉舉不得与一切煩惱相應有何過失既言掉舉不与
一切煩惱相應故知掉舉別有體性既言是貪分是有別體
當知惛沈散乱然言唯是癡分故知然有別體 而雜對
法論文但隨煩惱中並是貪嗔癡等分者是寔有此隨
煩惱廿中唯此元慚元愧惛沈掉舉不信懈怠心乱七數言
是貪嗔癡分其餘十三數或言一分或言依此故知是並假
有不定四數中睡眠惡作然言是愚癡分然有別體謂睡眠
用欲想為性離欲想外元別體故顯揚論云夢者欲想
所作此然多虛故知睡眠是欲想為性言是癡分雖離癡
外言別有體者是欲想性故然言假立惡作元文但西國

有不定四數中睡眠惡作亦言是愚癡分然有別體謂睡眠
用欲想為性離欲想外无別體故々顯揚論云夢者欲想
所作此亦多虛故知睡眠是欲想為性言是癡分雖離癡
外言別有體者是欲想性故亦言假立惡作无文但西國
法師相傳云或是愚性或是惠性難言癡分離癡々外
言有別體者是愚性離愚惠外无別體故亦是假立尋
伺二數離愚惠外无別體故亦是假立西方法師相傳云
无癡善根亦有別性何以得知瑜伽中唯言善十一中三是
假有謂捨不害不放逸三是假有其餘是實有故知
无癡亦有別體又云大悲用无癡善根以為體性不与并
二根中惠根相攝故知无癡別有體性 問曰若尒何故對
法論云无癡者謂報教證智决擇為體釋論云報教證
智者謂生得聞思脩所生惠如其次第理應知决擇者謂惠与
勤勇俱此文云何以言是惠性耶解云无癡善根但對除
癡數无貪无嗔但對治貪嗔更无別行相對法論中就
惠行相以釋无癡善根非謂无癡善根即是惠性若從七
義心所有法五十一中卅是實有餘皆是假有言卅是實有
者謂遍行五別境五善中八為加无癡根本煩惱五除不正見
是隨煩惱七合此卅是實有餘是假有　第三四界分別者
四界謂欲界色界无色界及无漏界五十一心所有法中卅一
通四界謂遍行五別境五善十一中四通三界謂欲界色界无色
界十四者貪慢疑无明不正見不信懈怠放逸惛沈掉舉忘
念不正知散亂悔四通二界謂欲色界四者謂諂誑
尋伺十二數唯欲界謂嗔忿恨惱覆嫉慳害无慚无愧睡
眠惡作　第四三性分別者三性謂善性不善性无記性
於五十一心所有法中十四通三性十四者謂遍行五別境五不定
四十六通二性々謂不善性无記性言十六者謂根本煩惱
中貪慢疑无明不正見隨煩惱中十一謂諂誑憍惛沈掉

賜惡位　第四三性分別者三性謂善性不善性无記性
於五十心所有法中十四通三性十四者謂遍行五別境五不定
四十六通二之性之謂不善性无記性言十六者謂根本煩惱
中貪慢疑无明不正見隨煩惱中十一謂諂誑憍說悼
舉不信懈怠放逸妄念散亂不正知廿一唯一性差善十一
唯是善性差嗔忿恨覆惱嫉慳害无慚无愧此十唯不善
性　第五癈立六位者依瑜伽論略以四義癈立心所有法
言四義者一性二地三時四一切性謂三性地謂九地時謂剎那
相續時一切處謂俱起今約此四義明具義多少就中有二
先明六位具義多少後明六位癈立所由先明六位具義多少
後明六位癈立所由先明六位具義多者遍行五法具
其四義一通三性二遍九地三是相續四俱起別境五法
具二闕二二具二者一通三性二通九地二闕二者一非相續
二非俱起善十一法有一闕三三有一者謂遍九地三闕三者
一非通三性二非相續三非俱起煩惱六者有一无四言有一者
謂根本煩惱性言无四者一非通三性二非遍九地三非相續
四非俱起初之一門為簡隨煩惱所以更加餘之四門並依瑜
伽論隨煩惱廿有一无四言有一者謂隨煩惱性言无四者謂
一非通三性二非遍九地三非相續四非俱起初之一門為簡
根本煩惱是以更加餘之四門並依瑜伽論不定四法有一
闕三言有一者謂通三性言闕三者一謂非遍九地二謂非
相續三非俱起此即第一先明六位具義多少
第二明言癈立六位所由者將後五位對遍行五約義有无以
明癈立遍行五法具四義故名曰遍行餘皆不具非遍行攝
別境五法但具二義謂通三性及遍九地然非相續亦非俱
起闕此二義不名遍行善十一法但具一義謂遍九地然非
通三性亦非相續復非俱起闕此三義不名遍行煩惱六
中四皆不具謂非通三性非遍九地亦非相續復非俱起四義
並闕不名遍行隨煩惱法如煩惱說不定四法但具一義謂

起闕此二義不名遍行善十一[illegible]
通三性亦非相續復非俱起闕此三義不名遍行煩惱六
中四皆不具謂非通三性非遍九地亦非相續復非俱起四義
並闕不名遍行隨煩惱法如煩惱說不定四法但具一義謂
通三性然非遍九地亦非相續復非俱起三義闕故不名遍
行。第二將餘五位對別境五位約義有无以明廢立具二
闕二入別境中餘皆不尒非別境攝遍行五法雖通三性及
遍九地但謂相續及謂俱起二義不同非別境攝善十一法
雖遍九地亦非相續復非俱起為不通三性一義有異非
別境攝煩惱六法雖非相續亦非俱起但謂非通三性非
遍九地二義有異非別境攝隨煩惱法對其別境廢立亦如
如煩惱說不定四法雖通三性亦非相續復非俱起但為
非遍九地一義不同非別境攝。第三將餘五位對善十一約
義有无以明廢立具一闕三入善法中餘皆不尒非善法攝
遍行五法雖遍九地但為通三性亦相續復俱起闕三義故
不入善中別境五法雖遍九地亦非相續復非俱起但為通
於三性一義不同非善中攝根本煩惱六法雖非通三性亦非
相續復非俱起但為不遍九地一義不同不入善中隨煩惱
法如本煩惱說不定四法雖非相續亦非俱起但為通於
三性非遍九地二義有異非入善中。第四將餘五位對本煩
惱六約義有无以明廢立有一无四入煩惱中餘皆不尒非煩惱
攝遍行五法但為通於三性遍九地亦相續復俱起復非本
惑五義並闕非煩惱攝別境五法雖非相續亦非俱起但
為通三性亦遍九地復非本惑三義不同非煩惱攝善十一
法雖非通三性亦非相續復非俱起但為遍九地非本煩惱
攝隨煩惱法雖非通三性非遍九地亦非相續復非俱起但
為非本煩惱一義不同非煩惱攝不定四法雖不遍九地亦非
相續復非俱起但為通三性非本煩惱二義不同非煩惱
攝。第五將餘五位對隨煩惱約義有无以明廢立具
一闕四入隨煩惱餘法不尒非隨煩惱攝遍行五法但為通於三
性遍九地亦相續復俱起復非通惑五義不同非隨煩惱攝

攝　弟五將餘五位對隨煩惱約義有無以明廢立真
一闕四入隨煩惱餘法不尔非隨煩惱遍行五法但為通於三
性遍九地亦相續復俱起復非隨或五義不同非隨煩惱攝
別境五法雖非相續亦非俱起但為通三性遍九地非隨煩
惱三義不同非隨煩惱攝善十一法雖非通三性亦非相續
復非俱起但為遍九地非隨煩惱二義不同非隨煩惱攝
煩惱六法雖非通三性非遍九地亦非相續復非俱起但為
非隨煩惱一義不同非隨煩惱攝不定四法雖非遍九地亦
非相續復非俱起但為通三性非隨煩惱二義不同非隨煩
惱攝　弟六將餘五位對不定四約義有無以明廢立真
一闕三名不定四餘法不尔非不定攝遍行五法雖通三性但
為遍行九地亦相續復俱起三義不同非入不定別境五法
雖通三性亦非相續復非俱起但為遍九地一義不同非入不
定善十一法雖非相續亦非俱起但為非通三性及遍九地二
義不同非不定攝煩惱六法雖非通三性非遍九地亦非相、
續復非俱起但為非通三性一義不同非不定攝隨煩惱法
雖非遍九地亦非相續復非俱起但為非通三性一義不同
非不定攝上來略以五門料簡心所有法訖
論云第三色法略有十一種一眼二耳三鼻四舌五身六色七聲八香
九味十觸十一法處所攝色者解云此即第三明其色法就中
有三初牒章第二舉數第三列名言第三色法者此即第
一牒章言色者質㝵之法名之為色　問曰若質㝵故名
為色者眼等諸法可名質㝵無作之色既非質㝵云何名色
既非質㝵云何名色解云無作之色雖非質㝵然從質㝵
色生從名為色亦名質㝵　論云略有十一種者此即弟二舉數
論云一眼等者此即第三列名了別色塵名之為眼聽音樂等
名之為耳嗅沉麝等名之曰鼻別甘苦等名之曰舌知滋
滑等名之曰身為眼所見名之為色若依雜集論色有廿
五種所為青黃赤白長短方圓麁細高下若正不正光影明

論云眼等者此是第三列名了別色塵名之為眼聽音樂等
名之為耳嗅沉麝等名之曰鼻別甘苦等名之曰舌知澀
滑等名之曰身為眼所見名之為色若依雜集論色有廿
五種所為青黃赤白長短方圓麁細高下正不正光影明
闇烟雲塵霧迥色表色空一顯色為耳所聞名之曰聲若
依雜集論聲有十一種謂若可意若不可意聲若俱
相違若因執受大種聲若因不執受大種聲若因執受不
執受俱大種聲若世所共成聲若成所引聲若遍計所執
聲若聖言量所攝聲若非聖言量所攝為鼻所嗅名
之為香若依雜集論香有六種謂若好香若惡香若平
等香若俱生香若和合香若變異香為舌所嘗名之曰味
若依雜集論有十二種謂苦酢甘辛鹹淡若可意若不可
意若俱相違若俱生若和合若變異身之所取故名為觸若依
雜集論有廿二種所謂滑澀輕重軟緩急冷暖飢飽力劣
悶癢粘病老死疲息勇蘭地水火風十一論處所攝色者謂
意識所行无見无對色蘊所攝略有五種謂極略色極迥、
色受所引色遍計所起色定自在所生極略色者謂極微色
迥色者謂即此對餘身觸色受所引色者謂无表色遍
計所起色者謂影像色定自在所生色者謂解脫靜
慮所行境界色上来大文第三明色訖
論云第四心不相應行法略有廿四種一得二命根三衆同分四
四異生性五无想定六滅盡定七无想事八名身九句身十文
身十一生十二老十三住十四无常十五流轉十六定異十七相應
十八勢速十九次第廿方廿一時廿二數廿三和合性廿四不和合性
此是第四明心不相應行法就中有三第一牒章第二舉數第
三列名言廿四心不相應行法者此是第一牒章遍行五等
与心相應此得等諸法不与心相應名心不相應言其行者
即是与行蘊所攝餘心色无為非行蘊攝言不相應者
簡別心所有法言其行者即簡別心色无為法名心不相
應行　論云略有廿四種者此是第二舉數論云一得等

与心相應，此得等諸法不与心相應，名心不相應。言其行者
即是与行蘊所攝，餘心色无為非行蘊攝。言不相應者
簡別心所有法；言其行者，即簡別心色无為法，名心不相
應行。論云略有廿四種者，此即第二舉數。論云一得等
者，此即第三列名。言一得者，於三性法假立獲得，名之為
得。先業所感，隨壽長短住時決定，稱曰命根。六趣差
別，各各不同，自類所居，名衆同分。謂於聖法未得未證，異
於聖故，号曰異生性。滅諸六轉心心數法，无有緣慮，故名
无相定。滅諸六識心心數法及第七一分，名滅盡定。生无想
天五百劫中心无緣慮，名无相事。謂詮諸行天人等号，
稱曰名身。聚集諸名顯染淨義，名曰句身。名名与句
二種所依，名曰文身。本无今有，說之名生。最白面熟稱之
為老。相續不斷，名之為住。住住以還无，名曰无常。剎那相續，
稱曰流轉。因果體別，故名定異。因果相稱，号曰相應。迅
疾流轉，名為勢速。三不俱時，稱為次第。東西南北，号之
為方。過去現在未來，稱之曰時。一十百千，名之為數。衆緣
集會，名為和合。諸行緣乖，名不和合。上來第四解心不相
應行法訖。　今略作三門料簡廿四不相應行：第一明諸論
不同，第二釋其違妨，第三辨其假實之相。　第一明諸論
不同者，瑜伽、顯揚、百法明門論皆有廿四不相應行，對法有
廿三，无不和合。五蘊論中唯有十四，无流轉等十。此即諸論顯
數不同。　第二釋違妨者，問曰：何故瑜伽、顯揚、百法明門
論此三論並同，何故對法論有廿三，无不和合，此有何意？釋
云：對法論主和合等者，論既言和合等，當知即等取不和合。
又解云：略故不說。　問曰：等略何不略餘數，但略不和合耶？解
云：已說在所說中，所以但偏略不和合性。言已說在所說中者，
謂異生性是見道已前煩惱假建立者，望所證聖道有
不得義邊，故即是不和合義。不和合中略舉一隅，餘不和合類
亦可知，所以偏略不和合性。瑜伽、顯揚、百法論並有廿四者，此據
異生性外別有不和合名，所以餘論中言廿四也。　問曰：諸論或
言廿四數，或言廿三數，以如上釋。何故五蘊論等有十四，无流

不得義邊故即是不和合義不和合中略舉一隅餘不和合類
亦可知所偏略不和合性瑜伽顯揚百法論並有廿四者此據
異生性外別有不和合名所以餘論中言廿四也 問曰諸論或
言廿四數或言廿三數以如上釋何故五蘊論等有十四无流
轉等 ム解云所以五蘊論不說流轉等十者彼論云如是
等類者即解彼論當知如是等類言亦等取流轉等十也
此中但略故不列名也 第三釋其假實相者此廿四不相應行
法並是色心々所有法分位假立 問曰廿四不相應行既並是
色心々所有分位假立者未知幾是色上假幾是心上假幾是
心々所有法上假幾通色心々所有法上假 解云若依對論法惣
勒為八位依行八種位建立廿四心不相應行法故論云如是等心
不相應法唯依分位差別而假建立故當知是假有一所謂於善
不善等增減分位建立一種者 ム解云此即是得通於三性色
心々所有法上假立二於心々數法分位差別建立三種者解云
當知即是无想定滅盡定无相異熟三種也 謂无想定滅盡
定之相厭心種子上分々功德增長邊假立為二定之體无相異熟、
當知即是得通於无相報心種子上望心不相應義邊於相想種
子上假立无相異熟此三通心々所有法上假三於種子分位建
立一種者 ム解云此是命根謂依向賴耶識能持衆同分執持
四大諸根不壞而於向賴耶識相應心々法上假立命根此即
通心所有法上假若在欲色二界通色心所上假若在无色界无
色唯心々所有法上假四於相似分位差別建立一種者解云當
知即是衆同分通於色心々所有法上假 五於相分位差別
建立四種者 ム解云當知即是四相通色心々所有法上假立六
於言說分位差別建立三種者 ム解云當知即是名身句身文
身三種通色心々所有法上假 問曰名身句文身々色上假此无
有疑云何於心々所有法上假 解云或有仏土意思為仏事故
亦通心々所有法上假七於不得分位差別建立一種者解云當知
即是異生性謂於无漏聖法不得義邊假立異生性即於
未得見道已來色心々所有法上假 八於因果分位差別建

名通心〻所有法上假七於不得分位差別建立一種者解云當知
是異生性謂於无漏聖法不得義邊假立異生性是於
未得見道已來色心〻所有法上假 八於因果分位差別建
立餘十種者解云當知是餘十謂流轉定異相應勢速
次第時方數和合不和合當知此十並通色心〻所有法上假立
總而言之當知三通心〻所有法上假廿一通色心〻所有法上假
三種通心〻所有法上假者謂无相定滅盡定无想異熟言廿一
通色心有法上假者謂得命根衆同分異生名身句身文身
生老住无常流轉定異相應勢速次第方時數和合性不和
合性此是略料簡廿四不相應行訖 ◎論云五第无為法略有
六種一虛空二擇滅三非擇滅四不動五想受滅六真如者此
是第五明无為法就此文中有三第一標章略有六種者此是第
一列名言第五无為法者此是第一標章第二舉數第三
二舉數論云一虛空等者此是第三列名言虛空者謂无
邊性空容受一切所作事業者故名虛空謂惠有蘭擇〻
性故名為擇滅由擇得滅故名擇滅因緣不會諸法不生非由惠
滅名非擇滅 第四靜慮已上不為苦樂所動唯有捨受現
行故名不動滅盡定之中心所有法滅受相用勝故殊為名故
是此定之名受想滅法性本來常自寂滅相不遷動義名真
如此是第五解无為法訖 上來從一門法已下乃至第五无
為法者此前廣訖 自次已下第二卷後問論云无我者
略有二種一補特伽羅无我二法无我者此是第二卷後問就
此卷中有三第一標前問第二舉數第三列名言无我者此是
第一標前問略有二種者此是舉數言一補特伽羅等者此
是第三列名言補特伽羅者翻名數取於六趣中數〻往
還名數趣〻
雖復往來都无人我故名无我二法无我者謂蘊處

[illegible]
耳第三列名言補特伽羅者翻名數取於六趣中數數往
還名數趣之
雖復往来都无人我故名无我二法无我者謂蘊處
界等名之為法此法无我人故名无我此是次第前後
問訖

大乘百法明門論疏一卷

妙法蓮華經五百弟子受記品第
尒時冨樓那弥多羅尼子從佛聞
便隨宜說法又聞授諸大弟子阿耨
藐三菩提記復聞宿世因緣之事復聞
有大自在神通之力得未曾有心淨踊躍
從座起到於佛前頭面礼足却住一面瞻仰
尊顏目不暫捨而作是念世尊甚奇特所爲
希有隨順世間若干種性以方便知見而爲
說法拔出衆生處處貪著我等於佛功德言
不能宣唯佛世尊能知我等深心本願尒時
佛告諸比丘汝等見是冨樓那弥多羅尼子
不我常稱其於說法人中最爲第一亦常歎
其種種功德精勤護持助宣我法能於四衆
示教利喜具足解釋佛之正法而大饒益同
梵行者自捨如來无能盡其言論之辯汝等
勿謂冨樓那但能護持助宣我法亦於過去九
十億諸佛所護持助宣佛之正法於彼說法
人中亦最第一又於諸佛所說空法明了通

BD03447號　妙法蓮華經卷四　（6–1）

梵行者自捨如來无能盡其言論之辯汝等
勿謂冨樓那但能護持助宣我法亦於過去九
十億諸佛所護持助宣佛之正法於彼說法
人中亦最第一又於諸佛所說空法明了通
達得四无礙智常能審諦清淨說法无有
疑惑具足菩薩神通之力隨其壽命常脩
梵行彼佛世人咸皆謂之實是聲聞而冨樓那
以斯方便饒益无量百千衆生又化无量阿
僧祇人令立阿耨多羅三藐三菩提爲淨佛
土故常作佛事教化衆生諸比丘冨樓那亦
於七佛說法人中而得第一今於我所說法
人中亦爲第一於賢劫中當來諸佛說法人
中亦復第一而皆護持助宣佛法亦於未來
護持助宣无量无邊諸佛之法教化饒益
无量衆生令立阿耨多羅三藐三菩提爲淨佛
土故常勤精進教化衆生漸漸具足菩薩之道
過无量阿僧祇劫當於此土得阿耨多羅三
藐三菩提号曰法明如來應供正遍知明行
足善逝世間解无上士調御丈夫天人師
佛世尊其佛以恒河沙等三千大千世界爲
一佛土七寶爲地地平如掌无有山陵谿澗
溝壑七寶臺觀充滿其中諸天宮殿近處虛
空人天交接兩得相見无諸惡道亦无女人一
切衆生皆以化生无有婬欲得大神通身
出光明飛行自在志念堅固精進智慧普皆

BD03447號　妙法蓮華經卷四　（6–2）

溝壑七寶臺觀充滿其中諸天宮殿近處虛
空人天交接兩得相見无諸惡道亦无女人一
切衆生皆以化生无有婬欲得大神通身
出光明飛行自在志念堅固精進智慧普皆
金色三十二相而自莊嚴其國衆生常以二食
一者法喜食二者禪悅食有无量阿僧祇千
万億那由他諸菩薩衆得大神通四无礙
智善能教化衆生之類其聲聞衆筭數校
計所不能知皆得具足六通三明及八解脫其
佛國土有如是等无量功德莊嚴成就劫名
寶明國名善淨其佛壽命无量阿僧祇劫法
住甚久佛滅度後起七寶塔遍滿其國尒時
世尊欲重宣此義而說偈言

諸比丘諦聽　佛子所行道　善學方便力　不可得思議
知衆樂小法　而畏於大智　是故諸菩薩　作聲聞緣覺
以无數方便　化諸衆生類　自說是聲聞　去佛道甚遠
度脫无量衆　皆悉得成就　雖小欲懈怠　漸當令作佛
内秘菩薩行　外現是聲聞　少欲猒生死　實自淨佛土
示衆有三毒　又現耶見相　我弟子如是　方便度衆生
若我具足說　種種現化事　衆生聞是者　心則懷疑惑
今此富樓那　於昔千億佛　勤脩所行道　宣護諸佛法
為求无上慧　而於諸佛所　現居弟子上　多聞有智慧
所說无所畏　能令衆歡喜　未曾有疲惓　而以助佛事
已度大神通　具四无礙智　知衆根利鈍　常說清淨法
演暢如是義　教諸千億衆　令住大乘法　而自淨佛土

BD03447號　妙法蓮華經卷四　（6–3）

為求无上慧　而於諸佛所　現居弟子上　多聞有智慧
所說无所畏　能令衆歡喜　未曾有疲惓　而以助佛事
已度大神通　具四无礙智　知衆根利鈍　常說清淨法
演暢如是義　教諸千億衆　令住大乘法　而自淨佛土
未來亦供養　无量无數佛　護助宣正法　亦自淨佛土
常以諸方便　說法无所畏　度不可計衆　成就一切智
供養諸如來　護持法寶藏　其後得成佛　号名曰法明
其國名善淨　七寶所合成　劫名為寶明　菩薩衆甚多
其數无量億　皆度大神通　威德力具足　充滿其國土
聲聞亦无數　三明八解脫　得四无礙智　以是等為僧
其國諸衆生　婬欲皆已斷　純一變化生　具相莊嚴身
法喜禪悅食　更无餘食想　无有諸女人　亦无諸惡道
富樓那比丘　功德悉成滿　當得斯淨土　賢聖衆甚多
如是无量事　我今但略說

尒時千二百阿羅漢心自在者作是念我等歡
喜得未曾有若世尊各見授記如餘大弟子
者不亦快乎佛知此等心之所念告摩訶迦
葉是千二百阿羅漢我今當現前次第與
受阿耨多羅三藐三菩提記於此衆中我大
弟子憍陳如比丘當供養六万二千億佛然後
得成為佛号曰普明如來應供正遍知明行
足善逝世間解无上士調御丈夫天人師佛
世尊其五百阿羅漢優樓頻螺迦葉伽耶迦
葉那提迦葉迦留陀夷優陀夷阿㝹樓䭾離
婆多劫賓那薄拘羅周陀莎伽陀等皆當得

BD03447號　妙法蓮華經卷四　（6–4）

足善逝世間解无上士調御丈夫天人師佛
世尊其五百阿羅漢優樓頻螺迦葉伽耶迦
葉那提迦葉迦留陁夷優陁夷阿㝹樓䭾離
婆多劫賓那薄拘羅周陁莎伽陁等皆當得
阿耨多羅三藐三菩提盡同一号名曰普明尒
時世尊欲重宣此義而說偈言
憍陳如比丘　當見无量佛　過阿僧祇劫　乃成等正覺
常放大光明　具足諸神通　名聞遍十方　一切之所敬
常說无上道　故号為普明　其國土清淨　菩薩皆勇猛
咸昇妙樓閣　遊諸十方國　以无上供具　奉獻於諸佛
作是供養已　心懷大歡喜　須臾還本國　有如是神力
佛壽六万劫　正法住倍壽　像法復倍是　法滅天人憂
其五百比丘　次第當作佛　同号曰普明　轉次而授記
我滅度之後　某甲當作佛　其所化世間　亦如我今日
國土之嚴淨　及諸神通力　菩薩聲聞眾　正法及像法
壽命劫多少　皆如上所說　迦葉汝已知　五百自在者
餘諸聲聞眾　亦當復如是　其不在此會　汝當為宣說
尒時五百阿羅漢於佛前得受記已歡喜踊
躍即從座起到於佛前頭面礼足悔過自責
世尊我等常作是念自謂已得究竟滅度今
乃知之如无智者所以者何我等應得如來智
慧而便自以小智為足世尊譬如有人至親
友家醉酒而卧是時親友官事當行以无價
寶珠繫其衣裏與之而去其人醉卧都不
覺知起已遊行到於他國為衣食故勤力求

BD03447 號　妙法蓮華經卷四　（6–5）

尒時五百阿羅漢於佛前得受記已歡喜踊
躍即從座起到於佛前頭面礼足悔過自責
世尊我等常作是念自謂已得究竟滅度今
乃知之如无智者所以者何我等應得如來智
慧而便自以小智為足世尊譬如有人至親
友家醉酒而卧是時親友官事當行以无價
寶珠繫其衣裏與之而去其人醉卧都不
覺知起已遊行到於他國為衣食故勤力求
索甚大艱難若少有所得便以為足於後親
友會遇見之而作是言咄我丈夫何為衣食
乃至如是我昔欲令汝得安樂五欲自恣於
某年日月以无價寶珠繫汝衣裏今故現在
而汝不知勤苦憂惱以求自活甚為癡也汝今
可以此寶貿易所須常可如意无所乏短佛亦
如是為菩薩時教化我等令發一切智心而尋
廢忘不知不覺既得阿羅漢道自謂滅度資生
艱難得少為足一切智願猶在不失今者世
尊覺悟我等作如是言諸比丘汝等所得
非究竟滅我久令汝等種佛善根以方便故示
涅槃相而汝謂為實得滅度世尊我今乃知

BD03447 號　妙法蓮華經卷四　（6–6）

BD03448號背　佛名經（十六卷本）卷一五護首　　（1–1）

BD03448號　佛名經（十六卷本）卷一五　　（38–1）

佛說佛名經卷第十五

南无智衆佛　南无離藏佛
南无明王佛　南无不分別脩行佛
南无无邊智稱佛　南无栴檀屋勝佛
南无无比智華成佛　南无善住娑羅王佛
南无勝月光明佛　南无須弥聚佛
南无稱名佛　南无過十方稱佛
南无稱名親佛　南无稱堅固佛
南无離惱佛　南无波頭摩勝王功德佛
南无散華雜莊佛　南无普放香光明佛
南无波耶他眼佛　南无放炎佛
南无十方稱名佛　南无光明弥留佛
南无寶光明佛　南无然尸棄佛
南无三界境界勢佛　南无光明輪佛
南无虛空稱境界佛　南无盡境界佛
南无妙寶聲佛　南无普境界佛
南无智稱佛　南无光輪境界勝王佛
南无善住佛　南无成就佛寶功德佛
南无起智功德佛　南无一切功德佛
南无佛境界清淨佛　南无起智光明威德積聚佛

BD03448號　佛名經（十六卷本）卷一五　（38–2）

南无起智功德佛　南无一切功德佛
南无佛境界清淨佛　南无起智光明威德積聚佛
南无成就波頭摩王佛　南无第一境界法佛
南无成就波頭摩功德佛　南无旃檀功德佛
南无半月光明佛　南无香像佛
南无寶山佛　南无點慧行佛
南无能作无畏佛　南无无邊功德勝佛
南无光明雜莊佛　南无光作邊功德佛
南无成就一切勝功德佛
南无住持炬佛　南无勝敵對佛
南无勝王佛　南无星宿王佛
南无无邊山佛　南无虛空輪清淨佛
南无无邊聲佛　南无无邊光明佛
南无寶弥留佛　南无種種寶佛
南无拘脩摩數佛　南无上首佛
南无无垢離垢發脩行光明佛
南无金色華佛　南无寶窟佛
南无種種業成就佛　南无放光明佛
南无成就華佛　南无華蓋佛
南无不空發脩行佛　南无陳力王佛

BD03448號　佛名經（十六卷本）卷一五　（38–3）

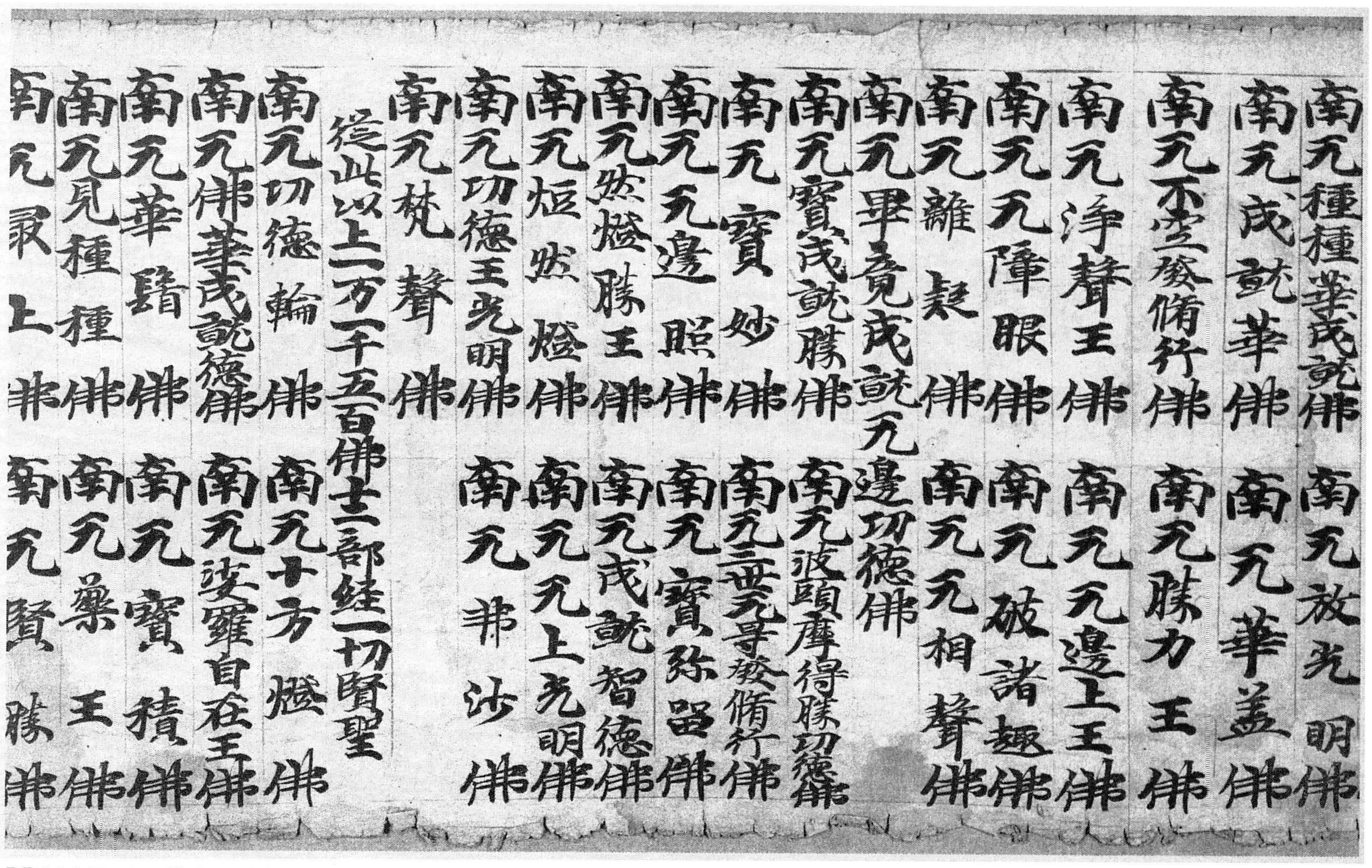
南无種種華成就佛　南无放光明佛
南无成就華佛　南无華蓋佛
南无不空發脩行佛　南无勝力王佛
南无淨聲王佛　南无无邊上王佛
南无无障眼佛　南无破諸趣佛
南无離疑佛　南无无相聲佛
南无畢竟成就无邊功德佛
南无寶成就勝佛　南无波頭摩得勝功德佛
南无寶妙佛　南无三世无㝵發脩行佛
南无无邊照佛　南无寶弥留佛
南无然燈勝王佛　南无成就智德佛
南无炬然燈佛　南无无上光明佛
南无功德王光明佛　南无弗沙佛
南无梵聲佛
從此以上二万一千五百佛十二部經一切賢聖
南无功德輪佛　南无十方燈佛
南无佛華成就德佛　南无娑羅自在王佛
南无華鏳佛　南无寶積佛
南无見種種佛　南无藥王佛
南无最上佛　南无賢勝佛

BD03448 號　佛名經（十六卷本）卷一五　（38–4）

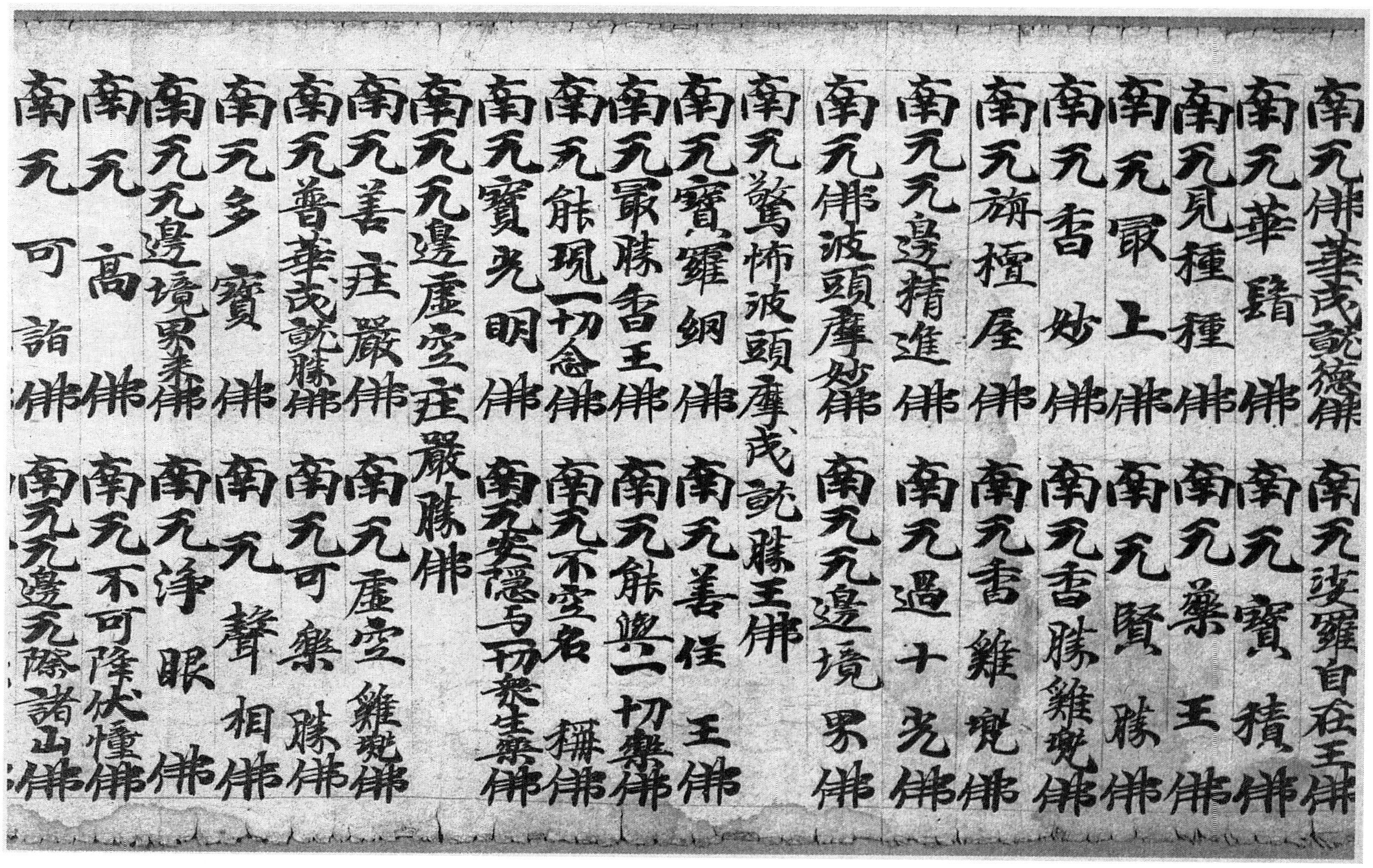
南无佛華成就德佛　南无娑羅自在王佛
南无華鏳佛　南无寶積佛
南无見種種佛　南无藥王佛
南无最上佛　南无賢勝佛
南无香妙佛　南无香勝雞兜佛
南无旃檀屋佛　南无香雞兜佛
南无无邊精進佛　南无過十光佛
南无佛波頭摩妙佛　南无无邊境界佛
南无驚怖波頭摩成就勝王佛
南无寶羅網佛　南无善住王佛
南无最勝香王佛　南无能與一切樂佛
南无能現一切念佛　南无不空名稱佛
南无寶光明佛　南无安隱与一切衆生樂佛
南无无邊虛空莊嚴勝佛
南无善莊嚴佛　南无虛空雞兜佛
南无普華成就勝佛　南无可樂勝佛
南无多寶佛　南无聲相佛
南无无邊境界來佛　南无淨眼佛
南无高佛　南无不可降伏幢佛
南无可諂佛　南无无邊无際諸山佛

BD03448 號　佛名經（十六卷本）卷一五　（38–5）

南无无邊境界柔佛　南无淨眼佛
南无高佛　南无不可降伏幢佛
南无可詣佛　南无无邊无際諸山佛
南无月輪莊嚴王佛　南无最勝弥留佛
南无樂成就德佛　南无清淨諸弥留佛
南无安樂德佛　南无梵德佛
南无无㝵目佛　南无作无邊功德佛
南无善思惟成就願佛　南无清淨輪王佛
南无智高佛　南无勇猛仙佛
南无智積佛　南无作方佛
南无能忍佛　南无離諸有佛
南无智護佛　南无妙功德佛
南无隨衆生心現境界佛　南无鏡佛
南无无邊寶佛　南无離一切受境界无畏佛
南无无㝵寶光明佛　南无无㝵照佛
南无念一切佛境界佛　南无能現一切佛像佛
南无无相體佛　南无化聲佛
南无化聲善聲佛　南无寶成就勝功德佛
南无海弥留佛　南无无垢意佛
南无智華成就佛　南无高威德山佛

BD03448號　佛名經（十六卷本）卷一五　（38-6）

南无无相體佛　南无化聲佛
南无化聲善聲佛　南无寶成就勝功德佛
南无海弥留佛　南无无垢意佛
南无智華成就佛　南无高威德山佛
南无弥佛　南无離恨佛
南无斷一切諸道佛　南无成就不可量功德佛
南无樂成就勝境界佛　南无求无畏香佛
南无无障㝵香光明佛　南无雲妙鼓聲佛
南无須弥山堅佛　南无勝香須弥佛
南无无邊光佛　南无普見佛
南无得无畏佛　南无月燈佛
南无大燈佛　南无勢燈佛
南无高脩佛　南无金剛生佛
南无智自在王佛　南无智力稱佛
南无无畏上佛　南无功德王佛
南无波婆婆佛　南无善眼佛
南无妙莊嚴佛　南无寶蓋佛
從此以上一万一千六百佛十二部經一切賢聖
南无香烏佛　南无无邊境界不空稱佛
南无不可思議功德王光明佛

BD03448號　佛名經（十六卷本）卷一五　（38-7）

南无妙莊嚴佛 南无寶蓋佛
從此以上二万一千六百佛十二部經一切賢聖
南无香象佛 南无无邊境界不空稱佛
南无不可思議功德王光明佛
南无種種華佛 南无毘王佛
南无常歡香佛 南无妙藥樹王佛
南无无邊意行佛 南无常求安樂佛
南无无邊境界佛 南无无邊光佛
南无无邊日佛 南无无邊虛空境界佛
南无聲色境界佛 南无香上勝佛
南无虛空勝佛 南无勝功德佛
南无現諸方佛 南无妙弥留佛
南无无障眼佛 南无沙伽羅佛
南无莊嚴佛 南无妶雞兜佛
南无无垢威德光佛 南无智山佛
南无稱力王佛 南无功德王光明佛
南无智見佛 南无波頭勝氏既佛
南无寶火佛 南无寶蓮華勝佛
南无斷諸疑佛 南无領勝衆佛
南无雞兜王佛 南无華勝佛

BD03448號　佛名經（十六卷本）卷一五　（38–8）

南无斷諸疑佛 南无領勝衆佛
南无雞兜王佛 南无華勝佛
南无放光明佛 南无照波頭摩光明佛
南无方王雞兜佛 南无无邊步佛
南无娑伽羅山佛 南无阿荷見佛
南无无障导吼聲佛 南无无邊功德稱光明佛
南无世間涅槃无差別脩行佛
南无无邊照佛 南无善眼佛
南无一蓋藏佛 南无放光明佛
南无過去未來現在發脩行佛
南无无邊華佛 南无无邊淨佛
南无无邊光佛 南无无邊照佛
南无无邊明佛 南无妙明佛
南无无邊境界佛 南无无邊步佛
南无等蓋行佛 南无寶蓋佛
南无星宿王佛 南无蓋星宿佛
南无光明輪佛 南无光明王佛
南无勝光明功德佛 南无不可量光佛
南无勝佛 南无不可量境界步佛

BD03448號　佛名經（十六卷本）卷一五　（38–9）

南无[illegible]佛
南无[illegible]佛
南无勝光明功德佛
南无不可量光佛
南无勝佛
南无不可量境界步佛
南无无㝵聲吼佛
南无大雲光佛
南无闍梨丘山佛
南无佛華光明佛
南无波頭摩勝藥上佛
南无星宿上首佛
南无放光明佛
南无三闍單那堅佛
南无不空見佛
南无頂勝功德佛
南无波頭頂勝功德佛
南无无癡佛
南无能度佛
南无无迷步佛
南无離愚境界佛
南无无闇光明佛
南无无邊精進佛
南无娑羅自在王佛
南无寶娑羅佛
南无一蓋佛
南无蓋莊嚴佛
南无寶聚佛
南无旃聚香佛
南无旃檀屋佛
南无无邊光明佛
南无光輪佛
南无山莊嚴佛
南无无障㝵眼佛
南无善眼佛
南无寶成佛
從此以上一万一千七百佛十二部經一切賢聖
南无一切功德勝佛
南无成就佛華功德佛
南无[illegible]佛
南无[illegible]佛

BD03448號 佛名經（十六卷本）卷一五

（38–10）

南无[illegible]佛
南无[illegible]佛
從此以上一万一千七百佛十二部經一切賢聖
南无一切功德勝佛
南无成就佛華功德佛
南无善住意佛
南无无邊方便佛
南无不空功德佛
南无寶勢佛
南无无邊脩行佛
南无嚴无邊功德佛
南无虛空輪光佛
南无无相聲佛
南无藥王佛
南无不怯弱佛
南无離諸畏毛竪佛
南无一切德王光明佛
南无觀智起華佛
南无虛空界佛
南无虛空聲佛
南无虛空莊嚴佛
南无大眼佛
南无勝功德佛
南无成佛
南无佛波頭摩德佛
南无成功德佛
南无師子勝佛
南无成就義佛
南无師子護佛
南无善住王佛
南无梵山佛
南无淨目佛
南无不空跡步佛
南无香鳥佛
南无香德佛
南无香彌留佛
南无无邊眼佛
南无財屋佛
南无香山佛
南无[illegible]佛
南无[illegible]佛

BD03448號 佛名經（十六卷本）卷一五

（38–11）

南无香烏佛　南无香德佛
南无香弥留佛　南无无邊眼佛
南无趺屋佛　南无香山佛
南无寶師子佛　南无堅固衆生佛
南无妙勝任王佛　南无无邊境界勝王佛
南无勝精進王佛　南无无疑佛
南无善星宿王佛　南无然燈佛
南无能作光明佛　南无光明山佛
南无光明輪佛　南无妙蓋佛
南无香蓋佛　南无寶蓋佛
南无香去蓋佛　南无旃檀勝佛
南无須弥山積聚佛　南无種種寶光明佛
南无堅固自在王佛　南无淨勝佛
南无淨眼佛　南无不弱佛
南无寶勝佛　南无施羅王佛
南无發脩行轉稱佛　南无无邊脩行佛
南无最妙光佛　南无闍梨尼光明佛
南无因王佛　南无梵勝佛
南无稱身佛　南无華山佛
南无轉胎佛　南无轉難佛

BD03448號　佛名經（十六卷本）卷一五　（38–12）

南无最妙光佛　南无闍梨尼光明佛
南无因王佛　南无梵勝佛
南无稱身佛　南无華山佛
南无轉胎佛　南无轉難佛
南无斷諸念佛　南无發起諸念佛
南无常脩行佛　南无善住佛
南无一藏佛　南无一山佛
南无无邊身佛　南无无邊精進佛
南无光明輪佛　南无无邊功德王光佛
南无降伏一切諸怨佛　南无過一切魔境界佛
南无不可量華佛　南无不可量香佛
南无不可量聲佛　南无光明頂佛
南无光明勝佛　南无不離二佛

次礼十二部尊経大藏法輪

南无梵聲経　南无須陁洹四切德経
南无持戒而入婆王経　南无蓮華女経
南无國王薩経　南无阿毗曇経
南无金剛蜜経　南无持世経
南无阿那律八念経　南无普集経
南无迦羅越経　南无阿難問因縁持戒経

BD03448號　佛名經（十六卷本）卷一五　（38–13）

南无金剛蜜經　南无持世經
南无阿那律八念經　南无菩集經
南无迦羅越經　南无阿難問因緣持戒經
從此以上二万一千八百佛十二部經一切賢聖
南无薩和達王經　南无阿難邠坻四時施經
南无阿闍世王經　南无阿閦佛經
南无德光太子經　南无小阿闍經
南无阿陁三昧經　南无胞藏經
南无阿鳩留經　南无漸備一切智經
次礼十方諸大菩薩
南无滅惡世界儀意菩薩
南无普樂世界華庄嚴菩薩
南无普樂世界大智菩薩
南无安樂世界賢日光明菩薩
南无安樂世界師子吼身菩薩
南无蓮華樹世界寶首菩薩
南无安樂世界大勢至菩薩
南无炎氣世界法首菩薩
南无炎氣世界法英菩薩
南无步樂世界香首菩薩

BD03448 號　佛名經（十六卷本）卷一五　（38–14）

南无安樂世界大勢至菩薩
南无炎氣世界法首菩薩
南无炎氣世界法英菩薩
南无妙樂世界香首菩薩
南无妙樂世界衆香首菩薩
南无照明世界師子意菩薩
南无照明世界師子菩薩
南无不眴世界導御菩薩
南无光曜世界寶場菩薩
南无樂御世界慧步菩薩
南无樂御世界慧見菩薩
南无光察世界雨王菩薩
南无光察世界法王菩薩
南无愛見世界退魔菩薩
南无愛見世界右魔王菩薩
南无照曜世界顯音熱王菩薩
南无寶燈須弥山幢世界无上普妙德王菩薩
南无一切香集世界虛空藏菩薩
次礼聲聞緣覺一切賢聖
南无優波羅辟支佛　南无波頭辟支佛

BD03448 號　佛名經（十六卷本）卷一五　（38–15）

次禮聲聞緣覺一切賢聖
南无優波羅辟支佛　南无波頭辟支佛
南无善賢辟支佛　南无賢德辟支佛
南无須摩辟支佛　南无輸那辟支佛
南无留闍辟支佛　南无優留闍辟支佛
南无弗沙辟支佛　南无牛齒辟支佛
南无漏盡辟支佛　南无最後身辟支佛
歸命如是等无量无邊辟支佛
禮三寶已次復懺悔
衆等相與即今身心寂靜无諂无障正是生善
滅惡之時復應各起四種觀行以為滅罪作前
方便何等為四一者觀於因緣二者觀於果報三
者觀我自身四者觀如來身第一觀因緣者知
我此罪藉以无明不善思惟无正觀力不識其過
遠離善友諸佛菩薩隨逐魔道行耶嶮逕如魚
吞鉤不知其患如蠶作繭自縈自縛如蛾赴火
自燒自爛以是因緣不能自出
第二觀於果報者所有諸惡不善之業三世流
轉苦果无窮沈溺无邊巨夜不悔為諸煩惱羅

第二觀於果報者所有諸惡不善之業三世流
轉苦果无窮沈溺无邊巨夜不悔為諸煩惱羅
剎所食未來生死冥然无崖設使報得轉輪聖
王王四天下飛行自在七寶具足命終之後不免惡
趣四空果報三界尊極福盡還作牛領中蟲況復
其餘无福德者而復懈怠不勤懺悔此亦譬如
抱石沈淵求出良難
第三觀我自身雖有正因靈覺之性而為煩惱黑
闇叢林之所覆蔽无了因力不能得顯我今應當
發起勝心破裂无明顛倒重鄣斷滅生死虛偽苦
因顯發如來大明覺慧建立无上涅槃妙果
第四觀如來身无為寂照離四句絕百非衆德
具足湛然常住雖復方便入於滅度慈悲救接
未曾暫捨如是等心可謂滅罪之良津除障之要
行是故弟子今日至到稽首歸依於佛
南无東方勝藏珠光佛　南无南方寶積示現佛
南无西方法界智燈佛　南无北方最勝降伏佛
南无東南方龍自在佛　南无西南方轉一切苦光佛
南无西北方无邊智自在佛　南无東北方无邊功德月佛

南无西方法界香燈佛　南无北方最勝降伏佛
南无東南方龍自在佛　南无西南方轉女身佛
南无西北方无邊智自在佛　南无東北方无邊功德月佛
南无下方海智神通佛　南无上方一切勝王佛
如是十方盡虛空界一切三寶至心歸命常住三寶
弟子等无始以來至於今日長養煩惱日深日厚
日茲日茂覆蓋慧眼令无所見斷障衆善不得
相續起障不得見佛不聞正法不值聖僧煩惱起
障不見過去未來一切世中善惡業行之煩惱障
受人天尊貴之煩惱障生色无色界禪定福樂
之煩惱不得自在神通飛騰隱顯遍至十方諸佛
淨土聽法之煩惱障學安那般那數息不淨觀
諸煩惱障學慈悲喜捨因緣煩惱障學七方便
三觀義煩惱障學四念處煖頂忍煩惱障學聞
思脩第一法煩惱障學空平等中道解煩惱障學
八正道示相之煩惱障學七覺枝不示相煩惱障學於
道品因緣觀煩惱障學八解脫九空之煩惱障學
於十智三三昧煩惱障學三明六通四无㝵煩惱
障學六度四等煩惱障學四攝法廣化之煩惱障
學大乘心四弘誓願煩惱障學十明十行之煩惱障

道品因緣觀煩惱障學八解脫九空之煩惱障學
於十智三三昧煩惱障學三明六通四无㝵煩惱
障學六度四等煩惱障學四攝法廣化之煩惱障
學大乘心四弘誓願煩惱障學十明十行之煩惱障
學十迴向十願之煩惱障初地二地三地四地明解之煩惱
障五地六地七地諸知見煩惱障學八地九地十地雙照
之煩惱障如是乃至障學佛果百万阿僧祇諸行
上煩惱如是行障无量无邊弟子今日至到稽顙向
十方佛尊法聖衆慚愧懺悔願皆消滅至心歸命常住
三寶　願弟子等藉此懺悔障於諸行一切煩惱
願弟子在在處處自在受生不為結業之所迴轉以
如意通於一念頃遍至十方淨諸佛土攝化衆生於
諸禪定甚深境界及諸知見通達无㝵心能善
周一切諸法樂說无窮而不染著得心自在得法自
在智慧自在方便自在令此煩惱及无智結習畢竟
永斷不復相續无漏聖道朗然如日至心歸命常住三寶
佛說罪業報應教化地獄經
復有衆生吃噉瘖瘂口不能言若有所說不能明
了何罪所致佛言已前世時坐誹謗三尊輕毀聖
道論他好惡求人長短強誣良善憎嫉賢人故獲斯罪
[illegible]

復有衆生口噤瘖瘂口不能言若有所說不能明
了何罪所致佛言已前世時坐誹謗三尊輕毀聖
道論他好惡求人長短強誣良善憎疾賢人故獲斯罪
復有衆生腹大頸細不能下食若有所食變為膿
血何罪所致佛言已前世時偷盜僧食或為大
會施設餚饍故取麻米屏處食之慳惜已物但貪他
有常行惡心與人毒藥氣息不通故獲斯罪
復有衆生常為獄卒燒熱鐵丁貫之百節針之以
訖自然火生焚燒其身悉皆燋爛何罪所致佛言
以前世時坐為針師傷人身體不差病誑他取
物徒令辛苦故獄斯罪
南无輪佛　南无不可量佛華光明佛
南无不可量聲佛　南无光明山佛
南无婆羅自在王佛　南无日面佛
南无善目佛　南无虛空佛
南无寶華佛　南无寶成佛
南无月華佛　南无發諸行佛
南无斷諸世間佛　南无无邊樂說佛
南无離諸覺畏佛　南无樂說一切境界佛
南无普香光明佛　南无香光佛

BD03448號　佛名經（十六卷本）卷一五　（38-20）

南无月華佛　南无發諸行佛
南无斷諸世間佛　南无无邊樂說佛
南无離諸覺畏佛　南无樂說一切境界佛
南无普香光明佛　南无香光佛
南无香弥留佛　南无香勝佛
南无香烏佛　南无香林佛
南无香王佛　南无波頭摩勝蓋佛
南无佛境界佛　南无最妙佛
南无妙勝佛　南无散華佛
南无華蓋踏佛　南无華尼佛
南无金色華佛　南无香華佛
南无弥留王佛　南无導師佛
南无勝諸衆生佛　南无斷阿叉那佛
南无發善行佛　南无善華佛
南无无邊香佛　南无普散香光明佛
南无普散香佛　南无普散佛
從此以上一万千九百佛十二部經一切賢聖
南无普散波頭摩勝佛　南无寶闍梨尼手佛
南无起王佛　南无普佛國土一寶蓋佛
南无善住王佛　南无妙香佛

BD03448號　佛名經（十六卷本）卷一五　（38-21）

南无普散波頭摩勝佛
南无寶閻浮尼手佛
南无起王佛
南无普佛國土云蓋佛
南无善住王佛
南无妙香佛
南无无邊智境界佛
南无不空發佛
南无不空見佛
南无无障目佛
南无不動佛
南无發生菩提佛
南无无量眼佛
南无有燈佛
南无普照佛
南无光明佛
南无一切佛國土佛
南无不斷慈一切衆護佛
南无无垢步佛
南无无跡步佛
南无離一切憂佛
南无能離一切衆生者佛
南无勝山佛
南无香面佛
南无俱隣佛
南无大力勝佛
南无寶優波頭羅勝佛
南无拘牟頭成佛
南无高聲眼佛
南无上首佛
南无華成佛
南无无邊光明佛
南无月出光佛
南无十方稱佛
南无多羅歌王增上佛
南无无邊光明佛
南无最勝香山佛
南无无畏佛
南无成就无畏德佛
南无成就見邊顧功德佛

BD03448號　佛名經（十六卷本）卷一五　（38–22）

南无多羅歌王增上佛
南无无邊光明佛
南无最勝香山佛
南无无畏佛
南无成就无畏德佛
南无成就見邊顧功德佛
南无一切功德莊嚴佛
南无華王佛
南无不可降伏幢佛
南无增上護光佛
南无驚怖波頭摩勝王佛
南无不異心成就勝佛
南无一切上佛
南无虛空輪清淨王佛
南无无相聲吼佛
南无寶起功德佛
南无梵勝佛
南无降哥香手佛
南无弥留山光明佛
南无波頭摩勝光佛
南无能作稱名佛
南无稱勳佛
南无堅固自在王佛
南无過去如是等无量无邊佛
南无現在積聚无畏佛
南无寶功德光明佛
南无普護佛
南无寶光明佛
南无月莊嚴寶光明智威德聲王佛
南无拘蘇摩樹提不謀王通佛
南无清淨月輪佛
南无寂靜月聲佛
南无阿僧祇住功德精進勝佛

BD03448號　佛名經（十六卷本）卷一五　（38–23）

南无拘蘊摩樹提不謀王通佛
南无清淨月輪佛　南无寂靜月聲佛
南无阿僧祇住功德精進勝佛
南无善稱名勝佛　南无因陁羅雞瓌幢星宿王佛
南无普光明莊嚴勝佛　南无降伏諍對步佛
南无无量藥王樹勝佛
南无普功德光明莊嚴勝佛
南无寶波頭摩善住娑羅王佛
南无波頭摩步佛　南无師子佛
南无日光佛　南无大光佛
南无无邊光佛　南无波頭摩王佛
南无阿偶多羅佛　南无波頭摩勝佛
南无善華佛　南无寶心佛
南无无量光佛　南无山幢佛
南无寶幢佛　南无寶炎佛
南无大衆佛　南无旃檀香佛
南无善利光佛　南无波頭摩敷身佛
南无依止无邊功德佛　南无寶體法決定聲王佛
南无阿僧精進聚喜勝佛　南无智通佛
南无弥留山積佛　南无然燈佛

BD03448號　佛名經（十六卷本）卷一五　（38–24）

南无依止无邊功德佛　南无寶體法決定聲王佛
南无阿僧精進聚喜勝佛　南无智通佛
南无弥留山積佛　南无然燈佛
南无大威德力佛　南无日月佛
從此以上一万二千佛十二部經一切賢聖
南无旃檀佛　南无須弥劫佛
南无月色佛　南无不染佛
南无降伏龍佛　南无龍天佛
南无金色鏡像佛　南无山聲自在王佛
南无山積佛　南无須弥藏佛
南无供養光佛　南无勝覺佛
南无地山佛　南无瑠璃華佛
南无妙瑠璃金形像佛　南无降伏月佛
南无日聲佛　南无散華莊嚴佛
南无澄山智鷲迅通佛　南无水光佛
南无大香鏡像佛　南无不動山佛
南无寶集佛　南无勝山佛
南无勇猛仙佛　南无多功德法住持得通佛
南无日月瑠璃光佛　南无勝瑠璃光佛
南无心開智多拘蘊摩勝佛

BD03448號　佛名經（十六卷本）卷一五　（38–25）

南无勇猛仙佛　南无[illegible]佛
南无日月瑠璃光佛　南无勝瑠璃光佛
南无心開智多拘蘊摩勝佛
南无月光佛　南无日月光佛
南无旃檀月光佛　南无破无明闇佛
南无散華王拘蘊通佛　南无普蓋波婆羅佛
南无星宿佛　南无非沙佛
南无法慧增長佛　南无師子號王山吼佛
南无梵聲龍奮迅佛　南无世間因陁羅佛
南无世間自在王佛　南无可得報佛
南无甘露聲佛　南无樹提光佛
南无那延首龍佛　南无力天佛
南无師子佛　南无毗羅闍光佛
南无世間最上佛　南无山岳佛
南无人自在王佛　南无寶勝威德王動佛
南无不可嫌身佛　南无稱讚佛
南无稱威德佛　南无稱名聲佛
南无稱聲供養佛　南无勇猛稱佛
南无聲分清淨佛　南无智勝善曇慧佛
南无智勝成就佛

BD03448 號　佛名經（十六卷本）卷一五　（38–26）

南无稱讚供養佛　南无勇猛稱佛
南无聲分清淨佛　南无智勝善曇慧佛
南无智勝成就佛
南无智炎佛　南无妙智佛
南无智炎聚佛　南无智勇猛佛
南无梵聲佛　南无梵勝佛
南无淨天佛　南无善辟佛
南无華勝佛　南无得无畏佛
南无善淨天佛　南无梵聲佛
南无淨自在佛　南无淨善眼佛
南无淨聲自在王佛　南无善淨德佛
南无威德力增上佛　南无善勢自在佛
南无威德大勢力佛　南无勝威德佛
南无毗摩勝佛　南无毗摩意佛
南无善毗摩佛　南无毗摩面佛
南无毗摩成就佛　南无毗摩妙佛
南无見寶佛　南无須尼多佛
南无善眼清淨佛　南无无邊眼佛
南无普眼佛　南无无等眼佛
南无勝眼佛　南无不可降伏眼佛

BD03448 號　佛名經（十六卷本）卷一五　（38–27）

南无普眼佛 南无无普眼佛
南无勝眼佛 南无不可降伏眼佛
南无不動眼佛 南无彌勝佛
南无善彌佛 南无善彌諸根佛
從此以上一万二千一百佛十二部經一切賢聖
南无彌勝佛 南无彌切德佛
南无彌彼圻佛 南无善住佛
南无彌心佛 南无彌意佛
南无彌靜然佛 南无自在王佛
南无衆勝佛 南无彌王佛
南无大衆自在勇猛佛 南无衆勝解脫佛
南无法幢佛 南无法雞兜佛
南无法起佛 南无法體勝佛
南无法力自在勝佛 南无法勇猛佛
南无樂說山佛 南无寶火佛
南无樂說莊嚴雲吼佛 南无勝聲佛
南无妙眼佛 南无成就意佛
南无清淨面月勝藏威德佛
南无滿足心佛 南无无比慧佛
南无淨迦羅迦支迦威德佛

BD03448號　佛名經（十六卷本）卷一五　（38–28）

南无清淨面月勝藏威德佛
南无滿足心佛 南无无比慧佛
南无淨迦羅迦波迦威德佛
南无无邊精進佛 南无甘露光佛
南无大威德佛 南无月光佛
南无旃檀香佛 南无須弥劫佛
南无山積佛 南无无垢色佛
南无染佛 南无龍勝佛
南无金色佛 南无山吼自在王佛
南无金藏佛 南无火光佛
南无火自在佛 南无瑠璃華佛
南无月勝佛 南无月聲佛
南无散華莊嚴光佛 南无大香去照明佛
南无離一切染意王佛 南无聚集寶佛
南无德山佛 南无勇猛山佛
南无梵聲龍奮迅佛 南无世間勝上佛
南无師子奮迅吼佛 南无華勝佛
南无山勝佛 南无成就婆羅自在佛
南无吼聲佛 南无普光明佛

BD03448號　佛名經（十六卷本）卷一五　（38–29）

南无師子奮迅吼佛　南无華勝佛
南无山勝佛　南无威德婆羅自在佛
南无吼聲佛　南无普光明佛
南无善蓋佛　南无无憂佛
南无智王佛　南无智山佛
南无月光佛　南无普光佛
南无聲德佛　南无无勿威德佛
南无火幢佛　南无智自在佛
南无大自在佛　南无梵聲佛
次礼十二部尊經大藏法輪
南无菩薩悔過經　南无阿闍世女經
南无曉所諍不解著經　南无菩薩十遍和經
南无阿㧞經　南无惡人經
南无菩薩等行分衛國經　南无阿毗曇九十八結經
南无趣度世道經　南无惟權經
南无五十五法戒經　南无愛欲聲經
南无惟明經　南无五蓋離疑經
南无一切義要經　南无慧行經
南无五陰喻經　南无思道經
南无王舍城靈鷲山經　南无賢劫五百佛經

南无惟明經　南无五蓋離疑經
南无一切義要經　南无慧行經
南无五陰喻經　南无思道經
南无王舍城靈鷲山經　南无賢劫五百佛經
南无五百弟子本起經　南无權變經
次礼十方諸大菩薩
南无寶燈須弥山世界蓋海天子菩薩
南无光明莊世界淨眼菩薩
南无光明世界淨藏菩薩
南无光莊嚴世界妙莊嚴王菩薩
從此以上一万二千二百佛十二部經一切賢聖
南无淨世界光頂菩薩
南无淨世界慧聚菩薩
南无淨世界具足四无閡智菩薩
南无金色世界文殊師利菩薩
南无樂色世界覺首菩薩
南无華色世界財首菩薩
南无青蓮華色世界德首菩薩
南无瞻蔔華色世界寶首菩薩
南无金色世界目首菩薩
南[illegible]首菩薩

南无青蓮華色世界德首菩薩
南无瞻蔔華色世界寶首菩薩
南无金色世界日首菩薩
南无寶色世界進首菩薩
南无金剛色世界法首菩薩
南无頗梨色世界智首菩薩
南无如實色世界賢首菩薩
南无无量慧世界功德林菩薩
南无幢慧世界林慧菩薩
南无地慧世界勝林菩薩
南无勝慧世界无畏林菩薩
南无燈慧世界慚愧林菩薩
南无金剛慧世界精進林菩薩
南无安樂慧世界力成就林菩薩
次礼聲聞緣覺一切賢聖
南无阿利多辟支佛　南无婆梨多辟支佛
南无多伽樓辟支佛　南无稱辟支佛
南无見辟支佛　南无愛見辟支佛
南无覺辟支佛　南无軋陁羅辟支佛
南无无妻辟支佛　南无梨沙婆辟支佛

BD03448 號　佛名經（十六卷本）卷一五　（38–32）

南无多伽樓辟支佛　南无稱辟支佛
南无見辟支佛　南无愛見辟支佛
南无覺辟支佛　南无軋陁羅辟支佛
南无无妻辟支佛　南无梨沙婆辟支佛
南无聞辟支佛　南无身辟支佛
南无毗耶梨辟支佛　南无俱薩羅辟支佛
南无波藪陁羅辟支佛　南无善淨心辟支佛
南无寶无垢辟支佛　南无福德辟支佛
南无黑辟支佛　南无唯黑辟支佛
南无直福德辟支佛　南无識辟支佛
礼三寶已次復懺悔
弟子等略懺煩惱障竟今當次第懺悔業障
夫業能莊飾世趣在在處處是以思惟求離世解
脫所以六道果報種種不同形類各異當知皆各
業力所作所以佛十力中業力甚深凡夫之人多
於此中好起疑惑何以故今現見世間行善之者
觸向轗軻為惡之者是事諧偶謂言天下善惡
无分如此計者皆是不能深達業理何以故經中說
言有三種業何等為三一者現報二者生報三者後
報現報業者現在作善作惡現身受報生

BD03448 號　佛名經（十六卷本）卷一五　（38–33）

无令知此計者皆是不能深達業理何以故尒經中說
言有三種業何等為三一者現報二者生報三者後
報現報業者現在作善作惡現身受報生
業者此生作善作惡來生受報後報業者或
過去无量生中作善作惡或於此生中受或在未
來无量生中方受其報向者行惡之人現在
見好此是過去生報後報善業熟故所以現在
有此樂果豈關現在作諸惡業而得好報後報
惡業熟故現在善根力弱不能排遣是故得此
苦報豈關現在作善而招惡報何以知然現見
世間為善之者為人所讚嘆人所尊重故知未來必招
果過去既有如此惡業所以諸佛菩薩教令親近
善友共行懺悔善知識者於得道中則為舍
利是故弟子等今日至誠歸依於佛
南无東方无量離垢佛　南无南方樹根花王佛
南无西方蓮華自在佛　南无北方金剛能破佛
南无東南方恚穢義勝佛　南无西南方金海自在王佛
南无西北方无邊法自在王佛　南无東北方无导香象王佛
南无下方无导慧幢佛　南无上方甘露上王佛

南无東南方恚穢義勝佛　南无西南方金海自在王佛
南无西北方无邊法自在王佛　南无東北方无导香象王佛
南无下方无导慧幢佛　南无上方甘露上王佛
如是十方盡虛空界一切三寶至心歸命常住三寶
弟子等无始以來至於今日積惡如恒沙造罪滿
天地捨身與身受身不覺亦不知或作五逆深厚
濁纏无間罪業或造一闡提斷善根業輕誣佛
語謗方等業破滅三寶毀正法業不信罪福起
十惡業迷真返正癡惑之業不孝二親反戾之輕
慢師長无禮敬業朋友无信不義之業或作四重六
重八重障聖道業毀犯五戒破八齋業五篇七聚多
缺犯業優婆塞戒輕重垢業或菩薩不能清淨
如說行業前後方便汙梵行業月无齋懈怠之
業年長三齋不常備業三千威儀不如法業八
万律儀微細罪業不備身戒心慧之業春秋
八王造眾罪業於十六種惡律儀業於苦眾生无
隱傷業不矜不念无怜隱業不扶不濟无救護業
心懷嫉忌无度彼業於怨親境不平等耽荒五
欲不厭離業或因衣食園林池沼生蕩逸業或盛
年放恣情欲造眾罪業或善有漏迴向三有障

欲不厭離業或因衣食園林池沼生蕩逸業或盛
年放恣情欲造衆罪業或善有漏迴向三有障
出世業如是等業無量無邊今日發露向十方佛
尊法聖衆皆悉懺悔至心歸命常住三寶
願弟子等承是懺悔無間等諸業所生福善
願生生世世滅五逆罪除一闡提或如是輕重諸罪從
今以去乃至道場誓不更犯恒脩出世清淨善法
精持律行守護威儀如度海者愛惜浮囊六度
四等常標行首戒定慧品轉得增明速成如來
卅二相八十種好十力無畏大悲三念常樂妙智八自
在我至心歸命常住三寶
佛說罪業報應教化地獄經
復有衆生常在鑊中牛頭阿傍手捉鐵叉擎著
鑊中湯之令爛還即吹活而復湯之何罪所致佛言
以前世時屠煞衆生湯灌滅毛不可限量故獲斯罪
復有衆生在火城中燋爛齊心四門雖開到則閉之東
西馳走不能自勉為火燒盡何所致佛言以前世
時焚燒山澤決宂陂池使諸衆生沒溺而死故獲斯罪
復有衆生常在雪山中寒風所吹皮肉剥裂求死不
得何罪所致佛言以前世時橫道作賊剥脫人衣冬

BD03448號　佛名經（十六卷本）卷一五　（38–36）

西馳走不能自勉為火燒盡何所致佛言以前世
時焚燒山澤決宂陂池使諸衆生沒溺而死故獲斯罪
復有衆生常在雪山中寒風所吹皮肉剥裂求死不
得何罪所致佛言以前世時橫道作賊剥脫人衣冬
月降寒令他凍死刻剥牛羊苦痛難堪故獲斯罪
復有衆生常在刀山劍樹之上若有所捉即便傷割
皮即斷壞何罪所致佛言以前世時屠煞為業烹
害衆生刀割剥剝骨肉分離頭脚星散縣於高
格稱量而賣或復生懸痛不可堪故獲斯罪

佛名經卷第十五

BD03448號　佛名經（十六卷本）卷一五　（38–37）

挌稱量而賣或復生懸痛不可堪故獲斯罪

佛名經卷第十五

淨土寺藏經

BD03448 號　佛名經（十六卷本）卷一五　　（38–38）

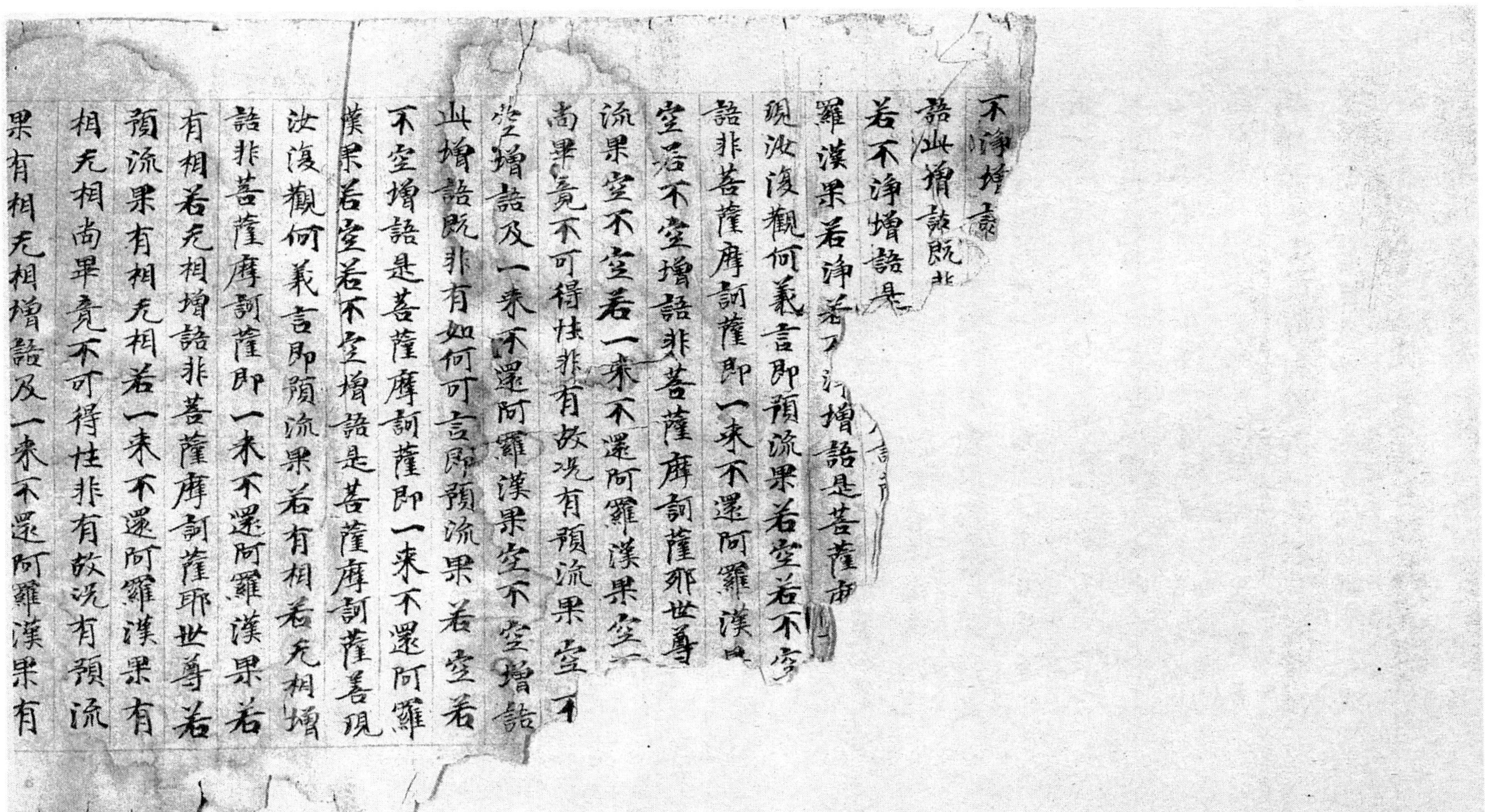

不淨增語
語此增語既非
若不淨增語是
羅漢果若淨若不淨增語是菩薩摩
現汝復觀何義言即預流果若空若不空
語非菩薩摩訶薩即一來不還阿羅漢
空若不空增語非菩薩摩訶薩耶世尊
流果空不空若一來不還阿羅漢果空
尚畢竟不可得性非有故況有預流果空不
空增語及一來不還阿羅漢果空不空增語
此增語既非有如何可言即預流果若空若
不空增語是菩薩摩訶薩即一來不還阿羅
漢果若空若不空增語是菩薩摩訶薩善現
汝復觀何義言即預流果若有相若无相增
語非菩薩摩訶薩即一來不還阿羅漢果若
有相若无相增語非菩薩摩訶薩耶世尊若
預流果有相无相若一來不還阿羅漢果有
相无相尚畢竟不可得性非有故況有預流
果有相无相增語及一來不還阿羅漢果有

BD03449 號　大般若波羅蜜多經卷三五　　（22–1）

語非菩薩摩訶薩即一來不還阿羅漢果若
有相若无相增語非菩薩摩訶薩耶世尊若
預流果有相无相若一來不還阿羅漢果有
相无相尚畢竟不可得性非有故況有預流
果有相无相增語及一來不還阿羅漢果有
相无相增語此增語既非有如何可言即預
流果若有相若无相增語是菩薩摩訶薩即
一來不還阿羅漢果若有相若无相增語是
菩薩摩訶薩善現汝復觀何義言即預流果
若有願若无願增語非菩薩摩訶薩即一來
不還阿羅漢果若有願若无願增語非菩薩
摩訶薩耶世尊若預流果有願无願若一來
不還阿羅漢果有願无願尚畢竟不可得性
非有故況有預流果有願无願增語及一來
不還阿羅漢果有願无願增語此增語既非
有如何可言即預流果若有願若无願增語
是菩薩摩訶薩即一來不還阿羅漢果若有
願若无願增語是菩薩摩訶薩善現汝復觀
何義言即預流果若寂靜若不寂靜增語非
菩薩摩訶薩即一來不還阿羅漢果若寂靜
若不寂靜增語非菩薩摩訶薩耶世尊若預
流果寂靜不寂靜若一來不還阿羅漢果寂
靜不寂靜尚畢竟不可得性非有故況有預
流果寂靜不寂靜增語及一來不還阿羅漢
果寂靜不寂靜增語此增語既非有如何可
言即預流果若寂靜若不寂靜增語是菩薩
摩訶薩即一來不還阿羅漢果若寂靜若不

BD03449 號　大般若波羅蜜多經卷三五　（22–2）

靜不寂靜尚畢竟不可得性非有故況有預
流果寂靜不寂靜增語及一來不還阿羅漢
果寂靜不寂靜增語此增語既非有如何可
言即預流果若寂靜若不寂靜增語是菩薩
摩訶薩即一來不還阿羅漢果若寂靜若不
寂靜增語是菩薩摩訶薩善現汝復觀何義
言即預流果若遠離若不遠離增語非菩薩
摩訶薩即一來不還阿羅漢果若遠離若不
遠離增語非菩薩摩訶薩耶世尊若預流果
遠離不遠離若一來不還阿羅漢果遠離不
遠離尚畢竟不可得性非有故況有預流果
遠離不遠離增語及一來不還阿羅漢果遠
離不遠離增語此增語既非有如何可言即
預流果若遠離若不遠離增語是菩薩摩訶
薩即一來不還阿羅漢果若遠離若不遠離
增語是菩薩摩訶薩善現汝復觀何義言即
預流果若有為若无為增語非菩薩摩訶薩
即一來不還阿羅漢果若有為若无為增語
非菩薩摩訶薩耶世尊若預流果有為无為
若一來不還阿羅漢果有為无為尚畢竟不
可得性非有故況有預流果有為无為增語
及一來不還阿羅漢果有為无為增語此增
語既非有如何可言即預流果若有為若无
為增語是菩薩摩訶薩即一來不還阿羅漢
果若有為若无為增語是菩薩摩訶薩善現
汝復觀何義言即預流果若有漏若无漏增
語非菩薩摩訶薩即一來不還阿羅漢果若

BD03449 號　大般若波羅蜜多經卷三五　（22–3）

語既非有如何可言即預流果若有為若无
為增語是菩薩摩訶薩即一來不還阿羅漢
果若有為若无為增語是菩薩摩訶薩善現
汝復觀何義言即預流果若有漏若无漏增
語非菩薩摩訶薩即一來不還阿羅漢果若
有漏若无漏增語非菩薩摩訶薩耶世尊若
預流果有漏无漏若一來不還阿羅漢果有
漏无漏尚畢竟不可得性非有故况有預流
果有漏无漏增語及一來不還阿羅漢果有
漏无漏增語此增語既非有如何可言即預
流果若有漏若无漏增語是菩薩摩訶薩即
一來不還阿羅漢果若有漏若无漏增語是
菩薩摩訶薩善現汝復觀何義言即預流果
若生若滅增語非菩薩摩訶薩即一來不還
阿羅漢果若生若滅增語非菩薩摩訶薩耶
世尊若預流果生滅若一來不還阿羅漢果
生滅尚畢竟不可得性非有故况有預流果
生滅增語及一來不還阿羅漢果生滅增語
此增語既非有如何可言即預流果若生若
滅增語是菩薩摩訶薩即一來不還阿羅漢果
若生若滅增語是菩薩摩訶薩善現汝復觀
何義言即預流果若善若非善增語非菩薩
摩訶薩即一來不還阿羅漢果若善若非善
增語非菩薩摩訶薩耶世尊若預流果善非
善若一來不還阿羅漢果善非善尚畢竟不
可得性非有故况有預流果善非善增語及
一來不還阿羅漢果善非善增語此增語既

何義言即預流果若善若非善增語非菩薩
摩訶薩即一來不還阿羅漢果若善若非善
增語非菩薩摩訶薩耶世尊若預流果善非
善若一來不還阿羅漢果善非善尚畢竟不
可得性非有故况有預流果善非善增語及
一來不還阿羅漢果善非善增語此增語既
非有如何可言即預流果若善若非善增語
是菩薩摩訶薩即一來不還阿羅漢果若善
若非善增語是菩薩摩訶薩善現汝復觀何
義言即預流果若有罪若无罪增語非菩薩
摩訶薩即一來不還阿羅漢果若有罪若无
罪增語非菩薩摩訶薩耶世尊若預流果有
罪无罪若一來不還阿羅漢果有罪无罪尚
畢竟不可得性非有故况有預流果有罪无
罪增語及一來不還阿羅漢果有罪无罪增
語此增語既非有如何可言即預流果若有
罪若无罪增語是菩薩摩訶薩即一來不還
阿羅漢果若有罪若无罪增語是菩薩摩訶
薩善現汝復觀何義言即預流果若有煩惱
若无煩惱增語非菩薩摩訶薩即一來不還
阿羅漢果若有煩惱若无煩惱增語非菩薩
摩訶薩耶世尊若預流果有煩惱无煩惱若
一來不還阿羅漢果有煩惱无煩惱尚畢竟
不可得性非有故况有預流果有煩惱无煩
惱增語及一來不還阿羅漢果有煩惱无煩
惱增語此增語既非有如何可言即預流果
若有煩惱若无煩惱增語是菩薩摩訶薩即

不可得性非有故况有預流果有煩惱无煩
惱增語及一來不還阿羅漢果有煩惱无煩
惱增語此增語既非有如何可言即預流果
若有煩惱若无煩惱增語是菩薩摩訶薩即
一來不還阿羅漢果若有煩惱若无煩惱增
語是菩薩摩訶薩善現汝復觀何義言即預
流果若世間若出世間增語非菩薩摩訶薩
即一來不還阿羅漢果若世間若出世間增
語非菩薩摩訶薩耶世尊若預流果世間出
世間若一來不還阿羅漢果世間出世間尚
畢竟不可得性非有故况有預流果世間出
世間增語及一來不還阿羅漢果世間出世
間增語此增語既非有如何可言即預流果
若世間若出世間增語是菩薩摩訶薩即一
來不還阿羅漢果若世間若出世間增語是
菩薩摩訶薩善現汝復觀何義言即預流果
若雜染若清淨增語非菩薩摩訶薩即一來
不還阿羅漢果若雜染若清淨增語非菩薩
摩訶薩耶世尊若預流果雜染清淨若一來
不還阿羅漢果雜染清淨尚畢竟不可得性
非有故况有預流果雜染清淨增語及一來
不還阿羅漢果雜染清淨增語此增語既非
有如何可言即預流果若雜染若清淨增語
是菩薩摩訶薩即一來不還阿羅漢果若雜
染若清淨增語是菩薩摩訶薩善現汝復觀
何義言即預流果若屬生死若屬涅槃增語

BD03449號　大般若波羅蜜多經卷三五　（22–6）

不還阿羅漢果雜染清淨增語此增語既非
有如何可言即預流果若雜染若清淨增語
是菩薩摩訶薩即一來不還阿羅漢果若雜
染若清淨增語是菩薩摩訶薩善現汝復觀
何義言即預流果若屬生死若屬涅槃增語
非菩薩摩訶薩即一來不還阿羅漢果若屬
生死若屬涅槃增語非菩薩摩訶薩耶世尊
若預流果屬生死屬涅槃若一來不還阿羅
漢果屬生死屬涅槃尚畢竟不可得性非有
故况有預流果屬生死屬涅槃增語及一來
不還阿羅漢果屬生死屬涅槃增語此增語
既非有如何可言即預流果若屬生死若屬
涅槃增語是菩薩摩訶薩即一來不還阿羅
漢果若屬生死若屬涅槃增語是菩薩摩訶
薩善現汝復觀何義言即預流果若在內若
在外若在兩間增語非菩薩摩訶薩即一來
不還阿羅漢果若在內若在外若在兩間增
語非菩薩摩訶薩耶世尊若預流果在內在
外在兩間若一來不還阿羅漢果在內在外
在兩間尚畢竟不可得性非有故况有預流
果在內在外在兩間增語及一來不還阿羅
漢果在內在外在兩間增語此增語既非有
如何可言即預流果若在內若在外若在兩
間增語是菩薩摩訶薩即一來不還阿羅漢
果若在內若在外若在兩間增語是菩薩摩
訶薩善現汝復觀何義言即預流果若可得
若不可得增語非菩薩摩訶薩即一來不還

BD03449號　大般若波羅蜜多經卷三五　（22–7）

如何可言即預流果若在內若在外若在兩
閒增語是菩薩摩訶薩即一來不還阿羅漢
果若在內若在外若在兩閒增語是菩薩摩
訶薩善現汝復觀何義言即預流果若可得
若不可得增語非菩薩摩訶薩即一來不還
阿羅漢果若可得若不可得增語非菩薩摩
訶薩耶世尊若預流果可得不可得若一來
不還阿羅漢果可得不可得尚畢竟不可得
性非有故況有預流果可得不可得增語及
一來不還阿羅漢果可得不可得增語此增
語既非有如何可言即預流果若可得若不
可得增語是菩薩摩訶薩即一來不還阿羅
漢果若可得若不可得增語是菩薩摩訶薩
復次善現汝復觀何義言即獨覺菩提增語非
菩薩摩訶薩耶具壽善現答言世尊獨覺菩
提尚畢竟不可得性非有故況有獨覺菩提
增語此增語既非有如何可言即獨覺菩提
增語是菩薩摩訶薩善現汝復觀何義言即
獨覺菩提若常若无常增語非菩薩摩訶薩
耶世尊獨覺菩提常无常尚畢竟不可得性
非有故況有獨覺菩提常无常增語此增語
既非有如何可言即獨覺菩提若常若无常
增語是菩薩摩訶薩善現汝復觀何義言即
獨覺菩提若樂若苦增語非菩薩摩訶薩耶
世尊獨覺菩提樂苦尚畢竟不可得性非有
故況有獨覺菩提樂苦增語此增語即非有

BD03449號　大般若波羅蜜多經卷三五　（22–8）

增語是菩薩摩訶薩善現汝復觀何義言即
獨覺菩提若樂若苦增語非菩薩摩訶薩耶
世尊獨覺菩提樂苦尚畢竟不可得性非有
故況有獨覺菩提樂苦增語此增語即非有
如何可言即獨覺菩提若樂若苦增語是菩
薩摩訶薩善現汝復觀何義言即獨覺菩提
若我若无我增語非菩薩摩訶薩耶世尊獨
覺菩提我无我尚畢竟不可得性非有故況
有獨覺菩提我无我增語此增語即非有如
何可言即獨覺菩提若我若无我增語是菩
薩摩訶薩善現汝復觀何義言即獨覺菩提
若淨若不淨增語非菩薩摩訶薩耶世尊獨
覺菩提淨不淨尚畢竟不可得性非有故況
有獨覺菩提淨不淨增語此增語既非有如
何可言即獨覺菩提若淨若不淨增語是菩
薩摩訶薩善現汝復觀何義言即獨覺菩提
若空若不空增語非菩薩摩訶薩耶世尊獨
覺菩提空不空尚畢竟不可得性非有故況
有獨覺菩提空不空增語此增語既非有如
何可言即獨覺菩提若空若不空增語是菩
薩摩訶薩善現汝復觀何義言即獨覺菩提
若有相若无相增語非菩薩摩訶薩耶世尊
獨覺菩提有相无相尚畢竟不可得性非有
故況有獨覺菩提有相无相增語此增語既
非有如何可言即獨覺菩提若有相若无相
增語是菩薩摩訶薩善現汝復觀何義言即
獨覺菩提若有願若无願增語非菩薩摩訶

BD03449號　大般若波羅蜜多經卷三五　（22–9）

獨覺菩提有相无相尚畢竟不可得性非有
故况有獨覺菩提有相无相增語此增語既
非有如何可言即獨覺菩提若有相若无相
增語是菩薩摩訶薩善現汝復觀何義言即
獨覺菩提若有願若无願增語非菩薩摩訶
薩邪世尊獨覺菩提有願无願尚畢竟不可
得性非有故况有獨覺菩提有願无願增語
此增語既非有如何可言即獨覺菩提若有
願若无願增語是菩薩摩訶薩善現汝復觀
何義言即獨覺菩提若寂靜若不寂靜增語
非菩薩摩訶薩邪世尊獨覺菩提寂靜不寂
靜尚畢竟不可得性非有故况有獨覺菩提
寂靜不寂靜增語此增語既非有如何可言
即獨覺菩提若寂靜若不寂靜增語是菩薩
摩訶薩善現汝復觀何義言即獨覺菩提若
遠離若不遠離增語非菩薩摩訶薩邪世尊
獨覺菩提遠離不遠離尚畢竟不可得性非
有故况有獨覺菩提遠離不遠離增語此增
語既非有如何可言即獨覺菩提若遠離若
不遠離增語是菩薩摩訶薩善現汝復觀何
義言即獨覺菩提若有為若无為增語非菩
薩摩訶薩邪世尊獨覺菩提有為无為尚畢
竟不可得性非有故况有獨覺菩提有為无
為增語此增語既非有如何可言即獨覺菩
提若有為若无為增語是菩薩摩訶薩善現
汝復觀何義言即獨覺菩提若有漏若无漏
增語非菩薩摩訶薩邪世尊獨覺菩提有漏

為增語此增語既非有如何可言即獨覺菩
提若有為若无為增語是菩薩摩訶薩善現
汝復觀何義言即獨覺菩提若有漏若无漏
增語非菩薩摩訶薩邪世尊獨覺菩提有漏
无漏尚畢竟不可得性非有故况有獨覺菩
提有漏无漏增語此增語既非有如何可言
即獨覺菩提若有漏若无漏增語是菩薩摩
訶薩善現汝復觀何義言即獨覺菩提若生
若滅增語非菩薩摩訶薩邪世尊獨覺菩提
生滅尚畢竟不可得性非有故况有獨覺菩
提生滅增語此增語既非有如何可言即獨
覺菩提若生若滅增語是菩薩摩訶薩善現
汝復觀何義言即獨覺菩提若善若非善增
語非菩薩摩訶薩邪世尊獨覺菩提善非善
尚畢竟不可得性非有故况有獨覺菩提善
非善增語此增語既非有如何可言即獨覺
菩提若善若非善增語是菩薩摩訶薩善現
汝復觀何義言即獨覺菩提若有罪若无罪
增語非菩薩摩訶薩邪世尊獨覺菩提有罪
无罪尚畢竟不可得性非有故况有獨覺菩
提有罪无罪增語此增語既非有如何可言
即獨覺菩提若有罪若无罪增語是菩薩摩
訶薩善現汝復觀何義言即獨覺菩提若有
煩惱若无煩惱增語非菩薩摩訶薩邪世尊
獨覺菩提有煩惱无煩惱尚畢竟不可得性
非有故况有獨覺菩提有煩惱无煩惱增語

即獨覺菩提若有罪若无罪增語是菩薩摩
訶薩善現汝復觀何義言即獨覺菩提若有
煩惱若无煩惱增語非菩薩摩訶薩耶世尊
獨覺菩提有煩惱无煩惱尚畢竟不可得性
非有故况有獨覺菩提有煩惱无煩惱增語
此增語既非有如何可言即獨覺菩提若有
煩惱若无煩惱增語是菩薩摩訶薩善現汝
復觀何義言即獨覺菩提若世間若出世間
增語非菩薩摩訶薩耶世尊獨覺菩提世間
出世間尚畢竟不可得性非有故况有獨覺
菩提世間出世間增語此增語既非有如何
可言即獨覺菩提若世間若出世間增語是
菩薩摩訶薩善現汝復觀何義言即獨覺菩
提若雜染若清淨增語非菩薩摩訶薩耶世
尊獨覺菩提雜染清淨尚畢竟不可得性非
有故况有獨覺菩提雜染清淨增語此增語
既非有如何可言即獨覺菩提若雜染若清
淨增語是菩薩摩訶薩善現汝復觀何義言
即獨覺菩提若屬生死若屬涅槃增語非菩
薩摩訶薩耶世尊獨覺菩提屬生死屬涅槃
尚畢竟不可得性非有故况有獨覺菩提屬
生死屬涅槃增語此增語既非有如何可言
即獨覺菩提若屬生死若屬涅槃增語是菩
薩摩訶薩善現汝復觀何義言即獨覺菩提
若在內若在外若在兩間增語非菩薩摩訶
薩耶世尊獨覺菩提在內在外在兩間尚畢
竟不可得性非有故况有獨覺菩提在內在

BD03449 號　大般若波羅蜜多經卷三五　（22–12）

[illegible]
若在內若在外若在兩間增語非菩薩摩訶
薩耶世尊獨覺菩提在內在外在兩間尚畢
竟不可得性非有故况有獨覺菩提在內在
外在兩間增語此增語既非有如何可言即
獨覺菩提若在內若在外若在兩間增語是
菩薩摩訶薩善現汝復觀何義言即獨覺菩
提若可得若不可得增語非菩薩摩訶薩耶
世尊獨覺菩提可得不可得尚畢竟不可得
性非有故况有獨覺菩提可得不可得增語
此增語既非有如何可言即獨覺菩提若可
得若不可得增語是菩薩摩訶薩
復次善現汝觀何義言即一切菩薩摩訶薩
行增語非菩薩摩訶薩耶具壽善現答言世
尊一切菩薩摩訶薩行尚畢竟不可得性非
有故况有一切菩薩摩訶薩行增語此增語
既非有如何可言即一切菩薩摩訶薩行增
語是菩薩摩訶薩善現汝復觀何義言即一
切菩薩摩訶薩行若常若无常增語非菩薩
摩訶薩耶世尊一切菩薩摩訶薩行常无常
尚畢竟不可得性非有故况有一切菩薩摩
訶薩行常无常增語此增語既非有如何可
言即一切菩薩摩訶薩行若常若无常增語
是菩薩摩訶薩善現汝復觀何義言即一切
菩薩摩訶薩行若樂若苦增語非菩薩摩訶
薩耶世尊一切菩薩摩訶薩行樂苦尚畢竟
不可得性非有故况有一切菩薩摩訶薩行

BD03449 號　大般若波羅蜜多經卷三五　（22–13）

是菩薩摩訶薩善現汝復觀何義言即一切
菩薩摩訶薩行若樂若苦增語非菩薩摩訶
薩耶世尊一切菩薩摩訶薩行樂苦尚畢竟
不可得性非有故況有一切菩薩摩訶薩行
樂苦增語此增語既非有如何可言即一切
菩薩摩訶薩行若樂若苦增語是菩薩摩
訶薩善現汝復觀何義言即一切菩薩摩訶薩
行若我若无我增語非菩薩摩訶薩耶世尊
一切菩薩摩訶薩行我无我尚畢竟不可得
性非有故況有一切菩薩摩訶薩行我无我
增語此增語既非有如何可言即一切菩薩
摩訶薩行若我若无我增語是菩薩摩訶薩
善現汝復觀何義言即一切菩薩摩訶薩行
若淨若不淨增語非菩薩摩訶薩耶世尊一
切菩薩摩訶薩行淨不淨尚畢竟不可得性
非有故況有一切菩薩摩訶薩行淨不淨增
語此增語既非有如何可言即一切菩薩摩
訶薩行若淨若不淨增語是菩薩摩訶薩善
現汝復觀何義言即一切菩薩摩訶薩行若
空若不空增語非菩薩摩訶薩耶世尊一切
菩薩摩訶薩行空不空尚畢竟不可得性非
有故況有一切菩薩摩訶薩行空不空增語
此增語既非有如何可言即一切菩薩摩訶
薩行若空若不空增語是菩薩摩訶薩善現
汝復觀何義言即一切菩薩摩訶薩行若有
相若无相增語非菩薩摩訶薩耶世尊一切
菩薩摩訶薩行有相无相尚畢竟不可得性

BD03449號　大般若波羅蜜多經卷三五　（22–14）

此增語既非有如何可言即一切菩薩摩訶
薩行若空若不空增語是菩薩摩訶薩善現
汝復觀何義言即一切菩薩摩訶薩行若有
相若无相增語非菩薩摩訶薩耶世尊一切
菩薩摩訶薩行有相无相尚畢竟不可得性
非有故況有一切菩薩摩訶薩行有相无相
增語此增語既非有如何可言即一切菩薩
摩訶薩行若有相若无相增語是菩薩摩訶
薩善現汝復觀何義言即一切菩薩摩訶薩
行若有願若无願增語非菩薩摩訶薩耶世
尊一切菩薩摩訶薩行有願无願尚畢竟不
可得性非有故況有一切菩薩摩訶薩行有
願无願增語此增語既非有如何可言即一
切菩薩摩訶薩行若有願若无願增語是菩
薩摩訶薩善現汝復觀何義言即一切菩薩
摩訶薩行若寂靜若不寂靜增語非菩薩摩
訶薩耶世尊一切菩薩摩訶薩行寂靜不寂
靜尚畢竟不可得性非有故況有一切菩薩
摩訶薩行寂靜不寂靜增語此增語既非有
如何可言即一切菩薩摩訶薩行若寂靜若
不寂靜增語是菩薩摩訶薩善現汝復觀何
義言即一切菩薩摩訶薩行若遠離若不遠
離增語非菩薩摩訶薩耶世尊一切菩薩摩
訶薩行遠離不遠離尚畢竟不可得性非有
故況有一切菩薩摩訶薩行遠離不遠離增
語此增語既非有如何可言即一切菩薩摩
訶薩行若遠離若不遠離增語是菩薩摩訶

BD03449號　大般若波羅蜜多經卷三五　（22–15）

離增語非菩
訶薩行遠離不遠離尚畢竟不可得性非有
故況有一切菩薩摩訶薩行遠離不遠離增
語此增語既非有如何可言即一切菩薩摩
訶薩行若遠離若不遠離增語是菩薩摩訶
薩善現汝復觀何義言即一切菩薩摩訶薩
行若有爲若无爲增語非菩薩摩訶薩耶世
尊一切菩薩摩訶薩行有爲无爲尚畢竟不
可得性非有故況有一切菩薩摩訶薩行有
爲无爲增語此增語既非有如何可言即一
切菩薩摩訶薩行若有爲若无爲增語是菩
薩摩訶薩善現汝復觀何義言即一切菩薩
摩訶薩行若有漏若无漏增語非菩薩摩訶
薩耶世尊一切菩薩摩訶薩行有漏无漏尚
畢竟不可得性非不有況有一切善薩摩訶
薩行有漏无漏增語此增語既非有如何可
言即一切菩薩摩訶薩行若有漏若无漏增
語是菩薩摩訶薩善現汝復觀何義言即一
切菩薩摩訶薩行若生若滅增語非菩薩摩
訶薩耶世尊一切菩薩摩訶薩行生滅尚畢
竟不可得性非有故況有一切菩薩摩訶薩
行生滅增語此增語既非有如何可言即一
切菩薩摩訶薩行若生若滅增語是菩薩摩
訶薩善現汝復觀何義言即一切菩薩摩訶
薩行若善若非善增語非菩薩摩訶薩耶世
尊一切菩薩摩訶薩行善非善尚畢竟不可
得性非有故況有一切菩薩摩訶薩行善非

BD03449號　大般若波羅蜜多經卷三五　（22–16）

切菩薩摩訶薩行若生若滅增語是菩薩摩
訶薩善現汝復觀何義言即一切菩薩摩訶
薩行若善若非善增語非菩薩摩訶薩耶世
尊一切菩薩摩訶薩行善非善尚畢竟不可
得性非有故況有一切菩薩摩訶薩行善非
善增語此增語既非有如何可言即一切菩
薩摩訶薩行若善若非善增語是菩薩摩訶
薩善現汝復觀何義言即一切菩薩摩訶薩
行若有罪若无罪增語非菩薩摩訶薩耶世
尊一切菩薩摩訶薩行有罪无罪尚畢竟不
可得性非有故況有一切菩薩摩訶薩行有
罪无罪增語此增語既非有如何可言即一切
菩薩摩訶薩行若有罪若无罪增語是菩
薩摩訶薩善現汝復觀何義言即一切菩薩
摩訶薩行若有煩惱若无煩惱增語非菩薩
摩訶薩耶世尊一切菩薩摩訶薩行有煩惱
无煩惱尚畢竟不可得性非有故況有一切
菩薩摩訶薩行有煩惱无煩惱增語此增語
既非有如何可言即一切菩薩摩訶薩行若
有煩惱若无煩惱增語是菩薩摩訶薩善現
汝復觀何義言即一切菩薩摩訶薩行若世
間若出世間增語非菩薩摩訶薩耶世尊一
切菩薩摩訶薩行世間出世間尚畢竟不可
得性非有故況有一切菩薩摩訶薩行世間
出世間增語此增語既非有如何可言即一
切菩薩摩訶薩行若世間若出世間增語是
菩薩摩訶薩善現汝復觀何義言即一切菩

BD03449號　大般若波羅蜜多經卷三五　（22–17）

得性非有故况有一切菩薩摩訶薩行世間
出世間增語此增語既非有如何可言即一
切菩薩摩訶薩行若世間若出世間增語是
菩薩摩訶薩善現汝復觀何義言即一切菩
薩摩訶薩行若雜染若清淨增語非菩薩摩
訶薩邪世尊一切菩薩摩訶薩行雜染清淨
尚畢竟不可得性非有故况有一切菩薩摩
訶薩行雜染清淨增語此增語既非有如何
可言即一切菩薩摩訶薩行若雜染若清淨
增語是菩薩摩訶薩善現汝復觀何義言即
一切菩薩摩訶薩行若屬生死若屬涅槃增
語非菩薩摩訶薩邪世尊一切菩薩摩訶薩
行屬生死屬涅槃尚畢竟不可得性非有故
况有一切菩薩摩訶薩行屬生死屬涅槃增
語此增語既非有如何可言即一切菩薩摩
訶薩行若屬生死若屬涅槃增語是菩薩摩
訶薩善現汝復觀何義言即一切菩薩摩訶
薩行若在內若在外若在兩間增語非菩薩
摩訶薩邪世尊一切菩薩摩訶薩行在內在
外在兩間尚畢竟不可得性非有故况有一
切菩薩摩訶薩行在內在外在兩間增語此
增語既非有如何可言即一切菩薩摩訶薩
行若在內若在外若在兩間增語是菩薩摩
訶薩善現汝復觀何義言即一切菩薩摩訶
薩行若可得若不可得增語非菩薩摩訶薩
邪世尊一切菩薩摩訶薩行可得不可得尚

BD03449號　大般若波羅蜜多經卷三五　（22–18）

訶薩善現汝復觀何義言即一切菩薩摩訶
薩行若可得若不可得增語非菩薩摩訶薩
邪世尊一切菩薩摩訶薩行可得不可得尚
畢竟不可得性非有故况有一切菩薩摩訶
薩行可得不可得增語此增語既非有如何
可言即一切菩薩摩訶薩行若可得若不可
得增語是菩薩摩訶薩
復次善現汝觀何義言即諸佛无上正等菩
提增語非菩薩摩訶薩邪具壽善現荅言世
尊諸佛无上正等菩提尚畢竟不可得性非
有故况有諸佛无上正等菩提增語此增語
既非有如何可言即諸佛无上正等菩提增
語是菩薩摩訶薩善現汝復觀何義言即諸
佛无上正等菩提若常若无常增語非菩薩
摩訶薩邪世尊諸佛无上正等菩提常无常
尚畢竟不可得性非有故况有諸佛无上正
等菩提常无常增語此增語既非有如何可
言即諸佛无上正等菩提若常若无常增語
是菩薩摩訶薩善現汝復觀何義言即諸佛
无上正等菩提若樂若苦增語非菩薩摩訶
薩邪世尊諸佛无上正等菩提樂苦尚畢竟
不可得性非有故况有諸佛无上正等菩提
樂苦增語此增語既非有如何可言即諸佛
无上正等菩提若樂若苦增語是菩薩摩訶
薩善現汝復觀何義言即諸佛无上正等菩
提若我若无我增語非菩薩摩訶薩邪世尊

BD03449號　大般若波羅蜜多經卷三五　（22–19）

无上正等菩提若樂若苦增語是菩薩摩訶
薩善現汝復觀何義言即諸佛无上正等菩
提若我若无我增語非菩薩摩訶薩邪世尊
諸佛无上正等菩提我无我尚畢竟不可得
性非有故况有諸佛无上正等菩提我无我
增語此增語既非有如何可言即諸佛无上
正等菩提若我若无我增語是菩薩摩訶薩
善現汝復觀何義言即諸佛无上正等菩提
若淨若不淨增語非菩薩摩訶薩邪世尊諸
佛无上正等菩提淨不淨尚畢竟不可得性
非有故况有諸佛无上正等菩提淨不淨增
語此增語既非有如何可言即諸佛无上正
等菩提若淨若不淨增語是菩薩摩訶薩善
現汝復觀何義言即諸佛无上正等菩提若
空若不空增語非菩薩摩訶薩邪世尊諸佛
无上正等菩提空不空尚畢竟不可得性非
有故况有諸佛无上正等菩提空不空增語
此增語既非有如何可言既諸佛无上正等
菩提若空若不空增語是菩薩摩訶薩善現
汝復觀何義言即諸佛无上正等菩提若有
相若无相增語非菩薩摩訶薩邪世尊諸佛
无上正等菩提有相无相尚畢竟不可得性
非有故况有諸佛无上正等菩提有相无相
增語此增語既非有如何可言即諸佛无上
正等菩提若有相若无相增語是菩薩摩訶
薩善現汝復觀何義言即諸佛无上正等菩

BD03449 號　大般若波羅蜜多經卷三五　（22–20）

无上正等菩提有相无相尚畢竟不可得性
非有故况有諸佛无上正等菩提有相无相
增語此增語既非有如何可言即諸佛无上
正等菩提若有相若无相增語是菩薩摩訶
薩善現汝復觀何義言即諸佛无上正等菩
提若有願若无願增語非菩薩摩訶薩邪世
尊諸佛无上正等菩提有願无願尚畢竟不
可得性非有故况有諸佛无上正等菩提有
願无願增語此增語既非有如何可言即諸
佛无上正等菩提若有願若无願增語是菩
薩摩訶薩善現汝復觀何義言即諸佛无上
正等菩提若寂靜若不寂靜增語非菩薩摩
訶薩邪世尊諸佛无上正等菩提寂靜不寂
靜尚畢竟不可得性非有故况有諸佛无上
正等菩提寂靜不寂靜增語此增語既非有
如何可言即諸佛无上正等菩提若寂靜若
不寂靜增語是菩薩摩訶薩善現汝復觀何
義言即諸佛无上正等菩提若遠離若不遠
離增語非菩薩摩訶薩邪世尊諸佛无上正
等菩提遠離不遠離尚畢竟不可得性非有
故况有諸佛无上正等菩提遠離不遠離增
語此增語既非有如何可言即諸佛无上正
等菩提若遠離若不遠離增語是菩薩摩訶
薩

大般若波羅蜜多經卷第卅五

BD03449 號　大般若波羅蜜多經卷三五　（22–21）

薩摩訶薩善現汝復觀何義言即諸佛无上
正等菩提若寂靜若不寂靜增語非菩薩摩
訶薩邪世尊諸佛无上正等菩提寂靜不寂
靜尚畢竟不可得性非有故况有諸佛无上
正等菩提寂靜不寂靜增語此增語既非有
如何可言即諸佛无上正等菩提若寂靜若
不寂靜增語是菩薩摩訶薩善現汝復觀何
義言即諸佛无上正等菩提若遠離若不遠
離增語非菩薩摩訶薩邪世尊諸佛无上正
等菩提遠離不遠離尚畢竟不可得性非有
故况有諸佛无上正等菩提遠離不遠離增
語此增語既非有如何可言即諸佛无上正
等菩提若遠離若不遠離增語是菩薩摩訶
薩

大般若波羅蜜多經卷第卅五

BD03449號　大般若波羅蜜多經卷三五　（22–22）

何行
緣有及无　彼非住我法
緣或有　云何而得无
說為生　妄想計有无
滅　觀世悉空寂　有无二俱離
摩訶薩復請佛言世尊唯願
說宗趣之相令我及諸菩薩摩訶薩善達
此義不隨一切衆邪妄解疾得阿耨多羅三
藐三菩提佛言諦聽當為汝說大慧言唯
佛言大慧一切二乘及諸菩薩有二種宗法
相何等為二謂宗趣法相言說法相宗趣法
相者謂自所證殊勝之相離於文字語言分別
入无漏界成自地行超過一切不正思覺伏魔
外道生智慧光是名宗趣法相言說法相
者謂說九部種種教法離於一異有无等相
[illegible]

BD03451號　大乘入楞伽經卷四　（19–1）

入无漏界成自地行超過一切不正思覺伏魔
外道生智慧光是名宗趣法相言說法相
者謂說九部種種教法離於一異有无等相
以巧方便隨順衆生心令入此法是名言說法
相汝及諸菩薩當勤修學尒時世尊重說
頌言
宗趣與言說　自證及教法　若能善知見　不隨他妄解
如愚所分別　非是真實相　彼豈不求度　无法而可得
觀察諸有為　生滅等相續　增長於二見　顛倒无所知
涅槃離心意　唯此一法實　觀世悉虛空　如幻夢芭蕉
无有貪恚癡　亦復无有人　從愛生諸蘊　如夢之所見
尒時大慧菩薩摩訶薩復白佛言世尊願為
我說虛妄分別相此虛妄分別云何而生是
何而生因何而生誰之所生何故名為虛妄
分別佛言大慧善哉善哉汝為哀愍世間天
人而問此義多所利益多所安樂諦聽諦聽
善思念之當為汝說大慧言唯佛言大慧一
切衆生於種種境不能了達自心所現計能
所取虛妄執著起諸分別墮有无見增長外
道妄見習氣心心所法相應起時執有外義
種種可得計著於我及以我所是故名為虛
妄分別大慧白言若如是者外種種義性離
有无起諸見相世尊第一義諦亦復如是離
諸根量宗因譬喻世尊何故於種種義言起
分別第一義中不言起邪將无世尊所言乖

BD03451號　大乘入楞伽經卷四　（19–2）

妄分別大慧白言若如是者外種種義性離
有无起諸見相世尊第一義諦亦復如是離
諸根量宗因譬喻世尊何故於種種義言起
分別第一義中不言起邪將无世尊所言乖
理一處言起一不言故世尊又說虛妄分別
墮有无見譬如幻事種種非實分別亦尒有
无相離云何而說墮二見邪此說豈不墮於
世見佛言大慧分別不生不滅何以故不起
有无分別相故所見外法皆无有故了唯自
心之所現故但以愚夫分別自心種種諸法
著種種相而作是說令知所見皆是自心斷
我我所一切見著離作所作諸惡因緣覺唯
心故轉其意樂善明諸地入佛境界捨五法
自性諸分別見是故我說虛妄分別執著種
種自心所現諸境界生如實了知則得解脫
尒時世尊重說頌言
諸因及與緣　從此生世間　與四句想應　不知於我法
世非有无生　亦非俱不俱　云何諸愚夫　分別因緣起
非有亦非无　亦復非有无　如是觀世間　心轉證无我
一切法不生　以從緣生故　諸緣之所作　所作法非生
果不自生果　有二果失故　无有二果故　非有性可得
觀諸有為法　離能緣所緣　決定唯是心　故我說心量
量之自性處　緣法二俱離　究竟妙淨事　我說名心量
施設假名我　而實不可得　諸蘊蘊假名　亦皆无實事
有四種平等　相因及所生　无我為第四　修行者觀察
離一切諸見　及能所分別　无得亦无生　我說是心量

BD03451號　大乘入楞伽經卷四　（19–3）

量之自性處　緣法二俱離　究竟妙淨事　我說名心量
施設假名我　而實不可得　諸蘊蘊假名　亦皆无實事
有四種平等　相因及所生　无我爲第四　修行者觀察
離一切諸見　及能所分別　无得亦无生　我說是心量
非有亦非无　有无二俱離　如是心亦離　我說是心量
真如空實際　涅槃及法界　種種意成身　我說是心量
妄想習氣縛　種種從心生　衆生見爲外　我說是心量
外所見非有　而心種種現　身資及所住　我說是心量
尒時大慧菩薩摩訶薩復白佛言世尊如來
說言如我所說汝及諸菩薩不應依語而取
其義世尊何故不應依語取義云何爲語云
何爲義佛言諦聽當爲汝說大慧言唯佛言
大慧語者所謂分別習氣而爲其因依於喉
舌脣齶齒輔而出種種音聲文字相對談說
是名爲語云何爲義菩薩摩訶薩住獨一靜
處以聞思修慧思惟觀察向涅槃道自智境
界轉諸習氣行於諸地種種行相是名爲義
復次大慧菩薩摩訶薩善於語義知語與義
不一不異義之與語亦復如是若義異語則不
應因語而顯於義而因語見義如燈照色大
慧譬如有人持燈照物知此物如是在如是
處菩薩摩訶薩亦復如是因語言燈入離言
說自證境界復次大慧若有於不生不滅自
性涅槃三乘一乘五法諸心自性等中如言
取義則墮建立及誹謗見以異於彼起分別
故如見幻事計以爲實是愚夫見非賢聖也

說自證境界復次大慧若有於不生不滅自
性涅槃三乘一乘五法諸心自性等中如言
取義則墮建立及誹謗見以異於彼起分別
故如見幻事計以爲實是愚夫見非賢聖也
尒時世尊重說頌言
若隨言取義　建立於諸法　以彼建立故　死墮地獄中
蘊中无有我　非蘊即是我　不如彼分別　亦復非无有
如愚所分別　一切皆有性　若如彼所見　皆應見真實
一切染淨法　悉皆无體性　不如彼所見　亦非无所有
復次大慧我當爲汝說智識相汝及諸菩薩
摩訶薩若善了智識之相則能疾得阿耨多
羅三藐三菩提大慧智有三種謂世間智出
世間智出世間上上智云何世間智謂一切外
道凡愚計有无法云何出世間智謂一
切二乘著自共相云何出世間上上智謂諸
佛菩薩觀一切法皆无有相不生不滅非有
非无證法无我入如來地大慧復有三種智
謂知自相共相智知生滅智知不生不滅智
復次大慧生滅是識不生滅是智墮相无相
及以有无種種相因是識離相无相及有无
因是智有積集相是識无積集相是智著境
界相是識不著境界相是智三和合相應生
是識无礙相應自性相是智有得相是識无
得相是智證自聖智所行境界如水中月不
入不出故尒時世尊重說頌言
採集業爲心　觀察法爲智　慧能證无相　逮自在威光
境界縛爲心　覺想生爲智　无想及增勝　智慧於中起

是識无礙相應自性相是智有得相是識无
得相是智證自聖智所行境界如水中月不
入不出故尒時世尊重說頌言
採集業為心　觀察法為智　慧能證无相　逮自在威光
境界縛為心　覺想生為智　无想及增勝　智慧於中起
心意及與識　離諸分別想　得无分別法　佛子非聲聞
寂滅殊勝忍　如來清淨智　生於善勝義　遠離諸所行
我有三種智　聖者能明照　分別於諸相　開示一切法
我智離諸相　超過於二乘　以諸聲聞等　執著諸法有
如來智无垢　了達唯心故
復次大慧諸外道有九種轉變見所謂形轉變
相轉變因轉變相應轉變見轉變生轉變物
轉變緣明了轉變所作明了轉變是為九一
切外道因是見故起有无轉變論此中形轉
變者謂形別異見譬如以金作莊嚴具環釧
瓔珞種種不同形狀有殊金體无易一切法
變亦復如是諸餘外道種種計著皆非如是
亦非別異但分別故一切轉變如是應知譬如
乳酪酒果等熟外道言此皆有轉變而實无
有若有若无自心所見无外物故如此皆是
愚迷凡夫從自分別習氣而起實无一法若
生若滅如因幻夢所見諸色如石女兒說有
生死尒時世尊重說頌言
形處時轉變　大種及諸根　中有漸次生　妄想非明智
諸佛不分別　緣起及世間　但諸緣世間　如乾闥婆城
尒時大慧菩薩摩訶薩復白佛言世尊唯願
如來為我解說於一切法深密義及解義相

BD03451號　大乘入楞伽經卷四　（19–6）

生死尒時世尊重說頌言
形處時轉變　大種及諸根　中有漸次生　妄想非明智
諸佛不分別　緣起及世間　但諸緣世間　如乾闥婆城
尒時大慧菩薩摩訶薩復白佛言世尊唯願
如來為我解說於一切法深密義及解義相
令我及諸菩薩摩訶薩善知此法不墮如言
取義深密執著離文字語言虛妄分別普
入一切諸佛國土力通自在揔持所印覺慧善
住十无盡願以无功用種種變現光明照曜
如日月摩尼地水火風住於諸地離分別見
知一切法如幻如夢入如來位普化衆生令
知諸法虛妄不實離有无品斷生滅執不著
言語令轉所依佛言諦聽當為汝說大慧於
一切法如言取義執著深密其數无量所謂
相執著緣執著有非有執著生非生執著滅
非滅執著乘非乘執著為无為執著地地自
相執著自分別現證執著外道宗有无品執
著三乘一乘執著大慧此等密執有无量種
皆是凡愚自分別執而密執著此諸分別如
蠶作繭以妄想絲自纏纏他執著有无欲樂
堅密大慧此中實无密非密相以菩薩摩訶
薩見一切法住寂靜故无分別故若了諸法
唯心所見无有外物皆同无相隨順觀察於
若有若无分別密執悉見寂靜是故无有密
非密相大慧此中无縛亦无有解不了實者
見縛解耳何以故一切諸法若有若无求其

BD03451號　大乘入楞伽經卷四　（19–7）

唯心所見无有外物皆同无相隨順觀察於
若有若无分別密執悉見寂靜是故无有密
非密相大慧此中无縛亦无有解不了實者
見縛解耳何以故一切諸法若有若无求其
體性不可得故復次大慧愚癡凡夫有三種
密縛謂貪恚癡及愛未來生與貪喜俱以此密
縛令諸衆生續生五趣密縛若斷是則无有
密非密相復次大慧若有執著三和合緣諸
識密縛次第而起有執著故則有密縛若
見三解脫離三和合識一切諸密皆悉不生尒
時世尊重說頌言
不實妄分別　是名為密相　若能如實知　諸密網皆斷
凡愚不能了　隨言而取義　譬如蠶處繭　妄想自纏縛
尒時大慧菩薩摩訶薩復白佛言世尊如世
尊說由種種心分別諸法非諸法有自性此但
妄計耳世尊若但妄計无諸法者染淨諸法
法將无悉壞佛言大慧如是如是如汝所說
一切凡愚分別諸法而諸法性非如是有此
但妄執无有性相然諸聖者以聖慧眼如實
知見有諸法自性大慧白言若諸聖人以聖
慧眼見有諸法性非天眼肉眼不同凡愚之
所分別云何凡愚得離分別不能覺了諸聖
法故世尊彼非顛倒非不顛倒何以故不見聖
人所見法故聖見遠離有无相故聖亦不如
凡所分別如是得故非自所行境界相故彼
亦見有諸法性相如妄執性而顯現故不說

法故世尊彼非顛倒非不顛倒何以故不見聖
人所見法故聖見遠離有无相故聖亦不如
凡所分別如是得故非自所行境界相故彼
亦見有諸法性相如妄執性而顯現故不說
有因及无因故墮於諸法性相見故世尊其
餘境界既不同此如是則成无窮之失孰能
於法了知性相世尊諸法性相不因分別云何
而言以分別故而有諸法世尊分別相異
諸法相異因不相似云何諸法而由分別復
以何故凡愚分別不如是有而作是言為令
衆生捨分別故說如分別所見法相无如是
法世尊何故令諸衆生離有无見所執著法
而復執著聖智境界墮於有見何以故不說
寂靜无空之法而說聖智自性事故佛言大
慧我非不說寂靜空法墮於有見何以故已
說聖智自性事故我為衆生无始時來計著
於有於寂靜法以聖事說令其聞已不生恐
怖能如實證寂靜空法離惑亂相入唯識理
知其所見无有外法悟三脫門獲如實印見
法自性了聖境界遠離有无一切諸著復次大
慧菩薩摩訶薩不應成立一切諸法皆悉不
生何以故一切法本无有故及彼宗因生相
故復次大慧一切法不生此言自壞何以故彼
宗有待而生故又彼宗即入一切法中不生相
亦不生故又彼宗諸分而成故又彼宗有无
法皆不生此宗即入一切法中有无相亦不
生故是故一切法不生此宗自壞不應如是

宗有待而生故又彼宗即入一切法中不生相
亦不生故又彼宗諸分而成故又彼宗有无
法皆不生此宗即入一切法中有无相亦不
生故是故一切法不生此宗自壞不應如是
立諸分多過故展轉因異相故如不生一切法
空无自性亦如是大慧菩薩摩訶薩應說
一切法如幻如夢見不見故一切皆是惑亂
相故除為愚夫而生恐怖大慧凡夫愚癡
墮有无見莫令於彼而生驚恐遠離大乘
尒時世尊重說頌言
无自性无說　无事无依處　凡愚妄分別　惡覺如死屍
一切法不生　外道所成立　以彼所有生　非緣所成故
一切法不生　智者不分別　彼宗因生故　此覺則便壞
譬如目有翳　妄想見毛輪　諸法亦如是　凡愚妄分別
三有唯假名　无有實法體　由此假施設　分別妄計度
假名詐事相　動亂於心識　佛子悉超過　遊行无分別
无水取水相　斯由渴愛起　凡愚見法尒　諸聖則不然
聖人見清淨　生於三解脫　遠離於生滅　常行无相境
修行无相境　亦復无有无　有无悉平等　是故生聖果
云何法有无　云何成平等　若心不了法　內外斯動亂
了已則平等　亂相尒時滅
尒時大慧菩薩摩訶薩復白佛言世尊如佛
所說若知境界但是假名都不可得則无所
取无所取故亦无能取能取所取二俱无故
不起分別說名為智世尊何故彼智不得於
境為不能了一切諸法自相共相一異義故

所說若知境界但是假名都不可得則无所
取无所取故亦无能取能取所取二俱无故
不起分別說名為智世尊何故彼智不得於
境為不能了一切諸法自相共相一異義故
言不得耶為以諸法自相共相種種不同更
隱蔽而不得耶為以山巖石壁簾幔帷障之
所覆隔而不得耶為極遠極近老小盲冥諸
根不具而不得耶若不了諸法自相共相一
異義故言不得者此不名智應是无智以
有境界而不知故若以諸法自相共相種種
不同更相隱蔽而不得者此亦非智以知於
境說名為智非不知故若山巖石壁簾幔帷
障之所覆隔極遠極近老小盲冥而不知者彼
亦非智以有境界智不具足而不知故佛言
大慧此實是智非如汝說我之所說非隱覆
說我言境界唯是假名不可得者以了但是
自心所見外法有无智慧於中畢竟无得以
无得故尒焰不起入三脫門智體亦忘非如
一切覺想凡夫无始已來戲論熏習計著外
法若有若无種種形相如是而知名為不知
不了諸法唯心所見著我我所分別境智不
知外法是有是无其心住於斷見中故為令
捨離如是分別說一切法唯心建立尒時世
尊重說頌言
若有於所緣　智慧不觀見　彼无智非智　是名妄計者
无邊相互隱　障礙及遠近　智慧不能見　是名為邪智
老小諸根冥　而實有境界　不能生智慧　是名為邪智

捨離如是分別說一切法唯心建立尒時世
尊重說頌言
若有於所緣　智慧不觀見　彼无智非智　是名妄計著
无邊相互隱　障礙及遠近　智慧不能見　是名為邪智
老小諸根冥　而實有境界　不能生智慧　是名為邪智
復次大慧愚癡凡夫无始虛偽惡邪分別之
所幻惑不了如實及言說法計心外相著方便
說不能修習清淨真實離四句法大慧白言
如是如是誠如尊教願為我說如實之法
及言說法令我及諸菩薩摩訶薩於此二法
而得善巧非外道二乘之所能入佛言諦聽
當為汝說大慧三世如來有二種法謂言說
法及如實法言說法者謂隨眾生心為說種
種諸方便教如實法者謂修行者於心所現
離諸分別不墮一異俱不俱品超度一切心意
意識於自覺聖智所行境界離諸因緣相
應見相一切外道聲聞緣覺墮二邊者所不
能知是名如實法此二種法汝及諸菩薩摩
訶薩當善修學尒時世尊復說頌言
我說二種法　言教及如實　教法示凡夫　實為修行者
尒時大慧菩薩摩訶薩復白佛言世尊如來
一時說盧迦耶陀呪術詞論但能攝取世間
財利不得法利不應親近承事供養世尊何
故作如是說佛言大慧盧迦耶陀所有詞論
但飾文句誑惑凡愚隨順世間虛妄言說不
如於義不稱於理不能證入真實境界不能
覺了一切諸法恒墮二邊自失正道亦令他

BD03451 號　大乘入楞伽經卷四　（19–12）

財利不得法利不應親近承事供養世尊何
故作如是說佛言大慧盧迦耶陀所有詞論
但飾文句誑惑凡愚隨順世間虛妄言說不
如於義不稱於理不能證入真實境界不能
覺了一切諸法恒墮二邊自失正道亦令他
失輪迴諸趣永不出離何以故不了諸法唯
心所見執著外境增分別故是故我說世論文
句因喻莊嚴但誑愚夫不能解脫生老病
死憂悲等患大慧釋提桓因廣解眾論自造
諸論彼世論者有一弟子現作龍身詣釋天
宮而立論宗作是要言憍尸迦我共汝論汝
若不如我當破汝千輻之輪我若不如斷一
一頭以謝所屈說是語已即以論法摧伏帝
釋壞千輻輪還來人間大慧世間言論因喻
莊嚴乃至能現畜生之形以妙文詞迷惑諸
天及阿修羅令其執著生滅等見而況於人
是故大慧不應親近承事供養以彼能作生
苦因故大慧世論唯說身覺境界大慧彼世
論有百千字句後末世中惡見乖離邪眾崩
散分成多部各執自因大慧非餘外道能立
教法唯盧迦耶以百千句廣說无量差別因
相非如實理亦不自知是惑世法尒時大慧
白言世尊若盧迦耶所造之論種種文字因
喻莊嚴執著自宗非如實法名外道者世尊
亦說世間之事謂以種種文句言詞廣十
方一切國土天人等眾而來集會非是自智
所證之法世尊亦同外道說邪佛言大慧我

BD03451 號　大乘入楞伽經卷四　（19–13）

喻莊嚴執著自宗非如實法名外道者世尊
亦說世間之事謂以種種文句言詞廣十
方一切國土天人等衆而來集會非是自智
所證之法世尊亦同外道說邪佛言大慧我
非世說亦无來去我說諸法不來不去大慧
來者集生去者壞滅不來不去此則名爲不
生不滅大慧我之所說不同外道墮分別中
何以故外法有无无所著故了唯自心不見
二取不行相境不生分別入空无相无願之
門而解脫故大慧我憶有時於一處住有世
論婆羅門來至我所遽問我言瞿曇一切是
所作耶我時報言婆羅門一切所作是初世論
又問我言一切非所作我時報言一切非所
作是第二世論彼復問言一切常耶一切无
常耶一切生耶一切不生耶我時報言是第
六世論彼復問言一切一耶一切異耶一切
俱耶一切不俱耶一切皆由種種因緣而受
生耶我時報言是第十一世論彼復問言一
切有記耶一切无記耶有我耶无我耶有此世
耶无此世耶有他世耶无他世耶有解脫耶无
解脫耶是剎那耶非剎那耶虛空涅槃及非擇
滅是所作耶非所作耶有中有耶无中有耶
我時報言婆羅門如是汝之世論非我所說婆
羅門我說因於无始戲論諸惡習氣而生三
有不了唯是自心所見而取外法實无可得如
外道我及說根境三合知生我不如是我不說因

BD03451號　大乘入楞伽經卷四　（19–14）

我時報言婆羅門如是汝之世論非我所說婆
羅門我說因於无始戲論諸惡習氣而生三
有不了唯是自心所見而取外法實无可得如
外道我及說根境三合知生我不如是我不說因
不說无因唯依妄心似能所取而說緣起非汝及
餘取著我者之所能測大慧虛空涅槃及非擇
滅但有三數本无體性何況而說作與非作
大慧尒時世論婆羅門復問我言无明愛業爲
因緣故有三有耶爲无因耶我言此二亦是世
論又問我言一切諸法皆入自相及共相耶我時
報言此亦世論婆羅門乃至少有心識流動
分別外境皆是世論大慧尒時彼婆羅門復
問我言頗有非是世論者不一切外道所有
詞論種種文句因喻莊嚴莫不皆從我法中
出我報言有非汝所許非世不許非不說種
種文句義理相應非不相應彼復問言豈有
世許非世論耶我答言有但非於汝及以一切
外道能知何以故以於外法虛妄分別生執
著故若能了達有无等法一切皆是自心所
見不生分別不取外境於自處住自處住者
是不起義不起於何不起分別此是我法非
汝有也婆羅門略而言之隨何處中心識往
來死生求戀若受若見若觸若住取種種相
和合相續於愛於因而生計著皆汝世論非
是我法大慧世論婆羅門作如是問我如是
答不問於我自宗實法默然而去作是念言

BD03451號　大乘入楞伽經卷四　（19–15）

和合相續於愛於因而生計著皆汝世論非
是我法大慧世論婆羅作如是問我如是
吾不問於我自宗實法默然而去作是念言
沙門瞿曇无可尊重說一切法无生无相无
因无緣唯是自心分別所見若能了此分別
不生大慧汝今亦復問我是義何故親近諸
世論者唯得財利不得法利大慧白言所言
財法是何等義佛言善哉汝乃能為未來
衆生思惟是義諦聽諦聽當為汝說大慧所
言財者可觸可受可取可味令著外境墮在
二邊增長貪愛生老病死憂悲苦惱我及諸
佛說名財利親近世論之所獲得云何法利
謂了法是心見二无我不取於相无有分別
善知諸地離心意識一切諸佛所共灌頂具
足受行十无盡願於一切法悉得自在是名
利以是不墮一切諸見戲論分別常斷二邊
大慧外道世論令諸癡人墮在二邊謂常及
斷受无因論則起常見以因壞滅則生斷見
我說不見生住滅者名得法利是名財法二
差別相汝及諸菩薩摩訶薩應勤觀察尒
時世尊重說頌言
調伏攝衆生　以戒降諸惡　智慧滅諸見　解脫得增長
外道虛妄說　皆是世俗論　橫計作所作　不能自成立
唯我一自宗　不著於能所　為諸弟子說　令離於世論
能取所取法　唯心无所有　二種皆心現　斷常不可得
乃至心流動　是則為世論　分別不起者　是人見自心

BD03451 號　大乘入楞伽經卷四　（19–16）

唯我一自宗　不著於能所　為諸弟子說　令離於世論
能取所取法　唯心无所有　二種皆心現　斷常不可得
乃至心流動　是則為世論　分別不起者　是人見自心
來者見事生　去者事不現　明了知去來　不起於分別
有常及无常　所作无所作　此世他世等　皆是世論法
尒時大慧菩薩摩訶薩復白佛言世尊佛說
涅槃說何等法以為涅槃而諸外道種種分
別佛言大慧如諸外道分別涅槃皆不隨順
涅槃之相諦聽諦聽當為汝說大慧或有外
道言見法无常不貪境界蘊界處滅心心所
法不現在前不念過現未來境界如燈盡如
種敗如火滅諸取不起分別不生起涅槃相
大慧非以見壞名為涅槃或謂至方名得涅
槃境界想離猶如風止或謂不見能覺所覺
名為涅槃或謂不起分別常无常見名得
涅槃或有說言分別諸相發生於苦而不能知
自心所現以不知故怖畏於相以求无相深
生愛樂執為涅槃或謂覺知內外諸法自相
共相去來現在有性不壞作涅槃想或計我
人衆生壽命及一切法无有壞滅作涅槃想
復有外道无有智慧計有自性及以士夫求
那轉變作一切物以為涅槃或有外道計福
非福盡或計不由智慧諸煩惱盡或計自在
是實作者以為涅槃或謂衆生展轉相生以
此為因更无異因彼无智故不能覺了以不
了故執為涅槃或計證於諦道虛妄分別以
為涅槃或計求那與求那者而共和合一性

BD03451 號　大乘入楞伽經卷四　（19–17）

是實作者以為涅槃或謂衆生展轉相生以
此為因更无異因彼无智故不能覺了以不
了故執為涅槃或計證於諦道虛妄分別以
為涅槃或計求那與求那者而共和合一性
異俱及不俱執為涅槃或計諸物從自然生
孔雀文彩棘針銛利生寶之處出種種寶
如此等是誰能作即執自然以為涅槃或謂
能解廿五諦即得涅槃或有說言能受六分
守護衆生斯得涅槃或有說言時生世間時
即涅槃或執有物以為涅槃或計无物以為
涅槃或有計著有物无物為涅槃者或計諸
物與涅槃无別作涅槃想大慧復有異彼外
道所說以一切智大師子吼說能了達唯心
所現不取外境遠離四句住如實見不墮二
邊離能所取不入諸量不著真實住於聖
智所現證法悟二无我離二煩惱淨二種障轉
修諸地入於佛地得如幻等諸大三昧永超
心意及以意識名得涅槃大慧彼諸外道虛
妄計度不如於理智者所棄皆墮二邊作涅
槃想於此无有若住若出彼諸外道皆依自
宗而生妄覺違背於理无所成就唯令心
意馳散往來一切无有得涅槃者汝及諸菩
薩宜應遠離尒時世尊重說頌言
外道涅槃見 各各異分別 彼唯是妄想 无解脫方便
遠離諸方便 不至无縛處 妄生解脫想 而實无解脫
外道所成立 衆智各異取 彼悉无解脫 愚癡妄分別

薩宜應遠離尒時世尊重說頌言
外道涅槃見 各各異分別 彼唯是妄想 无解脫方便
遠離諸方便 不至无縛處 妄生解脫想 而實无解脫
外道所成立 衆智各異取 彼悉无解脫 愚癡妄分別
一切癡外道 妄見作所作 悉著有无論 是故无解脫
凡愚樂分別 不生真實慧 言說三界本 真實滅苦因
譬如鏡中像 雖現而非實 習氣心鏡中 凡愚見有二
不了唯心現 故起二分別 若知但是心 分別則不生
心即是種種 遠離相所相 如愚所分別 雖見而无見
三有唯分別 外境悉无有 妄想種種現 凡愚不能覺
經經說分別 但是異名字 若離於語言 其義不可得

佛說大乘入楞伽經卷第四

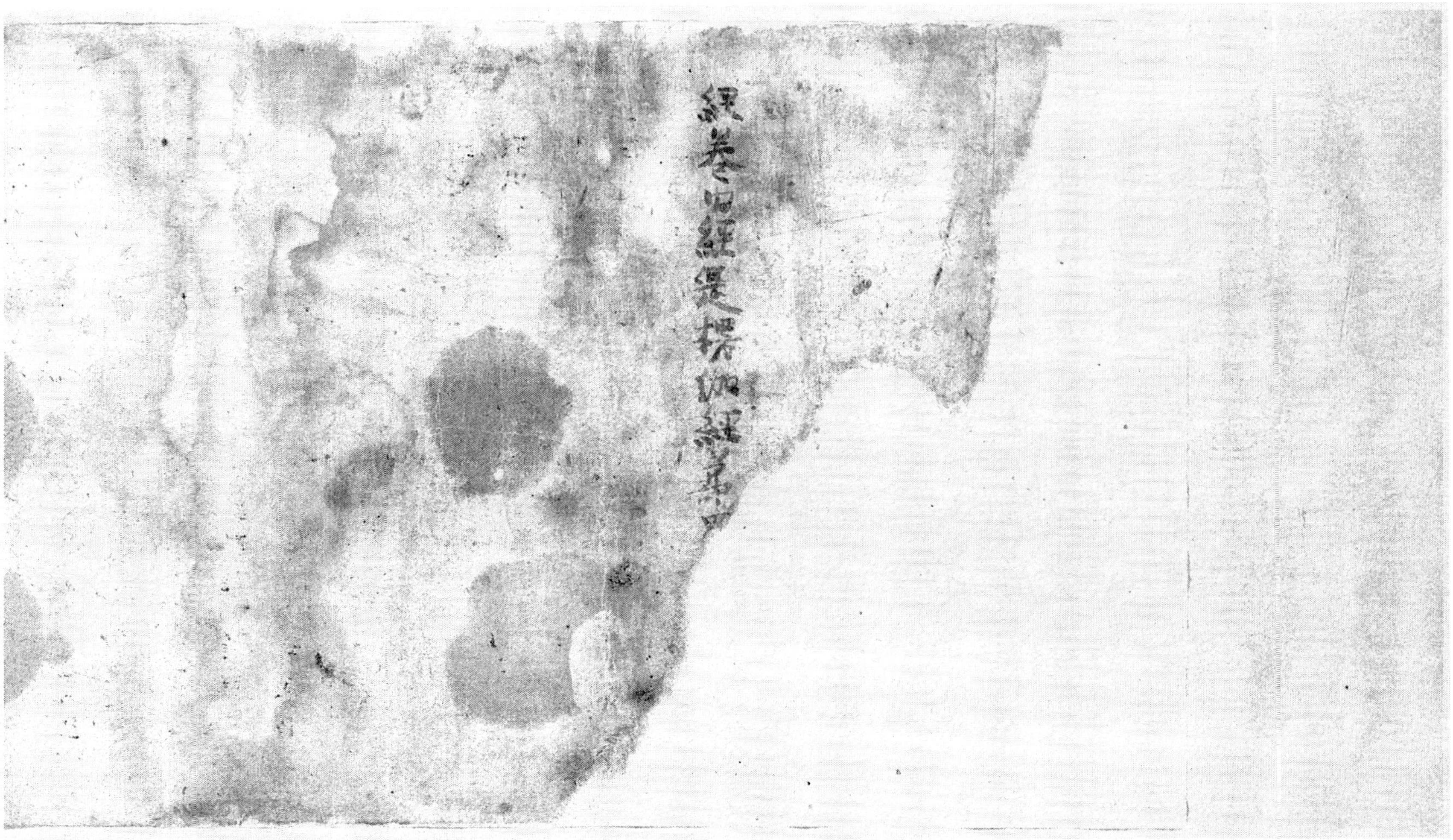
經卷□□經□楞伽經卷四

BD03451 號背　勘記　　　　（1–1）

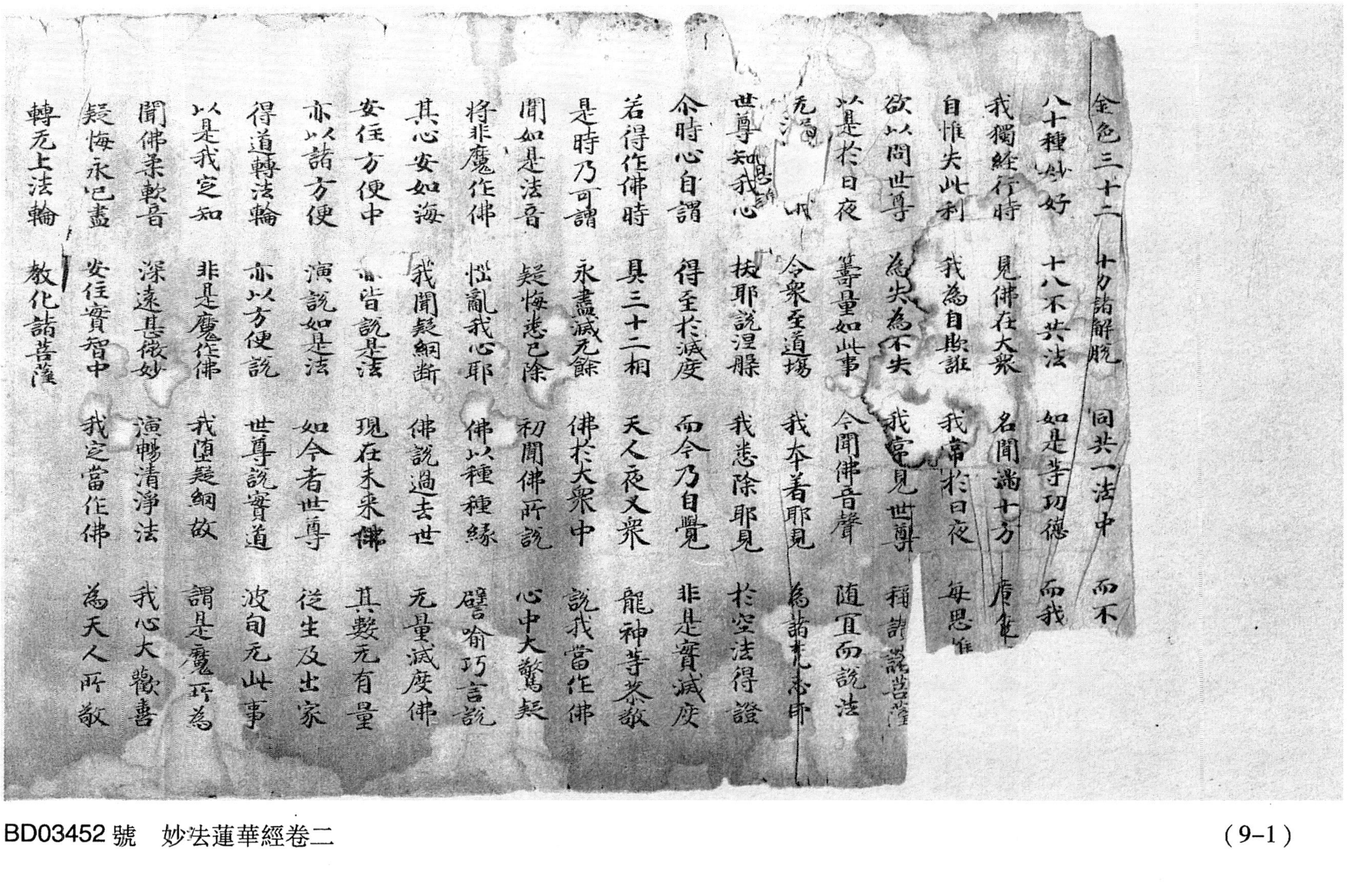
金色三十二　十力諸解脫　同共一法中　而不
八十種妙好　十八不共法　如是等功德　而我
我獨經行時　見佛在大衆　名聞滿十方　廣饒
自惟失此利　我為自欺誑　我常於日夜　每思惟
欲以問世尊　為失為不失　我常見世尊　稱讚諸菩薩
以是於日夜　籌量如此事　今聞佛音聲　隨宜而說法
无漏□□□　令衆至道場　我本著耶見　為諸梵志師
世尊知我心　拔耶說涅槃　我悉除耶見　於空法得證
尒時心自謂　得至於滅度　而今乃自覺　非是實滅度
若得作佛時　具三十二相　天人夜叉衆　龍神等恭敬
是時乃可謂　永盡滅无餘　佛於大衆中　說我當作佛
聞如是法音　疑悔悉已除　初聞佛所說　心中大驚疑
將非魔作佛　惱亂我心耶　佛以種種緣　譬喻巧言說
其心安如海　我聞疑網斷　佛說過去世　无量滅度佛
安住方便中　亦皆說是法　現在未來佛　其數无有量
亦以諸方便　演說如是法　如今者世尊　從生及出家
得道轉法輪　亦以方便說　世尊說實道　波旬无此事
以是我定知　非是魔作佛　我墮疑網故　謂是魔所為
聞佛柔軟音　深遠甚微妙　演暢清淨法　我心大歡喜
疑悔永已盡　安住實智中　我定當作佛　為天人所敬
轉无上法輪　教化諸菩薩

BD03452 號　妙法蓮華經卷二　　　　（9–1）

以是我定知　非是魔作佛　我墮疑網故　謂是魔所為
聞佛柔軟音　深遠甚微妙　演暢清淨法　我心大歡喜
疑悔永已盡　安住實智中　我定當作佛　為天人所敬
轉无上法輪　教化諸菩薩
尒時佛告舍利弗吾今於天人沙門婆羅門
等大衆中說我昔曾於二万億佛所為无上
道故常教化汝汝亦長夜隨我受學我以方
便引導汝故生我法中舍利弗我昔教汝志
願佛道汝今悉忘而便自謂已得滅度我今
還欲令汝憶念本願所行道故為諸聲聞說
是大乘經名妙法蓮華教菩薩法佛所護念
舍利弗汝於未來世過无量无邊不可思議
劫供養若干千万億佛奉持正法具足菩薩
所行之道當得作佛号曰華光如來應供正
遍知明行足善逝世間解无上士調御丈夫
天人師佛世尊國名離垢其土平正清淨嚴
飾安隱豐樂天人熾盛瑠璃為地有八交道
黃金為繩以界其側其傍各有七寶行樹常
有華果華光如來亦以三乘教化衆生舍利
弗彼佛出時雖非惡世以本願故說三乘法
其劫名大寶庄嚴何故名曰大寶庄嚴其國
中以菩薩為大寶故彼諸菩薩无量无邊不
可思議筭數譬喻所不能及非佛智力无能
知者若欲行時寶華承足此諸菩薩非初發
意皆久植德本於无量百千万億佛所淨脩
梵行恒為諸佛之所稱歎常脩佛慧具大神

BD03452 號　妙法蓮華經卷二　（9–2）

其劫名大寶庄嚴何故名曰大寶庄嚴其國
中以菩薩為大寶故彼諸菩薩无量无邊不
可思議筭數譬喻所不能及非佛智力无能
知者若欲行時寶華承足此諸菩薩非初發
意皆久植德本於无量百千万億佛所淨脩
梵行恒為諸佛之所稱歎常脩佛慧具大神
通善知一切諸法之門質直无偽志念堅固
如是菩薩充滿其國舍利弗華光佛壽十二
小劫除為王子未作佛時其國人民壽八小
劫華光如來過十二小劫授堅滿菩薩阿耨
多羅三藐三菩提記告諸比丘是堅滿菩薩
次當作佛号曰華足安行多陁阿伽度阿羅
訶三藐三佛陁其佛國土亦復如是舍利弗
是華光佛滅度之後正法住世三十二小劫
像法住世亦三十二小劫尒時世尊欲重宣
此義而說偈言
舍利弗來世　成佛普智尊　号名曰華光　當度无量衆
供養无數佛　具足菩薩行　十力等功德　證於无上道
過无量劫已　劫名大寶嚴　世界名離垢　清淨无瑕穢
以瑠璃為地　金繩界其道　七寶雜色樹　常有華菓實
彼國諸菩薩　志念常堅固　神通波羅蜜　皆已悉具足
於无數佛所　善學菩薩道　如是等大士　華光佛所化
佛為王子時　棄國捨世榮　於冣末後身　出家成佛道
華光佛住世　壽十二小劫　其國人民衆　壽命八小劫
佛滅度之後　正法住於世　三十二小劫　廣度諸衆生
正法滅盡已　像法三十二　舍利廣流布　天人普供養

BD03452 號　妙法蓮華經卷二　（9–3）

佛為王子時 棄國捨世榮 於㝡末後身 出家成佛道
華光佛住世 壽十二小劫 其國人民眾 壽命八小劫
佛滅度之後 正法住於世 三十二小劫 廣度諸眾生
正法滅盡已 像法三十二 舍利廣流布 天人普供養
華光佛所為 其事皆如是 其兩足聖尊 㝡勝无倫匹
彼即是汝身 宜應自欣慶
尒時四部眾比丘比丘尼優婆塞優婆夷天
龍夜叉乾闥婆阿脩羅迦樓羅緊那羅摩睺
羅伽等大眾見舍利弗於佛前受阿耨多羅
三藐三菩提記心大歡喜踊躍无量各各脫
身所著上衣以供養佛釋提桓因梵天王等
與无數天子亦以天妙衣天曼陀羅華摩訶
曼陀羅華等供養於佛所散天衣住虛空中
而自迴轉諸天伎樂百千万種於虛空中一
時俱作雨眾天華而作是言佛昔於波羅奈
初轉法輪今乃復轉无上㝡大法輪尒時諸
天子欲重宣此義而說偈言
昔於波羅奈 轉四諦法輪 分別說諸法 五眾之生滅
今復轉㝡妙 无上大法輪 是法甚深奧 少有能信者
我等從昔來 數聞世尊說 未曾聞如是 深妙之上法
世尊說是法 我等皆隨喜 大智舍利弗 今得受尊記
我等亦如是 必當得作佛 於一切世間 㝡尊无有上
佛道叵思議 方便隨宜說 我所有福業 今世若過世
及見佛功德 盡迴向佛道

BD03452 號　妙法蓮華經卷二　（9–4）

我等亦如是 必當得作佛 於一切世間 㝡尊无有上
佛道叵思議 方便隨宜說 我所有福業 今世若過世
及見佛功德 盡迴向佛道
尒時舍利弗白佛言世尊我今无復疑悔親
於佛前得受阿耨多羅三藐三菩提記是諸
千二百心自在者昔住學地佛常教化言我
法能離生老病死究竟涅槃是學无學人亦
各自以離我見及有无見等謂得涅槃而今
於世尊前聞所未聞皆墮疑惑善哉世尊願
為四眾說其因緣令離疑悔尒時佛告舍利
弗我先不言諸佛世尊以種種因緣譬喻言
辭方便說法皆為阿耨多羅三藐三菩提耶
是諸所說皆為化菩薩故然舍利弗今當復
以譬喻更明此義諸有智者以譬喻得解舍
利弗若國邑聚落有大長者其年衰邁財富
无量多有田宅及諸僮僕其家廣大唯有一
門多諸人眾一百二百乃至五百人止住其
中堂閣朽故墻壁頹落柱根腐敗梁棟傾危
周帀俱時欻然火起焚燒舍宅長者諸子若
十二十或至三十在此宅中長者見是大火
從四面起即大驚怖而作是念我雖能於此
所燒之門安隱得出而諸子等於火宅內樂
著嬉戲不覺不知不驚不怖火來逼身苦痛
切己心不猒患无求出意舍利弗是長者作
是思惟我身手有力當以衣裓若以几案從

BD03452 號　妙法蓮華經卷二　（9–5）

著嬉戲不覺不知不驚不怖火來逼身苦痛
切己心不猒患无求出意舍利弗是長者作
是思惟我身手有力當以衣裓若以几案從
舍出之復更思惟是舍唯有一門而復狹小
諸子幼稚未有所識戀著戲處或當墮落為
火所燒我當為說怖畏之事此舍已燒宜時
疾出无令為火之所燒害作是念已如所思
惟具告諸子汝等速出父雖憐愍善言誘喻
而諸子等樂著嬉戲不肯信受不驚不畏了
无出心亦復不知何者是火何者為舍云何
為失但東西走戲視父而已尒時長者即作
是念此舍已為大火所燒我及諸子若不時
出必為所焚我今當設方便令諸子等得免
斯害父知諸子先心各有所好種種珎玩奇
異之物情必樂著而告之言汝等所可玩好
希有難得汝若不取後必憂悔如此種種羊
車鹿車牛車今在門外可以遊戲汝等於此
火宅宜速出來隨汝所欲皆當與汝尒時諸
子聞父所說珎玩之物適其願故心各勇銳
手相推排競共馳走爭出火宅是時長者見
諸子等安隱得出皆於四衢道中露地而坐
无復障礙其心泰然歡喜踊躍時諸子等各
白父言父先所許玩好之具羊車鹿車牛車
願時賜與舍利弗尒時長者各賜諸子等一
大車其車高廣衆寶莊校周帀欄楯四面懸

BD03452 號　妙法蓮華經卷二　（9–6）

无復障礙其心泰然歡喜踊躍時諸子等各
白父言父先所許玩好之具羊車鹿車牛車
願時賜與舍利弗尒時長者各賜諸子等一
大車其車高廣衆寶莊校周帀欄楯四面懸
鈴又於其上張設幰蓋亦以珎奇雜寶而嚴
飾之寶繩交絡垂諸華纓重敷綩綖安置丹
枕駕以白牛膚色充潔形體姝好有大筋力
行步平正其疾如風又多僕從而侍衛之所
以者何是大長者財富无量種種諸藏悉皆
充溢而作是念我財物无極不應以下劣小
車與諸子等今此幼童皆是吾子愛无偏黨
我有如是七寶大車其數无量應當等心各
各與之不宜差別所以者何以我此物周給一
國猶尚不匱何況諸子是時諸子各乘大
車得未曾有非本所望舍利弗於汝意云何
是長者等與諸子珎寶大車寧有虛妄不舍
利弗言不也世尊是長者但令諸子得免火
難全其軀命非為虛妄何以故若全身命便
為已得玩好之具況復方便於彼火宅而拔
濟之世尊若是長者乃至不與最小一車猶
不虛妄何以故是長者先作是意我以方便
令子得出以是因緣无虛妄也何況長者自
知財富无量欲饒益諸子等與大車佛告舍
利弗善哉善哉如汝所言舍利弗如來亦復
如是則為一切世間之父於諸怖畏衰惱憂

BD03452 號　妙法蓮華經卷二　（9–7）

令子得出以是因緣无虛妄也何況長者自
知財富无量欲饒益諸子等與大車佛告舍
利弗善哉善哉如汝所言舍利弗如来亦復
如是則為一切世間之父於諸怖畏衰惱憂
患无明暗蔽永盡无餘而悉成就无量知見
力无所畏有大神力及智慧力具足方便智
慧波羅蜜大慈大悲常无懈倦恒求善事利
益一切而生三界朽故火宅為度衆生生老
病死憂悲苦惱愚癡暗蔽三毒之火教化令
得阿耨多羅三藐三菩提見諸衆生為生老
病死憂悲苦惱之所燒煮亦以五欲財利故
受種種苦又以貪着追求故現受衆苦後受
地獄畜生餓鬼之苦若生天上及在人間貧
窮困苦愛別離苦怨憎會苦如是等種種諸
苦衆生没在其中歡喜遊戲不覺不知不驚
不怖亦不生猒不求解脫於此三界火宅東
西馳走雖遭大苦不以為患舍利弗佛見此
已便作是念我為衆生之父應抜其苦難與
无量无邊佛智慧樂令其遊戲舍利弗如来
復作是念若我但以神力及智慧力捨於方
便為諸衆生讃如来知見力无所畏者衆生
不能以是得度所以者何是諸衆生未免生
老病死憂悲苦惱而為三界火宅所燒何由
能解佛之智慧舍利弗如彼長者雖復身手
有力而不用之但以殷勤方便免濟諸子火

能解佛之智慧舍利弗如彼長者雖復身手
有力而不用之但以殷勤方便免濟諸子火
宅之難然後各與珎寶大車如来亦復如是
雖有力无所畏而不用之但以智慧方便於
三界火宅抜濟衆生為說三乘聲聞辟支佛
佛乘而作是言汝等莫得樂住三界火宅勿
貪麁弊色聲香味觸也若貪着生愛則為所
燒汝速出三界當得三乘聲聞辟支佛佛乘
我今為汝保任此事終不虛也汝等但當勤
循精進如来以是方便誘進衆生復作是言
汝等當知此三乘法皆是聖所稱歎自在无
繫无所依求乘是三乘以无漏根力覺道禪
定解脫三昧等而自娛樂便得无量安隱快
樂舍利弗若有衆生内有智性從佛世尊聞
法信受殷勤精進欲速出三界自求涅槃是
名聲聞乘如彼諸子為求羊車出於火宅若
有衆生從佛世尊聞法信受殷勤精進求自
然慧樂獨善寂深知諸法因緣是名辟支佛
乘如彼諸子為求鹿車出於火宅若有衆生
從佛世尊聞法信受勤循精進求一切智佛
智自然智无師智如来知見力无所畏愍念
安樂无量衆生利益天人度脫一切是名大
乘菩薩求此乘故名為摩訶薩如彼諸子為
求牛車出於火宅舍利弗如彼長者見諸子

妙法蓮華經隨喜功德品第十八
尒時彌勒菩薩摩訶薩白佛言世尊若有善
男子善女人聞是法華經隨喜者得幾所福
而說偈言
世尊滅度後　其有聞是經　若能隨喜者　為得幾所福
尒時佛告彌勒菩薩摩訶薩阿逸多如來滅
度後若比丘比丘尼優婆塞優婆夷及餘智者
若長若幼聞是經隨喜已從法會出至於餘
處若在僧坊若空閑地若城邑巷陌聚落田
里如其所聞為父母宗親善友知識隨力演
說是諸人等聞已隨喜復行轉教餘人聞已
亦隨喜轉教如是展轉至第五十阿逸多其
第五十善男子善女人隨喜功德我今說之
汝當善聽若四百万億阿僧祇世界六趣四
生衆生卵生胎生濕生化生若有形無形有
想無想非有想非無想無足二足四足多足
如是等在衆生數者有人求福隨其所欲娛
樂之具皆給與之一一衆生與滿閻浮提金
銀琉璃車璖馬瑙珊瑚虎珀諸妙珍寶及象
馬車乘七寶所成宮殿樓閣等是大施主如
是布施滿八十年已而作是念我已施衆生
娛樂之具隨意所欲然此衆生皆已衰老年

BD03453號　妙法蓮華經卷六　（28–1）

樂之具皆給與之一一衆生與滿閻浮提金
銀琉璃車璖馬瑙珊瑚虎珀諸妙珍寶及象
馬車乘七寶所成宮殿樓閣等是大施主如
是布施滿八十年已而作是念我已施衆生
娛樂之具隨意所欲然此衆生皆已衰老年
過八十髮白面皺將死不久我當以佛法而訓
導之即集此衆生宣布法化示教利喜一
時皆得須陁洹道斯陁含道阿那含道阿羅
漢道盡諸有漏於深禪定皆得自在具八解
脫於汝意云何是大施主所得功德寧為多
不彌勒白佛言世尊是人功德甚多無量無
邊若是施主但施衆生一切樂具功德無量
何況令得阿羅漢果佛告彌勒我今分明語
汝是人以一切樂具施於四百万億阿僧祇
世界六趣衆生又令得阿羅漢果所得功德
不如是第五十人聞法華經一偈隨喜功德
百分千分百千万億分不及其一乃至筭數
譬喻所不能知阿逸多如是第五十人展轉
聞法華經隨喜功德尚無量無邊阿僧祇何
況最初於會中聞而隨喜者其福復勝無
量無邊阿僧祇不可得比又阿逸多若人為是
經故往詣僧坊若坐若立須臾聽受緣是功
德轉身所生得好上妙象馬車乘珍寶輦轝
及乘天宮若復有人於講法處坐更有人來
勸令坐聽若分座令坐是人功德轉身得帝
釋坐處若梵王坐處若轉輪聖王所坐之處

BD03453號　妙法蓮華經卷六　（28–2）

經故往詣僧房若坐若立須臾聽受緣是功
德轉身所生得好上妙象馬車乘珎寶輦轝
及乘天宮若復有人於講法處坐更有人來
勸令坐聽若分座令坐是人功德轉身得帝
釋坐處若梵王坐處若轉輪聖王所坐之處
阿逸多若復有人語餘人言有經名法華可
共往聽即受其教乃至須臾間聞是人功德
轉身得與陀羅尼菩薩共生一處利根智慧
百千万世終不瘖瘂口氣不臭舌常无病口
亦无病齒不垢黑不黃不踈亦不缺落不差
不曲脣不下垂亦不褰縮不麁澁不瘡緊亦不
缺壞亦不喎斜不厚不大亦不黧黑无諸可
惡鼻不匾㔸亦不曲戾面色不黑亦不狹長
亦不窊曲无有一切不可喜相脣舌牙齒悉
皆嚴好鼻脩高直面貌圓滿眉高而長額
廣平正人相具足世世所生見佛聞法信受
教誨阿逸多汝且觀是勸於一人令往聽法
功德如此何況一心聽說讀誦而於大衆爲
人分別如說脩行尒時世尊欲重宣此義而
說偈言

若人於法會　得聞是經典　乃至於一偈　隨喜爲他說
如是展轉教　至于第五十　最後人獲福　今當分別之
如是大施主　供給无量衆　具滿八十歲　隨意之所欲
見彼衰老相　髮白而面皺　齒踈形枯竭　念其死不久
我今應當教　令得於道果　即爲方便說　涅槃真實法
世皆不牢固　如水沫泡焰　汝等咸應當　疾生猒離心

BD03453號　妙法蓮華經卷六　（28–3）

如是展轉教　至于第五十　最後人獲福　今當分別之
如是大施主　供給无量衆　具滿八十歲　隨意之所欲
見彼衰老相　髮白而面皺　齒踈形枯竭　念其死不久
我今應當教　令得於道果　即爲方便說　涅槃真實法
世皆不牢固　如水沫泡焰　汝等咸應當　疾生猒離心
諸人聞是法　皆得阿羅漢　具足六神通　三明八解脫
最後第五十　聞一偈隨喜　是人福勝彼　不可爲譬喻
如是展轉聞　其福尚无量　何況於法會　初聞隨喜者
若有勸一人　將引聽法華　言此經深妙　千万劫難遇
即受教往聽　乃至須臾聞　斯人之福報　今當分別說
世世无口患　齒不踈黃黑　脣不厚褰缺　无有可惡相
舌不乾黑短　鼻高脩且直　額廣而平正　面目悉端嚴
爲人所喜見　口氣无臭穢　優鉢華之香　常從其口出
若故詣僧房　欲聽法華經　須臾聞歡喜　今當說其福
後生天人中　得妙象馬車　珎寶之輦轝　及乘天宮殿
若於講法處　勸人坐聽經　是福因緣得　釋梵轉輪座
何況一心聽　解說其義趣　如說而脩行　其福不可限

妙法蓮華經法師功德品第十九

尒時佛告常精進菩薩摩訶薩若善男子
善女人受持是法華經若讀若誦若解說若
書寫是人當得八百眼功德千二百耳功德
八百鼻功德千二百舌功德八百身功德千二百
意功德以是功德莊嚴六根皆令清淨是
善男子善女人父母所生清淨肉眼見於三
千大千世界內外所有山林河海下至阿鼻
地獄上至有頂亦見其中一切衆生及業因

BD03453號　妙法蓮華經卷六　（28–4）

八百鼻功德千二百舌功德八百身功德千二百
意功德以是功德莊嚴六根皆令清淨是
善男子善女人父母所生清淨肉眼見於三
千大千世界內外所有山林河海下至阿鼻
地獄上至有頂亦見其中一切衆生及業因
緣果報生處悉見悉知尒時世尊欲重宣
此義而說偈言
若於大衆中　以無所畏心　說是法華經　汝聽其功德
是人得八百　功德殊勝眼　以是莊嚴故　其目甚清淨
父母所生眼　悉見三千界　內外彌樓山　須彌及鐵圍
并諸餘山林　大海江河水　下至阿鼻獄　上至有頂處
其中諸衆生　一切皆悉見　雖未得天眼　肉眼力如是
復次常精進若善男子善女人受持此經若
讀若誦若解說若書寫得千二百耳功德以
是清淨耳聞三千大千世界下至阿鼻地獄
上至有頂其中內外種種語言音聲象聲馬
聲牛聲車聲啼哭聲愁歎聲螺聲鼓聲鍾聲
鈴聲咲聲語聲男聲女聲童子聲童女聲法
聲非法聲苦聲樂聲凡夫聲聖人聲喜聲不
喜聲天聲龍聲夜叉聲乾闥婆聲阿脩羅聲
迦樓羅聲緊那羅聲摩睺羅伽聲火聲水聲
風聲地獄聲畜生聲餓鬼聲比丘聲比丘尼
聲聲聞聲辟支佛聲菩薩聲佛聲以要言
之三千大千世界中一切內外所有諸聲雖未
得天耳以父母所生清淨常耳皆悉聞知如是
分別種種音聲而不壞耳根尒時世尊欲

BD03453號　妙法蓮華經卷六　（28–5）

風聲地獄聲畜生聲餓鬼聲比丘聲比丘尼
聲聲聞聲辟支佛聲菩薩聲佛聲以要言
之三千大千世界中一切內外所有諸聲雖未
得天耳以父母所生清淨常耳皆悉聞知如是
分別種種音聲而不壞耳根尒時世尊欲
重宣此義而說偈言
父母所生耳　清淨無濁穢　以此常耳聞　三千世界聲
象馬車牛聲　鍾鈴螺鼓聲　琴瑟箜篌聲　簫笛之音聲
清淨好歌聲　聽之而不著　無數種人聲　聞悉能解了
又聞諸天聲　微妙之歌音　及聞男女聲　童男童女聲
山川嶮谷中　迦陵頻伽聲　命命等諸鳥　悉聞其音聲
地獄衆苦痛　種種楚毒聲　餓鬼飢渴逼　求索飲食聲
諸阿脩羅等　居在大海邊　自共語言時　出于大音聲
如是說法者　安住於此間　遙聞是衆聲　而不壞耳根
十方世界中　禽獸鳴相呼　其說法之人　於此悉聞之
其諸梵天上　光音及遍淨　乃至有頂天　言語之音聲
法師住於此　悉皆得聞之　一切比丘衆　及諸比丘尼
若讀誦經典　若為他人說　法師住於此　悉皆得聞之
復有諸菩薩　讀誦於經法　若為他人說　撰集解其義
如是諸音聲　悉皆得聞之　諸佛大聖尊　教化衆生者
於諸大衆中　演說微妙法　持此法華者　悉皆得聞之
三千大千界　內外諸音聲　下至阿鼻獄　上至有頂天
皆聞其音聲　而不壞耳根　其耳聰利故　悉能分別知
持是法華者　雖未得天耳　但用所生耳　功德已如是
復次常精進若善男子善女人受持是經若
讀若誦若解說若書寫成就八百鼻功德以
是清淨鼻根聞於三千大千世界上下內外

BD03453號　妙法蓮華經卷六　（28–6）

皆聞其音聲　而不壞耳根　其耳聰利故　悉能分別知
持是法華者　雖未得天耳　但用所生耳　功德已如是
復次常精進若善男子善女人受持是經若
讀若誦若解說若書寫成就八百鼻功德以
是清淨鼻根聞於三千大千世界上下內外
種種諸香須曼那華香闍提華香末利華香
瞻蔔華香波羅羅華香赤蓮華香青蓮華
香白蓮華香華樹香菓樹香栴檀香沉水香
多摩羅跋香多伽羅香及千万種和香若末
若丸若塗香持是經者於此間住悉能分別又
復別知衆生之香象香馬香牛羊等香男香
女香童子香童女香及草木叢林香若近若
遠所有諸香悉皆得聞分別不錯持是經者
雖住於此亦聞天上諸天之香波利質多羅
拘鞞陁羅樹香及曼陁羅華香摩訶曼陁羅
華香曼殊沙華香摩訶曼殊沙華香栴檀
沉水種種末香諸雜華香如是等天香和合
所出之香无不聞知又聞諸天身香釋提桓因
在勝殿上五欲娛樂嬉戲時香若在妙法堂上
為忉利諸天說法時香若於諸園遊戲時香
及餘天等男女身香皆悉遥聞如是展轉乃
至梵世上至有頂諸天身香亦皆聞之并聞
諸天所燒之香及聲聞香辟支佛香菩薩香
諸佛身香亦皆遥聞知其所在雖聞此香然
於鼻根不壞不錯若欲分別為他人說憶念
不謬尒時世尊欲重宣此義而說偈言

諸天所燒之香及聲聞香辟支佛香菩薩香
諸佛身香亦皆遥聞知其所在雖聞此香然
於鼻根不壞不錯若欲分別為他人說憶念
不謬尒時世尊欲重宣此義而說偈言
是人鼻清淨　於此世界中　若香若臭物　種種悉聞知
須曼那闍提　多摩羅栴檀　沉水及桂香　種種華菓香
及知衆生香　男子女人香　說法者遠住　聞香知所在
大勢轉輪王　小轉輪及子　群臣諸宮人　聞香知所在
身所著珎寶　及地中寶藏　轉輪王寶女　聞香知所在
諸人嚴身具　衣服及瓔珞　種種所塗香　聞則知其身
諸天若行坐　遊戲及神變　持是法華者　聞香悉能知
諸樹華菓實　及蘇油香氣　持經者住此　悉知其所在
諸山深嶮處　栴檀樹華敷　衆生在中者　聞香皆能知
鐵圍山大海　地中諸衆生　持經者聞知　悉知其所在
阿脩羅男女　及其諸眷屬　鬪諍遊戲時　聞香皆能知
曠野險隘處　師子象虎狼　野牛水牛等　聞香知所在
若有懷妊者　未辯其男女　无根及非人　聞香悉能知
以聞香力故　知其初懷妊　成就不成就　安樂產福子
以聞香力故　知男女所念　染欲癡恚心　亦知脩善者
地中衆伏藏　金銀諸珎寶　銅器之所盛　聞香悉能知
種種諸瓔珞　无能識其價　聞香知貴賤　出處及所在
天上諸華等　曼陁曼殊沙　波利質多樹　聞香悉能知
天上諸宮殿　上中下差別　衆寶華莊嚴　聞香悉能知
天園林勝殿　諸觀妙法堂　在中而娛樂　聞香悉能知
諸天若聽法　或受五欲時　來往行坐臥　聞香悉能知
天女所著衣　好華香莊嚴　周旋遊戲時　聞香悉能知

天上諸宮殿　上中下差別　衆寶華莊嚴　聞香悉能知
天園林勝殿　諸觀妙法堂　在中而娛樂　聞香悉能知
諸天若聽法　或受五欲時　來往行坐臥　聞香悉能知
天女所著衣　好華香莊嚴　周旋遊戲時　聞香悉能知
如是展轉上　乃至於梵世　入禪出禪者　聞香悉能知
光音遍淨天　乃至于有頂　初生及退沒　聞香悉能知
諸比丘衆等　於法常精進　若坐若經行　及讀誦經法
或在林樹下　專精而坐禪　持經者聞香　悉知其所在
菩薩志堅固　坐禪若讀誦　或為人說法　聞香悉能知
在在方世尊　一切所恭敬　愍衆而說法　聞香悉能知
衆生在佛前　聞經皆歡喜　如法而修行　聞香悉能知
雖未得菩薩　无漏法生鼻　而是持經者　先得此鼻相
復次常精進若善男子善女人受持是經若
讀若誦若解說若書寫得千二百舌功德若
好若醜若美不美及諸苦澀物在其舌根皆
變成上味如天甘露无不美者若以舌根於
大衆中有所演說出深妙聲能入其心皆令歡
喜快樂又諸天子天女釋梵諸天聞是深妙
音聲有所演說言論次第皆悉來聽及諸
龍龍女夜叉夜叉女乾闥婆乾闥婆女阿脩羅
阿脩羅女迦樓羅迦樓羅女緊那羅緊那羅
女摩睺羅伽摩睺羅伽女為聽法故皆來親
近恭敬供養及比丘比丘尼優婆塞優婆夷
國王王子群臣眷屬小轉輪王大轉輪王七
寶千子內外眷屬乘其宮殿俱來聽法以是
菩薩善說法故婆羅門居士國內人民盡其

BD03453號　妙法蓮華經卷六　（28–9）

女摩睺羅伽摩睺羅伽女為聽法故皆來親
近恭敬供養及比丘比丘尼優婆塞優婆夷
國王王子群臣眷屬小轉輪王大轉輪王七
寶千子內外眷屬乘其宮殿俱來聽法以是
菩薩善說法故婆羅門居士國內人民盡其
形壽隨侍供養又諸聲聞辟支佛菩薩諸
佛常樂見之是人所在方面諸佛皆向其處
說法悉能受持一切佛法又能出於深妙法
音尒時世尊欲重宣此義而說偈言
是人舌根淨　終不受惡味　其有所食噉　悉皆成甘露
以深淨妙音　於大衆說法　以諸因緣喻　引導衆生心
聞者皆歡喜　設諸上供養　諸天龍夜叉　及阿脩羅等
皆以恭敬心　而共來聽法　是說法之人　若欲以妙音
遍滿三千界　隨意即能至　大小轉輪王　及千子眷屬
合掌恭敬心　常來聽受法　諸天龍夜叉　羅剎毗舍闍
亦以歡喜心　常樂來供養　梵天王魔王　自在大自在
如是諸天衆　常來至其所　諸佛及弟子　聞其說法音
常念而守護　或時為現身
復次常精進若善男子善女人受持是經若
讀若誦若解說若書寫得八百身功德得清
淨身如淨琉璃衆生憙見其身淨故三千
大千世界衆生生時死時上下好醜生善處惡
處悉於中現及鐵圍山大鐵圍山彌樓山摩
訶彌樓山等諸山及其中衆生悉於中現
下至阿鼻地獄上至有頂所有及衆生悉於中
現若聲聞辟支佛菩薩諸佛說法皆於身
中現其色像尒時世尊欲重宣此義而說偈

BD03453號　妙法蓮華經卷六　（28–10）

皆悉於中現及鐵圍山大鐵圍山彌樓山摩
訶彌樓山等諸山及其中衆生悉於中現
下至阿鼻地獄上至有頂所有及衆生悉於中
現若聲聞辟支佛菩薩諸佛說法皆於身
中現其色像尒時世尊欲重宣此義而說偈
言
若持法華者 其身甚清淨 如彼淨琉璃 衆生皆喜見
又如淨明鏡 悉見諸色像 菩薩於淨身 皆見世所有
唯獨自明了 餘人所不見 三千世界中 一切諸羣萠
天人阿脩羅 地獄鬼畜生 如是諸色像 皆於身中現
諸天等宮殿 乃至於有頂 鐵圍及彌樓 摩訶彌樓山
諸大海水等 皆於身中現 諸佛及聲聞 佛子菩薩等
若獨若在衆 說法悉皆現 雖未得无漏 法性之妙身
以清淨常體 一切於中現
復次常精進若善男子善女人如來滅後受
持是經若讀若誦若解說若書寫得千二百
意功德以是清淨意根乃至聞一偈一句
通達无量无邊之義解是義已能演說一句一
偈至於一月四月乃至一歲諸所說法隨其
義趣皆與實相不相違背若說俗間經書治
世語言資生業等皆順正法三千大千世界
六趣衆生心之所行心所動作心所戲論皆悉
知之雖未得无漏智慧而其意根清淨如此
是人有所思惟籌量言說皆是佛法无不
真實亦是先佛經中所說尒時世尊欲重宣
此義而說偈言
是人意清淨 明利无穢濁 以此妙意根 知上中下法

BD03453號　妙法蓮華經卷六　（28–11）

知之雖未得无漏智慧而其意根清淨如此
是人有所思惟籌量言說皆是佛法无不
真實亦是先佛經中所說尒時世尊欲重宣
此義而說偈言
是人意清淨 明利无穢濁 以此妙意根 知上中下法
乃至聞一偈 通達无量義 次第如法說 月四月至歲
是世界內外 一切諸衆生 若天龍及人 夜叉鬼神等
其在六趣中 所念若干種 持法華之報 一時皆悉知
十方无數佛 百福莊嚴相 為衆生說法 悉聞能受持
思惟无量義 說法亦无量 終始不忘錯 以持法華故
悉知諸法相 隨義識次第 達名字語言 如所知演說
此人有所說 皆是先佛法 以演此法故 於衆无所畏
持法華經者 意根淨若斯 雖未得无漏 先有如是相
是人持此經 安住希有地 為一切衆生 歡喜而愛敬
能以千万種 善巧之語言 分別而說法 持法華經故
妙法蓮華經常不輕菩薩品第二十
尒時佛告得大勢菩薩摩訶薩汝今當知若
比丘比丘尼優婆塞優婆夷持法華經者若
有惡口罵詈誹謗獲大罪報如前所說其所
得功德如向所說眼耳鼻舌身意清淨得大
勢乃往古昔過无量无邊不可思議阿僧祇
劫有佛名威音王如來應供正遍知明行足善
逝世間解无上士調御丈夫天人師佛世尊
劫名離衰國名大成其威音王佛於彼世
中為天人阿脩羅說法為求聲聞者說應
四諦法度生老病死究竟涅槃為求辟支佛者

BD03453號　妙法蓮華經卷六　（28–12）

逝世間解无上士調御丈夫天人師佛世尊
劫名離衰國名大成其威音王佛於彼世
中爲天人阿脩羅說法爲求聲聞者說應
四諦法度生老病死究竟涅槃爲求辟支佛者
說應十二因緣法爲諸菩薩因阿耨多羅三
藐三菩提說應六波羅蜜法究竟佛慧得大
勢是威音王佛壽四十万億那由他恒河沙劫
正法住世劫數如一閻浮提微塵像法住世
劫數如四天下微塵其佛饒益衆生已然後
滅度正法像法滅盡之後於此國土復有佛
出亦号威音王如來應供正遍知明行足善
逝世間解无上士調御丈夫天人師佛世尊
如是次第有二万億佛皆同一号最初威
音王如來既已滅度正法滅後於像法中增
上慢比丘有大勢力尒時有一菩薩比丘名
常不輕得大勢以何因緣名常不輕是比丘
凡有所見若比丘比丘尼優婆塞優婆夷皆
悉礼拜讚歎而作是言我深敬汝等不敢輕
慢所以者何汝等皆行菩薩道當得作佛而
是比丘不專讀誦經典但行礼拜乃至遠見
四衆亦復故往礼拜讚歎而作是言我不敢
輕於汝等汝等皆當作佛故四衆之中有生
瞋恚心不淨者惡口罵詈言是无智比丘從
何所來自言我不輕汝而與我等受記當得
作佛我等不用如是虚妄受記如此經歷多
年常被罵詈不生瞋恚常作是言汝當作佛

BD03453號　妙法蓮華經卷六

（28–13）

瞋恚心不淨者惡口罵詈言是无智比丘從
何所來自言我不輕汝而與我等受記當得
作佛我等不用如是虚妄受記如此經歷多
年常被罵詈不生瞋恚常作是言汝當作佛
說是語時衆人或以杖木瓦石而打擲之避
走遠住猶高聲唱言我不敢輕於汝等汝等
皆當作佛以其常作是語故增上慢比丘比
丘尼優婆塞優婆夷号之爲常不輕是比丘
臨欲終時於虚空中具聞威音王佛先所說
法華經二十千万億偈悉能受持即得如上
眼根清淨耳鼻舌身意根清淨得是六根
清淨已更增壽命二百万億那由他歲廣爲
人說是法華經於時增上慢四衆比丘比丘尼
優婆塞優婆夷輕賤是人爲作不輕名者見
其得大神通力樂說辯才大善寂力聞其所
說皆信伏隨從是菩薩復化千万億衆令住
阿耨多羅三藐三菩提命終之後得值二千
億佛皆号日月燈明於其法中說是法華
經以是因緣復值二千億佛同号雲自在燈
王於此諸佛法中受持讀誦爲諸四衆說此
經典故得是常眼清淨耳鼻舌身意諸根清
淨於四衆中說法心无所畏得大勢是常不輕
菩薩摩訶薩供養如是若干諸佛恭敬尊重
讚歎種諸善根於後復值千万億佛於諸
佛法中說是經典功德成就當得作佛得大
勢於意云何尒時常不輕菩薩豈異人乎則

BD03453號　妙法蓮華經卷六

（28–14）

法於四衆中說法心无所畏得大勢是常不輕
菩薩摩訶薩供養如是若干諸佛恭敬尊重
讚嘆種諸善根於後復值千万億佛於諸
佛法中說是經典功德成就當得作佛得大
勢於意云何尒時常不輕菩薩豈異人乎則
我身是若我於宿世不受持讀誦此經為他
人說者不能疾得阿耨多羅三藐三菩提我
於先佛所受持讀誦此經為人說故疾得阿
耨多羅三藐三菩提得大勢彼時四衆比丘
比丘尼優婆塞優婆夷以瞋恚意輕賤我
故二百億劫常不值佛不聞法不見僧千劫於
阿鼻地獄受大苦惱畢是罪已復遇常不輕
菩薩教化阿耨多羅三藐三菩提得大勢於
汝意云何尒時四衆常輕是菩薩者豈異人
乎今此會中跋陀婆羅等五百菩薩師子月
等五百比丘尼思佛等五百優婆塞皆於阿
耨多羅三藐三菩提不退轉者是得大勢當
知是法華經大饒益諸菩薩摩訶薩能令至
於阿耨多羅三藐三菩提是故諸菩薩摩訶
薩於如來滅後常應受持讀誦解說書寫
是經尒時世尊欲重宣此義而說偈言
過去有佛　号威音王　神智无量　將導一切
天人龍神　所共供養　是佛滅後　法欲盡時
有一菩薩　名常不輕　時諸四衆　計著於法
不輕菩薩　往到其所　而語之言　我不輕汝
汝等行道　皆當作佛　諸人聞已　輕毀罵詈
不輕菩薩　能忍受之　其罪畢已　臨命終時

天人龍神　所共供養　是佛滅後　法欲盡時
有一菩薩　名常不輕　時諸四衆　計著於法
不輕菩薩　往到其所　而語之言　我不輕汝
汝等行道　皆當作佛　諸人聞已　輕毀罵詈
不輕菩薩　能忍受之　其罪畢已　臨命終時
得聞此經　六根清淨　神通力故　增益壽命
復為諸人　廣說是經　諸著法衆　皆蒙菩薩
教化成就　令住佛道　不輕命終　值无數佛
說是經故　得无量福　漸具功德　疾成佛道
彼時不輕　則我身是　時四部衆　著法之者
聞不輕言　汝當作佛　以是因緣　值无數佛
此會菩薩　五百之衆　并及四部　清信士女
今於我前　聽法者是　我於前世　勸是諸人
聽受斯經　第一之法　開示教人　令住涅槃
世世受持　如是經典　億億万劫　至不可議
時乃得聞　是法華經　億億万劫　至不可議
諸佛世尊　時說是經　是故行者　於佛滅後
聞如是經　勿生疑惑　應當一心　廣說此經
世世值佛　疾成佛道

妙法蓮華經如來神力品第二十一

尒時千世界微塵等菩薩摩訶薩從地踊出
者皆於佛前一心合掌瞻仰尊顏而白佛言
世尊我等於佛滅後世尊分身所在國土滅
度之處當廣說此經所以者何我等亦自欲
得是真淨大法受持讀誦解說書寫而供
養之尒時世尊於文殊師利等无量百千万億

者皆於佛前一心合掌瞻仰尊顏而白佛言
世尊我等於佛滅後世尊分身所在國土滅
度之處當廣說此經所以者何我等亦自欲
得是真淨大法受持讀誦解說書寫而供
養之尒時世尊於文殊師利等无量百千万億
舊住娑婆世界菩薩摩訶薩及諸比丘比丘
尼優婆塞優婆夷天龍夜叉乾闥婆阿脩羅
迦樓羅緊那羅摩睺羅伽人非人等一切衆
前現大神力出廣長舌上至梵世一切毛孔
放於无量无數色光皆悉遍照十方世界衆
寶樹下師子座上諸佛亦復如是出廣長舌
放无量光釋迦牟尼佛及寶樹下諸佛現神
力時滿百千歲然後還攝舌相一時謦欬俱
共彈指是二音聲遍至十方諸佛世界地皆
六種震動其中衆生天龍夜叉乾闥婆阿脩
羅迦樓羅緊那羅摩睺羅伽人非人等以佛
神力故皆見此娑婆世界无量无邊百千万
億衆寶樹下師子座上諸佛及見釋迦牟尼
佛共多寶如來在寶塔中坐師子座又見无
量无邊百千万億菩薩摩訶薩及諸四衆恭
敬圍繞釋迦牟尼佛既見是已皆大歡喜得
未曾有即時諸天於虛空中高聲唱言過此
无量无邊百千万億阿僧祇世界有國名娑
婆是中有佛名釋迦牟尼今為諸菩薩摩訶
薩說大乘經名妙法蓮華教菩薩法佛所護
念汝等當深心隨喜亦當礼拜供養釋迦牟

BD03453號　妙法蓮華經卷六　（28–17）

无量无邊百千万億阿僧祇世界有國名娑
婆是中有佛名釋迦牟尼今為諸菩薩摩訶
薩說大乘經名妙法蓮華教菩薩法佛所護
念汝等當深心隨喜亦當礼拜供養釋迦牟
尼佛彼諸衆生聞虛空中聲已合掌向娑婆
世界作如是言南无釋迦牟尼佛南无釋迦
牟尼佛以種種華香瓔珞幡蓋及諸嚴身之
具珎寶妙物皆共遙散娑婆世界所散諸物
從十方來譬如雲集變成寶帳遍覆此間諸
佛之上于時十方世界通達无礙如一佛土尒
時佛告上行等菩薩大衆諸佛神力如是
无量无邊不可思議若我以是神力於无量
无邊百千万億阿僧祇劫為囑累故說此經
功德猶不能盡以要言之如來一切所有之
法如來一切自在神力如來一切祕要之藏
如來一切甚深之事皆於此經宣示顯說是
故汝等於如來滅後應當一心受持讀誦解
說書寫如說脩行所在國土若有受持讀誦
解說書寫如說脩行若經卷所住之處若於
園中若於林中若於樹下若於僧房若白衣
舍若在殿堂若山谷曠野是中皆應起塔供
養所以者何當知是處即是道場諸佛於此
得阿耨多羅三藐三菩提諸佛於此轉于法輪
諸佛於此而般涅槃尒時世尊欲重宣此義
而說偈言
諸佛救世者　住於大神通　為悅衆生故　現无量神力

BD03453號　妙法蓮華經卷六　（28–18）

著所以者何當知是處即是道場諸佛於此
得阿耨多羅三藐三菩提諸佛於此轉于法輪
諸佛於此而般涅槃尒時世尊欲重宣此義
而說偈言
諸佛救世者　住於大神通　為悅衆生故　現无量神力
舌相至梵天　身放无數光　為求佛道者　現此希有事
諸佛謦欬聲　及彈指之聲　周聞十方國　地皆六種動
以佛滅度後　能持是經故　諸佛皆歡喜　現无量神力
囑累是經故　讚美受持者　於无量劫中　猶故不能盡
是人之功德　无邊无有窮　如十方虛空　不可得邊際
能持是經者　則為已見我　亦見多寶佛　及諸分身者
又見我今日　教化諸菩薩　能持是經者　令我及分身
滅度多寶佛　一切皆歡喜　十方現在佛　并過去未來
亦見亦供養　亦令得歡喜　諸佛坐道場　所得秘要法
能持是經者　不久亦當得　能持是經者　於諸法之義
名字及言辭　樂說无窮盡　如風於空中　一切无障礙
於如來滅後　知佛所說經　因緣及次第　隨義如實說
如日月光明　能除諸幽冥　斯人行世間　能滅衆生闇
教无量菩薩　畢竟住一乘　是故有智者　聞此功德利
於我滅度後　應受持斯經　是人於佛道　決定无有疑
妙法蓮華經囑累品第二十二
尒時釋迦牟尼佛從法座起現大神力以右
手摩无量菩薩摩訶薩頂而作是言我於无
量百千万億阿僧祇劫脩習是難得阿耨多
羅三藐三菩提法今以付囑汝等汝等應當
一心流布此法廣令增益如是三摩諸菩薩
摩訶薩頂而作是言我於无量百千万億阿

BD03453號　妙法蓮華經卷六　（28–19）

手摩无量菩薩摩訶薩頂而作是言我於无
量百千万億阿僧祇劫脩習是難得阿耨多
羅三藐三菩提法今以付囑汝等汝等應當
一心流布此法廣令增益如是三摩諸菩薩
摩訶薩頂而作是言我於无量百千万億阿
僧祇劫脩習是難得阿耨多羅三藐三菩提
法今以付囑汝等汝等當受持讀誦廣宣此
法令一切衆生普得聞知所以者何如來有
大慈悲无諸慳悋亦无所畏能與衆生佛之
智慧如來智慧自然智慧如來是一切衆生
之大施主汝等亦應隨學如來之法勿生慳
悋於未來世若有善男子善女人信如來智
慧者當為演說此法華經使得聞知為令其
人得佛慧故若有衆生不信受者當於如來
餘深法中示教利喜汝等若能如是則為已
報諸佛之恩時諸菩薩摩訶薩聞佛作是說
已皆大歡喜遍滿其身益加恭敬曲躬低頭
合掌向佛俱發聲言如世尊勅當具奉行唯然
世尊願不有慮諸菩薩摩訶薩衆如是三反
俱發聲言如世尊勅當具奉行唯然世尊願
不有慮尒時釋迦牟尼佛令十方來諸分
身佛各還本土而作是言諸佛各隨所安多
寶佛塔還可如故說是語時十方无量分身
諸佛坐寶樹下師子座上者及多寶佛并上
行等无邊阿僧祇菩薩大衆舍利弗等聲聞
四衆及一切世間天人阿脩羅等聞佛所說

BD03453號　妙法蓮華經卷六　（28–20）

身佛各還本土而作是言諸佛各隨所安多
寶佛塔還可如故說是語時十方无量分身
諸佛坐寶樹下師子座上者及多寶佛并上
行等无邊阿僧祇菩薩大衆舍利弗等聲聞
四衆及一切世間天人阿脩羅等聞佛所說
皆大歡喜

妙法蓮華經藥王菩薩本事品第二十三

尒時宿王華菩薩白佛言世尊藥王菩薩云
何遊於娑婆世界世尊是藥王菩薩有若干
百千万億那由他難行苦行善哉世尊願少
解說諸天龍神夜叉乾闥婆阿脩羅迦樓羅
緊那羅摩睺羅伽人非人等又他國土諸來
菩薩及此聲聞衆聞皆歡喜尒時佛告宿王
華菩薩乃往過去无量恒河沙劫有佛号日
月淨明德如來應供正遍知明行足善逝世
間解无上士調御丈夫天人師佛世尊其佛有
八十億大菩薩摩訶薩七十二恒河沙大
聲聞衆佛壽四万二千劫菩薩壽命亦等彼
國无有女人地獄餓鬼畜生阿脩羅等及以
諸難地平如掌瑠璃所成寶樹莊嚴寶帳覆
上垂寶華幡寶瓶香爐周遍國界七寶為臺
一樹一臺其樹去臺盡一箭道此諸寶樹
皆有菩薩聲聞而坐其下諸寶臺上各有百
億諸天作天伎樂歌嘆於佛以為供養尒時
佛為一切衆生憙見菩薩及衆菩薩諸聲聞
衆說法華經是一切衆生憙見菩薩樂習苦

一樹一臺其樹去臺盡一箭道此諸寶樹
皆有菩薩聲聞而坐其下諸寶臺上各有百
億諸天作天伎樂歌嘆於佛以為供養尒時
佛為一切衆生憙見菩薩及衆菩薩諸聲聞
衆說法華經是一切衆生憙見菩薩樂習苦
行於日月淨明德佛法中精進經行一心求佛
滿万二千歲已得現一切色身三昧得此三
昧已心大歡喜即作念言我得現一切色身
三昧皆是得聞法華經力我今當供養日
月淨明德佛及法華經即時入是三昧於虛
空中雨曼陀羅華摩訶曼陀羅華細末堅黑
栴檀滿虛空中如雲而下又雨海此岸栴檀
之香此香六銖價直娑婆世界以供養佛作
是供養已從三昧起而自念言我雖以神力
供養於佛不如以身供養即服諸香栴檀薰
陸兜樓婆畢力迦沉水膠香又飲瞻蔔諸華
香油滿千二百歲已香油塗身於日月淨明
德佛前以天寶衣而自纏身灌諸香油以神
通力願而自然身光明遍照八十億恒河沙
世界其中諸佛同時讚言善哉善哉善男子
是真精進是名真法供養如來若以華香瓔
珞燒香末香塗香天繒幡蓋及海此岸栴檀
之香如是等種種諸物供養所不能及假使
國城妻子布施亦所不及善男子是名第一
之施於諸施中最尊最上以法供養諸如來
故作是語已而各嘿然其身火然千二百歲
過是已後其身乃盡一切衆生憙見菩薩作

珞燒香末香塗香天繒幡蓋及海此岸栴檀
之香如是等種種諸物供養所不能及假使
國城妻子布施亦所不及善男子是名第一
之施於諸施中最尊最上以法供養諸如來
故作是語已而各嘿然其身火然千二百歲
過是已後其身乃盡一切衆生憙見菩薩作
如是法供養已命終之後復生日月淨明德
佛國中於淨德王家結跏趺坐忽然化生即
為其父而說偈言
大王今當知　我經行彼處　即時得一切　現諸身三昧
懃行大精進　捨所愛之身
說是偈已而白父言日月淨明德佛今故現
在我先供養佛已得解一切衆生語言陁羅
尼復聞是法華經八百千万億那由他甄迦
羅頻婆羅阿閦婆等偈大王我今當還供養
此佛白已即坐七寶之臺上昇虛空高七多
羅樹往到佛所頭面礼足合十指爪以偈讚
佛
容顏甚奇妙　光明照十方　我適曾供養　今復還親近
尒時一切衆生憙見菩薩說是偈已而白佛
言世尊世尊猶故在世尒時日月淨明德佛
告一切衆生憙見菩薩善男子我涅槃時到
滅盡時至汝可安施床座我於今夜當般涅
槃又勅一切衆生憙見菩薩善男子我以佛
法囑累於汝及諸菩薩大弟子并阿耨多羅
三藐三菩提法亦以三千大千七寶世界諸

BD03453號　妙法蓮華經卷六　（28–23）

滅盡時至汝可安施床座我於今夜當般涅
槃又勅一切衆生憙見菩薩善男子我以佛
法囑累於汝及諸菩薩大弟子并阿耨多羅
三藐三菩提法亦以三千大千七寶世界諸
寶樹寶臺及給侍諸天悉付於汝我滅度後
所有舍利亦付囑汝當令流布廣設供養應
起若干千塔如是日月淨明德佛勅一切衆
生憙見菩薩已於夜後分入於涅槃尒時一
切衆生憙見菩薩見佛滅度悲感懊惱戀慕
於佛即以海此岸栴檀為積供養佛身而以
燒之火滅已後收取舍利作八万四千寶瓶以
起八万四千塔高三世界表刹莊嚴垂諸幡
蓋懸衆寶鈴尒時一切衆生憙見菩薩復
自念言我雖作是供養心猶未足我今當更
供養舍利便語諸菩薩大弟子及天龍夜叉
等一切大衆汝等當一心念我今供養日月
淨明德佛舍利作是語已即於八万四千塔
前然百福莊嚴臂七万二千歲而以供養令
无數求聲聞衆无量阿僧祇人發阿耨多羅
三藐三菩提心皆使得住現一切色身三昧
尒時諸菩薩天人阿脩羅等見其无臂憂惱
悲哀而作是言此一切衆生憙見菩薩是我
等師教化我者而今燒臂身不具足于時一
切衆生憙見菩薩於大衆中立此誓言我捨
兩臂必當得佛金色之身若實不虛令我兩
臂還復如故作是誓已自然還復由斯菩薩

BD03453號　妙法蓮華經卷六　（28–24）

切衆生憙見菩薩於大衆中立此誓言我捨
兩臂必當得佛金色之身若實不虛令我兩
臂還復如故作是誓已自然還復由斯菩薩
福德智慧淳厚所致當尒之時三千大千世
界六種震動天雨寶華一切人天得未曾有
佛告宿王華菩薩於汝意云何一切衆生憙
見菩薩豈異人乎今藥王菩薩是也其所捨
身布施如是无量百千万億那由他數宿王
華若有發心欲得阿耨多羅三藐三菩提者
能燃手指乃至足一指供養佛塔勝以國城
妻子及三千大千國土山林河池諸珎寶物
而供養者若復有人以七寶滿三千大千世
界供養於佛及大菩薩辟支佛阿羅漢是人
所得功德不如受持此法華經乃至一四句
偈其福最多宿王華譬如一切川流江河諸
水之中海為第一此法華經亦復如是於諸
如來所說經中最為深大又如土山黑山小鐵
圍山大鐵圍山及十寶山衆山之中須弥
山為第一此法華經亦復如是於諸經中最
為其上又如衆星之中月天子最為第一此
法華經亦復如是於千万億種諸經法中最
為照明又如日天子能除諸闇此經亦復如
是能破一切不善之闇又如諸小王中轉輪聖
王最為第一此經亦復如是於衆經中最為
其尊又如帝釋於三十三天中王此經亦復
如是諸經中王又如大梵天王一切衆生之

是能破一切不善之闇又如諸小王中轉輪聖
王最為第一此經亦復如是於衆經中最為
其尊又如帝釋於三十三天中王此經亦復
如是諸經中王又如大梵天王一切衆生之
父此經亦復如是一切賢聖學无學及發
菩薩心者之父又如一切凡夫人中須陁洹
斯陁含阿那含阿羅漢辟支佛為第一此經
亦復如是一切如來所說若菩薩所說若聲
聞所說諸經法中最為第一有能受持是經
典者亦復如是於一切衆生中亦為第一一
切聲聞辟支佛中菩薩為第一此經亦復如
是於一切諸經法中最為第一如佛為諸法
王此經亦復如是諸經中王宿王華此經能
救一切衆生者此經能令一切衆生離諸苦
惱此經能大饒益一切衆生充滿其願如清
涼池能滿一切諸渴乏者如寒者得火如裸
者得衣如商人得主如子得母如渡得舩如
病得醫如暗得燈如貧得寶如民得王如賈
客得海如炬除暗此法華經亦復如是能令
衆生離一切苦一切病痛能解一切生死之
縛若人得聞此法華經若自書若使人書所
得功德以佛智慧籌量多少不得其邊若
書是經卷華香瓔珞燒香末香塗香幡蓋衣
服種種之燈蘇燈油燈諸香油燈瞻蔔油燈須
曼油燈波羅羅油燈婆利師迦油燈那婆摩
利油燈供養所得功德亦復无量宿王華若

爲油燈波羅羅油燈婆利師迦油燈那婆摩
利油燈供養所得功德亦復无量宿王華若
有人聞是藥王菩薩本事品者亦得无量无
邊功德若有女人聞是藥王菩薩本事品能
受持者盡是女身後不復受若如來滅後後
五百歲中若有女人聞是經典如說脩行於
此命終即往安樂世界阿弥陁佛大菩薩衆
圍繞住處生蓮華中寶座之上不復爲貪欲
所惱亦復不爲瞋恚愚癡所惱亦復不爲憍
慢嫉妬諸垢所惱得菩薩神通无生法忍得
是忍已眼根清淨以是清淨眼根見七百万二
千億那由他恒河沙等諸佛如來是時諸佛
遥共讚言善哉善哉善男子汝能於釋迦
牟尼佛法中受持讀誦思惟是經爲他人說
所得福德无量无邊火不能燒水不能漂汝
之功德千佛共說不能令盡汝今已能破諸
魔賊壞生死軍諸餘怨敵皆悉摧滅善男
子百千諸佛以神通力共守護汝於一切世間
天人之中无如汝者唯除如來其諸聲聞辟
支佛乃至菩薩智慧禪定无有與汝等者
宿王華此菩薩成就如是功德智慧之力若
有人聞是藥王菩薩本事品能隨喜讚善
者是人現世口中常出青蓮華香身毛孔中
常出牛頭栴檀之香所得功德如上所說是故
宿王華以此藥王菩薩本事品囑累於汝我
滅度後五百歲中廣宣流布於閻浮提无令

BD03453號　妙法蓮華經卷六　（28–27）

常出牛頭栴檀之香所得功德如上所說是故
宿王華以此藥王菩薩本事品囑累於汝我
滅度後五百歲中廣宣流布於閻浮提无令
斷絶惡魔魔民諸天龍夜叉鳩槃荼等得其便
也宿王華汝當以神通之力守護是經所以者
何此經則爲閻浮提人病之良藥若人有
病得聞是經病即消滅不老不死宿王華
汝若見有受持是經者應以青蓮華盛滿
末香供散其上散已作是念言此人不久必當
取草坐於道場破諸魔軍當吹法螺擊大法
鼓有受持是經典人應當如是生恭敬心說
見有受持是經典人應當如是生恭敬心說
是藥王菩薩本事品時八万四千菩薩得解
一切衆生語言陁羅尼多寶如來於寶塔中
讚宿王華菩薩言善哉善哉宿王華汝成就
不可思議功德乃能問釋迦牟尼佛如此之
事利益无量一切衆生

妙法蓮華經卷第六

BD03453號　妙法蓮華經卷六　（28–28）

等亦自欲
書寫而供養
於文殊師利等无量百千万億
舊住娑婆世界菩薩摩訶薩及諸比丘比丘
尼優婆塞優婆夷天龍夜叉乹闥婆阿脩羅
迦樓羅緊那羅摩睺羅伽人非人等一切衆
前現大神力出廣長舌上至梵世一切毛孔
放於无量无數色光皆悉遍照十方世界衆
寶樹下師子座上諸佛亦復如是出廣長舌
放无量光釋迦牟尼佛及寶樹下諸佛現神
力時滿百千歲然後還攝舌相一時謦欬俱
共彈指是二音聲遍至十方諸佛世界地皆
六種震動其中衆生天龍夜叉乹闥婆阿脩
羅迦樓羅緊那羅摩睺羅伽人非人等以佛
神力故皆見此娑婆世界无量无邊百千万

六種震動其中衆生天龍夜叉乹闥婆阿脩
羅迦樓羅緊那羅摩睺羅伽人非人等以佛
神力故皆見此娑婆世界无量无邊百千万
億衆寶樹下師子座上諸佛及見釋迦牟尼
佛共多寶如来在寶塔中坐師子座又見无
量无邊百千万億菩薩摩訶薩及諸四衆恭
敬圍繞釋迦牟尼佛既見是已皆大歡喜得
未曾有即時諸天於虛空中高聲唱言過此
无量无邊百千万億阿僧祇世界有國名娑
婆是中有佛名釋迦牟尼今為諸菩薩摩訶
薩說大乘經名妙法蓮華教菩薩法佛所護
念汝等當深心隨喜亦當礼拜供養釋迦牟
尼佛彼諸衆生聞虛空中聲已合掌向娑婆
世界作如是言南无釋迦牟尼佛南无釋迦
牟尼佛以種種華香瓔珞幡蓋及諸嚴身之
具珎寶妙物皆共遥散娑婆世界所散諸物
從十方来譬如雲集變成寶帳遍覆此間諸
佛之上于時十方世界通達无礙如一佛土
尒時佛告上行等菩薩大衆諸佛神力如是
无量无邊不可思議若我以是神力於无量
无邊百千万億阿僧祇劫為囑累故說此經
功德猶不能盡以要言之如来一切所有之
法如来一切自在神力如来一切秘要之藏
如来一切甚深之事皆於此經宣示顯說是
故汝等於如来滅後應一心受持讀誦解說
書寫如說脩行所在國土若有受持讀誦解

功德猶不能盡以要言之如來一切所有之
法如來一切自在神力如來一切秘要之藏
如來一切甚深之事皆於此經宣示顯說是
故汝等於如來滅後應一心受持讀誦解說
書寫如說脩行所在國土若有受持讀誦解
說書寫如說脩行若經卷所住之處若於園
中若於林中若於樹下若於僧坊若白衣舍
若在殿堂若山谷曠野是中皆應起塔供養
所以者何當知是處即是道場諸佛於此得
阿耨多羅三藐三菩提諸佛於此轉于法輪
諸佛於此而般涅槃尒時世尊欲重宣此義
而說偈言
諸佛救世者　住於大神通　為悅衆生故　現无量神力
舌相至梵天　身放无數光　為求佛道者　現此希有事
諸佛謦欬聲　及彈指之聲　周聞十方國　地皆六種動
以佛滅度後　能持是經故　諸佛皆歡喜　現无量神力
囑累是經故　讚美受持者　於无量劫中　猶故不能盡
是人之功德　无邊无有窮　如十方虛空　不可得邊際
能持是經者　則為已見我　亦見多寶佛　及諸分身者
又見我今日　教化諸菩薩　能持是經者　令我及分身
滅度多寶佛　一切皆歡喜　十方現在佛　并過去未來
亦見亦供養　亦令得歡喜　諸佛坐道場　所得秘要法
能持是經者　不久亦當得　能持是經者　於諸法之義
名字及言辭　樂說无窮盡　如風於空中　一切无障礙
於如來滅後　知佛所說經　因緣及次第　隨義如實說

能持是經者　不久亦當得　能持是經者　於諸法之義
名字及言辭　樂說无窮盡　如風於空中　一切无障礙
於如來滅後　知佛所說經　因緣及次第　隨義如實說
如日月光明　能除諸幽暝　斯人行世間　能滅衆生闇
教无量菩薩　畢竟住一乘　是故有智者　聞此功德利
於我滅度後　應受持斯經　是人於佛道　決定无有疑
妙法蓮華經囑累品第二十二
尒時釋迦牟尼佛從法座起現大神力以右
手摩无量菩薩摩訶薩頂而作是言我於无
量百千万億阿僧祇劫脩習是難得阿耨多
羅三藐三菩提法今以付囑汝等汝等應當
一心流布此法廣令增益如是三摩諸菩薩
摩訶薩頂而作是言我於无量百千万億阿
僧祇劫脩習是難得阿耨多羅三藐三菩提
法今以付囑汝等汝等當受持讀誦廣宣此
法令一切衆生普得聞知所以者何如來有
大慈悲无諸慳悋亦无所畏能與衆生佛之
智慧如來智慧自然智慧如來是一切衆生
之大施主汝等亦應隨學如來之法勿生慳
悋於未來世若有善男子善女人信如來智
慧者當為演說此法華經使得聞知為令其
人得佛慧故若有衆生不信受者當於如來
餘深法中示教利喜汝等若能如是則為已
報諸佛之恩時諸菩薩摩訶薩聞佛作是說
已皆大歡喜遍滿其身益加恭敬曲躬低頭

餘深法中亦教利喜汝等若能如是則為已
報諸佛之恩時諸菩薩摩訶薩聞佛作是說
已皆大歡喜遍滿其身益加恭敬曲躬低頭
合掌向佛俱發聲言如世尊勑當具奉行唯
然世尊願不有慮諸菩薩摩訶薩衆如是三
反俱發聲言如世尊勑當具奉行唯然世尊
願不有慮尒時釋迦牟尼佛令十方來諸分
身佛各還本土而作是言諸佛各隨所安多
寶佛塔還可如故說是語時十方无量分身
諸佛坐寶樹下師子座上者及多寶佛并上
行等无邊阿僧祇菩薩大衆舍利弗等聲聞
四衆及一切世間天人阿脩羅等聞佛所說
皆大歡喜

妙法蓮華經藥王菩薩本事品第二十三

尒時宿王華菩薩白佛言世尊藥王菩薩云
何遊於娑婆世界世尊是藥王菩薩有若干
百千万億那由他難行苦行善哉世尊願少
解說諸天龍神夜叉乾闥婆阿脩羅迦樓羅
緊那羅摩睺羅伽人非人等又他國土諸來
菩薩及此聲聞衆聞皆歡喜尒時佛告宿王
華菩薩乃往過去无量恒河沙劫有佛号日
月淨明德如來應供正遍知明行足善逝世
間解无上士調御丈夫天人師佛世尊其佛
有八十億大菩薩摩訶薩七十二恒河沙大
聲聞衆佛壽四万二千劫菩薩壽命亦等彼

BD03454號　妙法蓮華經（十卷本）卷九　（19–5）

月淨明德如來應供正遍知明行足善逝世
間解无上士調御丈夫天人師佛世尊其佛
有八十億大菩薩摩訶薩七十二恒河沙大
聲聞衆佛壽四万二千劫菩薩壽命亦等彼
國无有女人地獄餓鬼畜生阿脩羅等及以
諸難地平如掌琉璃所成寶樹莊嚴寶帳覆
上垂寶華幡寶瓶香爐周遍國界七寶為臺
一樹一臺其樹去臺盡一箭道此諸寶樹皆
有菩薩聲聞而坐其下諸寶臺上各有百億
諸天作天伎樂歌嘆於佛以為供養尒時彼
佛為一切衆生憙見菩薩及衆菩薩諸聲聞
衆說法華經是一切衆生憙見菩薩樂習苦
行於日月淨明德佛法中精進經行一心求
佛滿万二千歲已得現一切色身三昧得此
三昧已心大歡喜即作念言我得現一切色
身三昧皆是得聞法華經力我今當供養日
月淨明德佛及法華經即時入是三昧於虛
空中雨曼陀羅華摩訶曼陀羅華細末堅黑
栴檀滿虛空中如雲而下又雨海此岸栴檀
之香此香六銖價直娑婆世界以供養佛作
是供養已從三昧起而自念言我雖以神力
供養於佛不如以身供養即服諸香栴檀薰
陸兜樓婆畢力迦沈水膠香又飲瞻蔔諸華
香油滿千二百歲已香油塗身於日月淨明
德佛前以天寶衣而自纏身灌諸香油以神

BD03454號　妙法蓮華經（十卷本）卷九　（19–6）

陸兜樓婆畢力迦沈水膠香又飲瞻蔔諸華
香油滿千二百歲已香油塗身於日月淨明
德佛前以天寶衣而自纏身灌諸香油以神
通力願而自然身光明遍照八十億恒河沙
世界其中諸佛同時讚言善哉善哉善男子
是真精進是名真法供養如來若以華香瓔
珞燒香末香塗香天繒幡蓋及海此岸栴檀
之香如是等種種諸物供養所不能及假使
國城妻子布施亦所不及善男子是名第一
之施於諸施中最尊最上以法供養諸如來
故作是語已而各嘿然其身火然千二百歲
過是已後其身乃盡一切衆生憙見菩薩作
如是法供養已命終之後復生日月淨明德
佛國中於淨德王家結跏趺坐忽然化生即
為其父而說偈言
大王今當知　我經行彼處　即時得一切　現諸身三昧
勤行大精進　捨所愛之身
說是偈已而白父言日月淨明德佛今故現
在我先供養佛已得解一切衆生語言陀羅
尼復聞是法華經八百千万億那由他甄迦
羅頻婆羅阿閦婆等偈大王我今當還供養
此佛白已即坐七寶之臺上昇虛空高七多
羅樹往到佛所頭面礼足合十指爪以偈讚
言
容顏甚奇妙　光明照十方　我適曾供養　今復還親近

BD03454號　妙法蓮華經（十卷本）卷九　（19–7）

羅樹往到佛所頭面礼足合十指爪以偈讚
言
容顏甚奇妙　光明照十方　我適曾供養　今復還親近
尒時一切衆生憙見菩薩說是偈已而白佛
言世尊世尊猶故在世尒時日月淨明德佛
告一切衆生憙見菩薩善男子我涅槃時到
滅盡時至汝可安施床座我於今夜當般涅
槃又勅一切衆生憙見菩薩善男子我以佛
法囑累於汝及諸菩薩大弟子并阿耨多羅
三藐三菩提法亦以三千大千七寶世界諸
寶樹寶臺及給侍諸天悉付於汝我滅度後
所有舍利亦付囑汝當令流布廣設供養應
起若干千塔如是日月淨明德佛勅一切衆
生憙見菩薩已於夜後分入於涅槃尒時一切
衆生憙見菩薩見佛滅度悲感懊惱戀慕於
佛即以海此岸栴檀為積供養佛身而以燒
之火滅已後收取舍利作八万四千寶瓶
以起八万四千塔高三世界表刹莊嚴垂諸
幡蓋懸衆寶鈴尒時一切衆生憙見菩薩復
自念言我雖作是供養心猶未足我今當更
供養舍利便語諸菩薩大弟子及天龍夜叉
等一切大衆汝等當一心念我今供養日月
淨明德佛舍利作是語已即於八万四千塔
前然百福莊嚴臂七万二千歲而以供養令
无數求聲聞衆无量阿僧祇人發阿耨多羅

BD03454號　妙法蓮華經（十卷本）卷九　（19–8）

等一切大衆汝等當一心念我今供養日月
淨明德佛舍利作是語已即於八万四千塔
前然百福莊嚴臂七万二千歲而以供養令
无數求聲聞衆无量阿僧祇人發阿耨多羅
三藐三菩提心皆使得住現一切色身三昧
尒時諸菩薩天人阿脩羅等見其无臂憂惱
悲哀而作是言此一切衆生憙見菩薩是我
等師教化我者而今燒臂身不具足于時一
切衆生憙見菩薩於大衆中立此誓言我捨
兩臂必當作佛金色之身若實不虛令我兩
臂還復如故作是誓已自然還復由斯菩薩
福德智慧淳厚所致當尒之時三千大千世
界六種震動天雨寶華一切天人得未曾有
佛告宿王華菩薩於汝意云何一切衆生憙
見菩薩豈異人乎今藥王菩薩是也其所捨
身布施如是无量百千万億那由他數宿王
華若有發心欲得阿耨多羅三藐三菩提者
能然手一指乃至足一指供養佛塔勝以國城
妻子及三千大千國土山林河池諸珎寶物
而供養者若復有人以七寶滿三千大千世
界供養於佛及大菩薩辟支佛阿羅漢是人
所德功德不如受持此法華經乃至一四句
偈其福最多宿王華譬如一切川流江海諸
水之中海為第一此法華經亦復如是於諸
如來所說經中最為深大又如土山黑山小

BD03454號　妙法蓮華經（十卷本）卷九　（19–9）

所德功德不如受持此法華經乃至一四句
偈其福最多宿王華譬如一切川流江海諸
水之中海為第一此法華經亦復如是於諸
如來所說經中最為深大又如土山黑山小
鐵圍山大鐵圍山及十寶山衆山之中須弥
山為第一此法華經亦復如是於諸經中最
為其上又如衆星之中月天子最為第一此
法華經亦復如是於千万億種諸經法中最
為照明又如日天子能除諸闇此經亦復如
是能破一切不善之闇又如諸小王中轉輪
聖王最為第一此經亦復如是於衆經中最
為其尊又如帝釋於三十三天中王此經亦
復如是諸經中王又如大梵天王一切衆生
之父此經亦復如是一切賢聖學无學及發
菩薩心者之父又如一切凡夫人中須陁洹斯
陁含阿那含阿羅漢辟支佛為第一此經亦
復如是一切如來所說若菩薩所說若聲聞
所說諸經法中最為第一有能受持是經
典者亦復如是於一切衆生中亦為第一一
切聲聞辟支佛中菩薩為第一此經亦復如
是於一切諸經法中最為第一如佛為諸法
王此經亦復如是諸經中王宿王華此經能
救一切衆生者此經能令一切衆生離諸苦
惱此經能大饒益一切衆生充滿其願如清
涼池能滿一切諸渴乏者如寒者得火如裸

BD03454號　妙法蓮華經（十卷本）卷九　（19–10）

王此經亦復如是諸經中王宿王華此經能
救一切衆生者此經能令一切衆生離諸苦
惱此經能大饒益一切衆生充滿其願如清
涼池能滿一切諸渴乏者如寒者得火如裸
者得衣如商人得主如子得母如渡得船如
病得醫如暗得燈如貧得寶如民得王如賈
客得海如炬除暗此法華經亦復如是能令
衆生離一切苦一切病痛能解一切生死之縛
若人得聞此法華經若自書若使人書所得
功德以佛智慧籌量多少不得其邊若書
是經卷華香瓔珞燒香末香塗香幡蓋衣服
種種之燈穌燈油燈諸香油燈瞻蔔油燈須
曼那油燈波羅羅油燈婆利師迦油燈那婆摩
利油燈供養所得功德亦復无量宿王華若
有人聞是藥王菩薩本事品者亦得无量无
邊功德若有女人聞是藥王菩薩本事品能
受持者盡是女身後不復受若如來滅後後
五百歲中若有女人聞是經典如說脩行於
此命終即往安樂世界阿彌陀佛大菩薩衆
圍繞住處生蓮華中寶座之上不復爲貪欲
所惱亦復不爲瞋恚愚癡所惱亦復不爲憍
慢嫉妬諸垢所惱得菩薩神通无生法忍得
是忍已眼根清淨以是清淨眼根見七百万
二千億那由他恒河沙等諸佛如來是時諸
佛遥共讚言善哉善哉善男子汝能於釋迦

BD03454號　妙法蓮華經（十卷本）卷九　（19–11）

慢嫉妬諸垢所惱得菩薩神通无生法忍得
是忍已眼根清淨以是清淨眼根見七百万
二千億那由他恒河沙等諸佛如來是時諸
佛遥共讚言善哉善哉善男子汝能於釋迦
牟尼佛法中受持讀誦思惟是經爲他人說
所得福德无量无邊火不能燒水不能漂汝
之功德千佛共說不能令盡汝今已能破諸
魔賊壞生死軍諸餘怨敵皆悉摧滅善男子
百千諸佛以神通力共守護汝於一切世間
天人之中无如汝者唯除如來其諸聲聞辟
支佛乃至菩薩智慧禪定无有與汝等者宿
王華此菩薩成就如是功德智慧之力若有
人聞是藥王菩薩本事品能隨喜讚善者是
人現世口中常出青蓮華香身毛孔中常出
牛頭栴檀香所得功德如上所說是故宿王
華以此藥王菩薩本事品囑累於汝我滅度
後後五百歲中廣宣流布於閻浮提无令斷
絶惡魔魔民諸天龍夜叉鳩槃茶等得其便
也宿王華汝當以神通之力守護是經所以
者何此經則爲閻浮提人病之良藥若人有
病得聞是經病即消滅不老不死宿王華汝
若見有受持是經者應以青蓮華盛滿末香
供散其上散已作是念言此人不久必當取
草坐於道場破諸魔軍當吹法螺擊大法鼓
度脫一切衆生老病死海是故求佛道者見

BD03454號　妙法蓮華經（十卷本）卷九　（19–12）

若見有受持是經者應以青蓮華盛滿末香
供散其上散已作是念言此人不久必當取
草坐於道場破諸魔軍當吹法螺擊大法鼓
度脫一切衆生老病死海是故求佛道者見
有受持是經典人應當如是生恭敬心說是
藥王菩薩本事品時八万四千菩薩得解一切
衆生語言陀羅尼多寶如來於寶塔中讚
宿王華菩薩言善哉善哉宿王華汝成就不
可思議功德乃能問釋迦牟尼佛如此之事
利益无量一切衆生
妙法蓮華經妙音菩薩品第二十四
尒時釋迦牟尼佛放大人相肉髻光明及放
眉間白毫相光遍照東方八百万億那由他
恒河沙等諸佛世界過是數已有世界名淨
光莊嚴其國有佛号淨華宿王智如來應供
正遍知明行足善逝世間解無上士調御丈
夫天人師佛世尊為無量無邊菩薩大衆恭
敬圍繞而為說法釋迦牟尼佛白毫光明遍
照其國尒時一切淨光莊嚴國中有一菩薩
名曰妙音久已殖衆德本供養親近無量百
千萬億諸佛而悉成就甚深智慧得妙幢相
三昧法華三昧淨德三昧宿王戲三昧無緣
三昧智印三昧解一切衆生語言三昧集一
切功德三昧清淨三昧神通遊戲三昧慧炬
三昧莊嚴王三昧淨光明三昧淨藏三昧不

BD03454號　妙法蓮華經（十卷本）卷九　（19–13）

三昧智印三昧解一切衆生語言三昧集一
切功德三昧清淨三昧神通遊戲三昧慧炬
三昧莊嚴王三昧淨光明三昧淨藏三昧不
共三昧日旋三昧得如是百千萬億恒河沙
等諸大三昧釋迦牟尼佛光照其身即白淨
華宿王智佛言世尊我當往詣娑婆世界礼
拜親近供養釋迦牟尼佛及見文殊師利法
王子菩薩藥王菩薩勇施菩薩宿王華菩薩
上行意菩薩莊嚴王菩薩藥上菩薩尒時淨
華宿王智佛告妙音菩薩汝莫輕彼國生下
劣想善男子彼娑婆世界高下不平土石諸
山穢惡充滿佛身卑小諸菩薩衆其形亦小
而汝身四萬二千由旬我身六百八十萬由
旬汝身第一端正百千萬福光明殊妙是故
汝往莫輕彼國若佛菩薩及國土生下劣想
妙音菩薩白其佛言世尊我今詣娑婆世界
皆是如來之力如來神通遊戲如來功德智
慧莊嚴於是妙音菩薩不起于座身不動搖
而入三昧以三昧力於耆闍崛山去法座不
遠化作八萬四千衆寶蓮華閻浮檀金為莖
白銀為葉金剛為鬚甄叔迦寶以為其臺尒
時文殊師利法王子見是蓮華而白佛言世
尊是何因緣先現此瑞有若干千萬蓮華閻
浮檀金為莖白銀為葉金剛為鬚甄叔迦寶
以為其臺尒時釋迦牟尼佛告文殊師利是

BD03454號　妙法蓮華經（十卷本）卷九　（19–14）

白銀爲葉金剛爲鬚甄叔迦寶以爲其臺尒
時文殊師利法王子見是蓮華而白佛言世
尊是何因緣先現此瑞有若干千萬蓮華閻
浮檀金爲莖白銀爲葉金剛爲鬚甄叔迦寶
以爲其臺尒時釋迦牟尼佛告文殊師利是
妙音菩薩摩訶薩欲從淨華宿王智佛國
與八萬四千菩薩圍繞而來至此娑婆世界供
養親近礼拜於我亦欲供養聽法華經文殊
師利白佛言世尊是菩薩種何善本脩何功
德而能有是大神通力行何三昧願爲我等
說是三昧名字我等亦欲勤脩行之行此三
昧乃能見是菩薩色相大小威儀進止唯願
世尊以神通力彼菩薩來令我得見尒時釋
迦牟尼佛告文殊師利此久滅度多寶如來
當爲汝等而現其相時多寶佛告彼菩薩善
男子來文殊師利法王子欲見汝身于時妙
音菩薩於彼國沒與八萬四千菩薩俱共發
來所經諸國六種震動皆悉雨於七寶蓮華
百千天樂不皷自鳴是菩薩目如廣大青蓮
華葉正使和合百千萬月其面貌端正復過
於此身真金色無量百千功德莊嚴威德熾
盛光明照曜諸相具足如那羅延堅固之身
入七寶臺上昇虛空去地七多羅樹諸菩薩
衆恭敬圍繞而來詣此娑婆世界耆闍崛山
到已下七寶臺以價直百千瓔珞持至釋迦
牟尼佛所頭面礼足奉上瓔珞而白佛言世

盛光明照曜諸相具足如那羅延堅固之身
入七寶臺上昇虛空去地七多羅樹諸菩薩
衆恭敬圍繞而來詣此娑婆世界耆闍崛山
到已下七寶臺以價直百千瓔珞持至釋迦
牟尼佛所頭面礼足奉上瓔珞而白佛言世
尊淨華宿王智佛問訊世尊少病少惱起居
輕利安樂行不四大調和不世事可忍不衆
生易度不無多貪欲瞋恚愚癡嫉妬慳慢
不無不孝父母不敬沙門邪見不善心不攝五
情不世尊衆生能降伏諸魔怨不久滅度多
寶如來在七寶塔中來聽法不又問訊多寶
如來安隱少惱堪忍久住不世尊我今欲見
多寶佛身唯願世尊示我令見尒時釋迦牟
尼佛語多寶佛是妙音菩薩欲得相見時多
寶佛告妙音言善哉善哉汝能爲供養釋迦
牟尼佛及聽法華經并見文殊師利等故來
至此尒時華德菩薩白佛言世尊是妙音菩
薩種何善根脩何功德有是神力佛告華德
菩薩過去有佛名雲雷音王多陀阿伽度阿
羅訶三藐三佛陀國名現一切世間劫名憙
見妙音菩薩於萬二千歲以十萬種伎樂供
養雲雷音王佛并奉上八萬四千七寶鉢以
是因緣果報今生淨華宿王智佛國有是神
力華德於汝意云何尒時雲雷音王佛所妙
音菩薩伎樂供養奉上寶器者豈異人乎今
此妙音菩薩摩訶薩是華德是妙音菩薩已

養雲雷音王佛并奉上八萬四千七寶鉢以
是因緣果報今生淨華宿王智佛國有是神
力華德於汝意云何尒時雲雷音王佛所妙
音菩薩伎樂供養奉上寶器者豈異人乎今
此妙音菩薩摩訶薩是華德是妙音菩薩已
曾供養親近無量諸佛久殖德本又值恒河
沙等百千萬億那由他佛華德汝但見妙音
菩薩其身在此而是菩薩現種種身處處為
諸衆生說是經典或現梵王身或現帝釋身
或現自在天身大自在天身或現天大將軍
身或現毗沙門天王身或現轉輪聖王身或
現諸小王身或現長者身或現居士身或現
宰官身或現婆羅門身或現比丘比丘尼優
婆塞優婆夷身或現長者居士婦女身或現
宰官婦女身或現婆羅門婦女身或現童男
童女身或現天龍夜叉乹闥婆阿脩羅迦樓
羅緊那羅摩睺羅伽人非人等身而說是經
諸有地獄餓鬼畜生及衆難處皆能救濟乃
至於王後宮變為女身而說是經華德是妙
音菩薩能救護娑婆世界諸衆生者是妙音
菩薩如是種種變化現身在此娑婆國土為
諸衆生說是經典於神通變化智慧無所損
減是菩薩以若干智慧明照娑婆世界令一
切衆生各得所知於十方恒河沙世界中亦
復如是若應以聲聞形得度者現聲聞形而

BD03454號　妙法蓮華經（十卷本）卷九　（19–17）

諸衆生說是經典於神通變化智慧無所損
減是菩薩以若干智慧明照娑婆世界令一
切衆生各得所知於十方恒河沙世界中亦
復如是若應以聲聞形得度者現聲聞形而
為說法應以辟支佛形得度者現辟支佛形
而為說法應以菩薩形得度者現菩薩形而
為說法應以佛形得度者即現佛形而為說
法如是種種隨所應度而為現形乃至應以
滅度而得度者示現滅度華德妙音菩薩摩
訶薩成就大神通智慧之力其事如是尒時
華德菩薩白佛言世尊是妙音菩薩深種善
根世尊是菩薩住何三昧而能如是在所變
現度脫衆生佛告華德菩薩善男子其三昧
名現一切色身妙音菩薩住是三昧中能如
是饒益無量衆生說是妙音菩薩品時與妙
音菩薩俱來者八萬四千人皆得現一切色
身三昧此娑婆世界無量菩薩亦得是三昧
及陁羅尼尒時妙音菩薩摩訶薩供養釋迦
牟尼佛及多寶佛塔已還歸本土所經諸國
六種震動雨寶蓮華作百千萬億種種伎樂
既到本國與八萬四千菩薩圍繞至淨華宿
王智佛所白佛言世尊我到娑婆世界饒益
衆生見釋迦牟尼佛及見多寶佛塔礼拜供
養又見文殊師利法王子菩薩及見藥王菩
薩得勤精進力菩薩勇施菩薩等亦令八萬

BD03454號　妙法蓮華經（十卷本）卷九　（19–18）

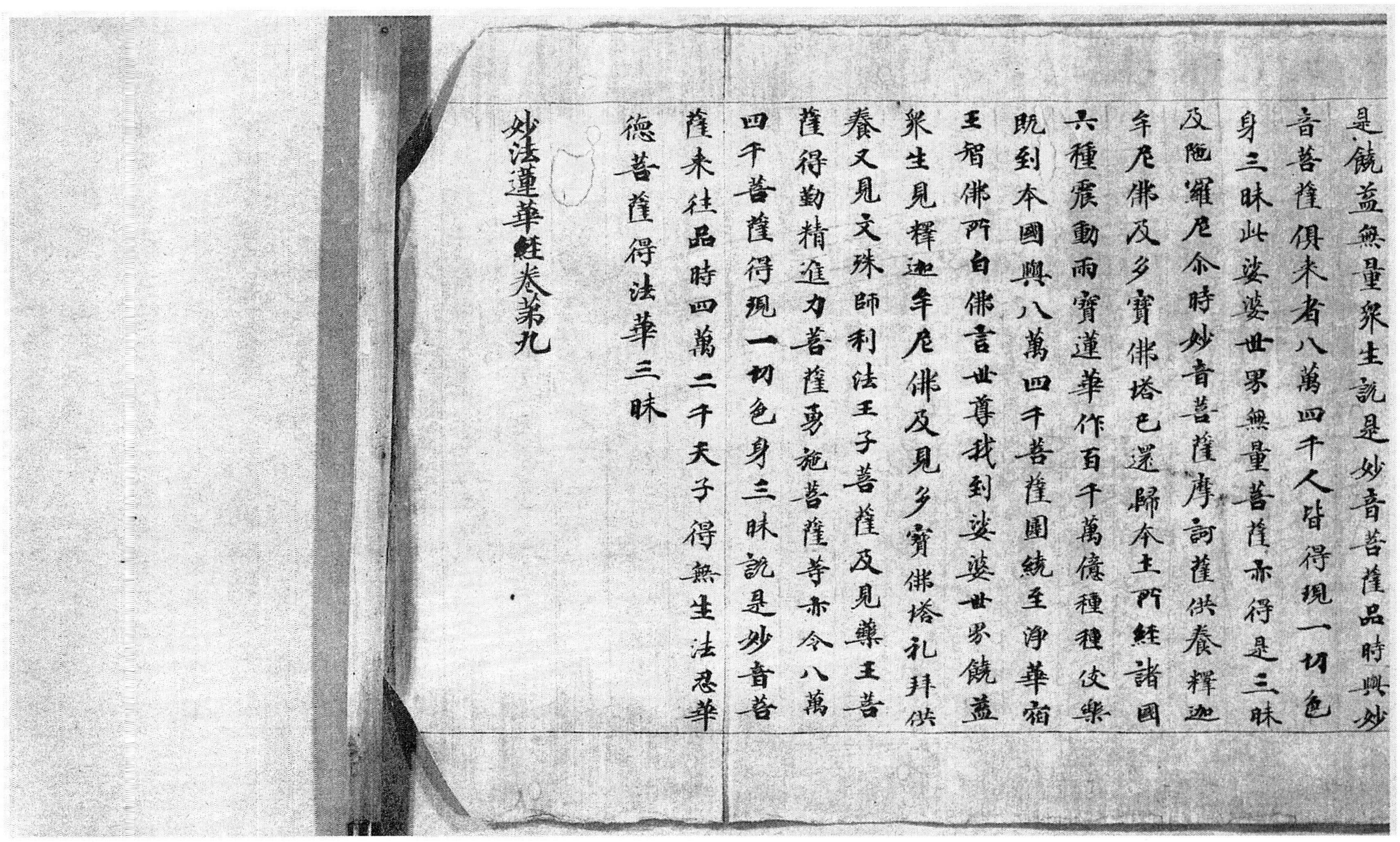

是饒益無量衆生説是妙音菩薩品時與妙
音菩薩俱来者八萬四千人皆得現一切色
身三昧此娑婆世界無量菩薩亦得是三昧
及陁羅尼尒時妙音菩薩摩訶薩供養釋迦
牟尼佛及多寶佛塔已還歸本土所經諸國
六種震動雨寶蓮華作百千萬億種種伎樂
既到本國與八萬四千菩薩圍繞至淨華宿
王智佛所白佛言世尊我到娑婆世界饒益
衆生見釋迦牟尼佛及見多寶佛塔礼拜供
養又見文殊師利法王子菩薩及見藥王菩
薩得勤精進力菩薩勇施菩薩等亦令八萬
四千菩薩得現一切色身三昧説是妙音菩
薩来往品時四萬二千天子得無生法忍華
德菩薩得法華三昧
妙法蓮華經卷第九

BD03454 號　妙法蓮華經（十卷本）卷九　（19–19）

二百五十二
十六
開

BD03455 號背　大般若波羅蜜多經卷二五二護首　（1–1）

……苐二百五十二
初分難信解品苐卅四之七十一
三藏法師玄奘奉 詔譯
善現一切智智清淨故五眼清淨五眼清淨
故畢竟空清淨何以故若一切智智清淨若
五眼清淨若畢竟空清淨無二無二分無別
無斷故一切智智清淨故六神通清淨六神
通清淨故畢竟空清淨何以故若一切智智
清淨若六神通清淨若畢竟空清淨無二無

BD03455 號　大般若波羅蜜多經卷二五二　（23–1）

故畢竟空清淨何以故若一切智智清淨若
五眼清淨若畢竟空清淨無二無二分無別
無斷故一切智智清淨故六神通清淨六神
通清淨故畢竟空清淨何以故若一切智智
清淨若六神通清淨若畢竟空清淨無二無
二分無別無斷故善現一切智智清淨故佛
十……清淨故畢竟空清淨何以
故若一切智智清淨若佛十力清淨若畢竟
空清淨無二無二分無別無斷故一切智智
清淨故四無所畏四無㝵解大慈大悲大喜
大捨十八佛不共法清淨四無所畏乃至十
八佛不共法清淨故畢竟空清淨何以故若
一切智智清淨若四無所畏乃至十八佛不
共法清淨若畢竟空清淨無二無二分無別
無斷故善現一切智智清淨故無忘失法清
淨無忘失法清淨故畢竟空清淨何以故若
一切智智清淨若無忘失法清淨若畢竟空
清淨無二無二分無別無斷故一切智智清
淨故恒住捨性清淨恒住捨性清淨故畢竟
空清淨何以故若一切智智清淨若恒住捨
性清淨若畢竟空清淨無二無二分無別無
斷故善現一切智智清淨故一切智清淨一
切智清淨故畢竟空清淨何以故若一切智
智清淨若一切智清淨若畢竟空清淨無二
無二分無別無斷故一切智智清淨故道相
智一切相智清淨道相智一切相智清淨故
畢竟空清淨何以故若一切智智清淨若道

BD03455 號　大般若波羅蜜多經卷二五二　（23–2）

智清淨若一切智清淨若畢竟空清淨無二
無二分無別無斷故一切智智清淨故道相
智一切相智清淨道相智一切相智清淨故
畢竟空清淨何以故若一切智智清淨若道
相智一切相智清淨若畢竟空清淨無二無
二分無別無斷故善現一切智智清淨故一
切陁羅尼門清淨一切陁羅尼門清淨故畢
竟空清淨何以故若一切智智清淨若一切
陁羅尼門清淨若畢竟空清淨無二無二分
無別無斷故一切智智清淨故一切三摩地
門清淨一切三摩地門清淨故畢竟空清淨
何以故若一切智智清淨若一切三摩地門
清淨若畢竟空清淨無二無二分無別無斷
故
善現一切智智清淨故預流果清淨預流果
清淨故畢竟空清淨何以故若一切智智清
淨若預流果清淨若畢竟空清淨無二無二
分無別無斷故一切智智清淨故一來不還
阿羅漢果清淨一來不還阿羅漢果清淨故
畢竟空清淨何以故若一切智智清淨若一
來不還阿羅漢果清淨若畢竟空清淨無二
無二分無別無斷故善現一切智智清淨故
獨覺菩提清淨獨覺菩提清淨故畢竟空清
淨何以故若一切智智清淨若獨覺菩提清
淨若畢竟空清淨無二無二分無別無斷故
善現一切智智清淨故一切菩薩摩訶薩行

BD03455 號　大般若波羅蜜多經卷二五二　（23–3）

獨覺菩提清淨獨覺菩提清淨故畢竟空清
淨何以故若一切智智清淨若獨覺菩提清
淨若畢竟空清淨無二無二分無別無斷故
善現一切智智清淨故一切菩薩摩訶薩行
清淨一切菩薩摩訶薩行清淨故畢竟空清
淨何以故若一切智智清淨若一切菩薩摩
訶薩行清淨若畢竟空清淨無二無二分無
別無斷故善現一切智智清淨故諸佛無上
正等菩提清淨諸佛無上正等菩提清淨故
畢竟空清淨何以故若一切智智清淨若諸
佛無上正等菩提清淨若畢竟空清淨無二
無二分無別無斷故
復次善現一切智智清淨故色清淨色清淨
故無際空清淨何以故若一切智智清淨若
色清淨若無際空清淨無二無二分無別無
斷故一切智智清淨故受想行識清淨受想
行識清淨故無際空清淨何以故若一切智
智清淨若受想行識清淨若無際空清淨無
二無二分無別無斷故善現一切智智清淨
故眼處清淨眼處清淨故無際空清淨何以
故若一切智智清淨若眼處清淨若無際空
清淨無二無二分無別無斷故一切智智清
淨故耳鼻舌身意處清淨耳鼻舌身意處清
淨故無際空清淨何以故若一切智智清淨
若耳鼻舌身意處清淨若無際空清淨無二
無二分無別無斷故善現一切智智清淨故

BD03455 號　大般若波羅蜜多經卷二五二　（23–4）

清淨無二無二分無別無斷故一切智智清
淨故耳鼻舌身意處清淨耳鼻舌身意處清
淨故無際空清淨何以故若一切智智清淨
若耳鼻舌身意處清淨若無際空清淨無二
無二分無別無斷故善現一切智智清淨故
色處清淨色處清淨故無際空清淨何以故
若一切智智清淨若色處清淨若無際空清
淨無二無二分無別無斷故一切智智清淨
故聲香味觸法處清淨聲香味觸法處清淨
故無際空清淨何以故若一切智智清淨若
聲香味觸法處清淨若無際空清淨無二無
二分無別無斷故善現一切智智清淨故眼
界清淨眼界清淨故無際空清淨何以故若
一切智智清淨若眼界清淨若無際空清淨
無二無二分無別無斷故一切智智清淨故
色界眼識界及眼觸眼觸為緣所生諸受清
淨色界乃至眼觸為緣所生諸受清淨故無
際空清淨何以故若一切智智清淨若色界
乃至眼觸為緣所生諸受清淨若無際空清
淨無二無二分無別無斷故善現一切智智
清淨故耳界清淨耳界清淨故無際空清淨
何以故若一切智智清淨若耳界清淨若無
際空清淨無二無二分無別無斷故一切智
智清淨故聲界耳識界及耳觸耳觸為緣所
生諸受清淨聲界乃至耳觸為緣所生諸受
清淨故無際空清淨何以故若一切智智清
淨若聲界乃至耳觸為緣所生諸受清淨若

BD03455號　大般若波羅蜜多經卷二五二　（23–5）

生諸受清淨聲界乃至耳觸為緣所生諸受
清淨故無際空清淨何以故若一切智智清
淨若聲界乃至耳觸為緣所生諸受清淨若
無際空清淨無二無二分無別無斷故善現
一切智智清淨故鼻界清淨鼻界清淨故無
際空清淨何以故若一切智智清淨若鼻界
清淨若無際空清淨無二無二分無別無斷
故一切智智清淨故香界鼻識界及鼻觸鼻
觸為緣所生諸受清淨香界乃至鼻觸為緣
所生諸受清淨故無際空清淨何以故若一
切智智清淨若香界乃至鼻觸為緣所生諸
受清淨若無際空清淨無二無二分無別無
斷故善現一切智智清淨故舌界清淨舌界
清淨故無際空清淨何以故若一切智智清
淨若舌界清淨若無際空清淨無二無二分
無別無斷故一切智智清淨故味界舌識界
及舌觸舌觸為緣所生諸受清淨味界乃至
舌觸為緣所生諸受清淨故無際空清淨何
以故若一切智智清淨若味界乃至舌觸為
緣所生諸受清淨若無際空清淨無二無二
分無別無斷故善現一切智智清淨故身界
清淨身界清淨故無際空清淨何以故若一
切智智清淨若身界清淨若無際空清淨無
二無二分無別無斷故一切智智清淨故觸
界身識界及身觸身觸為緣所生諸受清淨
觸界乃至身觸為緣所生諸受清淨故無際

BD03455號　大般若波羅蜜多經卷二五二　（23–6）

切智智清淨若身界清淨若無際空清淨無
二無二分無別無斷故一切智智清淨故觸
界身識界及身觸身觸為緣所生諸受清淨
觸界乃至身觸為緣所生諸受清淨故無際
空清淨何以故若一切智智清淨若觸界乃
至身觸為緣所生諸受清淨若無際空清淨
無二無二分無別無斷故善現一切智智清
淨故意界清淨意界清淨故無際空清淨何
以故若一切智智清淨若意界清淨若無際
空清淨無二無二分無別無斷故一切智智
清淨故法界意識界及意觸意觸為緣所生
諸受清淨法界乃至意觸為緣所生諸受清
淨故無際空清淨何以故若一切智智清淨
若法界乃至意觸為緣所生諸受清淨若無
際空清淨無二無二分無別無斷故善現一
切智智清淨故地界清淨地界清淨故無際
空清淨何以故若一切智智清淨若地界清
淨若無際空清淨無二無二分無別無斷故
一切智智清淨故水火風空識界清淨水火
風空識界清淨故無際空清淨何以故若一
切智智清淨若水火風空識界清淨若無際
空清淨無二無二分無別無斷故善現一切
智智清淨故無明清淨無明清淨故無際空
清淨何以故若一切智智清淨若無明清淨
若無際空清淨無二無二分無別無斷故一
切智智清淨故行識名色六處觸受愛取有

BD03455號　大般若波羅蜜多經卷二五二　（23–7）

智智清淨故無明清淨無明清淨故無際空
清淨何以故若一切智智清淨若無明清淨
若無際空清淨無二無二分無別無斷故一
切智智清淨故行識名色六處觸受愛取有
生老死愁歎苦憂惱清淨行乃至老死愁歎
苦憂惱清淨故無際空清淨何以故若一切
智智清淨若行乃至老死愁歎苦憂惱清淨
若無際空清淨無二無二分無別無斷故
善現一切智智清淨故布施波羅蜜多清淨
布施波羅蜜多清淨故若無際空清淨何以故
若一切智智清淨若布施波羅蜜多清淨若
無際空清淨無二無二分無別無斷故一切
智智清淨故淨戒安忍精進靜慮般若波羅
蜜多清淨淨戒乃至般若波羅蜜多清淨故無
際空清淨何以故若一切智智清淨若淨戒
乃至般若波羅蜜多清淨若無際空清淨
無二無二分無別無斷故善現一切智智清
淨故內空清淨內空清淨故無際空清淨何
以故若一切智智清淨若內空清淨若無際
空清淨無二無二分無別無斷故一切智智
清淨故外空內外空空空大空勝義空有為
空無為空畢竟空散空無變異空本性空自
相空共相空一切法空不可得空無性空自
性空無性自性空清淨外空乃至無性自性
空清淨故無際空清淨何以故若一切智智
清淨若外空乃至無性自性空清淨若無際
空清淨無二無二分無別無斷故

BD03455號　大般若波羅蜜多經卷二五二　（23–8）

相空共相空一切法空不可得空無性空自
性空無性自性空清淨外空乃至無性自性
空清淨故無際空清淨何以故若一切智智
清淨若外空乃至無性自性空清淨若無際
空清淨無二無二分無別無斷故
善現一切智智清淨故真如清淨真如清淨
故無際空清淨何以故若一切智智清淨若
真如清淨若無際空清淨無二無二分無別
無斷故一切智智清淨故法界法性不虛妄
性不變異性平等性離生性法定法住實際
虛空界不思議界清淨法界乃至不思議界
清淨故無際空清淨何以故若一切智智清
淨若法界乃至不思議界清淨若無際空清
淨無二無二分無別無斷故善現一切智智
清淨故苦聖諦清淨苦聖諦清淨故無際空
清淨何以故若一切智智清淨若苦聖諦清
淨若無際空清淨無二無二分無別無斷故
一切智智清淨故集滅道聖諦清淨集滅道
聖諦清淨故無際空清淨何以故若一切智
智清淨若集滅道聖諦清淨若無際空清淨
無二無二分無別無斷故善現一切智智清
淨故四靜慮清淨四靜慮清淨故無際空清
淨何以故若一切智智清淨若四靜慮清淨
若無際空清淨無二無二分無別無斷故一
切智智清淨故四無量四無色定清淨四無
量四無色定清淨故無際空清淨何以故若
一切智智清淨若四無量四無色定清淨若

BD03455 號　大般若波羅蜜多經卷二五二　（23–9）

若無際空清淨無二無二分無別無斷故一
切智智清淨故四無量四無色定清淨四無
量四無色定清淨故無際空清淨何以故若
一切智智清淨若四無量四無色定清淨若
無際空清淨無二無二分無別無斷故
善現一切智智清淨故八解脫清淨八解脫
清淨故無際空清淨何以故若一切智智清
淨若八解脫清淨若無際空清淨無二無二
分無別無斷故一切智智清淨故八勝處九
次第定十遍處清淨八勝處九次第定十遍
處清淨故無際空清淨何以故若一切智智
清淨若八勝處九次第定十遍處清淨若無
際空清淨無二無二分無別無斷故善現一
切智智清淨故四念住清淨四念住清淨故
無際空清淨何以故若一切智智清淨若四
念住清淨若無際空清淨無二無二分無別
無斷故一切智智清淨故四正斷四神足五
根五力七等覺支八聖道支清淨四正斷乃
至八聖道支清淨故無際空清淨何以故若
一切智智清淨若四正斷乃至八聖道支清
淨若無際空清淨無二無二分無別無斷故
善現一切智智清淨故空解脫門清淨空解
脫門清淨故無際空清淨何以故若一切智
智清淨若空解脫門清淨若無際空清淨無
二無二分無別無斷故一切智智清淨故無
相無願解脫門清淨無相無願解脫門清淨
故無際空清淨何以故若一切智智清淨若

BD03455 號　大般若波羅蜜多經卷二五二　（23–10）

脫門清淨故無際空清淨何以故若一切智
智清淨若空解脫門清淨若無際空清淨無
二無二分無別無斷故一切智智清淨故無
相無願解脫門清淨無相無願解脫門清淨
故無際空清淨何以故若一切智智清淨若
無相無願解脫門清淨若無際空清淨無二
無二分無別無斷故善現一切智智清淨故
菩薩十地清淨菩薩十地清淨故無際空清
淨何以故若一切智智清淨若菩薩十地清
淨若無際空清淨無二無二分無別無斷故
善現一切智智清淨故五眼清淨五眼清淨
故無際空清淨何以故若一切智智清淨若
五眼清淨若無際空清淨無二無二分無別
無斷故一切智智清淨故六神通清淨六神
通清淨故無際空清淨何以故若一切智智
清淨若六神通清淨若無際空清淨無二無
二分無別無斷故善現一切智智清淨故佛
十力清淨佛十力清淨故無際空清淨何以
故若一切智智清淨若佛十力清淨若無際
空清淨無二無二分無別無斷故一切智智
清淨故四無所畏四無㝵解大慈大悲大喜
大捨十八佛不共法清淨四無所畏乃至十
八佛不共法清淨故無際空清淨何以故若
一切智智清淨若四無所畏乃至十八佛不
共法清淨若無際空清淨無二無二分無別
無斷故善現一切智智清淨故無忘失法清
淨無忘失法清淨故無際空清淨何以故若

BD03455號　大般若波羅蜜多經卷二五二　（23–11）

八佛不共法清淨故無際空清淨何以故若
一切智智清淨若四無所畏乃至十八佛不
共法清淨若無際空清淨無二無二分無別
無斷故善現一切智智清淨故無忘失法清
淨無忘失法清淨故無際空清淨何以故若
一切智智清淨若無忘失法清淨若無際空
清淨無二無二分無別無斷故一切智智清
淨故恒住捨性清淨恒住捨性清淨故無際
空清淨何以故若一切智智清淨若恒住捨
性清淨若無際空清淨無二無二分無別無
斷故善現一切智智清淨故一切智清淨一
切智清淨故無際空清淨何以故若一切智
智清淨若一切智清淨若無際空清淨無二
無二分無別無斷故一切智智清淨故道相
智一切相智清淨道相智一切相智清淨故
無際空清淨何以故若一切智智清淨若道
相智一切相智清淨若無際空清淨無二無
二分無別無斷故善現一切智智清淨故一
切陁羅尼門清淨一切陁羅尼門清淨故無
際空清淨何以故若一切智智清淨若一切
陁羅尼門清淨若無際空清淨無二無二分
無別無斷故一切智智清淨故一切三摩地
門清淨一切三摩地門清淨故無際空清淨
何以故若一切智智清淨若一切三摩地門
清淨若無際空清淨無二無二分無別無斷
故

BD03455號　大般若波羅蜜多經卷二五二　（23–12）

何以故若一切智智清淨若一切三摩地門
清淨若無際空清淨無二無二分無別無斷
故
善現一切智智清淨故預流果清淨預流果
清淨故無際空清淨何以故若一切智智清
淨若預流果清淨若無際空清淨無二無二
分無別無斷故一切智智清淨故一來不還
阿羅漢果清淨一來不還阿羅漢果清淨故
無際空清淨何以故若一切智智清淨若一
來不還阿羅漢果清淨若無際空清淨無二
無二分無別無斷故善現一切智智清淨故
獨覺菩提清淨獨覺菩提清淨故無際空清
淨何以故若一切智智清淨若獨覺菩提清
淨若無際空清淨無二無二分無別無斷故
善現一切智智清淨故一切菩薩摩訶薩行
清淨一切菩薩摩訶薩行清淨故無際空清
淨何以故若一切智智清淨若一切菩薩摩
訶薩行清淨若無際空清淨無二無二分無
別無斷故善現一切智智清淨故諸佛無上
正等菩提清淨諸佛無上正等菩提清淨故
無際空清淨何以故若一切智智清淨若諸
佛無上正等菩提清淨若無際空清淨無二
無二分無別無斷故
復次善現一切智智清淨故色清淨色清淨
故散空清淨何以故若一切智智清淨若色
清淨若散空清淨無二無二分無別無斷故

BD03455 號　大般若波羅蜜多經卷二五二　（23–13）

佛無上正等菩提清淨若無際空清淨無二
無二分無別無斷故
復次善現一切智智清淨故色清淨色清淨
故散空清淨何以故若一切智智清淨若色
清淨若散空清淨無二無二分無別無斷故
一切智智清淨故受想行識清淨受想行識
清淨故散空清淨何以故若一切智智清淨
若受想行識清淨若散空清淨無二無二分
無別無斷故善現一切智智清淨故眼處清
淨眼處清淨故散空清淨何以故若一切智
智清淨若眼處清淨若散空清淨無二無二
分無別無斷故一切智智清淨故耳鼻舌身
意處清淨耳鼻舌身意處清淨故散空清淨
何以故若一切智智清淨若耳鼻舌身意處
清淨若散空清淨無二無二分無別無斷故
善現一切智智清淨故色處清淨色處清淨
故散空清淨何以故若一切智智清淨若色
處清淨若散空清淨無二無二分無別無斷
故一切智智清淨故聲香味觸法處清淨聲
香味觸法處清淨故散空清淨何以故若一
切智智清淨若聲香味觸法處清淨若散空
清淨無二無二分無別無斷故善現一切智
智清淨故眼界清淨眼界清淨故散空清淨
何以故若一切智智清淨若眼界清淨若散
空清淨無二無二分無別無斷故一切智智
清淨故色界眼識界及眼觸眼觸為緣所生
諸受清淨色界乃至眼觸為緣所生諸受清

BD03455 號　大般若波羅蜜多經卷二五二　（23–14）

智清淨故眼界清淨眼界清淨故散空清淨
何以故若一切智智清淨若眼界清淨若散
空清淨無二無二分無別無斷故一切智智
清淨故色界眼識界及眼觸眼觸為緣所生
諸受清淨色界乃至眼觸為緣所生諸受清
淨故散空清淨何以故若一切智智清淨若
色界乃至眼觸為緣所生諸受清淨若散空
清淨無二無二分無別無斷故善現一切智
智清淨故耳界清淨耳界清淨故散空清淨
何以故若一切智智清淨若耳界清淨若散
空清淨無二無二分無別無斷故一切智智
清淨故聲界耳識界及耳觸耳觸為緣所生
諸受清淨聲界乃至耳觸為緣所生諸受清
淨故散空清淨何以故若一切智智清淨若
聲界乃至耳觸為緣所生諸受清淨若散空
清淨無二無二分無別無斷故善現一切智
智清淨故鼻界清淨鼻界清淨故散空清淨
何以故若一切智智清淨若鼻界清淨若散
空清淨無二無二分無別無斷故一切智智
清淨故香界鼻識界及鼻觸鼻觸為緣所生
諸受清淨香界乃至鼻觸為緣所生諸受清
淨故散空清淨何以故若一切智智清淨若
香界乃至鼻觸為緣所生諸受清淨若散空
清淨無二無二分無別無斷故善現一切智
智清淨故舌界清淨舌界清淨故散空清淨
何以故若一切智智清淨若舌界清淨若散
空清淨無二無二分無別無斷故一切智智

BD03455號　大般若波羅蜜多經卷二五二　（23–15）

清淨無二無二分無別無斷故善現一切智
智清淨故舌界清淨舌界清淨故散空清淨
何以故若一切智智清淨若舌界清淨若散
空清淨無二無二分無別無斷故一切智智
清淨故味界舌識界及舌觸舌觸為緣所生
諸受清淨味界乃至舌觸為緣所生諸受清
淨故散空清淨何以故若一切智智清淨若
味界乃至舌觸為緣所生諸受清淨若散空
清淨無二無二分無別無斷故善現一切智
智清淨故身界清淨身界清淨故散空清淨
何以故若一切智智清淨若身界清淨若散
空清淨無二無二分無別無斷故一切智智
清淨故觸界身識界及身觸身觸為緣所生
諸受清淨觸界乃至身觸為緣所生諸受清
淨故散空清淨何以故若一切智智清淨若
觸界乃至身觸為緣所生諸受清淨若散空
清淨無二無二分無別無斷故善現一切智
智清淨故意界清淨意界清淨故散空清淨
何以故若一切智智清淨若意界清淨若散
空清淨無二無二分無別無斷故一切智智
清淨故法界意識界及意觸意觸為緣所生
諸受清淨法界乃至意觸為緣所生諸受清
淨故散空清淨何以故若一切智智清淨若
法界乃至意觸為緣所生諸受清淨若散空
清淨無二無二分無別無斷故善現一切智
智清淨故地界清淨地界清淨故散空清淨
何以故若一切智智清淨若地界清淨若散

BD03455號　大般若波羅蜜多經卷二五二　（23–16）

法界乃至意觸為緣所生諸受清淨若散空
清淨無二無二分無別無斷故善現一切智
智清淨故地界清淨地界清淨故散空清淨
何以故若一切智智清淨若地界清淨若散
空清淨無二無二分無別無斷故一切智智
清淨故水火風空識界清淨水火風空識界
清淨故散空清淨何以故若一切智智清淨
若水火風空識界清淨若散空清淨無二無
二分無別無斷故善現一切智智清淨故無
明清淨無明清淨故散空清淨何以故若一
切智智清淨若無明清淨若散空清淨無二
無二分無別無斷故一切智智清淨故行識
名色六處觸受愛取有生老死愁歎苦憂惱
清淨行乃至老死愁歎苦憂惱清淨故散空
清淨何以故若一切智智清淨若行乃至老
死愁歎苦憂惱清淨若散空清淨無二無二
分無別無斷故
善現一切智智清淨故布施波羅蜜多清淨
布施波羅蜜多清淨故散空清淨何以故若
一切智智清淨若布施波羅蜜多清淨若散
空清淨無二無二分無別無斷故一切智智
清淨故淨戒安忍精進靜慮般若波羅蜜多
清淨淨戒乃至般若波羅蜜多清淨故散空
清淨何以故若一切智智清淨若淨戒乃至
般若波羅蜜多清淨若散空清淨無二無二
分無別無斷故善現一切智智清淨故內空
清淨內空清淨故散空清淨何以故若一切智

BD03455號　大般若波羅蜜多經卷二五二　(23–17)

清淨何以故若一切智智清淨若淨戒乃至
般若波羅蜜多清淨若散空清淨無二無二
分無別無斷故善現一切智智清淨故內空
清淨內空清淨故散空清淨何以故若一切智
智清淨若內空清淨若散空清淨無二無二
分無別無斷故一切智智清淨故外空內
外空空空大空勝義空有為空無為空畢竟
空無際空無變異空本性空自相空共相空
一切法空不可得空無性空自性空無性自
性空清淨外空乃至無性自性空清淨故散
空清淨何以故若一切智智清淨若外空乃
至無性自性空清淨若散空清淨無二無二
分無別無斷故善現一切智智清淨故真如
清淨真如清淨故散空清淨何以故若一切
智智清淨若真如清淨若散空清淨無二無
二分無別無斷故一切智智清淨故法界法
性不虛妄性不變異性平等性離生性法定
法住實際虛空界不思議界清淨法界乃至
不思議界清淨故散空清淨何以故若一切
智智清淨若法界乃至不思議界清淨若散
空清淨無二無二分無別無斷故善現一切
智智清淨故苦聖諦清淨苦聖諦清淨故散
空清淨何以故若一切智智清淨若苦聖諦
清淨若散空清淨無二無二分無別無斷故
一切智智清淨故集滅道聖諦清淨集滅道
聖諦清淨故散空清淨何以故若一切智智
清淨若集滅道聖諦清淨若散空清淨無二

BD03455號　大般若波羅蜜多經卷二五二　(23–18)

清淨若散空清淨無二無二分無別無斷故
一切智智清淨故集滅道聖諦清淨集滅道
聖諦清淨故散空清淨何以故若一切智智
清淨若集滅道聖諦清淨若散空清淨無二
無二分無別無斷故
善現一切智智清淨故四靜慮清淨四靜慮
清淨故散空清淨何以故若一切智智清淨
若四靜慮清淨若散空清淨無二無二分無
別無斷故一切智智清淨故四無量四無色
定清淨四無量四無色定清淨故散空清淨
何以故若一切智智清淨若四無量四無色
定清淨若散空清淨無二無二分無別無斷
故善現一切智智清淨故八解脫清淨八解
脫清淨故散空清淨何以故若一切智智清
淨若八解脫清淨若散空清淨無二無二分
無別無斷故一切智智清淨故八勝處九次
第定十遍處清淨八勝處九次第定十遍處
清淨故散空清淨何以故若一切智智清淨
若八勝處九次第定十遍處清淨若散空清
淨無二無二分無別無斷故善現一切智智
清淨故四念住清淨四念住清淨故散空清
淨何以故若一切智智清淨若四念住清淨
若散空清淨無二無二分無別無斷故一切
智智清淨故四正斷四神足五根五力七等
覺支八聖道支清淨四正斷乃至八聖道支
清淨故散空清淨何以故若一切智智清淨
若四正斷乃至八聖道支清淨若散空清淨

BD03455號　大般若波羅蜜多經卷二五二　（23–19）

智智清淨故四正斷四神足五根五力七等
覺支八聖道支清淨四正斷乃至八聖道支
清淨故散空清淨何以故若一切智智清淨
若四正斷乃至八聖道支清淨若散空清淨
無二無二分無別無斷故善現一切智智清
淨故空解脫門清淨空解脫門清淨故散空
清淨何以故若一切智智清淨若空解脫門
清淨若散空清淨無二無二分無別無斷故
一切智智清淨故無相無願解脫門清淨無
相無願解脫門清淨故散空清淨何以故若
一切智智清淨若無相無願解脫門清淨若
散空清淨無二無二分無別無斷故善現一
切智智清淨故菩薩十地清淨菩薩十地清
淨故散空清淨何以故若一切智智清淨若
菩薩十地清淨若散空清淨無二無二分無
別無斷故
善現一切智智清淨故五眼清淨五眼清淨
故散空清淨何以故若一切智智清淨若五
眼清淨若散空清淨無二無二分無別無斷
故一切智智清淨故六神通清淨六神通清
淨故散空清淨何以故若一切智智清淨若
六神通清淨若散空清淨無二無二分無別
無斷故善現一切智智清淨故佛十力清淨
佛十力清淨故散空清淨何以故若一切智
智清淨若佛十力清淨若散空清淨無二無
二分無別無斷故一切智智清淨故四無所
[illegible]

BD03455號　大般若波羅蜜多經卷二五二　（23–20）

無斷故善現一切智智清淨故佛十力清淨
佛十力清淨故散空清淨何以故若一切智
智清淨若佛十力清淨若散空清淨無二無
二分無別無斷故一切智智清淨故四無所
畏四無礙解大慈大悲大喜大捨十八佛不
共法清淨四無所畏乃至十八佛不共法清
淨故散空清淨何以故若一切智智清淨若
四無所畏乃至十八佛不共法清淨若散空
清淨無二無二分無別無斷故善現一切智
智清淨故無忘失法清淨無忘失法清淨故
散空清淨何以故若一切智智清淨若無忘
失法清淨若散空清淨無二無二分無別無
斷故一切智智清淨故恒住捨性清淨恒住
捨性清淨故散空清淨何以故若一切智智
清淨若恒住捨性清淨若散空清淨無二無
二分無別無斷故善現一切智智清淨故一
切智清淨一切智清淨故散空清淨何以故
若一切智智清淨若一切智清淨若散空清
淨無二無二分無別無斷故一切智智清
淨故道相智一切相智清淨道相智一切相
智清淨故散空清淨何以故若一切智智清
淨若道相智一切相智清淨若散空清淨無
二無二分無別無斷故善現一切智智清淨
故一切陀羅尼門清淨一切陀羅尼門清淨
故散空清淨何以故若一切智智清淨若一
切陀羅尼門清淨若散空清淨無二無二分
無別無斷故一切智智清淨故一切三摩地

BD03455號　大般若波羅蜜多經卷二五二　（23–21）

二無二分無別無斷故善現一切智智清淨
故一切陀羅尼門清淨一切陀羅尼門清淨
故散空清淨何以故若一切智智清淨若一
切陀羅尼門清淨若散空清淨無二無二分
無別無斷故一切智智清淨故一切三摩地
門清淨一切三摩地門清淨故散空清淨何
以故若一切智智清淨若一切三摩地門清
淨若散空清淨無二無二分無別無斷故
善現一切智智清淨故預流果清淨預流果
清淨故散空清淨何以故若一切智智清淨
若預流果清淨若散空清淨無二無二分無
別無斷故一切智智清淨故一來不還阿羅
漢果清淨一來不還阿羅漢果清淨故散空
清淨何以故若一切智智清淨若一來不還
阿羅漢果清淨若散空清淨無二無二分無
別無斷故善現一切智智清淨故獨覺菩提
清淨獨覺菩提清淨故散空清淨何以故若
一切智智清淨若獨覺菩提清淨若散空清
淨無二無二分無別無斷故善現一切智智
清淨故一切菩薩摩訶薩行清淨一切菩薩
摩訶薩行清淨故散空清淨何以故若一切
智智清淨若一切菩薩摩訶薩行清淨若散
空清淨無二無二分無別無斷故善現一切
智智清淨故諸佛無上正等菩提清淨諸佛
無上正等菩提清淨故散空清淨何以故若
一切智智清淨若諸佛無上正等菩提清淨
若散空清淨無二無二分無別無斷故

BD03455號　大般若波羅蜜多經卷二五二　（23–22）

別無斷故善現一切智智清淨故獨覺菩提
清淨獨覺菩提清淨故散空清淨何以故若
一切智智清淨若獨覺菩提清淨若散空清
淨無二無二分無別無斷故善現一切智智
清淨故一切菩薩摩訶薩行清淨一切菩薩
摩訶薩行清淨故散空清淨何以故若一切
智智清淨若一切菩薩摩訶薩行清淨若散
空清淨無二無二分無別無斷故善現一切
智智清淨故諸佛無上正等菩提清淨諸佛
無上正等菩提清淨故散空清淨何以故若
一切智智清淨若諸佛無上正等菩提清淨
若散空清淨無二無二分無別無斷故

大般若波羅蜜多經卷第二百五十二

張瞻寫　第一校　第二校　第三校

BD03455號　大般若波羅蜜多經卷二五二　（23–23）

……行而觀諸
……是名菩薩摩訶
薩摩訶薩親近處菩薩摩
訶薩不親近國王王子大臣官長不親近諸
外道梵志尼揵子等及造世俗文筆讚詠外
書及路伽耶陀逆路伽耶陀者亦不親近諸
有凶戲相扠相撲及那羅等種種變現之戲
又不親近旃陀羅及畜猪羊雞狗田獵漁捕
諸惡律儀如是人等或時來者則為說法无所
希望又不親近求聲聞比丘比丘尼優婆塞
優婆夷亦不問訊若於房中若經行處若
在講堂中不共住止或時來者隨宜說法无
所悕求文殊師利又菩薩摩訶薩不應於女
人身取能生欲想相而為說法亦不樂見若
入他家不與小女處女寡女等共語亦復不近
五種不男之人以為親厚不獨入他家若有因
緣須獨入時但一心念佛若為女人說法不露
齒咲不現胷臆乃至為法猶不親厚况復
餘事不樂畜年少弟子沙弥小兒亦不樂與
同師常好坐禪在於閑處脩攝其心文殊師

BD03456號　妙法蓮華經卷五　（28–1）

緣須獨入時但一心念佛若為女人說法不露
齒咲不現胷臆乃至為法猶不親厚況復
餘事不樂畜年少弟子沙弥小兒亦不樂與
同師常好坐禪在於閑處脩攝其心文殊師
利是名初親近處復次菩薩摩訶薩觀一
切法空如實相不顛倒不動不退不轉如虚
空无所有性一切語言道斷不生不出不起无名
无相實无所有无量无邊无㝵无障但以因
緣有從顛倒生故說常樂觀如是法相是
名菩薩摩訶薩第二親近處尒時世尊欲
重宣此義而說偈言
若有菩薩　於後末世　无怖畏心　欲說是經
應說行處　及親近處　常離國王　及國王子
大臣官長　凶險戲者　及旃陀羅　外道梵志
亦不親近　增上慢人　貪著小乘　三藏學者
破戒比丘　名字羅漢　及比丘尼　好戲咲者
深著五欲　求現滅度　諸優婆夷　皆勿親近
若是人等　以好心來　到菩薩所　為聞佛道
菩薩則以　无所畏心　不懷悕望　而為說法
寡女處女　及諸不男　皆勿親近　以為親厚
亦莫親近　屠兒魁膾　畋獵漁捕　為利煞害
販肉自活　衒賣女色　如是之人　皆勿親近
凶險相撲　種種嬉戲　諸婬女等　盡勿親近
莫獨屏處　為女說法　若說法時　无得戲咲
入里乞食　將一比丘　若无比丘　一心念佛
是則名為　行處近處　以此二處　能安樂說
又復不行　上中下法　有為无為　實不實法

BD03456 號　妙法蓮華經卷五　　（28–2）

販肉自活　衒賣女色　如是之人　皆勿親近
凶險相撲　種種嬉戲　諸婬女等　盡勿親近
莫獨屏處　為女說法　若說法時　无得戲咲
入里乞食　將一比丘　若无比丘　一心念佛
是則名為　行處近處　以此二處　能安樂說
又復不行　上中下法　有為无為　實不實法
亦不分別　是男是女　不得諸法　不知不見
是則名為　菩薩行處　一切諸法　空无所有
无有常住　亦无起滅　是名智者　所親近處
顛倒分別　諸法有无　是實非實　是生非生
在於閑處　脩攝其心　安住不動　如須弥山
觀一切法　皆无所有　猶如虚空　无有堅固
不生不出　不動不退　常住一相　是名近處
若有比丘　於我滅後　入是行處　及親近處
說斯經時　无有怯弱　菩薩有時　入於靜室
以正憶念　隨義觀法　從禪定起　為諸國王
王子臣民　婆羅門等　開化演暢　說斯經典
其心安隱　无有怯弱　文殊師利　是名菩薩
安住初法　能於後世　說法華經
又文殊師利如來滅後於末法中欲說是經
應住安樂行若口宣說若讀經時不樂說人
及經典過亦不輕慢諸餘法師不說他人好
惡長短於聲聞人亦不稱名說其過惡亦不
稱名讚歎其美又亦不生怨嫌之心善脩如
是安樂心故諸有聽者不逆其意有所難
問不以小乘法荅但以大乘而為解說令得一
切種智尒時世尊欲重宣此義而說偈言

BD03456 號　妙法蓮華經卷五　　（28–3）

稱名讚歎其美又亦不生怨嫌之心善脩如
是安樂心故諸有聽者不逆其意有所難
問不以小乘法荅但以大乘而為解說令得一
切種智尒時世尊欲重宣此義而說偈言
菩薩常樂　安隱說法　扵清淨地　而施床坐
以油塗身　澡浴塵穢　著新淨衣　內外俱淨
安處法座　隨問為說　若有比丘　及比丘尼
諸優婆塞　及優婆夷　國王王子　群臣士民
以微妙義　和顏為說　若有難問　隨義而荅
因緣譬喻　敷演分別　以是方便　皆使發心
漸漸增益　入扵佛道　除懶惰意　及懈怠想
離諸憂惱　慈心說法　晝夜常說　无上道教
以諸因緣　无量譬喻　開示眾生　咸令歡喜
衣服卧具　飲食醫藥　而扵其中　无所悕望
但一心念　說法因緣　願成佛道　令眾亦尒
是則大利　安樂供養　我滅度後　若有比丘
能演說斯　妙法華經　心无嫉恚　諸惱障礙
亦无憂愁　及罵詈者　又无怖畏　加刀杖等
亦无擯出　安住忍辱　智者如是　善脩其心
能住安樂　如我上說　其人功德　千万億劫
筭數譬喻　說不能盡
又文殊師利菩薩摩訶薩扵後末世法欲滅
時受持讀誦斯經典者无懷嫉妬諂誑之心
亦勿輕罵學佛道者求其長短若比丘比丘
尼優婆塞優婆夷求聲聞者求辟支佛者求
菩薩道者无得惱之令其疑悔語其人言汝
等去道甚遠終不能得一切種智所以者何

BD03456號　妙法蓮華經卷五　（28–4）

又文殊師利菩薩摩訶薩扵後末世法欲滅
時受持讀誦斯經典者无懷嫉妬諂誑之心
亦勿輕罵學佛道者求其長短若比丘比丘
尼優婆塞優婆夷求聲聞者求辟支佛者求
菩薩道者无得惱之令其疑悔語其人言汝
等去道甚遠終不能得一切種智所以者何
汝是放逸之人扵道懈怠故又亦不應戲論諸
法有所諍競當扵一切眾生起大悲想扵諸
如來起慈父想扵諸菩薩起大師想扵十方
諸大菩薩常應深心恭敬禮拜扵一切眾生
平等說法以順法故不多不少乃至深愛法
者亦不為多說文殊師利是菩薩摩訶薩
扵後末世法欲滅時有成就是第三安樂行
者說是法時无能惱亂得好同學共讀誦是
經亦得大眾而來聽受聽已能持持已能誦
誦已能說說已能書若使人書供養經卷恭敬
尊重讚歎尒時世尊欲重宣此義而說偈言
若欲說是經　當捨嫉恚慢　諂誑邪偽心　常脩質直行
不輕蔑扵人　亦不戲論法　不令他疑悔　云汝不得佛
是佛子說法　常柔和能忍　慈悲扵一切　不生懈怠心
十方大菩薩　愍眾故行道　應生恭敬心　是則我大師
扵諸佛世尊　生无上父想　破扵憍慢心　說法无障礙
第三法如是　智者應守護　一心安樂行　无量眾所敬
又文殊師利菩薩摩訶薩扵後末世法欲滅
時有持法華經者扵在家出家人中生大慈心
扵非菩薩人中生大悲心應作是念如是之
人則為大失如來方便隨宜說法不聞不知

BD03456號　妙法蓮華經卷五　（28–5）

[illegible]
又文殊師利菩薩摩訶薩扵後末世法欲滅
時有持法華經者扵在家出家人中生大慈心
扵非菩薩人中生大悲心應作是念如是之
人則為大失如来方便隨宜說法不聞不知
不覺不問不信不解其人雖不問不信不解
是經我得阿耨多羅三藐三菩提時隨在何地
以神通力智慧力引之令得住是法中文殊
師利是菩薩摩訶薩扵如来滅後有成就
此第四法者說是法時无有過失常為比
丘比丘尼優婆塞優婆夷國王王子大臣人
民婆羅門居士等供養恭敬尊重讚歎虛
空諸天為聽法故亦常隨侍若在聚落城邑
空閑林中有人来欲難問者諸天晝夜常為法
故而衛護之能令聽者皆得歡喜所以者何
此經是一切過去未来現在諸佛神力所護故
文殊師利是法華經扵无量國中乃至名字
不可得聞何況得見受持讀誦文殊師利譬
如強力轉輪聖王欲以威勢降伏諸國而諸小
王不順其命時轉輪王起種種兵而往討伐
王見兵眾戰有功者即大歡喜隨功賞賜
或與田宅聚落城邑或與衣服嚴身之具或
與種種珎寶金銀琉璃車𤦲馬瑙珊瑚虎珀
象馬車乘奴婢人民唯髻中明珠不以與之
所以者何獨王頂上有此一珠若以與之王諸
眷屬必大驚怪文殊師利如来亦復如是以
禪定智慧力得法國土王扵三界而諸魔

與種種珎寶金銀琉璃車𤦲馬瑙珊瑚虎珀
象馬車乘奴婢人民唯髻中明珠不以與之
所以者何獨王頂上有此一珠若以與之王諸
眷屬必大驚怪文殊師利如来亦復如是以
禪定智慧力得法國土王扵三界而諸魔
王不肯順伏如来賢聖諸將與之共戰其有
功者心亦歡喜扵四眾中為說諸經令其心
悅賜以禪定解脫无漏根力諸法之財又復
賜與涅槃之城言得滅度引導其心令皆歡
喜而不為說是法華經文殊師利如轉輪王
見諸兵眾有大功者心甚歡喜以此難信
之珠久在髻中不妄與人而今與之如来亦復
如是扵三界中為大法王以法教化一切眾生
見賢聖軍與五陰魔煩惱魔死魔共戰
有大功勳滅三毒出三界破魔網尒時如来
亦大歡喜此法華經能令眾生至一切智一
切世間多怨難信先所未說而今說之文殊
師利此法華經是諸如来第一之說扵諸說
中最為甚深末後賜與如彼強力之王久護
明珠今乃與之文殊師利此法華經諸佛如
来秘密之藏扵諸經中最在其上長夜守
護不妄宣說始扵今日乃與汝等而敷演之尒
時世尊欲重宣此義而說偈言
常行忍辱　哀愍一切　乃能演說　佛所讚經
後末世時　持此經者　扵家出家　及非菩薩
應生慈悲　斯等不聞　不信是經　則為大失
我得佛道　以諸方便　為說此法　令住其中

說不妄宣說始於今日與汝等而敷演之尒
時世尊欲重宣此義而說偈言
常行忍辱　哀愍一切　乃能演說　佛所讚經
後末世時　持此經者　於家出家　及非菩薩
應生慈悲　斯等不聞　不信是經　則為大失
我得佛道　以諸方便　為說此法　令住其中
譬如強力　轉輪之王　兵戰有功　賞賜諸物
象馬車乘　嚴身之具　及諸田宅　聚落城邑
或與衣服　種種珍寶　奴婢財物　歡喜賜與
如有勇健　能為難事　王解髻中　明珠賜之
如來亦尒　為諸法王　忍辱大力　智慧寶藏
以大慈悲　如法化世　見一切人　受諸苦惱
欲求解脫　與諸魔戰　為是眾生　說種種法
以大方便　說此諸經　既知眾生　得其力已
末後乃為　說是法華　如王解髻　明珠與之
此經為尊　眾經中上　我常守護　不妄開示
今正是時　為汝等說　我滅度後　求佛道者
欲得安隱　演說斯經　應當親近　如是四法
讀是經者　常无憂惱　又无病痛　顏色鮮白
不生貧窮　卑賤醜陋　眾生樂見　如慕賢聖
天諸童子　以為給使　刀杖不加　毒不能害
若人惡罵　口則閉塞　遊行无畏　如師子王
智慧光明　如日之照　若於夢中　但見妙事
見諸如來　坐師子座　諸比丘眾　圍繞說法
又見龍神　阿脩羅等　數如恒沙　恭敬合掌
自見其身　而為說法　又見諸佛　身相金色
放无量光　照於一切　以梵音聲　演說諸法

見諸如來　坐師子座　諸比丘眾　圍繞說法
又見龍神　阿脩羅等　數如恒沙　恭敬合掌
自見其身　而為說法　又見諸佛　身相金色
放无量光　照於一切　以梵音聲　演說諸法
佛為四眾　說无上法　見身處中　合掌讚佛
聞法歡喜　而為供養　得陀羅尼　證不退智
佛知其心　深入佛道　即為授記　成最正覺
汝善男子　當於來世　得无量智　佛之大道
國土嚴淨　廣大无比　亦有四眾　合掌聽法
又見自身　在山林中　脩習善法　證諸實相
深入禪定　見十方佛
諸佛身金色　百福相莊嚴　聞法為人說　常有是好夢
又夢作國王　捨宮殿眷屬　及上妙五欲　行詣於道場
在菩提樹下　而處師子座　求道過七日　得諸佛之智
說无漏妙法　度无量眾生　後當入涅槃　如烟盡燈滅
成无上道已　起而轉法輪　為四眾說法　經千万億劫
若後惡世中　說是第一法　是人得大利　如上諸功德

妙法蓮華經從地踊出品第十五

尒時他方國土諸來菩薩摩訶薩過八恒河
沙數於大眾中起合掌作礼而白佛言世尊
若聽我等於佛滅後在此娑婆世界懃加精
進護持讀誦書寫供養是經典者當於此土
而廣說之尒時佛告諸菩薩摩訶薩眾止善
男子不須汝等護持此經所以者何我娑婆
世界自有六万恒河沙等菩薩摩訶薩一一
菩薩各有六万恒河沙眷屬是諸人等能於
我滅後護持讀誦廣說此經佛說是時娑婆

而廣說之尒時佛告諸菩薩摩訶薩衆止善
男子不須汝等護持此經所以者何我娑婆
世界自有六万恒河沙等菩薩摩訶薩一一
菩薩各有六万恒河沙眷屬是諸人等能於
我滅後護持讀誦廣說此經佛說是時娑婆
世界三千大千國土地皆震裂而於其中有
无量千万億菩薩摩訶薩同時踊出是諸菩
薩身皆金色三十二相无量光明先盡在此
娑婆世界之下此界虛空中住是諸菩薩聞
釋迦牟尼佛所說音聲從下發來一一菩薩
皆是大衆唱導之首各將六万恒河沙眷屬
況將五万四万三万二万一万恒河沙等眷
屬者況復乃至一恒河沙半恒河沙四分之
一乃至千万億那由他分之一況復千万億
那由他眷屬況復億万眷屬況復千万百万
乃至一万況復一千一百乃至一十況復將
五四三二一弟子者況復單己樂遠離行如
是等比无量无邊筭數譬喻所不能知是諸
菩薩從地出已各詣虛空七寶妙塔多寶如
來釋迦牟尼佛所到已向二世尊頭面礼足
及至諸寶樹下師子座上佛亦皆作礼右
繞三匝合掌恭敬以諸菩薩種種讚法而以
讚嘆住在一面欣樂瞻仰於二世尊是諸善
薩摩訶薩從初踊出以諸菩薩種種讚法而
讚於佛如是時間経五十小劫是時釋迦牟
尼佛嘿然而坐及諸四衆亦皆嘿然五十小
劫佛神力故令諸大衆謂如半日尒時四衆
以亦佛神力故見諸菩薩遍滿无量百千万

BD03456號　妙法蓮華經卷五　（28–10）

尼佛嘿然而坐及諸四衆亦皆嘿然五十小
劫佛神力故令諸大衆謂如半日尒時四衆
以亦佛神力故見諸菩薩遍滿无量百千万
億國土虛空是菩薩衆中有四導師一名上
行二名无邊行三名淨行四名安立行是四
菩薩於其衆中㝡為上首唱導之師在大衆
前各共合掌觀釋迦牟尼佛而問訊言世尊
少病少惱安樂行不所應度者受教易不不
令世尊生疲勞耶尒時四大菩薩而說偈言
世尊安樂　少病少惱　教化衆生　得无疲惓
又諸衆生　受化易不　不令世尊　生勞苦耶
尒時世尊於菩薩大衆中而作是言如是如
是諸善男子如來安樂少病少惱諸衆生等
易可化度无有疲勞所以者何是諸衆生世
世已來常受我化亦於過去諸佛供養尊重
種諸善根此諸衆生始見我身聞我所說即
皆信受入如來慧除先修習學小乘者如是
之人我今亦令得聞是經入於佛慧尒時諸
大菩薩而說偈言
善哉善哉　大雄世尊　諸衆生等　易可化度
能問諸佛　甚深智慧　聞已信行　我等隨喜
於時世尊讚嘆上首諸大菩薩善哉善哉善
男子汝等能於如來發隨喜心尒時彌勒菩
薩及八千恒河沙諸菩薩衆皆作是念我等
從昔已來不見不聞如是大菩薩摩訶薩衆
從地踊出住世尊前合掌供養問訊如來時
彌勒菩薩摩訶薩知八千恒河沙諸菩薩等

BD03456號　妙法蓮華經卷五　（28–11）

從昔已來不見不聞如是大菩薩摩訶薩衆
從地踊出住世尊前合掌供養問訊如來時
弥勒菩薩摩訶薩知八千恒河沙諸菩薩等
心之所念并欲自決所疑合掌向佛以偈問
曰
无量千万億 大衆諸菩薩 昔所未曾有 願兩足尊說
是從何所來 以何因緣集 巨身大神通 智慧叵思議
其志念堅固 有大忍辱力 衆生所樂見 為從何所來
一一諸菩薩 所將諸眷屬 其數无有量 如恒河沙等
或有大菩薩 將六万恒沙 如是諸大衆 一心求佛道
是諸大師等 六万恒河沙 俱來供養佛 及護持是經
將五万恒沙 其數過於是 四万及三万 二万至一万
一千一百等 乃至一恒沙 半及三四分 億万分之一
千万那由他 万億諸弟子 乃至於半億 其數復過是
百万至一万 一千及一百 五十與一十 乃至三二一
單己无眷屬 樂於獨處者 俱來至佛所 其數轉過上
如是諸大衆 若人行籌數 過於恒沙劫 猶不能盡知
是諸大威德 精進菩薩衆 誰為其說法 教化而成就
從誰初發心 稱揚何佛法 受持行誰經 脩習何佛道
如是諸菩薩 神通大智力 四方地震裂 皆從中踊出
世尊我昔來 未曾見是事 願說其所從 國土之名号
我常遊諸國 未曾見是衆 我於此衆中 乃不識一人
忽然從地出 願說其因緣 今此之大會 无量百千億
是諸菩薩等 皆欲知此事 是諸菩薩衆 本末之因緣
无量德世尊 唯願決衆疑
尒時釋迦牟尼分身諸佛從无量千万億他
方國土來者在於八方諸寶樹下師子座上

忽然從地出 願說其因緣 今此之大會 无量百千億
是諸菩薩等 皆欲知此事 是諸菩薩衆 本末之因緣
无量德世尊 唯願決衆疑
尒時釋迦牟尼分身諸佛從无量千万億他
方國土來者在於八方諸寶樹下師子座上
結加趺坐其佛侍者各各見是菩薩大衆於
三千大千世界四方從地踊出住於虛空各
白其佛言世尊此諸无量无邊阿僧祇菩薩
大衆從何所來尒時諸佛各告侍者諸善男
子且待須臾有菩薩摩訶薩名曰弥勒釋迦
牟尼佛之所授記次後作佛已問斯事佛今
荅之汝等自當因是得聞尒時釋迦牟尼佛
告弥勒菩薩善哉善哉阿逸多乃能問佛如
是大事汝等當共一心被精進鎧發堅固意
如來今欲顯發宣示諸佛智慧諸佛自在神
通之力諸佛師子奮迅之力諸佛威猛大勢
之力尒時世尊欲重宣此義而說偈言
當精進一心 我欲說此事 勿得有疑悔 佛智叵思議
汝今出信力 住於忍善中 昔所未聞法 今皆當得聞
我今安慰汝 勿得懷疑懼 佛无不實語 智慧不可量
所得第一法 甚深叵分別 如是今當說 汝等一心聽
尒時世尊說此偈已告弥勒菩薩我今於此
大衆宣告汝等阿逸多是諸大菩薩摩訶薩
无量无數阿僧祇從地踊出汝等昔所未見
者我於是娑婆世界得阿耨多羅三藐三菩
提已教化示導是諸菩薩調伏其心令發道
意此諸菩薩皆於是娑婆世界之下此界虛
空中住於諸經典讀誦通利思惟分別正憶

无量无數阿僧祇從地踊出汝等昔所未見
者我於是娑婆世界得阿耨多羅三藐三菩
提已教化示導是諸菩薩調伏其心令發道
意此諸菩薩皆於是娑婆世界之下此界虛
空中住於諸經典讀誦通利思惟分別正憶
念阿逸多是諸善男子等不樂在衆多有所
說常樂靜處懃行精進未曾休息亦不依止
人天而住常樂深智无有鄣㝵亦常樂於諸
佛之法一心精進求无上慧尒時世尊欲重
宣此義而說偈言
阿逸汝當知　是諸大菩薩　從无數劫來　脩習佛智慧
悉是我所化　令發大道心　此等是我子　依止是世界
常行頭陁事　志樂於靜處　捨大衆憒閙　不樂多所說
如是諸子等　學習我道法　晝夜常精進　為求佛道故
在娑婆世界　下方空中住　志念力堅固　常懃求智慧
說種種妙法　其心无所畏　我於伽耶城　菩提樹下坐
得成最正覺　轉无上法輪　尒乃教化之　令初發道心
今皆住不退　悉當得成佛　我今說實語　汝等一心信
我從乆遠來　教化是等衆
尒時弥勒菩薩摩訶薩及无數諸菩薩等心
生疑惑怪未曾有而作是念云何世尊於少
時間教化如是无量无邊阿僧祇諸大菩薩
令住阿耨多羅三藐三菩提即白佛言世尊
如來為太子時出於釋宮去伽耶城不遠坐
於道場得成阿耨多羅三藐三菩提從是已
來始過四十餘年世尊云何於此少時大作
佛事以佛勢力以佛功德教化如是无量大

如來為太子時出於釋宮去伽耶城不遠坐
於道場得成阿耨多羅三藐三菩提從是已
來始過四十餘年世尊云何於此少時大作
佛事以佛勢力以佛功德教化如是无量大
菩薩衆當成阿耨多羅三藐三菩提世尊此
大菩薩衆假使有人於千万億劫數不能盡
不得其邊斯等乆遠已來於无量无邊諸佛
所殖諸善根成就菩薩道常脩梵行世尊如
此之事世所難信譬如有人色美髮黑年二
十五指百歲人言是我子其百歲人亦指年
少言是我父生育我等是事難信佛亦如是
得道已來其實未乆而此大衆諸菩薩等已
於无量千万億劫為佛道故懃行精進善入
出住无量百千万億三昧得大神通乆脩梵
行善能次第習諸善法巧於問荅人中之寶
一切世間甚為希有今日世尊方云得佛道
時初令發心教化示導令向阿耨多羅三藐
三菩提世尊得佛未乆乃能作此大功德事
我等雖復信佛隨宜所說佛所出言未曾虛
妄佛所知者皆悉通達然諸新發意菩薩於
佛滅後若聞是語或不信受而起破法罪業
因緣唯然世尊願為解說除我等疑及未來
世諸善男子聞此事已亦不生疑尒時弥勒
菩薩欲重宣此義而說偈言
佛昔從釋種　出家近伽耶　坐於菩提樹　尒來尚未乆
此諸佛子等　其數不可量　乆已行佛道　住於神通力
善學菩薩道　不染世間法　如蓮華在水　從地而踊出

菩薩欲重宣此義而說偈言
佛昔從釋種　出家近伽耶　坐於菩提樹　尒來尚未久
此諸佛子等　其數不可量　久已行佛道　住於神通力
善學菩薩道　不染世間法　如蓮華在水　從地而踊出
皆起恭敬心　住於世尊前　是事難思議　云何而可信
佛得道甚近　所成就甚多　願為除衆疑　如實分別說
譬如少壯人　年始二十五　示人百歲子　髮白而面皺
是我等所生　子亦說是父　父少而子老　舉世所不信
世尊亦如是　得道來甚近　是諸菩薩等　志固无怯弱
從无量劫來　而行菩薩道　巧於難問答　其心无所畏
忍辱心決定　端正有威德　十方佛所讚　善能分別說
不樂在人衆　常好在禪定　為求佛道故　於下空中住
我等從佛聞　於此事无疑　願佛為未來　演說令開解
若有於此經　生疑不信者　即當墮惡道　願今為解說
是無量菩薩　云何於少時　教化令發心　而住不退地
妙法蓮華經如來壽量品第十六
尒時佛告諸菩薩及一切大衆諸善男子汝
等當信解如來誠諦之語復告大衆汝等當
信解如來誠諦之語又復告諸大衆汝等當
信解如來誠諦之語是時菩薩大衆弥勒為
首合掌白佛言世尊唯願說之我等當信受
佛語如是三白已復言唯願說之我等當信
受佛語尒時世尊知諸菩薩三請不止而告
之言汝等諦聽如來秘密神通之力一切世
間天人及阿脩羅皆謂今釋迦牟尼佛出釋
氏宮去伽耶城不遠坐於道場得阿耨多羅
三藐三菩提然善男子我實成佛已來无量

之言汝等諦聽如來秘密神通之力一切世
間天人及阿脩羅皆謂今釋迦牟尼佛出釋
氏宮去伽耶城不遠坐於道場得阿耨多羅
三藐三菩提然善男子我實成佛已來无量
无邊百千万億那由他劫譬如五百千万億
那由他阿僧祇三千大千世界假使有人抹
為微塵過於東方五百千万億那由他阿僧
祇國乃下一塵如是東行盡是微塵諸善男
子於意云何是諸世界可得思惟校計知其
數不弥勒菩薩等俱白佛言世尊是諸世界
无量无邊非筭數所知亦非心力所及一切
聲聞辟支佛以无漏智不能思惟知其限數
我等住阿惟越致地於是事中亦所不達世
尊如是諸世界无量无邊尒時佛告大菩薩
衆諸善男子今當分明宣語汝等是諸世界
若著微塵及不著者盡以為塵一塵一劫我
成佛已來復過於此百千万億那由他阿僧
祇劫自從是來我常在此娑婆世界說法教
化亦於餘處百千万億那由他阿僧祇國導
利衆生諸善男子於是中間我說燃燈佛等
又復言其入於涅槃如是皆以方便分別諸
善男子若有衆生來至我所我以佛眼觀其
信等諸根利鈍隨所應度處處自說名字不
同年紀大小亦復現言當入涅槃又以種種
方便說微妙法能令衆生發歡喜心諸善男
子如來見諸衆生樂於小法德薄垢重者為
是人說我少出家得阿耨多羅三藐三菩提
然我實成佛已來久遠若斯但以方便教化

方便說微妙法能令衆生發歡喜心諸善男
子如来見諸衆生樂於小法德薄垢重者為
是人說我少出家得阿耨多羅三藐三菩提
然我實成佛已来久遠若斯但以方便教化
衆生令入佛道作如是說諸善男子如来所
演經典皆為度脫衆生或說己身或說他身
或示己身或示他身或示己事或示他事諸
所言說皆實不虛所以者何如来如實知見
三界之相无有生死若退若出亦无在世及
滅度者非實非虛非如非異不如三界見於
三界如斯之事如来明見无有錯謬以諸衆
生有種種性種種欲種種行種種憶想分別
故欲令生諸善根以若干因緣譬喻言辭種
種說法所作佛事未曾暫廢如是我成佛已
来甚大久遠壽命无量阿僧祇劫常住不滅
諸善男子我本行菩薩道所成壽命今猶未
盡復倍上數然今非實滅度而便唱言當取
滅度如来以是方便教化衆生所以者何若
佛久住於世薄德之人不種善根貧窮下賤
貪著五欲入於憶想妄見網中若見如来常
在不滅便起憍恣而懷猒怠不能生難遭想
恭敬之心是故如来以方便說比丘當知諸
佛出世難可值遇所以者何諸薄德人過无
量百千万億劫或有見佛或不見者以此事
故我作是言諸比丘如来難可得見斯衆生
等聞如是語必當生於難遭之想心懷戀慕
渴仰於佛便種善根是故如来雖不實滅而

量百千万億劫或有見佛或不見者以此事
故我作是言諸比丘如来難可得見斯衆生
等聞如是語必當生於難遭之想心懷戀慕
渴仰於佛便種善根是故如来雖不實滅而
言滅度又善男子諸佛如来法皆如是為度
衆生皆實不虛譬如良醫智慧聰達明練方
藥善治衆病其人多諸子息若十二十乃至
百數以有事緣遠至餘國諸子於後飲他毒
藥藥發悶亂宛轉于地是時其父還来歸家
諸子飲毒或失本心或不失者遙見其父皆
大歡喜拜跪問訊善安隱歸我等愚癡誤服
毒藥願見救療更賜壽命父見子等苦惱如
是依諸經方求好藥草色香美味皆悉具足
擣篩和合與子令服而作是言此大良藥色
香美味皆悉具足汝等可服速除苦惱无復
衆患其諸子中不失心者見此良藥色香俱
好即便服之病盡除愈餘失心者見其父来
雖亦歡喜問訊求索治病然與其藥而不肯
服所以者何毒氣深入失本心故於此好色
香藥而謂不美父作是念此子可愍為毒所
中心皆顛倒雖見我喜求索救療如是好藥
而不肯服我今當設方便令服此藥即作是
言汝等當知我今衰老死時已至是好良藥
今留在此汝可取服勿憂不差作是教已復
至他國遣使還告汝父已死是時諸子聞父
背喪心大憂惱而作是念若父在者慈愍我
等能見救護今者捨我遠喪他國自惟孤露
无復恃怙常懷悲感心遂醒悟乃知此藥色

今留在此汝可取服勿憂不差作是教已復
至他國遣使還告汝父已死是時諸子聞父
背喪心大憂惱而作是念若父在者慈愍我
等能見救護今者捨我遠喪他國自惟孤露
无復恃怙常懷悲感心遂醒悟乃知此藥色
味香美即取服之毒病皆愈其父聞子悉已
得差尋便來歸咸使見之諸善男子於意云
何頗有人能說此良藥虛妄罪不不也世尊
佛言我亦如是成佛已來无量无邊百千万
億那由他阿僧祇劫為衆生故以方便力言
當滅度亦无有能如法說我虛妄過者尒時
世尊欲重宣此義而說偈言
自我得佛來　所經諸劫數　无量百千万　億載阿僧祇
常說法教化　无數億衆生　令入於佛道　尒來无量劫
為度衆生故　方便現涅槃　而實不滅度　常住此說法
我常住於此　以諸神通力　令顛倒衆生　雖近而不見
衆見我滅度　廣供養舍利　咸皆懷戀慕　而生渴仰心
衆生既信伏　質直意柔軟　一心欲見佛　不自惜身命
時我及衆僧　俱出靈鷲山　我時語衆生　常在此不滅
以方便力故　現有滅不滅　餘國有衆生　恭敬信樂者
我復於彼中　為說无上法　汝等不聞此　但謂我滅度
我見諸衆生　沒在於苦惱　故不為現身　令其生渴仰
因其心戀慕　乃出為說法　神通力如是　於阿僧祇劫
常在靈鷲山　及餘諸住處　衆生見劫盡　大火所燒時
我此土安隱　天人常充滿　園林諸堂閣　種種寶莊嚴
寶樹多華菓　衆生所遊樂　諸天擊天鼓　常作衆伎樂
雨曼陀羅華　散佛及大衆　我淨土不毀　而衆見燒盡
憂怖諸苦惱　如是悉充滿　是諸罪衆生　以惡業因緣

常在靈鷲山　及餘諸住處　衆生見劫盡　大火所燒時
我此土安隱　天人常充滿　園林諸堂閣　種種寶莊嚴
寶樹多華菓　衆生所遊樂　諸天擊天鼓　常作衆伎樂
雨曼陀羅華　散佛及大衆　我淨土不毀　而衆見燒盡
憂怖諸苦惱　如是悉充滿　是諸罪衆生　以惡業因緣
過阿僧祇劫　不聞三寶名　諸有修功德　柔和質直者
則皆見我身　在此而說法　或時為此衆　說佛壽无量
久乃見佛者　為說佛難值　我智力如是　慧光照无量
壽命无數劫　久修業所得　汝等有智者　勿於此生疑
當斷令永盡　佛語實不虛　如醫善方便　為治狂子故
實在而言死　无能說虛妄　我亦為世父　救諸苦患者
為凡夫顛倒　實在而言滅　以常見我故　而生憍恣心
放逸著五欲　墮於惡道中　我常知衆生　行道不行道
隨所應可度　為說種種法　每自作是意　以何令衆生
得入无上慧　速成就佛身
妙法蓮華經分別功德品第十七
尒時大會聞佛說壽命劫數長遠如是无量
无邊阿僧祇衆生得大饒益於時世尊告弥
勒菩薩摩訶薩阿逸多我說是如來壽命長
遠時六百八十万億那由他恒河沙衆生得
无生法忍復千倍菩薩摩訶薩得聞持陁羅
尼門復有一世界微塵數菩薩摩訶薩得樂
說无㝵辯才復有一世界微塵數菩薩摩訶
薩得百千万億无量旋陁羅尼復有三千大
千世界微塵數菩薩摩訶薩能轉不退法輪
復有二千中國土微塵數菩薩摩訶薩能轉
清淨法輪復有小千國土微塵數菩薩摩訶
薩八生當得阿耨多羅三藐三菩提復有四

[illegible]旋陀羅尼復有三千大
千世界微塵數菩薩摩訶薩能轉不退法輪
復有二千中國土微塵數菩薩摩訶薩能轉
清淨法輪復有小千國土微塵數菩薩摩訶
薩八生當得阿耨多羅三藐三菩提復有四
四天下微塵數菩薩摩訶薩四生當得阿耨
多羅三藐三菩提復有三四天下微塵數菩
薩摩訶薩三生當得阿耨多羅三藐三菩提
復有二四天下微塵數菩薩摩訶薩二生當
得阿耨多羅三藐三菩提復有一四天下微
塵數菩薩摩訶薩一生當得阿耨多羅三藐
三菩提復有八世界微塵數衆生皆發阿耨
多羅三藐三菩提心佛說是諸菩薩摩訶薩
得大法利時於虛空中雨曼陀羅華摩訶曼
陀羅華以散无量百千万億寶樹下師子座
上諸佛并散七寶塔中師子座上釋迦牟尼
佛及久滅度多寶如來亦散一切諸大菩薩
及四部衆又雨細抹栴檀沉水香等於虛空
中天鼓自鳴妙聲深遠又雨千種天衣垂諸
瓔珞真珠瓔珞摩尼珠瓔珞如意珠瓔珞遍
於九方衆寶香鑪燒无價香自然周至供養
大會一一佛上有諸菩薩執持幡蓋次第而
上至于梵天是諸菩薩以妙音聲歌无量頌
讚嘆諸佛尒時弥勒菩薩從座而起偏袒右
肩合掌向佛而說偈言
佛說希有法　昔所未曾聞　世尊有大力　壽命不可量
无數諸佛子　聞世尊分別　說得法利者　歡喜充遍身
或住不退地　或得陀羅尼　或无㝵樂說　万億旋揔持

讚嘆諸佛尒時弥勒菩薩從座而起偏袒右
肩合掌向佛而說偈言
佛說希有法　昔所未曾聞　世尊有大力　壽命不可量
无數諸佛子　聞世尊分別　說得法利者　歡喜充遍身
或住不退地　或得陀羅尼　或无㝵樂說　万億旋揔持
或有大千界　微塵數菩薩　各各皆能轉　不退之法輪
復有中千界　微塵數菩薩　各各皆能轉　清淨之法輪
復有小千界　微塵數菩薩　餘各八生在　當得成佛道
復有四三二　如此四天下　微塵諸菩薩　隨數生成佛
或一四天下　微塵數菩薩　餘有一生在　當成一切智
如是等衆生　聞佛壽長遠　得无量无漏　清淨之果報
復有八世界　微塵數衆生　聞佛說壽命　皆發无上心
世尊說无量　不可思議法　多有所饒益　如虛空无邊
雨天曼陀羅　摩訶曼陀羅　釋梵如恒沙　无數佛土來
雨栴檀沉香　繽紛而亂墜　如鳥飛空下　供散於諸佛
天鼓虛空中　自然出妙聲　天衣千万種　旋轉而來下
衆寶妙香鑪　燒无價之香　自然悉周遍　供養諸世尊
其大菩薩衆　執七寶幡蓋　高妙万億種　次第至梵天
一一諸佛前　寶幢懸勝幡　亦以千万偈　歌詠諸如來
如是種種事　昔所未曾有　聞佛壽无量　一切皆歡喜
佛名聞十方　廣饒益衆生　一切具善根　以助无上心
尒時佛告弥勒菩薩摩訶薩阿逸多其有衆
生聞佛壽命長遠如是乃至能生一念信解
所得功德无有限量若有善男子善女人為
阿耨多羅三藐三菩提故於八十万億那由
他劫行五波羅蜜檀波羅蜜尸波羅蜜羼提
波羅蜜毗梨耶波羅蜜禪波羅蜜除般若
[illegible]

所得功德无有限量若有善男子善女人為
阿耨多羅三藐三菩提故於八十万億那由
他劫行五波羅蜜檀波羅蜜尸波羅蜜羼提
波羅蜜毗梨耶波羅蜜禪波羅蜜除般若
波羅蜜以是功德比前功德百分千分百千
万億分不及其一乃至筭數譬喻所不能知
若善男子有如是功德於阿耨多羅三藐三
菩提退者无有是處尒時世尊欲重宣此義
而說偈言
若人求佛慧　於八十万億　那由他劫數　行五波羅蜜
於是諸劫中　布施供養佛　及緣覺弟子　并諸菩薩衆
珎異之飲食　上服與卧具　栴檀立精舍　以園林莊嚴
如是等布施　種種皆微妙　盡此諸劫數　以迴向佛道
若復持禁戒　清淨无缺漏　求於无上道　諸佛之所歎
若復行忍辱　住於調柔地　設衆惡來加　其心不傾動
諸有得法者　懷於增上慢　為此所輕惱　如是亦能忍
若復懃精進　志念常堅固　於无量億劫　一心不懈息
又於无數劫　住於空閑處　若坐若經行　除睡常攝心
以是因緣故　能生諸禪定　八十億万劫　安住心不亂
持此一心福　願求无上道　我得一切智　盡諸禪定際
是人於百千　万億劫數中　行此諸功德　如上之所說
有善男女等　聞我說壽命　乃至一念信　其福過於彼
若人悉无有　一切諸疑悔　深心須臾信　其福為如此
其有諸菩薩　无量劫行道　聞我說壽命　是則能信受
如是諸人等　頂受此經典　願我於未來　長壽度衆生
如今日世尊　諸釋中之王　道場師子吼　說法无所畏
我等未來世　一切所尊敬　坐於道場時　說壽亦如是
若有深心者　清淨而質直　多聞能総持　隨義解佛語

其有諸菩薩　无量劫行道　聞我說壽命　是則能信受
如是諸人等　頂受此經典　願我於未來　長壽度衆生
如今日世尊　諸釋中之王　道場師子吼　說法无所畏
我等未來世　一切所尊敬　坐於道場時　說壽亦如是
若有深心者　清淨而質直　多聞能総持　隨義解佛語
如是之人等　於此无有疑
又阿逸多若有聞佛壽命長遠解其言趣是
人所得功德无有限量能起如來无上之慧
何況廣聞是經若教人聞若自持若教人持
若自書若教人書若以華香瓔珞幢幡繒蓋
香油蘇燈供養經卷是人功德无量无邊能
生一切種智阿逸多若善男子善女人聞我
說壽命長遠深心信解則為見佛常在耆闍
崛山共大菩薩諸聲聞衆圍繞說法又見此
娑婆世界其地瑠璃坦然平正閻浮檀金以
界八道寶樹行列諸臺樓觀皆悉寶成其菩
薩衆咸處其中若有能如是觀者當知是為
深信解相又復如來滅後若聞是經而不毀
呰起隨喜心當知已為深信解相何況讀誦
受持之者斯人則為頂戴如來阿逸多是善
男子善女人不須為我復起塔寺及作僧坊
以四事供養衆僧所以者何是善男子善女
人受持讀誦是經典者為已起塔造立僧坊
供養衆僧則為以佛舍利起七寶塔高廣漸
小至于梵天懸諸幡蓋及衆寶鈴華香瓔珞
抹香塗香燒香衆鼓伎樂簫笛箜篌種種舞
戲以妙音聲歌唄讚頌則為於无量千万億
劫作是供養已阿逸多若我滅後聞是經典

供養衆僧則為以佛舍利起七寶塔高廣漸
小至于梵天懸諸幡蓋及衆寶鈴華香瓔珞
末香塗香燒香衆鼓伎樂簫笛箜篌種種儛
戲以妙音聲歌唄讚頌則為於无量千万億
劫作是供養已阿逸多若我滅後聞是經典
有能受持若自書若教人書則為起立僧坊
以赤栴檀作諸殿堂三十有二高八多羅樹
高廣嚴好百千比丘於其中止園林浴池經
行禪窟衣服飲食牀褥湯藥一切樂具充滿
其中如是僧坊堂閣若干百千万億其數无
量以此現前供養於我及比丘僧是故我說
如來滅後若有受持讀誦為他人說若自書
若教人書供養經卷不須復起塔寺及造僧
坊供養衆僧況復有人能持是經兼行布施
持戒忍辱精進一心智慧其德最勝无量无
邊譬如虛空東西南北四維上下无量无邊
是人功德亦復如是无量无邊疾至一切種
智若人讀誦受持是經為他人說若自書若
教人書復能起塔及造僧坊供養讚歎聲聞
衆僧亦以百千万億讚歎之法讚歎菩薩功
德又為他人種種因緣隨義解說此法華經
復能清淨持戒與柔和者而共同止忍辱无
瞋志念堅固常貴坐禪得諸深定精進勇猛
攝諸善法利根智慧善答問難阿逸多若我
滅後諸善男子善女人受持讀誦是經典者
復有如是諸善功德當知是人已趣道場近
阿耨多羅三藐三菩提坐道樹下阿逸多是
善男子善女人若坐若立若行處此中便應

BD03456號　妙法蓮華經卷五　（28–26）

瞋志念堅固常貴坐禪得諸深定精進勇猛
攝諸善法利根智慧善答問難阿逸多若我
滅後諸善男子善女人受持讀誦是經典者
復有如是諸善功德當知是人已趣道場近
阿耨多羅三藐三菩提坐道樹下阿逸多是
善男子善女人若坐若立若行處此中便應
起塔一切天人皆應供養如佛之塔尒時世
尊欲重宣此義而說偈言

若我滅度後　能奉持此經　斯人福无量　如上之所說
是則為具足　一切諸供養　以舍利起塔　七寶而莊嚴
表剎甚高廣　漸小至梵天　寶鈴千万億　風動出妙音
又於无量劫　而供養此塔　華香諸瓔珞　天衣衆伎樂
然香油蘇燈　周匝常照明　惡世法末時　能持是經者
則為已如上　具足諸供養　若能持此經　則如佛現在
以牛頭栴檀　起僧坊供養　堂有三十二　高八多羅樹
上饌妙衣服　牀臥皆具足　百千衆住處　園林諸流池
經行及禪窟　種種皆嚴好　若有信解者　受持讀誦書
若復教人書　及供養經卷　散華香末香　以須曼瞻蔔
阿提目多伽　薰油常然之　如是供養者　得无量功德
如虛空无邊　其福亦如是　況復持此經　兼布施持戒
忍辱樂禪定　不瞋不惡口　恭敬於塔廟　謙下諸比丘
遠離自高心　常思惟智慧　有問難不瞋　隨順為解說
若能行是行　功德不可量　若見此法師　成就如是德
應以天華散　天衣覆其身　頭面接足禮　生心如佛想
又應作是念　不久詣道樹　得无漏无為　廣利諸人天
其所住止處　經行若坐臥　乃至說一偈　是中應起塔
莊嚴令妙好　種種以供養　佛子住此地　則是佛受用

BD03456號　妙法蓮華經卷五　（28–27）

以牛頭栴檀　起僧坊供養　堂有三十二　高八多羅樹
上饌妙衣服　牀臥皆具足　百千衆住處　園林諸流池
經行及禪窟　種種皆嚴好　若有信解者　受持讀誦書
若復教人書　及供養經卷　散華香末香　以須曼瞻蔔
阿提目多伽　薰油常然之　如是供養者　得无量功德
如虛空无邊　其福亦如是　況復持此經　兼布施持戒
忍辱樂禪定　不瞋不惡口　恭敬於塔廟　謙下諸比丘
遠離自高心　常思惟智慧　有問難不瞋　隨順為解說
若能行是行　功德不可量　若見此法師　成就如是德
應以天華散　天衣覆其身　頭面接足礼　生心如佛想
又應作是念　不久詣道樹　得无漏无為　廣利諸人天
其所住止處　經行若坐臥　乃至說一偈　是中應起塔
莊嚴令妙好　種種以供養　佛子住此地　則是佛受用
常在於其中　經行及坐臥

妙法蓮華經卷第五

BD03456號　妙法蓮華經卷五　（28–28）

礼拜親近供[illegible]迦牟尼佛及見文殊師利法
王子菩薩藥王菩薩勇施菩薩宿王華菩薩
上行意菩薩莊嚴王菩薩藥上菩薩尒時淨
華宿王智佛告妙音菩薩汝莫輕彼國生下
劣想善男子彼娑婆世界高下不平土石諸
山穢惡充滿佛身卑小諸菩薩衆其形亦小
而汝身四万二千由旬我身六百八十万由
旬汝身第一端正百千万福光明殊妙是故
汝往莫輕彼國若佛菩薩及國土生下劣想
妙音菩薩白其佛言世尊我今詣娑婆世界
皆是如來之力如來神通遊戲如來功德智
慧莊嚴於是妙音菩薩不起于座身不動搖
而入三昧以三昧力於耆闍崛山去法座不
遠化作八万四千衆寶蓮華閻浮檀金為莖
白銀為葉金剛為鬚甄叔迦寶以為其臺尒
時文殊師利法王子見是蓮華而白佛言世
尊是何因緣先現此瑞有若干千万蓮華閻
浮檀金為莖白銀為葉金剛為鬚甄叔迦寶
以為其臺尒時釋迦牟尼佛告文殊師利是
妙音菩薩摩訶薩欲從淨華宿王智佛國與

BD03457號　妙法蓮華經卷七　（24–1）

時文殊師利法王子見是蓮華而白佛言世
尊是何因緣先現此瑞有若干千万蓮華閻
浮檀金為莖白銀為葉金剛為鬚甄叔迦寶
以為其臺尒時釋迦牟尼佛告文殊師利是
妙音菩薩摩訶薩欲從淨華宿王智佛國與
八万四千菩薩圍繞而来至此娑婆世界供養
親近礼拜於我亦欲供養聽法華經文殊
師利白佛言世尊是菩薩種何善本脩何功
德而能有是大神通力行何三昧願為我等
說是三昧名字我等亦欲勤脩行之行此三
昧乃能見是菩薩色相大小威儀進止唯願
世尊以神通力彼菩薩来令我得見尒時釋
迦牟尼佛告文殊師利此久滅度多寶如来
當為汝等而現其相時多寶佛告彼菩薩善
男子来文殊師利法王子欲見汝身于時妙
音菩薩 於彼國沒與八万四千菩薩俱共發来
所經諸國六種震動皆悉雨於七寶蓮華
百千天樂不鼓自鳴是菩薩目如廣大青蓮
華葉正使和合百千万月其面貌端正復過
於此身真金色无量百千功德莊嚴威德熾
盛光明照曜諸相具足如那羅延堅固之身
入七寶臺上昇虛空去地七多羅樹諸菩薩
衆恭敬圍繞而来詣此娑婆世界耆闍崛山
到已下七寶臺以價直百千瓔珞持至釋迦
牟尼佛所頭面礼足奉上瓔珞而白佛言世
尊淨華宿王智佛問訊世尊少病少惱起居

BD03457號　妙法蓮華經卷七　（24–2）

衆恭敬圍繞而来詣此娑婆世界耆闍崛山
到已下七寶臺以價直百千瓔珞持至釋迦
牟尼佛所頭面礼足奉上瓔珞而白佛言世
尊淨華宿王智佛問訊世尊少病少惱起居
輕利安樂行不四大調和不世事可忍不衆生
易度不无多貪欲瞋恚愚癡嫉妬慳慢不
无不孝父母不敬沙門邪見不善心不攝五
情不世尊衆生能降伏諸魔怨不久滅度多
寶如来在七寶塔中来聽法不又問訊多寶
如来安隱少惱堪忍久住不世尊我今欲見
多寶佛身唯願世尊示我令得見尒時釋迦牟
尼佛語多寶佛是妙音菩薩欲得相見時多
寶佛告妙音言善哉善哉汝能為供養釋迦
牟尼佛及聽法華經并見文殊師利等故来
至此尒時華德菩薩白佛言世尊是妙音菩
薩種何善根脩何功德有是神力佛告華德
菩薩過去有佛名雲雷音王多陁阿伽度阿
羅呵三藐三佛陁國名現一切世間劫名憙
見妙音菩薩於万二千歲以十万種伎樂供
養雲雷音王佛并奉上八万四千七寶鉢以
是因緣果報今生淨華宿王智佛國有是神
力華德於汝意云何尒時雲雷音王佛所妙
音菩薩伎樂供養奉上寶器者豈異人乎今
此妙音菩薩摩訶薩是華德是妙音菩薩已
曾供養親近无量諸佛久殖德本又值恒河
沙等百千万億那由他佛華德汝但見妙音

BD03457號　妙法蓮華經卷七　（24–3）

音菩薩伎樂供養奉上寶器者豈異人乎今
此妙音菩薩摩訶薩是華德是妙音菩薩已
曾供養親近无量諸佛久殖德本又值恒河
沙等百千万億那由他佛華德汝但見妙音
菩薩其身在此而是菩薩現種種身處處為
諸衆生說是經典或現梵王身或現帝釋身
或現自在天身或現大自在天身或現天大將軍
身或現毗沙門天王身或現轉輪聖王身或
現諸小王身或現長者身或現居士身或現宰
官身或現婆羅門身或現比丘比丘尼優
婆塞優婆夷身或現長者居士婦女身或現
宰官婦女身或現婆羅門婦女身或現童男
童女身或現天龍夜叉乾闥婆阿脩羅迦樓
羅緊那羅摩睺羅伽人非人等身而說是經
諸有地獄餓鬼畜生及衆難處皆能救濟乃
至於王後宮變為女身而說是經華德是妙
音菩薩能救護娑婆世界諸衆生者是妙音
菩薩如是種種變化現身在此娑婆國土為
諸衆生說是經典於神通變化智慧无所損
減是菩薩以若干智慧明照娑婆世界令一
切衆生各得所知於十方恒河沙世界中亦
復如是若應以聲聞形得度者現聲聞形而
為說法應以辟支佛形得度者現辟支佛形
而為說法應以菩薩形得度者現菩薩形而
為說法應以佛形得度者即現佛形而為說

BD03457號　妙法蓮華經卷七　（24-4）

復如是若應以聲聞形得度者現聲聞形而
為說法應以辟支佛形得度者現辟支佛形
而為說法應以菩薩形得度者現菩薩形而
為說法應以佛形得度者即現佛形而為說
法如是種種隨所應度而為現形乃至應以
滅度而得度者示現滅度華德妙音菩薩摩
訶薩成就大神通智慧之力其事如是尒時
華德菩薩白佛言世尊是妙音菩薩深種善
根世尊是菩薩住何三昧而能如是在所變
現度脫衆生佛告華德菩薩善男子其三昧
名現一切色身妙音菩薩住是三昧中能如
是饒益无量衆生說是妙音菩薩品時與妙
音菩薩俱來者八万四千人皆得現一切色
身三昧此娑婆世界无量菩薩亦得是三昧
及陀羅尼尒時妙音菩薩摩訶薩供養釋迦
牟尼佛及多寶佛塔已還歸本土所經諸國
六種震動雨寶蓮華作百千万億種種伎樂
既到本國與八万四千菩薩圍遶至淨華宿
王智佛所白佛言世尊我到娑婆世界饒益
衆生見釋迦牟尼佛及見多寶佛塔禮拜供
養又見文殊師利法王子菩薩及見藥王菩
薩得勤精進力菩薩勇施菩薩等亦令八万
四千菩薩得現一切色身三昧說是妙音菩
薩來往品時四万二千天子得无生法忍華
德菩薩得法華三昧

妙法蓮華經觀世音菩薩普門品第二十五

BD03457號　妙法蓮華經卷七　（24-5）

薩来往品時四万二千天子得无生法忍華
德菩薩得法華三昧
妙法蓮華經觀世音菩薩普門品第二十五
尒時无盡意菩薩即從座起偏袒右肩合掌
向佛而作是言世尊觀世音菩薩以何因緣名
觀世音佛告无盡意菩薩善男子若有无
量百千万億衆生受諸苦惱聞是觀世音菩
薩一心稱名觀世音菩薩即時觀其音聲皆
得解脫若有持是觀世音菩薩名者設入大
火火不能燒由是菩薩威神力故若為大水
所漂稱其名号即得淺處若有百千万億衆
生為求金銀瑠璃車𤦲馬瑙珊瑚虎珀真珠
等寶入於大海假使黑風吹其舩舫漂墮羅
刹鬼國其中若有乃至一人稱觀世音菩薩
名者是諸人等皆得解脫羅刹之難以是因
緣名觀世音若復有人臨當被害稱觀世音
菩薩名者彼所執刀杖尋段段壞而得解脫
若三千大千國土滿中夜叉羅刹欲来惱人
聞其稱觀世音菩薩名者是諸惡鬼尚不能
以惡眼視之況復加害設有人若有罪若
无罪杻械枷鏁檢繫其身稱觀世音菩薩名
者皆悉斷壞即得解脫若三千大千國土滿
中怨賊有一商主將諸商人賫持重寶經過
險路其中一人作是唱言諸善男子勿得恐
怖汝等應當一心稱觀世音菩薩名号是菩
薩能以无畏施於衆生汝等若稱名者於此

BD03457號　妙法蓮華經卷七　（24–6）

險路其中一人作是唱言諸善男子勿得恐
怖汝等應當一心稱觀世音菩薩名号是菩
薩能以无畏施於衆生汝等若稱名者於此
怨賊當得解脫衆商人聞俱發聲言南无觀
世音菩薩稱其名故即得解脫无盡意觀世
音菩薩摩訶薩威神之力巍巍如是若有衆
生多於婬欲常念恭敬觀世音菩薩便得離
欲若多瞋恚常念恭敬觀世音菩薩便得離
瞋若多愚癡常念恭敬觀世音菩薩便得離
癡无盡意觀世音菩薩有如是等大威神力
多所饒益是故衆生常應心念若有女人設
欲求男礼拜供養觀世音菩薩便生福德智
慧之男設欲求女便生端正有相之女宿殖
德本衆人愛敬无盡意觀世音菩薩有如是
力若有衆生恭敬礼拜觀世音菩薩福不唐
捐是故衆生皆應受持觀世音菩薩名号无
盡意若有人受持六十二億恒河沙菩薩名
字復盡形供養飲食衣服卧具醫藥於汝意
云何是善男子善女人功德多不无盡意言
甚多世尊佛言若復有人受持觀世音菩薩
名号乃至一時礼拜供養是二人福正等无
異於百千万億劫不可窮盡无盡意受持觀
世音菩薩名号得如是无量无邊福德之利
无盡意菩薩白佛言世尊觀世音菩薩云何
遊此娑婆世界云何而為衆生說法方便之
力其事云何佛告无盡意菩薩善男子若有

BD03457號　妙法蓮華經卷七　（24–7）

无盡意菩薩白佛言世尊觀世音菩薩云何
遊此娑婆世界云何而為衆生說法方便之
力其事云何佛告无盡意菩薩善男子若有
國土衆生應以佛身得度者觀世音菩薩即
現佛身而為說法應以辟支佛身得度者即
現辟支佛身而為說法應以聲聞身得度者
即現聲聞身而為說法應以梵王身得度者
即現梵王身而為說法應以帝釋身得度者
即現帝釋身而為說法應以自在天身得度
者即現自在天身而為說法應以大自在天
身得度者即現大自在天身而為說法應以
天大將軍身得度者即現天大將軍身而為
說法應以毗沙門身得度者即現毗沙門身
而為說法應以小王身得度者即現小王身
而為說法應以長者身得度者即現長者身
而為說法應以居士身得度者即現居士身
而為說法應以宰官身得度者即現宰官身
而為說法應以婆羅門身得度者即現婆羅
門身而為說法應以比丘比丘尼優婆塞優
婆夷身得度者即現比丘比丘尼優婆塞優
婆夷身而為說法應以長者居士宰官婆羅
門婦女身得度者即現婦女身而為說法應
以童男童女身得度者即現童男童女身而
為說法應以天龍夜叉乾闥婆阿脩羅迦樓
羅緊那羅摩睺羅伽人非人等身得度者即
皆現之而為說法應以執金剛神得度者即

為說法應以天龍夜叉乾闥婆阿脩羅迦樓
羅緊那羅摩睺羅伽人非人等身得度者即
皆現之而為說法應以執金剛神得度者即
現金剛神而為說法无盡意是觀世音菩薩
成就如是功德以種種形遊諸國土度脫衆
生是故汝等應當一心供養觀世音菩薩是
觀世音菩薩摩訶薩於怖畏急難之中能施
无畏是故此娑婆世界皆號之為施无畏者
无盡意菩薩白佛言世尊我今當供養觀世
音菩薩即解頸衆寶珠瓔珞價直百千兩
金而以與之作是言仁者受此法施珎寶纓絡
時觀世音菩薩不肯受之无盡意復白觀世
音菩薩言仁者愍我等故受此瓔珞尒時佛
告觀世音菩薩當愍此无盡意菩薩及四衆
天龍夜叉乾闥婆阿脩羅迦樓羅緊那羅摩
睺羅伽人非人等故受是瓔珞即時觀世音
菩薩愍諸四衆及於天龍人非人等受其瓔
珞分作二分一分奉釋迦牟尼佛一分奉多
寶佛塔无盡意觀世音菩薩有如是自在神
力遊於娑婆世界尒時无盡意菩薩以偈問曰
世尊妙相具　我今重問彼　佛子何因緣　名為觀世音
具足妙相尊　偈答无盡意　汝聽觀音行　善應諸方所
弘誓深如海　歷劫不思議　侍多千億佛　發大清淨願
我為汝略說　聞名及見身　心念不空過　能滅諸有苦
假使興害意　推落大火坑　念彼觀音力　火坑變成池
或漂流巨海　龍魚諸鬼難　念彼觀音力　波浪不能沒

弘誓深如海　歷劫不思議　侍多千億佛　發大清淨願
我為汝略說　聞名及見身　心念不空過　能滅諸有苦
假使興害意　推落大火坑　念彼觀音力　火坑變成池
或漂流巨海　龍魚諸鬼難　念彼觀音力　波浪不能沒
或在須彌峯　為人所推墮　念彼觀音力　如日虛空住
或被惡人逐　墮落金剛山　念彼觀音力　不能損一毛
或值怨賊遶　各執刀加害　念彼觀音力　咸即起慈心
或遭王難苦　臨刑欲壽終　念彼觀音力　刀尋段段壞
或囚禁枷鎖　手足被杻械　念彼觀音力　釋然得解脫
呪詛諸毒藥　所欲害身者　念彼觀音力　還著於本人
或遇惡羅剎　毒龍諸鬼等　念彼觀音力　時悉不敢害
若惡獸圍繞　利牙爪可怖　念彼觀音力　疾走无邊方
蚖蛇及蝮蠍　氣毒煙火燃　念彼觀音力　尋聲自迴去
雲雷鼓掣電　降雹澍大雨　念彼觀音力　應時得消散
衆生被困厄　无量苦逼身　觀音妙智力　能救世間苦
具足神通力　廣修智方便　十方諸國土　无剎不現身
種種諸惡趣　地獄鬼畜生　生老病死苦　以漸悉令滅
真觀清淨觀　廣大智慧觀　悲觀及慈觀　常願常瞻仰
无垢清淨光　慧日破諸闇　能伏災風火　普明照世間
悲體戒雷震　慈意妙大雲　澍甘露法雨　滅除煩惱炎
諍訟經官處　怖畏軍陣中　念彼觀音力　衆怨悉退散
妙音觀世音　梵音海潮音　勝彼世間音　是故須常念
念念勿生疑　觀世音淨聖　於苦惱死厄　能為作依怙
具一切功德　慈眼視衆生　福聚海无量　是故應頂禮
尒時持地菩薩即從座起　前白佛言世尊
若有衆生聞是觀世音菩薩品自在之業
普門示現神通力者當知是人功德不少

具一切功德　慈眼視衆生　福聚海无量　是故應頂禮
尒時持地菩薩即從座起　前白佛言世尊
若有衆生聞是觀世音菩薩品自在之業
普門示現神通力者當知是人功德不少
佛說是普門品時衆中八万四千衆生皆
發无等等阿耨多羅三藐三菩提心
妙法蓮華經陁羅尼品第二十六
尒時藥王菩薩即從座起偏袒右肩合掌向
佛而白佛言世尊若善男子善女人有能受
持法華經者若讀誦通利若書寫經卷得幾
所福佛告藥王若有善男子善女人供養八
百万億那由他恒河沙等諸佛於汝意云何
其所得福寧為多不甚多世尊佛言若善男
子善女人能於是經乃至受持一四句偈讀
誦解義如說修行功德甚多尒時藥王菩薩
白佛言世尊我今當與說法者陁羅尼呪以
守護之即說呪曰
安尒一　曼尒二　摩祢三　摩摩祢四　旨隸五　遮
梨第六　賒咩羊鳴音七　賒履冈雉反　多瑋八　羶輸千反
帝九　目帝十　目多履十一　娑履十二　阿瑋娑履十三
桑履十四　娑履十五　叉裔十六　阿叉裔十七　阿耆膩十八
羶帝十九　賒履二十　陁羅尼二十一　阿盧伽婆娑蘇奈反
簸蔗毘叉膩二十二　祢毘剃二十三　阿便哆都餓反
邏祢履剃二十四　阿亶哆波隸輸地途賣反二十五
漚究隸二十六　牟究隸二十七　阿羅隸二十八　波羅隸
二十九　首迦差初几反三十　阿三磨三履三十一　佛馱毘

鄔蔗毗叉膩二十一 祢毗剃二十三 阿便哆（...）
邏祢履剃二十四 阿亶哆波隸輸地（途賣反）二十五
漚究隸二十六 牟究隸二十七 阿羅隸二十八 波羅隸
二十九 首迦差（初几反）三十 阿三磨三履三十一 佛馱毗
吉利袠帝三十二 達磨波利差（猜離反）帝三十三
僧伽涅瞿沙祢三十四 婆舍婆舍輸地三十五 曼哆
邏三十六 曼哆邏叉夜多三十七 郵樓哆三十八
郵樓哆憍舍略三十九 惡叉邏四十 惡叉冶多冶
四十一 阿婆盧四十二 阿摩若（荏蔗反）那多夜
世尊是陀羅尼神呪六十二億恒河沙等諸
佛所說若有侵毀此法師者則為侵毀是諸
佛已時釋迦牟尼佛讚藥王菩薩言善哉善
哉藥王汝愍念擁護此法師故說是陀羅尼
於諸衆生多所饒益尒時勇施菩薩白佛言
世尊我亦為擁護讀誦受持法華經者說陀
羅尼若此法師得是陀羅尼若夜叉若羅剎
若富單那若吉蔗若鳩槃荼若餓鬼等伺求
其短无能得便即於佛前而說呪曰
痤（指螺反）隸一 摩訶痤隸二 郁枳三 目枳四 阿
隸五 阿羅婆第六 涅隸第七 涅隸多婆第八
伊緻（猪履反）柅九 韋緻柅十 旨緻柅十一 涅隸墀
柅十二 涅犁墀婆底十三
世尊是陀羅尼神呪恒河沙等諸佛所說亦
皆隨喜若有侵毀此法師者則為侵毀是諸
佛已尒時毗沙門天王護世者白佛言世尊
我亦為愍念衆生擁護此法師故說是陀羅
尼即說呪曰

BD03457號　妙法蓮華經卷七　（24–12）

佛已尒時毗沙門天王護世者白佛言世尊
我亦為愍念衆生擁護此法師故說是陀羅
尼即說呪曰
阿梨一 那梨二 㝹那梨三 阿那盧四 那履五 拘那履六
世尊以是神呪擁護法師我亦自當擁護持
是經者令百由旬内无諸衰患尒時持國天
王在此會中與千万億那由他乾闥婆衆恭
敬圍繞前詣佛所合掌白佛言世尊我亦以
陀羅尼神呪擁護持法華經者即說呪曰
阿伽祢一 伽祢二 瞿利三 乾陀利四 栴陀利五
摩蹬耆六 常求利七 浮樓莎柅八 頞底九
世尊是陀羅尼神呪四十二億諸佛所說若
有侵毀此法師者則為侵毀是諸佛已尒時
有羅剎女等一名藍婆二名毗藍婆三名曲
齒四名華齒五名黑齒六名多髮七名无猒
足八名持瓔珞九名睪帝十名奪一切衆生
精氣是十羅剎女與鬼子母并其子及眷屬
俱詣佛所同聲白佛言世尊我等亦欲擁護
讀誦受持法華經者除其衰患若有伺求法
師短者令不得便即於佛前而說呪曰
伊提履一 伊提泯二 伊提履三 阿提履四 伊提
履五 泥履六 泥履七 泥履八 泥履九 泥履
十 樓醯十一 樓醯十二 樓醯十三 樓醯十四 多醯十五 多
醯十六 多醯十七 兜醯十八 㝹醯十九
寧上我頭上莫惱於法師若夜叉若羅剎若
餓鬼若富單那若吉蔗若毗陀羅若揵馱若

BD03457號　妙法蓮華經卷七　（24–13）

樓醯十一樓醯十二樓醯十三樓醯十四多醯十五
醯十六多醯十七兜醯十八㝹醯十九
寧上我頭上莫惱於法師若夜叉若羅剎若
餓鬼若富單那若吉蔗若毗陁羅若揵馱若
烏摩勒伽若阿跋摩羅若夜叉吉蔗若人吉
蔗若熱病若一日若二日若三日若四日若
至七日若常熱病若男形若女形若童男形
若童女形乃至夢中亦復莫惱即於佛前而
說偈言
若不順我呪　惱亂說法者　頭破作七分　如阿梨樹枝
如煞父母罪　亦如壓油殃　斗秤欺誑人　調達破僧罪
犯此法師者　當獲如是殃
諸羅剎女說此偈已白佛言世尊我等亦當
身自擁護受持讀誦脩行是經者令得安隱
離諸衰患消衆毒藥佛告諸羅剎女善哉善
哉汝等但能擁護受持法華名者福不可量
何況擁護具足受持供養經卷華香瓔珞末
香塗香燒香幡蓋伎樂然種種燈蘇燈油燈
諸香油燈蘇摩那華油燈瞻蔔華油燈婆師
迦華油燈優鉢羅華油燈如是等百千種供
養者睪帝汝等及眷屬應當擁護如是法師
說是陁羅尼品時六万八千人得无生法忍
妙法蓮華經妙莊嚴王本事品第二十七
尒時佛告諸大衆乃往古世過无量无邊不
可思議阿僧祇劫有佛名雲雷音宿王華智
多陁阿伽度阿羅呵三藐三佛陁國名光明
莊嚴劫名憙見彼佛法中有王名妙莊嚴其
王夫人名曰淨德有二子一名淨藏二名淨眼

BD03457 號　妙法蓮華經卷七

（24–14）

可思議阿僧祇劫有佛名雲雷音宿王華智
多陁阿伽度阿羅呵三藐三佛陁國名光明
莊嚴劫名憙見彼佛法中有王名妙莊嚴其
王夫人名曰淨德有二子一名淨藏二名淨眼
是二子有大神力福德智慧久脩菩薩所行
之道所謂檀波羅蜜尸羅波羅蜜羼提波
羅蜜毗梨耶波羅蜜禪波羅蜜般若波羅蜜
方便波羅蜜慈悲喜捨乃至三十七助道法
皆悉明了通達又得菩薩淨三昧日星宿三
昧淨光三昧淨色三昧淨照明三昧長莊嚴
三昧大威德藏三昧於此三昧亦悉通達尒
時彼佛欲引導妙莊嚴王及愍念衆生故說
是法華經時淨藏淨眼二子到其母所合十
指爪掌白言願母往詣雲雷音宿王華智佛
所我等亦當侍從親近供養礼拜所以者何
此佛於一切天人衆中說法華經宜應聽受
母告子言汝父信受外道深著婆羅門法汝
等應往白父與共俱去淨藏淨眼合十爪指
掌白母我等是法王子而生此邪見家母告
子言汝等當憂念汝父為現神變若得見者
心必清淨或聽我等往至佛所於是二子念
其父故踊在虛空高七多羅樹現種種神變
於虛空中行住坐臥身上出水身下出火身
下出水身上出火或現大身滿虛空中而復
現小小復現大於空中滅忽然在地入地如
水履水如地現如是等種種神變令其父王
心淨信解時父見子神力如是心大歡喜得

BD03457 號　妙法蓮華經卷七

（24–15）

現小小復現大於空中滅忽然在地入地如
水履水如地現如是等種種神變令其父王
心淨信解時父見子神力如是心大歡喜得
未曾有合掌向子言汝等師為是誰誰之弟
子二子白言大王彼雲雷音宿王華智佛今
在七寶菩提樹下法座上坐於一切世間天
人衆中廣說法華經是我等師我是弟子父
語子言我今亦欲見汝等師可共俱往於是
二子從空中下到其母所合掌白母父王今
已信解堪任發阿耨多羅三藐三菩提心我
等為父已作佛事願母見聽於彼佛所出家
脩道尒時二子欲重宣其意以偈白母
願母放我等　出家作沙門　諸佛甚難值　我等隨佛學
如優曇波羅　值佛復難是　脫諸難亦難　願聽我出家
母即告言聽汝出家所以者何佛難值故於
是二子白父母言善哉父母願時往詣雲雷音
宿王華智佛所親近供養所以者何佛難
得值如優曇波羅華又如一眼之龜值浮木孔
而我等宿福深厚生值佛法是故父母當
聽我等令得出家所以者何諸佛難值時亦
難遇彼時妙莊嚴王後宮八万四千人皆悉
堪任受持是法華經淨眼菩薩於法華三昧
久已通達淨藏菩薩已於无量百千万億劫通
達離諸惡趣三昧欲令一切衆生離諸惡
趣故其王夫人得諸佛習三昧能知諸佛祕
密之藏二子如是以方便力善化其父令心

BD03457號　妙法蓮華經卷七　（24–16）

久已通達淨藏菩薩已於无量百千万億劫通
達離諸惡趣三昧欲令一切衆生離諸惡
趣故其王夫人得諸佛習三昧能知諸佛祕
密之藏二子如是以方便力善化其父令心
信解好樂佛法於是妙莊嚴王與群臣眷屬
俱淨德夫人與後宮采女眷屬俱其王二子與
四万二千人俱一時共詣佛所到已頭面礼
足繞佛三帀却住一面尒時彼佛為王說法
示教利喜王大歡喜尒時妙莊嚴王及其
夫人解頸真珠瓔珞直百千以散佛上於
虛空中化成四柱寶臺臺中有大寶床敷百
千万天衣其上有佛結加趺坐放大光明尒
時妙莊嚴王作是念佛身希有端嚴殊特成
就第一微妙之色時雲雷音宿王華智佛告
四衆言汝等見是妙莊嚴王於我前合掌立
不此王於我法中作比丘精勤脩習助佛道
法當得作佛号娑羅樹王國名大光劫名大
高王其娑羅樹王佛有无量菩薩衆及无量
聲聞其國平正功德如是其王即時以國付弟
與夫人二子并諸眷屬於佛法中出家脩道
王出家已於八万四千歲常勤精進脩行
妙法華經過是已後得一切淨功德莊嚴三
昧即昇虛空高七多羅樹而白佛言世尊此
我二子已作佛事以神通變化轉我邪心令得
安住於佛法中得見世尊此二子者是我善
知識為欲發起宿世善根饒益我故來生
我家尒時雲雷音宿王華智佛告妙莊嚴王

BD03457號　妙法蓮華經卷七　（24–17）

我二子已作佛事以神通變化轉我邪心令得
安住於佛法中得見世尊此二子者是我善
知識為欲發起宿世善根饒益我故來生
我家 尒時雲雷音宿王華智佛告妙莊嚴王
言如是如是如汝所言若善男子善女人種善
根故世世得善知識其善知識能作佛事
示教利喜令入阿耨多羅三藐三菩提大王
當知善知識者是大因緣所謂化導令得見
佛發阿耨多羅三藐三菩提心大王汝見此二
子不此二子已曾供養六十五百千万億那
由他恒河沙諸佛親近恭敬於諸佛所受
持法華經愍念邪見衆生令住正見妙莊嚴
王即從虛空中下而白佛言世尊如來甚希
有以功德智慧故頂上肉髻光明顯照其眼長
廣而紺青色眉間毫相白如珂月齒白齊
密常有光明脣色赤好如頻婆果尒時妙莊
嚴王讚歎佛如是等无量百千万億功德已
於如來前一心合掌復白佛言世尊未曾有
世如來之法具足成就不可思議微妙功德
教戒所行安隱快善我從今日不復自隨心
行不生邪見憍慢瞋恚諸惡之心說是語已
礼佛而出佛告大衆於意云何妙莊嚴王豈
異人乎今華德菩薩是其淨德夫人今佛前
光照莊嚴相菩薩是哀愍妙莊嚴王及諸眷
屬故於彼中生其二子者今藥王菩薩藥上
菩薩是是藥王藥上菩薩成就如此諸大功
德已於无量百千万億諸佛所殖衆德本成

異人乎今華德菩薩是其淨德夫人今佛前
光照莊嚴相菩薩是哀愍妙莊嚴王及諸眷
屬故於彼中生其二子者今藥王菩薩藥上
菩薩是是藥王藥上菩薩成就如此諸大功
德已於无量百千万億諸佛所殖衆德本成
就不可思議諸善功德若有人識是二菩薩
名字者一切世間諸天人民亦應礼拜佛說
是妙莊嚴王本事品時八万四千人遠塵離垢
於諸法中得法眼淨

妙法蓮華經普賢菩薩勸發品第二十八

尒時普賢菩薩以自在神通威德名聞與大
菩薩无量无邊不可稱數從東方來所經諸
國普皆震動雨寶蓮華作无量百千万億種
種伎樂又與无數諸天龍夜叉乾闥婆阿脩
羅迦樓羅緊那羅摩睺羅伽人非人等大衆
圍繞各現威德神通之力到娑婆世界耆闍
崛山中頭面礼釋迦牟尼佛右繞七帀白佛
言世尊我於寶威德上王佛國遥聞此娑婆世
界說法華經與无量无邊百千万億諸菩
薩衆共來聽受唯願世尊當為說之若善男
子善女人於如來滅後云何能得是法華經
佛告普賢菩薩若善男子善女人成就四法於
如來滅後當得是法華經一者為諸佛護
念二者殖衆德本三者入正定聚四者發救
一切衆生之心善男子善女人如是成就四
法於如來滅後必得是經尒時普賢菩薩白
佛言世尊於後五百歲濁惡世中其有受持
是經典者我當守護除其衰患令得安隱使

一切衆生之心善男子善女人如是成就四
法於如來滅後必得是經尒時普賢菩薩白
佛言世尊於後五百歲濁惡世中其有受持
是經典者我當守護除其衰患令得安隱使
无伺求得其便者若魔若魔子若魔女若魔
民若為魔所著者若夜叉若羅刹若鳩槃荼
若毗舍闍若吉蔗若富單那若韋陁羅等諸
惱人者皆不得便是人若行若立讀誦此經
我尒時乘六牙白象王與大菩薩衆俱詣其
所而自現身供養守護安慰其心亦為供養
法華經故是人若坐思惟此經尒時我復乘
白象王現其人前其人若於法華經有所忘
失一句一偈我當教之與共讀誦還令通利
尒時受持讀誦法華經者得見我身甚大歡
喜轉復精進以見我故即得三昧及陁羅尼
名為旋陁羅尼百千万億旋陁羅尼法音方
便陁羅尼得如是等陁羅尼世尊若後世後
五百歲濁惡世中比丘比丘尼優婆塞優婆
夷求索者受持者讀誦者書寫者欲脩習是
法華經於三七日中應一心精進滿三七日已
我當乘六牙白象與无量菩薩而自圍繞
以一切衆生所憙見身現其人前而為說法
示教利喜亦復與其陁羅尼呪得是陁羅尼
故无有非人能破壞者亦不為女人之所惑亂
我身亦自常護是人唯願世尊聽我說此
陁羅尼呪即於佛前而說呪曰
阿檀地 途賣反 一 檀陁婆地 二 檀陁婆帝 三 檀陁鳩

故无有非人能破壞者亦不為女人之所惑亂
我身亦自常護是人唯願世尊聽我說此
陁羅尼呪即於佛前而說呪曰
阿檀地 途賣反 一 檀陁婆地 二 檀陁婆帝 三 檀陁鳩
舍隸 四 檀陁脩陁隸 五 脩陁隸 六 脩陁羅
婆底 七 佛䭾波羶祢 八 薩婆陁羅尼阿婆多
尼 九 薩婆婆沙阿婆多尼 十 脩阿婆多尼 十一
僧伽婆履叉尼 十二 僧伽涅伽陁尼 十三 阿僧祇
十四 僧伽波伽地 十五 帝隸阿惰僧伽兜略 盧遮反 十
波羅帝 十六 薩婆僧伽三摩地伽蘭地 十七 薩婆
達摩脩波利刹帝 十八 薩婆薩埵樓䭾憍舍
略阿㝹伽地 十九 辛阿毗吉利地帝 二十
世尊若有菩薩得聞是陁羅尼者當知普賢
神通之力若法華經行閻浮提有受持者應
作此念皆是普賢威神之力若有受持讀誦
正憶念解其義趣如說脩行當知是人行普
賢行於无量无邊諸佛所深種善根為諸如
來手摩其頭若但書寫是人命終當生忉利
天上是時八万四千天女作衆伎樂而來迎
之其人即著七寶冠於采女中娛樂快樂何
況受持讀誦正憶念解其義趣如說脩行若
有人受持讀誦解其義趣是人命終為千佛
授手令不恐怖不墮惡趣即往兜率天上弥
勒菩薩所弥勒菩薩有三十二相大菩薩衆
所共圍繞有百千万億天女眷屬而於中生
有如是等功德利益是故智者應當一心自
書若使人書受持讀誦正憶念如說脩行

[illegible]
勒菩薩所弥勒菩薩有三十二相大菩薩衆
所共圍繞有百千万億天女眷屬而於中生
有如是等功德利益是故智者應當一心自
書若使人書受持讀誦正憶念如說脩行世
尊我今以神通力守護是經於如來滅後閻
浮提內廣令流布使不斷絕尒時釋迦牟尼
佛讚言善哉善哉普賢汝能護助是經令多
所衆生安樂利益汝已成就不可思議功德
深大慈悲從久遠來發阿耨多羅三藐三菩
提意而能作是神通之願守護是經我當以
神通力守護能受持普賢菩薩名者普賢若
有受持讀誦正憶念脩習書寫是法華經者
當知是人則見釋迦牟尼佛如從佛口聞此經
典當知是人供養釋迦牟尼佛當知是人佛
讚善哉當知是人為釋迦牟尼佛手摩其頭
當知是人為釋迦牟尼佛衣之所覆如是
之人不復貪著世樂不好外道經書手筆亦
復不憙親近其人及諸惡者若屠兒若畜猪
羊雞狗若獵師若衒賣女色是人心意質直
有正憶念有福德力是人不為三毒所惱亦
不為嫉妬我慢邪慢增上慢所惱是人少欲
知足能脩普賢之行普賢若如來滅後後五
百歲若有人見受持讀誦法華經者應作是
念此人不久當詣道場破諸魔衆得阿耨多
羅三藐三菩提轉法輪擊法鼓吹法螺雨法
雨當坐天人大衆中師子法座上普賢若於

念此人不久當詣道場破諸魔衆得阿耨多
羅三藐三菩提轉法輪擊法鼓吹法螺雨法
雨當坐天人大衆中師子法座上普賢若於
後世受持讀誦是經典者是人不復貪著衣
服臥具飲食資生之物所願不虛亦於現世
得其福報若有人輕毀之言汝狂人耳空作
是行終无所獲如是罪報當世世无眼若有
供養讚歎之者當於今世得現果報若復見
受持是經者出其過惡若實若不實此人現
世得白癩病若輕笑之者當世世牙齒踈缺
醜脣平鼻手脚繚戾眼目角睞身體臭穢惡
瘡膿血水腹短氣諸惡重病是故普賢若見
受持是經典者當起遠迎當如敬佛說是普
賢勸發品時恒河沙等无量无邊菩薩得百
千億旋陁羅尼三千大千世界微塵等諸菩
薩具普賢道佛說是經時普賢等諸菩薩舍
利弗等諸聲聞及諸天龍人非人等一切大
會皆大歡喜受持佛語作礼而去

妙法蓮華經卷第七

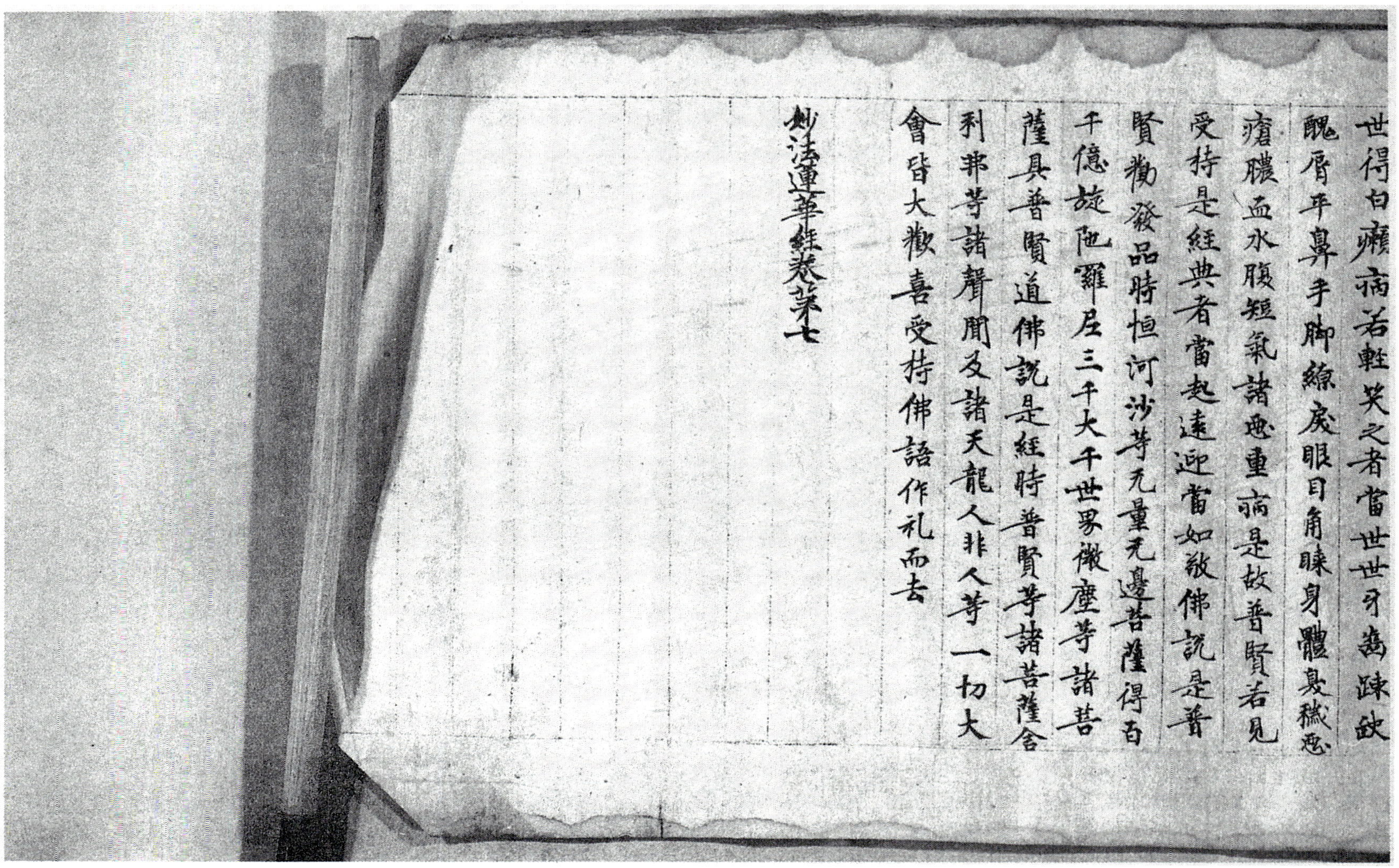

世得白癩病若輕笑之者當世世牙齒踈缺
醜脣平鼻手脚繚戾眼目角睞身體臭穢惡
瘡膿血水腹短氣諸惡重病是故普賢若見
受持是經典者當起遠迎當如敬佛說是普
賢勸發品時恒河沙等无量无邊菩薩得百
千億旋陀羅尼三千大千世界微塵等諸菩
薩具普賢道佛說是經時普賢等諸菩薩舍
利弗等諸聲聞及諸天龍人非人等一切大
會皆大歡喜受持佛語作礼而去

妙法蓮華經卷第七

BD03457 號　妙法蓮華經卷七　　（24–24）

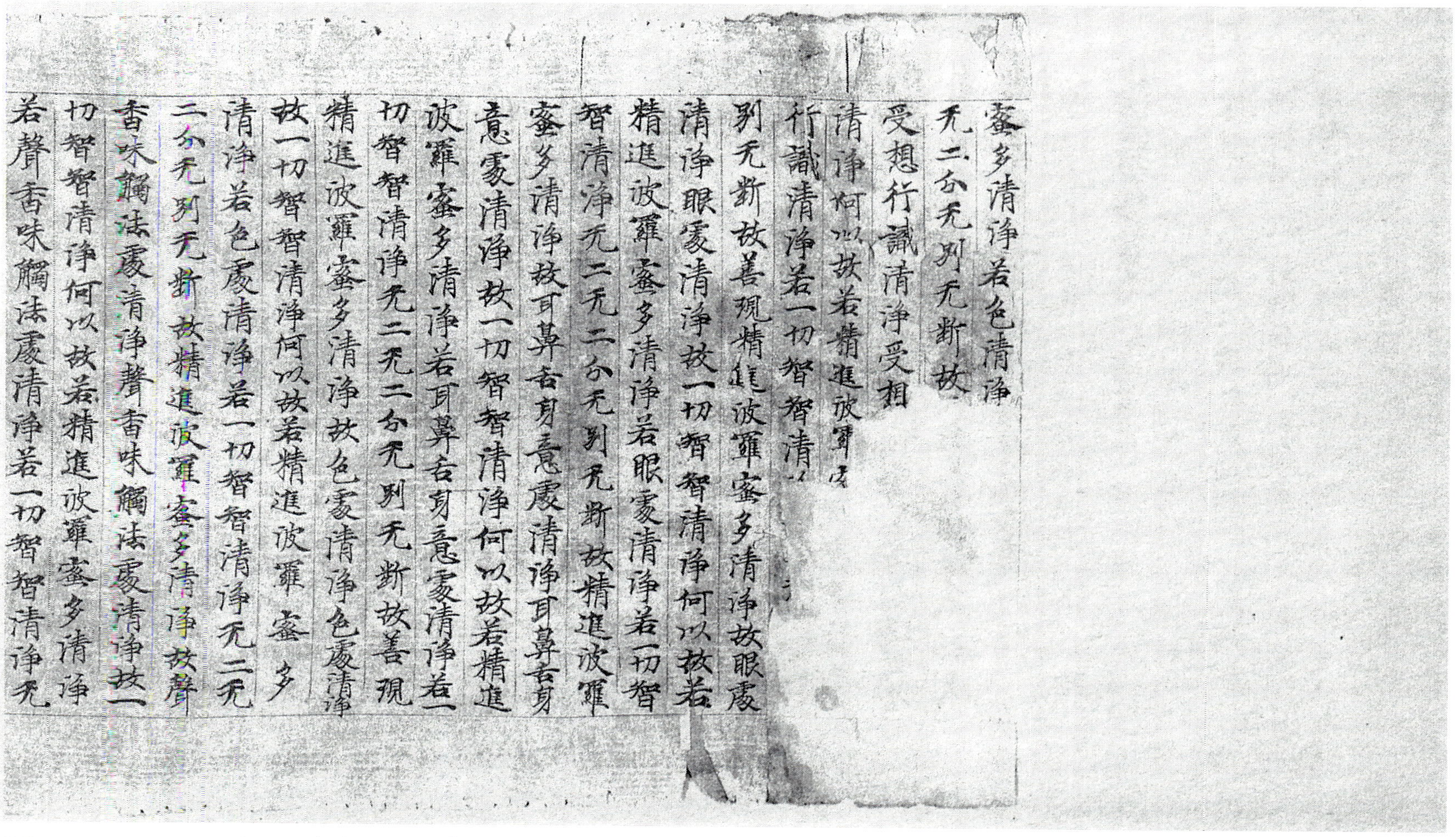

蜜多清淨若色清淨
无二分无別无斷故
受想行識清淨受想
清淨何以故若精進波羅
行識清淨若一切智智清
別无斷故善現精進波羅蜜多清淨故眼處
清淨眼處清淨故一切智智清淨何以故若
精進波羅蜜多清淨若眼處清淨若一切智
智清淨无二无二分无別无斷故精進波羅
蜜多清淨故耳鼻舌身意處清淨耳鼻舌身
意處清淨故一切智智清淨何以故若精進
波羅蜜多清淨若耳鼻舌身意處清淨若一
切智智清淨无二无二分无別无斷故善現
精進波羅蜜多清淨故色處清淨色處清淨
故一切智智清淨何以故若精進波羅蜜多
清淨若色處清淨若一切智智清淨无二无
二分无別无斷故精進波羅蜜多清淨故聲
香味觸法處清淨聲香味觸法處清淨故一
切智智清淨何以故若精進波羅蜜多清淨
若聲香味觸法處清淨若一切智智清淨无

BD03458 號　大般若波羅蜜多經卷二〇六　　（20–1）

清淨若色處清淨若一切智智清淨无二无
二分无別无斷故精進波羅蜜多清淨故聲
香味觸法處清淨聲香味觸法處清淨故一
切智智清淨何以故若精進波羅蜜多清淨
若聲香味觸法處清淨若一切智智清淨无
二无二分无別无斷故善現精進波羅蜜多清
淨故眼界清淨眼界清淨故一切智智清淨
何以故若精進波羅蜜多清淨若眼界清淨
若一切智智清淨无二无二分无別无斷故
精進波羅蜜多清淨故色界眼識界及眼觸
眼觸為緣所生諸受清淨色界乃至眼觸為緣
所生諸受清淨故一切智智清淨何以故若
精進波羅蜜多清淨若色界乃至眼觸為緣
所生諸受清淨若一切智智清淨无二无二
分无別无斷故善現精進波羅蜜多清淨故
耳界清淨耳界清淨故一切智智清淨何以
故若精進波羅蜜多清淨若耳界清淨若一
切智智清淨无二无二分无別无斷故精進
波羅蜜多清淨故聲界耳識界及耳觸耳觸
為緣所生諸受清淨聲界乃至耳觸為緣所
生諸受清淨故一切智智清淨何以故若精
進波羅蜜多清淨若聲界乃至耳觸為緣所
生諸受清淨若一切智智清淨无二无二分
无別无斷故善現精進波羅蜜多清淨故鼻
界清淨鼻界清淨故一切智智清淨何以故
若精進波羅蜜多清淨若鼻界清淨若一切
智智清淨无二无二分无別无斷故精進波
羅蜜多清淨故香界鼻識界及鼻觸鼻觸為

无別无斷故善現精進波羅蜜多清淨故鼻
界清淨鼻界清淨故一切智智清淨何以故
若精進波羅蜜多清淨若鼻界清淨若一切
智智清淨无二无二分无別无斷故精進波
羅蜜多清淨故香界鼻識界及鼻觸鼻觸為
緣所生諸受清淨香界乃至鼻觸為緣所生
諸受清淨故一切智智清淨何以故若精進
波羅蜜多清淨若香界乃至鼻觸為緣所生
諸受清淨若一切智智清淨无二无二分无
別无斷故善現精進波羅蜜多清淨故舌界
清淨舌界清淨故一切智智清淨何以故若
精進波羅蜜多清淨若舌界清淨若一切智
智清淨无二无二分无別无斷故精進波羅
蜜多清淨故味界舌識界及舌觸舌觸為緣
所生諸受清淨味界乃至舌觸為緣所生諸
受清淨故一切智智清淨何以故若精進波
羅蜜多清淨若味界乃至舌觸為緣所生諸
受清淨若一切智智清淨无二无二分无別
无斷故善現精進波羅蜜多清淨故身界清
淨身界清淨故一切智智清淨何以故若精
進波羅蜜多清淨若身界清淨若一切智智
清淨无二无二分无別无斷故精進波羅蜜
多清淨故觸界身識界及身觸身觸為緣所
生諸受清淨觸界乃至身觸為緣所生諸受清
淨故一切智智清淨何以故若精進波羅蜜
多清淨若觸界乃至身觸為緣所生諸受清
淨若一切智智清淨无二无二分无別无斷
故善現精進波羅蜜多清淨故意界清淨意

生諸受清淨觸界乃至身觸為緣所生諸受清
淨故一切智智清淨何以故若精進波羅蜜
多清淨若觸界乃至身觸為緣所生諸受清
淨若一切智智清淨无二无二分无別无斷
故善現精進波羅蜜多清淨故意界清淨意
界清淨故一切智智清淨何以故若精進波
羅蜜多清淨若意界清淨若一切智智清淨
无二无二分无別无斷故精進波羅蜜多清
淨故法界意識界及意觸意觸為緣所生諸
受清淨法界乃至意觸為緣所生諸受清淨
故一切智智清淨何以故若精進波羅蜜多
清淨若法界乃至意觸為緣所生諸受清淨
若一切智智清淨无二无二分无別无斷故善
現精進波羅蜜多清淨故地界清淨地界清
淨故一切智智清淨何以故若精進波羅蜜
多清淨若地界清淨若一切智智清淨无二
无二分无別无斷故精進波羅蜜多清淨故
水火風空識界清淨水火風空識界清淨故
一切智智清淨何以故若精進波羅蜜多清
淨若水火風空識界清淨若一切智智清淨
无二无二分无別无斷故善現精進波羅蜜
多清淨故无明清淨无明清淨故一切智智
清淨何以故若精進波羅蜜多清淨若无明
清淨若一切智智清淨无二无二分无別无
斷故精進波羅蜜多清淨故行識名色六處
觸受愛取有生老死愁歎苦憂惱清淨行乃
至老死愁歎苦憂惱清淨故一切智智清淨
何以故若精進波羅蜜多清淨若行乃至老

清淨若一切智智清淨无二无二分无別无
斷故精進波羅蜜多清淨故行識名色六處
觸受愛取有生老死愁歎苦憂惱清淨行乃
至老死愁歎苦憂惱清淨故一切智智清淨
何以故若精進波羅蜜多清淨若行乃至老
死愁歎苦憂惱清淨若一切智智清淨无二
无二分无別无斷故善現精進波羅蜜多清
淨故布施波羅蜜多清淨布施波羅蜜多清
淨故一切智智清淨何以故若精進波羅蜜
多清淨若布施波羅蜜多清淨若一切智智
清淨无二无二分无別无斷故精進波羅蜜
多清淨故淨戒安忍靜慮般若波羅蜜多清
淨淨戒乃至般若波羅蜜多清淨故一切智
智清淨何以故若精進波羅蜜多清淨若淨
戒乃至般若波羅蜜多清淨若一切智智清
淨无二无二分无別无斷故善現精進波羅
蜜多清淨故內空清淨內空清淨故一切智
智清淨何以故若精進波羅蜜多清淨若內
空清淨若一切智智清淨无二无二分无別
无斷故精進波羅蜜多清淨故外空內外空
空空大空勝義空有為空无為空畢竟空无
際空散空无變異空本性空自相空共相空
一切法空不可得空无性空自性空无性自
性空清淨外空乃至无性自性空清淨故一
切智智清淨何以故若精進波羅蜜多清淨
若外空乃至无性自性空清淨若一切智智
清淨无二无二分无別无斷故善現精進波
羅蜜多清淨故真如清淨真如清淨故一切

切智智清淨何以故若精進波羅蜜多清淨
若外空乃至无性自性空清淨若一切智智
清淨无二无二分无別无斷故善現精進波
羅蜜多清淨故真如清淨真如清淨故一切
智智清淨何以故若精進波羅蜜多清淨若
真如清淨若一切智智清淨无二无二分无
別无斷故精進波羅蜜多清淨故法界法性
不虛妄性不變異性平等性離生性法定法
住實際虛空界不思議界清淨法界乃至不
思議界清淨故一切智智清淨何以故若精
進波羅蜜多清淨若法界乃至不思議界清淨
若一切智智清淨无二无二分无別无斷 故
善現精進波羅蜜多清淨故苦聖諦清淨苦
聖諦清淨故一切智智清淨何以故若精進
波羅蜜多清淨若苦聖諦清淨若一切智智
清淨无二无二分无別无斷故精進波羅蜜
多清淨故集滅道聖諦清淨集滅道聖諦清
淨故一切智智清淨何以故若精進波羅蜜
多清淨若集滅道聖諦清淨若一切智智清
淨无二无二分无別无斷故善現精進波
羅蜜多清淨故四靜慮清淨四靜慮清淨故
一切智智清淨何以故若精進波羅蜜多清
淨若四靜慮清淨若一切智智清淨无二无
二分无別无斷故精進波羅蜜多清淨故四
无量四无色定清淨四无量四无色定清淨
故一切智智清淨何以故若精進波羅蜜多
清淨若四无量四无色定清淨若一切智智
清淨无二无二分无別无斷故善現精進

BD03458號　大般若波羅蜜多經卷二〇六　（20–6）

二分无別无斷故精進波羅蜜多清淨故四
无量四无色定清淨四无量四无色定清淨
故一切智智清淨何以故若精進波羅蜜多
清淨若四无量四无色定清淨若一切智智
清淨无二无二分无別无斷故善現精進
波羅蜜多清淨故八解脫清淨八解脫清淨故
一切智智清淨何以故若精進波羅蜜多清
淨若八解脫清淨若一切智智清淨无二无
二分无別无斷故精進波羅蜜多清淨故八
勝處九次第定十遍處清淨八勝處九次第
定十遍處清淨故一切智智清淨何以故若
精進波羅蜜多清淨若八勝處九次第定十
遍處清淨若一切智智清淨无二无二分无
別无斷故善現精進波羅蜜多清淨故四念
住清淨四念住清淨故一切智智清淨何以
故若精進波羅蜜多清淨若四念住清淨若
一切智智清淨无二无二分无別无斷故精
進波羅蜜多清淨故四正斷四神足五根五
力七等覺支八聖道支清淨四正斷乃至八
聖道支清淨故一切智智清淨何以故若精
進波羅蜜多清淨若四正斷乃至八聖道支
清淨若一切智智清淨无二无二分无別无
斷故善現精進波羅蜜多清淨故空解脫門
清淨空解脫門清淨故一切智智清淨何以
故若精進波羅蜜多清淨若空解脫門清淨
若一切智智清淨无二无二分无別无斷 故
精進波羅蜜多清淨故无相无願解脫門清
淨无相无願解脫門清淨故一切智智清淨

BD03458號　大般若波羅蜜多經卷二〇六　（20–7）

若一切智智清淨无二无二分无别无斷故
精進波羅蜜多清淨故无相无願解脫門清
淨无相无願解脫門清淨故一切智智清淨
何以故若精進波羅蜜多清淨若无相无願
解脫門清淨若一切智智清淨无二无二分
无别无斷故善現精進波羅蜜多清淨故菩
薩十地清淨菩薩十地清淨故一切智智
清淨何以故若精進波羅蜜多清淨若菩薩
十地清淨若一切智智清淨无二无二分无
别无斷故
善現精進波羅蜜多清淨故五眼清淨五眼
清淨故一切智智清淨何以故若精進波羅
蜜多清淨若五眼清淨若一切智智清淨无
二无二分无别无斷故精進波羅蜜多清淨
故六神通清淨六神通清淨故一切智智清
淨何以故若精進波羅蜜多清淨若六神通
清淨若一切智智清淨无二无二分无别无
斷故善現精進波羅蜜多清淨故佛十力清
淨佛十力清淨故一切智智清淨何以故若
精進波羅蜜多清淨若佛十力清淨若一切
智智清淨无二无二分无别无斷故精進波
羅蜜多清淨故四无所畏四无礙解大慈大
悲大喜大捨十八佛不共法清淨四无所畏
乃至十八佛不共法清淨故一切智智清淨
何以故若精進波羅蜜多清淨若四无所畏
乃至十八佛不共法清淨若一切智智清淨
无二无二分无别无斷故善現精進波羅蜜

BD03458 號　大般若波羅蜜多經卷二〇六　（20–8）

乃至十八佛不共法清淨若一切智智清淨
无二无二分无别无斷故善現精進波羅蜜
多清淨故无忘失法清淨无忘失法清淨故
一切智智清淨何以故若精進波羅蜜多清
淨若无忘失法清淨若一切智智清淨无二
无二分无别无斷故精進波羅蜜多清淨故
恒住捨性清淨恒住捨性清淨故一切智智
清淨何以故若精進波羅蜜多清淨若恒住
捨性清淨若一切智智清淨无二无二分无
别无斷故
善現精進波羅蜜多清淨故一切智清淨一
切智清淨故一切智智清淨何以故若精進
波羅蜜多清淨若一切智清淨若一切智智
清淨无二无二分无别无斷故精進波羅蜜
多清淨故道相智一切相智清淨道相智一
切相智清淨故一切智智清淨何以故若精
進波羅蜜多清淨若道相智一切相智清淨
若一切智智清淨无二无二分无别无斷故
善現精進波羅蜜多清淨故一切陁羅尼門
清淨一切陁羅尼門清淨故一切智智清淨
何以故若精進波羅蜜多清淨若一切陁羅
尼門清淨若一切智智清淨无二无二分无
别无斷故精進波羅蜜多清淨故一切三摩
地門清淨一切三摩地門清淨故一切智智
清淨何以故若精進波羅蜜多清淨若一切
三摩地門清淨若一切智智清淨无二无二
分无别无斷故善現精進波羅蜜多清淨故

BD03458 號　大般若波羅蜜多經卷二〇六　（20–9）

[illegible]
地門清淨一切三摩地門清淨故一切智智
清淨何以故若精進波羅蜜多清淨若一切
三摩地門清淨若一切智智清淨无二无二
分无別无斷故善現精進波羅蜜多清淨故
預流果清淨預流果清淨故一切智智清淨
何以故若精進波羅蜜多清淨若預流果清
淨若一切智智清淨无二无二分无別无斷故
精進波羅蜜多清淨故一來不還阿羅漢
果清淨一來不還阿羅漢果清淨故一切智
智清淨何以故若精進波羅蜜多清淨若一
來不還阿羅漢果清淨若一切智智清淨无
二无二分无別无斷故善現精進波羅蜜多
清淨故獨覺菩提清淨獨覺菩提清淨故一
切智智清淨何以故若精進波羅蜜多清淨
若獨覺菩提清淨若一切智智清淨无二无
二分无別无斷故善現精進波羅蜜多清淨
故一切菩薩摩訶薩行清淨一切菩薩摩訶
薩行清淨故一切智智清淨何以故若精進
波羅蜜多清淨若一切菩薩摩訶薩行清淨
若一切智智清淨无二无二分无別无斷故
善現精進波羅蜜多清淨故諸佛无上正
等菩提清淨諸佛无上正等菩提清淨故一切
智智清淨何以故若精進波羅蜜多清淨若
諸佛无上正等菩提清淨若一切智智清淨
无二无二分无別无斷故
復次善現安忍波羅蜜多清淨故色清淨色
清淨故一切智智清淨何以故若安忍波羅
蜜多清淨若色清淨若一切智智清淨无二

諸佛无上正等菩提清淨若一切智智清淨
无二无二分无別无斷故
復次善現安忍波羅蜜多清淨故色清淨色
清淨故一切智智清淨何以故若安忍波羅
蜜多清淨若色清淨若一切智智清淨无二
无二分无別无斷故安忍波羅蜜多清淨故
受想行識清淨受想行識清淨故一切智智
清淨何以故若安忍波羅蜜多清淨若受想
行識清淨若一切智智清淨无二无二分无
別无斷故善現安忍波羅蜜多清淨故眼處
清淨眼處清淨故一切智智清淨何以故若
安忍波羅蜜多清淨若眼處清淨若一切智
智清淨无二无二分无別无斷故安忍波羅
蜜多清淨故耳鼻舌身意處清淨耳鼻舌身
意處清淨故一切智智清淨何以故若安忍
波羅蜜多清淨若耳鼻舌身意處清淨若一
切智智清淨无二无二分无別无斷故善現
安忍波羅蜜多清淨故色處清淨色處清淨
故一切智智清淨何以故若安忍波羅蜜多
清淨若色處清淨若一切智智清淨无二无
二分无別无斷故安忍波羅蜜多清淨故聲
香味觸法處清淨聲香味觸法處清淨故一
切智智清淨何以故若安忍波羅蜜多清淨
若聲香味觸法處清淨若一切智智清淨无
二无二分无別无斷故善現安忍波羅蜜多
清淨故眼界清淨眼界清淨故一切智智清
淨何以故若安忍波羅蜜多清淨若眼界清
淨若一切智智清淨无二无二分无別无斷

二无二分无別无斷故善現安忍波羅蜜多
清淨故眼界清淨眼界清淨故一切智智清
淨何以故若安忍波羅蜜多清淨若眼界清
淨若一切智智清淨无二无二分无別无斷
故安忍波羅蜜多清淨故色界眼識界及眼觸
眼觸為緣所生諸受清淨色界乃至眼觸為
緣所生諸受清淨故一切智智清淨何以故
若安忍波羅蜜多清淨若色界乃至眼觸為
緣所生諸受清淨若一切智智清淨无二无
二分无別无斷故善現安忍波羅蜜多清淨故
耳界清淨耳界清淨故一切智智清淨何以
故若安忍波羅蜜多清淨若耳界清淨若一
切智智清淨无二无二分无別无斷故安忍
波羅蜜多清淨故聲界耳識界及耳觸耳觸
為緣所生諸受清淨聲界乃至耳觸為緣所
生諸受清淨故一切智智清淨何以故若安
忍波羅蜜多清淨若聲界乃至耳觸為緣
所生諸受清淨若一切智智清淨无二无二分
无別无斷故善現安忍波羅蜜多清淨故鼻
界清淨鼻界清淨故一切智智清淨何以故
若安忍波羅蜜多清淨若鼻界清淨若一切
智智清淨无二无二分无別无斷故安忍波
羅蜜多清淨故香界鼻識界及鼻觸鼻觸
為緣所生諸受清淨香界乃至鼻觸為緣所生
諸受清淨故一切智智清淨何以故若安忍
波羅蜜多清淨若香界乃至鼻觸為緣所生
諸受清淨若一切智智清淨无二无二分无別
无斷故善現安忍波羅蜜多清淨故舌界

諸受清淨故一切智智清淨何以故若安忍
波羅蜜多清淨若香界乃至鼻觸為緣所生
諸受清淨若一切智智清淨无二无二分无別
无斷故善現安忍波羅蜜多清淨故舌界
清淨舌界清淨故一切智智清淨何以故若
安忍波羅蜜多清淨若舌界清淨若一切智
智清淨无二无二分无別无斷故安忍波羅
蜜多清淨故味界舌識界及舌觸舌觸為緣
所生諸受清淨味界乃至舌觸為緣所生
諸受清淨故一切智智清淨何以故若安忍波
羅蜜多清淨若味界乃至舌觸為緣所生諸
受清淨若一切智智清淨无二无二分无別
无斷故善現安忍波羅蜜多清淨故身界清
淨身界清淨故一切智智清淨何以故若安
忍波羅蜜多清淨若身界清淨若一切智智
清淨无二无二分无別无斷故安忍波羅蜜
多清淨故觸界身識界及身觸身觸為緣所
生諸受清淨觸界乃至身觸為緣所生諸受
清淨故一切智智清淨何以故若安忍波羅蜜
多清淨若觸界乃至身觸為緣所生諸受
清淨若一切智智清淨无二无二分无別无
斷故善現安忍波羅蜜多清淨故意界清淨
意界清淨故一切智智清淨何以故若安忍
波羅蜜多清淨若意界清淨若一切智智清
淨无二无二分无別无斷故安忍波羅蜜多
清淨故法界意識界及意觸意觸為緣所生
諸受清淨法界乃至意觸為緣所生諸受清
淨故一切智智清淨何以故若安忍波羅蜜

波羅蜜多清淨若意界清淨若一切智智清
淨无二无二分无別无斷故安忍波羅蜜多
清淨故法界意識界及意觸意觸為緣所生
諸受清淨法界乃至意觸為緣所生諸受清
淨故一切智智清淨何以故若安忍波羅蜜
多清淨若法界乃至意觸為緣所生諸受清
淨若一切智智清淨无二无二分无別无斷
故善現安忍波羅蜜多清淨故地界清淨地
界清淨故一切智智清淨何以故若安忍波羅
蜜多清淨若地界清淨若一切智智清淨
无二无二分无別无斷故安忍波羅蜜多清
淨故水火風空識界清淨水火風空識界清
淨故一切智智清淨何以故若安忍波羅蜜
多清淨若水火風空識界清淨若一切智智
清淨无二无二分无別无斷故善現安忍波
羅蜜多清淨故无明清淨无明清淨故一切
智智清淨何以故若安忍波羅蜜多清淨若
无明清淨若一切智智清淨无二无二分无
別无斷故安忍波羅蜜多清淨故行識名色
六處觸受愛取有生老死愁歎苦憂惱清淨
行乃至老死愁歎苦憂惱清淨故一切智智
清淨何以故若安忍波羅蜜多清淨若行乃
至老死愁歎苦憂惱清淨若一切智智清淨
无二无二分无別无斷故
善現安忍波羅蜜多清淨故布施波羅蜜多
清淨布施波羅蜜多清淨故一切智智清淨
何以故若安忍波羅蜜多清淨若布施波羅
蜜多清淨若一切智智清淨无二无二分无
別无斷故安忍波羅蜜多清淨故淨戒精進

清淨布施波羅蜜多清淨故一切智智清淨
何以故若安忍波羅蜜多清淨若布施波羅
蜜多清淨若一切智智清淨无二无二分无
別无斷故安忍波羅蜜多清淨故淨戒精進
靜慮般若波羅蜜多清淨淨戒乃至般若波
羅蜜多清淨故一切智智清淨何以故若安
忍波羅蜜多清淨若淨戒乃至般若波羅蜜多
清淨若一切智智清淨无二无二分无別无
斷故善現安忍波羅蜜多清淨故內空清淨
內空清淨故一切智智清淨何以故若安忍
波羅蜜多清淨若內空清淨若一切智智清
淨无二无二分无別无斷故安忍波羅蜜多
清淨故外空內外空空空大空勝義空有為
空无為空畢竟空无際空散空无變異空本
性空自相空共相空一切法空不可得空无
性空自性空无性自性空清淨外空乃至无
性自性空清淨故一切智智清淨何以故若
安忍波羅蜜多清淨若外空乃至无性自性
空清淨若一切智智清淨无二无二分无別
无斷故善現安忍波羅蜜多清淨故真如清
淨真如清淨故一切智智清淨何以故若安
忍波羅蜜多清淨若真如清淨若一切智智
清淨无二无二分无別无斷故安忍波羅蜜
多清淨故法界法性不虛妄性不變異性平
等性離生性法定法住實際虛空界不思議
界清淨法界乃至不思議界清淨故一切智
智清淨何以故若安忍波羅蜜多清淨若法
界乃至不思議界清淨若一切智智清淨无

等性離生性法定法住實際虛空界不思議
界清淨法界乃至不思議界清淨故一切智
智清淨何以故若安忍波羅蜜多清淨若法
界乃至不思議界清淨若一切智智清淨无
二无二分无別无斷故善現安忍波羅蜜多
清淨故苦聖諦清淨苦聖諦清淨故一切智
智清淨何以故若安忍波羅蜜多清淨若
苦聖諦清淨若一切智智清淨无二无二
分无別无斷故安忍波羅蜜多清淨故集滅
道聖諦清淨集滅道聖諦清淨故一切智智
清淨何以故若安忍波羅蜜多清淨若集滅
道聖諦清淨若一切智智清淨无二无二分
无別无斷故善現安忍波羅蜜多清淨故四
靜慮清淨四靜慮清淨故一切智智清淨何
以故若安忍波羅蜜多清淨若四靜慮清淨
若一切智智清淨无二无二分无別无斷故
安忍波羅蜜多清淨故四无量四无色定清
淨四无量四无色定清淨故一切智智清淨
何以故若安忍波羅蜜多清淨若四无量四
无色定清淨若一切智智清淨无二无二分
无別无斷故善現安忍波羅蜜多清淨故八
解脫清淨八解脫清淨故一切智智清淨何
以故若安忍波羅蜜多清淨若八解脫清淨
若一切智智清淨无二无二分无別无斷故
安忍波羅蜜多清淨故八勝處九次第定十
遍處清淨八勝處九次第定十遍處清淨故
一切智智清淨何以故若安忍波羅蜜多清
淨若八勝處九次第定十遍處清淨若一切
智智清淨无二无二分无別无斷故善現安

BD03458號　大般若波羅蜜多經卷二〇六　（20–16）

安忍波羅蜜多清淨故八勝處九次第定十
遍處清淨八勝處九次第定十遍處清淨故
一切智智清淨何以故若安忍波羅蜜多清
淨若八勝處九次第定十遍處清淨若一切
智智清淨无二无二分无別无斷故善現安
忍波羅蜜多清淨故四念住清淨四念住清
淨故一切智智清淨何以故若安忍波羅蜜
多清淨若四念住清淨若一切智智清淨无
二无二分无別无斷故安忍波羅蜜多清淨
故四正斷四神足五根五力七等覺支八聖
道支清淨四正斷乃至八聖道支清淨故一
切智智清淨何以故若安忍波羅蜜多清
淨若四正斷乃至八聖道支清淨若一切智
智清淨无二无二分无別无斷故善現安忍
波羅蜜多清淨故空解脫門清淨空解脫門
清淨故一切智智清淨何以故若安忍波羅
蜜多清淨若空解脫門清淨若一切智智清
淨无二无二分无別无斷故安忍波羅蜜多
清淨故无相无願解脫門清淨无相无願解
脫門清淨故一切智智清淨何以故若安忍
波羅蜜多清淨若无相无願解脫門清淨若
一切智智清淨无二无二分无別无斷故善
現安忍波羅蜜多清淨故菩薩十地清淨菩
薩十地清淨故一切智智清淨何以故若安
忍波羅蜜多清淨若菩薩十地清淨若一切
智智清淨无二无二分无別无斷故
善現安忍波羅蜜多清淨故五眼清淨五眼
清淨故一切智智清淨何以故若安忍波羅
蜜多清淨若五眼清淨若一切智智清淨无

BD03458號　大般若波羅蜜多經卷二〇六　（20–17）

忍波羅蜜多清淨若菩薩十地清淨若一切
智智清淨无二无二分无別无斷故
善現安忍波羅蜜多清淨故五眼清淨五眼
清淨故一切智智清淨何以故若安忍波羅
蜜多清淨若五眼清淨若一切智智清淨无
二无二分无別无斷故安忍波羅蜜多清淨
故六神通清淨六神通清淨故一切智智清
淨何以故若安忍波羅蜜多清淨若六神通
清淨若一切智智清淨无二无二分无別无
斷故善現安忍波羅蜜多清淨故佛十力清
淨佛十力清淨故一切智智清淨何以故若
安忍波羅蜜多清淨若佛十力清淨若一切
智智清淨无二无二分无別无斷故安忍波
羅蜜多清淨故四无所畏四无礙解大慈大
悲大喜大捨十八佛不共法清淨四无所畏
乃至十八佛不共法清淨故一切智智清淨
何以故若安忍波羅蜜多清淨若四无所畏
乃至十八佛不共法清淨若一切智智清淨
无二无二分无別无斷故善現安忍波羅蜜
多清淨故无忘失法清淨无忘失法清淨故
一切智智清淨何以故若安忍波羅蜜多清
淨若无忘失法清淨若一切智智清淨无二
无二分无別无斷故安忍波羅蜜多清淨故
恒住捨性清淨恒住捨性清淨故一切智智
清淨何以故若安忍波羅蜜多清淨若恒住
捨性清淨若一切智智清淨无二无二分无
別无斷故善現安忍波羅蜜多清淨故一切
智清淨一切智清淨故一切智智清淨何以
故若安忍波羅蜜多清淨若一切智智清淨若

BD03458號　大般若波羅蜜多經卷二〇六　（20–18）

捨性清淨若一切智智清淨无二无二分无
別无斷故善現安忍波羅蜜多清淨故一切
智清淨一切智清淨故一切智智清淨何以
故若安忍波羅蜜多清淨若一切智清淨若
一切智智清淨无二无二分无別无斷故安
忍波羅蜜多清淨故道相智一切相智清淨
道相智一切相智清淨故一切智智清淨何
以故若安忍波羅蜜多清淨若道相智一切
相智清淨若一切智智清淨无二无二分无
別无斷故善現安忍波羅蜜多清淨故一切
陁羅尼門清淨一切陁羅尼門清淨故一切
智智清淨何以故若安忍波羅蜜多清淨若
一切陁羅尼門清淨若一切智智清淨无二
无二分无別无斷故安忍波羅蜜多清淨故
一切三摩地門清淨一切三摩地門清淨故
一切智智清淨何以故若安忍波羅蜜多清
淨若一切三摩地門清淨若一切智智清淨
无二无二分无別无斷故
善現安忍波羅蜜多清淨故預流果清淨預
流果清淨故一切智智清淨何以故若安忍
波羅蜜多清淨若預流果清淨若一切智智
清淨无二无二分无別无斷故安忍波羅蜜
多清淨故一來不還阿羅漢果清淨一來不
還阿羅漢果清淨故一切智智清淨何以故
若安忍波羅蜜多清淨若一來不還阿羅漢
果清淨若一切智智清淨无二无二分无別
无斷故善現安忍波羅蜜多清淨故獨覺菩
提清淨獨覺菩提清淨故一切智智清淨何

BD03458號　大般若波羅蜜多經卷二〇六　（20–19）

果清淨若一切智智清淨无二无二分无別
无斷故善現安忍波羅蜜多清淨故獨覺菩
提清淨獨覺菩提清淨故一切智智清淨何
以故若安忍波羅蜜多清淨若獨覺菩提清
淨若一切智智清淨无二无二分无別无斷
故善現安忍波羅蜜多清淨故一切菩薩摩
訶薩行清淨一切菩薩摩訶薩行清淨故一
切智智清淨何以故若安忍波羅蜜多清淨
若一切菩薩摩訶薩行清淨若一切智智清
淨无二无二分无別无斷故善現安忍波羅
蜜多清淨故諸佛无上正等菩提清淨諸佛
无上正等菩提清淨故一切智智清淨何以
故若安忍波羅蜜多清淨若諸佛无上正等
菩提清淨若一切智智清淨无二无二分无
別无斷故

大般若波羅蜜多經卷第二百六

神智勘

羅寫

BD03458 號　大般若波羅蜜多經卷二〇六　（20–20）

分別二

[illegible]能斷二執

[illegible]能斷　非不能分別

了知分別即不起　分別不起故　真如心轉依

若見所起法　離諸外道過　是智所取　涅槃非滅壞

我及諸佛說　覺此即成佛　若更異分別　是則外道論

不生而現生　不滅而現滅　普於諸億剎　頓現如水月

一身為多身　然火及注雨　隨機心中現　是故說唯心

心亦是唯心　非心亦心起　種種諸色相　通達皆唯心

諸佛與聲聞　緣覺等形相　及餘種種色　皆說是唯心

從於无色界　乃至地獄中　普現為眾生　皆是唯心作

如幻諸三昧　及以意生身　十地與自在　皆由轉依得

愚夫為想縛　隨見聞覺知　自分別顛倒　戲論之所動

一切无有生　亦无有涅槃　化佛於諸剎　演三乘一乘

佛有三十六　復各有十種　隨眾生心器　而現諸剎土

法佛於世間　猶如妄計性　雖見有種種　而實无所有

BD03459 號　大乘入楞伽經卷七　（20–1）

愚夫為想縛　隨見聞覺知　自分別顛倒　戲論之所動
一切空无生　我實不涅槃　化佛於諸刹　演三乘一乘
佛有三十六　復各有十種　隨衆生心器　而現諸刹土
法佛於世間　猶如妄計性　雖見有種種　而實无所有
法佛是真佛　餘皆是化佛　隨衆生種子　見佛所現身
以迷惑諸相　而起於分別　分別不異真　相不即分別
自性及受用　化身復現化　佛聽三十六　皆自性所成
由外熏習種　而生於分別　不取於真實　而取妄所執
迷惑依內心　及緣於外境　但由此二起　更无第三緣
迷惑依內外　而得生起已　六十二十八　故我說為心
知但有根境　則離於我執　悟心无境界　則離於法執
由依本識故　而有諸識生　由依內處故　有似外影現
无智恒分別　有為及无為　皆悉不可得　如夢星毛輪
如乾闥婆城　如幻如燄水　非有而見有　緣起法亦然
我依三種心　假說根境我　而彼心意識　自性无所有
心意及與識　无我有二種　五法與自性　是諸佛境界
習氣因為一　而成於三相　如以一彩色　畫壁見種種
五法二无我　自性心意識　於佛種性中　皆悉不可得
遠離心意識　亦離於五法　復離於自性　是為佛種性
若身語意業　不脩白淨法　如來淨種性　則離於現行
神通力自在　三昧淨莊嚴　種種意生身　是佛淨種性
內自證无垢　遠離於因相　八地及佛地　如來性所成
遠行與善慧　法雲及佛地　皆是佛種性　餘悉二乘攝
如來心自在　而為諸愚夫　心相差別故　說於七種地
第七地不起　身語意過失　第八地所依　如夢渡河等

遠行與善慧　法雲及佛地　皆是佛種性　餘悉二乘攝
如來心自在　而為諸愚夫　心相差別故　說於七種地
第七地不起　身語意過失　第八地所依　如夢渡河等
八地及五地　解了工巧明　諸佛子能作　諸有中之王
智者不分別　若生若不生　空及與不空　自性无自性
但唯是心量　而實不可得
為諸二乘說　此實此虛妄　非為諸佛子　故不應分別
有非有悉非　亦无刹那相　假實法亦无　唯心不可得
有法是俗諦　无性第一義　迷惑於无性　是則為世俗
一切法皆空　我為諸凡愚　隨俗假施設　而彼无真實
由言所起法　則有所行義　觀見言所生　皆悉不可得
如離壁无畫　離質亦无影　藏識若清淨　諸識浪不生
依法身有報　從報起化身　此為根本佛　餘皆化所現
不應妄分別　空及以不空　妄計於有无　言義不可得
凡愚妄分別　德實塵聚色　一一塵皆无　是故无境界
衆生見外相　皆由自心現　所見既非有　故无諸外境
如為溺深泥　不能復移動　聲聞住三昧　昏醉亦復然
若見諸世間　習氣以為因　離有无俱非　法无我解脫
自性名妄計　緣起是依他　真如是圓成　我經中常說
心意及與識　分別與表示　本識作三有　皆心之異名
壽及於煖識　阿賴耶命根　意及與意識　皆分別異名
心能持於身　意恒審思慮　意識諸識俱　了自心境界
若實有我體　異蘊及蘊中　於彼求我體　畢竟不可得
一一觀世間　皆是自心現　於煩惱隨眠　離皆得解脫
聲聞為盡智　緣覺寂靜智　如來之智慧　生起无窮盡

心能持於身　意恒審思慮　意識諸識俱　了自心境界
若實有我體　異蘊及蘊中　於彼求我體　畢竟不可得
一一觀世間　皆是自心現　於煩惱隨眠　離皆得解脫
聲聞為盡智　緣覺寂靜智　如來之智慧　生起无窮盡
外實无有色　唯自心所現　愚夫不覺知　妄分別有為
不知外境界　種種皆自心　愚夫以因喻　四句而成立
智者悉了知　境界自心現　不以宗因喻　諸句而成立
分別所分別　是為妄計相　依止於妄計　而復起分別
展轉互相依　皆因一習氣　此二俱為客　非衆生心起
安住三界中　心心所分別　所起似境界　是妄計自性
影像與種子　合為十二處　所依所緣合　說有所作事
猶如鏡中像　翳眼見毛輪　習氣覆亦然　凡愚起妄見
於自分別境　而起於分別　如外道分別　外境不可得
如愚不了繩　妄取以為蛇　不了自心現　妄分別外境
如是繩自體　一異性皆離　但自心倒惑　妄起繩分別
妄計分別時　而彼性非有　云何見非有　而起於分別
色性无所有　瓶衣等亦然　但由分別生　所見終无有
无始有為中　迷惑起分別　何法令迷惑　願佛為我說
諸法无自性　但唯心所現　不了於自心　是故生分別
如愚所分別　妄計實非有　異此之所有　而彼不能知
諸聖者所有　非愚所分別　若聖同於凡　聖應有虛妄
以聖治心淨　是故无迷惑　凡愚心不淨　故有妄分別
如母語嬰兒　汝勿須啼泣　空中有果來　種種任汝取
我為衆生說　種種妄計果　令彼愛樂已　法實離有无
諸法先非有　諸緣不和合　本不生而生　自性无所有
[illegible]

如母語嬰兒　汝勿須啼泣　空中有果來　種種任汝取
我為衆生說　種種妄計果　令彼愛樂已　法實離有无
諸法先非有　諸緣不和合　本不生而生　自性无所有
未生法不生　離緣无生處　現生法亦尒　離緣不可得
觀實緣起要　非有亦非无　非有无俱非　智者不分別
外道諸愚夫　妄說一異性　不了諸緣起　世間如幻夢
我无上大乘　超越於名言　其義甚明了　愚夫不覺知
聲聞及外道　所說皆慳恡　令義悉改變　皆由妄計起
諸相及自體　形狀及與名　攀緣此四種　而起諸分別
計梵自在作　一身與多身　及日月運行　彼非是我子
具足於聖見　通達如實法　善巧轉諸想　到於識彼岸
以此解脫印　永離於有无　及離於去來　是我法中子
若色識轉滅　諸業失壞者　是則无生死　亦无常无常
而彼轉滅時　色處雖捨離　業住阿賴耶　離有无過失
色識雖轉滅　而業不失壞　令於諸有中　色識復相續
若彼諸衆生　所起業失壞　是則无生死　亦无有涅槃
若業與色識　俱時而滅壞　生死中若生　色業應无別
色心與分別　非異非不異　愚夫謂滅壞　而實離有无
緣起與妄計　展轉无別相　如色與无常　展轉生亦尒
既離異非異　妄計不可知　如色无常性　云何說有无
善達於妄計　緣起則不生　由見於緣起　妄計則真如
若滅妄計性　是則壞法眼　便於我法中　建立及誹謗
如是色類人　當毀謗正法　彼皆以作法　減壞我法眼
智者勿共語　比丘事亦棄　以滅壞妄計　建立誹謗故
若隨於分別　起於有无見　彼如幻毛輪　夢焰與乾城

若滅妄計性　是則壞法眼　便於我法中　建立及誹謗
如是惡類人　當毀謗正法　彼皆以非法　滅壞我法眼
智者勿共語　比丘事亦弃　以滅壞妄計　建立誹謗故
若隨於分別　起於有无見　彼如幻毛輪　夢燄與乾城
彼非學佛法　不應與同住　以自墮二邊　亦壞他人故
若有脩行者　觀於妄計性　寂靜離有无　攝取與同住
如世間有處　出金摩尼珠　彼雖无造作　而衆生受用
業性亦如是　遠離種種性　所見業非有　非不生諸趣
如聖所了知　法皆无所有　愚夫所分別　妄計法非无
若愚所分別　彼法非有者　既无一切法　衆生无雜染
以有雜染法　无明愛所繫　能起生死身　諸根悉具足
若謂愚分別　此法皆无者　則无諸根生　彼非正脩行
若无有此法　而為生死因　愚夫不待脩　自然而解脫
若无有彼法　凡聖云何別　亦則无聖人　脩行三解脫
諸蘊及人法　自共相无相　諸緣及諸根　我為聲聞說
唯心及非因　諸地與自在　內證淨真如　我為佛子說
未來世當有　身著於袈裟　妄說於有无　毀壞我正法
緣起法无性　是諸聖所行　妄計性无物　計度者分別
未來有愚癡　揭那諸外道　說於无因論　惡見壞世間
妄說諸世間　從於微塵生　而彼塵无因　九種實物常
從實能成實　從德能生德　真法性異此　毀謗說言无
若本无而生　世間則有始　生死无前際　是我之所說
三界一切物　本无而生者　驢騾駝生角　亦應无有疑
眼色識本无　而今有生者　衣冠及席等　應從泥團生
如疊中无席　蒲中亦无席　何不諸緣中　一一皆生席

BD03459號　大乘入楞伽經卷七　（20–6）

若本无而生　世間則有始　生死无前際　是我之所說
三界一切物　本无而生者　驢騾駝生角　亦應无有疑
眼色識本无　而今有生者　衣冠及席等　應從泥團生
如疊中无席　蒲中亦无席　何不諸緣中　一一皆生席
彼命者與身　若本无而生　我先已說彼　皆是外道論
我先所說宗　為遮於彼意　既遮於彼已　然後說自宗
恐諸弟子衆　迷著有无宗　是故我為其　先說外道論
迦毗羅惡慧　為諸弟子說　勝性生世間　求那所轉變
諸緣无有故　非已生現生　諸緣既非緣　非生非不生
我宗離有无　亦離諸因緣　生滅及所相　一切皆遠離
世間如幻夢　因緣皆无性　常作如是觀　分別永不起
若能觀諸有　如燄及毛輪　亦如尋香城　常離於有无
因緣俱捨離　令心悉清淨
若言无外境　而唯有心者　无境則无心　云何成唯識
以有所緣境　衆生心得起　无因心不生　云何成唯識
真如及唯識　是衆聖所行　此有言非有　彼非解我法
由能取所取　而心得生起　世間心如是　故非是唯心
身資生影像　如夢從心生　心雖成二分　而心无二相
如刀不自割　如指不自觸　而心不自見　其事亦如是
无有影像處　則无依他起　妄計性亦无　五法二心盡
能生及所生　皆是自心相　密意說能生　而實无自性
種種境形狀　若由妄計生　虛空與兔角　亦應成境相
似境從心起　此境非妄計　然彼妄計境　離心不可得
无始生死中　境界悉非有　心无有起處　云何成影像
若无物有生　兔角亦應生　不可无物生　而起於分別

BD03459號　大乘入楞伽經卷七　（20–7）

種種境形狀　若由妄計生　虛空與兔角　亦應成境相
似境從心起　此境非妄計　然彼妄計境　離心不可得
无始生死中　境界悉非有　心无有起處　云何成影像
若无物有生　兔角亦應生　不可无物生　而起於分別
如境現非有　彼則先亦无　云何无境中　而心緣境起
真如空實際　涅槃及法界　一切法不生　是第一義性
愚夫墮有无　分別諸因緣　不能知諸有　无生无作者
无始心所因　唯心无所見　既无无始境　心從何所生
无物而得生　如兔角應當　无境而生心　願佛爲我說
一切若无因　无心亦无境　心既无所生　離三有所作
因亂衣角等　而說兔角无　是故不應言　无彼相因法
无因有故无　是无不成无　有待无亦尒　展轉相因起
若依少法　而有少法起　是則前所依　无因而自有
若彼別有依　彼依復有依　如是則无窮　亦无有少法
如依木葉等　現種種幻相　衆生亦如是　依事種種現
依於幻師力　令愚見幻相　而於木葉等　實无幻可得
若依少事　此法則便壞　所見既无二　何有少分別
分別无妄計　分別亦无有　以分別无故　无生死涅槃
由无所分別　分別則不起　云何心不起　而得有唯心
意差別无量　皆无真實法　无實无解脫　亦无諸世間
如愚所分別　外所見皆无　習氣擾濁心　似影像而現
有无等諸法　一切皆不生　但唯自心現　遠離於分別
說諸法從緣　爲愚非智者　心自性解脫　淨心聖所住
數勝及露形　梵志與自在　皆墮於无見　遠離寂靜義
无生无自性　離垢空如幻　諸佛及今佛　爲誰如是說

BD03459號　大乘入楞伽經卷七　（20–8）

有无等諸法　一切皆不生　但唯自心現　遠離於分別
說諸法從緣　爲愚非智者　心自性解脫　淨心聖所住
數勝及露形　梵志與自在　皆墮於无見　遠離寂靜義
无生无自性　離垢空如幻　諸佛及今佛　爲誰如是說
淨心脩行者　離諸見計度　諸佛爲彼說　我亦如是說
若一切皆心　世間何處住　何因見大地　衆生有去來
如鳥遊虛空　隨分別而去　无依亦无住　如履地而行
衆生亦如是　隨於妄分別　遊履於自心　如鳥在虛空
身資國土影　佛說唯心起　願說影唯心　何因云何起
身資國土影　皆由習氣轉　亦因不如理　分別之所生
外境是妄計　心緣彼境生　了境是唯心　分別則不起
若見妄計性　名義不和合　遠離覺所覺　解脫諸有爲
名義皆捨離　此是諸佛法　若興此求悟　彼无覺自他
若能見世間　離能覺所覺　是時則不起　名所名分別
由見自心故　妄作名字滅　不見於自心　則起彼分別
四蘊无色相　彼數不可得　大種性各異　云何共生色
由離諸相故　能所造非有　異色別有相　諸蘊何不生
若見於无相　蘊處皆捨離　是時心亦離　見法无我故
由根境差別　生於八種識　於彼无相中　是三相皆離
意緣阿賴耶　起我我所執　及識二執取　了知皆遠離
觀見離一異　是則无所動　離於我我所　二種妄分別
无生无增長　亦不爲識因　既離能所作　滅已不復生
世間无能作　及離能所相　妄計及唯心　云何願爲說
自心現種種　分別諸形相　不了心所現　妄取謂心外
由无覺智故　而起於无見　云何名有性　而心不生者

BD03459號　大乘入楞伽經卷七　（20–9）

蘊見諦一異 是見无所動 離於我我所 二種妄分別
无生无增長 亦不為識因 既離能所作 滅已不復生
世間无能作 又離能所相 妄計又唯心 云何願為說
自心現種種 分別諸形相 不了心所現 妄取謂心外
由无覺智故 而起於无見 云何於有性 而心不生著
分別非有无 故於有不生 了所見唯心 分別則不起
分別不起故 轉依无所著 則遮於四宗 謂法有因等
此但異名別 所立皆不成 應知能作因 亦復不成立
為遮於能作 說因緣和合 為遮於常過 說緣是无常
愚夫謂无常 而實不生滅 不見滅壞法 而能有所作
何有无常法 而能有所生
天人阿脩羅 鬼畜閻羅等 衆生在中生 我說為六道
由業上中下 於中而受生 守護諸善法 而得勝解脫
佛為諸比丘 說於所受生 念念皆生滅 請為我宣說
色色不暫停 心心亦生滅 我為弟子說 受生念還謝
色色中分別 生滅亦復然 分別是衆生 離分別非有
我為此緣故 說於念念生 若離取著色 不生亦不滅
緣生非緣生 无明真如等 二法故有起 无二即真如
若彼緣非緣 生法有差別 常等與諸緣 有能作所作
是則大牟尼 及諸佛所說 有能作所作 與外道无異
我為弟子說 身是苦世間 亦是世間集 滅道皆悉具
凡夫妄分別 取三自性故 見有能所取 世及出世法
我先觀待故 說取於自性 今為遮諸見 不應妄分別
求過為非法 亦令心不定 皆由二取起 无二即真如
若无明愛業 而生於識等 邪念復有因 是則无窮過
无智說諸法 有四種滅壞 妄起二分別 法實離有无

BD03459號　大乘入楞伽經卷七　（20–10）

凡夫妄分別 取三自性故 見有能所取 世及出世法
我先觀待故 說取於自性 今為遮諸見 不應妄分別
求過為非法 亦令心不定 皆由二取起 无二即真如
若无明愛業 而生於識等 邪念復有因 是則无窮過
无智說諸法 有四種滅壞 妄起二分別 法實離有无
遠離於四句 亦離於二見 分別所起二 了已不復生
不生中知生 生中知不生 彼法同等故 不應起分別
願佛為我說 遮二見之理 令我及餘衆 恒不墮有无
不離諸外論 亦離於二乘 諸佛證所行 佛子不退處
解脫因非因 同一无生相 迷故執異名 智者應常離
法從分別生 如毛輪幻餘 外道妄分別 世從自性生
无生及真如 性空與實際 此等異名說 不應執為无
如手有多名 帝釋名亦尒 諸法亦如是 不應執為无
色與空无異 无生亦復然 不應執為異 成諸見過失
以惣別分別 及遍分別故 執著諸事相 長短方圓等
惣分別是心 遍分別為意 別分別是識 皆離能所相
我法中起見 及外道无生 皆是妄分別 過失等无異
若有能解了 我所說无生 及无生所為 是人解我法
為破於諸見 无生无住處 令知此二義 故我說无生
佛說无生法 若是有是无 則同諸外道 无因不生論
我說唯心量 遠離於有无 若生若不生 是見應皆離
无因論不生 生則著作者 作即離諸見 无即自然生
佛說諸方便 亞見大願等 一切法若无 道場何所成
離能取所取 非生亦非滅 所見法非法 皆從自心起
牟尼之所說 前後自相違 云何說諸法 而復言不生

BD03459號　大乘入楞伽經卷七　（20–11）

无自論不生　生則著作者　作即離諸見　无即自然生
佛説諸方便　正見大願等　一切法若无　道場何所成
離能取所取　非生亦非滅　所見法非法　皆從自心起
牟尼之所説　前後自相違　云何説諸法　而復言不生
衆生不能知　願佛爲我説　得離外道過　及彼顛倒因
唯願勝説者　説生及與滅　皆離於有无　而不壞因果
世間隨二邊　諸見所迷惑　唯願青蓮眼　説諸地次第
取生不生等　不了緣滅因　道場无所得　我亦无所説
刹那法皆空　无生无自性　諸佛已淨二　有二即成過
惡見之所覆　分別非如來　妄計於生滅　願爲我等説
積集於戲論　和合之所生　隨其類現前　色境皆具足
見於外色已　而起於分別　若能了知此　則見真實義
若離於大種　諸物皆不成　大種既唯心　當知无所生
此心亦不生　則順聖種性
勿分別分別　无分別是智　分別於分別　是二非涅槃
若立无生宗　則壞於幻法　亦无因起幻　損減於自宗
猶如鏡中像　雖離一異性　所見非是无　生相亦如是
如乾城幻等　悉待因緣有　諸法亦如是　是生非不生
分別於人法　而起二種我　此但世俗説　愚夫不覺知
由願與緣習　自力及最勝　聲聞諸菩薩　而有羅漢等
時隔及滅壞　勝義與遮遷　是四種无常　愚分別非智
愚夫墮二邊　德塵自性作　以取有无宗　不知解脱因
大種互相違　安能起於色　但是大種性　无大所造色
火方燒於色　水復爲爛壞　風能令散滅　云何色得生
色蘊及識蘊　唯此二非五　餘但是異名　我説彼如悪

愚夫墮二邊　德塵自性作　以取有无宗　不知解脱因
大種互相違　安能起於色　但是大種性　无大所造色
火方燒於色　水復爲爛壞　風能令散滅　云何色得生
色蘊及識蘊　唯此二非五　餘但是異名　我説彼如悪
心心所差別　而起於現法　分析於諸色　唯心无所造
青白等相待　作所作亦然　所生及性空　冷熱相所相
有无等一切　妄計不成立
心意及餘六　諸識共相應　皆依藏識生　非一亦非異
數勝及露形　計自在能生　皆墮有无宗　遠離寂靜義
大種生形相　非生於大種　外道説大種　生大種及色
於无生法外　外道計作者　依心有无宗　愚夫不覺知
清淨真實相　而與大智俱　但共心相應　非意等和合
若業皆生色　則違諸蘊因　衆生應无取　无有住无色
説色爲无者　衆生亦應无　无色論是斷　諸識不應生
識依四種住　无色云何成　内外既不成　識亦不應起
衆生識名无　自然得解脱　必是外道論　妄計者不知
或有隨樂執　中有中諸蘊　如生於无色　无色云何有
无色中之色　彼非是可見　无色則違宗　非乘及乘者
識從習氣生　與諸根和合　八種於刹那　取皆不可得
若諸色不起　諸根則非根　是故世尊説　根色刹那起
云何不了色　而得有識生　云何識不生　而得受生死
諸根及根境　聖者了其義　愚癡无智者　妄執取其名
不應執第六　有取及无取　爲離諸過失　聖者无定説
諸外道无智　怖畏於斷常　計有爲无爲　與我无差別
或計與心一　或異或異異　一性有可取　異性有亦然

云何不了達　云何能說生　云何說不生　云何受生死
諸根及根境　聖者了其義　愚癡无智者　妄執取其名
不應執第六　有取及无取　爲離諸過失　聖者无定說
諸外道无智　怖畏於斷常　計有爲无爲　與我无差別
或計與心一　或與意等異　一性有可取　異性有亦然
若取是决了　若爲心心所　此取何不能　决了於一性
有取及作業　可得而受生　猶如火所成　理趣似非似
如火頓燒時　然可然皆見　妄取我亦然　云何无所取
若生若不生　心性常清淨　外道所立我　何不以爲喻
迷惑識稠林　妄計離真法　樂於我論故　馳求於彼此
內證智所行　清淨真我相　此即如來藏　非外道所知
分析於諸蘊　能取及所取　若能了此相　則生真實智
是諸外道等　於賴耶藏處　計意與我俱　此非佛所說
若能辯了此　解脫見真諦　見脩諸煩惱　斷除悉清淨
本性清淨心　衆生所迷取　无垢如來藏　遠離邊无邊
本識在蘊中　如金銀在鑛　陶冶練治已　金銀皆顯現
佛非人非蘊　但是无漏智　了知常寂静　是我之所歸
本性清淨心　隨煩惱意等　及與我相應　願佛爲解說
自性清淨心　意等以爲他　彼所積集業　雜染故爲二
意等我煩惱　染汙於淨心　猶如彼淨衣　而有諸垢染
如衣得離垢　亦如金出鑛　衣金俱不壞　心離過亦然
无智者推求　箜篌螺鼓等　而覓妙音聲　蘊中我亦尒
猶如伏藏寶　亦如地下水　雖有不可見　蘊真我亦然
心心所功能　聚集蘊相應　无智不能取　蘊中我亦尒
如女懷胎藏　雖有不可見　蘊中真實我　无智不能知
如藥中勝力　亦如木中火　蘊中真實我　无智不能知

猶如伏藏寶　亦如地下水　雖有不可見　蘊真我亦然
心心所功能　聚集蘊相應　无智不能取　蘊中我亦尒
如女懷胎藏　雖有不可見　蘊中真實我　无智不能知
如藥中勝力　亦如木中火　蘊中真實我　无智不能知
諸法中堅性　及以无常性　蘊中真實我　无智不能知
諸地自在通　灌頂勝三昧　若无此真我　是等悉皆无
有人破壞言　若有應示我　智者應答言　汝分別示我
說无真我者　謗法著有无　比丘應羯磨　擯弃不共語
說真我熾然　猶如劫火起　燒无我稠林　離諸外道過
如蘇酪石蜜　及以麻油等　彼皆悉有味　未嘗者不知
於諸蘊身中　五種推求我　愚者不能了　智見即解脫
明智所立喻　猶未顯於心　其中所集義　豈能使明了
諸法別異相　不了唯一心　計度者妄執　无因及无起
定者觀於心　心不見於心　見從所見生　所見何因起
我姓迦旃延　淨居天中出　爲衆生說法　令入涅槃城
緣於本住法　我及諸如來　於三千經中　廣說涅槃法
欲界及无色　不於彼成佛　色界究竟天　離欲得菩提
境界非縛因　因緣於境界　脩行利智劒　割斷彼煩惱
无我云何有　幻等法有无　愚應顯真如　云何无真我
已作未作法　皆非因所起　一切悉无生　愚夫不能了
能作者不生　所作及諸緣　此二皆无生　云何計能作
妄計者說有　先後一時因　瓶瓶第字等　誑諸物生起
佛非是有爲　所具諸相好　是輪王功德　非此名如來
佛以智爲相　遠離於諸見　自內證所行　一切過皆斷
聾盲瘖瘂等　老小及懷怨　是等尤重者　皆无梵行分

[illegible]
妄計者說有　先後一時因　顯示弟子等　說諸物生起
佛非是有為　所具諸相好　是輪王功德　非此名如來
佛以智為相　遠離於諸見　自內證所行　一切過皆斷
聾盲瘖瘂等　老小及懷怨　是等尤重者　皆无梵行分
隨好隱為天　相隱為輪王　此二著放逸　唯頭者出家
我釋迦滅後　當有毗耶娑　迦那梨沙婆　劫比羅等出
我滅百年後　毗耶娑所說　婆羅多等論　次有半擇娑
憍拉婆囉摩　次有冒狸王　難陁及鞠多　次蔑利車王
於後刀兵起　次有極惡時　彼時諸世間　不脩行正法
如是等過後　世間如輪轉
日火共和合　焚燒於欲界　復立於諸天　世間還成就
諸王及四姓　諸仙垂法化　韋陁祠祀等　當有此法興
談論戲唉法　長行與解釋　我聞如是等　迷惑於世間
所受種種衣　若有正色者　青泥牛糞等　染之令壞色
所服一切衣　令離外道相　現於脩行者　諸佛之幢相
亦盤於齊縮　濾水而飲用　次第而乞食　不生於非處
生於勝妙天　及生於人中　寶相具足者　生天及人王
王有四天下　法教久臨御　上昇於天宮　由貪皆退失
純善及三時　二時并極惡　餘佛出善時　釋迦出惡世
於我涅槃後　釋種悉達多　毗紐大自在　外道等俱出
如是我聞等　釋師子所說　談古及笑語　毗夜娑仙說
於我涅槃後　毗紐大自在　彼說如是言　我能作世間
我名離塵佛　姓迦多衍那　父名世間主　母号為具財
我生瞻波國　我之先祖父　從於月種生　故号為月藏
出家脩苦行　演說千法門　與大慧授記　然後當滅度

於我涅槃後　毗紐大自在　彼說如是言　我能作世間
我名離塵佛　姓迦多衍那　父名世間主　母号為具財
我生瞻波國　我之先祖父　從於月種生　故号為月藏
出家脩苦行　演說千法門　與大慧授記　然後當滅度
大慧付達摩　次付弥佉梨　弥佉梨惡時　劫盡法當滅
迦葉拘留孫　拘那含牟尼　及我離塵垢　皆出純善時
純善漸滅時　有導師名慧　成就大勇猛　覺悟於五法
非二時三時　亦非極惡時　於彼純善時　現成等正覺
衣雖不割縷　雜碎而補納　如孔雀尾目　无有人侵奪
或二指三指　間錯而補成　異此之所作　愚夫生貪著
唯畜於三衣　恒滅貪欲火　沐以智慧水　日夜三時脩
如放箭勢極　一墜還放一　亦如摔酪木　善不善亦然
若一能生多　則有別異相　施者應如田　受者應如風
若一能生多　一切无因有　所作因滅壞　是妄計所立
若妄計所立　如燈及種子　一能生多者　但相似非多
胡麻不生豆　稻非穬麦因　小豆非穀種　云何一生多
多手作聲論　廣主造王論　順世論妄說　當生梵藏中
迦多延造經　樹皮仙說祀　鵂鶹出天文　惡世時當有
世間諸衆生　福力感於王　如法御一切　守護於國土
青蟻及赤豆　側僻與馬行　此等大福仙　未來世當出
釋子悉達多　步多五髻者　口力及聰慧　亦於未來出
我在於林野　梵王來惠我　鹿皮三歧杖　膊絡及軍持
此大脩行者　當成離垢尊　說於真解脫　牟尼之幢相
梵王與梵衆　諸天及天衆　施我鹿皮衣　還歸自在宮
我在林樹間　帝釋四天王　施我妙衣服　及以乞食鉢

[illegible] 梵王來惠我 鹿皮三岐杖 [illegible]及軍持
此大修行者 當成離垢身 說於真解脫 牟尼之幢相
梵王與梵眾 諸天及天眾 施我鹿皮衣 還歸自在宮
我在林樹間 帝釋四天王 施我妙衣服 及以乞食鉢
若立不生論 是因生復生 如是立无生 唯是虛言說
无始所積集 无明為心因 生滅而相續 妄計所分別
僧佉論有二 勝性及變異 勝中有所作 所作應自成
勝性與物俱 求那說差別 作所作種種 變異不可得
如水銀清淨 塵垢不能染 藏識淨亦然 眾生所依止
如興渠蒜氣 鹽味及胎藏 種子亦如是 云何而不生
一性及異性 俱不俱亦然 非所取之有 非无非有為
馬中牛性離 蘊中我亦然 所說為无為 悉皆无自性
理教等求我 是妄垢惡見 不了故說有 唯妄取无餘
諸蘊中之我 一異皆不成 彼過失顯然 妄計者不覺
如水鏡及眼 現於種種影 遠離一異性 蘊中我亦然
行者修於定 見諦及以道 勤修此三種 解脫諸惡見
猶如孔隙中 見電光速滅 法遷變亦然 不應起分別
愚夫心迷惑 取涅槃有无 若得聖見者 如實而能了
應知變異法 遠離於生滅 亦離於有无 及以能所相
應知變異法 遠離外道論 亦離於名相 內我見亦滅
諸天樂觸身 地獄苦逼體 若无彼中有 諸識不得生
應知諸趣中 眾中種種身 胎卵濕生等 皆隨中有生
離聖教正理 欲滅惑反增 是外道狂言 智者不應說
先應決了我 及分析諸取 以如石女兒 无決了分析
我離於肉眼 以天眼慧眼 見諸眾生身 離諸行諸蘊
觀見諸行中 有好色惡色 解脫非解脫 有住天中者

BD03459號　大乘入楞伽經卷七　（20–18）

離聖教正理 欲滅惑反增 是外道狂言 智者不應說
先應決了我 及分析諸取 以如石女兒 无決了分析
我離於肉眼 以天眼慧眼 見諸眾生身 離諸行諸蘊
觀見諸行中 有好色惡色 解脫非解脫 有住天中者
諸趣所受身 唯我能了達 超過世所知 非計度境界
无我而生心 此心云何生 豈不說心生 如河燈種子
若无无明等 心識則不生 離无明无識 云何生相續
妄計者所說 三世及非世 第五不可得 諸佛之所知
諸行取所住 彼亦為智因 不應說智慧 而名為諸行
有此因緣故 則有此法生 无別有作者 是我之所說
風不能生火 而令火熾然 亦由風故滅 云何喻於我
所說為无為 皆離於諸取 云何愚分別 以火成立我
諸緣展轉力 是故能生火 若分別如火 是我從誰生
意等為因故 諸蘊處積集 无我之國主 常與心俱起
此二常如日 遠離能所作 非火能成立 妄計者不知
眾生心涅槃 本性常清淨 无始過習染 无異如虛空
為卧等外道 諸見所雜染 意識之所覆 計火等為淨
若得如實見 便能斷煩惱 捨邪喻稠林 到聖所行處
智所知差別 各異而分別 无智者不知 說所不應說
如愚執異杵 作旃檀沉水 妄計與真智 當知亦復然
食訖持鉢歸 洗濯令清淨 澡漱口餘味 應當如是修
若於此法門 如理正思惟 淨信離分別 成就最勝定
離著住於義 成金光淨燈
分別於有无 及諸惡見網 三毒等皆離 得佛手灌頂
外道執能作 迷方及无因 於緣起驚怖 斷滅无聖性
變起諸界趣 謂諸識及意 意從賴耶生 識依末那起

BD03459號　大乘入楞伽經卷七　（20–19）

若於此法門　如理正思惟　淨信離分別　成就最勝定
離著住於義　成金剛法燈
分別於有无　及諸惡見網　三妄菩皆離　得佛手灌頂
外道執能作　迷著及无因　於緣起驚怖　斷滅无聖性
變起諸界報　謂諸識及意　意從賴耶生　識依末那起
賴耶起諸心　如海起波浪　習氣以為因　隨緣而生起
剎那相鉤鎖　取自心境界　種種諸形相　意眼等識生
由无始惡習　似外境而生　所見唯自心　非外道所了
因彼而緣彼　而生於餘識　是故起諸見　流轉於生死
諸法如幻夢　水月鏡乾城　當知一切法　唯是自分別
正智依真如　而起諸三昧　如幻首楞嚴　如是等差別
得入於諸地　自在及神通　成就如幻智　諸佛灌其頂
見世間虛妄　是時心轉依　獲得歡喜地　諸地及佛地
既得轉依已　如眾色摩尼　利益諸眾生　應現如水月
捨離有无見　及以俱不俱　過於二乘行　亦超第七地
自內現證法　地地而修治　遠離諸外道　應說是大乘
說解脫法門　如兔角摩尼　捨離於分別　離死及遷滅
教由理故成　理由教故顯　當依此教理　勿更餘分別

大乘入楞伽經卷第七

BD03459號　大乘入楞伽經卷七　（20–20）

化生若有色若无色若有想若无想若非
有想若非无想我皆令入无餘涅槃而滅
度之如是滅度无量无數无邊衆生實无衆
生得滅度者何以故須菩提若菩薩有我相
人相衆生相壽者相即非菩薩
復次須菩提菩薩於法應无所住行於布施
所謂不住色布施不住聲香味觸法布施須
菩提菩薩應如是布施不住於相何以故若
菩薩不住相布施其福德不可思量須菩提
於意云何東方虛空可思量不不也世尊須菩
提南西北方四維上下虛空可思量不不
也世尊須菩提菩薩无住相布施福德亦
復如是不可思量須菩提菩薩但應如所教住
須菩提於意云何可以身相見如來不不也
世尊不可以身相得見如來何以故如來所
說身相即非身相佛告須菩提凡所有相皆
是虛妄若見諸相非相則見如來
須菩提白佛言世尊頗有衆生得聞如是言
說章句生實信不佛告須菩提莫作是說如
來滅後後五百歲有持戒脩福者於此章句
能生信心以此為實當知是人不於一佛二佛

BD03460號1　金剛般若波羅蜜經　（20–1）

須菩提白佛言世尊頗有衆生得聞如是言
說章句生實信不佛告須菩提莫作是說如
来滅後後五百歲有持戒脩福者於此章句
能生信心以此為實當知是人不於一佛二佛
三四五佛而種善根已於无量千萬佛所種
諸善根聞是章句乃至一念生浄信者須菩
提如来悉知悉見是諸衆生得如是无量福
德何以故是諸衆生无復我相人相衆生相
壽者相无法相亦无非法相何以故是諸衆
生若心取相則為著我人衆生壽者若取法
相即著我人衆生壽者何以故若取非法相
即著我人衆生壽者是故不應取法不應取
非法以是義故如来常說汝等比丘知我說
法如筏喻者法尚應捨何况非法
須菩提於意云何如来得阿耨多羅三藐三
菩提耶如来有所說法耶須菩提言如我解
佛所說義无有定法名阿耨多羅三藐三菩
提亦无有定法如来可說何以故如来所說
法皆不可取不可說非法非非法所以者何
一切賢聖皆以无為法而有差別
須菩提於意云何若人滿三千大千世界七寳
以用布施是人所得福德寧為多不須菩提
言甚多世尊何以故是福德即非福德性
是故如来說福德多若復有人於此經中受
持乃至四句偈等為他人說其福勝彼何以
故須菩提一切諸佛及諸佛阿耨多羅三藐

言甚多世尊何以故是福德即非福德性
是故如来說福德多若復有人於此經中受
持乃至四句偈等為他人說其福勝彼何以
故須菩提一切諸佛及諸佛阿耨多羅三藐
三菩提法皆從此經出須菩提所謂佛法者
即非佛法
須菩提於意云何須陁洹能作是念我得須
陁洹果不須菩提言不也世尊何以故須陁
洹名為入流而无所入不入色聲香味觸法是
名須陁洹須菩提於意云何斯陁含能作
是念我得斯陁含果不須菩提言不也世尊
何以故斯陁含名一往来而實无往来是名斯
陁含須菩提於意云何阿那含能作是念我
得阿那含果不須菩提言不也世尊何以故阿
那含名為不来而實无来是故名阿那含須
菩提於意云何阿羅漢能作是念我得阿
羅漢道不須菩提言不也世尊何以故實无
有法名阿羅漢世尊若阿羅漢作是念我
得阿羅漢道即為著我人衆生壽者世尊
佛說我得无諍三昧人中最為第一是第一離
欲阿羅漢我不作是念我是離欲阿羅漢
世尊我若作是念我得阿羅漢道世尊則不
說須菩提是樂阿蘭那行者以須菩提實无
所行而名須菩提是樂阿蘭那行
佛告須菩提於意云何如来昔在然燈佛所
於法有所得不世尊如来在然燈佛所於法

說須菩提是樂阿蘭那行者以須菩提實无
所行而名須菩提是樂阿蘭那行
佛告須菩提於意云何如來昔在然燈佛所
於法有所得不世尊如來在然燈佛所於法
實无所得須菩提於意云何菩薩莊嚴佛土
不不也世尊何以故莊嚴佛土者則非莊嚴
是名莊嚴是故須菩提諸菩薩摩訶薩應如
是生清淨心不應住色生心不應住聲香味
觸法生心應无所住而生其心須菩提譬如
有人身如須弥山王於意云何是身為大不須
菩提言甚大世尊何以故佛說非身是名
大身須菩提如恒河中所有沙數如是沙等
恒河於意云何是諸恒河沙寧為多不須菩
提言甚多世尊但諸恒河尚多无數何況其
沙須菩提我今實言告汝若有善男子善女
人以七寶滿尒所恒河沙數三千大千世界以用
布施得福多不須菩提言甚多世尊佛告須
菩提若善男子善女人於此經中乃至受持四
句偈等為他人說而此福德勝前福德
復次須菩提隨說是經乃至四句偈等當知此
處一切世間天人阿脩羅皆應供養如佛塔
廟何況有人盡能受持讀誦須菩提當知
是人成就最上第一希有之法若是經典所
在之處則為有佛若尊重弟子
尒時須菩提白佛言世尊當何名此經我等
云何奉持佛告須菩提是經名為金剛般若
波羅蜜以是名字汝當奉持所以者何須菩

BD03460號1　金剛般若波羅蜜經　（20–4）

是人成就最上
在之處則為有佛若尊重弟子
尒時須菩提白佛言世尊當何名此經我等
云何奉持佛告須菩提是經名為金剛般若
波羅蜜以是名字汝當奉持所以者何須菩
提佛說般若波羅蜜則非般若波羅蜜須
菩提於意云何如來有所說法不須菩提白佛
言世尊如來无所說須菩提於意云何三千
大千世界所有微塵是為多不須菩提言甚
多世尊須菩提諸微塵如來說非微塵是名
微塵如來說世界非世界是名世界須菩提
於意云何可以三十二相見如來不不也世尊
何以故如來說三十二相即是非相是名三十
二相須菩提若有善男子善女人以恒河沙等
身命布施若復有人於此經中乃至受持四
句偈等為他人說其福甚多
尒時須菩提聞說是經深解義趣涕淚悲泣
而白佛言希有世尊佛說如是甚深經典我
從昔來所得慧眼未曾得聞如是之經世尊
若復有人得聞是經信心清淨則生實相當知
是人成就第一希有功德世尊是實相者則
是非相是故如來說名實相世尊我今得聞
如是經典信解受持不足為難若當來世
後五百歲其有眾生得聞是經信解受持是
人則為第一希有何以故此人无我相人相眾
生相壽者相所以者何我相即是非相人相眾
生相壽者相即是非相何以故離一切諸相

BD03460號1　金剛般若波羅蜜經　（20–5）

如是經典信解受持不足為難若當來世
後五百歲其有衆生得聞是經信解受持是
人則為第一希有何以故此人无我相人相衆
生相壽者相所以者何我相即是非相人相衆
生相壽者相即是非相何以故離一切諸相
則名諸佛
佛告須菩提如是如是若復有人得聞是經
不驚不怖不畏當知是人甚為希有何以故
須菩提如來說第一波羅蜜非第一波羅蜜
是名第一波羅蜜
須菩提忍辱波羅蜜如來說非忍辱波羅蜜
何以故須菩提如我昔為歌利王割截身體
我於尒時无我相无人相无衆生相无壽者相
何以故我於往昔節節支解時若有我相
人相衆生相壽者相應生瞋恨須菩提又念
過去於五百世作忍辱仙人於尒所世无我相
无人相无衆生相无壽者相是故須菩提菩
薩應離一切相發阿耨多羅三藐三菩提心不
應住色生心不應住聲香味觸法生心應生
无所住心若心有住則為非住是故佛說菩
薩心不應住色布施須菩提菩薩為利益
一切衆生應如是布施如來說一切諸相即
是非相又說一切衆生則非衆生須菩提如
來是真語者實語者如語者不誑語者不
異語者須菩提如來所得法此法无實无虛
須菩提若菩薩心住於法而行布施如人入闇

BD03460 號 1　金剛般若波羅蜜經　（20–6）

一切衆生應如是布施如來說一切諸相即
是非相又說一切衆生則非衆生須菩提如
來是真語者實語者如語者不誑語者不
異語者須菩提如來所得法此法无實无虛
須菩提若菩薩心住於法而行布施如人入闇
則无所見若菩薩心不住法而行布施如人有
目日光明照見種種色須菩提當來之世
若有善男子善女人能於此經受持讀誦則
為如來以佛智慧悉知是人悉見是人皆得
成就无量无邊功德
須菩提若有善男子善女人初日分以恒河
沙等身布施中日分復以恒河沙等身布施
後日分亦以恒河沙等身布施如是无量百
千万億劫以身布施若復有人聞此經典信
心不逆其福勝彼何況書寫受持讀誦為人
解說
須菩提以要言之是經有不可思議不可稱
量无邊功德如來為發大乘者說為發最
上乘者說若有人能受持讀誦廣為人說如
來悉知是人悉見是人皆得成就不可量不
可稱无有邊不可思議功德如是人等則為
荷擔如來阿耨多羅三藐三菩提何以故須
菩提若樂小法者著我見人見衆生見壽者
見則於此經不能聽受讀誦為人解說須
菩提在在處處若有此經一切世間天人阿
脩羅所應供養當知此處則為是塔皆應
[illegible]

BD03460 號 1　金剛般若波羅蜜經　（20–7）

菩提若樂小法者著我[illegible]
見則於此經不能聽受讀誦為人解說須
菩提在在處處若有此經一切世間天人阿
脩羅所應供養當知此處則為是塔皆應
恭敬作礼圍繞以諸華香而散其處
復次須菩提善男子善女人受持讀誦此經
若為人輕賤是人先世罪業應墮惡道以今
世人輕賤故先世罪業則為消滅當得阿耨
多羅三藐三菩提須菩提我念過去无量阿
僧祇劫於然燈佛前得值八百四千万億那
由他諸佛悉皆供養承事无空過者若復有
人於後末世能受持讀誦此經所得功德於我
所供養諸佛功德百分不及一千万億分乃
至算數譬喻所不能及須菩提若善男子
善女人於後末世有受持讀誦此經所得功
德我若具說者或有人聞心則狂亂狐疑不信
須菩提當知是經義不可思議果報亦不可
思議
尒時須菩提白佛言世尊善男子善女人發阿
耨多羅三藐三菩提心云何應住云何降伏
其心佛告須菩提善男子善女人發阿耨多
羅三藐三菩提者當生如是心我應滅度一
切衆生滅度一切衆生已而无有一切衆生實
滅度者何以故若菩薩有我相人相衆生相
壽者相則非菩薩所以者何須菩提實无有
法發阿耨多羅三藐三菩提者須菩提於意云
何如來於然燈佛所有法得阿耨多羅三藐

BD03460 號 1　金剛般若波羅蜜經　（20–8）

滅度者何以故若菩薩有我相人相衆生相
壽者相則非菩薩所以者何須菩提實无有
法發阿耨多羅三藐三菩提者須菩提於意云
何如來於然燈佛所有法得阿耨多羅三藐
三菩提不不也世尊如我解佛所說義佛於
然燈佛所无有得阿耨多羅三藐三菩提
佛言如是如是須菩提實无有法如來得阿
耨多羅三藐三菩提須菩提若有法如來得
阿耨多羅三藐三菩提者然燈佛則不與
我受記汝於來世當得作佛号釋迦牟尼
以實无有法得阿耨多羅三藐三菩提是故
然燈佛與我受記作是言汝於來世當得作
佛号釋迦牟尼何以故如來者即諸法如義
若有人言如來得阿耨多羅三藐三菩提須菩
提實无有法佛得阿耨多羅三藐三菩提須
菩提如來所得阿耨多羅三藐三菩提於是
中无實无虛是故如來說一切法皆是佛法
須菩提所言一切法者即非一切法是故名一
切法須菩提譬如人身長大須菩提言世尊
如來說人身長大則為非大身是名大身須
菩提菩薩亦如是若作是言我當滅度无
量衆生則不名菩薩何以故須菩提實无
有法名為菩薩是故佛說一切法无我无人
无衆生无壽者須菩提若菩薩作是言我當
莊嚴佛土是不名菩薩何以故如來說莊嚴
佛土者即非莊嚴是名莊嚴須菩提若菩
薩通達无我法者如來說名真是菩薩

BD03460 號 1　金剛般若波羅蜜經　（20–9）

无衆生无壽者須菩提若菩薩作是言我當
莊嚴佛土是不名菩薩何以故如來說莊嚴
佛土者即非莊嚴是名莊嚴須菩提若菩
薩通達无我法者如來說名真是菩薩
須菩提於意云何如來有肉眼不如是世尊
如來有肉眼須菩提於意云何如來有天眼
不如是世尊如來有天眼須菩提於意云何
如來有慧眼不如是世尊如來有慧眼須菩
提於意云何如來有法眼不如是世尊如來
有法眼須菩提於意云何如來有佛眼不如
是世尊如來有佛眼須菩提於意云何恒河
中所有沙佛說是沙不如是世尊如來說是
沙須菩提於意云何如一恒河中所有沙有如
是等恒河是諸恒河所有沙數佛世界如
是寧為多不甚多世尊佛告須菩提尒所
國土中所有衆生若干種心如來悉知何以故
如來說諸心皆為非心是名為心所以者何須菩
提過去心不可得現在心不可得未來心不可
得須菩提於意云何若有人滿三千大千
世界七寶以用布施是人以是因緣得福多
不如是世尊此人以是因緣得福甚多須菩
提若福德有實如來不說得福德多以福德
无故如來說得福德多
須菩提於意云何佛可以具足色身見不不也
世尊如來不應以具足色身見何以故如來
說具足色身即非具足色身是名具足色身須
菩提於意云何如來可以具足諸相見不不

BD03460 號 1　金剛般若波羅蜜經　（20–10）

須菩提於意云何佛可以具足色身見不不也
世尊如來不應以具足色身見何以故如來
說具足色身即非具足色身是名具足色身須
菩提於意云何如來可以具足諸相見不不
也世尊如來不應以具足諸相見何以故如來
說諸相具足即非具足是名諸相具足須菩
提汝勿謂如來作是念我當有所說法莫作
是念何以故若人言如來有所說法即為謗佛
不能解我所說故須菩提說法者无法可說
是名說法
須菩提白佛言世尊佛得阿耨多羅三藐三
菩提為无所得耶如是如是須菩提我於阿耨
多羅三藐三菩提乃至无有少法可得是名
阿耨多羅三藐三菩提復次須菩提是法平
等无有高下是名阿耨多羅三藐三菩提以
无我无人无衆生无壽者脩一切善法則得
阿耨多羅三藐三菩提須菩提所言善法者
如來說非善法是名善法須菩提若三千大千世
界中所有諸須弥山王如是等七寶聚有人持
用布施若人以此般若波羅蜜經乃至四句偈等
受持讀誦為他人說於前福德百分不及一百千
万億分乃至筭數譬喻所不能及
須菩提於意云何汝等勿謂如來作是念我
當度衆生須菩提莫作是念何以故實无有
衆生如來度者若有衆生如來度者如來則非
有我而凡夫之人以為有我須菩提凡夫者如來
說則非凡夫須菩提於意云何可以三十二相

BD03460 號 1　金剛般若波羅蜜經　（20–11）

須菩提於意云何汝等勿謂如來作是念我
當度衆生須菩提莫作是念何以故實无有
衆生如來度者若有衆生如來度者如來則非
有我而凡夫之人以為有我須菩提凡夫者如來
說則非凡夫須菩提於意云何可以三十二相
觀如來不須菩提言如是如是以三十二相
觀如來佛言須菩提若以三十二相觀如來
者轉輪聖王則是如來須菩提白佛言
世尊如我解佛所說義不應以三十二相
觀如來尒時世尊而說偈言
若以色見我　以音聲求我　是人行邪道　不能見如來
須菩提汝若作是念如來不以具足相故得
阿耨多羅三藐三菩提須菩提莫作是念
如來不以具足相故得阿耨多羅三藐三菩提須
菩提汝若作是念發阿耨多羅三藐三菩提
者說諸法斷滅相莫作是念何以故發阿
耨多羅三藐三菩提者於法不說斷滅相須
菩提若菩薩以滿恒河沙等世界七寶布施
若復有人知一切法无我得成於忍此菩薩勝
前菩薩所得功德須菩提以諸菩薩不受福
德故須菩提白佛言世尊云何菩薩不受福
德須菩提菩薩所作福德不應貪著是故
說不受福德須菩提若有人言如來若來若
去若坐若卧是人不解我所說義何以故如來
者无所從來亦无所去故名如來
須菩提若善男子善女人以三千大千世界
碎為微塵於意云何是[illegible]

BD03460 號 1　金剛般若波羅蜜經　　（20–12）

去若坐若卧是人不解我所說義何以故如來
者无所從來亦无所去故名如來
須菩提若善男子善女人以三千大千世界
碎為微塵於意云何是微塵衆寧為多不甚
多世尊何以故若是微塵衆實有者佛則不
說是微塵衆所以者何佛說微塵衆則非微
塵衆是名微塵衆世尊如來所說三千大千
世界則非世界是名世界何以故若世界實
有者則是一合相如來說一合相則非一合相
是名一合相須菩提一合相者則是不可說
但凡夫之人貪著其事須菩提若人言佛說
我見人見衆生見壽者見須菩提於意云何
是人解我所說義不世尊是人不解如來所
說義何以故世尊說我見人見衆生見壽者
見即非我見人見衆生見壽者見是名我見
人見衆生見壽者見須菩提發阿耨多羅三
藐三菩提心者於一切法應如是知如是見如是
信解不生法相須菩提所言法相者如來說
即非法相是名法相須菩提若有人以滿无
量阿僧祇世界七寶持用布施若有善男
子善女人發菩薩心者持於此經乃至四句
偈等受持讀誦為人演說其福勝彼云何
為人演說不取於相如如不動何以故
一切有為法　如夢幻泡影　如露亦如電　應作如是觀
佛說是經已長老須菩提及諸比丘比丘尼
優婆塞優婆夷一切世間天人阿脩羅聞佛

BD03460 號 1　金剛般若波羅蜜經　　（20–13）

信等受持讀誦為人演說其福勝彼云何
為人演說不取於相如如不動何以故
一切有為法 如夢幻泡影 如露亦如電 應作如是觀
佛說是經已長老須菩提及諸比丘比丘尼
優婆塞優婆夷一切世間天人阿脩羅聞佛
所說皆大歡喜信受奉行
金剛般若波羅蜜經

金剛經陀羅尼神呪
南謨薄伽罰帝 鉢囉讓 鉢囉底
伊利底 伊利底 伊室利 伊室利
輸魯馱 輸魯馱 毗逝滅 毗逝滅
娑婆訶
若有人誦此呪一遍勝誦金剛經一万九
千遍

佛說阿弥陁經
如是我聞一時佛在舍衛國祇樹給孤獨園
與大比丘衆千二百五十人俱皆是大阿羅
漢衆所知識長老舍利弗摩訶目揵連摩訶
迦葉摩訶迦栴延摩訶俱絺羅離波多周利
槃陀迦難陀阿難羅睺羅憍梵波提賓頭盧
頗羅墮迦留陀夷摩訶劫賓那薄拘羅阿㝹
樓馱如是等諸大弟子并諸菩薩摩訶薩文
殊師利法王子阿逸多菩薩乾陀訶提菩薩

BD03460 號 1　金剛般若波羅蜜經
BD03460 號 2　金剛經陀羅尼神咒
BD03460 號 3　阿彌陀經

（20–14）

迦葉摩訶迦栴延摩訶俱絺羅離波多周利
槃陀迦難陀阿難羅睺羅憍梵波提賓頭盧
頗羅墮迦留陀夷摩訶劫賓那薄拘羅阿㝹
樓馱如是等諸大弟子并諸菩薩摩訶薩文
殊師利法王子阿逸多菩薩乾陀訶提菩薩
常精進菩薩與如是等諸大菩薩及釋提桓
因等无量諸天大衆俱
尒時佛告長老舍利弗從是西方過十万億
佛土有世界名曰極樂其土有佛号阿弥陁
今現在說法舍利弗彼土何故名為極樂其
國衆生无有衆苦但受諸樂故名極樂
又舍利弗極樂國土七重欄楯七重羅網七重
行樹皆是四寶周帀圍繞是故彼國名曰極樂
又舍利弗極樂國土有七寶池八功德水充
滿其中池底純以金沙布地四邊階道金銀
瑠璃頗梨合成上有樓閣亦以金銀瑠璃頗
梨車璩赤珠馬瑙而嚴飾之池中蓮華大如
車輪青色青光黃色黃光赤色赤光白色白
光微妙香潔舍利弗極樂國土成就如是功
德莊嚴
又舍利弗彼佛國土常作天樂黃金為地晝
夜六時而雨曼陀羅華其國衆生常以清旦
各以衣裓盛衆妙華供養他方十万億佛即
以食時還到本國飯食經行舍利弗極樂國
土成就如是功德莊嚴
復次舍利弗彼國常有種種奇妙雜色之鳥

BD03460 號 3　阿彌陀經

（20–15）

各以衣裓盛衆妙華供養他方十万億佛即
以食時還到本國飯食經行舍利弗極樂國
土成就如是功德莊嚴
復次舍利弗彼國常有種種奇妙雜色之鳥
白鵠孔雀鸚鵡舍利迦陵頻伽共命之鳥是
諸衆鳥晝夜六時出和雅音其音演暢五根
五力七菩提分八聖道分如是等法其土衆
生聞是音已皆悉念佛念法念僧舍利弗汝
勿謂此鳥實是罪報所生所以者何彼佛國
土无三惡趣舍利弗其佛國土尚无三惡道
之名何況有實是諸衆鳥皆是阿弥陁佛欲令
法音宣流變化所作舍利弗彼佛國土微風
吹動諸寶行樹及寶羅網出微妙音譬如百
千種樂同時俱作聞是音者皆自然生念佛
念法念僧之心舍利弗其佛國土成就如是
功德莊嚴
舍利弗於意云何彼佛何故号阿弥陁舍利
弗彼佛光明无量照十方國无所障㝵是
故号為阿弥陁又舍利弗彼佛壽命及其人
民无量无邊阿僧祇劫故名阿弥陁舍利弗
阿弥陁佛成佛已來於今十劫又舍利弗彼
佛有无量无邊聲聞弟子皆阿羅漢非是筭
數之所能知諸菩薩亦如是舍利弗彼佛國
土成就如是功德莊嚴
又舍利弗極樂國土衆生生者皆是阿鞞䟦
致其中多有一生補處其數甚多非是筭數

BD03460 號 3 阿彌陀經 (20–16)

數之所能知諸菩薩亦如是舍利弗彼佛國
土成就如是功德莊嚴
又舍利弗極樂國土衆生生者皆是阿鞞䟦
致其中多有一生補處其數甚多非是筭數
所能知之但可以无量无邊阿僧祇劫說舍
利弗衆生聞者應當發願願生彼國所以者
何得與如是諸上善人俱會一處舍利弗不
可以少善根福德因緣得生彼國舍利弗若
有善男子善女人聞說阿弥陁佛執持名号
若一日若二日若三日若四日若五日若六
日若七日一心不亂其人臨命終時阿弥陁
佛與諸聖衆現在其前是人終時心不顛倒
即得往生阿弥陁佛極樂國土舍利弗我見
是利故說此言若有衆生聞是說者應當發
願生彼國土
舍利弗如我今者讚嘆阿弥陁佛不可思議
功德東方亦有阿閦鞞佛須弥相佛大須弥
佛須弥光佛妙音佛如是等恒河沙數諸佛
各於其國出廣長舌相遍覆三千大千世界
說誠實言汝等衆生當信是稱讚不可思議
功德一切諸佛所護念經
舍利弗南方世界有日月燈佛名聞光佛大
焰肩佛須弥燈佛无量精進佛如是等恒河
沙數諸佛各於其國出廣長舌相遍覆三千
大千世界說誠實言汝等衆生當信是稱讚
不可思議功德一切諸佛所護念經

BD03460 號 3 阿彌陀經 (20–17)

焔肩佛須弥燈佛无量精進佛如是等恒河
沙數諸佛各於其國出廣長舌相遍覆三千
大千世界說誠實言汝等衆生當信是稱讚
不可思議功德一切諸佛所護念經
舍利弗西方世界有无量壽佛无量相佛无
量幢佛大光佛大明佛寶相佛淨光佛如是
等恒河沙數諸佛各於其國出廣長舌相遍
覆三千大千世界說誠實言汝等衆生當信
是稱讚不可思議功德一切諸佛所護念經
舍利弗北方世界有焔肩佛最勝音佛難沮
佛日生佛網明佛如是等恒河沙數諸佛各
於其國出廣長舌相遍覆三千大千世界說
誠實言汝等衆生當信是稱讚不可思議功
德一切諸佛所護念經
舍利弗下方世界有師子佛名聞佛名光佛
達摩佛法幢佛持法佛如是等恒河沙數諸
佛各於其國出廣長舌相遍覆三千大千世
界說誠實言汝等衆生當信是稱讚不可思
議功德一切諸佛所護念經
舍利弗上方世界有梵音佛宿王佛香上佛
香光佛大焔肩佛雜色寶華嚴身佛娑羅
樹王佛寶華德佛見一切義佛如須弥山佛如
是等恒河沙數諸佛各於其國出廣長舌相
遍覆三千大千世界說誠實言汝等衆生當
信是稱讚不可思議功德一切諸佛所護念經
舍利弗於汝意云何何故名一切諸佛所護

BD03460號3　阿彌陀經　(20–18)

樹王佛寶華德佛見一切義佛如須弥山佛如
是等恒河沙數諸佛各於其國出廣長舌相
遍覆三千大千世界說誠實言汝等衆生當
信是稱讚不可思議功德一切諸佛所護念經
舍利弗於汝意云何何故名一切諸佛所護
念經舍利弗若有善男子善女人聞是經受
持者及聞諸佛名者是諸善男子善女人皆
為一切諸佛共所護念皆得不退轉於阿耨
多羅三藐三菩提是故舍利弗汝等皆當信
受我語及諸佛所說舍利弗若有人已發願今
發願當發願欲生阿弥陀佛國者是諸人等皆
得不退轉於阿耨多羅三藐三菩提於彼國
土若已生若今生若當生是故舍利弗諸善
男子善女人若有信者應當發願生彼國土
舍利弗如我今者稱讚諸佛不可思議功德
彼諸佛等亦稱說我不可思議功德而作是
言釋迦牟尼佛能為甚難希有之事能於娑
婆國土五濁惡世劫濁見濁煩惱濁衆生濁
命濁中得阿耨多羅三藐三菩提為諸衆生
說是一切世間難信之法舍利弗當知我於
五濁惡世行此難事得阿耨多羅三藐三菩
提為一切世間說此難信之法是為甚難佛
說此經已舍利弗及諸比丘一切世間天人
阿脩羅等聞佛所說歡喜信受作礼而去

佛說阿弥陀經

BD03460號3　阿彌陀經　(20–19)

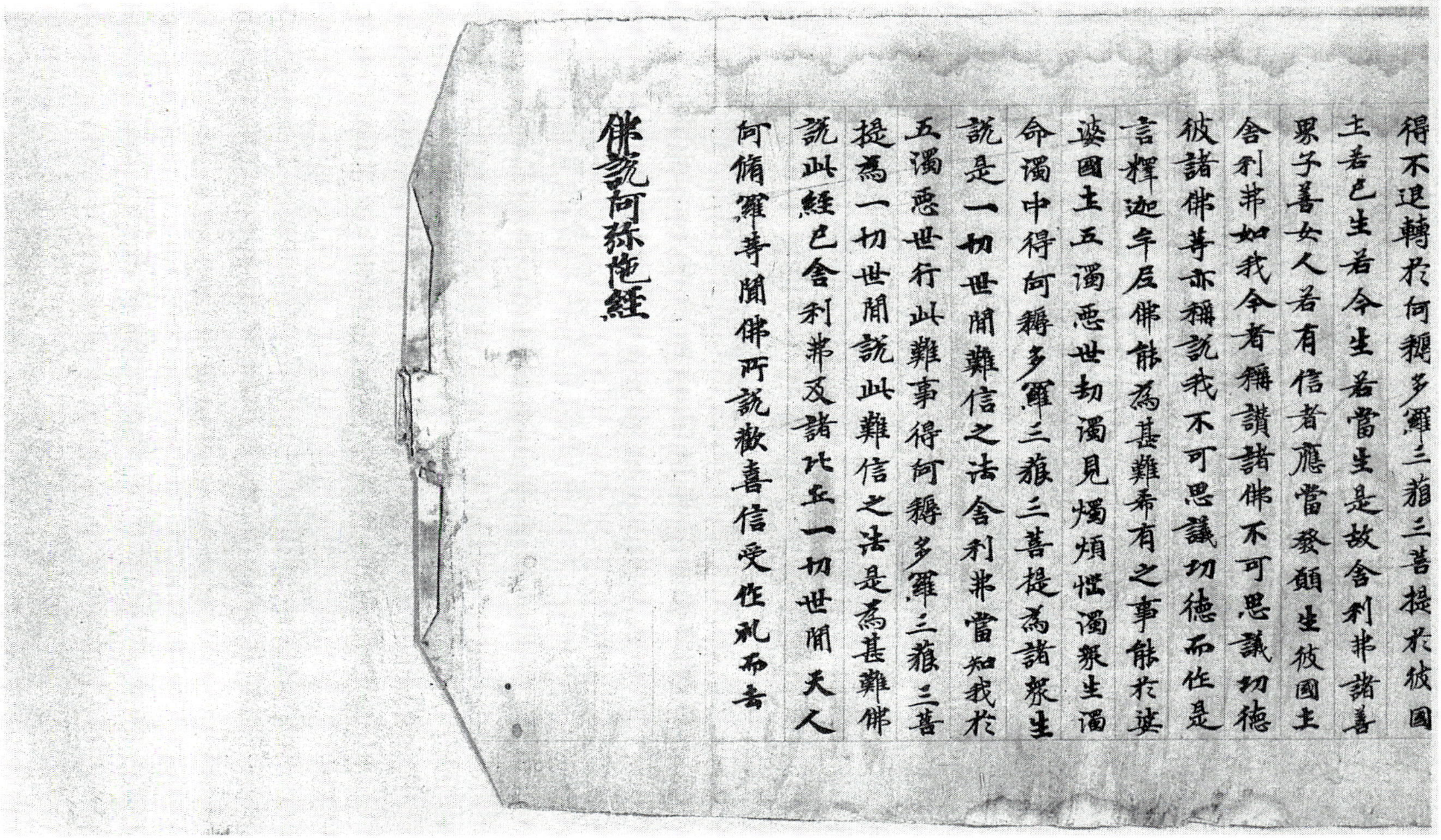

佛說阿弥陁經

得不退轉於阿耨多羅三藐三菩提於彼國
土若已生若今生若當生是故舍利弗諸善
男子善女人若有信者應當發願生彼國土
舍利弗如我今者稱讚諸佛不可思議功德
彼諸佛等亦稱說我不可思議功德而作是
言釋迦牟尼佛能為甚難希有之事能於娑
婆國土五濁惡世劫濁見濁煩惱濁眾生濁
命濁中得阿耨多羅三藐三菩提為諸眾生
說是一切世間難信之法舍利弗當知我於
五濁惡世行此難事得阿耨多羅三藐三菩
提為一切世間說此難信之法是為甚難佛
說此經已舍利弗及諸比丘一切世間天人
阿脩羅等聞佛所說歡喜信受作禮而去

BD03460 號 3　阿彌陀經　（20–20）

唵 誐誐曩 三婆嚩 韈日囉 斛
啓請八金剛
第一　奉請青除災金剛
第二　奉請辟毒金剛
第三　奉請黃隨求金剛
第四　奉請白淨水金剛
第五　奉請赤聲火金剛
第六　奉請定除厄金剛
第七　奉請紫賢金剛
第八　奉請大神金剛

BD03461 號 1　金剛經啓請　（16–1）

第三　奉請黃隨求金剛
第四　奉請白淨水金剛
第五　奉請赤聲金剛
第六　奉請定除災金剛
第七　奉請紫賢金剛
第八　奉請大神金剛
啓請四菩薩
奉請金剛眷菩薩　奉請金剛索菩薩
奉請金剛愛菩薩　奉請金剛語菩薩
云何梵
云何得長壽　金剛不壞身　復以何因緣
得大堅固力　云何於此經　究竟到彼岸
願佛開微密　廣為衆生說
發願文
稽首三界尊　十方无量佛　我今發弘願
持此金剛經　上報四重恩　下濟三塗苦
若有見聞者　悉發菩提心　盡此一報身
同生極樂國
轉大法輪
金剛般若波羅蜜經
法會因由分第一
如是我聞一時佛在舍衛國祇樹給孤獨園
與大比丘衆千二百五十人俱尒時世尊食時
著衣持鉢入舍衛大城乞食於其城中次第乞
已還至本處飯食訖收衣鉢洗足已敷座而坐
善現起請分第二
時長老須菩提在大衆中即從座起偏袒右
肩右膝著地合掌恭敬而白佛言希有世尊
如來善護念諸菩薩善付囑諸菩薩世尊
善男子善女人發阿耨多羅三藐三菩提心應

BD03461 號 1　金剛經啓請　（16–2）
BD03461 號 2　金剛般若波羅蜜經（三十二分本）

肩右膝著地合掌恭敬而白佛言希有世尊
如來善護念諸菩薩善付囑諸菩薩世尊
善男子善女人發阿耨多羅三藐三菩提心應
云何住云何降伏其心佛言善哉善哉須菩
提如汝所說如來善護念諸菩薩善付囑
諸菩薩汝今諦聽當為汝說善男子善女人
發阿耨多羅三藐三菩提心應如是住如是降
伏其心唯然世尊願樂欲聞
大乘正宗分第三
佛告須菩提諸菩薩摩訶薩應如是降伏
其心所有一切衆生之類若卵生若胎生若濕
生若化生若有色若无色若有想若无想
若非有想若非无想我皆令入无餘涅槃而
滅度之如是滅度无量无數无邊衆生實无衆
生得滅度者何以故須菩提若菩薩有我相
人相衆生相壽者相即非菩薩
妙行無住分第四
復次須菩提菩薩於法應无所住行於布施
所謂不住色布施不住聲香味觸法布施須
菩提菩薩應如是布施不住於相何以故若
菩薩不住相布施其福德不可思量須菩提
於意云何東方虛空可思量不不也世尊須
菩提南西北方四維上下虛空可思量不不也
世尊須菩提菩薩无住相布施福德亦復
如是不可思量須菩提菩薩但應如所教住
如理實見分第五
須菩提於意云何可以身相見如來不不也世
尊不可以身相得見如來何以故如來所說身
相即非身相佛告須菩提凡所有相皆是虛
妄若見諸相非相即見如來

BD03461 號 2　金剛般若波羅蜜經（三十二分本）　（16–3）

菩薩但應如所教住

如理實見分第五

須菩提於意云何可以身相見如来不不也世
尊不可以身相得見如来何以故如来所說身
相即非身相佛告須菩提凡所有相皆是虛
妄若見諸相非相即見如来

正信希有分第六

須菩提白佛言世尊頗有衆生得聞如是言
說章句生實信不佛告須菩提莫作是說如
来滅後後五百歲有持戒脩福者於此章句
能生信心以此為實當知是人不於一佛二佛三四
五佛而種善根已於无量千万佛所種諸善根
聞是章句乃至一念生淨信者須菩提如来悉
知悉見是諸衆生得如是无量福德何以故是
諸衆生无復我相人相衆生相壽者相无法
相亦无非法相何以故是諸衆生若心取相則
為着我人衆生壽者若取法相則着我人衆
生壽者何以故若取非法相則着我人衆生壽
者是故不應取法不應取非法以是義故如
来常說汝等比丘知我說法如筏喻者法
尚應捨何况非法

無得無說分第七

須菩提於意云何如来得阿耨多羅三藐三
菩提耶如来有所說法耶須菩提言如我解
佛所說義无有定法名阿耨多羅三藐三菩
提亦無有定法如来可說何以故如来所說法
皆不可取不可說非法非非法所以者何一切賢
聖皆以无為法而有差別

依法出生分第八

須菩提於意云何若人滿三千大千世界七寶以
用布施是人所得福德寧為多

BD03461號2　金剛般若波羅蜜經（三十二分本）　（16–4）

皆不可取不可說非法非非法所以者何一切賢
聖皆以无為法而有差別

依法出生分第八

須菩提於意云何若人滿三千大千世界七寶以
用布施是人所得福德寧為多不須菩提言
甚多世尊何以故是福德即非福德性是故
如来說福德多若復有人於此經中受持乃至
四句偈等為他人說其福勝彼何以故須菩提
一切諸佛及諸佛阿耨多羅三藐三菩提法皆
從此經出須菩提所謂佛法者即非佛法

一相無相分第九

須菩提於意云何須陁洹能作是念我得須
陁洹果不須菩提言不也世尊何以故須陁洹
名為入流而無所入不入色聲香味觸法是名
須陁洹須菩提於意云何斯陁含能作是念
我得斯陁含果不須菩提言不也世尊何以
故斯陁含名一往来而實无往来是名斯陁
含須菩提於意云何阿那含能作是念我得阿
那含果不須菩提言不也世尊何以故阿那含
名為不来而實无来是故名阿那含須菩提
於意云何阿羅漢能作是念我得阿羅漢道
不須菩提言不也世尊何以故實无有法名
阿羅漢世尊若阿羅漢作是念我得阿羅
漢道即為着我人衆生壽者世尊佛說我
得无諍三昧人中最為第一是第一離欲阿羅
漢我不作是念我是離欲阿羅漢世尊我
若作是念我得阿羅漢道世尊則不說須
菩提是樂阿蘭那行者以須菩提實无所
行而名須菩提是樂阿蘭那行

BD03461號2　金剛般若波羅蜜經（三十二分本）　（16–5）

若作是念我得阿羅漢道世尊則不說須
菩提是樂阿蘭那行者以須菩提實无所
行而名須菩提是樂阿蘭那行

莊嚴淨土分第十

佛告須菩提於意云何如来昔在然燈佛所
於法有所得不世尊如来在然燈佛所於法
實无所得須菩提於意云何菩薩莊嚴佛土
不不也世尊何以故莊嚴佛土者即非莊嚴是
名莊嚴是故須菩提諸菩薩摩訶薩應如
是生清淨心不應住色生心不應住聲香味觸
法生心應无所住而生其心須菩提譬如有人身
如須弥山王於意云何是身為大不須菩提言
甚大世尊何以故佛說非身是名大身

無為福勝分第十一

須菩提如恒河中所有沙數如是沙等恒河於
意云何是諸恒河沙寧為多不須菩提言甚
多世尊但諸恒河尚多无數何況其沙須菩
提我今實言告汝若有善男子善女人以七
寶滿尒所恒河沙數三千大千世界以用布施
得福多不須菩提言甚多世尊佛告須菩
提若善男子善女人於此經中乃至受持四
句偈等為他人說而此福德勝前福德

尊重正教分第十二

復次須菩提隨說是經乃至四句偈等當知此
處一切世間天人阿脩羅皆應供養如佛塔廟
何況有人盡能受持讀誦須菩提當知是人
成就最上第一希有之法若是經典所在之處
則為有佛若尊重弟子

如法受持分第十三

BD03461 號 2　金剛般若波羅蜜經（三十二分本）　（16–6）

成就最上第一希有之法若是經典所在之處
則為有佛若尊重弟子
如法受持分第十三

尒時須菩提白佛言世尊當何名此經我等
云何奉持佛告須菩提是經名為金剛般若
波羅蜜以是名字汝當奉持所以者何須菩
提佛說般若波羅蜜則非般若波羅蜜須
菩提於意云何如来有所說法不須菩提白佛
言世尊如来无所說須菩提於意云何三千大
千世界所有微塵是為多不須菩提言甚多
世尊須菩提諸微塵如来說非微塵是名微
塵如来說世界非世界是名世界須菩提於
意云何可以三十二相見如来不不也世尊不可
以三十二相得見如来何以故如来說三十二相即
是非相是名三十二相須菩提若有善男子善
女人以恒河沙等身命布施若復有人於此經
中乃至受持四句偈等為他人說其福甚多

離相寂滅分第十四

尒時須菩提聞說是經深解義趣涕淚悲
泣而白佛言希有世尊佛說如是甚深經典
我從昔来所得慧眼未曾得聞如是之經
世尊若復有人得聞是經信心清淨則生實
相當知是人成就第一希有功德世尊是實相
者則是非相是故如来說名實相世尊我今
得聞如是經典信解受持不足為難若當來
世後五百歲其有衆生得聞是經信解受持
是人則為第一希有何以故此人无我相人相衆
生相壽者相所以者何我相即是非相人相
衆生相壽者相即是非相何以故離一切諸相

BD03461 號 2　金剛般若波羅蜜經（三十二分本）　（16–7）

世後五百歲其有衆生得聞是經信解受持
是人則為第一希有何以故此人无我相人相衆
生相壽者相所以者何我相即是非相人相
衆生相壽者相即是非相何以故離一切諸相
即名諸佛佛告須菩提如是如是若復有人
得聞是經不驚不怖不畏當知是人甚為希
有何以故須菩提如來說第一波羅蜜非第
一波羅蜜是名第一波羅蜜須菩提忍辱波
羅蜜如來說非忍辱波羅蜜何以故須菩提
如我昔為歌利王割截身體我於尒時无我
相无人相无衆生相无壽者相何以故我於往昔
節節支解時若有我相人相衆生相壽者相
應生瞋恨須菩提又念過去於五百世作忍辱
仙人於尒所世无我相无人相无衆生相无壽者
相是故須菩提菩薩應離一切相發阿耨多
羅三藐三菩提心不應住色生心不應住聲香
味觸法生心應生无所住心若心有住即為非
住是故佛說菩薩心不應住色布施須菩提
菩薩為利益一切衆生應如是布施如來說一
切諸相即是非相又說一切衆生則非衆生須菩
提如來是真語者實語者如語者不誑語者
不異語者須菩提如來所得法此法无實无虛
須菩提若菩薩心住於法而行布施如人入闇
即無所見若菩薩心不住法而行布施如人有
目日光明照見種種色須菩提當來之世若有
善男子善女人能於此經受持讀誦則為如
來以佛智慧悉知是人悉見是人皆得成就无
量无邊功德

持經功德分第十五

BD03461 號 2　金剛般若波羅蜜經（三十二分本）　（16–8）

目日光明照見種種色須菩提當來之世若有
善男子善女人能於此經受持讀誦則為如
來以佛智慧悉知是人悉見是人皆得成就无
量无邊功德

持經功德分第十五

須菩提若有善男子善女人初日分以恒河沙
等身布施中日分復以恒河沙等身布施後日
分亦以恒河沙等身布施如是无量百千万億
劫以身布施若復有人聞此經典信心不逆其
福勝彼何況書寫受持讀誦為人解說須菩
提以要言之是經有不可思議不可稱量功德
如來為發大乘者說為發最上乘者說若有
人能受持讀誦廣為人說如來悉知是人悉
見是人皆得成就不可量不可稱无有邊不可
思議功德如是人等則為荷擔如來阿耨多
羅三藐三菩提何以故須菩提若樂小法者著
我見人見衆生見壽者見則於此經不能聽
受讀誦為人解說須菩提在在處處若
有此經一切世間天人阿脩羅所應供養當知
此處則為是塔皆應恭敬作礼圍遶以諸華
香而散其處

能淨業障分第十六

復次須菩提善男子善女人受持讀誦此經
若為人輕賤是人先世罪業應墮惡道以今
世人輕賤故先世罪業即為消滅當得阿
耨多羅三藐三菩提須菩提我念過去无量
阿僧祇劫於然燈佛前得值八百四千万億那
由他諸佛悉皆供養承事無空過者若復有
人於後末世能受持讀誦此經所得功德於
我所供養諸佛功德百分不及一千万億分乃至

BD03461 號 2　金剛般若波羅蜜經（三十二分本）　（16–9）

耨多羅三藐三菩提須菩提我念過去无量
阿僧祇劫於然燈佛前得值八百四千万億那
由他諸佛悉皆供養承事無空過者若復有
人於後末世能受持讀誦此經所得功德於
我所供養諸佛功德百分不及一千万億分乃至
筭數譬喻所不能及須菩提若善男子善女
人於後末世有受持讀誦此經所得功德我若
具說者或有人聞心則狂亂狐疑不信須菩提
當知是經義不可思議果報亦不可思議
究竟无我分第十七
尒時須菩提白佛言世尊善男子善女人發
阿耨多羅三藐三菩提心云何應住云何降伏
其心佛告須菩提善男子善女人發阿耨多羅
三藐三菩提心者當生如是心我應滅度一切衆
生滅度一切衆生已而无有一衆生實滅度者何以
故若菩薩有我相人相衆生相壽者相則非菩
薩所以者何須菩提實无有法發阿耨多羅三藐
三菩提心者須菩提於意云何如來於然燈佛所
有法得阿耨多羅三藐三菩提不不也世尊如
我解佛所說義佛於然燈佛所无有法得阿
耨多羅三藐三菩提佛言如是如是須菩提實
无有法如來得阿耨多羅三藐三菩提須菩
提若有法如來得阿耨多羅三藐三菩提者然
燈佛則不與我受記汝於來世當得作佛号
釋迦牟尼以實无有法得阿耨多羅三藐三菩
提是故然燈佛與我受記作是言汝於來世
當得作佛号釋迦牟尼何以故如來者即諸
法如義若有人言如來得阿耨多羅三藐三菩
提須菩提實无有法佛得阿耨多羅三藐三
菩提須菩提如來所得阿耨多羅三藐三菩

BD03461 號 2　金剛般若波羅蜜經（三十二分本）　（16–10）

法如義若有人言如來得阿耨多羅三藐三菩
提須菩提實无有法佛得阿耨多羅三藐三
菩提須菩提如來所得阿耨多羅三藐三菩
提於是中无實无虛是故如來說一切法皆是
佛法須菩提所言一切法者即非一切法是故名
一切法須菩提譬如人身長大須菩提言世尊
如來說人身長大則為非大身是名大身須
菩提菩薩亦如是若作是言我當滅度无
量衆生則不名菩薩何以故須菩提无有法
名為菩薩是故佛說一切法无我无人无衆生
无壽者須菩提若菩薩作是言我當莊嚴
佛土是不名菩薩何以故如來說莊嚴佛土者
即非莊嚴是名莊嚴須菩提若菩薩通達
无我法者如來說名真是菩薩
一體同觀分第十八
須菩提於意云何如來有肉眼不如是世尊如
來有肉眼須菩提於意云何如來有天眼不
如是世尊如來有天眼須菩提於意云何如來
有慧眼不如是世尊如來有慧眼須菩提於
意云何如來有法眼不如是世尊如來有法眼
須菩提於意云何如來有佛眼不如是世尊如
來有佛眼須菩提於意云何恒河中所有沙佛
說是沙不如是世尊如來說是沙須菩提於
意云何如一恒河中所有沙有如是等恒河是諸
恒河所有沙數佛世界如是寧為多不甚多
世尊佛告須菩提尒所國土中所有衆生若干
種心如來悉知何以故如來說諸心皆為非心
是名為心所以者何須菩提過去心不可得現
在心不可得未來心不可得
法界通化分第十九

BD03461 號 2　金剛般若波羅蜜經（三十二分本）　（16–11）

是名為心所以者何須菩提過去心不可得現
在心不可得未來心不可得
法界通化分第十九
須菩提於意云何若有人滿三千大千世界七
寶以用布施是人以是因緣得福多不如是
世尊此人以是因緣得福甚多須菩提若福
德有實如來不說得福德多以福德无故如
來說得福德多
離色離相分第二十
須菩提於意云何佛可以具足色身見不不
也世尊如來不應以具足色身見何以故如
來說具足色身即非具足色身是名具足色
身須菩提於意云何如來可以具足諸相見不
不也世尊如來不應以具足諸相見何以故如
來說諸相具足即非具足是名諸相具足
非說所說分第二十一
須菩提汝勿謂如來作是念我當有所說法
莫作是念何以故若人言如來有所說法即
為謗佛不能解我所說故須菩提說法者无
法可說是名說法
加六十字
尒時慧命須菩提白佛言世尊頗有衆生於
未來世說是經法生信心不佛言須菩提彼
非衆生非不衆生何以故須菩提衆生衆生者如來
說非衆生是名衆生
無法可得分第二十二
須菩提白佛言世尊佛得阿耨多羅三藐三
菩提為無所得耶如是如是須菩提我於阿
耨多羅

BD03461號2　金剛般若波羅蜜經（三十二分本）　（16–12）

須菩提白佛言世尊佛得阿耨多羅三藐三
菩提為無所得耶如是如是須菩提我於阿
耨多羅三藐三菩提乃至无有少法可得是
名阿耨多羅三藐三菩提
淨心行善分第二十三
復次須菩提是法平等無有高下是名阿耨
多羅三藐三菩提以无我无人无衆生无壽者
修一切善法則得阿耨多羅三藐三菩提須菩
提所言善法者如來說則非善法是名善法
福智无比分第二十四
須菩提若三千大千世界中所有諸須弥山王
如是等七寶聚有人持用布施若人以此般若
波羅蜜經乃至四句偈等受持讀誦為他人
說於前福德百分不及一百千万億分乃至筭數
譬喻所不能及
化无所化分第二十五
須菩提於意云何汝等勿謂如來作是念我
當度衆生須菩提莫作是念何以故實无有
衆生如來度者若有衆生如來度者如來則
有我人衆生壽者須菩提如來說有我者則非
有我而凡夫之人以為有我須菩提凡夫者如
來說則非凡夫
法身非相分第二十六
須菩提於意云何可以三十二相觀如來不須菩
提言如是如是以三十二相觀如來佛言須菩
提若以三十二相觀如來者轉輪聖王即是如來
須菩提白佛言世尊如我解佛所說義不應
以三十二相觀如來尒時世尊而說偈言
若以色見我以音聲求我是人行邪道不能見如來

BD03461號2　金剛般若波羅蜜經（三十二分本）　（16–13）

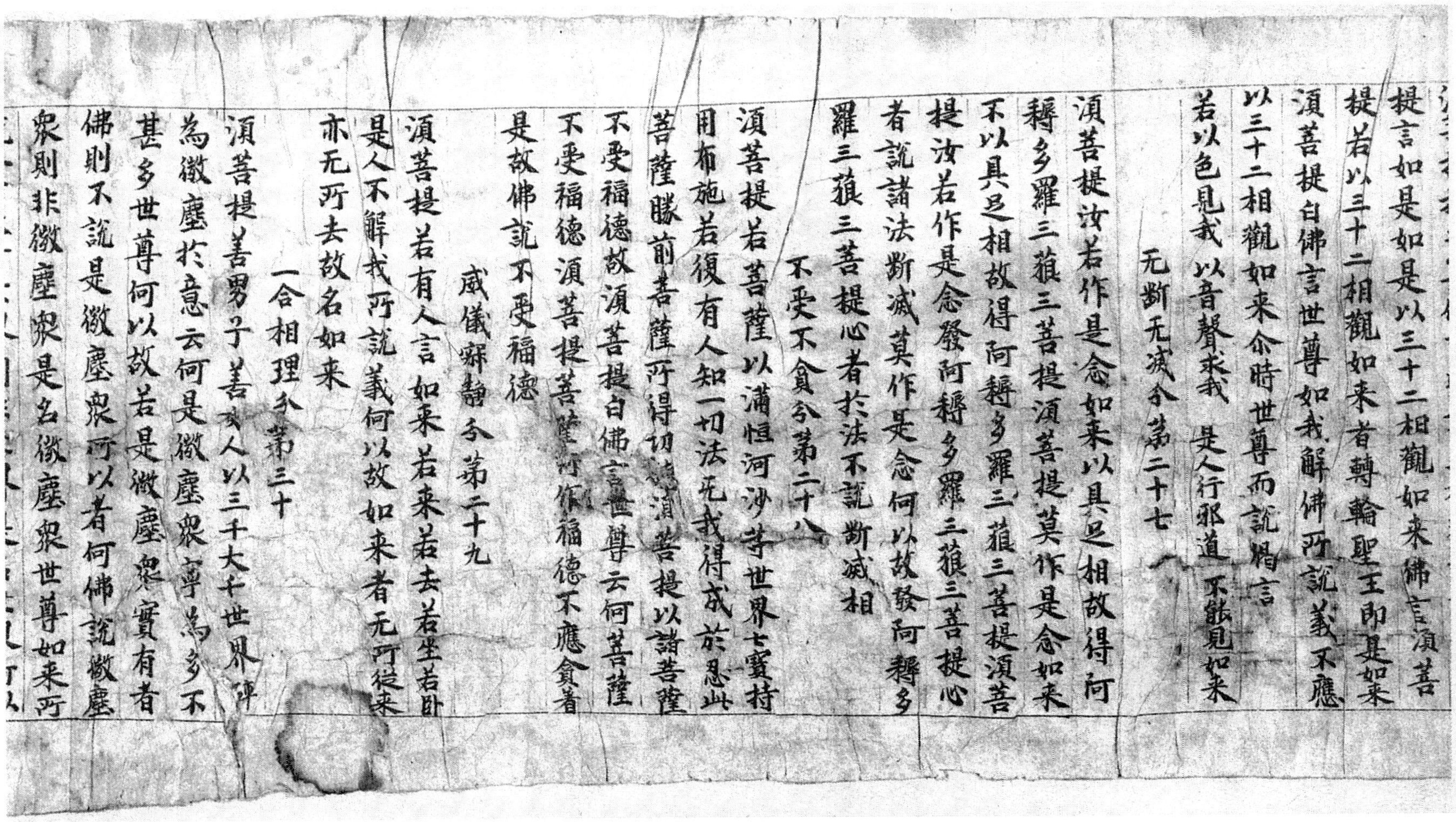

提言如是如是以三十二相觀如来佛言須菩
提若以三十二相觀如来者轉輪聖王即是如来
須菩提白佛言世尊如我解佛所説義不應
以三十二相觀如来尒時世尊而説偈言
若以色見我 以音聲求我 是人行邪道 不能見如来
无斷无滅分第二十七
須菩提汝若作是念如来以具足相故得阿
耨多羅三藐三菩提須菩提莫作是念如来
不以具足相故得阿耨多羅三藐三菩提須菩
提汝若作是念發阿耨多羅三藐三菩提心
者説諸法斷滅莫作是念何以故發阿耨多
羅三藐三菩提心者於法不説斷滅相
不受不貪分第二十八
須菩提若菩薩以滿恒河沙等世界七寶持
用布施若復有人知一切法无我得成於忍此
菩薩勝前菩薩所得功德須菩提以諸菩薩
不受福德故須菩提白佛言世尊云何菩薩
不受福德須菩提菩薩所作福德不應貪著
是故佛説不受福德
威儀寂靜分第二十九
須菩提若有人言如来若来若去若坐若卧
是人不解我所説義何以故如来者无所從来
亦无所去故名如来
一合相理分第三十
須菩提若善男子善女人以三千大千世界碎
為微塵於意云何是微塵衆寧為多不
甚多世尊何以故若是微塵衆實有者
佛則不説是微塵衆所以者何佛説微塵
衆則非微塵衆是名微塵衆世尊如来所

BD03461 號 2 金剛般若波羅蜜經（三十二分本） （16–14）

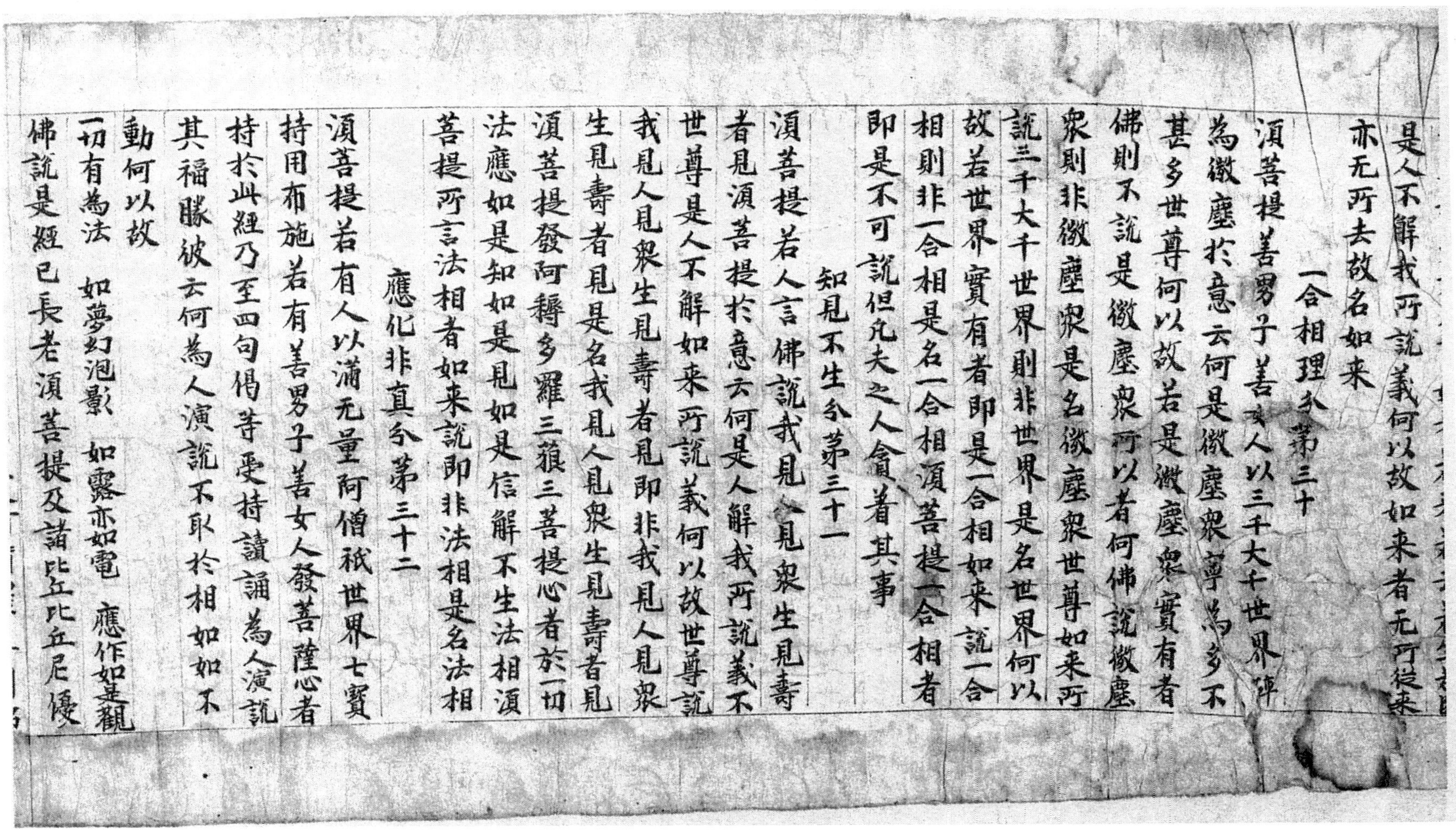

是人不解我所説義何以故如来者无所從来
亦无所去故名如来
一合相理分第三十
須菩提若善男子善女人以三千大千世界碎
為微塵於意云何是微塵衆寧為多不
甚多世尊何以故若是微塵衆實有者
佛則不説是微塵衆所以者何佛説微塵
衆則非微塵衆是名微塵衆世尊如来所
説三千大千世界則非世界是名世界何以
故若世界實有者即是一合相如来説一合
相則非一合相是名一合相須菩提一合相者
即是不可説但凡夫之人貪著其事
知見不生分第三十一
須菩提若人言佛説我見人見衆生見壽
者見須菩提於意云何是人解我所説義不
世尊是人不解如来所説義何以故世尊説
我見人見衆生見壽者見即非我見人見衆
生見壽者見是名我見人見衆生見壽者見
須菩提發阿耨多羅三藐三菩提心者於一切
法應如是知如是見如是信解不生法相須
菩提所言法相者如来説即非法相是名法相
應化非真分第三十二
須菩提若有人以滿无量阿僧祇世界七寶
持用布施若有善男子善女人發菩薩心者
持於此經乃至四句偈等受持讀誦為人演説
其福勝彼云何為人演説不取於相如如不
動何以故
一切有為法 如夢幻泡影 如露亦如電 應作如是觀
佛説是經已長老須菩提及諸比丘比丘尼優

BD03461 號 2 金剛般若波羅蜜經（三十二分本） （16–15）

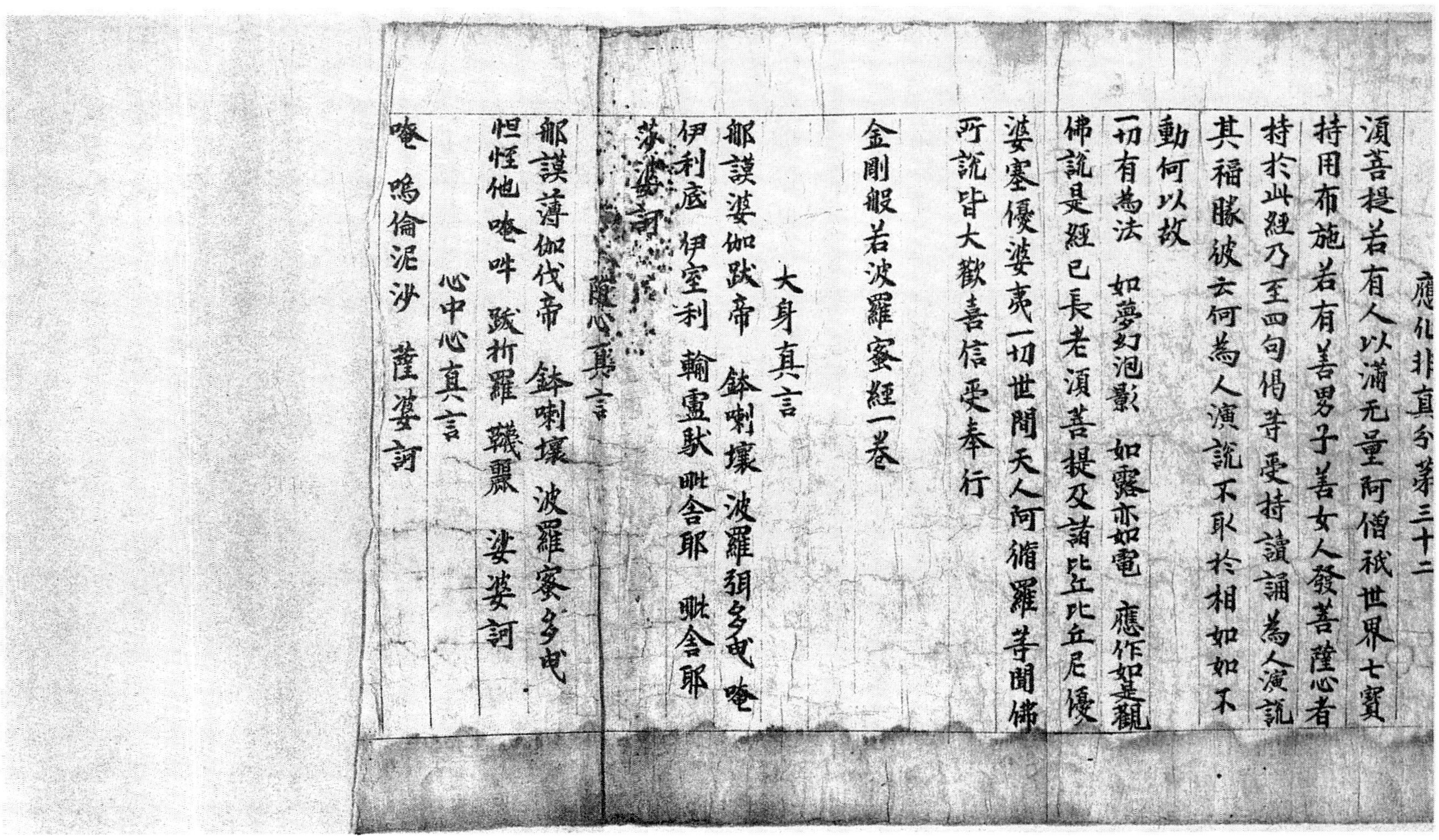

應化非真分第三十二

須菩提若有人以滿无量阿僧祇世界七寶
持用布施若有善男子善女人發菩薩心者
持於此經乃至四句偈等受持讀誦為人演說
其福勝彼云何為人演說不取於相如如不
動何以故
一切有為法　如夢幻泡影　如露亦如電　應作如是觀
佛說是經已長老須菩提及諸比丘比丘尼優
婆塞優婆夷一切世間天人阿脩羅等聞佛
所說皆大歡喜信受奉行

金剛般若波羅蜜經一卷

大身真言
那謨婆伽跋帝　鉢喇壤　波羅弭多曳　唵
伊利底　伊室利　輸盧馱　毗舍耶　毗舍耶
莎婆訶

隨心真言
那謨薄伽伐帝　鉢喇壤　波羅蜜多曳
怛姪他　唵　吽　跋折羅　蹤　娑婆訶

心中心真言
唵　嗚倫泥沙　薩婆訶

BD03461 號 2　金剛般若波羅蜜經（三十二分本）　（16–16）
BD03461 號 3　金剛經經末咒（擬）

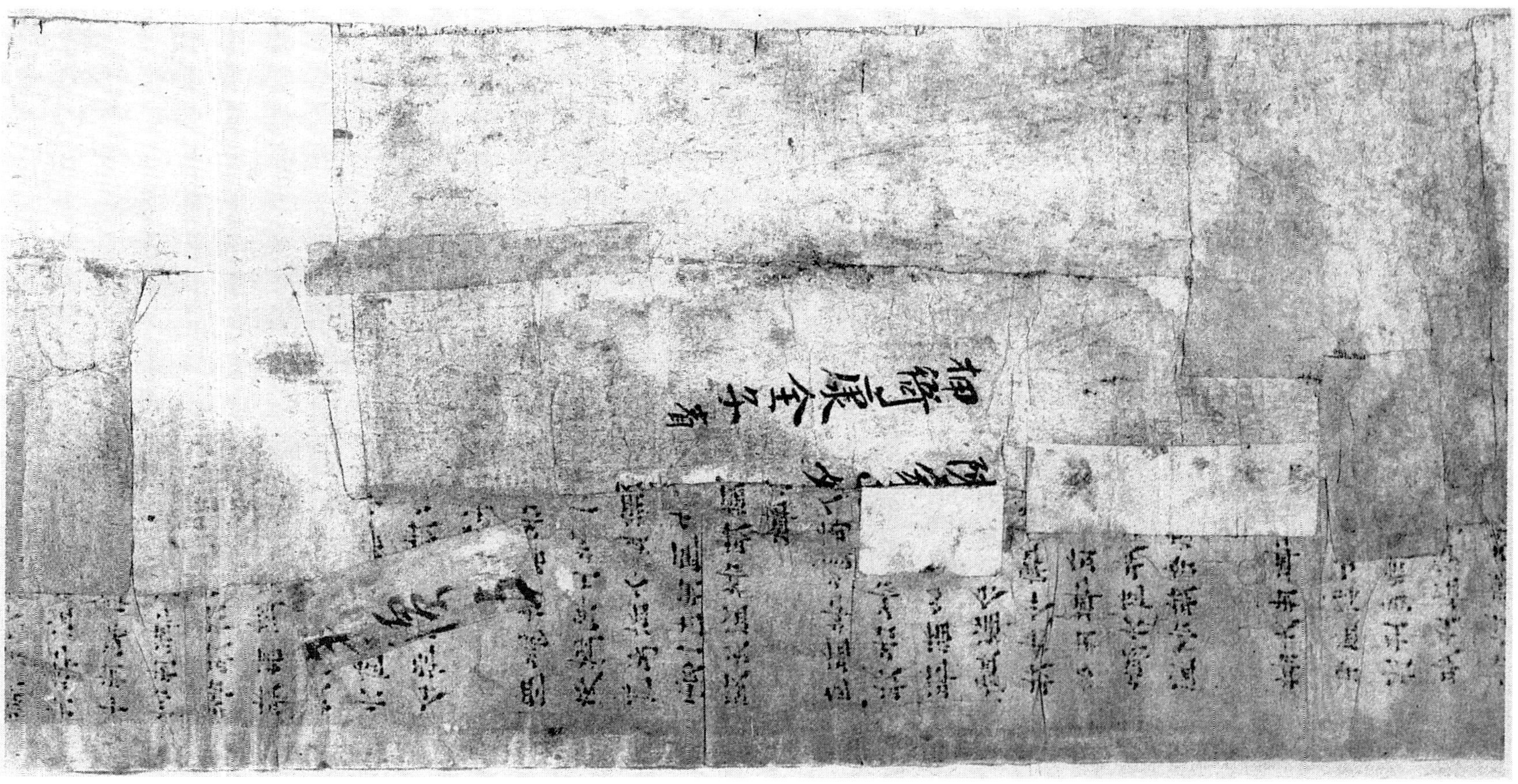

BD03461 號背　殘文書（擬）　（1–1）

著 録 凡 例

本目録採用條目式著録法。諸條目意義如下：

1.1　著録編號。用漢語拼音首字“BD”表示，意為“北京圖書館藏敦煌遺書”，簡稱“北敦號”。文獻寫在背面者，標註為“背”。一件遺書上抄有多個文獻者，用數字 1、2、3 等標示小號。一號中包括幾件遺書，且遺書形態各自獨立者，用字母 A、B、C 等區別。

1.2　著録分類號。本條記目録暫不分類，該項空缺。

1.3　著録文獻的名稱、卷本、卷次。

1.4　著録千字文編號。

1.5　著録縮微膠卷號。

2.1　著録遺書的總體數據。包括長度、寬度、紙數、正面抄寫總行數與每行字數、背面抄寫總行數與每行字數。如該遺書首尾有殘破，則對殘破部分單獨度量，用加號加在總長度上。凡屬這種情況，長度用括弧標註。

2.2　著録每紙數據。包括每紙長度及抄寫行數或界欄數。

2.3　著録遺書的外觀。包括：（1）裝幀形式。（2）首尾存況。（3）護首、軸、軸頭、天竿、縹帶，經名是書寫還是貼簽，有無經名號，扉頁、扉畫。（4）卷面殘破情況及其位置。（5）尾部情況。（6）有無附加物（蟲繭、油污、線繩及其他）。（7）有無裱補及其年代。（8）界欄。（9）修整。（10）其他需要交待的問題。

2.4　著録一件遺書抄寫多個文獻的情況。

3.1　著録文獻首部文字與對照本核對的結果。

3.2　著録文獻尾部文字與對照本核對的結果。

3.3　著録録文。

3.4　著録對文獻的説明。

4.1　著録文獻首題。

4.2　著録文獻尾題。

5　著録本文獻與對照本的不同之處。

6.1　著録本遺書首部可與另一遺書綴接的編號。

6.2　著録本遺書尾部可與另一遺書綴接的編號。

7.1　著録題記、題名、勘記等。

7.2　著録印章。

7.3　著録雜寫。

7.4　著録護首及扉頁的內容。

8　著録年代。

9.1　著録字體。如有武周新字、合體字、避諱字等，予以説明。

9.2　著録卷面二次加工的情況。包括句讀、點標、科分、間隔號、行間加行、行間加字、硃筆、墨塗、倒乙、刪除、兑廢等。

10　著録敦煌遺書發現後，近現代人所加內容，裝裱、題記、印章等。

11　備註。著録揭裱互見、圖版本出處及其他需要説明的問題。

上述諸條，有則著録，無則空缺。

為避文繁，上述著録中出現的各種參考、對照文獻，暫且不列版本説明。全目結束時，將統一編制本條記目録出現的各種參考書目。

本條記目録為農曆年份標註其公曆紀年時，未進行歲頭年末之換算，請讀者使用時注意自行换算。

條　記　目　錄

BD03401—BD03461

1.1　BD03401 號
1.3　大乘入楞伽經卷二
1.4　露 001
1.5　038:0363
2.1　（159＋5.3）×26 厘米；5 紙；100 行，行 17 字。
2.2　01：05.0，02；　02：48.2，28；　03：48.5，28；
04：48.2，28；　05：9.1＋5.3，14。
2.3　卷軸裝。首尾均殘。通卷多污漬。有烏絲欄。
3.1　首 2 行中下殘→大正 672，16/597A1～3。
3.2　尾 3 行中殘→16/598A20～21。
8　8 世紀。唐寫本。
9.1　楷書。
11　圖版：《敦煌寶藏》，58/379B～381B。

1.1　BD03402 號
1.3　大般涅槃經（北本）卷一四
1.4　露 002
1.5　115:6384
2.1　244.3×26.4 厘米；5 紙；140 行，行 17 字。
2.2　01：49.0，28；　02：49.0，28；　03：48.8，28；
04：49.0，28；　05：48.5，28。
2.3　卷軸裝。首尾均脱。有烏絲欄。
3.1　首殘→大正 374，12/449A23。
3.2　尾殘→12/450C25。
8　8～9 世紀。吐蕃統治時期寫本。
9.1　楷書。
9.2　有行間校加字。
11　圖版：《敦煌寶藏》，98/476A～479A。

1.1　BD03403 號
1.3　妙法蓮華經卷五
1.4　露 003
1.5　105:5452
2.1　1014.5×26.4 厘米；25 紙；599 行，行 17 字。
2.2　01：42.0，25；　02：41.4，25；　03：41.5，25；
04：42.0，25；　05：42.0，25；　06：41.5，25；
07：41.5，25；　08：41.5，25；　09：41.5，25；
10：41.5，25；　11：41.5，25；　12：41.6，25；
13：41.5，25；　14：41.4，25；　15：41.5，25；
16：41.6，25；　17：41.5，25；　18：41.4，25；
19：41.5，25；　20：41.5，25；　21：41.6，25；
22：41.5，25；　23：41.5，25；　24：41.5，24；
25：17.0，拖尾。
2.3　卷軸裝。首殘尾全。首紙有殘洞、殘缺。有燕尾。有烏絲欄。
3.1　首殘→大正 262，9/37B4。
3.2　尾全→9/46B14。
4.2　妙法蓮華經卷第五（尾）。
8　7～8 世紀。唐寫本。
9.1　楷書。
11　圖版：《敦煌寶藏》，92/15B～30B。

1.1　BD03404 號
1.3　妙法蓮華經卷四
1.4　露 004
1.5　105:5379
2.1　（3.5＋40＋1.5）×24 厘米；1 紙；28 行，行 17 字。
2.3　卷軸裝。首尾均脱。經黃紙。下邊等距離殘破。有烏絲欄。
3.1　首 2 行上下殘→大正 262，9/32C22～24。
3.2　尾行上殘→9/33A21。
8　7～8 世紀。唐寫本。
9.1　楷書。
11　圖版：《敦煌寶藏》，91/250B～251A。

1.1　BD03405 號
1.3　大般涅槃經（北本　異卷）卷五

1.4 露005
1.5 115:6317
2.1 (5+647.5+12.5)×25.7厘米；19紙；411行，行17字。
2.2 01：5+2，04； 02：37.0，23； 03：37.0，23；
04：37.0，23； 05：37.0，23； 06：37.0，23；
07：37.0，23； 08：37.0，23； 09：37.0，23；
10：37.0，23； 11：37.0，23； 12：37.0，23；
13：37.5，23； 14：37.5，23； 15：37.5，23；
16：37.5，23； 17：37.5，23； 18：37.0，23；
19：14+12.5，16。
2.3 卷軸裝。首尾均殘。卷面偶有破碎。有烏絲欄。
3.1 首3行下殘→大正374，12/393A20～23。
3.2 尾6行上殘→12/398A6～12。
5 與《大正藏》本對照，分卷不同，且本件不分品。經文相當於《大正藏》卷五如來性品第四之二的一部分至卷六如來性品第四之三的前部。與其餘諸藏分卷亦不同。今暫著錄為卷五。
7.1 卷末有題記“比丘尼慶輝”。
8 5～6世紀。南北朝寫本。
9.1 楷書。
11 圖版：《敦煌寶藏》，98/111A～120A。

1.1 BD03406號
1.3 大乘百法明門論開宗義記疏（擬）
1.4 露006
1.5 206:7233
2.1 (5+528)×30厘米；36紙；正面346行，背面53行，行20～30餘字。
2.2 01：5+15，15； 02：14.0，07； 03：23.0，17；
04：14.5，11； 05：06.0，04； 06：06.5，05；
07：07.5，04； 08：10.0，07； 09：07.5，04；
10：34.0，27； 11：07.0，05； 12：23.0，16；
13：14.5，10； 14：14.5，09； 15：06.0，04；
16：10.0，06； 17：12.5，08； 18：08.0，06；
19：05.0，03； 20：12.5，07； 21：23.0，14；
22：16.0，10； 23：29.5，19； 24：04.0，02；
25：06.0，09； 26：14.0，08； 27：14.5，08；
28：6.5，04； 29：21.5，11； 30：20.5，12；
31：05.5，03； 32：10.0，06； 33：28.5，18；
34：23.5，18； 35：25.5，14； 36：28.5，15。
2.3 卷軸裝。首殘尾斷。卷首殘破，通卷上下邊殘損。第5紙上邊另粘貼一張紙條，編號為第6紙，係補充抄寫的經疏文字。卷背除《五更轉》、《某年仲冬某人致都頭仁兄狀（擬）》等兩個文獻外，還有補充正面之疏文17行、經名雜寫1行、塗抹11行。已修整。
2.4 本遺書包括3個文獻：（一）《大乘百法明門論開宗義記疏》，346行，抄寫在正面，今編為BD03406號。（二）《南宗定邪正五更轉》，17行，抄寫在背面，今編為BD03406號背1。（三）《某年仲冬某人致都頭仁兄狀（擬）》，7行，今編為BD03406號背2。
3.4 說明：
本文獻首4行中上殘，尾殘。疏釋《大乘百法明門論開宗義記》，釋義簡明。未為歷代大藏經所收。
7.1 卷背裱補紙上有經名勘記“大乘百法明門論開宗義記”。背面有補充釋文。
8 8～9世紀。吐蕃統治時期寫本。
9.1 楷書。
9.2 有科分、斷句及圓圈符號。
11 圖版：《敦煌寶藏》，104/650A～659B。

1.1 BD03406號背1
1.3 南宗定邪正五更轉
1.4 露006
1.5 206:7233
2.4 本遺書由3個文獻組成，本號為第2個，抄寫在背面，17行。從左向右抄寫。餘參見BD03406號之第2項、第11項。
3.1 首全→《敦煌歌辭總編》，第1443頁第5行。
3.2 尾全→《敦煌歌辭總編》，第1444頁第2行。
5 與對照本相比，本號文末多二首偈頌：“真乘是（漢）語，施者進由心。/欲立非非相，將佛卻照心。智者求未得，於撿再求/尋。運保體麻者，如我不重金。/”
8 8～9世紀。吐蕃統治時期寫本。
9.1 行書。

1.1 BD03406號背2
1.3 某年仲冬某人致都頭仁兄狀（擬）
1.4 露006
1.5 206:7233
2.4 本遺書由3個文獻組成，本號為第3個，抄寫在背面，7行。餘參見BD03406號之第2項、第11項。
3.4 說明：
為某年仲冬某人致都頭仁兄，問候起居，贈送菓子之狀。6行。某一行倒寫，與本狀無關，但筆跡一致。
8 8～9世紀。吐蕃統治時期寫本。
9.1 行書。

1.1 BD03407號
1.3 灌頂章句拔除過罪生死得度經
1.4 露007
1.5 250:7490
2.1 (8.7+427.1)×25.6厘米；11紙；282行，行17字。
2.2 01：8.7+1.8，6； 02：45.4，28； 03：45.7，28；
04：45.7，28； 05：45.8，28； 06：45.6，28；
07：45.9，28； 08：45.7，28； 09：45.1，27；
10：45.8，31； 11：14.6+18.8，22。

2.3 卷軸裝。首尾均殘。經黄紙。卷首上邊殘破，前數紙下有等距殘損，卷面有殘損，卷尾殘破嚴重。第9紙脱落1塊殘片，文可綴接。尾數紙背有古代裱補，紙上有字，向内粘貼，文字難以辨認。有烏絲欄。
3.1 首5行下殘→大正1331，21/533A1～5。
3.2 尾12行上下殘→21/536A15～B2。
8 7～8世紀。唐寫本。
9.1 楷書。
11 圖版：《敦煌寶藏》，106/461B～467B。

1.1 BD03408號
1.3 梵網經盧舍那佛說菩薩心地戒品第十卷下
1.4 露008
1.5 143:6714
2.1 （2+497.5+5.5）×25厘米；12紙；280行，行17字。
2.2 01：2+29.5，18； 02：45.6，26； 03：46.2，26；
04：46.5，26； 05：47.0，26； 06：47.0，26；
07：46.0，26； 08：46.5，26； 09：46.0，26；
10：46.1，26； 11：45.6，26； 12：05.5，02。
2.3 卷軸裝。首尾均殘。通卷殘碎嚴重。已修整。
3.1 首4行中殘→大正1484，24/1004C5～8。
3.2 尾6行上中殘→24/1008B2～9。
8 9～10世紀。歸義軍時期寫本。
9.1 楷書。
9.2 有行間校加字。
11 圖版：《敦煌寶藏》，101/302B～309B。

1.1 BD03409號
1.3 妙法蓮華經卷四
1.4 露009
1.5 105:5364
2.1 369×24厘米；8紙；220行，行17字。
2.2 01：46.5+28； 02：46.3，28； 03：46.3，28；
04：46.5，28； 05：46.3，28； 06：46.3，28；
07：46.3，28； 08：44.5，24。
2.3 卷軸裝。首脱尾全。經黄打紙。接縫處多有開裂，第3、4紙接縫處脱開。有燕尾。有烏絲欄。
3.1 首殘→大正262，9/33C23。
3.2 尾全→9/37A2。
4.2 妙法蓮華經卷第四（尾）。
8 7～8世紀。唐寫本。
9.1 楷書。
11 圖版：《敦煌寶藏》，91/191B～197A。

1.1 BD03410號1
1.3 梵網經盧舍那佛說菩薩心地戒品第十序
1.4 露010
1.5 143:6696
2.1 119.2×25厘米；4紙；70行，行17字。
2.2 01：37.0，22； 02：25.0，15； 03：43.5，25；
04：13.7，8。
2.3 卷軸裝。首尾均殘。通卷殘碎嚴重。已修整。本號第1紙與第2紙之間空缺經文一大段，相當於大正1484，24/1003B18～1004A3，原本不能直接綴接。因古代將殘破經卷頭尾相接而形成現有形態。修復時，為持原狀，對現有形態未作變動。
2.4 本遺書包括2個文獻：（一）《梵網經盧舍那佛說菩薩心地戒品第十序》，14行，今編為BD03410號1。（二）《梵網經盧舍那佛說菩薩心地戒品第十》卷下，56行，今編為BD03410號2。
3.1 首6行中下殘→大正1484，24/1003A19～23。
3.2 尾全→24/1003B2。
5 與《大正藏》本對照，本文獻行文略有不同。
8 7～8世紀。唐寫本。
9.1 楷書。
11 從本號背面揭下古代裱補紙22塊，今編爲BD16182號、BD16183號、BD16184號、BD16185號、BD16186號。
圖版：《敦煌寶藏》，101/232A～233A；

1.1 BD03410號2
1.3 梵網經盧舍那佛說菩薩心地戒品第十卷下
1.4 露010
1.5 143:6696
2.4 本遺書由2個文獻組成，本號為第2個，56行。餘參見BD03410號1之第2項、第11項。
3.1 首全→大正1484，24/1003B10。
3.2 尾3行中下殘→24/1004C3～5。
8 7～8世紀。唐寫本。
9.1 楷書。

1.1 BD03411號
1.3 觀世音經
1.4 露011
1.5 105:5967
2.1 （127.5+26.5）×26厘米；4紙；80行，行17字。
2.2 01：12.0，護首； 02：47.0，26； 03：47.5，27；
04：21+26.5，27。
2.3 卷軸裝。首全尾脱。有護首。通卷殘破。有烏絲欄。已修整。
3.1 首殘→大正262，9/56C2。
3.2 尾15行下殘→9/57B12～28。
4.1 妙法蓮華經觀世音菩薩普門品第廿五（首）。
8 9～10世紀。歸義軍時期寫本。
9.1 楷書。
11 從本號背面揭下古代裱補紙7塊，今編爲BD16166號、BD16167號、BD16168號。

圖版:《敦煌寶藏》, 96/233B ~ 235A。

1.1 BD03412 號
1.3 維摩詰所說經卷上
1.4 露 012
1.5 070: 0883
2.1 877.5 ×25 厘米; 20 紙; 556 行, 行 17 字。
2.2 01: 44.0, 28; 02: 44.0, 28; 03: 44.0, 28;
04: 44.0, 28; 05: 44.0, 28; 06: 44.0, 28;
07: 44.0, 28; 08: 44.0, 28; 09: 44.0, 28;
10: 44.0, 28; 11: 44.0, 28; 12: 44.0, 28;
13: 43.5, 28; 14: 44.0, 28; 15: 43.5, 28;
16: 44.0, 28; 17: 43.5, 28; 18: 44.0, 28;
19: 43.5, 28; 20: 43.5, 24。
2.3 卷軸裝。首脫尾全。卷首殘損破裂, 接縫處有開裂, 卷面有蟲繭, 卷尾有破裂。有燕尾。有烏絲欄。
3.1 首殘→大正 475, 14/537B5。
3.2 尾全→14/544A19。
4.2 維摩詰經卷上 (尾)。
8 8 ~ 9 世紀。吐蕃統治時期寫本。
9.1 楷書。
9.2 有行間校加字。有刮改。
11 圖版:《敦煌寶藏》, 63/443B ~ 455B。

1.1 BD03413 號
1.3 妙法蓮華經 (八卷本) 卷六
1.4 露 013
1.5 105: 5766
2.1 237.9 ×25.5 厘米; 5 紙; 122 行, 行 17 字。
2.2 01: 51.2, 28; 02: 51.0, 28; 03: 51.0, 28;
04: 51.0, 28; 05: 33.7, 10。
2.3 卷軸裝。首脫尾全。經黄紙。第 3、4 紙接縫處脫開。有燕尾。有烏絲欄。
3.1 首殘→大正 262, 9/48B16。
3.2 尾全→9/50B22。
4.2 妙法蓮華經卷第六 (尾)。
5 與《大正藏》本對照, 分卷不同, 相當於法師功德品第十九。為八卷本。
8 7 ~ 8 世紀。唐寫本。
9.1 楷書。
11 圖版:《敦煌寶藏》, 94/645B ~ 648B。

1.1 BD03414 號
1.3 金剛般若波羅蜜經
1.4 露 014
1.5 094: 3628
2.1 (15.5 +529.8) ×25.7 厘米; 12 紙; 297 行, 行 17 字。
2.2 01: 15.5 +14.5, 17; 02: 48.5, 27; 03: 48.2, 27;
04: 48.5, 27; 05: 48.2, 27; 06: 48.3, 27;
07: 48.5, 27; 08: 48.3, 27; 09: 48.5, 27;
10: 48.2, 27; 11: 48.9, 28; 12: 31.2, 09。
2.3 卷軸裝。首殘尾全。首紙横裂, 第 1、2 紙間接縫開裂。有燕尾。有烏絲欄。
3.1 首 9 行下殘→大正 235, 8/748C28 ~ 749A8。
3.2 尾全→8/752C3。
4.2 全剛般若波羅蜜經 (尾)。
8 9 ~ 10 世紀。歸義軍時期寫本。
9.1 楷書。
9.2 有行間校加字。
11 圖版:《敦煌寶藏》, 79/224A ~ 230B。

1.1 BD03415 號
1.3 金剛般若波羅蜜經
1.4 露 015
1.5 094: 3652
2.1 (15.5 +492.6) ×25 厘米; 12 紙; 307 行, 行 17 字。
2.2 01: 15.5, 09; 02: 45.3, 28; 03: 46.5, 28;
04: 45.8, 28; 05: 45.8, 28; 06: 46.0, 28;
07: 46.0, 28; 08: 46.0, 28; 09: 45.7, 28;
10: 45.9, 28; 11: 45.9, 28; 12: 33.7, 18。
2.3 卷軸裝。首殘尾全。第 2 紙中有殘洞, 第 2、3 紙接縫處開裂。有烏絲欄。已修整。
3.1 首 9 行上下殘→大正 235, 8/749A7 ~ 16。
3.2 尾全→8/752C3。
4.2 金剛般若波羅蜜經 (尾)。
8 7 ~ 8 世紀。唐寫本。
9.1 楷書。
11 圖版:《敦煌寶藏》, 79/359A ~ 365B。

1.1 BD03416 號
1.3 大般若波羅蜜多經 (兌廢稿) 卷二六四
1.4 露 016
1.5 084: 2707
2.1 (3.5 +367.7) ×27.5 厘米; 8 紙; 正面 216 行, 行 17 字。背面 9 行, 行約 25 字。
2.2 01: 3.5 +42.8, 26; 02: 46.5, 28; 03: 46.4, 28;
04: 46.5, 28; 05: 46.5, 28; 06: 46.5, 28;
07: 46.5, 28; 08: 46.0, 22。
2.3 卷軸裝。首全尾缺。首紙上下邊殘缺, 尾紙有縱向破裂, 上下邊殘破。有烏絲欄。尾有餘空。
2.4 本遺書包括 2 個文獻: (一)《大般若波羅蜜多經 (兌廢稿)》卷二六四, 216 行, 抄寫在正面, 今編為 BD03416 號。(二)《某論殘序》(擬), 9 行, 抄寫在背面, 今編為 BD03416 號背。

3.1　首全→大正 220，6/335A19。
3.2　尾殘→6/337C2。
4.1　大般若波羅蜜多經卷第二百六十四，/初分難信解品第卅四之八十三，三藏法師玄奘奉詔譯/（首）。
8　8～9 世紀。吐蕃統治時期寫本。
9.1　楷書。
11　圖版：《敦煌寶藏》，74/471A～476A。

1.1　BD03416 號背
1.3　某論殘序（擬）
1.4　露 016
1.5　084:2707
2.4　本遺書由 2 個文獻組成，本號為第 2 個，9 行，抄寫在背面。餘參見 BD03416 號之第 2 項、第 11 項。
3.3　錄文：

序云：舄空有等者，慈氏菩薩說真俗而並存，龍猛大士談<大>空爲而雙遣。然則存不違/［遣］，□淺之義彌彰；遣不違存，無相之旨恒立。亦空亦有，順成二諦之宗；/非爲非空，契會中道之理。故知迷謬者，說空而執有；悟解者，辨有而達/空。佛法甚豈不斯矣。但以接引多方，入理非一。/

言輪迴五趣者，四生攝五趣，非五［趣］攝四生者。中有由此道理，天等六趣攝/生不盡，故復重說卵等四生也。/

一切教法，並以名句文身爲體。若合物生善，音聲爲勝。若約詮法/名等，即強由斯兩說皆是義。/

《大智度論》三十五云：善男子者，言簡非男子等不堪教授（下缺）。/

（錄文完）

8　8～9 世紀。吐蕃統治時期寫本。
9.1　楷書。

1.1　BD03417 號
1.3　法句經（偽經）
1.4　露 017
1.5　304:8301
2.1　46.5×25.4 厘米；1 紙；21 行，行 17 字。
2.3　卷軸裝。首脫尾全。經黃紙。上邊下邊殘破。有烏絲欄。
3.1　首殘→大正 2901，85/1435B14。
3.2　尾全→85/1435C4。
4.2　佛說法句經一卷（尾）。
6.1　首→BD03424 號。
8　7～8 世紀。唐寫本。
9.1　楷書。
11　圖版：《敦煌寶藏》，109/581B～582A。

1.1　BD03418 號
1.3　金剛般若波羅蜜經
1.4　露 018
1.5　094:4080
2.1　296.1×26 厘米；7 紙；179 行，行 17 字。
2.2　01：42.5，27；　02：43.0，27；　03：40.8，26；
04：42.8，27；　05：42.5，27；　06：42.5，27；
07：42.0，18。
2.3　卷軸裝。首殘尾全。首紙有破裂殘損，接縫處有開裂，尾紙有豎裂。有燕尾。有烏絲欄。
3.1　首殘→大正 235，8/750B14。
3.2　尾全→8/752C3。
4.2　金剛般若波羅蜜經（尾）。
8　7～8 世紀。唐寫本。
9.1　楷書。
11　圖版：《敦煌寶藏》，82/55A～58B。

1.1　BD03419 號
1.3　金剛般若波羅蜜經
1.4　露 019
1.5　094：3774
2.1　（25＋10）×26.2 厘米；1 紙；20 行，行 17 字。
2.3　卷軸裝。首斷尾殘。經黃紙。有烏絲欄。
3.1　首殘→大正 235，8/749B10。
3.2　尾 5 行下殘→8/749B26～C1。
8　7～8 世紀。唐寫本。
9.1　楷書。
11　圖版：《敦煌寶藏》，80/278A。

1.1　BD03420 號
1.3　金剛般若波羅蜜經
1.4　露 020
1.5　094:4404
2.1　（2.2＋44.9）×24.5 厘米；2 紙；25 行，行 17 字。
2.2　01：2.2＋39.9，24；　02：05.0，01。
2.3　卷軸裝。首殘尾全。經黃紙。尾題為後補。有烏絲欄。
3.1　首行下殘→大正 235，8/752B8～9。
3.2　尾全→8/752C2。
4.2　金剛金（經）（尾）。
8　7～8 世紀。唐寫本。
9.1　楷書。
11　圖版：《敦煌寶藏》，83/107A。

1.1　BD03421 號
1.3　法句經（偽經）
1.4　露 021
1.5　457:8668
2.1　43.8×25.5 厘米；1 紙；23 行，行 17 字。

2.3　卷軸裝。首尾均脫。上有縱向破裂，上下邊殘缺。有烏絲欄。
3　首殘→大正2901，85/1434C16。
3.2　尾殘→85/1435A13。
6.1　首→BD03646號。
6.2　尾→BD03424號。
8　7～8世紀。唐寫本。
9.1　楷書。
9.2　有行間校加字。
11　圖版：《敦煌寶藏》，111/129B～130A。

1.1　BD03422號
1.3　太上濟衆經
1.4　露022
1.5　305:8316
2.1　(8.2+24+5)×25.2厘米；1紙；正面23行，行17字。背面18行，行約21字。
2.3　卷軸裝。首尾均殘。正面為烏絲欄，背面為折疊欄。
2.4　本遺書包括2個文獻：(一)《太上濟衆經》，23行，抄寫在正面，今編為BD03422號。(二)《七階佛名經》，18行，抄寫在背面，今編為BD03422號背。
3.4　説明：
　　本文獻首5行下殘，尾3行上殘。假託太上中皇真尊為諸天人演説太平之訓。參見《敦煌道教文獻研究》第214頁。
6.2　尾→斯07956號。
8　7～8世紀。唐寫本。
9.1　楷書。
11　圖版：《敦煌寶藏》，109/629B～630A。

1.1　BD03422號背
1.3　七階佛名經
1.4　露022
1.5　305:8316
2.4　本遺書由2個文獻組成，本號為第2個，抄寫在背面，18行。餘參見BD03422號之第2項、第11項。
3.4　説明：
　　本文獻首2行上殘，尾4行下殘。為中國人編纂的佛教禮懺文，在敦煌地區甚爲流行，形態歧雜。
6.1　首→斯07956號背。
8　9～10世紀。歸義軍時期寫本。
9.1　楷書。

1.1　BD03423號1
1.3　妙法蓮華經(兑廢稿)卷六
1.4　露023
1.5　105:5712
2.1　(2+117)×27.5厘米；6紙；65行，行18～20字。
2.2　01：2+43，25；　02：26.5，15；　03：19.0，09；
　　04：12.5，07；　05：09.0，04；　06：07.0，05。
2.3　卷軸裝。首全尾殘。首紙上下邊有破裂。卷背有鳥糞。首紙背有經名。
2.4　本件係由殘卷、錯抄廢卷綴接而成，包括6個文獻：(一)《妙法蓮華經》(兑廢稿)卷六，40行，今編為BD03423號1。(二)《妙法蓮華經》(兑廢稿)卷六，5行，今編為BD03423號2。(三)《妙法蓮華經》(兑廢稿)卷六，4行，今編為BD03423號3。(四)《妙法蓮華經》(兑廢稿)卷二，7行，今編為BD03423號4。(五)《妙法蓮華經》(兑廢稿)卷六，4行，今編為BD03423號5。(六)《妙法蓮華經》(兑廢稿)卷二，5行，今編為BD03423號6。
3.1　首全→大正262，9/46B17。
3.2　尾殘→9/47A8。
4.1　妙法蓮華經隨喜功德品第十八，六(首)。
7.1　首紙背有勘記“妙法蓮華經一部”，上有經名號。
8　9～10世紀。歸義軍時期寫本。
9.1　楷書。
11　圖版：《敦煌寶藏》，94/372B～374B。

1.1　BD03423號2
1.3　妙法蓮華經(兑廢稿)卷六
1.4　露023
1.5　105:5712
2.4　本遺書由6個文獻組成，本號為第2個，5行。餘參見BD03423號1之第2項、第11項。
3.1　首全→大正262，9/46B17。
3.2　尾殘→9/46B26。
4.1　妙法蓮華經隨喜功德品第十八，六(首)。
8　9～10世紀。歸義軍時期寫本。
9.1　楷書。

1.1　BD03423號3
1.3　妙法蓮華經(兑廢稿)卷六
1.4　露023
1.5　105:5712
2.4　本遺書由6個文獻組成，本號為第3個，4行。餘參見BD03423號1之第2項、第11項。
3.1　首全→大正262，9/46B17。
3.2　尾殘→9/46B24。
4.1　妙法蓮華經隨喜功德品第十八，六(首)。
8　9～10世紀。歸義軍時期寫本。
9.1　楷書。

1.1　BD03423號4
1.3　妙法蓮華經(兑廢稿)卷二
1.4　露023

1.5　105:5712
2.4　本遺書由 6 個文獻組成，本號為第 4 個，7 行。餘參見 BD03423 號 1 之第 2 項、第 11 項。
3.1　首殘→大正 262，9/15C23。
3.2　尾殘→9/16A3。
5　與《大正藏》本對照，卷中漏抄"是其行處，謗斯經故，獲罪如是，若得爲人"；卷中第 7 行錯抄，參見 9/15C22～23。
7.1　第 3 紙上邊有勘記"七行，須兌"。
8　9～10 世紀。歸義軍時期寫本。
9.1　楷書。

1.1　BD03423 號 5
1.3　妙法蓮華經（兌廢稿）卷六
1.4　露 023
1.5　105:5712
2.4　本遺書由 6 個文獻組成，本號為第 5 個，4 行。餘參見 BD03423 號 1 之第 2 項、第 11 項。
3.1　首殘→大正 262，9/55A5。
3.2　尾全→9/55A9。
4.2　妙法蓮華經卷第六（尾）。
8　9～10 世紀。歸義軍時期寫本。
9.1　楷書。

1.1　BD03423 號 6
1.3　妙法蓮華經（兌廢稿）卷二
1.4　露 023
1.5　105:5712
2.4　本遺書由 6 個文獻組成，本號為第 6 個，5 行。餘參見 BD03423 號 1 之第 2 項、第 11 項。
3.1　首殘→大正 262，9/11C27。
3.2　尾殘→9/12A3。
8　9～10 世紀。歸義軍時期寫本。
9.1　楷書。
9.2　上邊有一個"△"符號。

1.1　BD03424 號
1.3　法句經（僞經）
1.4　露 024
1.5　457:8669
2.1　46.1×24.1 厘米；1 紙；24 行，行 17 字。
2.3　卷軸裝。首尾均脫。通卷上下邊殘缺。脫落 1 塊無字殘片，可與卷首上邊綴接。有烏絲欄。
3.1　首殘→大正 2901，85/1435A13。
3.2　尾殘→85/1435B13。
6.1　首→BD03421 號。
6.2　尾→BD03417 號。
8　7～8 世紀。唐寫本。
9.1　楷書。
11　圖版：《敦煌寶藏》，111/130B～131A。

1.1　BD03425 號
1.3　大般若波羅蜜多經卷三二八
1.4　露 025
1.5　084:2891
2.1　（0.9＋819.8）×26.1 厘米；19 紙；488 行，行 17 字。
2.2　01：0.9′+23.3，15；　02：46.2，28；　03：46.3，28；
04：46.2，28；　05：46.4，28；　06：46.7，28；
07：46.4，28；　08：46.5，28；　09：46.4，28；
10：46.5，28；　11：46.6，28；　12：46.3，28；
13：46.5，28；　14：46.5，28；　15：46.5，28；
16：46.5，28；　17：46.5，28；　18：41.5，25；
19：12.0，拖尾。
2.3　卷軸裝。首殘尾全。上下邊多殘破。背有古代裱補。有燕尾。有烏絲欄。
3.1　首行上下殘→大正 220，6/677B21。
3.2　尾全→6/683A6。
4.2　大般若波羅蜜多經卷第三百廿八（尾）。
7.1　卷尾背有勘記："三百廿八（本文獻卷次），卅三袟（本文獻所屬袟次）。"
8　8～9 世紀。吐蕃統治時期寫本。
9.1　楷書。
11　圖版：《敦煌寶藏》，75/369B～380A。

1.1　BD03426 號
1.3　金剛般若波羅蜜經
1.4　露 026
1.5　094:3746
2.1　（14.5＋493.7）×24.5 厘米；11 紙；284 行，行 17 字。
2.2　01：14.5＋30.5，28；　02：50.3，28；　03：50.5，28；
04：50.5，28；　05：50.5，28；　06：50.3，28；
07：50.2，28；　08：50.4，28；　09：50.5，28；
10：50.0，28；　11：10.0，04。
2.3　卷軸裝。首殘尾全。經黄紙。有烏絲欄。
3.1　首 9 行上下殘→大正 235，8/749A22～B3。
3.2　尾全→8/752C3。
4.2　金剛般若波羅蜜經（尾）。
5　卷尾附本經咒文，與《大正藏》對照，文字略有區別。並註明"三十字"。
8　7～8 世紀。唐寫本。
9.1　楷書。
9.2　有行間加行。
11　圖版：《敦煌寶藏》，80/143A～150A。

1.1　BD03427 號 1

1.3　中阿含經（兑廢稿）卷五二
1.4　露 027
1.5　415∶8576
2.1　196.9×27.5 厘米；6 紙；110 行，行 17 字。
2.2　01：48.0，25；　02：23.6，12；　03：16.9，10；
　　04：14.5，09；　05：47.0，28；　06：46.9，26。
2.3　卷軸裝。首脱尾斷。首紙末有 3 行餘空，第 6 紙末有 2 行餘空。有烏絲欄。
2.4　本遺書係由殘卷、廢卷綴接而成，包括 6 個文獻：（一）《中阿含經》（兑廢稿）卷五二，25 行，今編為 BD03427 號 1。（二）《阿毗曇毗婆沙論序》（兑廢稿），12 行，今編為 BD03427 號 2。（三）《阿毗曇毗婆沙論》（兑廢稿）卷一，10 行，今編為 BD03427 號 3。（四）《中阿含經》（兑廢稿）卷四一，9 行，今編為 BD03427 號 4。（五）《阿毗曇毗婆沙論》（兑廢稿）卷一一，28 行，今編為 BD03427 號 5。（六）《中阿含經》（兑廢稿）卷二五，26 行，今編為 BD03427 號 6。
3.1　首殘→大正 26，1/754C13。
3.2　尾缺→1/755A12。
7.1　首紙上邊有題名“王法律”。
8　7～8 世紀。唐寫本。
9.1　楷書。有武周新字“人”，使用周遍。
11　圖版：《敦煌寶藏》，110/618B～621B。

1.1　BD03427 號 2
1.3　阿毗曇毗婆沙論序（兑廢稿）
1.4　露 027
1.5　415∶8576
2.4　本遺書由 6 個文獻組成，本號為第 2 個，12 行。餘參見 BD03427 號 1 之第 2 項、第 11 項。
3.1　首全→大正 1546，28/1A4。
3.2　尾殘→28/1A18。
4.1　毗婆沙序，釋道挻作（首）。
7.3　上邊有雜寫“閻”字。背有經文雜寫 9 行，其中有武周新字“人”、“天”。
8　7～8 世紀。唐寫本。
9.1　楷書。有武周新字“載”、“天”。“人”、“正”二字未用武周新字。

1.1　BD03427 號 3
1.3　阿毗曇毗婆沙論（兑廢稿）卷一
1.4　露 027
1.5　415∶8576
2.4　本遺書由 6 個文獻組成，本號為第 3 個，10 行。餘參見 BD03427 號 1 之第 2 項、第 11 項。
3.1　首殘→大正 1546，28/6A9。
3.2　尾殘→28/6A18。
8　7～8 世紀。唐寫本。
9.1　楷書。有武周新字“聖”、“人”，使用周遍。

1.1　BD03427 號 4
1.3　中阿含經（兑廢稿）卷四一
1.4　露 027
1.5　415∶8576
2.4　本遺書由 6 個文獻組成，本號為第 4 個，9 行。餘參見 BD03427 號 1 之第 2 項、第 11 項。
3.1　首殘→大正 26，1/688B9。
3.2　尾殘→1/688B18。
7.1　上邊有題名“金王僧正”。
8　7～8 世紀。唐寫本。
9.1　楷書。

1.1　BD03427 號 5
1.3　阿毗曇毗婆沙論（兑廢稿）卷一一
1.4　露 027
1.5　415∶8576
2.4　本遺書由 6 個文獻組成，本號為第 5 個，28 行。餘參見 BD03427 號 1 之第 2 項、第 11 項。
3.1　首殘→大正 1546，28/76B1。
3.2　尾殘→28/76B29。
7.1　上邊及背面有題名“索押牙”。
8　7～8 世紀。唐寫本。
9.1　楷書。

1.1　BD03427 號 6
1.3　中阿含經（兑廢稿）卷二五
1.4　露 027
1.5　415∶8576
2.4　本遺書由 6 個文獻組成，本號為第 6 個，26 行。餘參見 BD03423 號 1 之第 2 項、第 11 項。
3.1　首殘→大正 26，1/585A19。
3.2　尾殘→1/586B17。
7.3　上邊有“存”字。
8　7～8 世紀。唐寫本。
9.1　楷書。有武周新字“國”、“人”，使用不周遍。

1.1　BD03428 號
1.3　大般若波羅蜜多經卷二八八
1.4　露 028
1.5　084∶2786
2.1　（7.9＋726.4）×27.4 厘米；12 紙；428 行，行 17 字。
2.2　01：7.9＋15.5，13；　02：70.9，42；　03：71.2，42；
　　04：71.2，42；　05：71.0，42；　06：71.0，42；
　　07：71.0，42；　08：71.2，42；　09：71.0，42；
　　10：71.0，42；　11：48.8，28；　12：22.6，09。

2.3　卷軸裝。首殘尾全。首紙上下邊殘缺。背有古代裱補。有燕尾。有烏絲欄。
3.1　首4行下殘→大正220，6/463C14～18。
3.2　尾全→6/468B9。
4.2　大般若波羅蜜多經卷第二百八十八（尾）。
7.1　首紙背端有勘記："二百八十八（本文獻卷次）、二十九袟（本文獻所屬袟次）。"
8　8～9世紀。吐蕃統治時期寫本。
9.1　楷書。
9.2　有刮改。
11　圖版：《敦煌寶藏》，75/83A～92A。

1.1　BD03429號1
1.3　中阿含經（兑廢稿）卷二
1.4　露029
1.5　437:8633
2.1　68.3×27.5厘米；2紙；39行，行17字。
2.2　01：25.5，15；　02：42.8，24。
2.3　卷軸裝。首脱尾殘。兩紙紙質、字體不同。第2紙尾部破裂殘損。背有古代裱補。有烏絲欄。
2.4　本遺書是將兑廢紙綴接而成，包括2個文獻：（一）《中阿含經》（兑廢稿）卷二，15行，今編為BD03429號1。（二）《阿毗達磨大毗婆沙論》（兑廢稿）卷一〇二，24行，今編為BD03429號2。
3.1　首殘→大正26，1/432B26。
3.2　尾殘→1/432C15。
5　與《大正藏》本對照，本件中間有缺文，缺文參照大正26，1/432C13～14。
7.3　上邊雜寫3個"唐"字。
8　7～8世紀。唐寫本。
9.1　楷書。有武周新字"日"。
11　圖版：《敦煌寶藏》，111/57A～59A。《敦煌寶藏》誤將本件與BD03219號（致19，416：8578）互錯。

1.1　BD03429號2
1.3　阿毗達磨大毗婆沙論（兑廢稿）卷一〇二
1.4　露029
1.5　437:8633
2.4　本遺書由2個文獻組成，本號為第2個，24行。餘參見BD03429號1之第2項、第11項。
3.1　首殘→大正1545，27/527A15。
3.2　尾全→27/527B10。
7.3　上邊雜寫"信"字，卷背有3個"之"字。
8　7～8世紀。唐寫本。
9.1　楷書。有武周新字"正"。

1.1　BD03430號
1.3　大般涅槃經（北本　異卷）卷七
1.4　露030
1.5　115:6327
2.1　（15+912.3）×26厘米；19紙；475行，行17字。
2.2　01：15+12，14；　02：51.5，27；　03：52.0，27；
04：52.0，27；　05：52.0，27；　06：52.0，27；
07：52.0，27；　08：52.0，27；　09：52.0，27；
10：51.8，27；　11：52.0，27；　12：52.0，27；
13：52.0，27；　14：52.0，27；　15：52.0，27；
16：52.0，27；　17：52.0，27；　18：52.0，27；
19：17.0，02。
2.3　卷軸裝。首殘尾全。前4紙下部有破裂，脱落2塊殘片，文可綴接。有烏絲欄。
3.1　首8行下殘→大正374，12/404C12～20。
3.2　尾全→12/411A6。
4.2　大般涅槃經卷第七（尾）。
5　與《大正藏》本對照，分卷不同。本件經文相當於《大正藏》卷七如來性品第四之四的大部及卷八如來性品第四之五的前部。與其餘諸藏分卷亦均不同。
8　5～6世紀。南北朝寫本。
9.1　隸書。
11　圖版：《敦煌寶藏》，98/192A～204A。

1.1　BD03431號
1.3　妙法蓮華經卷三
1.4　露031
1.5　105:5005
2.1　（3.8+597.4+3.9）×26.3厘米；14紙；340行，行16～18字。
2.2　01：03.8，02；　02：49.5，28；　03：49.7，28；
04：49.8，28；　05：50.3，28；　06：49.9，28；
07：49.8，28；　08：49.3，28；　09：49.7，28；
10：50.0，28；　11：49.7，28；　12：49.9，28。
13：49.8，28。　14：03.9，02。
2.3　卷軸裝。首尾均殘。卷首有破裂，接縫處有開裂。有烏絲欄。
3.1　首2行上下殘→大正262，9/19B15～17。
3.2　尾2行上殘→9/24B7～9。
8　9～10世紀。歸義軍時期寫本。
9.1　楷書。
11　圖版：《敦煌寶藏》，88/9B～17B。

1.1　BD03432號
1.3　大般若波羅蜜多經卷二八五
1.4　露032
1.5　084:2778
2.1　（2.8+92）×25.5厘米；3紙；54行，行17字。

2.2　01：02.8，護首；　　02：45.5，26；　　03：46.5，28。
2.3　卷軸裝。首全尾脱。有護首，殘破嚴重。卷面多處殘缺破裂。前2紙為後補。有烏絲欄。已修整。
3.1　首全→大正220，6/448A14。
3.2　尾殘→6/448C14。
4.1　大般若波羅蜜多經卷第二百八十五，/初分讚清淨品第卅五之一，三藏法師玄奘奉詔譯/（首）。
8　8～9世紀。吐蕃統治時期寫本。
9.1　楷書。
11　圖版：《敦煌寶藏》，75/68B～69B。

1.1　BD03433號
1.3　妙法蓮華經（十卷本）卷六
1.4　露033
1.5　105:5357
2.1　（3+639.2）×26.5厘米；16紙；371行，行17字。
2.2　01：3+22，16；　02：42.0，25；　03：42.3，25；
04：42.2，25；　05：42.0，25；　06：42.2，25；
07：42.0，25；　08：42.0，25；　09：42.2，25；
10：42.0，25；　11：42.0，25；　12：42.0，25；
13：42.0，25；　14：42.0，25；　15：42.1，25；
16：28.2，05。
2.3　卷軸裝。首殘尾全。首紙右下殘損。有烏絲欄。
3.1　首2行上下殘→大正262，9/33A19～21。
3.2　尾全→9/39C17。
4.2　妙法蓮華經卷第六（尾）。
5　與《大正藏》本對照，分品分卷不同，相當於《大正藏》本卷四見寶塔品第十一後部至卷五安樂行品第十四。為十卷本。
7.1　尾題後有硃筆淡墨書寫“校”字。
8　5～6世紀。南北朝寫本。
9.1　隸書。
11　圖版：《敦煌寶藏》，91/136A～145B。

1.1　BD03434號
1.3　金剛般若波羅蜜經
1.4　露034
1.5　094:3865
2.1　（3+534.7）×26.5厘米；14紙；292行，行17字。
2.2　01：3+9，6；　02：42.5，23；　03：42.0，23；
04：42.0，23；　05：42.0，23；　06：42.2，23；
07：42.0，23；　08：42.0，23；　09：42.0，23；
10：42.0，23；　11：42.0，23；　12：42.0，23；
13：42.0，23；　14：21.0，10。
2.3　卷軸裝。首殘尾全。有烏絲欄。
3.1　首1行上殘→大正235，8/749B29。
3.2　尾全→8/752C2。
4.2　金剛般若經一卷（尾）。
8　7～8世紀。唐寫本。
9.1　楷書。
11　圖版：《敦煌寶藏》，80/650B～656B。

1.1　BD03435號
1.3　大般若波羅蜜多經卷二八八
1.4　露035
1.5　084:2785
2.1　（2+63.2+1.7）×25厘米；2紙；26行，行17字。
2.2　01：2+20，護首；　　02：43.2+1.7，26。
2.3　卷軸裝。首全尾殘。有護首，下面殘缺，背端有經名，上有經名號。第2紙有殘洞及横向破裂，通卷下邊殘破。背有古代裱補。有烏絲欄。
3.1　首全→大正220，6/463B14。
3.2　尾行上殘→6/463C13。
4.1　大般若波羅蜜多經卷第二百八十八，/初分著不著相品第卅六之二，三藏法師玄奘奉詔譯/（首）。
7.4　護首有經名“大般若波羅蜜多經卷第二百八十八”，上有經名號。
8　8～9世紀。吐蕃統治時期寫本。
9.1　楷書。
11　圖版：《敦煌寶藏》，75/82。

1.1　BD03436號
1.3　大般若波羅蜜多經卷二八九
1.4　露036
1.5　084:2787
2.1　（8+84.3）×25.5厘米；2紙；56行，行17字。
2.2　01：8+38.1，28；　　02：46.2，28。
2.3　卷軸裝。首殘尾脱。通卷下邊殘破，卷面有破裂。有烏絲欄。
3.1　首5行下殘→大正220，6/468C11～15。
3.2　尾殘→6/469B7。
7.1　首紙背有卷次勘記“二百八十九”。
8　8～9世紀。吐蕃統治時期寫本。
9.1　楷書。
11　圖版：《敦煌寶藏》，75/92B～93B。

1.1　BD03437號
1.3　無量壽宗要經
1.4　露037
1.5　275:8014
2.1　（4+170）×30.5厘米；4紙；112行，行30餘字。
2.2　01：4+38，30；　　02：44.0，30；　　03：44.0，30；
04：44.0，22。
2.3　卷軸裝。首脱尾全。卷面有殘破。卷尾繫有一段毛繩。
3.1　首3行上下殘→大正936，19/82C1～6。

3.2　尾全→19/84C29。
4.2　佛說無量壽宗要經（尾）。
7.1　尾紙有寺院題名“恩”（敦煌報恩寺簡稱）。
8　8～9世紀。吐蕃統治時期寫本。
9.1　行楷。
11　圖版：《敦煌寶藏》，108/518A～520A。

1.1　BD03438號
1.3　大般若波羅蜜多經卷二九〇
1.4　露038
1.5　084:2789
2.1　（37.5+99.3）×25.5厘米；3紙；82行，行17字。
2.2　01：37.5+7，26；　02：46.3，28；　03：46.0，28。
2.3　卷軸裝。首全尾殘。首紙下邊殘缺，接縫處有開裂。有烏絲欄。
3.1　首22行下殘→大正220，6/473A12～B8。
3.2　尾殘→6/474A8。
4.1　大般若波羅蜜多經卷第二百九十，/初分著不著相品第卅六之四，三藏法師□…□/（首）。
7.3　背面有雜寫4處。
8　8～9世紀。吐蕃統治時期寫本。
9.1　楷書。
11　圖版：《敦煌寶藏》，75/103A～104B。

1.1　BD03439號
1.3　維摩詰所說經卷下
1.4　露039
1.5　070:1233
2.1　（3+795）×26.5厘米；17紙；450行，行17字。
2.2　01：3+27，18；　02：48.0，28；　03：48.0，28；
04：48.0，28；　05：48.0，28；　06：48.0，28；
07：48.0，28；　08：48.0，28；　09：48.0，28；
10：48.0，28；　11：48.0，28；　12：48.0，28；
13：48.0，28；　14：48.0，28；　15：48.0，28；
16：48.0，28；　17：48.0，12。
2.3　卷軸裝。首殘尾全。首紙殘缺脫落。卷面污穢，多黴斑。上下邊略殘。卷尾有蟲繭。有烏絲欄。
3.1　首2行上下殘→大正475，14/552A13～14。
3.2　尾全→14/557B26。
4.2　維摩詰經卷下（尾）。
8　8～9世紀。吐蕃統治時期寫本。
9.1　楷書。
11　圖版：《敦煌寶藏》，66/204BA～214B。

1.1　BD03440號
1.3　大方廣佛華嚴經（晉譯五十卷本）卷四三
1.4　露040
1.5　001:0031
2.1　（2+670）×26.5厘米；19紙；417行，行17字。
2.2　01：2+11，8；　02：36.0，23；　03：36.7，23；
04：37.0，23；　05：37.0，23；　06：36.8，23；
07：37.0，23；　08：37.0，23；　09：37.0，23；
10：37.0，23；　11：37.0，23；　12：37.0，23；
13：37.0，23；　14：37.0，23；　15：37.2，23；
16：37.0，23；　17：37.3，23；　18：37.2，23；
19：30.8，18。
2.3　卷軸裝。首殘尾全。上下邊有破損殘裂。有劃界欄針孔。有烏絲欄。已修整。
3.1　首1行上殘→大正278，9/735B10。
3.2　尾全→9/741A11。
4.2　大方廣佛華嚴經卷第卌三（尾）。
5　相當於《大正藏》本卷五十三入法界品第三十四之十的後部分及卷五十四同品第三十四之十一的前部分。與《大正藏》本相比，卷本開合不同，且本號“入法界品”不分細目。與其餘諸藏分卷亦均不同。應為五十卷本。

據《大正藏》本，本號末尾文字後尚有二行，敘善財童子頂禮而退。從行文看，這二行文字無疑應屬本卷，但本號割捨此二行。
8　5～6世紀。南北朝寫本。
9.1　隸書。
9.2　有重文符號。
11　圖版：《敦煌寶藏》，56/165A～174A。

1.1　BD03441號
1.3　金光明最勝王經卷九
1.4　露041
1.5　083:1901
2.1　（808.3+8.5）×25厘米；19紙；441行，行17字。
2.2　01：15，護首；　02：17.5，08；　03：43.3，23；
04：41.2，22；　05：46.9，26；　06：48.8，27；
07：48.5，27；　08：48.5，27；　09：48.7，27；
10：48.3，27；　11：47.5，27；　12：48.2，27；
13：48.5，27；　14：48.5，27；　15：48.5，27；
16：48.5，26；　17：46.5，26；　18：49.0，27；
19：16.4+8.5，13。
2.3　卷軸裝。首全尾殘。有護首。前3紙與通卷紙質、字體不同，爲後接。卷後部殘缺嚴重。背有古代褙補。有烏絲欄。已修整。後加裝《趙城金藏》木軸。
3.1　首全→大正665，16/444A12。
3.2　尾4行中殘→16/450C4～8。
4.1　金光明最勝王經善生王品第廿一，九（首）。
7.3　第4紙背有雜寫1字。
8　9～10世紀。歸義軍時期寫本。
9.1　楷書。

11　從本號背揭下古代裱補紙3塊，今編爲BD16079號。
圖版：《敦煌寶藏》，70/532B～543B。

1.1　BD03442號
1.3　無量壽宗要經
1.4　露042
1.5　275:8015
2.1　（2+185.5）×32厘米；5紙；121行，行30餘字。
2.2　01：2+13.5，10；　02：43.0，30；　03：43.0，30；
04：43.0，29；　05：43.0，22。
2.3　卷軸裝。首殘尾全。卷面有殘缺、殘洞，接縫處有開裂，卷尾有蟲繭。有烏絲欄。
3.1　首行中殘→大正936，19/82B10～11。
3.2　尾全→19/84C29。
4.2　佛説無量壽宗要經（尾）。
8　8～9世紀。吐蕃統治時期寫本。
9.1　行楷。
11　圖版：《敦煌寶藏》，108/520B～522B。

1.1　BD03443號
1.3　大乘五門十地實相論卷六
1.4　露043
1.5　325:8377
2.1　（3+996.7）×28.2厘米；25紙；697行，21～24字。
2.2　01：4+11，11；　02：40.1，29；　03：40.7，29；
04：41.0，29；　05：41.0，28；　06：41.0，29；
07：41.0，29；　08：41.1，29；　09：41.0，29；
10：41.0，29；　11：41.3，29；　12：41.2，29；
13：41.2，29；　14：41.2，29；　15：41.2，29；
16：41.2，29；　17：41.3，29；　18：41.2，29；
19：41.2，29；　20：41.2，29；　21：41.0，29；
22：41.2，29；　23：41.1，29；　24：41.3，29；
25：41.0，20。
2.3　卷軸裝。首殘尾全。卷面有殘破，接縫處有開裂。背有古代裱補。有烏絲欄。已修整。
3.4　説明：
本文獻首3行上下殘，尾全。内容是對《十地經論》的疏釋，尾題作“大乘五門十地實相論卷六”。是南北朝地論學派的重要著作。
4.2　大乘五門十地實相論卷第六（尾）。
8　5～6世紀。南北朝寫本。
9.1　行楷。
11　圖版：《敦煌寶藏》，110/103B～116A。

1.1　BD03444號
1.3　梁朝傅大士頌金剛經
1.4　露044
1.5　094:4426
2.1　（709.9+25.5）×29厘米；17紙；422行，行17字。
2.2　01：09.5，05；　02：47.5，28；　03：48.0，28；
04：47.8，28；　05：25.5+21.9，28；　06：47.8，28；
07：47.8，28；　08：48.0，28；　09：48.2，28；
10：48.0，28；　11：47.5，28；　12：42.2，28；
13：47.5，28；　14：48.1，28；　15：47.8，28；
16：47.3，25；　17：15.0，拖尾。
2.3　卷軸裝。首殘尾全。尾有原軸，兩端軸頭塗硃漆，頂端點黄漆花瓣。有烏絲欄。已修整。
3.1　首98行下殘→《藏外佛教文獻》，9/第138頁第5行。
3.2　尾全→《藏外佛教文獻》，9/第165頁第4行。
4.2　金剛般若波羅蜜經（尾）。
5　與對照本相比，尾題的位置不同。本號的尾題在三首唯識頌及《大身真言》之前。
8　7～8世紀。唐寫本。
9.1　楷書。
11　圖版：《敦煌寶藏》，83/158A～167A。

1.1　BD03445號
1.3　妙法蓮華經卷五
1.4　露045
1.5　105:5456
2.1　（3.6+1036）×26.1厘米；22紙；594行，行17字。
2.2　01：3.6+2.1，3；　02：49.9，29；　03：50.2，29；
04：50.1，29；　05：50.3，29；　06：50.3，29；
07：50.3，29；　08：50.2，29；　09：50.3，29；
10：50.3，29；　11：50.3，29；　12：50.3，29；
13：50.3，29；　14：50.3，29；　15：50.3，29；
16：50.2，29；　17：50.3，29；　18：50.2，29；
19：50.3，29；　20：50.2，29；　21：50.3，29；
22：29.0，11。
2.3　卷軸裝。首殘尾全。經黄打紙。背有古代裱補。有烏絲欄。
3.1　首2行上殘→大正262，9/37B6～7。
3.2　尾全→9/46B14。
4.2　妙法蓮華經卷第五（尾）。
8　7～8世紀。唐寫本。
9.1　楷書。
9.2　有刮改。
11　圖版：《敦煌寶藏》，92/78B～94B。

1.1　BD03446號
1.3　大乘百法論義章
1.4　露046
1.5　207:7236
2.1　1298×27.5厘米；33紙；855行，行20餘字。
2.2　01：17.0，11；　02：39.0，27；　03：39.0，27；

04：39.0，27；　05：39.0，28；　06：40.0，28；
07：40.0，27；　08：40.0，27；　09：40.0，27；
10：40.0，27；　11：40.0，27；　12：40.0，27；
13：40.0，27；　14：40.0，27；　15：40.0，28；
16：40.0，27；　17：32.5，22；　18：39.5，27；
19：40.0，28；　20：40.0，28；　21：40.0，26；
22：40.0，26；　23：40.0，26；　24：40.0，25；
25：40.0，25；　26：39.0，25；　27：42.0，27；
28：42.0，29；　29：42.0，29；　30：42.0，29；
31：42.0，28；　32：42.0，28；　33：42.0，08。

2.3　卷軸裝。首尾均全。通卷上下邊殘損，前10紙中間有殘洞和橫向破裂。已修整。

3.4　說明：

本文獻首尾均全。為晏法師在普光撰《大乘百法明門論疏》的基礎上斟酌己意，修改而成。未為歷代大藏經所收。

4.1　大乘百法論義章一卷，晏法師撰（首）。

4.2　大乘百法明門論疏一卷（尾）。

8　8～9世紀。吐蕃統治時期寫本。

9.1　行楷。

9.2　有硃筆斷句、校改。

11　從本號背揭下古代裱補紙2塊，今編爲BD16225號、BD16226號。

圖版：《敦煌寶藏》，105/9A～25B。

1.1　BD03447號

1.3　妙法蓮華經卷四

1.4　露047

1.5　105:5288

2.1　（10＋198.2）×29.5厘米；5紙；114行，行17字。

2.2　01：10＋30.7，22；　02：42.0，23；　03：42.0，23；
04：42.0，23；　05：41.5，23。

2.3　卷軸裝。首全尾脫。經黃紙。有烏絲欄。

3.1　首5行下殘→大正262，9/27B12～21。

3.2　尾殘→9/29A22。

4.1　妙法蓮華經五百弟子受記品第［八］（首）。

8　7～8世紀。唐寫本。

9.1　楷書。

11　圖版：《敦煌寶藏》，90/479A～481B。

1.1　BD03448號

1.3　佛名經（十六卷本）卷一五

1.4　露048

1.5　063:0805

2.1　1345.2×31厘米；31紙；575行，行19字。

2.2　01：20.0，護首；　02：42.8，18；　03：45.5，20；
04：45.0，20；　05：45.0，20；　06：45.3，20；
07：45.0，20；　08：45.0，20；　09：45.0，20；
10：45.0，20；　11：45.0，20；　12：45.0，20；
13：45.0，20；　14：45.0，20；　15：45.0，20；
16：45.0，20；　17：45.0，20；　18：45.2，20；
19：45.2，20；　20：45.3，20；　21：45.2，20；
22：45.2，20；　23：45.2，20；　24：45.2，20；
25：45.2，20；　26：45.0，20；　27：45.2，20；
28：45.2，20；　29：45.0，20；　30：44.0，17；
31：20.5，拖尾。

2.3　卷軸裝。首尾均全。有護首，破裂。護首上裝芨芨草天竿，用麻繩捆綁。護首有經名，上有經名號。卷面有殘裂。背有古代裱補。有烏絲欄。

3.1　首全→《七寺古逸經典研究叢書》，3/746頁第1行。

3.2　尾全→《七寺古逸經典研究叢書》，3/791頁第594行。

4.1　佛說佛名經卷第十五（首）。

4.2　佛名經卷第十五（尾）。

5　與“七寺”本對照，本件卷中、卷尾各多《罪業應報教化地獄經》一段，共計26行。

7.1　護首下部有題記“楊孔目家《佛名》”。

7.2　卷尾下部有陽文墨印“淨土寺藏經”，6.3×1.7厘米。

7.3　護首背紙與第2紙背間有古代裱補紙，書“南無不可”4字。

7.4　護首有經名“佛名經卷第十五”。上有經名號。

8　9～10世紀。歸義軍時期寫本。

9.1　楷書。

11　圖版：《敦煌寶藏》，62/351B～367B。

1.1　BD03449號

1.3　大般若波羅蜜多經卷三五

1.4　露049

1.5　084:2094

2.1　（15＋763.2）×25.6厘米；17紙；459行，行17字。

2.2　01：15＋17，19；　02：47.3，28；　03：47.5，28；
04：47.0，28；　05：47.4，28；　06：47.5，28；
07：47.7，28；　08：47.2，28；　09：47.0，28；
10：47.3，28；　11：47.0，28；　12：47.2，28；
13：47.5，28；　14：46.9，28；　15：47.7，28。
16：47.0，28；　17：37.0，20。

2.3　卷軸裝。首殘尾全。卷首有破裂，第1、4紙有殘洞。尾有原軸，有亞腰形軸頭，上軸頭已斷。有烏絲欄。

3.1　首8行下殘→大正220，5/192C17～24。

3.2　尾全→5/198A14。

4.2　大般若波羅蜜多經卷第卅五（尾）。

8　8～9世紀。吐蕃統治時期寫本。

9.1　楷書。

11　圖版：《敦煌寶藏》，71/635B～645B。

1.1　BD03450號

1.3　空號（妙法蓮華經卷六）
1.4　露 50
3.4　説明：
　　據《敦煌石室經卷總目》，本卷長 3 丈 2 尺，起字爲“若處”，止字爲“生六”，應爲“妙法蓮華經卷六”。根據有關著録，該卷於入藏北圖早期佚失。

1.1　BD03451 號
1.3　大乘入楞伽經卷四
1.4　露 051
1.5　038:0353
2.1　（12.5 +696.3）×25.5 厘米；15 紙；402 行，行 17 字。
2.2　01：12.5 +38.5，29　02：49.5，29；　03：50.0，29；
　　04：49.5，29；　05：49.5，29；　06：49.5，29；
　　07：49.2，29；　08：49.5，29；　09：49.2，29；
　　10：49.2，29；　11：49.3，29；　12：49.3，29；
　　13：49.1，29；　14：49.0，25；　15：16.0，拖尾。
2.3　卷軸裝。首殘尾全。有燕尾。有烏絲欄。已修整。
3.1　首 7 行上中殘→大正 672，16/609A7 ~17。
3.2　尾全→16/614C1。
4.2　佛說大乘入楞伽經卷第四（尾）。
7.1　卷端背有勘記“經卷内經是《楞伽經》第四”。
8　9 ~10 世紀。歸義軍時期寫本。
9.1　楷書。
9.2　有行間校加字。
11　圖版：《敦煌寶藏》，58/300A ~310A。

1.1　BD03452 號
1.3　妙法蓮華經卷二
1.4　露 052
1.5　105:4824
2.1　（8.6 +335.2）×26.8 厘米；8 紙；192 行，行 17 字。
2.2　01：8.6 +33.9，24；　02：43.3，24；　03：43.2，24；
　　04：43.3，24；　05：43.5，25；　06：41.3，23；
　　07：43.5，24；　08：43.2，24。
2.3　卷軸裝。首殘尾脱。經黄打紙。首紙上方有若干殘洞，尾紙末端上方殘損，卷面多水漬。有烏絲欄。
3.1　首 5 行下殘→大正 262，9/10C26 ~11A6。
3.2　尾行殘→9/13B29 ~ C1。
8　7 ~8 世紀。唐寫本。
9.1　楷書。
11　圖版：《敦煌寶藏》，87/24A ~28B。

1.1　BD03453 號
1.3　妙法蓮華經卷六
1.4　露 053
1.5　105:5655
2.1　1043.8 ×26 厘米；22 紙；600 行，行 17 字。
2.2　01：47.0，27；　02：48.0，28；　03：48.3，28；
　　04：48.3，28；　05：48.2，28；　06：48.1，28；
　　07：47.4，28；　08：48.2，28；　09：48.3，28；
　　10：48.3，28；　11：48.3，28；　12：48.3，28；
　　13：48.3，28；　14：48.3，28；　15：48.3，28；
　　16：48.0，28；　17：48.3，28；　18：48.2，28；
　　19：48.2，28；　20：48.3，28；　21：48.2，28；
　　22：33.0，13。
2.3　卷軸裝。首尾均全。首紙有殘洞，中部有破裂。第 5 紙有殘洞。背有古代裱補，裱補紙上寫有文字，因向内粘貼，文字難以辨認，僅見“宋”字。有燕尾。有烏絲欄。
3.1　首全→大正 262，9/46B17。
3.2　尾全→9/55A9。
4.1　妙法蓮華經隨喜功德品第十八，六（首）。
4.2　妙法蓮華經卷第六（尾）。
8　8 世紀。唐寫本。
9.1　楷書。
11　圖版：《敦煌寶藏》，93/518A ~531B。

1.1　BD03454 號
1.3　妙法蓮華經（十卷本）卷九
1.4　露 054
1.5　105:5819
2.1　（9.5 +681.4）×26 厘米；17 紙；381 行，行 17 字。
2.2　01：9.5 +25，18；　02：43.0，24；　03：43.0，24；
　　04：43.0，24；　05：43.0，24；　06：43.0，24；
　　07：43.0，24；　08：43.0，24；　09：43.0，24；
　　10：43.0，24；　11：43.0，24；　12：42.7，24；
　　13：43.0，24；　14：43.0，24；　15：42.7，24。
　　16：43.0，24；　17：12.0，03。
2.3　卷軸裝。首殘尾全。接縫處有開裂。尾有原軸，兩端塗棕色漆。背有古代裱補。有烏絲欄。
3.1　首 4 行上殘→大正 262，9/51C12 ~15。
3.2　尾全→9/56C1。
4.2　妙法蓮華經卷第九。（尾）。
5　與《大正藏》本對照，本件分卷不同。相當於《大正藏》本卷第六如來神力品第二十一起至卷第七妙音菩薩品第二十四。為十卷本。
8　7 ~8 世紀。唐寫本。
9.1　楷書。
11　圖版：《敦煌寶藏》，95/230B ~239B。

1.1　BD03455 號
1.3　大般若波羅蜜多經卷二五二
1.4　露 055
1.5　084:2664

2.1　(9.5+832.8)×26.2 厘米；19 紙；280 行，行 17 字。
2.2　01：9.5+10，護首；　02：45.0，26；　03：47.5，28；
04：47.5，28；　05：47.1，28；　06：47.5，28；
07：47.3，28；　08：47.0，28；　09：47.1，28；
10：47.2，28；　11：47.0，28；　12：47.0，28；
13：47.1，28；　14：47.1，28；　15：46.9，28；
16：47.2，28；　17：47.1，28；　18：47.0，28；
19：23.2，06。
2.3　卷軸裝。首殘尾全。有護首，護首上下殘缺並有半段芨芨草天竿。護首有經名，但已殘缺。第 2 紙有殘洞，橫向破裂，上下殘缺。有燕尾。有烏絲欄。已修整。
3.1　首殘→大正 220，6/273A2～6。
3.2　尾全→6/278B19。
4.1　□…□第二百五十二，/初分難信解品第□□□七十一，三藏法師玄奘奉詔譯/（首）。
4.2　大般若波羅蜜多經卷第二百五十二（尾）。
7.1　末紙經名後有題記“張曜寫，第一校，第二校，第三校”。
7.4　護首有經名卷次、本文獻所屬袟次、敦煌開元寺簡稱：“□…□二百五十二、廿六，開”。
8　8～9 世紀。吐蕃統治時期寫本。
9.1　楷書。
11　圖版：《敦煌寶藏》，64/385B～396A。

1.1　BD03456 號
1.3　妙法蓮華經卷五
1.4　露 056
1.5　105:5448
2.1　(6.7+1009.7+6)×24 厘米；24 紙；613 行，行 17 字。
2.2　01：6.7+23.5，18；　02：47.0，28；　03：47.0，28；
04：47.0，28；　05：47.0，28；　06：47.0，28；
07：46.9，28；　08：03.0，02；　09：45.8，28；
10：46.0，28；　11：46.0，28；　12：46.0，28；
13：46.0，28；　14：46.0，28；　15：46.0，28；
16：45.9，28；　17：46.0，28；　18：46.0，28；
19：46.0，28；　20：46.0，28；　21：46.0，28；
22：46.0，28；　23：46.0，28；　24：11.5+6，05。
2.3　卷軸裝。首尾均殘。經黄紙。卷首有等距殘洞，第 8 紙有殘洞，接縫處有開裂，卷尾殘破。第 8 紙以後各紙紙質不同。有燕尾。卷背有鳥糞。有烏絲欄。
3.1　首 4 行中上殘→大正 262，9/37A19～22。
3.2　尾全→9/46B14。
4.2　妙法蓮華經卷第五（尾）。
8　7～8 世紀。唐寫本。
9.1　楷書。
9.2　有行間校加字。
11　圖版：《敦煌寶藏》，91/611B～625B。

1.1　BD03457 號
1.3　妙法蓮華經卷七
1.4　露 057
1.5　105:5868
2.1　884.1×25 厘米；18 紙；512 行，行 17 字。
2.2　01：17.5，9；　02：50.6，29；　03：51.0，29；
04：51.0，29；　05：51.0，30；　06：51.0，30；
07：51.0，30；　08：51.0，30；　09：51.0，30；
10：51.0，30；　11：51.0，31；　12：51.0，31；
13：51.0，31；　14：51.0，31；　15：51.0，32；
16：51.0，30；　17：51.0，30；　18：51.0，20。
2.3　卷軸裝。首殘尾全。經黄紙。首紙上下邊有破裂，接縫處有開裂。尾有原軸，下端鑲蓮蓬形軸頭，頂端螺鈿嵌花。上軸頭已斷。背有古代裱補。有烏絲欄。
3.1　首行中殘→大正 262，9/55B5～6。
3.2　尾全→9/62B1。
4.2　妙法蓮華經卷第七（尾）。
8　7～8 世紀。唐寫本。
9.1　楷書。
11　圖版：《敦煌寶藏》，95/436B～448B。

1.1　BD03458 號
1.3　大般若波羅蜜多經卷二〇六
1.4　露 058
1.5　084:2520
2.1　(8+745.9)×25.8 厘米；17 紙；463 行，行 17 字。
2.2　01：8+27.4，22；　02：45.4，28；　03：45.4，28；
04：45.6，28；　05：45.3，28；　06：45.3，28；
07：45.4，28；　08：45.4，28；　09：45.4，28；
10：45.4，28；　11：45.3，28；　12：45.2，28；
13：44.2，28；　14：44.0，28；　15：44.2，28。
16：44.0，28；　17：43.0，21。
2.3　卷軸裝。首殘尾全。上下邊有殘缺、殘破。背有古代裱補。有烏絲欄。
3.1　首 5 行下殘→大正 220，6/26C8～12。
3.2　尾全→6/32A3。
4.2　大般若波羅蜜多經卷第二百六（尾）。
7.1　尾題之後有題記“張曜寫”、“福智勘”。
8　8～9 世紀。吐蕃統治時期寫本。
9.1　楷書。
11　圖版：《敦煌寶藏》，73/610A～619B。

1.1　BD03459 號
1.3　大乘入楞伽經卷七
1.4　露 059
1.5　038:0358
2.1　(7+725.8)×28 厘米；16 紙；411 行，行 20 字（偈頌）。

2.2 01：7+14.5，12；　02：49.6，28；　03：49.6，28；
04：49.8，28；　05：49.8，28；　06：49.8，28；
07：49.8，28；　08：49.9，28；　09：49.9，28；
10：49.8，28；　11：49.8，28；　12：49.7，28；
13：49.8，28；　14：49.8，28；　15：45.0，26；
16：19.2，09。
2.3 卷軸裝。首殘尾全。接縫處有開裂。背有古代裱補。有烏絲欄。
3.1 首4行上中殘→大正672，16/631B5~10。
3.2 尾全→16/640C2。
4.2 大乘入楞伽經卷第七（尾）。
8 8世紀。唐寫本。
9.1 楷書。
11 圖版：《敦煌寶藏》，58/347B~357A。

1.1 BD03460號1
1.3 金剛般若波羅蜜經
1.4 露060
1.5 094:3608
2.1 720.7×26厘米；17紙；413行，行17字。
2.2 01：17.9，11；　02：47.0，28；　03：47.7，28；
04：47.6，28；　05：48.0，28；　06：47.5，28；
07：47.8，28；　08：47.5，28；　09：47.5，28；
10：47.3，28；　11：48.5，27；　12：16.1，07；
13：48.5，28；　14：50.7，29；　15：50.5，29；
16：50.6，29；　17：10.0，01。
2.3 卷軸裝。首殘尾全。卷面有殘裂。第13至17紙為經黃紙。有烏絲欄。已修整。
2.4 本遺書包括3個文獻：（一）《金剛般若波羅蜜經》，290行，今編為BD03460號1。（二）《金剛經陀羅尼神咒》，7行，今編為BD03460號2。（三）《阿彌陀經》，116行，今編為BD03460號3。
3.1 首殘→大正235，8/749A7。
3.2 尾全→8/752C3。
4.2 金剛般若波羅蜜（尾）。
8 9~10世紀。歸義軍時期寫本。
9.1 楷書。
11 圖版：《敦煌寶藏》，79/109A~118A。

1.1 BD03460號2
1.3 金剛經陀羅尼神咒
1.4 露060
1.5 094:3608
2.4 本遺書由3個文獻組成，本號爲第2個，7行，餘參見BD03460號1之第2項、第11項。
3.3 錄文：
金剛經陀羅尼神咒/
南謨薄伽罰帝，鉢囉讓，鉢羅底，/
伊利底，伊利底，伊室利，伊室利，/
輸魯馱，輸魯馱，毗逝洩，毗逝洩，/
娑婆訶，/
若有人誦此咒一遍，勝誦《金剛經》一萬九/千遍。/
（錄文完）
3.4 説明：
本文獻為《金剛經陀羅尼咒》並附念誦功德。本身雖屬《金剛般若波羅蜜經》的附屬文獻，與《金剛般若波羅蜜經》原為一個整體，但字體與《金剛般若波羅蜜經》正文不同，從形態看，顯然是後人補抄。爲了顯示文本的結構，在此暫且分編為2號。
4.1 金剛經陀羅尼神咒（首）。
5 與《大正藏》本《金剛經》尾部真言相比，文字略有出入。
8 8~9世紀。吐蕃統治時期寫本。
9.1 楷書。

1.1 BD03460號3
1.3 阿彌陀經
1.4 露060.
1.5 094:3608
2.4 本遺書由3個文獻組成，本號為第3個，116行。餘參見BD03460號1之第2項、第11項。
3.1 首全→大正366，12/346B25。
3.2 尾全→12/348A29。
4.1 佛說阿彌陀經（首）。
4.2 佛說阿彌陀經（尾）。
8 7~8世紀。唐寫本。
9.1 楷書。

1.1 BD03461號1
1.3 金剛經啓請
1.4 露061
1.5 094:3502
2.1 580×26厘米；17紙；正面373行，行17字。背面2行，行字不等。
2.2 01：16，護首；　02：46.2，31；　03：33.5，22；
04：33.2，22；　05：33.2，22；　06：33.0，22；
07：32.7，22；　08：32.7，22；　09：32.7，22；
10：33.0，22；　11：33.3，22；　12：33.6，22；
13：33.5，22；　14：34.0，22；　15：33.1，22；
16：31.8，22；　17：54.5，34。
2.3 卷軸裝。首尾均殘。卷中有多處破損。背有多處古代裱補，紙上有字。有烏絲欄。已修整。
2.4 本遺書包括4個文獻：（一）《金剛經啓請》，23行，抄寫在正面，今編為BD03461號1。（二）《金剛般若波羅蜜經》（三十二分本），341行，抄寫在正面，今編為BD03461號2。（三）

《金剛經經末咒》(擬),9 行,今編為 BD03461 號 3。(四)《殘文書》(擬),2 行,抄寫在背面古代裱補紙上,今編為 BD03461 號背。

3.3 錄文:

唵,誐誐曩,三婆嚩韈,左囉斛。/
啓請八金剛:/
第一,奉請青除災金剛,/
第二,奉請辟毒金剛,/
第三,奉請黄隨求金剛,/
第四,奉請白淨水金剛,/
第五,奉請赤聲金剛,/
第六,奉請定除厄金剛,/
第七,奉請紫賢金剛,/
第八,奉請大神金剛。/
啓請四菩薩:/
奉請金剛眷菩薩,奉請金剛索菩薩,/
奉請金剛愛菩薩,奉請金剛語菩薩,/
云何梵
云何得長壽,金剛不壞身。復以何因緣,/
得大堅固力。云何於此經,究竟到彼岸。/
願佛開微密,廣爲衆生說。/
發願文
稽首三界尊,十方無量佛,弟子發弘願,/
持此金剛經。上報四重恩,下濟三塗苦,/
若有見聞者,悉發菩提心,盡此一報身,/
同生極樂國。/
轉大法輪。/
(錄文完)

3.4 說明:

本文獻爲《金剛經》前儀,為分析其結構,故分別著錄。參見 BD01823 號 1。

8 9~10 世紀。歸義軍時期寫本。

9.1 楷書。

11 從本號背面揭下古代裱補紙 1 塊,今編為 BD16460 號。
圖版:《敦煌寶藏》,78/319B~327B。

1.1 BD03461 號 2

1.3 金剛般若波羅蜜經(三十二分本)

1.4 露 061

1.5 094:3502

2.4 本遺書由 4 個文獻組成,本號為第 2 個,抄寫在正面,341 行。餘參見 BD03461 號 1 之第 2 項、第 11 項。

3.1 首全→大正 235,8/748C17。

3.2 尾全→8/752C3。

4.1 金剛般若波羅密［蜜］經(首)。

4.2 金剛般若波羅蜜經一卷(尾)。

5 與《大正藏》對照,本件分爲三十二分。

8 9~10 世紀。歸義軍時期寫本。

9.1 楷書。

1.1 BD03461 號 3

1.3 金剛經經末咒(擬)

1.4 露 061

1.5 094:3502

2.4 本遺書由 4 個文獻組成,本號為第 3 個,抄寫在正面,9 行。餘參見 BD03461 號 1 之第 2 項、第 11 項。

3.3 錄文:

大身真言
那謨婆伽跃帝,鉢喇壤,波羅弭多曳,唵,/
伊利底,伊室利,輪盧馱,毗舍耶,毗舍耶,/
莎婆訶。
隨心真言
那謨薄伽伐帝,鉢喇壤,波羅蜜多曳,/
怛侄他唵吽,跛折羅,韈麗,娑婆訶。/
心中心真言
唵,嗚倫泥沙,薩婆訶。
(錄文完)

3.4 說明:

本文獻為《金剛經》附錄,爲說明其結構,特分別著錄。

8 9~10 世紀。歸義軍時期寫本。

9.1 楷書。

1.1 BD03461 號背

1.3 殘文書(擬)

1.4 露 061

1.5 094:3502

2.4 本遺書由 4 個文獻組成,本號為第 4 個,抄寫在背面裱補紙上,2 行。餘參見 BD03461 號 1 之第 2 項、第 11 項。

3.3 錄文:

陳家□…□/
押衙康全子,◇/
(錄文完)

3.4 說明:

本件係一殘紙,用以裱補。疑與 BD16460 號(從 BD03461 號背面揭下)或有某種關係。

7.3 另有一塊裱補紙,上有"□價□"等三字。

8 9~10 世紀。歸義軍時期寫本。

9.1 楷書。

新舊編號對照表

一、千字文號與北敦號、縮微膠卷號對照表

千字文號	北敦號	縮微膠卷號
露001	BD03401號	038：0363
露002	BD03402號	115：6384
露003	BD03403號	105：5452
露004	BD03404號	105：5379
露005	BD03405號	115：6317
露006	BD03406號	206：7233
露006	BD03406號背1	206：7233
露006	BD03406號背2	206：7233
露007	BD03407號	250：7490
露008	BD03408號	143：6714
露009	BD03409號	105：5364
露010	BD03410號1	143：6696
露010	BD03410號2	143：6696
露011	BD03411號	105：5967
露012	BD03412號	070：0883
露013	BD03413號	105：5766
露014	BD03414號	094：3628
露015	BD03415號	094：3652
露016	BD03416號	084：2707
露016	BD03416號背	084：2707
露017	BD03417號	304：8301
露018	BD03418號	094：4080
露019	BD03419號	094：3774
露020	BD03420號	094：4404
露021	BD03421號	457：8668
露022	BD03422號	305：8316
露022	BD03422號背	305：8316
露023	BD03423號1	105：5712
露023	BD03423號2	105：5712
露023	BD03423號3	105：5712
露023	BD03423號4	105：5712
露023	BD03423號5	105：5712
露023	BD03423號6	105：5712
露024	BD03424號	457：8669
露025	BD03425號	084：2891
露026	BD03426號	094：3746
露027	BD03427號1	415：8576
露027	BD03427號2	415：8576
露027	BD03427號3	415：8576
露027	BD03427號4	415：8576
露027	BD03427號5	415：8576
露027	BD03427號6	415：8576
露028	BD03428號	084：2786
露029	BD03429號1	437：8633
露029	BD03429號2	437：8633
露030	BD03430號	115：6327
露031	BD03431號	105：5005
露032	BD03432號	084：2778
露033	BD03433號	105：5357
露034	BD03434號	094：3865
露035	BD03435號	084：2785
露036	BD03436號	084：2787
露037	BD03437號	275：8014
露038	BD03438號	084：2789
露039	BD03439號	070：1233
露040	BD03440號	001：0031
露041	BD03441號	083：1901
露042	BD03442號	275：8015
露043	BD03443號	325：8377
露044	BD03444號	094：4426
露045	BD03445號	105：5456
露046	BD03446號	207：7236
露047	BD03447號	105：5288
露048	BD03448號	063：0805
露049	BD03449號	084：2094
露50	BD03450號	
露051	BD03451號	038：0353
露052	BD03452號	105：4824

露 053	BD03453 號	105：5655
露 054	BD03454 號	105：5819
露 055	BD03455 號	084：2664
露 056	BD03456 號	105：5448
露 057	BD03457 號	105：5868
露 058	BD03458 號	084：2520
露 059	BD03459 號	038：0358
露 060	BD03460 號 1	094：3608
露 060	BD03460 號 2	094：3608
露 060.	BD03460 號 3	094：3608
露 061	BD03461 號 1	094：3502
露 061	BD03461 號 2	094：3502
露 061	BD03461 號 3	094：3502
露 061	BD03461 號背	094：3502

二、縮微膠卷號與北敦號、千字文號對照表

縮微膠卷號	北敦號	千字文號
	BD03450 號	露 50
001：0031	BD03440 號	露 040
038：0353	BD03451 號	露 051
038：0358	BD03459 號	露 059
038：0363	BD03401 號	露 001
063：0805	BD03448 號	露 048
070：0883	BD03412 號	露 012
070：1233	BD03439 號	露 039
083：1901	BD03441 號	露 041
084：2094	BD03449 號	露 049
084：2520	BD03458 號	露 058
084：2664	BD03455 號	露 055
084：2707	BD03416 號	露 016
084：2707	BD03416 號背	露 016
084：2778	BD03432 號	露 032
084：2785	BD03435 號	露 035
084：2786	BD03428 號	露 028
084：2787	BD03436 號	露 036
084：2789	BD03438 號	露 038
084：2891	BD03425 號	露 025
094：3502	BD03461 號 1	露 061
094：3502	BD03461 號 2	露 061
094：3502	BD03461 號 3	露 061
094：3502	BD03461 號背	露 061
094：3608	BD03460 號 1	露 060
094：3608	BD03460 號 2	露 060
094：3608	BD03460 號 3	露 060.
094：3628	BD03414 號	露 014
094：3652	BD03415 號	露 015
094：3746	BD03426 號	露 026
094：3774	BD03419 號	露 019
094：3865	BD03434 號	露 034
094：4080	BD03418 號	露 018
094：4404	BD03420 號	露 020

縮微膠卷號	北敦號	千字文號
094：4426	BD03444 號	露 044
105：4824	BD03452 號	露 052
105：5005	BD03431 號	露 031
105：5288	BD03447 號	露 047
105：5357	BD03433 號	露 033
105：5364	BD03409 號	露 009
105：5448	BD03456 號	露 056
105：5456	BD03445 號	露 045
105：5655	BD03453 號	露 053
105：5712	BD03423 號 1	露 023
105：5712	BD03423 號 2	露 023
105：5712	BD03423 號 3	露 023
105：5712	BD03423 號 4	露 023
105：5712	BD03423 號 5	露 023
105：5712	BD03423 號 6	露 023
105：5766	BD03413 號	露 013
105：5819	BD03454 號	露 054
105：5868	BD03457 號	露 057
105：5967	BD03411 號	露 011
105：5379	BD03404 號	露 004
105：5452	BD03403 號	露 003
115：6327	BD03430 號	露 030
115：6317	BD03405 號	露 005
115：6384	BD03402 號	露 002
143：6696	BD03410 號 1	露 010
143：6696	BD03410 號 2	露 010
143：6714	BD03408 號	露 008
206：7233	BD03406 號背 1	露 006
206：7233	BD03406 號背 2	露 006
206：7233	BD03406 號	露 006
207：7236	BD03446 號	露 046
250：7490	BD03407 號	露 007
275：8014	BD03437 號	露 037
275：8015	BD03442 號	露 042

304：8301	BD03417 號	露 017
305：8316	BD03422 號	露 022
305：8316	BD03422 號背	露 022
325：8377	BD03443 號	露 043
415：8576	BD03427 號 1	露 027
415：8576	BD03427 號 2	露 027
415：8576	BD03427 號 3	露 027
415：8576	BD03427 號 4	露 027
415：8576	BD03427 號 5	露 027
415：8576	BD03427 號 6	露 027
437：8633	BD03429 號 1	露 029
437：8633	BD03429 號 2	露 029
457：8668	BD03421 號	露 021
457：8669	BD03424 號	露 024